U0896054

司马朝军　身份证用名为马朝军，别号观衢。祖籍湖北公安，生于湖南南县。1986年考入武汉大学中文系，1990年获文学学士学位。1998年考入武汉大学图书馆学系，2001年获管理学博士学位。2001年8月至2003年6月在复旦大学中国语言文学博士后流动站从事博士后研究。现为武汉大学四库学研究所副所长。代表性专著有《〈四库全书总目〉研究》（社会科学文献出版社2004年版）、《〈四库全书总目〉编纂考》（武汉大学出版社2005年版）、《黄侃年谱》（湖北人民出版社2005年版）等。在《中国语文》等刊物发表学术论文数十篇，已结集为两个论文集。独立主持多项国家级、部级科研项目，其中主持完成的国家社科基金项目“《四库全书总目》与文献整理研究”被全国哲学社会科学规划办评为优秀项目；主持完成的中国博士后科学基金会资助项目“《四库全书总目》编纂考”被复旦大学中国语言文学博士后流动站专家组全票评为优秀。目前正在主持全国高校古籍整理研究工作委员会直接资助项目“《经解入门》辨证”、武汉大学人文社会科学重大研究课题“《四库全书总目》汇考”及武汉大学人文社会科学资助项目《辨伪学研究》。主要学术兴趣有四库学、文献学、经学及小学等。

武汉大学学术丛书
Wuhan University Academic Library

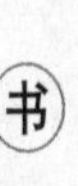

《四库全书总目》编纂考

司马朝军 著

WUHAN UNIVERSITY PRESS
武汉大学出版社

图书在版编目(CIP)数据

《四库全书总目》编纂考/司马朝军著.—武汉：武汉大学出版社，2005.11

武汉大学学术丛书

ISBN 7-307-04628-8

Ⅰ.四… Ⅱ.司… Ⅲ.四库全书—图书目录—编辑学—研究 Ⅳ.Z838

中国版本图书馆 CIP 数据核字(2005)第 073090 号

责任编辑:陶佳珞　　责任校对:黄添生　　版式设计:支　笛

出版发行：武汉大学出版社　(430072　武昌　珞珈山)

(电子邮件：wdp4@whu.edu.cn　网址：www.wdp.com.cn)

印刷:武汉中远印务有限公司

开本：787×980　1/16　印张:49.875　字数:711 千字　插页:3

版次:2005 年 11 月第 1 版　2005 年 11 月第 1 次印刷

ISBN 7-307-04628-8/Z·91　定价:82.00 元

序

章培恒

《四库全书》的编纂是中国文化史上的一件大事；至其为功为过，则在学者中存在着不同的甚至尖锐对立的见解。誉之者谓为中国典籍的总汇，其中保存了许多失传的古书、珍贵的版本；斥之者视为中国文化的罪人。后一种意见可以鲁迅先生为代表。他说："清朝的考据家说过：'明人好刻古书而古书亡'，因为他们妄行校改。我以为这之后，则清人纂修《四库全书》而古书亡，因为他们变乱旧式，删改原文……"（《且介亭杂文·病后杂谈之余（二）》）对于"删改原文"，他在该篇中还举了《四库全书》本《容斋三笔》和《嵩山文集》的各一个例子，以显示出其删改范围之广。不过，鲁迅先生所举的那两条，都牵涉到宋金的矛盾，因而具有"政治性"；至其更常见的删改，则是把底本中不通或看似不通的文字改得通顺。其结果，或是把底本不错的改成错误，或是把脱误加以掩盖，使人不致产生怀疑，因而更不易追寻原貌。所以，尽管鲁迅先生的意见在近若干年来常被某些人谥为"过激"，但我想，至少他对《四库全书》的看法还是对的。

当然，《四库全书》中确保存了好些失传的古书，尤其是辑自《永乐大典》的那一批。由于《永乐大典》绝大部分已经被毁，《四库全书》中的这些辑本确是弥足珍贵了。虽然,如果把《四库》所辑和少量倖存于《永乐大典》残本中的加以对勘,仍不难发现前者的“删改原文”的锢习。而且,《四库全书》的这种价值的取得,实在也不能不使像我这样杞人忧天式的人物对大清皇帝此一“盛世修书”的伟业颇为感慨;国家的后来越弄越糟,以致《永乐大典》也惨罹浩劫,恐怕跟纂修《四库全书》所体现出来的思想统制与文化政策也不无关系吧。

不过,后人虽对《四库全书》有种种议论,对《四库全书总目》的学术价值却都是肯定的,我的老师一辈的学者和他们的前辈中,有好些人是将此书作为治学的入门书的,连鲁迅先生也说:“现在有一些老实人,和我闲谈之后,常说我书是看得很多的,略谈一下,我的确也好象书看得很多,殊不知就为了常常随手翻翻的缘故,却并没有本本细看。还有一种很容易到手的秘本,是《四库书目提要》(即《四库全书总目》——引者),倘还怕繁,那么,《简明目录》(《四库全书简明目录》)也可以,这可要细看,它能做成你好象看过许多书。”(《且介亭杂文·随便翻翻》)可见《四库全书总目》对于扩大学术视野和增加知识确是大有好处的。

然而,这还只是就博览这一方面而说;倘要正经做学问(当然这里所说的只是古代文史之学),也可以从《四库全书总目》中找到门径,并且对此书是非看不可的。例如,要研究魏晋南北朝文学,那就应该先读一读《四库全书总目》中有关的别集、总集和诗文评论部分,以了解现在保存下来的魏晋南北朝的文学和文学批评书籍有多少(当然,《四库全书》编纂后所发现或所编的有关图书不在其内),其各自的地位和特点又如何,然后按图索骥,作进一步的研究。不过,在作研究时,应该尽量以优于《四库全书》本的版本为依据。

一般说来,《四库全书总目》的各书提要不仅能对该书作出扼要介绍,有时还有颇为精辟的见解或重要的信息。所以,即使是作个案研究,也必须先读一读《四库全书总目》中的有关提要,否则有可能造成事倍功半的遗憾。

但同时也应该看到,《四库全书总目》中的有些提要实在写得不怎么样,有的泛而不切,有的判断不当,个别的更流于谩骂,例如为李贽《藏书》所作的提要说:“贽书皆狂悖乖谬,非圣无法,惟此书排击孔子,别立褒贬,凡千古相传之善恶,无不颠倒易位,尤为罪不容诛。其书可毁,其名亦不足以污简牍。特以贽大言欺世,同时若焦竑诸人几推之以为圣人,至今乡曲陋儒震其虚名,犹有尊信不疑者,如置之不论,恐好异者转矜创获,贻害人心,故特存其目,以深暴其罪焉。”(《四库全书总目》卷五十《史部·别史类存目·藏书》)那就跟后来的“大批判”文章一脉相通了。

《四库全书总目》作为一部在整体上具有重大学术价值的书籍,其所以显现出如此复杂的面貌,首先是由于乾隆皇帝编纂《四库全书》本有其政治目的,《四库全书总目》在一些关键性问题上自不得不贯彻其政治意图,而且即使在非关键的学术问题上他也要插一手,发布指示,当然也不得不凛遵无误;其次是《四库全书总目》的编纂者虽然都可称为学者,但学术水平高低不一,在思想上也颇有歧异。例如戴震,不但学术成就高,又是杰出的思想家;而翁方纲则不仅在学术上不如他,在思想上与戴震也有分歧。出于两人之手的提要,自不得不有种种差别。

也正因此,《四库全书总目》的编纂本身就是一个重要的研究课题。其编纂过程固然值得探讨,编纂过程中导致《四库全书总目》的上述面貌的种种复杂情况更有必要加以阐明。这不但有助于我们了解《四库全书总目》这部书,有助于我们更好地使用它——充分发扬它的优点并尽可能防止它的误导,而且也可为我们今天的人文社会科学研究提供许多有益的借鉴。因为现在集体攻关项目越来越多,这虽与《四库全书总目》的编纂是不同的性质,但在怎样组织和发挥集体的力量这一点上,却是有经验和教训可以吸取的。

但这是一项高难度的、艰苦的研究工作,不但要搜集大量的资料,加以精细的鉴别,更需要具有识力。而在我看来,司马朝军副教授就正是具有这样的识力的学者。他自述其从事此项研究的主旨是:“现在,我们应该实事求是地对诸色人等在《总目》编纂过程中的贡献作出评价,回到具体的历史语境之中,以翁方纲还之翁方纲,以戴震还之戴震,以纪昀还之纪昀,以陆锡熊还之陆锡熊,以于敏中还之于敏中,以清高宗还之清高宗。只有如此,才能谈得上客观公正。"这真是精警之见，深中肯綮。至其在资料方面的竭泽而渔，辨析的深慎，更是其一贯的作风。所以，《〈四库全书总目〉编纂考》之成为高水平的学术著作固非倖致，但就司马朝军副教授而言，却也是必然之事。

此书是司马朝军副教授在复旦大学中文博士后流动站工作期间的成果，也是他的出站报告。作为这个博士后流动站的负责人，我为我们站能出这样扎实的、高质量的学术成果而深感欣幸。

一部扎实厚重、突破创新的四库学前沿之作

——读《〈四库全书总目〉编纂考》有感

□王俊义

当司马朝军教授的新著——《〈四库全书总目〉编纂考》即将付梓之际，承作者厚爱以样稿见示，且嘱写篇序文。如此雅意，至为铭感。然对写序之谓，却犹豫再三，因我对《四库全书》及其《总目》并无专门研究，惟恐班门弄斧，反有损本书的光泽。然继而思之，个人厕身清代学术思想史研究有年，对于与清代学术思想密切相关的四库学的最新研究成果，当应先睹为快。遂抱着急于求知的心情，很快通读了朝军教授的书稿。读后沉思，既感深受教益，又觉欣喜不已：一喜四库学的研究后继有人；又喜司马君此著在学术上的突破成就；再喜武汉大学出版社慧眼识珠，将此著纳入能代表该著名高等学府学术水平的《武汉大学学术丛书》。实大喜过望，遂情不自禁地写了这篇读后感，既略抒学习心得，又算是对朝军赐书索序的交待。

一位优秀的青年学人

说实话，我与朝军至今尚未谋面，只是从媒体的学术信息和他本人已有的著作中获知，他是一位孜孜不懈，致力于四库学研究的青年学者，且成果丰硕，卓有成就。他在此书之前出版的《〈四库全书总目〉研究》，就曾受到四库学领域知名学者的高度评价，认为“是该领域具有开拓性的前沿之作”；他主持完成的国家社会科学基金项目——“《四库全书总目》与文献整理研究”，又被全国哲学社会科学规划办公室评为优秀项目，给予高度肯定说：“司马朝军历经多年默默耕耘”，“全面发掘了《总目》的丰富内涵，是目前国内外第一部从文献整理角度系统研究的专著”。不仅肯定其是“高水平的优秀著作”，而且赞扬其“严谨的治学精神”。为此，国家社科规划办还授予他“信誉良好专家”称号。他在复旦大学博士后流动站的出站报告——《〈四库全书总目〉编纂考》，又再次被流动站专家组全票评为优秀，专家组在鉴定意见中指出，其“对《总目》编纂过程作了全面、深入的考察，作者从原始文献出发，发掘了鲜为人知的新材料，提出一系列独到见解。鉴于报告是一部出色的学术专著，对四库学的研究具有重大推动作用，对研究18世纪思想史、学术文化史具有重要参考价值，专家组全票评为优秀”。而目前，武汉大学出版社出版的本书，正是其在出站报告基础上，再经修改提高成书的。我之所以满怀喜悦之情，列举本书作者在学术研究中多次受到的肯定与赞扬，意在证明，而且我确信司马朝军，无疑是四库学研究领域的佼佼者，是一位学风扎实，积累丰厚的优秀青年学人。我想，学术研究的发展，同自然界、社会界的发展一样，总是“江山代有才人出”，“长江后浪推前浪”，新陈代谢，前后传承。人文社会科学的前进与发展，很需要像朝军这样的优秀青年学者，接过传承棒，在前辈学者奠定的阶梯上，继续攀登，向前推进！

内容丰富 翔实厚重

由于作者对四库学研究有坚实的积累，在阅读中首先感到的是本书扎实厚重，内容丰富翔实。全书洋洋洒洒，达数十万言，在结构安排上，除“引言”、“结论”、“余论”外，另有八章三十余节篇幅，与作者前此出版的《〈四库全书总目〉研究》相衔接呼应，在全面、深入考察《总目》的编纂背景、过程的基础上，更加侧重于原原本本地、条分缕析地论述、考订四库全书馆各分纂官，如戴震、周永年、任大椿和程晋芳、翁方纲、邵晋涵、姚鼐等，总纂官纪昀、陆锡熊，总裁官于敏中及最高决策者清高宗等，在《总目》编纂过程中是如何分工的，各自做了哪些工作，作用的大小，贡献的多少，都予详加考察，细致论述。对这些问题，过去的有关论著虽有所接触，但多半是或有论述，却语焉不详；或因占有材料不足，评论偏颇；甚或主观臆测，论断有误，以致造成学界在《总目》研究中，对有些问题人云亦云，以讹传讹；又对有些疑难问题，聚讼纷纭，悬而不决。本书则在发掘和掌握大量原始资料的基础上，经过精审考证，对上述问题，作出恰如其分、符合实际、相对准确而有说服力的回答与解决。如此丰富翔实的内容，精密的考据，细致地论述《总目》的编纂问题，这在《总目》研究史上尚属首次。据此而论，肯定本书扎实厚重，对于《总目》编纂问题的研究有重大推动作用，当非过誉之词。

竭泽而渔 发掘史料

我还突出感到本书另外的闪光之点，是作者继承发扬了中国传统考据学的优良学风，遵照其业师著名古文献学家曹之先生强调的“竭泽而渔”的方法，对所研究的每一问题，都不偷懒，不取巧，而是尽可能对有关材料，广为搜集，大量占有，网罗无遗。然后，再由此及彼，由表及里，去粗取精，去伪存真，经过严密考证，得出结论。自觉地改变了过去那种“以论带史”的空洞教条模式，真正做到论从史出。当然，要这样做，必须花大气力，下大功夫，要有坚强的学术毅力，而作者则正是这样做的。以本书第五章《翁方纲与〈四库全书总目〉》为例，翁氏是四库馆分纂官中撰写《总目》提要稿最多的一位，多达千余条，皆收入《翁方纲纂四库提要稿》之中。翁氏的“提要稿”与《总目》有何异同，乃是学术界颇为关注的问题。然而，因《翁方纲纂四库提要稿》手稿本流落在澳门，其过录本虽收藏在内地，却长期处于“深闺人未识”之中，长期以来阅读利用的人不多，更少有学者对之作穷尽性研究。朝军为彻底弄清事实真相，在认真阅读翁氏所撰全部四库提要稿的基础上，又参考翁氏的《复初斋文集》及本人的其他著述，再搜集海内外与之相关的所有文献资料，将翁氏全部提要稿，与《总目》直接相关的提要，相互对勘，逐条比照，就二者的异同，得出确凿的结论说：存在六种情况：1. 相同类；2. 增饰类（笔者按：此类中又细分为：（1）增材料；（2）增评论；（3）增案语；（4）增材料又增评论等小类）；3. 删改类（笔者按：此类中又细分为：（1）删材料；（2）删评论；（3）改材料；（4）改评论等小类）；4. 未撰提要；5. 重拟类；6.《总目》未见著录。同时，书中还对上述各类情况中的各个大类与各个小类都各有多少条，在提要稿总数中又各占多少百分比，加以数字化的精确统计说：“以上六大类总计 1 150 条，前三类所占比例为 49.39%；后三类为 50.61%。”换言之，一半以上是完全不同的，接近一半的提要稿（按：包括相同类）经过不同程度的修改润色。这样的结论比之原来有些学者所谓“二者无一相同”的笼统说法，显然更加科学和严密。这对《总目》编纂情况的研究，当然有很大推进。不过，提要稿与《总目》所呈现的上述各种不同情况究系什么原因，作者如能做些分析与说明当更完善。书中对其他问题的论述与考订，大都运用了这种“竭泽而渔”、“全文信息”的方法。结论看来简单明了，但在得出结论的背后，却凝聚了作者无尽的汗水与心血，真乃“梅花香自苦寒来”。相较于当前学术界存在的某些浮躁张扬，急功近利，不认真读书，走捷径，不从原始资料出发，以致或人云亦云，或想当然下结论的不良学风，本书作者这种甘坐冷板凳，十年磨一剑的潜心钻研学风，实令人击节赞叹。

突破创新之论迭出不穷

学贵创新，一部学术著作能否站得住，是否有生命力，关键在于是否有所创新，能否发前人所未发，言前人所未言。而本书的突出可贵之处，恰在多有开拓创新。书中不仅揭示了大量新材料，而且提出不少新观点，得出许多新结论。诸如《总目》著作权的问题。此前学术界曾有“馆臣集体意志”、“纪昀一手所成”、“乾隆钦定”等各种说法，而本书作者在查阅大量第一手资料后，认为上述说法都不能涵盖所有材料，因此提出《总目》的编纂过程以往被简化了，其实是一个比较复杂的过程，它经历了不同的阶段，其中有分纂官起草，是编纂工作的起始阶段；又由总纂官修订，其中纪昀与陆锡熊都有很大作用和贡献；再由总裁官裁正，于敏中做了不少切实的工作。总纂官与总裁官的工作是统一体例，统一思想，解决疑难问题阶段。最后，由清高宗乾隆钦定，事实还证明乾隆并非徒具“钦定”之虚名，编纂过程中他不仅屡发谕旨，提阅审读成稿，而且对馆臣提出和反映的各种问题，最后再由他拍板定案。能就《总目》编纂过程作出如此符合实际的论述，本书乃是首次，这就使过去所谓“纪昀一手所成”等说法，难以成立，给人耳目一新之感。又如，对于纪昀和陆锡熊这两位总纂官在四库馆中的业绩，过去的有关论著中有“扬纪抑陆”的倾向，本书依据史实，既肯定了纪昀的作用与贡献，也用大量资料证实，陆锡熊也同样作出重要贡献，其功实不可没，应予公允评价。再如，对于《总目》中经、史、子、集各部类书籍提要的撰写者，过去也有学者提出“经部属之戴东原”，“天文算法类各篇提要皆出震之手笔”之说。本书则据实说明“经综合考察发现，经部各类出力较多的是以下学者：纪昀——易类；程晋芳——书类；任大椿——三礼类……”，以事实证明“经部属之戴东原”的说法不合实际。至于“天文算法类各篇提要皆出震之手笔”的说法，虽出自天文数学领域权威学者的著作，又为当代许多学者所引用，但并无确凿根据。

经本书作者查证，四库全书馆设有专门的天文算法纂修官三人，即钦天监中官正郭长发、钦天监灵台郎陈际新、算学录倪远梅，加之协勘《总目》官李潢，他们“才是天文算法类提要的主要起草者”。事实上本书作者也查证清楚：“永乐大典本《数学九章》便出自陈际新之手。”这就使“天文算法类各篇提要皆出震之手笔”的说法，亦难以成立。还有流传甚广的“史部属之邵晋涵”，“史学诸书多由先生订其略，其提要亦多出自先生之手”，然而，这种说法同样不符合史实，经查，邵晋涵所撰提要稿，多收录于其《南江书录》之中，本书将该书收录的邵氏所撰提要稿，与《总目》中之史部类提要，逐一对照。原来邵晋涵撰写的史部提要，主要限于《史记》、《汉书》等正史，而史部其他书籍之提要并非都出自邵晋涵之手。全书类似以上的观点和结论还有许多，恕难一一列举。值得重视的是，由于这些观点和结论，多以丰富的事实材料为依据，无可辩驳，均堪称定论。可想而知，这些突破创新之论，对四库学特别是对《总目》编纂的研究，必将产生深远的作用和影响。

关于学术争鸣与学术批评

人所共知，中外学术史的发展证明，学术事业的发展需要不断除旧布新，又是在不同学派、不同观念的相互争鸣诘难中前进的。因此，在学术研究中应提倡实事求是，旗帜鲜明，开诚布公，开展正常健康的批评与自我批评。而不应你好我好，或相互阿谀，或模棱两可，那将不利于学术事业的发展，不利于学术著作质量的提高。同时，也应允许学者有自己的表述特点和学术风格。就此而论，本书作者作为一位尚未及不惑之年的青年才俊，他在学术研究和自己的著作中，锐意进取，坦陈己见，犹如初生之犊，虎虎有生气。书中对于一些先哲和时贤的不同观点，甚或论断失误之处，常常指名道姓，据理相争，或予补正，或予发展，或予批评，甚或措辞尖锐不留情面。这在我看来，也是本书作者的难能可贵之处，应予鼓励。这里，不妨举清代乾嘉考据学大师钱大昕对学术批评的事例为证。钱大昕在学术研究中从不盲从附和，凡是他认为是错的，不管是什么人，都据实订正，直陈其失。如对汉学祖师郑康成，还有清代前辈学者顾炎武、朱彝尊、胡渭、阎若璩等，他都十分尊重，然而对这些人在学术上的错谬之处，则予据理驳正。为此，其同辈友人王鸣盛写信规劝其不要冒犯前哲，而大昕则复书说："学问乃千秋事，订讹规过，非以訾毁前人，实以嘉惠后学"，况且"一事之失，无妨全体之善"，"去其一非，成其百是"，"且其言而诚误耶，吾虽不言，后必有言之者，虽欲掩之，恶得而掩之！所虑者，古人本不误，而吾从而误驳之，此则无损于古人，而适以成吾之妄"①。钱氏的这些言论，反映了他的学术批评出发于"学问乃千秋事"，对学术事业的负责态度，确乃真知灼见。我想，对本书作者在书中对前哲时贤的争鸣与批评，也能作如是观。当然，也还需指出，学术研究发展的历程表明，后来者总是站在前人的肩膀上继续前进的。因此，后来者对前人相关成果的评价与概述，应尽可能全面、客观和准确，要心平气和，力戒片面和偏颇。

顺便还想提及的是，本书在《余论》中，论述了"四库馆派与乾嘉考据学"，其中对于乾嘉考据学在派别划分方面，提出了与目前学界所持的"吴、皖两派说"、"吴、皖、扬三派说"、"惠、戴、钱三派说"均不尽相同的观点，"试图对乾嘉考据学派提出二分说，即民间学派与皇家学派（也称四库馆派）。民间学派主要指在四库馆之前的考据学派，代表人物有惠栋、戴震、钱大昕等人。皇家学派得到清高宗支持，其代表性人物为纪昀、陆锡熊等人"，并认为"两派在治学理念、治学方法上均有较大分歧"。这确是一种很新鲜的学术见解，四库馆被人称为"汉学大本营"，研究四库馆与乾嘉考据学的关系，是一个很有意义的课题。但将乾嘉考据学分四库馆派与民间学派，这在作者对一系列相关问题，尚未能作充分论证的情况下，目前尚难令人理解与苟同，因为这涉及许多复杂

① 钱大昕：《答王西庄书》，《嘉定钱大昕全集》第九册，南京：江苏古籍出版社，1997年，第603～604页。

的问题，很难断然结论，我感到此种看法尚须认真斟酌和深入探索。

人生也有涯，而知也无涯，学无止境，治学无尽。对于朝军来说，已取得令人欣喜的成就，值得祝贺。但他在学术征程上，今后要走的路还很长、很远，尚须坚毅跋涉，顽强攀登，直到高点。对此，过来人寄厚望矣！

2005 年 3 月 13 日 凌晨

写于北京书香斋

自　　序

四库开馆，拉开了中国文化史上既辉煌又沉重的一幕。四库馆臣，皆为一时之选，他们代表了一个时代，他们形成了一大学派。他们中的佼佼者，又成为后人景仰不已的一代宗师。乾嘉诸老，虽然与我们相隔整整两个世纪，但他们留给我们的是极为宝贵的精神遗产。他们造就了文化长城——《四库全书》，同时，留下了《四库全书总目》这一座巍巍丰碑。一代知识精英，会聚四库馆中，如切如磋，如琢如磨，吞吐万家，评骘古今，草创之，讨论之，润色之。十年冷板凳，磨就一利剑。他们用心血和汗水浇铸出一部跨越时空的皇皇巨著，留下了一把打开学术宝库的金钥匙。多少后来者利用它步入神圣的学术殿堂。然而，这把金钥匙是如何打造出来的？是纪昀一人所为吗？是清高宗一人所定吗？现在，我们应该实事求是地对诸色人等在《总目》编纂过程中的贡献作出评价，回到具体的历史语境之中，以翁方纲还之翁方纲，以戴震还之戴震，以纪昀还之纪昀，以陆锡熊还之陆锡熊，以于敏中还之于敏中，以清高宗还之清高宗。只有如此，才能谈得上客观公正。

本书的写作，从选题、资料的搜集到某些具体观点的形成，得到了许多专家的指导与帮助。犹记2000年秋天，笔者向戴逸先生汇报博士论文《〈四库全书总目〉研究》的写作情况，戴逸先生特地询问了《总目》编纂中的一些问题。当时我想，戴先生站在总揽全局的高度，拈出这一问题，意义肯定非同寻常。因此在博士论文中增补了《〈四库全书总目〉编纂考略》这一章。尽管搜集了一些材料，但还远远不够。进入复旦大学博士后流动站之后，我很快将报告题目由原来的《中国古籍辨伪学研究》改为《〈四库全书总目〉编纂考》，并得到章培恒先生、吴金华先生的认可。如果没有三位先生的启发与支持，本书可能难以在如此短的时间内问世。

进行这一专题研究，采用了业师曹之先生传授的"竭泽而渔"的方法，即研究任何一个问题，首先要把材料网罗无遗，多多益善，然后各个击破，进行由此及彼、由表及里、去粗取精、去伪存真的探究。这一方法看似笨拙，但卓见成效。遵照师教，我首先编制了一份四库馆臣的著作目录，然后踏上征程，按图索骥，在上海、北京、南京、武汉等地的各大图书馆查阅馆臣文集。一页又一页，一册又一册，一函又一函，透过泛黄的故纸，企图寻觅二百年前四库馆臣留下的点点滴滴的雪泥鸿爪。令人遗憾的是，绝大多数的馆臣没有留下蛛丝马迹，成为名副其实的"沉默的大多数"。有时候，我一连好多天都找不到一条有用的材料，也曾有过不少苦恼，甚至担心能不能及时完成这一课题。寻寻觅觅，冷冷清清，然而探寻的结果并不都是"凄凄惨惨戚戚"，而是大量的原始材料被淘了出来。伴随着一次次的发现，也就有了一次次的惊喜。

本书将用材料说话，主要使用传统考据学的方式、方法，不厌其烦地向大家展示大量的第一手材料。这些材料对于《总目》编纂研究也许是有用的。同时，我们也会透过材料，发现一些问题，解决一些难题，并试图在学理上有所提升，有所突破。

近年来，笔者从事四库学研究，得到了学术界前辈时贤的大力扶持和热情鼓励。除在本书后记中所提到的各位先生之外，还有中国社会科学出版社原总编辑王俊义教授，社会科学文献出版社宋月华编审，北京大学文献学研究中心安平秋教授、杨忠教授、曹亦冰教授，日本金泽大学李庆教授，复旦大学中文系傅杰教授，山东大学文史哲研究院董治安教授、郑杰文教授、王承略教授以及武汉大学文学院杨逢彬教授、程水金教授，哲学学院吴根友教授等。也曾听到了一些肯定的声音，在历次国家级、省部级项目的申报与结项过程中，同行评审专家大都给予本人以热情而友好的评价。特别是全国哲学社会科学规划办公室在《2004 年 10 月份成果验收情况报告》中称："复旦大学古籍研究所（按：2003 年上半年笔者以复旦大学古籍研究所名义申报国家哲学社会科学基金项目，但同年下半年即离开该所。）司马朝军副教授主持完成的《〈四库全书总目〉与文献整理研究》，是国内外第一部从文献整理角度系统研究《四库全书总目》的专著。成果资料丰富，方法科学，观点多有创新，结论基本可靠，其学术价值和应用价值已得到学术界权威人士的充分肯定。"这对笔者是莫大的鼓励和鞭策。我将继续努力，以严肃认真的学术研究报答学界！

最后，我要感谢《武汉大学学术丛书》编审委员会的各位先生。他们的公正评选，使本书得以跻身这一代表武汉大学学术水准的高品位丛书之林。我的许多师友正是通过这一窗口走向学坛，走向世界。我为能加盟这一方阵深感荣幸。感谢武汉大学出版社社长陈庆辉教授对本人研究工作的热情肯定和大力支持。感谢责任编辑陶佳珞编审、特约编辑张家彦老师为本书的出版所付出的辛勤劳动。

司马朝军

2005 年 4 月 30 日于旅次

目 录

下编 分 论

引　言

目前，对18世纪社会历史与学术文化的研究已成为一个新的领域，海内外从事历史学（特别是研究四库学）的学者对此都非常重视。中国18世纪的学术是以回归“汉学”的形式对2000多年的传统学术作了全面总结，形成了具有近代理性因素的乾嘉考据学。《四库全书总目》（以下简称《总目》）既是中国18世纪以前最为重要的学术文化史，也是乾嘉考据学的代表性作品。在步入21世纪的今天，《总目》的研究已经取得了较大进展，大多集中在对具体结论的辨证方面，匡谬补缺，硕果累累，而对于《总目》编纂的研究则相对比较薄弱。

《四库全书》和《总目》的编纂问题，均为四库学研究的重要课题。前者已出版多部专著，如郭伯恭的《四库全书纂修考》、黄爱平的《四库全书纂修研究》、吴哲夫的《四库全书纂修之研究》、周康燮主编《四库全书纂修之研究》等，单篇论文尤夥，代表性的有陈垣《四库全书编纂始末》、张政烺《清代四库全书的编纂》、王俊义《四库全书纂修研究序》、曹之《四库全书编纂考略》、谈蓓芳《四库全书编纂和书籍的空前浩劫》等①；后者则相形见绌，偶有涉及者，或局于一隅，或语焉不详，迄今为止还未见一部专著问世。至于单篇论文，全面介绍分纂官提要稿的有罗琳的《四库全书的“分纂提要”和“原本提要”》②。关于翁方纲的有潘继安《翁方纲四库提要稿述略》③、《记翁方纲四库全书提要（未刊）稿》④、沈津《翁方纲与〈四库全书总目提要〉》⑤、吴格《翁方纲纂四库提要稿发微》⑥、吴格及乐怡《翁方纲纂四库提要稿的流传与研究》⑦、邓爱贞《翁方纲纂四库提要稿序》⑧、陈先行《影印翁方纲纂四库提要稿弁言》⑨、滝野邦雄《复旦大学图书馆所藏翁方

① 详见林庆彰主编《乾嘉学术研究论著目录》（1900～1993），台北：“中央研究院中国文哲研究所筹备处”，1995年，第43～51页。

② 罗琳说：“‘总目提要’对‘分纂提要’入其著录部分的，一般在内容上都有所补充；而对入其存目部分的提要，一般在内容上都有所删减。如《勉斋遗集三卷》，‘总目提要’作《勉斋遗稿三卷》入别集类存目二，只有邵晋涵的五分之一；又如《君臣相遇录十卷别录三卷遗事一卷》，‘总目提要’作《君臣相遇录十卷》入传记类存目一，只有姚鼐原稿的一半。可见邵晋涵和姚鼐并没有将这两篇提要当作存目部分提要来写。分纂官对六种途径汇集来的书是一视同仁地纂写提要的，在纂写‘分纂提要’时并没有著录和存目这两个概念，显然，著录或是存目这两个概念是以后的事。”按：此说以偏概全，不能成立。“总目提要”对“分纂提要”的增补或删减，并不视其是著录还是存目。从《翁方纲纂四库提要稿》来看，分纂官当时所纂存目部分提要稿大多非常简单，《总目》后来一般都增补了相应的评论。“对入其存目部分的提要，一般在内容上都有所删减”的说法，只是一种简单枚举，缺少统计学的支持。另外，著录和存目这两个概念并不是后起之事，分纂官在纂写提要稿时首先必须提出著录或存目的建议。

③ 《中华文史论丛》，1983年第1期。

④ 《图书馆杂志》，1982年第4期。

⑤ 沈津：《翁方纲与〈四库全书总目提要〉》，《中国图书文史论集》，北京：现代出版社，1992年。

⑥ 《古籍整理出版情况简报》第285期（1994年第8期）。

⑦ 《两岸三地古籍与地方文献》第75～84页，澳门图书馆暨资讯管理协会编，2001年。此文系复旦大学图书馆乐怡女士提供，谨致谢忱。

⑧ 《翁方纲纂四库提要稿》卷首。

⑨ 《翁方纲纂四库提要稿》卷首。

纲纂四库提要稿から檢について》① 等；关于邵晋涵的有刘汉屏《略论〈四库提要〉与四库分纂稿的异同和清代汉宋学之争》②；关于姚鼐的有季秋华《从〈惜抱轩书录〉看纂前提要与纂后提要之差异》③、杜泽逊《读新见姚鼐一篇四库提要拟稿》④；关于余集的有李祚唐《余集四库全书提要稿研究价值浅论》⑤；关于程晋芳的有杜泽逊《读新见程晋芳一篇四库提要分撰稿》⑥；关于戴震的有方利山《戴震全集和"四库"有关提要》⑦。以上论文分别从不同的角度对《总目》编纂中的一些具体问题作了初步探讨，对于深入研究该问题应该说也起了导夫先路的作用。但是，由于该问题涉及面很宽，材料也非常分散，无疑给研究者带来了极大的不便。无论就其深度还是广度，都还远远不够，迄今为止没有从根本上解决问题。

《总目》的编纂问题确实是一个悬而未决的难题，也是四库学研究的一大"瓶颈"。《总目》的作者问题不解决，其思想归属问题则无从谈起。关于《总目》的作者问题，大约有三种代表性意见：一曰馆臣集体之意志，主此说者有李慈铭⑧、胡玉缙⑨、来新夏⑩、沈津⑪等人；二曰纪昀"一人之私见"，主此说者有刘权之⑫、朱珪⑬、

① 和歌山大学经济学会《经济理论》第272号（1996年7月）。

② 《历史教学》，1979年第7期。

③ 《图书馆工作与研究》，1999年第5期。

④ 《中国典籍与文化》，1999年第3期。

⑤ 《学术月刊》，2001年第1期。

⑥ 《图书馆建设》，1995年第5期。

⑦ 《徽州社会科学》，1988年第3～4期。

⑧ 李慈铭：《越缦堂日记》，北京：中华书局，1963年。

⑨ 胡玉缙：《四库全书总目提要补正》，《子夏易传》条。

⑩ 来新夏：《古典目录学》，北京：中华书局，1991年，第258～259页。

⑪ 沈津：《翁方纲与〈四库全书总目提要〉》，《中国图书文史论集》，北京：现代出版社，1992年。

⑫ 刘权之：《纪文达公遗集序》。

⑬ 朱珪：《知足斋文集》。

阮元①、江藩②、黄云眉③、张舜徽④、周积明⑤、杨晋龙⑥等人；三曰清高宗“钦定”，昌彼得⑦等人皆主此说。许多学者从不同的角度进行研究，富有参考价值和启发意义，但是随着研究的深入，以上几种观点的某些局限性逐渐凸显出来，其中最明显的局限，就是以往的观点无法涵盖所有材料。现在由于大量新的材料的发现，促使我们重新思考这一重要问题，并且完全有可能将四库学研究推向深入。

本书试图详尽地考察《总目》的编纂过程，进而论及《总目》的作者及其相关问题，为深入研究《总目》、解决悬而未决的难题展开新的探索。

本书的学术价值大致有三：第一，本书是四库学研究的基础课题，对于了解《总目》的作者及思想归属有重要意义。第二，本书是清代思想史、文化史、政治史研究的相关课题，对于研究乾隆王朝以及18世纪的思想史、文化史、政治史无不具有重要价值。第三，本书是清代学术史研究的重要课题。

本书主要探讨《总目》的编纂过程，分析现存四家（翁方纲、姚鼐、邵晋涵、余集）所纂四库提要稿与《总目》的异同，弄清其他馆臣（包括分纂官、总纂官、总裁官等）在《总目》编纂过程中发挥的作用，讨论清高宗对《总目》的主控作用。

本书的预期目标为：尽可能“竭泽而渔”地占有材料，梳理《总目》的编纂背景资料，为历史上争论已久的《总目》的作者归

---

① 阮元：《纪文达公遗集序》。

② 江藩：《国朝汉学师承记·纪昀》。

③ 黄云眉：《从学者作用上估计四库全书之价值》，《史学杂稿订存》，济南：齐鲁书社，1980年。

④ 张舜徽：《中国文献学》，郑州：中州古籍出版社，1980年，第272～277页。

⑤ 周积明：《纪昀评传》，南京：南京大学出版社，1994年，第70页。

⑥ 杨晋龙：《王士祯在四库全书总目中的地位初探》，《中国文学研究》1993年第7期。

⑦ 昌彼得：《武英殿本四库全书总目考》，《中国图书文史论集》，北京：现代出版社，1992年。

属问题作最终解决，并对一系列相关问题提出一孔之见，具体而言，有以下四个方面。

一、首次揭示的新材料

1.《海岛算经》提要为戴震所撰。

2.《夏侯阳算经》提要原稿亦出戴震之手。

3.《水经注》提要系馆臣揣摩清高宗诗文后修改润饰而成。

4. 首次从《纂修四库全书档案》发现三份档案材料记载了永乐大典本分纂官姓名。

5. 首次从《暾蔗集》中发掘出《宋朝事实》、《烛湖集》、《庸庵集》三篇提要稿。

6. 首次对《翁方纲纂四库提要稿》的1 180余条提要稿进行穷尽性研究。

7. 探讨《翁稿》所保存的毁书资料，为研究清代政治史、文化史、思想史提供鲜活的史料。

8. 探讨《南江书录》的史料价值。

9. 探讨《惜抱轩书录》的文献价值。

10. 总结沈叔埏为《总目》的纂修所作的贡献。

二、首次提出的新观点

1. 首创乾嘉考据学派新的二分法，即分为民间学派与皇家学派。

2. 首倡“《四库全书》即儒藏”说。

3. 首倡“学分汉宋本乎气质之殊”说。

4. 首倡“纪（昀）陆（锡熊）齐名”说。

5. 翁方纲是兼综汉学、宋学的代表。

6.“著录标准”与“存目标准”、“存目标准”与“禁毁标准”是两组不同性质的概念。“著录”与“存目”的分野主要是学术标准，而“存目”与“禁毁”的分野主要是政治标准。《翁方纲纂四库提要稿》的六条禁书标准为：因其人而废，因其书而废，因本朝而废，因前朝而废，因名教而废，因“淫秽”而废。

7.《总目》书类提要可能多出自程晋芳之手，经部三礼类提要多出自任大椿之手。

8.《总目》经部易类提要经纪昀审定，子部医家类提要经陆锡熊审定。

9.《乐庵语录》并非伪书。

10.《太平十策》并非伪作。

三、在前人研究的基础上向前有所推进的新结论

1. 李慈铭认为“经部属之戴东原”，确实纯属虚构。

2.“天文算法类各篇提要皆出震之手笔说”缺少实证。

3. 将十四篇被收入文澜阁《四库全书》的卷首提要理所当然地视为戴震之作的做法是不妥当的。

4. 永乐大典本成于众手，过去仅归功于周永年一人的说法影响很大，但不能成立。

5.“周氏公式”——《四库全书总目》的≌纪昀的——只是一种大胆的假设，经不起历史事实的检验。

6. 分纂官提要稿与《总目》的关系错综复杂，前人所论多不足为据。

7.《进表》具有较高的史料价值，应该重新估价。

8. 四库存目标准是客观存在的。

9.“史部属之邵晋涵”、“史学诸书多由先生订其略，其提要亦多出先生之手”等说法均缺少事实根据。

10. 把汉宋之争还原为“道问学”与“尊德性”之争的说法难以成立。

四、通过本专题研究发现的新课题

1. 加深乾嘉考据学派的研究。

2. 加大《四库全书》文本研究的力度。

3. 加快制定《中华民族文献保护法》。

以上所述，仅举大者。总之，材料上力求广泛占有，方法上注重将文献考证法、文献比较法、文献计量法等结合起来，进行综合研究。自信本书的撰写，对于四库学的研究不无些微推进作用。

上　编

总　论

《四库全书总目》的编纂过程以往被简化了，其实这是一个比较复杂的过程，大致可以分为以下四个阶段：（一）分纂官起草。这是《总目》编纂的起步阶段。四库馆中纂修官大多数可能都参与了提要起草，那些负责具体工作的督催官、收掌官、监造官可能没有参与此事。（二）总纂官修订。在四位总纂官中，以纪昀与陆锡熊二人贡献最大。但是长期扬纪抑陆，未见公允。（三）总裁官裁正。在《总目》编纂过程中，总裁官们发挥过相当重要的作用，特别是于敏中，他曾用书信方式与陆锡熊、纪昀等人反复讨论《四库全书》及《总目》编纂事宜。（四）清高宗钦定。① 以上四个方面究竟发挥了什么样的具体作用，下面我们将分别加以考察。只有以此为切入点，才能对《总目》的作者问题、思想归属问题作出准确的判断，并对此横断面的学术、思想与文化有所了解。

---

① 参见拙著《〈四库全书总目〉研究》第一章，北京：社会科学文献出版社，2004 年。

第一章

分纂官与《四库全书总目》

现存分纂官提要稿最多的是翁方纲，其次是姚鼐、邵晋涵、沈叔埏，拟将他们四人放在本书下编部分，本章不予讨论。本章依次考察戴震、余集、周永年、刘权之、邹炳泰、任大椿、张羲年、程晋芳在《总目》编纂过程中的作用。

一、戴震与《四库全书总目》

戴震（1724～1777），字慎修，又字东原，安徽休宁人。乾隆三十八年（1773），“上开四库馆，于文襄公以纪文达公、裘文达公之言，荐先生于上，上素知有戴震者，故以举人待召，旷典也。奉召充纂修官，仲秋至京师”。① 戴震《与段玉裁书》有云：“及今秋之仲入都门……仆此行不可谓非幸邀。然两年无分文以给旦夕，曩得自由，尚内顾不暇。今益以在都，费用不知何以堪之。数月来纂次《永乐大典》内散篇，于《仪礼》得张淳《识误》、李如

① 段玉裁：《戴东原先生年谱》，载《戴震文集》附录，第233页。

主《集释》，于算学得《九章》、《海岛》、《孙子》、《五曹》、《夏侯阳》五种算经，皆久佚而存于今者，足宝贵也。”① 时为乾隆三十八年十月三十日。

有人认为四库“经部属之戴东原”，也有人认为“天文算法类各篇提要皆出震之手笔”，《戴东原先生年谱》与《戴震全集》均将被收入文澜阁《四库全书》的《仪礼集释》等十四篇永乐大典本的卷首提要理所当然地视为戴震之作。以上说法都曾产生过相当大的影响，第一种说法虽然经过一些学者反驳，但仍然有人还在引用②；后两种说法则无人怀疑。本节拟对上述三种似是而非的说法进行一番澄清。

（一）驳“戴震主经部说”

晚清著名文士李慈铭认为：

> 《四库总目》虽经纪文达、陆耳山总其成，然经部属之戴东原、史部属之邵南江、子部属之周书昌，皆各集其所长。③

今人吴哲夫反对此说，他认为：

> 李氏说法未必真确，今考聚珍版各书提要于总校官之后有分纂官姓名，于该书作者，略可藉以考得，东原所撰提要如《仪礼集释》、《仪礼释宫》、《仪礼识误》、《大戴礼记》、《方言注》等，虽为经部，然《水经注》则属于史，《项氏家说》、《孙氏算经》、《五曹算经》、《五经算术》、《夏侯阳算经》等，又属子部，故东原未必专主经部。④

---

① 陈柱：《戴东原遗札真迹考证》，《清儒学术讨论集》第1集，上海：商务印书馆（出版时间不详），第32～33页。

② 李学勤：《钦定四库全书总目序》，《钦定四库全书总目》（整理本），北京：中华书局，1997年。

③ 李慈铭：《越缦堂日记》，北京：中华书局，1963年。

④ 吴哲夫：《四库全书荟要纂修考》，台北：“国立故宫博物院”，1976年，第64页。

沈津亦认为李说纯属虚构。戴震于乾隆三十八年入馆，三十九年校《水经注》、《九章算术》；四十年校《海岛算经》、《仪礼识误》；四十二年再校《周髀算经》、《孙子算经》、《张丘建算经》、《夏侯阳算经》。其所撰提要又有《仪礼集释》、《仪礼释宫》、《仪礼识误》、《大戴礼记》、《方言注》、《五曹算经》等七种。是年戴震因积劳成疾，与世长辞。① 邵南江虽长于史学，但也只是以正史为主，并非整个史部都属之邵南江。周永年可能负责释家类提要稿的起草②。李说并非“纯属虚构”，至少《总目》“经纪文达、陆耳山总其成”的说法还是比较合理的，较之“《总目》出自纪昀一人之手”的说法还是高明不少。

纪昀云：“余于癸巳受诏校秘书，殚十年之力，始勒为《总目》二百卷，进呈乙览。以圣人之志，藉经以存；儒者之学，研经为本，故经部尤纤毫不敢苟。凡《易》之象数、义理，《书》之今文、古文，《春秋》之主传、废传，《礼》之王、郑异同，皆别白而定一尊，以诸杂说为之辅。”③“余校定秘书二十余年，所见经解，惟《易》最多，亦惟《易》最滥。”④ 经综合考察后发现，经部各类出力较多的是以下学者：纪昀——易类，程晋芳——书类，任大椿——三礼类，其他类情况暂不清楚。总之，“经部属之戴东原”确实纯属虚构。戴震虽享经学之名，当时在四库馆中人微言轻，不可能独立负责最为重要的经部。

（二）驳“天文算法类各篇提要皆出震之手笔说”

著名数学史专家钱宝琮曾经提出一说：

> 四库天文算法类书：推步之属三十一部四百二十七卷，算

---

① 沈津：《翁方纲与〈四库全书总目提要〉》，《中国图书文史论集》，北京：现代出版社，1992年，第162页。

② 详见本章第三节有关部分。

③ 纪昀：《诗序补义序》，《纪晓岚文集》第一册，第156页。

④ 纪昀：《黎君易注序》，《纪晓岚文集》第一册，第155页。

> 术之属二十五部二百十卷，皆依撰述时代先后为序，编入《总目》每部各为撰提要一篇，将本书原委撮举大凡，并详述著者世次爵里，作一极简要之绍介。其书之著作时代及名称、卷数等事，有疑窦者，亦各为考据辨证。篇后题名者胥属纪昀、陆锡熊、戴震三人，昀与锡熊在四库馆皆总纂官之职，天文算法非所谙习。各篇提要皆出震之手笔无疑。①

《戴震评传》也持相同看法：

> 乾隆三十九年（1744）在四库馆校《九章算术》成，同年十月校《五经算术》二卷成，有《提要》一篇。乾隆四十年（1775）四月校《海岛算经》成，有《提要》……段玉裁说："先生在四库馆所校定之书，进呈文渊阁本，皆具载年月衔名，聚珍板亦载之，而杭州文澜阁写本不载，故不能详者，类述于此。大抵皆癸巳（1773）以后，丁酉（1777）以前五年所定也。"这些书有《周髀算经》，有《提要》。有《孙子算经》，有《提要》。有《张丘建算经》，有《提要》。有《夏侯阳算经》，有《提要》。有《五曹算经》，有《提要》。按段氏年谱所述。戴震共校八种算学书，未及《九章算术》是否有戴震撰写的《提要》。……至于戴震校正的《九章算术》的《提要》是否为戴震所撰，答案几乎是肯定的。因为"在纂修《四库全书》的过程中，馆臣每校定一种书，都要在卷首写上一篇提要"。钱宝琮则认为四库天文算法类"各篇提要皆出震之手笔无疑"。这样，八部数学书的校定及其《提要》都是我们研究戴震数学思想的重要材料。②

钱氏的这种说法虽然被作为权威意见不断引用，但缺少坚实的证

---

① 钱宝琮：《钱宝琮科学史论文选集》，北京：科学出版社，1983年，第165页。

② 李开：《戴震评传》，南京：南京大学出版社，1992年，第185~186页。

据。四库全书馆设有专门的天文算法纂修官三人，即钦天监中官正郭长发、钦天监灵台郎陈际新、算学录倪廷梅。协勘《总目》官李潢也深通数理。郭、倪二氏事迹待考，陈际新、李潢则见于《畴人传》①。笔者已经考证出，永乐大典本《数学九章》出自陈际新之手②。“篇后题名者胥属纪昀、陆锡熊、戴震三人”之说亦为想当然耳，并无其事。我们有理由相信，天文算法纂修官才是天文算法类提要的主要起草者。李潢可能也对这部分提要稿进行过润色加工。另外，从上海图书馆所藏提要残稿来看，经纪昀改动的提要达数十篇之多，其中如《历体略》、《天步真原》、《张邱建算经》、《夏侯阳算经》、《弧矢算术》、《几何原本》等均属天文算法类。③

戴震在《总目》方面的作用无疑被夸大了。为什么会出现这种情况？主要是因为戴震在后世的名气太大，以为他在乾嘉学派中居领袖地位，就想当然地认为他在四库馆中必定也居领袖地位。戴震在四库馆中主要贡献是校勘、辑佚《永乐大典》，对于《总目》的贡献可能不太大。况且《总目》曾公开点名批评其学术观点，这也是耐人寻味的事情。

（三）十四篇永乐大典本提要都是戴震所撰吗

戴震是校勘《永乐大典》纂修官，下列“永乐大典本”由戴震辑佚而成：

1. 《仪礼集释》
2. 《仪礼释宫》
3. 《仪礼识误》
4. 《大戴礼记》

---

① 阮元：《畴人传》，上海：商务印书馆，1935 年。

② 参见拙著《〈四库全书总目〉研究》，北京：社会科学文献出版社，2004 年。

③ 沈津：《校理四库全书总目提要残稿的一点新发现》，《中华文史论丛》，1982 年第 1 期。

5.《方言注》

6.《水经注》

7.《项氏家说》

8.《孙氏算经》

9.《五曹算经》

10.《五经算术》

11.《夏侯阳算经》

12.《九章算术》

13.《海岛算经》

14.《周髀算经》

段玉裁《戴东原先生年谱》与现行《戴震全集》，均将十四篇被收入文澜阁《四库全书》的卷首提要理所当然地视为戴震之作。显然，这种做法是不妥当的。戴震当初可能一一拟有草稿，但收入《总目》与《四库全书》之卷首提要均或多或少经过他人修改。“在纂修《四库全书》的过程中，馆臣每校定一种书，都要在卷首写上一篇提要。”① 同时，我们必须认识到，分纂官提要稿可能被采纳，也可能被修改得面目全非，甚至根本就推倒重来。这些都需要具体问题具体分析。如果不加区别地将分纂官提要与《四库全书》卷首提要或《总目》内的单篇提要画上等号，那就大错特错了。如果将这些文澜阁《四库全书》的卷首提要径自视为“研究戴震数学思想的重要材料”，那更是错上加错。

我们目前只找到四条材料，下面逐一进行分析比较。

1.《海岛算经》提要可以确定为戴震所撰

《海岛算经》一卷 永乐大典本

晋刘徽撰，唐李淳风等奉诏注。据刘徽序《九章算术》有云：“徽寻九数，有重差之名，凡望极高、测绝深，而兼知其远者，必用重差，辄造《重差》，并为注解，以究古人之

① 朱天俊、陈宏天：《文史工具书手册》，北京：中国青年出版社，1986年，第108页。

意，缀于《勾股》之下。度高者重表，测深者累矩，孤离者三望，离而又旁求者四望。”据此，则徽之书本名“重差”，初无“海岛”之目，亦但附于《勾股》之下，不别为书。故《隋志》《九章算术》增为十卷，下云刘徽撰。盖以《九章》九卷，合此而为十也。而《隋志》、《唐志》又皆有刘徽《九章重差图》一卷，盖其书亦另本单行，故别著于录，一书两出。至《唐志》兼列刘向《九章重差》一卷，则徽之“重差”既自为卷，因遂讹刘徽为刘向，而一书三出耳。今详为考证，定为刘徽之书。至海岛之名，虽古无所见，不过后人因卷首以海岛之表设问而改斯名。然《唐·选举志》称：“算学生《九章》、《海岛》共限习三年，试《九章》三条、《海岛》一条。”则改题《海岛》，自唐初已然矣。其书世无传本，惟散见《永乐大典》中，今裒而辑之，仍为一卷。篇帙无多，而古法具在，固宜与《九章算术》同为表章，以见算数家源流之有自焉。①

戴震《海岛算经跋》云：

刘徽序《九章算术》有云：“徽寻九数，有重差之名。……凡望极高，测绝深，而兼知其远者，必用重差。……辄造《重差》，并为注解，以究古人之意，缀于句股之下。度高者重表，测深者累矩，孤离者三望，离而又旁求者四望。”是徽之书，本名《重差》，初无“海岛”之目，亦但附于句股之末，不别为书。故《隋志》《九章》增为十卷，下云“刘徽撰”。盖以《九章》九卷，合此而十也。而《隋志》、《唐志》又皆有刘徽《九章重差图》一卷，盖图本单出，故别著于录。而新、旧《唐志》兼列刘向《九章重差》一卷，则徽之《重差》既自为卷，因遂讹刘徽为刘向，而一书三出耳。至海岛之名，虽古无所见，而《书》“鸟夷皮服”，《正义》曰：“孔

① 《总目》卷107。此据殿本《总目》，后同，不再出注。

读乌为岛，岛是海之山。《九章算术》所云‘海岛邈绝，不可践量’是也。”故《唐·选举志》称：“算学生《九章》、《海岛》，共限习三年，试《九章》三条、《海岛》一条。”则改题《海岛》，自唐初已然矣。其书世无传本，惟散见《永乐大典》中，今裒而辑之，仍为一卷，篇帙无多，而古法具在，固宜与《九章算术》同为表章，以见算数家源流之所自焉。乾隆乙未夏四月休宁戴震。①

按：戴氏此跋与《总目》同名提要基本相同。

2.《夏侯阳算经》提要原稿亦出自戴震之手

《夏侯阳算经》三卷 永乐大典本

案《隋书·经籍志》有《夏侯阳算经》二卷，《唐书·艺文志》载《夏侯阳算经》一卷，《直斋书录解题》载元丰京监本乃云三卷。盖传写互有分合，故卷帙各异。然皆不言阳为何代人。考《唐志》载是书为甄鸾注，则当在甄鸾之前。而此本载阳自序，有云：“《五曹》、《孙子》述作滋多，甄鸾、刘徽为之详释。书内又称宋元嘉二年，徐受重铸铜斛，至梁大同元年甄鸾校之。”则又似在甄鸾后。其《辨度量衡》云：“在京诸司及诸州，各给称尺，并五尺度斗、升、合等样，皆铜为之。仓库令诸量函所在官造，大者五斛，中者三斛，小者一斛，以铁为缘，勘平印书，然后给用。”又《课租庸调章》称“赋役令”，《论步数不等章》称“杂令”、“田令”之属，亦皆据隋制言之，尤不可解。疑传其学者，又有所窜乱附益，不尽阳之旧义矣。《唐书·选举志》所列《算经十种》，此居其一。盖当时本悬之令甲，肄习考课。今传本久佚，惟《永乐大典》内有之。然诸条割裂，分附《九章算术》各类之下，几于治丝而棼，猝不得其端绪。幸所载原序原目，犹可以寻绎

① 戴震：《戴震全集》（二），北京：清华大学出版社，1992年，第695页。

编次，条贯其文。今裒辑排比，仍依元丰监本，厘为三卷。其十有二门，亦从原目。其法务切实用，虽《九章》古法，非官曹民事所必需，亦略而不载。于诸算经中最为简要，且于古今制度异同，尤足考证云。①

戴震《夏侯阳算经跋》云：

《隋·经籍志》有《夏侯阳算经》二卷。《旧唐书·经籍志》有《夏侯阳算经》三卷，甄鸾注。《新唐书·艺文志》列《夏侯阳算经》一卷，甄鸾注；又韩延《夏侯阳算经》一卷。韩延乃注者姓名，亦犹《新唐志》中称李淳风注甄鸾《孙子》也。而《直斋书录解题》载元丰京监本云："三卷无《注》。"盖甄鸾、韩延两本易溷淆，乃加姓名以别之，而传写又各有并析，故卷帙各异欤？且《唐志》载李淳风《注明算科十经》，独不及《夏侯阳算经》，盖称李《注》者甄鸾之本，当宋时已佚欤？

然皆不言阳为何代人。序有云："《五曹》、《孙子》述作滋多，甄鸾、刘徽，为之详释。"则其人当在甄鸾后。而《宋史·礼志》载算学祀典有云："封魏刘徽淄川男，晋姜岌成纪男，张丘建信成男，夏侯阳平陆男，周甄鸾无极男。"又《张丘建算经》序云："夏侯阳之方仓。"则阳为晋人，在甄鸾前明矣。

书内又称："宋元嘉二年，徐受重铸铜斛，至梁大同元年，甄鸾校之。"则系隋初人，去梁稍远，故目梁时斗尺为古所用。其《辨度量衡》云："在京诸司及诸州，各给称尺并五尺度、斗、升、合等样，皆铜为之。仓库令诸量，函所在官造，大者五斛，中者三斛，小者一斛，以铁为缘，勘平印书，然后给用。"及《课租庸调章》，称"赋役令"；《论步数不等章》，称"杂令"、"田令"之属；皆据隋制言之，则是韩延传

① 《总目》卷107。

其学而以己说纂入之，《序》亦当为延所作。故李淳风取甄鸾本而舍是，《志》亦以韩延《夏侯阳算经》别之也。韩延为隋人，盖无可疑。

其书务切实用，虽《九章》古法，非官曹民事所必需者，亦略而不载。于诸算经中，最为简要，且于古今制度异同，多资考证，尤足宝重云。今此本即韩延所传无《注》本，宋元丰京监所刊者也。昔毛氏斧季得之太仓王氏，余今假之孔君体生，因题其后。休宁戴震。①

朝军按：根据上海图书馆所藏《总目》残稿可知，《夏侯阳算经》提要稿经纪昀改定。戴震云："今此本即韩延所传无《注》本，宋元丰京监所刊者也。昔毛氏斧季得之太仓王氏，余今假之孔君体生。"而纪昀改为："《唐书·选举志》所列《算经十种》，此居其一。盖当时本悬之令甲，肄习考课。今传本久佚，惟《永乐大典》内有之。然诸条割裂，分附《九章算术》各类之下，几于治丝而棼，猝不得其端绪。幸所载原序原目，犹可以寻绎编次，条贯其文。今裒辑排比，仍依元丰监本，厘为三卷。其十有二门，亦从原目。"其余部分大致相同。

3.《水经注》提要基本上是根据清高宗的旨意重拟而成

《总目·进表》云："郦注桑书，剖源流于地理。""郦注桑书"即指郦道元撰《水经注》。清高宗《题郦道元水经注六韵》序云："郦道元《水经注》，自明至今惟朱谋㙔校本行世，其文与杜佑《通典》、乐史《太平寰宇记》所引经注往往不合，又多意为改窜，殊失本来面目。近因裒集《永乐大典》散见之书，其中《水经注》虽多割裂，而按目稽核，全文具存，尚可汇辑，与今本相校，既有异同，且载道元自序一篇，亦世所未见，盖犹据宋人善本录入。兹经馆臣排缀成编，凡篇目混淆、经注相错者，悉加厘订，其脱简有自数字至八九十字者，亦并为补正。以数百年丛残缺佚之书，一旦复还旧观，若隐有呵护者，然亦艺林佳话也。"其诗云："检书断

① 戴震：《戴震文集》，北京：中华书局，1980年，第130～131页。

简萃全珍，自序犹存善长真。却以残山将剩水，竟如合浦与延津。笑他割裂审无术（《永乐大典》所载之书，类多散入各韵，分晰破碎，殊无体例。是书亦其一也。），际此完成若有神。南北少讹因未到（郦道元仕于北魏，曾出使关中，而足迹未曾一至塞外，故《水经注》中所载边地诸水，形势未能尽合。即如濡水之源流分合及所经郡县多有讹舛，至江淮以南，地属齐梁，道元亦未亲履其地，详为考订，只据传闻所及，袭谬沿疑，无怪其说之多鳌也。），古今略异究堪循。悉心编纂试宜奖，触目研摩信可亲。设以春秋素臣例，足称中尉继功人。"①

《水经注》提要，学术界历来认为是出自戴震手笔，实则馆臣在揣摩清高宗诗文后修改润饰而成，因而二者如出一辙。只有以下文字出自戴震之手："凡水道所经之地，经则云过，注则云迳；经则统举都会，注则兼及繁碎地名；凡一水之名，经则首句标明，后不重举，注则文多旁涉，必重举其名以更端；凡书内郡县，经则但举当时之名，注则兼考故城之迹。"这也就是著名的戴氏四大义例。

4. 《九章算术》提要也经过修改而成

《九章算术》九卷　永乐大典本

谨按《九章算术》，盖《周礼》保氏之遗法，不知何人所传。《永乐大典》引《古今事通》曰："王孝通言周公制礼有《九章》之名。其理幽而微，其形秘而约。张苍删补残阙，校其条目，颇与古术不同"云云。今考书内有"长安上林"之名，上林苑在武帝时，苍在汉初，何缘预载？知述是书者，在西汉中叶后矣。旧本有注，题曰刘徽所作。考《晋书》称魏景元四年刘徽注《九章》，然中所云晋武库铜斛，则徽入晋之后，又有增损矣。又有注释，题曰李淳风所作。考《唐书》称淳风等奉诏注《九章算术》，为《算经十书》之首，国子监置算学生三十人，习《九章》及《海岛算经》，共限三岁。盖

---

① 《四库全书》第1307册，第573～574页。

即是时作也。北宋以来，其术罕传。自沈括《梦溪笔谈》以外，士大夫少留意者，书遂几于散佚。洎南宋庆元中，鲍澣之始得其本于杨忠辅家，因传写以入秘阁。然流传不广，至明又亡。故二三百年来，算术之家未有得睹其全者。惟分载于《永乐大典》者，依类裒辑，尚九篇具在。考鲍澣之后序，称唐以来所传旧图，至宋已亡。又称盈不足方程之篇，咸阙淳风注文。今校其所言，一一悉合，知即庆元之旧本。盖显于唐，晦于宋，亡于明，而幸逢圣代表章之盛，复完于今。其隐其见，若有数默存于其间，非偶然矣。谨排纂成编，并考订讹异，各附案语于下方。其注中指状表目，如朱实、青实、黄实之类，皆就图中所列而言。图既不存，则其注猝不易晓，今推寻注意，为之补图，以成完帙。算数莫古于九数，九数莫古于是书。虽新法屡更，愈推愈密，而穷源探本，要百变不离其宗。录而传之，固今古算学之弁冕矣。①

戴震《刊九章算术序》云：

古者六艺之教：礼、乐残阙失传，射、御则绝无师说；书者治经之本，仅仅赖许叔重《说文解字》，略见梗概；而所谓九数即《九章》，世罕有其书……余访求二十余年，不可得，(拟)[疑]《永乐大典》或尝录入，书在翰林院中。丁亥岁，因吾乡曹编修往一观，则离散错出，思缀集之，未之能也。出都后，恒寤寐乎是。及癸巳夏，奉召入京师，与修《四库全书》，躬逢国家盛典，乃得尽心纂次，订其讹舛，审知刘徽所注，旧有图，而今阙者补之。书既进，圣天子命即刊行，又御制诗篇冠之于首。古书之隐显，盖有时焉，诚幸也……②

《总目》叙述《九章算术》流传源流云："北宋以来，其术罕

① 《总目》卷107。

② 戴震：《戴震文集》，北京：中华书局，1980年，第130页。

传。自沈括《梦溪笔谈》以外，士大夫少留意者，书遂几于散佚。洎南宋庆元中，鲍澣之始得其本于杨忠辅家，因传写以入秘阁。然流传不广，至明又亡。……盖显于唐，晦于宋，亡于明。而幸逢圣代表章之盛，复完于今。”其实，这段话有夸大之嫌，因为至宋并未全亡，元丰七年秘书省刊版保存了前六卷。此则提要究系何人改定，不得而知。

综上所述“戴震主经部说”、“天文算法类名篇提要皆出震之手笔说”均不能成立。戴震所校14种永乐大典本之卷首提要只有《海岛算经》、《夏侯阳算经》及《九章算术》三则出其手。

二、余集与《四库全书总目》

余集（1738～1823）字蓉裳，号秋室，浙江钱塘人。乾隆三十一年（1766）进士，于诗古文词曲外，旁涉算学、篆刻、绘画，博涉多通。其自撰《墓志铭》称：“癸巳，朝廷征遗书，开四库馆，先师裘文达公荐于朝，入翰林，散馆擢第一，授职充四库、三通馆纂修。”余集所拟提要稿刊入《秋室学古录》中，共7篇，均为经部诗类。

1.《毛诗指说提要》

右唐成伯瑜撰。书凡四篇：一《兴述》，首明先王陈诗观风之旨，孔子删诗正雅之由；二《解说》，先释诗义，而后风雅颂次之，周又次之，诂传序又次之，篇章又次之，后妃又次之，终以《鹊巢》、《驺虞》。大略即举《周南》一篇，隐括论列，引申以及其余篇也。三曰《传受》，详鲁、韩、毛、齐四家之世，及后儒之训释源流亦备注焉；四《文体》，《三百篇》中句法之长短，篇章之多寡，措辞之异同，用字之变化，皆胪举而详之。类刘勰《文心雕龙》之作。伯瑜尚有《毛诗断章》二卷，见《崇文总目》。《唐·艺文志》载唐人说《诗》者，自孔氏《正义》而外，惟成氏二书及许叔牙《纂义》十卷。今《断章》、《纂义》皆不存。是书经熊克刻之泮林，故古文尚有传本，吉光片羽，殊足珍惜。伯瑜，中山人，字爵未详。朱彝尊《经义考》称其于《诗》、《书》、《礼》皆有论著云。克，字子复，建安人。①

与《总目》相比，二者大同小异，主要有两点不同：一是《总目》增评论："盖说经之余论也。然定《诗序》首句为子夏所传，其下为毛苌所续，实伯玙此书发其端，则决别疑似，于说《诗》亦深有功矣。……称其取《春秋》断章之义，抄取《诗》语，汇而出之，盖即李石《诗如例》之类。"② 二是统一文例，原稿将作者生平文字放在结束部分，而《总目》移至开头，与全书相一致。

2.《毛诗名物解提要》

谨案：《名物解》二十卷，宋蔡卞撰。卞字符度，兴化仙游人。熙宁三年与兄京同举进士第，仕至观文殿学士，平生本末具详《宋史》本传中。卞为王安石婿，因从之学，一意以安石为宗。素有辞辨，居心倾邪。是书大略规仿《尔雅》，主于训诂名物，议论穿凿，征引琐碎，多承介甫《字说》之谬，且其所释蝴蜨、蚺蛇之类，非经中所咏，亦阑入焉，实无当于风人之旨也。然往往多有出于孔氏《正义》、陆氏《诗疏》之外者，亦未始非博物多识之一助。自释天至杂解，为类凡十有一，而陈振孙作十类。卷凡二十，而陆元辅作十六，或其分析卷帙偶有异同云。③

《总目》与原稿比较，作了较大幅度的增补，主要增评论二则，一曰："自王安石《新义》及《字说》行，而宋之士风一变。其为名物训诂之学者，仅卞与陆佃二家。佃，安石客。卞，安石婿

① 《秋室学古录》卷1。
② 《总目》卷15。
③ 《秋室学古录》卷1。

也。故佃作《埤雅》，卞作此书，大旨皆以《字说》为宗。陈振孙称卞书议论穿凿，征引琐碎，无裨于经义，诋之其力。盖佃虽学术本安石，而力沮新法，断断异议，君子犹或取之。卞则倾邪奸俭，犯天下之公恶，因其人以及其书，群相排斥，亦自取也。”二曰：“然其书虽王氏之学，而征引发明，亦有出于孔颖达《正义》、陆玑《草木虫鱼疏》外者。寸有所长，不以人废言也。且以邢昺之佥邪，而《尔雅疏》列在学官，则卞书亦安得竟弃乎？”① 将蔡卞的人品和学术与陆佃、邢昺进行比较，强调“不以人废言”，因而较原稿大为充实。

3.《欧阳公诗本义提要》

右《诗本义》十六卷，宋欧阳修撰。修以毛、郑之说质之先圣则悖理、考于人情则难行者，为论以辨正之，为《本义》以发明之。其或义已见于论著，则不复别著《本义》。凡为说一百十有四篇，《统解》十篇，《时世》、《本末》二论，《豳》、《鲁》、《序》三问，而《补亡郑谱》及《诗图总序》附于卷末。修之言曰：“察其美刺，知其善恶，以为劝戒，所谓圣人之志者本也。因其失传而妄自为说者，经师之末也。学者得其本而通其末，斯善矣。否则，阙其所疑焉可也。”又曰：“先儒于经不能无失，而所得固已多矣。尽其说而理有不通，然后以论正之，此作书之本旨。”故其立论未尝轻议二家之短长，而能指其不然，以深得诗人之意，前此说经者多祖述毛、郑，孔颖达作《正义》，至不敢一言牴牾，其不相侔者且曲为说以通之。韩愈为唐三大儒，其所引“菁菁者莪”，亦规规焉墨守其说，千余年来无一人有异议者。自《本义》出，其后王安石、苏洵、程颐之徒接踵而起，更相发明，《三百篇》之理趣焕然益著，而体验物情，深求其故，尤推是书。吕祖谦之《读诗记》、李樗之《集解》、朱子之《集传》多用其说。《统解》十篇，张爟至比之《易》有《系辞》、《说

① 《总目》卷15。

卦》、《杂卦》、《序卦》。朱子亦谓其辨毛郑处文字徐缓，到底不易，亦可以得其言诗之旨矣。公字永叔，庐陵人，官至太子少师，赠文忠，本末具详本传。①

《毛诗本义》十六卷 两江总督采进本

宋欧阳修撰。是书凡为说一百十有四篇，《统解》十篇，《时世》、《本末》二论，《豳》、《鲁》、《序》三问，而《补亡郑谱》及《诗图总序》附于卷末。修文章名一世，而经术亦复湛深。王宏撰《山志》，记嘉靖时欲以修从祀孔子庙，众论靡定。世宗谕大学士杨一清曰："朕阅《书·武成》篇有引用欧阳修语，岂得谓修于六经无羽翼，于圣门无功乎？"一清对以"修之论说见于《武成》，盖仅有者耳。其从祀一节，未敢轻议"云云，盖均不知修有此书也。自唐以来，说《诗》者莫敢议毛、郑，虽老师宿儒，亦谨守《小序》。至宋而新义日增，旧说俱废。推原所始，实发于修。然修之言曰："后之学者，因迹先世之所传而较得失，或有之矣。使徒抱焚余残脱之经，伥伥于去圣人千百年后，不见先儒中间之说，而欲特立一家之学者，果有能哉？吾未之信也。"又曰："先儒于经不能无失，而所得固已多矣。尽其说而理有不通，然后以论正之。"是修作是书，本出于和气平心，以意逆志，故其立论未尝轻议二家，而亦不曲徇二家。其所训释往往得诗人之本志。后之学者或务立新奇，自矜神解。至于王柏之流乃并疑及圣经，使《周南》、《召南》俱遭删窜，则变本加厉之过，固不得以滥觞之始，归咎于修矣。林光朝《艾轩集》有《与赵子直书》曰："《诗本义》初得之如洗肠，读之三岁，觉有未稳处。大率欧阳、二苏及刘贡父谈经多如此。"又一书驳《本义》《关雎》、《樛木》、《兔罝》、《麟趾》诸解，辨难甚力。盖文士之说《诗》，多求其意；讲学者之说《诗》，则务绳以理。互相掊击，其势则然，然不必尽为定论也。②

① 《秋室学古录》卷2。
② 《总目》卷15。

此篇提要除前面一句保留外，后面部分几乎完全重写，观点也相左：余集对于《诗本义》一书给予极高的评价——“自《本义》出，其后王安石、苏洵、程颐之徒接踵而起，更相发明，《三百篇》之理趣焕然益著，而体验物情，深求其故，尤推是书。”而《总目》坚守汉学立场，表章毛、郑之学，谨守《小序》，倾向于尊序派。欧阳修《诗本义》是废序派的名著，《总目》虽然承认“修作是书，本出于和气平心，以意逆志，故其立论未尝轻议二家，而亦不曲徇家。其所训释，往往得诗人之本志”，但接着笔锋一转，对其末流（如王柏）大加针砭，对“多求其意”的文士说《诗》与“务绳以理”的讲学者说《诗》的诠释学方法均不以为然，坚持“注不破经、疏不破注”的传统诠释方法，由毛、郑之注笺以探《诗经》之本义。

4.《诗传遗说提要》

右朱鉴裒次其先祖文公之遗说也。文公之为《集传》也，屡易其说而后成，凡一字之疑，一义之隐，必反复商榷，折衷于至当而后已，故其绪言余论往往散见于他书，杂载于门弟子之所记授，类足以发明《集传》之义，使不汇而存之，奚以备学士之参核，鉴于是检《文集》、《书问》、《语录》各种，都为一集，题曰《诗传遗说》。首纲领，次序辨，次六义，明读诗之要旨，辨往说之是非，著小序之失，发无邪之旨；继之以风、雅、颂之论断，终之以逸诗、诗谱、叶韵之义。凡六卷。单辞只义，甄录无遗，学者读《集传》而兼考乎？是将所谓温柔敦厚之意与兴观群怨之旨不益犁然会于心欤？鉴字子明，文公宗子埜之子也，仕至吏部郎中、湖广总领。又有《易说》若干卷，其大略相类，是编其为承议郎兴国郡时所辑，盖宋理宗端平乙未岁也。鉴与文公皆生于庚戌，文公初得孙，喜甚，以书抵龙川陈亮曰：“小孙资禀壮实，他日可望告庙，则曰嗣子既亡，次当承绪，异时朝廷察其遗忠，或有恩意，亦令首及。”钟爱异于诸孙如此。见于刘后村所著墓铭。鉴渊源家学，无忝先人，复有志于扬前哲之清芬，以开示乎来学，亦可志也。①

《诗传遗说》六卷 两江总督采进本

宋朱鉴编。鉴有《朱文公易说》，已著录。是编乃于理宗端平乙未，鉴以承议郎权知兴国军事时所成。盖因重槧朱子《集传》，而取《文集》、《语录》所载论《诗》之语足与《集传》相发明者，汇而编之，故曰《遗说》。其书首纲领，次序辨，次六义，继之以风、雅、颂之论断，终之以逸诗、诗谱、叶韵之义。以朱子之说，明朱子未竟之义，犹所编《易传》例也。鉴自序有曰："先文公《诗集传》，豫章、长沙、后山皆有本，而后山校雠最精，第初脱稿时，音训间有未备。刻版已竟，不容增益，欲著补脱，终弗克就。仍用旧版，葺为全书，补缀趱那，久将漫漶。揭来富川，郡事余暇，辄取家本，亲加是正，刻置学官"云云。国朝宁波史荣撰《风雅遗音》，据鉴此序，谓今本《集传》音叶，多鉴补苴，非朱子所手定。其说似非无因。然则以音叶之误议朱子，与以朱子之故而委曲回护吴棫书者，殆均失之矣。②

余集对于朱子之诗学极为尊重，认为其《集传》"屡易其说而后成，凡一字之疑，一义之隐，必反复商榷，折衷于至当而后已"，《诗传遗说》"明读《诗》之要旨，辨往说之是非，著小序之失，发无邪之旨"。《总目》意主讥刺，将余氏之佳评删除殆尽，而增"以朱子之说，明朱子未竟之义，犹所编《易传》例也"一句。看似平淡，实则弦外之音还是捉弄朱子之学。朱鉴编《朱文公易说》，《总目》讥之曰："考朱子初作《易传》，用王弼本，后作《易本义》，始用吕祖谦本。《易传》，《宋志》著录，今已散佚。当理宗以后，朱子之学大行，剩语残编，无不奉为球璧，不应手成巨帙，反至无传。殆以未定之说，自削其稿，故不复流布欤？鉴是书全采语录之文，以补《本义》之阙。其中或门人记述，未必尽

---

① 《秋室学古录》卷2。

② 《总目》卷15。

合师说，或偶然问答，未必勒为确论，安知无如《易传》之类为朱子所欲刊除者!"① 据此类推，《诗传遗说》又安知不为朱子所欲刊除者！余集赞之曰："鉴与文公皆生于庚戌……鉴渊源家学，无忝先人，复有志于扬前哲之清芬，以开示乎来学，亦可志也。"《总目》因为排斥朱子一家之学，也将此段删去，倒也与其思想主旨相吻合。

5.《张氏诗说提要》

《诗说》一卷，宋张耒撰。凡十二条。原载宛邱本集中，无序文、篇目，非单行之本也。通志堂刻入《经解》，以备一家之说。成德称其有感于熙宁开边斥竟之举而为之，亦只就其一篇之说而意之也。耒字文潜，楚州淮阴人。与黄庭坚、晁补之、秦观游苏轼之门，天下称"四学士"，以党籍未致大用云。②

《总目》列入存目，将书名改为《诗说》，且增材料："登进士第。元祐中官至起居舍人，绍圣中谪监黄州酒税。徽宗召为太常寺卿，坐元祐党，复贬房州别驾、黄州安置。寻得自便，居于陈州，主管崇福宫，卒。事迹具《宋史·文苑传》。"复增评论："如《抑》篇慎尔出话一条，盖为苏轼乌台诗案而发。《卷阿》篇尔土宇昄章一条，盖为熙河之役而发。余亦多借抒熙宁时事，不必尽与经义比附也。"③

6.《林氏毛诗讲义提要》

《毛诗讲义》十二卷，宋林岊撰。岊字仲山，福建古田人。绍熙元年特奏名，嘉定间尝守全州。《宋史》不为立传，而《闽志》称其"在郡九年，颇多惠政，重建清湘书院，复

---

① 《总目》卷3,《朱文公易说》提要。
② 《秋室学古录》卷2。
③ 《总目》卷17。

> 建率性堂，日偕诸生讲明道学，勉敦实行。鹤山魏了翁与昰友善，为作书院记纪之。郡人祀之柳宗元庙，其治绩殊可纪”，盖亦学道君子也。兹编乃其讲义，简括笺疏，依文训释，大指取裁毛、郑，而折衷其异同。虽范围不出古人，而融会贯通，绝无枝言曲说之病。观其体例，当是在郡时讲授所及，门弟子因录而成帙耳。说《诗》至宋时，若刘敞、欧阳修、王安石、苏辙以迄程、朱，务黜序说，驳毛、郑，各以意逆志，求合于风人之旨。虽其所得，或有什伯于前人，而或至放言高论，屈经以从己说，武断以乱是非，若郑樵、王柏之徒，亦不免一时之流弊。昰在光、宁间，诸儒之说正盛，而独沾沾焉阐古义以诏后来，亦可谓笃信汉学者矣。案：《宋史·艺文志》、马端临《文献通考》及《文渊阁书目》皆载有此书五卷。自明初以来，久无传本，故朱彝尊《经义考》以为已佚。今从《永乐大典》各韵所载，次第汇辑，用存其概，而阙其所原逸者。因篇帙稍繁，谨厘为十二卷，不复如其原目云。①

二者提要大致相同。《总目》将书名改为《毛诗讲义》②，仅删去“说《诗》至宋时，若刘敞、欧阳修、王安石、苏辙以迄程、朱，务黜序说，驳毛、郑，各以意逆志，求合于风人之旨。虽其所得，或有什伯于前人，而或至放言高论，屈经以从己说，武断以乱是非，若郑樵、王柏之徒，亦不免一时之流弊”等语。

7.《诗缵绪提要》

> 右元刘玉汝撰。玉汝，《元史》无传，其士履亦不见于他书，惟以周霆震《石初集》考之，知其为庐陵人，字成之，尝举乡贡进士。而所作《石初集序》，末题洪武癸丑，则明初尚存也。此书诸家书目从未著录，独《永乐大典》各韵内颇载其文。其大旨专以发明朱子《集传》，故名曰《缵绪》，盖

① 《秋室学古录》卷2。

② 《总目》卷15。

缵紫阳之绪为言。体例与辅广《童子问》相近，而发挥更为精畅。凡《集传》中一二字之斟酌，必求其命意所在。或存此说而去彼说，或宗主此说而兼用彼说，无不寻绎其所以然而阐明之。至其论比兴之例，如曰有取义之兴，有无取义之兴，有一句兴数章，有数句兴一句，有赋又比、比又赋之类。明用韵之法，如曰连章为韵、叠句为韵、重韵为韵、隔句为韵之类。论风雅之别，如曰有腔调不同，有词气不同之类。于文公比兴叶韵之说，皆反复体究，诠释明当，足补前人所未备，洵可为朱氏之功臣。《诗》传自紫阳始发理趣，后宗其说者渐多，辅氏以外如胡一桂之《附录纂疏》、梁益之《旁通》、汪克宽之《音义会通》、刘瑾之《通释》，悉能发朱子之蕴，胡广等据以纂辑《大全》，遂为世所习用。玉汝此书，尤推阐无遗，与诸儒足相伯仲。乃前人罕有称之者，则其亡佚久矣。今就《永乐大典》所载，依经排纂，正其脱讹，定为十八卷，以为羽翼朱传者备一家之说焉。①

二者行文大致相同，但褒贬各异，《总目》将原稿“诠释明当，足补前人所未备，洵可为朱氏之功臣。《诗》传自紫阳始发理趣，后宗其说者渐多，辅氏以外如胡一桂之《附录纂疏》、梁益之《旁通》、汪克宽之《音义会通》、刘瑾之《通释》，悉能发朱子之蕴，胡广等据以纂辑《大全》，遂为世所习用。玉汝此书，尤推阐无遗，与诸儒足相伯仲”改为“缕析条分，虽未必尽合诗人之旨，而于《集传》一家之学，则可谓有所阐明矣”。②

另外，《续吕氏家塾读诗记》、《絜斋毛诗经筵讲义》两种永乐大典本亦出余集之手，提要原稿可能也是余氏所撰，但其集中未见，存而不论可矣。

余集所拟提要稿与《总目》之间存在的主要差异，主要表现在如何评价朱子上，其焦点仍然是汉学宋学之争。《诗经》研究存

---

① 《秋室学古录》卷2。

② 《总目》卷16。

在汉学与宋学两种不同路径，汉学派尊《小序》，重毛、郑；宋学派主张废《小序》，尊朱子。《总目》重汉学轻宋学，而余集则反其道而行之。

三、周永年与《四库全书总目》

周永年（1730～1791），字书昌，山东历城人。乾隆三十六年（1771）进士。《四库全书》之编纂缘起，远源即为周永年所倡之编纂“儒藏”说。《总目》是《四库全书》之解题目录，对于《四库全书》的编纂意图作了全方位的陈述，但往往此现一鳞，彼现一爪，难见全体。笔者以为一部《四库全书》实即一部《儒藏》。《四库全书》也好，《总目》也好，始终严守儒墨之防，以孔子之道或儒家之道衡量群言。这就是其主旨。《四库全书》虽然也收入了少量的异端之作，但不能改变其核心部分的性质。现在有人竟然置此于不顾，组织力量重新编纂《儒藏》，可谓床上安床，屋下架屋。此一问题因为超出本书论述范围，拟另题讨论。

释家类提要可能出周永年之手。据陈垣研究后发现：“《四库全书》成书仓猝，谬误本多。惟释家类著录十三部，存目十二部，谬误尚少，此必稍通佛学者所为。吾尝考之，四库馆员中以佛学名者无几，吾颇疑其出于历城周书昌永年也。……尝阅王述庵昶《春融堂集》四十五《再书楞严经后》，有云：‘今天下士大夫能深入佛乘者，桐城姚南青范、钱塘张无夜世荦、洛南周永年书昌及余四人。’……今《四库提要》《开元释教录》条下，注云：‘江南按察使王昶家藏本’，而存目《正宏集》条下，则注云‘编修周永年家藏本’。吾因此颇疑释家类提要出永年手，故舛误尚不多也。”①

《于文襄手札》云：“昨阅程功册散篇一项，除周编修（山东）外，认真者极少，然每日每页尚有一定之程，惟遗书卷帙甚多，每纂修所分俱有一千三百余本，今此内有每月阅至一百六七十本者，

① 陈垣：《中国佛教史籍概论》，上海：上海书店，1999年，第15～16页。

告峻尚易……”周永年辑出《周官总义》、《左氏传续说》、《周官集传》、《春秋释例》、《文选颜鲍谢诗评》、《牧庵集》、《周官新义》、《公是集》、《彭城集》、《浮溪集》等永乐大典本。

章学诚说：“宋元遗书，岁久湮没，畸篇剩简，多见于明成祖时所辑《永乐大典》。时议转从《永乐大典》采缀，以还旧观。而馆臣多次择其易为功者，遂谓搜取无遗逸矣。书昌固执以争，谓其中多可录。同列无如之何，则尽举而委之书昌。书昌无间寒暑，目尽九千巨册，计卷一万八千有余，丹铅标识，摘抉编摩。于是，永新刘氏兄弟《公是》、《公非》诸集以下，又得十有余家，皆前人所未见者，咸著于录。好古之士以为书昌有功斯文，而书昌自是不复任载笔矣。”① 章氏此说一直颇有市场，甚至被夸大到不可信的程度，似乎永乐大典本是周永年一人所为。

通检《纂修四库全书档案》，笔者首次发现三份档案材料记载了大典本分纂官姓名，可谓一字千金，节录如次：

（一）军机大臣进呈《永乐大典》总裁等人员记过次数清单②

翰林院、四库馆于本年［引者按：指乾隆四十六年］七月分三次寄围进呈过《永乐大典》第一分，正本十四种，共计一百四十本。今将总裁、分校计过次数，分晰开列如后。

计开：《周官总义》卷三内‘公’讹‘工’……分校周永年记过一次。……《左氏传续说》……分校周永年记过一次。……《周官集传》……分校周永年记过一次。……《数学九章》……分校陈际新记过一次。《春秋释例》……分校周永年记过一次。……《文选颜鲍谢诗评》……分校周永年记过一次。……《彭城集》……分校周永年记过一次。……《公是集》……分校周永年记过一次。……《牧庵集》……分校周永年记过五次。

① 章学诚：《周书昌先生别传》。

② 《纂修四库全书档案》，第1451～1452页。

(二)四库全书馆进呈《永乐大典》内指出错误并总裁等记过次数清单①

乾隆四十六年十一月十四日四库馆进呈过《永乐大典》一次,共六十八种,三分计一千二百三十九本,内有指出错误应计过者一百三十八种,今将总裁、总阅、分校计过次数开后:

《周官新义》……分校庄承篯记过六次。《春秋通训》……分校范衷记过六次。《春秋左传谳》……分校吴裕德记过二次。……《春秋穀梁传谳》……分校吴裕德记过二次。……《絜斋家塾书抄》……分校庄通敏记过六次。……《易通变》卷四十内‘玄’误‘元’,三分同,分校王春煦记过六次。《尚书精义》……分校俞大猷记过六次。……《金楼子》卷一内‘妲’讹‘胆’,三分同,分校王增记过六次。……《常谈》卷一内‘一’误‘二’……分校庄承篯记过六次。《密斋笔记》……分校庄承篯记过六次。《画墁集》……分校于鼎记过六次。《济南集》……分校陈昌齐记过六次。《郧溪集》卷二十七内‘箫’讹‘萧’,二分同,分校吴省兰记过四次。《滃水集》卷十六内‘牖’字写不成体,三分同,分校庄承篯记过六次。《忠穆集》卷八内‘陵’讹‘林’,一分同,又‘明’讹‘武’,三分同,分校王增记过六次。《相山集》附录内‘宋王之道撰’应删,三分同,分校范衷记过六次。……《云溪居士集》……分校汪如洋记过六次。《丹阳集》卷八内‘太’讹‘夫’,分校邹炳泰记过二次。《紫微集》……分校苏青鳌记过六次。……《方舟集》……分校陈昌齐记过六次。……《烛湖集》卷十八内‘更’字少一画,分校邵晋涵记过二次。《九华集》卷三内‘雒’字误写俗体……分校陈昌齐记过二次。《臞轩集》……分校吴省兰记过六次。《槲溪居士集》卷三内‘甄’字少两点,分

① 《纂修四库全书档案》,第1511~1516页。

校吴鼎雯记过二次。《南湖集》卷四内‘杭’讹‘航’,三分同,分校陈昌齐记过六次。……《鹤林集》卷四内‘清’误‘青’,一分,分校平恕记过二次。……《竹隐畸士集》卷四内‘神’讹‘人’,分校范衷记过二次。《定斋集》……分校平恕记过二次。《楳埜集》卷九内‘璧’讹‘壁’,分校许兆椿记过二次。《伊滨集》卷五内‘祠’讹‘词’,二分同,分校吴鼎雯记过四次。……《双溪醉隐集》卷一内‘际’字未写好……分校吴省兰记过二次。……《紫山大全集》卷六内‘辰’讹‘晨’……分校陈昌齐记过六次。……《庸庵集》卷七内‘宾’讹‘鱼’,分校庄承篯记过二次。《江湖后集》卷十内‘扬’讹‘杨’,三分同……分校邵晋涵记过六次。

(三) 左都御史纪昀奏文渊阁书籍校勘完竣并附遗漏抵换各书清单①

纪昀于乾隆五十六年十二月初九日校勘文渊阁库书发现遗失《永乐大典》书三部:

《春秋例要》。谨案:此书宋崔子方传,乃《子方春秋》三书之一。通志堂所刻经解,仅有两书,佚此一种,久无传本。主事杨昌霖从《永乐大典》辑出补完。今架上未收。

《秘书监志》。谨案:此书元王士点、商企翁同撰。原本久佚,编修今升祭酒邹炳泰从《永乐大典》辑出。今架上未收。

《敖波图》。谨案:此书元陈椿撰。原本久佚,编修徐天柱从《永乐大典》辑出。今架上未收。

纪昀又发现借本抵换《永乐大典》书一部:

---

① 《纂修四库全书档案》,第2274页。

《公是集》。谨案：此书宋刘敞撰。原本久佚，编修周永年从《永乐大典》辑出，共五十四卷，今架上以坊刻徐嘉允《三刘文集》八卷，分为十卷抵换，迥非原书。①

经笔者考证，参与《永乐大典》辑佚的有49人，其中有30人为校勘《永乐大典》纂修兼分校官：戴震、周永年、陈昌齐、庄承篯、邹炳泰、邵晋涵、杨昌霖、陈初哲、黄轩、平恕、范衷、吴省兰、闵思诚、余集、吴寿昌、黄良栋、王增、吴鼎雯、励守谦、陈昌图、林澍藩、王嘉曾、黄寿龄、萧芝、庄通敏、王春煦、俞大猷、于鼎、汪如洋、许兆椿；有5人为协勘总目官：刘权之、汪如藻、程晋芳、任大椿、张羲年；有3人为武英殿提调官：彭元琉、吴裕德、周兴岱；有3人为校办各省送到遗书纂修官：翁方纲、邹奕孝、郑际唐；有3人为武英殿分校官：王汝嘉、沈孙涟、徐步云；有1人为天文算法纂修官：陈际新；还有4人（秦泉、周厚辕、苏青鳌、徐天柱）不见于职名表。这种迹象表明，永乐大典本的纂修绝非只是校勘《永乐大典》纂修兼分校官的专职，协勘总目官、武英殿提调官、校办各省送到遗书纂修官、武英殿分校官、天文算法纂修官等均参与其事，共襄伟业。②

因此，我们似可得出以下结论：永乐大典本成于众手。过去仅归功于周永年一人的说法显然不能成立。

四、刘权之与《四库全书总目》

刘权之（1739～1818），字德舆，湖南长沙人。乾隆二十五年（1760）进士，三十八年（1773）充四库全书纂修兼协勘《总目》官，三十九年（1774）充江南乡试副考官，四十二年（1777）提

① 《纂修四库全书档案》，第2274页。

② 《于文襄手札》云："五征君所分五种书甚好，将来进呈时或有绩，蒙评赏亦未可知也。余归各纂修阅分亦妥。"戴震、周永年、邵晋涵、杨昌霖、余集"五征君"在辑佚时成绩名列前茅，功不可没。

督安徽学政。四十三年（1778）丁母忧。四十六年（1781）仍充《总目》协勘官。先后同事者皆迁转出馆，刘氏独任其劳。四十七年（1782），《总目》告成，议叙，以侍讲借补。乾隆四十七年七月十九日永瑢等奏："查获上年《全书总目提要》全部告成，其协勘官，编修汪如藻、程晋芳、李潢及查校人员等，均经仰蒙圣恩，特旨交部议叙……惟有原派协勘之候补洗马刘权之一员，前后在馆五年，现在协同校办《简明目录》，颇为勤勉，但洗马仅有一缺，该员需次无期，可否准其于对品侍讲缺出通行补用，以示鼓励。"同日奉旨："刘权之遇有侍讲缺出，准其借补。"①

刘权之为纪昀门生，在《总目》起草与修订过程中发挥了比较重要的作用。聚珍版提要有四篇署其名：《猗觉寮杂记》、《后山诗注》、《茶山集》、《文苑英华辨证》。

五、邹炳泰与《四库全书总目》

邹炳泰（1741～1820），字仲文，号晓屏，江苏无锡人。乾隆三十七年（1772）进士，改庶吉士，四十年（1775）散馆授编修，旋充《四库全书》纂修官，四十三年（1778）因纂书出力，命优叙。四十五年（1780）充文渊阁校理，四十六年（1781）迁国子监司业。著有《午风堂诗集》、《午风堂丛谈》。

集部提要多出邹氏之手。袁行云说："读《午风堂丛谈》，可知炳泰熟习典籍、究心掌故，《四库提要》集部多成其手，诗歌乃旁事也。"②《午风堂丛谈》云：

> 书所以贵宋版者，不惟点画无讹，亦且笺刻精好，若法帖然。凡宋刻有肥瘦二种，肥者学颜，瘦者学欧，行款疏密，任意不一，而字势皆生动，笺古色而极薄，不蛀，然余见北宋版

① 《纂修四库全书档案》，第1604～1605页。

② 袁行云：《清人诗集叙录》，北京：文化艺术出版社，1994年，第1447页。

本多疏行，绝无讹字，南宋版本多密行，并有破体减写者，伪字亦多。①

陈大樽《明诗选》允为诗家正家无论，非虞山《列朝诗集》可比，即竹垞《明诗综》可备一朝文献，亦非诗坛标准。阮亭谓《明诗选》于弘正间持择甚精，嘉隆以来便稍皮相，见以不入汤义仍、曹能始诗为大误。大樽此诗力追雅音，格律声韵真是一线不走。嘉隆后诗虽未极变化，要是古风未坠，若《列朝诗集》之于北地、信阳、济南、娄东诸家，弃长录短，恣其排斥而惟崇尚纤浮，此何以为诗人先导，至如汤义仍之纤缛、曹能始瓜东江空等联，最为阮亭所赏，然神韵虽佳，体骨未称，其他去正声渐远，无当美刺。大樽之不录，有以也。阮亭谓必当与《列朝诗集》合观，吾所不取。②

邹炳泰所论宋版与明诗均极有见地。邹炳泰为永乐大典本辑佚功臣。《午风堂丛谈》云：

宋吴兴陈振孙《直斋书录解题》列经史子集，中分五十三类，视晁公武《读书志》议论较为精核，马氏《经籍考》多援之而作，其书久佚，《永乐大典》载之，余校纂成编，列入四库，曾以聚珍版印行，购者珍如星凤。

余为史官时，以绍奕考异附梦得各条之下，列入四库，于史学大有裨益。

《永乐大典》载《易纬》八种……《易纬通卦验》，余所纂也，曾以聚珍版印行，今是本绝难得矣。

明初所收图籍多系古本，故《永乐大典》内编集诸书与今本迥别。子书人间尤少善本，脱漏讹舛，历久滋甚，后人未见古本，复以意强为注解，遂至艰涩难通，及观大典本，乃知古书无不文从字顺。余与同年庄编修亭叔校正《庄子》、《盐

---

① 邹炳泰：《午风堂丛谈》卷8，盛宣怀刻本，1911年。

② 邹炳泰：《午风堂丛谈》卷3。

铁论》二书，方见真面目，书局事冗，未暇取诸子一一参校，至今耿然。

刘辰翁会孟于选诗及李、杜、苏、黄诸家、《世说新语》等皆有批点，杨升庵诋须溪不知诗，目为开剪截罗手段，继则云，士林服其赏鉴之精，而不知其节义之高……须溪所评古书意取标新，致伤纤刻，固有之。至其博识特见，毅然自立，即升庵于其评《史记》诸书亦不能不以好古之士归之。子将孙著《养吾集》，与《须溪集》并抄入四库，皆余所纂也。

唐苏鹗《演义》于典制名物具有考证，与崔豹《古今注》、马缟《中华古今注》，多相出入，此书可证豹书之伪、缟书之剿袭。陈振孙谓其考究书传，订正名物，可与李涪《刊误》、李济翁《资暇集》、邱光庭《兼明书》并驱。余从《永乐大典》中录得十卷，藏之。

可见，邹炳泰纂修了《直斋书录解题》、《易纬通卦验》、《养吾集》、《须溪集》、《苏氏演义》，加上《学易集》、《丹阳集》、《秘书监志》，他至少辑了8种大典本。

六、任大椿与《四库全书总目》

任大椿（1738～1789），字幼植，江苏兴化人。乾隆三十四年（1769）进士。大椿为戴震四大弟子之一，官至陕西道监察御史。著有《经典弁服释例》十卷、《深衣释例》三卷、《小学钩沉》二十卷。

姚鼐称："值诏开四库全书馆，大臣有知君才，举为纂修官。是时非翰林而为纂修官者凡八人，鼐与君与焉。君既博于闻见，其考订论说多精当，于纂修之事尤为有功。其后鼐以病先归，君旋遭艰居里。既而鼐遇君淮上。当是时，四库书成，凡纂修者皆议叙，向之八人者，其六尽改为翰林矣。大臣又与鼐与君名，列之章奏，而称其劳……鼐昔者与君本相知，及同处四库馆，则朝晡无不偕，有所疑说，无不相论证也。退而偶有尊酒召宾之设，无不与同也。”①

任大椿学问淹通，尤精于礼学。经部礼类提要不出一手，皆大椿详定②。可惜这些提要稿没有流传下来。我们现在能够确知者，聚珍版提要署其名者有《郑志》、《岭表录异》、《麟台故事》、《归潜志》、《文子缵义》，但是这些也不一定全是其手笔。

七、张羲年与《四库全书总目》

张羲年（1733～1778），字淳初，号潜亭，浙江余姚人。以拔贡任教谕，为协勘《总目》官之一。著有《噉蔗集》、《周官随笔》、《丧礼详考》等书。笔者首次从《噉蔗集》中发掘出三篇提要稿。

值得一提的是，张羲年对于明代别集发表了一己之见。其《捐刻水道提纲序》云：“灾梨之祸，至明而极。有明三百余年，士大夫别集不下五千余家。以余观之，其无用与有用者相参，盖什之九一而已。综核百家，上下今古，考镜治乱得失之林，了如指掌，如天文、地理、星官、历律、农田、水利，关于圣贤经世之略，切于民生日用之务，若是者谓之有用之书，若徒以词章记诵或高谈不根与剿说雷同者，君子弗取也。”③ 他对于明代别集的评价是“九一开”，以无用与有用作为判断标准。此说得到碧山的赞同：“余往在琉璃厂书坊，目阅明人专集亦不下千余部，大抵皆覆瓿物耳。潜亭此言，实获我心。”馆臣中如翁方纲对于明代文集的评价更低。相比之下，《总目》对明集的评价似乎还好一些。当然，打击明人之学，夺取明人之席，此乃四库馆臣之初衷，因而当时也就不可能对明代文集作出客观公正的评价。

---

① 姚鼐：《陕西道监察御史兴化任君墓志铭》，《惜抱轩全集》，北京：中国书店，1991年，第146～147页。

② 《清史列传》卷68，第17册，北京：中华书局，1987年，第5510页。

③ 《噉蔗全集》文卷4。

章学诚云："君（指羲年——引者注）于四库馆行走八年，校勘书籍，不下数百种，大约史、集两门序录签档，多出君手。宜向武英殿已付聚珍者查现刻张某恭校，缮成一帙，提在诸序之上。"①从上海图书馆发现的《总目》提要残稿来看，张氏是修改人之一，《东南纪闻》、《金管集》经其修改。②

下面将《啖蔗集》中发掘出来的三篇提要稿与《总目》进行比较。

（一）《宋朝事实提要》

谨案：《宋朝事实》，宋李攸撰。《文献通考》作李攸。《宋史·艺文志》亦作李攸，《通考》传写误也。攸字好德。陈振孙《书录解题》称其官为承议郎，而不详其里贯。原序称"政和初编辑《西山图经》、《九域志》等书，泸帅孙羲叟招之书上转一官，张浚入朝，约与俱，以家事辞"。考西山属成都府，泸州属潼川路，则攸当为蜀人。其曰张浚入朝，盖绍兴四年浚自川陕宣抚使召还时也。其书据原序盖上起建隆下迄宣和，凡六十卷。其三十卷先闻于时，后以余三十卷上之，因语触秦桧，寝其书不报。故晁、陈二家书目俱作三十卷，与序相合。而赵希弁《读书附志》、《宋史·艺文志》乃俱作三十五卷。今书中有高、孝两朝登极赦诏及绍兴间南郊赦诏，而纪元亦迄于绍兴。殆又有所附益，兼及南宋之初欤？攸熟于掌故，经靖康兵燹之后，图籍散佚，独汲汲搜辑旧闻，使一代典章，粲然具备，其用力颇为勤挚。所载历朝登极、南郊大赦诏令，太宗亲制《赵普碑铭》、《西京崇福宫记》、《景灵西宫记》、《大晟乐记》，往往为《宋文鉴》、《名臣碑传琬琰集》、《播芳大全》诸书所阙漏。他如宗室换官之制，不见于《宋

① 《啖蔗全集》文卷4。

② 沈津：《校理四库全书总目提要残稿的一点新发现》，《中华文史论丛》，1982年第1期。

史·职官志》。郊祀勘箭之仪，不详于《礼志》。太庙、崇宁庙图，紫宸殿、集英殿上寿，赐宴再坐、立班、起居诸图，官架鼓吹十二按图，尤为记宋代掌故者所未备。至其事迹之异同，年月之先后，记载之详略，尤多可与《东都事略》、《续通鉴长编》及《宋史》互相参订。又如石晋赂契丹十六州，分代北、山前、山后，足订薛、欧《五代史》称山后十六州之误。周世宗兵下三关，并载淤口关，亦足补薛、欧二史只载瓦桥、益津二关之阙。当时如江少虞《事实类苑》、《锦绣万花谷》多引用之，《宋史》亦多采用其文。第原本久佚，惟散见于《永乐大典》各韵下者尚存梗概，而割裂琐碎，莫由考见其体例。惟赵希弁《读书附志》称"祖宗世次，登极纪元诏书，圣学、御制、郊庙、道释、玉牒、公主、官职、爵邑、勋臣配享、宰执拜罢、科目仪注、兵刑律历、籍田财用、削平僭伪、升降州县、经略幽燕之类，具载本末"云云。盖即当日之门目。今据以分类编次，厘为二十卷。虽未悉复原书之旧，而纲举目从，咸归条贯，亦得其十之七八矣。攸别有《通今集》二十卷，《宋史·艺文志》入故事类，今佚不传。又尝上书秦桧，戒以居宠思危，尤为侃侃不阿。则其人亦足重，不独以博洽见长云。①

《宋朝事实》二十卷 永乐大典本

宋李攸撰。《文献通考》作李伋。按：攸字好德，义从《洪范》。若作伋字，与"好德"之意不符。《宋史·艺文志》亦作李攸，《通考》盖传写误也。陈振孙《书录解题》称其官为承议郎，而不详其里贯。原序称"政和初编辑《西山图经》、《九域志》等书，泸帅孙义叟招，书上转一官，张浚入朝，约与俱，以家事辞"。考西山属成都府，泸州属潼川路，则攸当为蜀人。其曰张浚入朝，盖绍兴四年浚自川陕宣抚使召还时也。其书据原序，盖上起建隆，下迄宣和，凡六十卷。其三十卷先闻于时，后以余三十卷上之，因语触秦桧，寝其书不

① 《暾蔗全集》文卷4。

报。故晁、陈二家书目俱作三十卷，与序相合。而赵希弁《读书附志》、《宋史·艺文志》乃俱作三十五卷。今书中有高、孝两朝登极赦诏及绍兴间南郊赦诏，而纪元亦迄于绍兴。殆又有所附益，兼及南宋之初欤？攸熟于掌故，经靖康兵燹之后，图籍散佚，独汲汲搜辑旧闻，使一代典章，粲然具备，其用力颇为勤挚。所载历朝登极、南郊大赦诏令，太宗亲制《赵普碑铭》、《西京崇福宫记》、《景灵西宫记》、《大晟乐记》，往往为《宋文鉴》、《名臣碑传琬琰集》、《播芳大全》诸书所阙漏。他如宗室换官之制，不见于《宋史·职官志》。郊祀勘箭之仪，不详于《礼志》。太庙、崇宁庙图，紫宸殿、集英殿上寿，赐宴再坐、立班、起居诸图，宫架鼓吹十二案图，尤为记宋代掌故者所未备。至其事迹之异同，年月之先后，记载之详略，尤多可与《东都事略》、《续通鉴长编》及《宋史》互相参订。又如石晋赂契丹十六州，分代北、山前、山后，足订薛、欧《五代史》称山后十六州之误。周世宗兵下三关，并载淤口关，亦足补薛、欧二史只载瓦桥、益津二关之阙。当时如江少虞《事实类苑》、《锦绣万花谷》多引用之，《宋史》亦多采用其文。第原本久佚，惟散见于《永乐大典》各韵下者，尚存梗概，而割裂琐碎，莫由考见其体例。惟赵希弁《读书附志》称"祖宗世次，登极纪元诏书，圣学、御制、郊庙、道释、玉牒、公主、官职、爵邑、勋臣配享、宰执拜罢、科目仪注、兵刑律历、籍田财用、削平僭伪、升降州县、经略幽燕之类，具载本末"云云。盖即当日之门目。今据以分类编次，厘为二十卷。虽未悉复原书之旧，而纲举目从，咸归条贯，亦得其十之七八矣。攸别有《通今集》二十卷，《宋史·艺文志》入故事类，今佚不传。又尝上书秦桧，戒以居宠思危，尤为侃侃不阿，则其人亦足重，不独以博洽见长矣。①

① 《总目》卷81。

朝军按：二者大致相同。不同之处仅有两小点：第一，《总目》补出卷数与版本来源；第二，将“攸字好德”增饰为“按：攸字好德，义从《洪范》。若作伋字，与‘好德’之意不符”。另外还有几处文字方面的点窜。查武英殿聚珍版提要，《宋朝事实》正署张羲年之名。

（二）《孙烛湖集提要》

谨案：《烛湖集》二十卷，宋孙应时撰。应时字季和，自号烛湖居士，余姚人。父介，字不朋，号雪斋、野叟，晚年尝自为墓志，四明楼钥为之铭。先是，应时乞铭于朱子，书凡十数上，朱子许之铭，而迄不果，尝称志士仁人有不及展拜庞公之恨，其略见于《朱子文集》答季和诸书。应时登淳熙乙未进士。初尉黄岩，迁海陵丞，再迁遂安令，改秩知常熟县，既满郡将以私憾据摭仓粟流欠三千斛，士民感德，至相率担负诣郡代偿，竟坐贬秩，移判邵武军，未上，卒。应时少负俊才，弱冠从学陆九渊，悟心性之旨。后更师事朱子，锐志力行。绍熙初，尝应蜀帅邱崇之辟会，兴元将吴挺疾，亟遣应时往视之。廉得军情，未几，挺死。应时白崇，遣别将权其军，且奏闻于朝，以张诏代，一方晏然。后挺子曦以赂复将其军，果启逆谋。时应既殁，三省上言追叙劳绩，官其一子祖开。《宋史》邱崇传叙兴元易将事专美崇而不及应时参画之始谋也。张淏《会稽续志》、杨简所作《圹志》俱详述之。所至有惠政，在遂安立周子、二程子祠，并设南轩、东莱祠于侧，以二人尝官于斯土也。常熟为子游故里，应时为创立祠堂，乞记于朱子。生平笃于师友。陆九渊及朱子殁，为文哭之哀。吕祖俭以上书劾韩侂胄，安置韶州，改吉州，应时贻书甚切直。同时讲学者如杨简、沈焕、舒璘皆从游九渊之门，守其师说不变。惟应时渐摩于朱子者盖久，故学日益进。朱子谓其兼集其善，不倚于一偏。其文淡迤泓演，外洁中腴。朱子云记序诸篇意皆正当，而词意清婉，诗自入蜀后骎骎有大家之风，非南宋江湖诸人可比。手编稿为五十卷。涑水司马述先以十卷付梓，后附以《问思录》五十条，《通鉴摘义》三十条，为《经史说》一卷，雪斋父子倡和诗及雪斋行状、墓铭，杨简所撰《圹记》，《会稽续志》小传，子祖开《补官省札》等篇。余未刻者尚多。其始末详见述原序及侄祖祐跋中。是集久失流传。厉鹗《宋诗纪事》搜罗颇广，仅于《吴礼部诗话》、王应麟《困学纪闻》、黄宗羲《姚江逸诗》内采入数诗。兹从《永乐大典》采辑成编。惟《经史说》已佚，只存《疑孟说》一篇，《宋史·艺文志》集本十卷，今以其卷帙繁重，分作二十卷。兄应求、应符，俱孝友能文。应求字伯起，登乡荐。应符字伯潜，著有《历代帝王纂要》二卷，见陈振孙《书录解题》，又有《初学须知》五卷行于世。仍附编其父介及其兄应求、应符诗，并录应时父子志、传、行状，子祖开《补官省札》诸篇于末。①

《烛湖集》二十卷附编二卷 永乐大典本

宋孙应时撰。应时字季和，自号烛湖居士，余姚人。登淳熙乙未进士。初尉黄岩，迁海陵丞，再迁遂安令，改知常熟县，以仓粟流欠贬秩，移判邵武军，未上而卒。考杨简作应时圹志及张淏《会稽续志》，均称其绍熙初尝应蜀帅邱密辟，预料吴曦逆谋，白密以别将领其军。后曦以叛诛，其言果验。时应时已殁，三省奏官其子祖开，盖亦智略之士。又史弥远受业于应时，集中与弥远诸书，皆深相规戒。迨弥远柄国，独超然自远，无所假借，甘沦一倅而终，其人品尤不可及矣。《宋史·艺文志》载《烛湖集》十卷。据应时诗中自序，盖尝应刘克庄之求，手编其稿为五十卷。集末有其侄祖祐跋，称涑水司马述先以十卷付梓，后附以《问思录》五十条，《通鉴摘义》三十条，总名之曰《经史说》。又附雪斋父子倡和诗及雪斋行状、墓铭，杨简所撰《圹记》，《会稽续志》小传，子祖开《补官省札》等篇。是十卷为祖祐所编，非其旧本也。年远散

① 《啖蔗全集》文卷4。

佚，久无传本。故厉鹗作《宋诗纪事》，仅于《吴礼部诗话》、王应麟《困学纪闻》、黄宗羲《姚江逸诗》内采掇数篇，寥寥不备。兹从《永乐大典》所载，排纂成编。惟《经史说》残阙特甚，仅存一篇，其余则约略篇数，殆已十得八九。以卷帙繁重，分二十卷，仍附编其父介及其兄应求、应符诗，并录应时父子志、传、行状，子祖开《补官省札》诸篇，为上下二卷。应求，字伯起，尝登乡荐。应符，字伯潜，所著有《历代帝王纂要》二卷、《初学须知》五卷，载于陈振孙《书录解题》，今并未见云。①

朝军按：二者大致相同。不同之处仅有几点：第一，《总目》增注版本来源；第二，《总目》增材料："盖亦智略之士。又史弥远受业于应时，集中与弥远诸书，皆深相规戒。迨弥远柄国，独超然自远，无所假借，甘沦一倅而终，其人品尤不可及矣。《宋史·艺文志》载《烛湖集》十卷。据应时诗中自序，盖尝应刘克庄之求……其余则约略篇数，殆已十得八九。"第三，《总目》删材料："父介，字不朋，号雪斋、野叟，晚年尝自为墓志，四明楼钥为之铭。先是，应时乞铭于朱子，书凡十数上，朱子许之铭，而迄不果，尝称志士仁人有不及展拜庞公之恨，其略见于《朱子文集》答季和诸书。……余未刻者尚多其始末，详见述原序及侄祖祐跋中。……兄应求、应符俱孝友能文。"第四，《总目》删评论："应时少负俊才，弱冠从学陆九渊，悟心性之旨。后更师事朱子，锐志力行。……所至有惠政，在遂安立周子、二程子祠，并设南轩、东莱祠于侧，以二人尝官于斯土也。常熟为子游故里，应时为创立祠堂，乞记于朱子。生平笃于师友。陆九渊及朱子殁，为文哭之哀。吕祖俭以上书劾韩侂胄，安置韶州，改吉州，应时贻书甚切直。同时讲学者如杨简、沈焕、舒璘皆从游九渊之门，守其师说不变。惟应时渐摩于朱子者盖久，故学日益进。朱子谓其兼集其善，不倚于一偏。其文淡迤泓演，外洁中腴。朱子云记序诸篇意皆正当，而词

① 《总目》卷161。

意清婉，诗自入蜀后骎骎有大家之风，非南宋江湖诸人可比。”从增删的内容来看，《总目》有意淡化孙应时与陆九渊尤其是朱子的师承关系，回避其集中只存《疑孟说》一篇的重要史实。

（三）《庸庵集提要》

谨案：《庸庵集》，元宋禧撰。禧，初名元禧，后改名禧，字无逸，庸庵其号也，余姚人。少颖悟好学，父欲使从市井胥吏之役，辄哭辞，母资遣之游学，尽通经史百家之旨。至正庚中浙江乡试，补繁昌教谕，寻弃归。明洪武初纂修《元史》，禧被征入史局。所撰《外国传》，自高丽以下悉出其手。书成，不受职，乞还山。复与桂彦良同征，主考福建。故《明史》附见《文苑·赵埙传》中。禧本元末遗民，投老岩壑，其以修史被征，乃迫于朝命，非其本心。集中《题桐江钓隐图》有云：“黄冠漫忆贺知章，老病怜予简书趣。”又《寄宋景濂》云：“当时十八士，去留各有缘。”而戴良赠以诗，亦有“麦秀歌残已白头，逢人犹自说东周”之句，故于明初官爵一无所受，其志操皭然，可以概见。至禧学问本出于杨维桢。维桢才力横轶，所作诗歌专为槎牙兀奡之格，一时学者翕然从之，号为“铁体”。而禧诗乃清和婉转，独以自然为宗，颇出入香山、剑南之间。文亦详赡明达，而不诡于理，可谓善变所学，视当时之随流播波以至堕入险怪者，其得失相去远矣。黄虞稷《千顷堂书目》载《庸庵文集》三十卷，又《庸庵集》十卷。自明以来从未刊行，故流播绝尠。今浙江所采进者即《千顷堂书目》所云十卷之本，乃其诗集仅存，而文集则久已散佚。惟《永乐大典》各韵内诗文并载，尚具梗概。以浙本相校，其诗仅多七言绝句四首，又词一首，其他转不若浙本之详备，疑当日所收本属从略。至杂文题下各载干支，检勘皆元至正间所作，而入明乃无一篇，当亦不免有所遗脱。然世无传本，惟藉此以获见一斑，尤不可不亟为甄录矣。谨据浙本参互考证，又从《西湖志》补诗二首，《余姚志》补文二首，仍编诗集为十卷，文集则别厘为四卷，统题作《庸庵集》，以备元之一家焉。①

《庸庵集》十四卷 永乐大典本

元宋禧撰禧。初名元禧，后改名禧，字无逸，“庸庵”其号也。余姚人。元至正庚中浙江乡试，补繁昌教谕，寻弃归。洪武初召修《元史》。所撰《外国传》，自高丽以下悉出其手。书成，不受职，乞还山。复与桂彦良同征，主考福建，故《明史》列之《文苑》中，附见《赵埙传》末。然集中《题桐江钓隐图》有云：“黄冠漫忆贺知章，老病怜予简书趣。”又《寄宋景濂》云：“当时十八士，去留各有缘。”而戴良赠以诗亦有“麦秀歌残已白头，逢人犹自说东周”之句，则亦沈梦麟、赵汸之流，非危素诸人比也。禧学问源出杨维桢。维桢才力横轶，所作诗歌以奇谲兀奡，凌跞一世，效之者号为“铁体”。而禧诗乃清和婉转，独以自然为宗，颇出入香山、剑南之间；文亦详赡明达，而不诡于理，可谓“善学柳下惠，莫如鲁男子”矣。黄虞稷《千顷堂书目》载《庸庵文集》三十卷，又《庸庵诗集》十卷。自明以来未有刊版，故流播绝稀。今浙江所采进者，乃其诗集，即《千顷堂书目》所云十卷之本，而文集则已久佚。惟《永乐大典》各韵内诗文并载，尚具梗概。以浙本相校，其诗惟多七言绝句四首，词一首，其他转不若浙本之详备，疑编录之时多所删汰。其杂文每题之下各载年月，检勘皆至正间所作，而入明乃无一篇，当亦不免有所遗脱。然世无传本，惟藉此以获见一斑，尤不可不亟为甄录。谨据浙本参互考证，仍编诗集为十卷，文集则别厘为四卷，又从《西湖志》补诗二首，《余姚志》补文二首，统题作《庸庵集》，以备元末之一家焉。②

二者大致相同。不同之处仅有两点：第一，《总目》将“故于

① 《啵蔗全集》文卷四。
② 《总目》卷168。

明初官爵一无所受，其志操皭然，可以概见”改为“则亦沈梦麟、赵汸之流，非危素诸人比也”，将“善变所学，视当时之随流播波以至堕入险怪者，其得失相去远”改为“善学柳下惠，莫如鲁男子”。第二，《总目》删材料：“少颖悟好学，父欲使从市井胥吏之役，辄哭辞，母资遣之游学，尽通经史百家之旨。……禧被征入史局……禧本元末遗民，投老岩壑，其以修史被征，乃迫于朝命，非其本心。”

综上所述，张羲年《噉蔗集》所载三则提要稿与《总目》同名提要大致相合。

八、程晋芳与《四库全书总目》

（一）程晋芳及其论学大旨

程晋芳（1718～1784），字鱼门，号蕺园，歙县人。乾隆三十六年进士，官翰林院编修，为协勘《总目》官之一。翁方纲所撰墓志铭对其人其学有比较简要的介绍：

昔方望溪为李刚主志墓，于习斋、昆绳诸人诋诃程朱之非痛切言之，虞道园所谓慨然于鲁国许公以表章程朱为己任也。新安程君，少以文名江南，乾隆壬午始官京师，予与接席赋诗，目为淹雅者流耳。后十年，予自粤东归，始与深交，往复劘切者十有二年，尝叹其博综经史，诗文撰述皆所易几，而其独守程朱，为后学所宜矜式也。君束发时读蕺山刘念台《人谱》，见其论守身事亲大节，辄心慕之，故以蕺园自号。其后综览百家，出入贯串于汉宋诸儒之说，未始不以程朱为职志也。著《正学论》七篇，反复于体用博约之际。尝与友人书谓宋儒讲太极、河洛牵入麻衣、希夷之说，又以郑、卫为淫诗，其他小误处间亦有之，大者止如是。至于天道人纪，节心制行，务为有用之学，百世师之可也……君治经之功与年俱进，著《周易知旨编》三十卷、《尚书今文释义》四十卷、

《尚书古文解略》六卷、《诗毛郑异同考》十卷、《春秋左传翼疏》三十二卷、《礼记集释》二十卷、《诸经答问》十二卷、《群书题跋》六卷，又所为诗四十四卷、文十六卷、《桂宧书目》二卷……癸巳岁，高宗纯皇帝允廷臣之请，特开四库全书馆，妙选淹通硕彦，俾司修纂，君与其列。旋以馆阁诸公校核讹错，皆罹薄谴，独君所手辑毫发无疵。书成奏进，纯皇帝素稔君才，仰荷特达之知，改授编修。本朝自新城王文简公以部曹改官翰林，而后词林掌故不多觏，洵异数也。①

程晋芳之学术旨趣与《总目》异同大致表现在以下六个方面：

第一，程晋芳学术宗旨与《总目》相反。程晋芳学宗程朱，苦志卫道，所作《正学论》七篇乃其纲领性文字，要点如下：

由汉及唐，孔孟之真传不显，而学行合一，默与古合者，亦代不乏人，及宋贤出而圣学大明……而世之人辄以程朱为迂缓之儒……岂以程朱为不足学乎?

或问于余曰："程朱果得孟子之真传乎?"余骇然作曰："子之言奚自而来耶?虽然有自，由明以来，显与程朱为难者，多陆王之徒，此各是其师之学，不足计也。我朝颜习斋目击闯、献之乱，求其故而不得，乃归咎于程朱之学非孔孟之学，学者但当从事于实际，不得高言性命，徒付空谈。而其门人李塨刚主力阐其传……近代一二儒家又以为程朱之学即禅学也，虚灵不昧，以复其初，非二氏之说乎?……"

昔吕留良有私憾于黎洲注释诸书，力攻陆王之学。而陆清献为一代大儒，亦过信陈清澜之说，附和吕氏。于是海内士大夫以宗阳明为耻，而四十年来并程朱之脉亦无有续者，此则非愚意料所及也。夫阳明之学本于象山，其为流弊，至使人自事其心，束书不读，非其近禅之过乎?然遂指陆王之学为禅，则愚不敢也。盖天下事视所归宿而已矣。二氏之学不事君亲，绝

①《勉行堂诗文集》卷首。

远人事，为陆学者如何心隐、李卓吾为人口实者固有其人，而末流如蔡维立、金正希、黄石斋、刘念台诸人，其清忠大节足以扶维人极，而谓二氏之教有是乎？然必欲合朱陆为一，而以为皆可学，则又非也……学亦有正脉焉，有偏脉焉。以陆王为洪水猛兽，攻之不遗余力，是儒家恶习，不可蹈也。从而学之，则过也。……然则守程朱之正脉，自治于衾影幽暗之中，博学于文，约之以礼，措诸事而正，施之行而利，余深有望于世之为学者焉。

古之学者日以智，今之学者日以愚。古之学者由音训训诂之微，渐臻于诗书礼乐广大高明之域；今之学者琐琐章句，至老死不休。何雅俗大小之不同也？且海内儒家只言汉学者几四十年矣，其大旨谓唐以前书皆寸珠尺璧，无一不可贵，由唐以前推之汉，由汉以溯之周秦，而九经史汉注疏为之根本，宋以后可置勿论也。鸣呼！为宋学者未尝弃汉唐也，为汉学者独可弃宋元以降乎？然而学士大夫相率而趋，同辙合途，莫有异者，何也？……自明以后，士人高谈性命，古书束高阁……物极则反，宜乎今之儒者得唐以前片言只字，不问其理如何，而皆宝而录之，讨求而纂述之，此非往复之道乎？……是以群居坐论，必《尔雅》、《说文》、《玉篇》、《广韵》诸书之相砺角也，必康成之遗言、服虔、贾逵未绪之相讨论也。古则古矣，不知学问之道果遂止于是乎？又其甚者据字义而旁及于金石文字。夫金石文字之足以资助史学，夫人而知之矣，然不过订日月、校职官、证琐事，而于制度之为、安危治乱之端，其所系者终小……以此为儒，果足为程朱供拚扫役乎？然则有志之士必不为俗拘，不泥古，不遗今，博学而反求诸约，养心而不蔽于欲，卓然为儒大宗，岂必专守一家，蒙嶷嶷小夫之诮哉？①

《正学论》重宋轻汉，与《总目》所论正相反。在四库馆中，程晋芳、翁方纲、姚鼐等程朱派是非主流派，他们的论调在《总

① 《勉行堂诗文集》卷1。

目》中被过滤掉了。

第二，程晋芳的《易》学观与《总目》相反。其《易通序》云："将欲沉溺于一说往而不返耶？抑谓可各出其说而遂以为《易》道之广大耶？由前之说者吾无讥矣。由后之说者视《易》为杂乱之薮，又惑之甚者也。"① 这是对《总目》《易》学观的公开批评。《总目》认为："《易》道广大，无所不包，旁及天文、地理、乐律、兵法、韵学、算术，以逮方外之炉火，皆可援《易》以为说，而好异者又援以入《易》，故《易》说愈繁。夫六十四卦《大象》皆有'君子以'字，其爻象则多戒占者，圣人之情见乎词矣。其余皆《易》之一端，非其本也。"② 这是纪昀的观点，在当时占上风，一己之私一时成为公论，但也难免被程晋芳讥之为"惑之甚者"。

第三，程晋芳的《书》学观与《总目》相近。其《尚书今文释义序》云："二帝三王之道莫备于《书》……丁亥戊子间，取伏书反复读之，意若有会取诸家注释，择其尤者次第著于篇，凡五载而第一稿成。癸巳之夏，从事四库书，所见书益多，重加裒辑，三年而第二稿成。又三年增删改易，第三稿成，而余已六十矣。窃谓士君子治经之道必巨细弗遗，本末该贯，而后其学成。孔子之教人读诗也，曰可以兴……《孔传》虽晚出，而得于周秦汉之旧闻者多，数典辨物，中者十之六七，宋人取诸心得，不免武断之讥，而于汉晋诂训蔽塞丛结处，亦颇爬疏一二，均未可偏废也……其专释二十八篇者，伏书之与梅去若霄壤，在今日已为定论。学者固宜分别观之，正无俟谰言诠释也。"③ 其《尚书古文解略序》云："梅氏晚出书，元明诸贤虽间一辨之，而未极其致。我朝阎百诗、程绵庄、惠定宇辈出，始抉摘无遗蕴。虽以西河之博识多闻，为之奋臂大呼，莫能翻已成之案也。然近儒沈果堂谓是书必不能废，余独有取乎其言，以为匪特不能废，亦不可废也。盖其书虽成于襞绩之

① 《勉行堂诗文集》卷2。
② 《总目·易类序》。
③ 《勉行堂诗文集》卷2。

功，针线之迹显然，而一一皆有自来，如《说命》诸篇气象矜贵，言皆有物，士生宋明以降，凡六代三唐诗文小集，片纸只字，犹或珍袭之，况其汇辑三代以前嘉言懿训，联珠贯璧而出之，而遂视同土苴，可乎？特其不足信而能贻弊者亦有数端，前人固已详辨之，学者要当分别观之，且不宜与伏书相混耳。……噫，予嗜经成癖，矻矻汗青垂四十年，自谓持择之功视诸家差为平允。"①程晋芳关于《尚书》的论述与《总目》大体相合。《尚书正义》云："孔《传》之依托，自朱子以来递有论辩，至国朝阎若璩作《尚书古文疏证》，其事愈明。……梅赜之时，去古未远，其《传》实据王肃之注，附益以旧训，故《释文》称王肃亦注今文，所解大与古文相类，或肃私见孔传而秘之乎？此虽以末为本，未免倒置，亦足见其根据古义，非尽无稽矣。"②《古文尚书疏证》提要亦云："唐以来虽疑经惑古，如刘知几之流，亦以《尚书》一家列之《史通》，未言古文之伪。自吴棫始有异议，朱子亦稍稍疑之。吴澄诸人本朱子之说，相继抉摘，其伪益彰，然亦未能条分缕析，以抉其罅漏。明梅鷟始参考诸书，证其剽剟，而见闻较狭，搜采未周。至若璩乃引经据古，一一陈其矛盾之故，古文之伪乃大明。所列一百二十八条，毛奇龄作《古文尚书冤词》，百计相轧，终不能以强辞夺正理，则有据之言先立于不可败也。"③据此推测，《总目》书类提要可能多出程晋芳之手。

第四，程晋芳的《诗》学观与《总目》相反。《诗毛郑异同考序》："今之学者类稍知读注疏，不尽从事宋学矣。然一经之中注疏之异同得失亦未易辨也……士人或泥古以疑今，或是今而弃古，皆未可为平心善学者也。余以暇日浏览说《诗》诸家，因即毛郑传笺条其异同，杂取诸家辨正，复断以己意，既卒业，编成十卷，非敢谓己之所说必不背于经言，盖欲告人以学经之法不可专执一家，由此以断杜、服之《春秋》，先、后郑之《周礼》，庶几是非

---

① 《勉行堂诗文集》卷2。

② 《总目》卷11。

③ 《总目》卷12。

疑似，若观火之明，为不死章句下也。”① 《总目》重视毛郑之学，对于《诗》宋学极力打压。

第五，程晋芳的《礼》学观与《总目》相反。《礼记集释序》：“余撰《礼记集释》成为之说，以辨其端。其一曰所见异辞、所闻异辞、所传闻异辞，《春秋》之事也。不特《春秋》，即《礼记》有然矣。盖《周官》虽多庞杂不经，而出自一人，无相矛盾处。《仪礼》则记一时仪节，次序秩然，无可疑义。《礼记》自周秦历两汉，作者非一人，传者非一时，或亲得之孔子口授，或转相授受，讹以传讹，其精深博大者有之，其互相牴牾者有之，必欲比而目之，既有弗能，欲悉断其得失是非，亦未易易，此康成于难析之义遂以夏殷之礼为归也。其二曰宋贤谓《仪礼》为经、《礼记》为传，此其说亦非定论……其三曰天之生宋贤也，既使彰孔孟之绝学，以昭示来兹，又使阐注疏未罄之藏，刮垢而磨光，使人不蔽于章句，而又将开数百年制艺之学，为士子登仕之阶，故其所著书不独理明典备，而亦简括易读。”②

第六，程晋芳的士气观与《总目》相反。其《读后汉书书后》云：“余论古每以东京士习之醇，为西汉之所酿而成；有明士气之盛，为两宋程朱之学所蕴而发。后之有识者，当不谓斯言河汉也。”③ 《总目》将讲学、门户、朋党等均列为重点打击对象，有关这方面的评论详见后面余论部分的有关内容，兹不赘述。

总之，程晋芳在学术谱系中属于典型的程朱理学派，其学术观点基本上与《总目》格格不入。因此，我们可以作以下推测，其提要稿中的评论部分可能被总纂官删除殆尽。从下面的对比研究中会更加清楚地看到这一点。

（二）程晋芳序跋与《四库全书总目》之关联

程晋芳对于《总目》的编纂肯定作出过相当之贡献。其集中

---

① 《勉行堂诗文集》卷1。

② 《勉行堂诗文集》卷2。

③ 《勉行堂诗文集》卷4。

所撰群书题跋极有可能与纂修《四库全书总目》存在关联，下面逐一比较。

1.《唐史论断序》

《唐史论断》三卷，宋尚书刑部郎中、天章阁待制孙甫之翰撰。马氏《经籍考》作《唐史要论》十卷，秀水曹氏《学海类编》收之，《文渊阁书目》作《唐史记论》三卷九十二则，与陈氏《书录解题》所载篇数适符，当为完书，从十卷并为三卷耳。甫生平自重此书，至于盥手启笥，传为美谈。欧阳庐陵谓其善言唐事，有如目见。著《唐史记》七十五卷，未成。是书为《史记》附论，故《文渊阁目》谓之《唐史记论》也。当时曾巩、苏轼既尊信而称道之，文潞公彦博又从而借观，朱子复为之书后，其卓然行于两宋间，可谓盛矣。今观其书，如苏轼所称褚遂良不僭立、洎太子瑛之废由张渔、张巡之败由房管、李光弼不当遣人阴图史思明诸条，皆别有所见，洵为可传。又李勣为仆射条，于唐朝官制考核颇精，然亦有议论，不越常人者，特其用笔简古，犹是北宋人法度。东莱吕氏乃谓胜范祖禹《唐鉴》。不知《唐鉴》虽有疏失，而撮举大纲……非区区论断可拟。朱子之论为平允矣。后来李东阳作新旧胜《唐书杂论》，大率规仿兹编，而论议平平，无足多录。兹乃编为上中下三卷，一仍浙本之旧云。①

此序与《唐史论断》提要相似，《总目》云：

《唐史论断》三卷 浙江鲍士恭家藏本

宋孙甫撰。甫字之翰，阳翟人。举进士。历官右正言，迁天章阁待制，河北转运使，兼侍读。事迹具《宋史》本传。陈振孙《书录解题》称："甫以刘昫《唐书》烦冗遗略，多失体法，乃改用编年体。创始于康定元年，蒇事于嘉祐元年，勒

① 《勉行堂诗文集》卷2。

成《唐纪》七十五卷。其间善恶分明可为龟鉴者，各系以论。凡九十二篇。甫没后，《唐纪》宣取留禁中。其从子察尝录副本遗司马光，世亦罕见。惟《论断》独传。绍兴二十七年，尝锓版于剑州。后蜀版不存，端平乙未，黄准复刻于东阳。”《宋史·艺文志》作二卷，《文献通考》作十卷，此本仅三卷。盖本从《唐纪》抄出别行，非其旧帙，故卷数多寡，随意分合，实无二本也。前为自序一篇，末附司马光跋。曾巩、欧阳修所作墓志、行状，苏轼答李廌书，张敦颐后序，皆推重是书甚至，朱子亦称其议论胜《唐鉴》云。①

2. 《学福斋文集序》

忆在都门，萃海内胜流，论及近日士大夫学问，或曰本朝经史考据之学以及骈体、诗词皆远胜前明，所不及者时文与古文耳。余曰：“时文则信然矣，若古文岂遂多让耶?”其人作色曰：“百年来能如潜溪学士者乎?”同坐者咸然其言，余未暇深辨也。异日阅《井观琐言》，讥潜溪好为凌厉之言以震荡人耳目。不觉喟然曰，郑氏殆得我心矣。夫古文镕液经史，操事理之极以立言，非徒数典使气以夸人，俾人望而却走也。读古文者如良医切脉三部之间，尤贵沉按……余故论有明古文沿八家正脉，耐人寻讽者终莫如震川，而桐城方望溪犹讥其有序而无物。望溪自许其文为北宋以来第一，而余第取以配食震川。盖震川情文兼美，间失之平。望溪熟于周人之书，特风骨太露耳。衡而量之，分适均焉。既有以敌震川，则本朝之文亦不弱于前明矣。②

《井观琐言》提要云：“在明人说部中，尚称典核。惟不喜宋

① 《总目》卷88。

② 《勉行堂诗文集》卷2。按：潜溪学士指宋濂。

濂，谓其文多浮词，于性命之学不甚理会，未免失之过刻。”① 二者持论相反，可知此条提要似不出程晋芳之手。《宋学士全集》提要云：“《明史》濂本传称其自少至老，未尝一日去书卷，于学无所不通，为文醇深演迤，与古作者并。在朝郊社宗庙山川百神之典，朝会燕飨律历衣冠之制，四裔贡赋赏劳之仪，旁及元勋巨卿碑记刻石之词，咸以委濂，为开国文臣之首。士大夫造门乞文者后先相踵。外国贡使亦知其名，高丽、安南、日本，至出兼金购其文集。刘基传中又称所为文章，气昌而奇，与濂本为一代之宗。今观二家之集，濂文雍容浑穆，如天闲良骥，鱼鱼雅雅，自中节度。基文神锋四出，如千金骏足，飞腾飘瞥，蓦涧注坡，虽皆极天下之选，而以德以力，则略有间矣。方孝孺受业于濂，努力继之，然较其品格，亦终如苏之与欧。盖基讲经世之略，所学不及濂之醇。孝孺自命太高，意气太盛，所养不及濂之粹也。”② 此条提要想亦不为程晋芳所首肯。《震川文集》提要认为：“自明季以来，学者知由韩、柳、欧、苏，沿洄以溯秦汉者，有光实有力焉，不但以制艺雄一代也。”③《望溪集》提要亦云：“苞于经学研究较深，集中说经之文最多，大抵指事类情，有所阐发。其古文则以法度为主。尝谓周秦以前，文之义法无一不备，唐宋以后步趋绳尺，而犹不能无过差。是以所作，上规《史》、《汉》，下仿韩、欧，不肯少轶于规矩之外。虽大体雅洁，而变化太少，终不能绝去町畦，自辟门户。然其所论古人渠度与为文之道，颇能沉潜反复，而得其用意之所以然。故虽蹊径未除，而源流极正。近时为八家之文者，以苞为不失旧轨焉。”④ 此二则提要似与程晋芳持论相近。

3. 《唐摭言后序》

《唐摭言》十五卷，其为嘉定宜春孙氏本，既无从知之，

---

① 《总目》卷122。
② 《总目》卷169。
③ 《总目》卷172。
④ 《总目》卷173。

而视《稗海》所刊多十之五，盖秀水朱竹垞借抄于梁相国棠村，王渔洋又借抄于竹垞，北平黄少宰昆圃为渔洋门下士，因得此本。得州卢雅雨又昆圃门生，遂为刊行，雠校未极精，与初本互有得失。余承乏为《四库全书》纂修，得黄氏抄本，与卢刻对勘，存其一是，序以系之曰：曩余读刘子厚《送崔子符罢举序》，谓进士科必不可废，尚之以孝弟，孝弟犹是人也；尚之以经术，经术犹是人也。喟然叹曰：子厚不学之是乎？千古以降，墨守成规，俾人才不古，若皆子厚之说误之也。及读《摭言》而益信余言之不谬……①

此序多议论语，与《唐摭言》提要不同，《总目》云：

《唐摭言》十五卷 副都御史黄登贤家藏本

五代王定保撰。旧本不题其里贯。其序称王溥为从翁，则溥之族也。陈振孙《书录解题》谓定保为吴融之婿，光化三年进士。丧乱后入湖南。《五代史·南汉世家》称定保为邕管巡官，遭乱不得还，刘隐辟置幕府。至刘龑僭号之时，尚在其所，终则不得而详矣。考定保登第之岁，距朱温篡唐仅六年。又序中称溥为丞相，则是书成于周世宗显德元年以后。故题唐国号，不复作内词。然定保生于咸通庚寅，至是年八十五矣。是书盖其暮年所作也。同时南唐乡贡士何晦亦有《唐摭言》十五卷，与定保书同名，今晦书未见，而定保书刻于商氏《稗海》者，删削大半，殊失其真。此本为松江宋宾王所录，末有跋语、称以汪士鋐本校正。较《稗海》所载，特为完备。近日扬州新刻，即从此本录出。惟是晁公武《读书志》称是书分六十三门，而此实一百有三门。数目差舛，不应至是。岂商维濬之前，已先有删本耶？是书述有唐一代贡举之制特详，多史志所未及。其一切杂事，亦足以觇名场之风气，验士习之淳浇。法戒兼陈，可为永鉴。不似他家杂录，但记异闻已也。

---

① 《勉行堂诗文集》卷4。

据定保自述，盖闻之陆扆、吴融、李渥、颜荛、王溥、王涣、卢延让、杨赞图、崔籍若等所谈云。①

4.《书春秋大事表后》

《春秋大事表》五十卷，故国子监祭酒顾先生震沧撰。凡为表五十有一，舆图、论叙错见其中。……是书之成，门人华师道与有力焉，如《朔闰》、《长历拾遗》表非我所能为，盖华生笔也……余于是书所深取者，朔闰、长历、犬牙相错、都邑、三传异同、阙文、杜注正讹表七篇，若人物、列女表及口号，则每与师道，苦劝先生，以为二表可不作，口号可改为附论，不必悉为有韵之文。先生初则颔之，卒弗从也。要之，世之读是书者，取其典核可也。其毕生用心于此，故收名也远，宜与宋之程公说《春秋分纪》并传不倍也。②

《春秋大事表》五十卷《舆图》一卷《附录》一卷　两江总督采进本

国朝顾栋高撰。栋高有《尚书质疑》，已著录。是书以《春秋》列国诸事比而为表，曰时令、曰朔闰、曰长历拾遗、曰疆域、曰爵姓存灭、曰列国地理犬牙相错、曰都邑、曰山川、曰险要、曰官制、曰姓氏、曰世系、曰刑赏、曰田赋、曰吉礼、曰凶礼、曰宾礼、曰军礼、曰嘉礼、曰王迹拾遗、曰鲁政下逮、曰晋中军、曰楚令尹、曰宋执政、曰郑执政、曰争盟、曰交兵、曰城筑、曰四裔、曰天文、曰五行、曰三传异同、曰阙文、曰吞灭、曰乱贼、曰兵谋、曰引据、曰杜注正讹、曰人物、曰列女。其《险要表》后附以《地形口号》，《五礼表》后附以《五礼源流口号》。《舆图》则用朱字、墨字以分别古、今地名。《附录》则皆诸表序并表中所未及者。又为《辨论》以订旧说之讹，凡百三十一篇。考宋程公说作

① 《总目》卷140。
② 《勉行堂诗文集》卷4。

《春秋分纪》，以传文类聚区分，极为精密，刊版久佚，抄本流传亦罕。栋高盖未见其书，故体例之间往往互相出入。又表之为体，昉于周谱，旁行斜上，经纬成文，使参错者归于条贯。若其首尾一事，可以循次而书者，原可无庸立表，栋高事事表之，亦未免繁碎。至参以七言歌括，于著书之体亦乖。然条理详明，考证典核，较公说书实为过之。其《辨论》诸篇，皆引据博洽，议论精确，多发前人所未发，亦非公说所可及。其《朔闰》一表，用杜预"隐公元年正月起辛巳朔"之说，与陈厚耀所推《长历》退一闰者不合。盖厚耀之书，栋高亦未之见，故稍有异同云。①

二者行文不同，但持论大致相合。

5.《书春秋分纪后》

右宋程公说著。公说字伯刚，丹棱人。弟公许、公辰。伯刚年三十七以避吴曦乱，劳顿而死。是书虽其少作，而贯穿诸家，卓然成一书，不易得也。始吾友赵诚夫为余言是书之佳，而极其难得。盖诚夫素蓄之，后归马氏小玲珑山馆，余与马氏有姻，因借抄，不能得也。癸巳之春，设四库全书馆，马氏书大半进馆中，余乃得见之矣。亟命抄胥录之，三月而毕。覃溪翁学士亦抄焉。编首有游似序、伯刚自序、公许序、刘光祖所撰墓志铭。凡九十卷：年表九、世谱七、名谱二、书二十六、周、鲁纪载八、世本二十六、次国二、小国七、附录三。大抵贯穿内外传及周秦子史诸书，为之缕析条分，苦心具见。近儒马宛斯撰《绎史》，顾震沧撰《春秋大事表》，体例略与之近。惜二公不见是书，末由加以考订也。同时有宋刻一本，今在大内，外间抄本才三四部耳，安得有心力者为之刊布耶？②

---

① 《总目》卷29。

② 《勉行堂诗文集》卷4。

《总目》增材料："其年表则冠以周及列国，而后夫人以下与执政之卿皆各为一篇。其世谱则王族、公族以及诸臣，每国为一篇，鲁则增以妇人名、仲尼弟子，而燕则有录无书，盖原阙也。名谱则凡名著于《春秋》者，分五类列焉。书则历法、天文、五行、疆理、礼乐、征伐、职官七门。其周、鲁及列国世本，以及次国、小国附录，则各以经传所载分隶之，条理分明，叙述典赡，所采诸儒之说与公说所附《序论》亦皆醇正，诚读《春秋》者之总汇也。明以来其书罕传，故朱彝尊《经义考》注曰未见。顾栋高作《春秋大事表》，体例多与公说相同。栋高非剽窃著书之人，知其亦未见也。此本出扬州马曰璐家，与《通考》所载卷数相合。内宋讳犹皆阙笔，盖从宋刻影抄者。刘光祖公作说墓志，称所作尚有《左氏始终》三十六卷，《通例》二十卷，《比事》十卷。盖刻意于《左氏》之学者。"又增评论："宋自孙复以后，人人以臆见说《春秋》，恶旧说之害己也，则举三传义例而废之。又恶《左氏》所载证据分明，不能纵横颠倒、惟所欲言也，则并举《左传》事迹而废之。譬诸治狱，务毁案牍之文，灭佐证之口，而是非曲直，乃可惟所断而莫之争也。公说当异说坌兴之日，独能考核旧文，使本末源流犁然具见，以杜虚辨之口舌，于《春秋》可谓有功矣。"① 程晋芳云："始吾友赵诚夫为余言是书之佳，而极其难得。盖诚夫素蓄之，后归马氏小玲珑山馆，余与马氏有姻，因借抄，不能得也。癸巳之春，设四库全书馆，马氏书大半进馆中，余乃得见之矣。亟命抄胥录之，三月而毕。覃溪翁学士亦抄焉。"如此书林掌故，作为个人书话自是绝妙好材，但不宜写进《总目》。程氏又云："同时有宋刻一本，今在大内，外间抄本才三四部耳，安得有心力者为之刊布耶？"这为我们提供了有价值的线索。编纂《四库全书》时，天禄琳琅之善本并未充分利用，殊堪惋惜。

6.《读日知录》

……由明以上，迄于秦汉，儒家者流，学博而精，所见者

① 《总目》卷27，《春秋分纪》提要。

大。坐而言可起而行者殆无几人，惟亭林及黄子黎洲，于书无所不通，而又能得古圣贤之用心，于修己治人之术独能探其要，其所论述实有可见诸行事者，然不患其书不传，患在后之人以为言言可信，将悉举而行之，更易成宪，日趋于综核烦琐而不觉，是又不可不辨也。亭林欲以米易银，行均田，改选法，之数者有必不能行，有行之必不能无弊，其可行者惟学校、贡举耳。虽然，岂易言哉？不徐徐有以易之，鲜有不溃败决裂者。黎洲则欲复封建、井田，此则童孺皆知其不可矣。①

此与《总目》论调相近："其论治道，以井田、封建为必不可废，亦泥古而流于迂谬。"② "大旨欲全复井田、封建、学校、征辟、肉刑及寓兵于农之法。夫古法之废久矣，王道必因时势。时势既非，虽以神圣之智，藉帝王之权，亦不能强复。强复之，必乱天下。元所云云，殆于瞽谈黑白。使行其说，又不止王安石之《周礼》矣。"③ "所谓纸上空谈，不达时变，与欲复井田、封建，同一迂谬耳。"④ "至于跋张载《西铭》，论其欲复井田为不可，则深明今古之宜，破除门户之见，其识迥在讲学诸儒上矣。"⑤

7. 《读易举要跋》

俞氏琰《读易举要》四卷，见《文渊阁书目》及焦氏《经籍志》、朱睦㮮《授经图》。今其书不传而《永乐大典》有之，亦非完本，采掇得四卷。其学主象数，于反对之义深致意焉。又驳张行成以"元亨利贞"起数于四，及田畴积乾、坤以下六卦至于师，而六军之数全。史浚谓革居四十九，应大衍之数，故云"天地革而四时成"；节居六十，而甲子一周，故

---

① 《勉行堂诗文集》卷4。
② 《总目》卷92，《知言》提要。
③ 《总目》卷97，《存治编》提要。
④ 《总目》卷75，《黄运两河考议》提要。
⑤ 《总目》卷162，《洛水集》提要。

云"天地节而四时成"，皆以偶合之见，窥圣人作《易》之意，殊非本旨是也。而琰亦不能纠缠于象数，岂责人则明耶？以其元人之书，在今为难得，故著录焉。善学者择取可耳。①

《读易举要》四卷　永乐大典本

宋俞琰撰。是书《文渊阁书目》、焦竑《经籍志》、朱睦㮮《授经图》皆著于录。然外间传本殊稀，故朱彝尊《经义考》亦云未见。今惟《永乐大典》尚散见于各韵之中，可以采辑，谨裒合编次，仍定为四卷。考琰之《集说》，以朱子为宗，而此书论刚柔往来，则以两卦反对见义，例以《泰》、《否》二卦彖辞，较朱子卦变之说更近自然。其《易图》多本邵子，而此书论象数之学，则驳张行成以"元亨利贞"为《周易》起数于四之证，盖不为苟同者。至于田畴谓积乾、坤、屯、蒙、需、讼之策，至于师而六军之数皆全。史浚谓"革居四十九，应大衍之数，故云'天地革而四时成'；节居六十，而甲子一周，故云'天地节而四时成'"，皆以偶合之见，窥圣人作《易》之意，琰顾取之则殊非本旨，然琰于《易》苦思力索，积平生之力为之，意所独契，亦往往超出前人。所列诸家著述，虽多本于晁公武、陈振孙两家，而名字爵里间有异同，亦可资考证，固宜与所撰《集说》并行也。琰别有《六十四卦图》、《易图合璧连珠》、《易图纂要》诸书，旧与此书合刻。修《永乐大典》之时，割裂庞杂，淆其端绪，惟"八分为十六"、"十六分为三十二"两《图》犹标俞琰纂图之目。其余诸图尽冒《读易举要》之名，合并为一，殊为舛乱。今悉考订汰除，以还其旧焉。②

二者评价不同。《总目》认为："然琰于《易》苦思力索，积平生之力为之，意所独契，亦往往超出前人。所列诸家著述，虽多本于晁公武、陈振孙两家，而名字爵里间有异同，亦可资考证，固

① 《勉行堂诗文集》卷5。

② 《总目》卷3。

宜与所撰《集说》并行也。”倾向于肯定。而程氏原稿认为：“而琰亦不能纠缠于象数，岂责人则明耶？以其元人之书，在今为难得，故著录焉。善学者择取可耳。”批评的意味较《总目》为重。

8.《图书辨惑跋》

> 晦木先生学有本源，于《易》理尤邃，既撰《周易象辞》十卷、《寻门余论》二卷，复成兹一卷，以辨陈图南传授之谬。余少时读李鼎祚《易解》，每窃疑之。既乃得梨洲《易学象数论》，为之豁然心开，谓前人不成我河汉也。然求难弟之书竟不可得。乾隆乙未始于浙省所进遗书中见之。盖与胡氏之《易图明辨》、程氏之《易通》皆能拨云雾于晦昧之余，使白日青天昭垂于千古矣。近吴郡一二儒生复取汉人飞伏世应之说及宋儒图象反复研求，欲翻汉廷老吏已断成案，不亦难乎？经术正而人心正，所关于世道者诚不小也。①

《总目》云：“《图书辨惑》谓陈抟之图、书，乃道家养生之术，与元陈应润之说合（见应润所作《爻变义蕴》），谓周子《太极图说》，图杂以仙真说，冒以《易》道，亦与朱彝尊、毛奇龄所考略同（彝尊说见《经义考》二百八十三，奇龄说见所作《太极图说遗议》）。至谓朱子从而字析之，更流于释，则不免有意深文，存姚江朱、陆之门户矣。”②

9.《易图明辨跋》

> 右十卷，胡东樵撰。辨宋以来图书之伪：卷一河图洛书，卷二五行九宫，卷三《周易参同契》、先天太极，卷四《易数钩隐图》，卷五《启蒙图》，卷六、卷七先天古易，卷八后天之学，卷九卦变，卷十象数流弊。《易》图书之伪，自草庐、震川皆有疑义，而未穷极其故也。及黎洲作《易学象数论》，

---

① 《勉行堂诗文集》卷5。

② 《总目》卷6。

晦木作《图书辨惑》，而尽抉其要矣。余犹惜黎洲既以古图为不足征，而又自为诸象以求合乎作者作《易》之原，非所谓责人则明责己则昏乎？东樵于此旁搜博考，极辨难之力，而无矜张矫厉之气，可谓精醇之至矣。人皆知其《禹贡锥指》为第一书，不知《锥指》犹有误者，此则无可议也。学者读二黄、胡氏之书，又参以青溪程氏之《易学三种》，考之《折中》、《观象》等书，出于丛棘，拨尽云霾，而《易》之能事毕矣。①

此跋与《总目》论调相近。《总目》增材料："初，陈抟推阐《易》理，衍为诸图，其图本准《易》而生，故以卦、爻反复研求，无不符合。传者务神其说，遂归其图于伏羲，谓《易》反由图而作，又因《系辞》河图、洛书之文，取大衍算数作五十五点之图，以当河图，取《乾凿度》太乙行九宫法，造四十五点之图，以当洛书。其阴阳奇偶，亦一一与《易》相应。传者益神其说，又真以为龙马、神龟之所负，谓伏羲由此而有先天之图。实则唐以前书绝无一字之符验，而突出于北宋之初。夫测中星而造仪器，以验中星无不合，然不可谓中星生于仪器也，候交食而作算经，以验交食无不合，然不可谓交食生于算经也。由邵子以及朱子，亦但取其数之巧合，而未暇究其太古以来从谁授受，故《易学启蒙》及《易本义》前九图，皆沿其说，同时袁枢、薛季宣皆有异论。然考《宋史·儒林传》，《易学启蒙》，朱子本属蔡元定创稿，非所自撰。《晦庵大全集》中载《答刘君房书》曰：'《启蒙》本欲学者且就《大传》所言卦画蓍数推寻，不须过为浮说。而自今观之，如河图、洛书亦不免倘有剩语。'至于《本义》卷首九图，王懋竑《白田杂著》以《文集》、《语类》钩稽参考，多相矛盾，信其为门人所依附，其说尤明。则朱子当日亦未尝坚主其说也。元陈应润作《爻变义蕴》，始指先天诸图为道家假借《易》理以为修炼

① 《勉行堂诗文集》卷5。

之术。"①

10. 《易汉学跋》

《易汉学》八卷，近人惠氏栋定宇所辑。首《孟长卿易》二卷，次《虞仲翔易》一卷，次《京君明易》二卷，次《郑康成易》一卷，次《荀慈明易》一卷，次河图洛书先天后天两仪四象太极辨、重卦说卦辨共一卷。中卷兼载一行历经及火珠林推衍法，观其次序，似非手订之书，所搜辑亦未极赅备，而虞氏逸象尤适用，其他则但资博雅而已。余尝谓《诗》、《书》、《三礼》，汉儒注释多胜后人，至《易》学则宋明以来较胜于汉人，尝著论序辨之。噫！学者苟不入其室，焉得操矛以伐耶？李延平、朱子皆深入内典，而其辟二氏之学最精，则学《易》者又不可不知汉人途径也。②

程氏认为"《易》学则宋明以来较胜于汉人"，《总目》则"以因象立教者为宗"，重汉《易》而轻宋《易》："夫《易》本为卜筮作，而汉儒多参以占候，未必尽合周、孔之法。然其时去古未远，要必有所受之。栋采辑遗闻，钩稽考证，使学者得略见汉儒之门径，于《易》亦不为无功矣。孟、京两家之学当归术数，然费氏为象数之正传，郑氏之学亦兼用京、费之说，有未可尽目为谶纬者，故仍列之经部焉。"③ 二者持论正好相反。

11. 《周易述跋》

右长洲惠栋定宇著。专注汉学，既自为注，复以古注参之□□，下经至杂卦传凡二十一卷，第二十二、二十三卷曰《易微言》，皆取古书之有关于阴阳理道者；自卷二十四至三十为《易大义》、《易例》、《易法》、《易正讹》，皆未刻，意

① 《总目》卷6。
② 《勉行堂诗文集》卷5。
③ 《总目》卷6。

> 其家当有之，惜未及见也。近者汉学之盛，倡于定宇，谓《易》有五家：汉、魏、晋、唐、宋。惟汉易用师法，得其传。不知辅嗣微言不同于解老。凡定宇所尸祝者，皆辅嗣既拨之云雾也。辅嗣开其先，宋贤继其后，又得家绵庄《易学三书》，参之以安溪诸人，而《易》道大备矣。然此采辑颇博，足资搜讨，如以《易》之正在是焉，则入于幽谷不复出矣。①

《总目》表彰汉《易》不遗余力，认为“自王弼《易》行，汉学遂绝，宋、元儒者类以意见揣测，去古寖远。中间言象数者，又岐为图书之说，其书愈衍愈繁，而未必皆四圣之本旨。故说经之家莫多于《易》与《春秋》，而《易》尤丛杂。栋能一一原本汉儒，推阐考证，虽掇拾散佚，未能备睹专门授受之全，要其引据古义，具有根柢，视空谈说经者则相去远矣”。② 而此跋则认为“凡定宇所尸祝者，皆辅嗣既拨之云雾也。辅嗣开其先，宋贤继其后，又得家绵庄《易学三书》，参之以安溪诸人，而《易》道大备矣。然此采辑颇博，足资搜讨，如以《易》之正在是焉，则入于幽谷不复出矣”。《春秋通论跋》亦云：“汉《易》则自成一家，为汉学者执之以驳晋宋，以不狂为狂，故《易》明而复晦也。夫由宋以来七百余年，圣贤心学既已大明，诸君矻矻孜孜，讲贯不已，自有其可传者在，而近人乃泥形质之汉《易》以夺宋人之席，不亦谀乎?”③ 二者互不相让，可谓针锋相对。汉宋之争，在四库馆臣之中已成对垒之势。

12. 《春秋通论跋》

> ……皆确有所据，而文笔古劲，尤说经家所难。近人皆轻视灵皋，谓其学自宋入手。如此等书，岂可束而不读耶?④

---

① 《勉行堂诗文集》卷5。

② 《总目》卷6。

③ 《勉行堂诗文集》卷5。

④ 《勉行堂诗文集》卷5。

此跋与《总目》持论完全不同。《春秋通论》提要云："苞乃于二千余载之后，据文臆断，知其孰为原书，孰为圣笔，如亲见尼山之操觚，此其说未足为信。"①《总目》亦颇"轻视灵皋"，极力揶揄。

13.《周官新义跋》

> 熙宁经义局三书，成于荆公父子之手。《周官》则安石所手裁。《铁围山丛谈》称其笔迹如斜风细雨，盖安石手稿也。近世如范文正、欧阳公墨迹尚有传者，而安石稿无存焉。岂以其人可议，不复收拾耶?《周官》旧二十二卷，此吾友周书沧从《永乐大典》录出者，得十六卷，而地官、夏官缺焉。末附《考工记》二卷，盖郑宗颜辑安石《字说》为之。其于《周官》好以《字说》牵合，乃王氏说经通病，而发明大义，自有不可泯灭者。余与书沧、孔荭谷各抄一本，嗣是永清令周莨谷属抄一本，而陈上舍竹厂又抄焉。行于世者有四本，亦难得之数也。②

此跋与《总目》持论相去不远，《总目》认为："安石以《周礼》乱宋，学者类能言之。然《周礼》之不可行于后世，微特人人知之，安石亦未尝不知也。安石之意，本以宋当积弱之后，欲济之以富强，而恐富强之说必为儒者所排击，于是附会经义以钳其口，实非真信《周礼》为可行。迨其后，用之不得其人，行之不得其道，百弊丛生，而宋以大坏，其弊亦非真缘《周礼》以致误。罗大经《鹤林玉露》咏安石放鱼诗曰：'错认苍姬六典书，中原从此变萧疏。'是犹为安石所绐，未究其假借六艺之本怀也。因是而攻《周礼》，因是而攻安石所注之《周礼》，是宽其影附之巧谋，而科以迂腐之薄谴矣。故安石怙权植党之罪，万万无可辞。安石解经之说，则与所立新法各为一事。程子取其《易》解，朱子、王

① 《总目》卷29。

② 《勉行堂诗文集》卷5。

应麟均取其《尚书》义，所谓言各有当也。”① 对于王安石的评论较程氏为详细。

14.《开元占经跋》

> ……自天体浑象迄龙鱼虫蛇占，所引诸书皆唐以后无传本者，其所引诸书《星经》较之《津逮秘书》所刊，盖多大半。《巫咸经》，各史天文志及《文献通考》间一引之，不及是书十之三四……而此书来历最古，宜为罕见之珍也。②

《总目》行文与此不同，但评论相近。《唐开元占经》提要云：“所言占验之法，大抵术家之异学，本不足存。惟其中卷一百四、一百五全载《麟德》、《九执》二历。《九执历》不载于《唐志》，他书亦不过标撮大旨。此书所载，全法具著，为近世推步家所不及窥。又《玉海》载《九执历》以开元二年二月朔为历首。今考此书，明云今起明庆二年丁巳岁（案：改显庆为明庆，盖避中宗讳。）二月一日以为历首，亦足以订《玉海》所传之误。至《麟德历》虽载《唐志》，而以此书校之，多有异同。若推入蚀限术、月食所在辰术、日月蚀分术诸类，《唐志》俱未之载。又此书载章岁、章月、半总、章闰、闰分历、周月法、弦法、气法、历法诸名，与《新唐书》所载全不合。其相合者，惟辰率、总法等目。盖悉达所据当为《麟德历》，见行本《唐志》远出其后，不无传闻异词。是又可订史传之讹，有裨于考证不少矣。又征引古籍，极为浩博。如《隋志》所称纬书八十一篇，此书尚存其七八，尤为罕觏。然则其术可废，其书则有可采也。卷首有万历丁巳张一熙识语，谓是书历唐迄明，约数百年，始得之挹元道人。钩沉起滞，非偶然已。”③

---

① 《总目》卷19。

② 《勉行堂诗文集》卷5。

③ 《总目》卷108。按：俞正燮《癸巳类稿》卷14“书开元占经目录后”辨之甚详。

另外附带讨论一个相关的小问题。《星经》晁公武《读书志》著录为汉甘公、石申撰。《总目》云："是书卷数虽与《隋志》合，而多举隋、唐州名，必非秦汉间书也。"① 《总目》从地名切入，断定《星经》非秦汉旧本，证据相当薄弱。《总目》忽视了一个非常重要的证伪手段，《石氏星经》虽佚，但在《唐开元占经》中有大量节录，《唐开元占经》已收入《四库全书》，程跋已见及此，何以不用《唐开元占经》证今本《星经》之伪？可见，《唐开元占经》的辨伪功能在当时还没有被《总目》加以利用。

15. 《唐律疏义跋》

……余求其书二十年不可得，最后始于四库馆见之，读之月余，而后知天心之祚唐非无故也。若其刊刻次第及卷轴之多寡，则小长芦朱氏言之悉矣。②

此跋与《总目》不同，但可备四库之掌故。

16. 《元和姓纂跋》

《唐会要》谓王涯撰上，盖以涯曾为序，而不知其为林宝撰也。宝，济南人，名见艺文志及各家著录。郑氏《通志》则以为李林宝，盖当时李吉甫以书命宝，二名连书，传写脱去吉甫字耳。其所据多旧书，姓谱中宜为最古。惜书成才得二百日，而矜尚门第，仓卒间就各家谱谍编此成编，讹杂难信处正不少也。是书至宋时已颇佚脱，故陈振孙谓绝无善本。《大典》分载于《千家姓》之下，颠倒错乱，非复原书体制。今以《广韵》四声编之，又取宋邓名世《辨证》所引各条补焉，仍得十卷。原序称皇族之外，各以四声类编集，则李姓居首无疑。此亦不能如旧矣。③

---

① 《总目》卷107，《星经》提要。

② 《勉行堂诗文集》卷5。

③ 《勉行堂诗文集》卷5。

《总目》增评论：“观《白居易集》自叙家世，又白乙丙为祖，而云出自公胜，颠倒时代，悖谬显然，其他可知。洪迈《容斋随笔》称《元和姓纂》诞妄最多，盖有由也。然于唐人世系则详且核矣。”又增材料：“书至宋已颇散佚，故黄伯思《东观余论》称得富弼家本，已阙数卷，陈振孙《书录解题》亦称绝无善本，仅存七八。……幸原序犹存，可以考见其体例。……今独无一字之存，殆修《永乐大典》时已佚其第一册欤？然残编断简，究为文献之所征也。”①

17.《元和郡县图志跋》

> 《元和郡县志》四十卷，阙第十九、二十、二十三、二十四、二十六、三十六……②

此跋与《总目》不同。

18.《太平寰宇记跋》③

此跋与《总目》不同。

19.《元丰九域志跋》④

此跋与《总目》不同。

20.《舆地广记跋》

> 此书自竹垞称之，重于世矣。及详观之，乃知不及乐氏《寰宇记》远甚，盖皆撮抄各史地理志及《文献通考》诸书，往往一字年增损……⑤

---

① 《总目》卷135。

② 《勉行堂诗文集》卷5。

③ 《勉行堂诗文集》卷5。

④ 《勉行堂诗文集》卷5。

⑤ 《勉行堂诗文集》卷5。

二者评价不同。《总目》认为："其书前四卷，先叙历代疆域，提其纲要。五卷以后，乃列宋郡县名，体例特为清析。其前代州邑，宋不能有，如燕云十六州之类者，亦附各道之末，名之曰化外州，亦足资考证。虽其时土宇狭隘，不足括舆地之全，而端委详明，较易寻览，亦舆记中之佳本也。"①

21.《大金国志跋》

宇文懋昭《大金国志》四十卷，晁、陈书目未之及也。惟钱氏《读书敏求记》有之。其编帝纪载君臣事实皆《金史》所无，又前后联贯，知非伪撰，而各传则与《金史》无异，岂真伪相半，后人有阑入者耶？末附许氏奉使行杂抄，与舆地书颇相符合，而山川风土皆后人所未备……近得王氏《汝南遗事》比对，盖知是书之佳，且有多于遗事者。其完善即不及《契丹国志》，要之足宝贵矣。②

此跋与《总目》完全不同。《总目》同名提要云：

《大金国志》四十卷 两江总督采进本

旧本题宋宇文懋昭撰。前有端平元年《进书表》一通，自署淮西归正人改授承事郎、工部架阁，而不详其里贯。《表》中有"偷生淮浦，少读父书"等语，亦不知其父何人也。书中取金太祖至哀宗九主一百十七年事迹，裒集汇次。凡纪二十六卷、开国功臣传一卷、文学翰苑传二卷、杂录三卷、杂载制度七卷、许亢宗奉使行程录一卷。似是杂采诸书，排比而成。所称义宗即哀宗，《金史》谓息州行省所上谥，而此则云金遗臣所上，与史颇不合。又懋昭既降宋，即当以宋为内词。乃书中分注宋年，又直书康王出质，列北迁宗族于献俘，殊为失体。故钱曾《读书敏求记》尝称为无礼于君之甚者。

① 《总目》卷68，《舆地广记》提要。
② 《勉行堂诗文集》卷5。

然其可疑之处，尚不止此。详悉检勘，纰漏甚多。如《进书表》题端平元年正月十五日，而金亡即在是月十日，相距仅五日，岂遽能成书进献？又纪录蔡州破事如是之详，于情理颇不可信。又端平正当理宗时，而此书大书宋宁宗太子不得立，立其侄为理宗。于济邸废立，略无忌讳。又生而称谥，舛谬显然。又懋昭以金人归宋，乃于两国俱直斥其号，而独称元兵为大军，又称元为大朝，转似出自元人之辞，尤不可解。又《开国功臣传》仅寥寥数语，而《文学翰苑传》多至三十二人。验其文，皆全录元好问《中州集》中小传而略加删削。考好问撰此书时在金亡之后，原序甚明，懋昭更不应预袭其文，凡此皆疑窦之极大者。其他如爱王作乱等事，亦多轻信伪书，冗杂失次。恐已经后人窜乱，非复懋昭原本，故牴牾若此。然其首尾完具，间有与《金史》异同之处，皆足以资订证。所列制度服色，俱颇该备，亦能与《金史》各志相参考，故旧本流传能至今不废。今亦著其伪，而仍录其书焉。①

22.《归潜志跋》

今外间所行《归潜志》抄本止八卷，此余从四库馆抄出者，得十四卷，与钱氏《敏求记》卷数合，盖完书也。此书佳处不专载词人事迹，如郭阿里诸人曾为将帅奉御之官，可补《百官志》；改钞名色，可补《食货志》；南渡后专用吏，吏权大盛，可补《选举志》；完颜氏之能诗者独多，可补《中州集》；而南渡后诸将习气与夫用武调遣之弊，近侍官权势与宰相埒，皆金所以必亡之故，正史未之及焉，必有资于是矣。十卷以后，惓惓故国，禾黍之思黯然。十一卷系大梁事，尤三致意焉。吴自牧辈不得擅美于前矣。②

① 《总目》卷50。
② 《勉行堂诗文集》卷5。

此跋与《总目》颇见异同。四库本《归潜志》是否为程氏整理，难以质言。《总目》云：

《归潜志》十四卷 浙江范懋柱家天一阁藏本

元刘祁撰。祁字京叔，浑源人，御史从益之子。为太学生，举进士不第。元兵入汴，遁还乡里。戊戌复出就试，魁南京，选充山西东路考试官，后征南行省辟置幕府，凡七年而殁。旧以《金史》载之《文艺传》，遂题曰金人，殊非其实。是书名曰"归潜"，盖祁于壬辰北还，以此二字榜其室，因以题其所著。然晚年再出，西山之节不终，亦非其实也。卷首有祁乙未自序，谓昔所闻见，暇日记忆，随得随书。第一卷至六卷悉为金末诸人小传。第七卷至十卷杂记遗事。第十一卷题曰"录大梁事"，纪哀宗亡国始末。第十二卷题曰"录崔立碑事"，纪立作乱时廷臣立碑以媚之，劫祁使撰文事。又一篇题曰"辨亡"，叙金前代之所以治平，末造之所以乱亡。自此二篇以下至十三卷，悉为杂说，略如语录之体，殊不相类。疑此二篇本自为一卷，殿全书之末，别以语录为第十三卷，诗文为十四卷附缀于后，后人因篇页不均，割语录之半移继此卷，故体例参差也。壬辰之变，祁在汴京，目击事状，记载胥得其实。故《金史》本传称祁此《志》于金末之事，多有足征，《哀宗本纪》全以所言为据。又若《大金国志》称枢密使伊喇蒲阿出降于元，此《志》不书出降，与《金史》相合，可证《大金国志》之误。《元史》称"壬辰正月，太宗自白波济河而南，睿宗由峭石滩涉汉而北"，以渡河涉汉同在一时，而此《志》则载睿宗涉汉在辛卯十一月，太宗渡河乃壬辰，与《金史》及姚燧《牧庵集》、苏天爵《名臣事略》所记相合，可证《元史》之误。又如载"天兴元年刘元规使北朝，不知所终"，而《金史》本纪不书其事；载萨克苏媒孽李元妃，本纪不著其名；载大定十七年三月朔，诸国使臣朝见，遇雨放朝，与周辉《北辕录》合，而本纪但载"十六年三月朔，日蚀放朝"一条；载金代钞法凡八易其名，而《金史·食货志》失载通货改为通宝、通宝又改为通货一条，皆足以补正史之阙。至于《金史·交聘表》称："大定十六年，宋汤邦彦充申请使。"此《志》作"祈请使"；《图克坦乌登传》称："天兴元年正月，朝廷闻大兵入饶风关，移乌登行省阌乡以备潼关。"此《志》书其事于正大八年；《完颜思烈传》载："王渥从思烈战殁。"此《志》作"持嘉哈希"；《李英传》称："与元兵遇于霸州，败死。"此《志》作"遇潞州"；《郭阿林传》称："宋兵大至，遂战殁。"此作"马倒被擒，不知存殁"；《师安石传赞》称："以论列侍从，触怒而死。"此《志》则云"既居位，人望颇减"，皆有异词。其他年月先后、姓名官阶与史不同者甚多，皆足以资互考。谈金源遗事者，以此《志》与元好问《壬辰杂编》为最，《金史》亦并称之。《壬辰杂编》已佚，则此《志》尤足珍贵矣。世所行本皆八卷，虽传是楼藏本亦然。国朝郭朝钎编纂《金诗》，所采录仅及前七卷，知其未见全帙。此本一十四卷，与王恽《浑源世德碑》相合，当犹从元本传录。钱曾《读书敏求记》称："陆孟凫家抄本《归潜志》凡十四卷。"盖即此本也。①

23.《习学记言跋》

东南读书家称宋人笔记三种最善，曰《困学纪闻》、《梦溪笔谈》、《习学记言》。以愚论之，终以《困学纪闻》为第一，《笔谈》次之，《记言》又次之。盖《笔谈》、《纪闻》醇正雅饬，颇有考核，《记言》则好立异说。陈振孙谓其文刻峭精工而义理未得为纯明正大。刘克庄为赵虚斋作《庄子注序》，称其讲学析理多异先儒。盖其佳处在异，病处亦在异也。如《系辞》、《檀弓》每遭诋毁，《论语》、《孟子》复有疑焉，非僻说狂辞得罪圣贤者耶？然其论《国语》非左氏，考子思生卒年月，斥汉人言《洪范》五行灾异之非，皆确有

① 《总目》卷141。

所见，又借唐史发挥宋事，亦有卓识，未可轻议也。三书而外，复有孙弈《课儿编》、洪容斋《五笔》差足肩随。若《能改斋漫录》、《猗觉寮杂记》考证虽精，局面愈狭矣。是编五十卷，吴下抄本讹字尚多，为校正讫。乾隆甲午六月也。①

《习学记言》五十卷 浙江巡抚采进本

宋叶适撰。适字正则，自号水心居士，永嘉人。淳熙五年进士。官至宝文阁学士。谥忠定。其书乃辑录经史百氏，各为论述，条列成编。凡经十四卷，诸子七卷，史二十五卷，文鉴四卷。所论喜为新奇，不屑摭拾陈语，故陈振孙《书录解题》谓其文刻峭精工，而义理未得为纯明正大。刘克庄为赵虚斋作《注庄子序》，亦称其讲学析理，多异先儒。今观其书，如谓"太极生两仪"等语，为文浅义陋；谓《檀弓》肤率于义理，而謇缩于文词；谓《孟子》"子产不知为政"、"仲尼不为已甚"语皆未当，此类诚不免于骇俗。然如论读《诗》者专溺旧文，不得《诗》意；尽去本序，其失愈多，以及考子思生卒年月，斥汉人言《洪范》五行灾异之非，皆能确有所见，足与其雄辨之才相副。至于论唐史诸条，往往为宋事而发，于治乱通变之原，言之最悉，其识尤未易及。特当宋之末世，方恪守洛、闽之言，而适独不免于同异，故振孙等不满之耳。②

此跋与《总目》极为相似，《总目》仅增"特当宋之末世，方恪守洛、闽之言，而适独不免于同异，故振孙等不满之耳"一句，而将"东南读书家称宋人笔记三种最善，曰《困学纪闻》、《梦溪笔谈》、《习学记言》。以愚论之，终以《困学纪闻》为第一，《笔谈》次之，《记言》又次之。盖《笔谈》、《纪闻》醇正雅饬，颇有考核，《记言》则好立异说……三书而外，复有孙弈《课儿编》、洪容斋《五笔》差足肩随。若《能改斋漫录》、《猗觉寮杂记》考证虽精，局面愈狭矣"删去。乾隆甲午为三十九年，其时程晋芳

---

① 《勉行堂诗文集》卷5。

② 《总目》卷117。

已入四库馆。疑此即为程氏所拟提要草稿。

24.《明儒学案跋》

……遂使讲学之风为世口实，不知明之亡，由于其君不亲政事，士大夫以势利侵乡党，柄政者不恤民隐娇佚之气召祸乱，非尽讲学之过也。今士大夫一语及讲学，则哗然诮之曰："人第以躬行为尚耳，奚讲之有？"其言韪矣。及退而察其所为，无一事可质之幽独者，此又一流弊也。魏晋之余礼法荡然，而士夫犹有持清议者，孰则起而振之，使朴可返而淳可还欤？①

《明儒学案》六十二卷　山东巡抚采进本

国朝黄宗羲撰。宗羲有《易学象数论》，已著录。初，周汝登作《圣学宗传》，孙钟元又作《理学宗传》，宗羲以其书未粹，且多所缺遗，因搜采明一代讲学诸人文集、语录，辨别宗派，辑为此书。凡《河东学案》二卷，列薛瑄以下十五人；《三原学案》一卷，列王恕以下六人；《崇仁学案》四卷，列吴与弼以下十人；《白沙学案》二卷，列陈献章以下十二人；《姚江学案》一卷，列王守仁一人，附录二人；《浙中相传学案》五卷，列徐爱以下十八人；《江右相传学案》九卷，列邹守益以下二十七人，附录六人；《南中相传学案》三卷，列黄省曾以下十一人；《楚中学案》一卷，列蒋信等二人；《北方相传学案》一卷，列穆孔晖以下七人；《闽越相传学案》一卷，列薛侃等二人；《止修学案》一卷，列李材一人；《泰州学案》五卷，列王艮以下十八人；《甘泉学案》六卷，列湛若水以下十一人；《诸儒学案》上四卷，列方孝孺以下十五人；《诸儒学案》中七卷，列罗钦顺以下十人；《诸儒学案》下五卷，列李中以下十八人；《东林学案》四卷，列顾宪成以下十七人；《蕺山学案》一卷，列刘宗周一人，而以《师说》一卷冠之。所列自方孝孺以下十七人，大抵朱、陆分门以后，至明

① 《勉行堂诗文集》卷5。

而朱之传流为河东，陆之传流为姚江。其余或出或入，总往来于二派之间。宗羲生于姚江，欲抑王尊薛则不甘，欲抑薛尊王则不敢，故于薛之徒阳为引重而阴致微词，于王之徒外示击排而中存调护。夫二家之学，各有得失。及其末流之弊，议论多而是非起，是非起而朋党立，恩仇轇轕，毁誉纠纷。正、嘉以还，贤者不免。宗羲此书，犹胜国门户之余风，非专为讲学设也。然于诸儒源流分合之故，叙述颇详，犹可考见其得失，知明季党祸所由来，是亦千古之炯鉴矣。卷端仇兆鳌序及贾润所评皆持论得平，不阿所好，并录存之，以备考镜焉。①

此跋观点与《总目》完全不同，《总目》认为讲学导致亡国。

25.《南夷书》

谨按：《南夷书》一卷，明张洪撰。考明永乐四年，缅甸宣慰使那罗塔劫杀孟养宣慰使刁木旦及思栾发而据其地。洪时为行人，奉诏亮赍敕往谕，因撰是书。所载洪武初至永乐四年平云南各土司事，皆略而不详。其于云南郡建置始末，如南诏为蒙氏改鄯阐府，历郑、赵、杨三姓，始至大理段氏，书中皆遗之。孟养、麓川，各有土司，而叙次未详。唯载梁王拒守及杨苴乘隙诸事，史所未载。澜沧之作兰沧，思栾发之作思鸾发，与史互异，亦足资考证之一二也。洪字宗海，常熟人。洪熙初召入翰林，官修撰。纂修程晋芳。存目。②

《南夷书》一卷 浙江范懋柱家天一阁藏本

明张洪撰。洪字宗海，常熟人。洪熙初召入翰林，官修撰。是编乃永乐四年缅甸宣慰使那罗塔劫杀孟养宣慰使刁查及思栾发而据其地，洪时为行人，赍敕往谕，因采摭见闻，记其

① 《总目》卷58。

② 杜泽逊：《读新见程晋芳一篇四库提要分撰稿》，《图书馆建设》，1995年第5期。

梗概。所载洪武初至永乐四年平定云南各土司事，皆略而不详。其于云南郡建置始末，亦未能明析。如南诏为蒙氏改鄯阐府，历郑、赵、杨三姓，始至大理段氏，孟养、麓川，各有土司，书中皆遗之。唯载梁王拒守及杨苴乘隙窃发诸事，稍足与史参考耳。书中澜沧江作兰沧江，思栾发作思鸾发，与史互异，盖亦译语对音之故也。①

二者大致相同，不同之处为：第一，《总目》增注版本来源；第二，《总目》统一体例，将作者爵里移至开头；第三，《总目》将“撰是书”改为“采摭见闻，记其梗概”，将“史所未载”改为“稍足与史参考耳”，将“亦足资考证之一二也”改为“盖亦译语对音之故也”；第四，《总目》“其于云南郡建置始末”一句后加评论：“亦未能明析。”尤其值得注意的是，《总目》在修改时出现了三处错误：一是程晋芳谓“孟养、麓川，各有土司，而叙次未详”，《总目》将“而叙次未详”五字删去，将“孟养、麓川，各有土司”移至“书中皆遗之”之前。实则原稿不误，反而改错了。二是原稿称“澜沧之作兰沧”，本指兰沧卫，《总目》改为“澜沧江作兰沧江”，也是妄改。三是孟养宣慰使“刁木旦”，《总目》改为“刁查”，误将“木旦”二字合为“查”字。②

---

① 《总目》卷78。

② 见杜泽逊：《读新见程晋芳一篇四库提要分撰稿》，《图书馆建设》，1995年第5期。

第二章

总纂官与《四库全书总目》

总纂官共有四位，即纪昀、陆锡熊、孙士毅和王太岳。孙士毅对于《总目》的贡献通常被认为不大，笔者也没有发现新材料，故存而不论。王太岳曾一度出任总纂官①，但后来负责《四库全书》的考证工作，有《钦定四库全书考证》一书行世，在浙本《总目》职名表中最终署以“黄签考证官”。笔者认为，纪昀、陆锡熊对《总目》编纂贡献最大，因此本章只讨论纪、陆二人。

一、纪昀与《四库全书总目》

纪昀（1724～1815），字晓岚，直隶献县人，官至协办大学士，著有《史通削繁》、《阅微草堂笔记》等。纪昀在《总目》编纂中的作用究竟如何？《总目》果真是纪昀一己之私吗？笔者在本节中将作出自己的回答。

① 详见拙著《〈四库全书总目〉研究》第一章，北京：社会科学文献出版社，2004年。

（一）纪昀在《总目》编纂中的作用

1. 主持《总目》分类

纪昀云："余校录《四库全书》，子部凡分十四家，儒家第一，兵家第二，法家第三，所谓礼乐兵刑，国之大柄也。农家、医家，旧史多退之于末简，余独以农家居四，而其五为医家。农者民命之所关，医虽一技，亦民命之所关，故升诸他艺术之上也。"① 《总目·子部总叙》云："自六经以外，立说者皆子书也。其初亦相淆，自《七略》区而列之，名品乃定。其初亦相轧，自董仲舒别而白之，醇驳乃分。其中或佚不传，或传而后莫为继，或古无其目而今增，古各为类而今合，大都篇帙繁富。可以自为部分者，儒家以外有兵家，有法家，有农家，有医家，有天文算法，有术数，有艺术，有谱录，有杂家，有类书，有小说家，其别教则有释家，有道家。叙而次之，凡十四类。"《总目》将14类分为4组：儒家、兵家、法家、农家、医家、天文算法——治世者所有事；术数、艺术——小道之可观者；谱录、杂家、类书、小说家——旁资参考者；释家、道家——外学。

但《总目》分类决非纪昀一人所为，如清高宗首先确定了《四库全书》采用四分法，乾隆三十八年二月十一日的"圣谕"云："至儒书之外，阑入释典、道经，于古柱下史专掌藏书守先待后之义尤为凿枘，不合朕意。从来四库书目，以经史子集为纲领，裒辑分储，实古今不易之法。"② 至于具体条例，也经过了很多人讨论，其中包括总裁官、总阅官以及其他总纂官等人。后面还要谈到这个问题。

2. 主纂总叙、类序

纪昀称："余向纂《四库全书》，作经部诗类小序。"③ 又称：

---

① 纪昀：《济众新编序》，《纪晓岚文集》第一册，石家庄：河北教育出版社，1995年，第179页。后只注卷册及页码。

② 《纂修四库全书档案》，第57页。

③ 纪昀：《周易义象合纂序》，《纪晓岚文集》第一册，第154页。

"余作《诗类总序》，有曰：'攻汉学者意不尽在于经义，务胜汉儒而已；伸汉学者意亦不尽在于经义，愤宋儒之诋汉儒而已。各挟一不相下之心，而又济以不平之气，激而过当，亦其势然与？'"① 经部其他类序似亦出自纪昀之手："凡《易》之象数义理，《书》之今文古文，《春秋》之主传废传，《礼》之王郑异同，皆别白而定于一尊，以诸杂说为之辅。"②

纪昀又称："余于癸巳受诏校秘书，殚十年之力，始勒为《总目》二百卷，进呈乙览。以圣人之志，藉经以存；儒者之学，研经为本，故经部尤纤毫不敢苟。"③"余校定秘书二十余年，所见经解，惟《易》最多，亦惟《易》最滥。"④ 纪昀虽博览群书，但尤邃于《易》，《纪晓岚文集》内有多篇序跋即为论《易》之作，如《逊斋易述序》云：

> 《易》之精奥，理数而已。象，其阐明理数者也。自汉及宋，言数者歧而三，一为孟喜，正传也。歧而为京、焦，流为谶纬；又歧而为陈、邵，支离曼衍，不可究诘，于《易》为附庸矣。言理者亦歧而三，乘承比应，费直《易》也。歧而为王弼、为王宗传、为杨简，浸淫乎佛老矣。又歧而为李光、杨万里，比附史事，借发论端，虽不比陈、邵之徒虚縻心力，画算经而图弈谱，然亦《易》之外传耳。中间持其平者，数则汉之康成，理则宋之伊川乎？康成之学不绝如线，唐史征、李鼎祚、宋王伯厚及近时惠定宇，粗传一二而已。伊川之学传之者多，然醇驳互见，决择为难。余勘定四库书，颇恨其空言聚讼也。⑤

其《周易义象合纂序》亦云：

---

① 纪昀：《诗序补义序》，《纪晓岚文集》第一册，第157页。
② 纪昀：《诗序补义序》，《纪晓岚文集》第一册，第156页。
③ 纪昀：《诗序补义序》，《纪晓岚文集》第一册，第156页。
④ 纪昀：《黎君易注序》，《纪晓岚文集》第一册，第155页。
⑤ 纪昀：《纪晓岚文集》第一册，第152～153页。

> 古今说五经者，惟《易》最伙，亦惟《易》最多歧，非惟象数、义理各明一义也。旁及炉火、导引、乐律、星历以及六壬、禽遁、风角之属，皆可引《易》以为解，即皆可引以解《易》。盖《易》道广大，无所不包，故随举一说而皆通也。要其大端而论，则象数歧而三：一田、孟之《易》，一京、焦之《易》，一陈、邵之《易》也。义理亦歧而三：一王弼之《易》，一胡瑗之《易》，一李光、杨万里之《易》也。京、焦之占候，流为怪妄而不经；陈、邵之图书，流为支离而无用；王弼之清言，流为杨简、王宗传辈，至以狂禅乱圣典。其足以发挥精义、垂训后人者，汉人之主象、宋人之主理、主事三派焉而已。顾论甘者忌辛，是丹者非素，龂龂相争，各立门户，垂五六百年于兹。……于汉学宋学两无所偏好，亦无所偏恶，息心微气，考古证今，惟求合乎象之自然、理之当然而后已；而进退存亡之节，亦即经纬其中。所谓主象、主理、主事者，是实兼之，谓非说《易》之正宗可乎？①

其《黎君易注序》亦持相近说法②。纪昀以上关于易学流变史的独到见解，皆与《易类序》如出一辙：

> 《易》之为书，推天道以明人事者也。《左传》所记诸占，盖犹太卜之遗法。汉儒言象数，去古未远也，一变而为京、焦，入于禨祥，再变而为陈、邵，务穷造化，《易》遂不切于民用。王弼尽黜象数，说以老、庄，一变而胡瑗、程子，始阐明儒理，再变而李光、杨万里，又参证史事，《易》遂日启其论端。此两派六宗，已互相攻驳。又《易》道广大，无所不包，旁及天文、地理、乐律、兵法、韵学、算术，以逮方外之炉火，皆可援《易》以为说，而好异者又援以入《易》，故《易》说愈繁。夫六十四卦《大象》皆有"君子以"字，其爻

---

① 纪昀：《纪晓岚文集》第一册，第153～154页。

② 纪昀：《纪晓岚文集》第一册，第155页。

> 象则多戒占者，圣人之情见乎词矣。其余皆《易》之一端，非其本也。今参校诸家，以因象立教者为宗，而其他“易外别传”者，亦兼收以尽其变。①

显而易见，《易类序》主要反映了纪昀的学术观点。

3. 主纂案语

纪昀称：“余作《四库全书总目》，明代集部以练子宁至金川门卒龚翊八人列解缙、胡广诸人前，并附案语曰：‘谨案练子宁以下八人，皆惠宗旧臣也。考其通籍之年，盖有在解缙等后者。然一则效死于故君，一则邀恩于新主，枭鸾异性，未可同居，故分别编之，使各从其类。至龚翊卒于成化辛丑，更远在缙等后，今亦升列于前，用以昭名教是非。千秋论定，纡青拖紫之荣，竟不能与荷戟老兵争此一纸之先后也。’”②检《总目》卷170，行文不尽相同：

> 案：练子宁以下诸人，据其通籍之年，盖有在解缙诸人后者。然一则死革除之祸，效命于故君，一则迎靖难之师，贡媚于新主。薰莸同器，于义未安。故分列编之，使各从其类。至龚翊卒于成化己丑，更远在缙等到之后。今亦升列缙等前，用以昭名教是非，千秋论定，纡青拖紫之荣，竟不能与荷戟老兵争此一纸之先后也。

此类案语在《总目》中占一定比重，在库本提要中是没有的，显为后来编纂《总目》时所加。案语是否全出于纪昀，目前也不能完全证实。纪昀自述案语与《总目》所载之案语尚有差异，表明案语也如《总目》正文一样，曾经反复修改过。“用以昭名教是非”正是《总目》编纂之目的。

---

① 《总目》卷1。

② 纪昀：《姑妄听之》卷四，《纪晓岚文集》第二册，第479页。

4. 安排排列顺序

纪昀云："惟《诗》则托始于小序，限以《辨说》，以著争端所自起；终以范蘅州《诗渖》、姜白岩之《诗序补义》、顾古湫之《虞东学诗》，非徒以时代先后次序应尔。"①

5. 修改提要稿

从上海图书馆所藏提要残稿来看，经纪昀改动的提要达数十篇，如《说文解字篆韵谱》、《六书故》、《定保录》、《奏对稿》、《洛学编》、《申鉴》、《潞水客谈》、《历体略》、《天步真原》、《张丘建算经》、《夏侯阳算经》、《弧矢算术》、《几何原本》、《书史会要》、《易林》、《小字录》、《道山清话》、《山房随笔》、《遂昌杂录》、《寒山子诗集》、《山谷内外集》、《双溪集》、《南湖集》等。沈津校理后发现，经纪昀改正之稿也不等于定稿，后来又经人修改方才定稿②，例如宋陈思撰《小字录》，稿本提要为：

> 宋陈思撰。思有《宝刻丛编》，已著录。案思本理宗时临安书估，而此书卷首题其官为成忠郎缉熙殿国史实录院秘书省搜访，不知何以授此职，亦不知其真与伪也。是书乃仿陆龟蒙《侍儿小名录》之例，稍加推广，集史传所载小字以为一编。明万历间，松江沈宏正公路又以思原本未备，续事增辑，为《小字录补》六卷合刊行之。思以龟蒙之书丛杂无法，故矫其失。先列帝王，而自汉以后诸臣则按代分系其下。然如北周晋公护之小字萨保见于本传，而此顾遗之，则亦不免于漏略。至宏正所编，虽校详悉，而征引又失之太繁，中间如辽、金、元诸臣所载小字皆不知音译，往往附会割裂，尤多舛误。特以原本相传既久，采掇颇勤，以备检寻，尚足供獭祭之用，姑考古者亦不得而遽废焉。

① 纪昀：《诗序补义序》，《纪晓岚文集》第一册，第156页。

② 沈津：《校理四库全书总目提要残稿的一点新发现》，《中华文史论丛》1982年第1期。

纪昀修改之后为：

《小字录》，宋陈思撰。《补录》，明沈宏正撰。思有《宝刻丛编》，已著录。宏正，字公路，松江人。思书因陆龟蒙《侍儿小名录》稍加推广，集史传所载小字以为一编。宏正又以思原本未备续为增辑，与思书合刊行之。思病龟蒙之书丛杂无法，故条分缕析，先列历代帝王，而自汉以后诸臣则按代胪载，较龟蒙书为有条理。然如北周晋公宇文护，小字萨保，见于本传，而此顾遗之，则亦不免于漏略。至宏正所编，虽校详悉，而征引又失之太繁，中间如辽、金、元诸臣所载小字，皆不知音译，踵谬沿讹，亦多不足依据，特以二人相续搜罗，旧籍所陈，十得七八，亦足以备检寻。故并录存之，为识小之一助焉。

殿本《总目》没有著录沈宏正《补录》六卷，提要为：

宋陈思撰。思有《宝刻丛编》，已著录。是书因陆龟蒙《侍儿小名录》而稍加推广，集历代所载小字，以为一编。明沈宏正为刊行之。思病龟蒙之书丛杂无绪，故条分缕析，先列历代帝王，而自汉以后诸臣则按代胪载，较龟蒙书为有条理。然如北周晋公宇文护，小字萨保，见于本传，而此顾遗之，则亦不免于漏略。特以其搜罗旧籍，十得七八，亦足以备检寻。故录存之，为识小之一助焉。

6. 主持《总目》校勘工作

笔者曾在国家图书馆见到纪昀写给协勘《总目》官梁上国的一封短简："前有《总目》奉乞掾笔校勘，现在刻本俱已校清发补，如已经校出，希即付为祝。"信末仅注明廿五日，未标年份月份。

（二）《四库全书总目》是纪昀一己之私吗

黄云眉在《从主编者意图上估计四库全书之价值》一文中指出：

> 就形式观之，《提要》似为多人心血之结晶品，其实此书经纪氏之增窜删改、整齐画一而后，多人之意志已不可见，所可见者，纪氏一人之主张而已。①

此说得到郭伯恭等人的认可，特别是周积明在《纪昀评传》（以下简称《纪传》）一书中从四个方面确认纪昀与《总目》的关系。

第一，《纪传》认为："关于纪昀对《总目》的著作权，早在《总目》撰成后的乾嘉年间，便得到当时学者的一致公认。"为了讨论的方便，先将《纪传》所引证的材料抄列如下：

（1）朱珪《知足斋文集·纪晓岚墓志铭》："公馆书局，笔削考核，一手删定，为《全书总目》，裒然巨观。"

（2）朱珪祭纪昀文："生入玉关，总持四库，万卷提纲，一手编注。"

（3）阮元《纪文达公遗集序》："高宗纯皇帝命辑《四库全书》，公总其成，凡六经传注之得失，诸史记载之异同，子、集之支分派别，罔不抉奥提纲，溯源彻委，所撰定《总目》提要，多至万余种，考古必求诸是，持论务得其平允。"

（4）刘权之《纪文达公遗集序》："乾隆三十七年，朱笥河学士奏闻高宗纯皇帝，敕辑《永乐大典》，并搜罗遗书，特命吾师总撰《四库全书总目》，俱经一手裁定。"

（5）陈鹤《纪文达公遗集序》："我师河间纪文达公，以学问文章著声公卿间四十余年，国家大著作非公莫属。其在翰林校理《四库全书》七万余卷。《提要》一书，详述古今学术源流，文章体裁异同分合之故，皆经公论次，方著于录。"

---

① 黄云眉：《史学杂稿订存》，济南：齐鲁书社，1980年，第229页。

(6) 江藩《国朝汉学师承记·纪昀》:"《四库全书提要》、《简明目录》皆出公手。大而经、史、子、集,以及医、卜、词曲之类,其评论抉奥阐幽,词明理正,识力在王仲宝、阮孝绪之上,可谓通儒矣。""公一生精力,萃于《提要》一书。"

(7) 昭梿《啸亭杂录·纪晓岚》:"北方之士,罕以博雅见称于世者。惟晓岚宗伯无书不读,博览一时,所著《四库全书总目》,总汇三千年间典籍,持论简而明,修词澹而雅,人争服之。"

(8) 洪亮吉《北江诗话》卷一:"乾隆中,四库馆开,其编目提要,皆公一手所成,最为赡博。"

(9) 张维屏《听松庐文抄》:"或言纪文达公博览淹贯,何以不著书?余曰:'文达一生精力,具见于《四库全书提要》,又何必更著书?'"

(10) 陆敬安《冷庐杂识》卷一:"《全书总目》二百卷,亦公所撰,说者谓公才学绝伦,而著书无多,盖其平生精力已毕萃于此书矣。"

(11) 李元度《纪文达公事略》:"公胸有千秋,故不轻著书,其所欲言,悉于四库书发之。"

(12) 清仁宗《御赐碑文》:"四库之储,编摩出一人之手。"

(13) 日本学者前野直彬的意见:"《提要》是各方面的专门学者分别执笔,但经总纂官纪昀大加订正之后才定稿的。虽然小说类这部分的原稿究竟是谁写的,纪昀的改笔占多大分量,都不清楚,但反正这部分的论述无疑是为纪昀所完全同意了的。在这意义上,认为《提要》的小说论即是纪昀本人的主张也无不可。"

《纪传》根据材料(1)至(12)认为:"以上诸人中,朱珪是四库馆中的总阅官,刘权之是四库馆中的总目协勘官,其余几位亦皆与纪昀同时或稍后,他们的议论显然有确凿依据,卓然可信。"又根据材料(13)得出如下结论:"前野直彬的意见显然与上述清代学者的论断如出一辙,即通过纪昀'一手删定'中潜藏的'价值认同'和'价值认异'来确认纪昀对《总目》的著作权。"①

---

① 周积明:《纪昀评传》,南京:南京大学出版社,1994年,第73页。

朝军按：《纪传》所谓“同时代学者众口一词”① 是臆断，“确凿依据”云云，则是因为考之未深，对于当时其他证据一概视而不见或压根就没有见过。其实，反证是客观存在的。既然纪昀的改笔占多大分量都不清楚，又怎么能够断言就是纪昀本人的主张？前野直彬意欲不证自明，确实缺少说服力。将前人所谓“一手删定”、“一手编注”、“一手裁定”、“经公论次”等语全部替换为“一手所成”，这在文义理解上显然存在漏洞。“一手删定”、“一手编注”、“一手裁定”、“经公论次”用语都极有分寸，没有一个词是“一手所成”之义。“一手所成”者，与他人皆不相干之谓也。馆臣三百余人，辛苦十余年，全部忽略不计，成就纪昀一人之英名，这无论如何也说不通。将“众手所成”改写为“一手所成”，略嫌武断。

第二，《纪传》认为：“指认《总目》为纪昀‘一手所成’，不仅是纪昀同时代学者众口一词的论断，而且亦为纪昀本人直言认可。”② 其根据有三：

（1）纪昀《诗序补义序》云：“余癸巳受诏校书，殚十年之力，始勒为《总目》，进呈乙览。”

（2）纪昀《阅微草堂砚谱》有云：“……余撰《四库全书总目》，力支柱之。”

（3）纪昀《二樟诗抄序》云：“余初学诗从《玉溪集》入，后颇涉猎于苏、黄，于江西宗派亦略窥涯涘。尝有场屋为余驳放者，谓余诋諆江西派，意在煽构，闻者或惑焉。及余所编《四库书总目》出，始知所传为蜚语，群疑乃释。”

朝军按：纪昀所言不实，自我表扬，将其他人的劳绩一笔抹杀，似有贪天之功以为己力之嫌。以此一面之词作为证据，明显缺少旁证。纪昀在所撰《进表》及其他文章中又将著作权推给清高宗，《纪传》又何以只字不提？难道不也是“纪昀本人直言认可”的吗？

---

① 周积明：《纪昀评传》，南京：南京大学出版社，1994年，第73页。

② 周积明：《纪昀评传》，南京：南京大学出版社，1994年，第73页。

第三,《纪传》认为:“以上四家(引者按:指邵晋涵、姚鼐、翁方纲、余集)提要稿与《总目》对勘,从评骘意见、篇目内容到风格体例、语言文字无不有不同程度的改易,有的则几乎另起炉灶,全篇改写。”按:《纪传》并没有进行此项对勘工作,而是沿用了以下几家的意见:

(1)叶昌炽《缘督庐日记》卷四:“乾隆中开四库馆,姚惜抱鼐与校书之列,其拟进书题,以今《提要》勘之,十但采用二三。惜抱学术与文达不同,宜其枘凿也。”

(2)谭献《复堂日记》:“阅邵二云先生集诸史提要,语见渊源,深知玄解。因检官本(按:指《总目》)互勘,多所删改矣。”

(3)黄云眉《邵二云先生年谱》:“邵之提要,与《四库全书总目》提要所载,字句颇多异同。若《史记提要》、《后汉书提要》、《新唐书提要》则面目迥殊。”

(4)刘承干《四库全书表文笺释序》:“予爱读《提要》,常欲求分纂提要诸人之书,以考校其异同。癸丑得翁苏斋学士所纂提要手稿一百五十册,则与今本《提要》殊异者殊多。”

(5)陈垣、阚泽、陶湘、尹炎武等撰《景印四库全书原本提要缘起》:“现行《四库全书总目》,本撷取各书提要而成,后经文达笔削,以归一贯,其门排列次第,与阁中所庋,出入固多,而尤以提要原文相差太甚。原本提要与现行《总目》相对,无有一编无异同者,其通编不同,各类皆有,与《总目》互校异同详略,亦不胜列举也。盖文达《总目》,原离本书而孤行,复与各类相呼应。……吻合提要原文,雅非所计。”

(6)郭伯恭《四库全书纂修考》:“《提要》各稿,嗣经纪氏画一之后,则原撰者之意趣精神早已无存。……今之《总目》,则纯属纪氏一家之言矣。试校之《总目》与邵氏《分纂稿》,当知吾言之不虚也。”

(7)黄爱平《四库全书纂修研究》:“《四库全书总目》与今存各家提要稿,几乎无一相同。”

朝军按:以上各家所论大多只凭印象发言,没有进行细致的对勘工作。“多所删改”、“颇多异同”、“面目迥殊”、“殊异者殊多”，等等，并无具体的比较分析，因而不足为据。至于“无有一编无异同者”、“几乎无一相同”更是与事实不符，详细情况请见本书下编。

第四，《纪传》以《总目》所论与纪昀其他著述互勘，发现“一脉所承乃至完全相似处甚多”。其证据有三：

(1)《总目》《重修玉篇》提要：“卷末所附沙门神珙五音论及四声五音九弄反纽图，为言等韵者所祖。近时休宁戴氏作《声韵考》，力辨反切始魏孙炎不始神珙，其说良是。至谓神珙以前无字母之说，神珙字母乃剽窃儒书而托词出于西域，则殊不然。考《隋书·经籍志》称婆罗门书以十四音贯一切字，汉明帝时与佛经同入中国，则远在孙炎前。又《释藏》译经字母，自晋僧伽婆罗以下，可考者尚十二家，亦远在神珙前。……戴氏不究其本，徒知神珙在唐元和以后，遂据其末而与之争，欲以求胜于彼教。不知声音之学，西域实为专门。儒之胜于释者，别自有在，不必争之于此也。”

《纪文达公遗集》卷十二《与余存吾太史书》亦云：“盖东原研究古义，务求精核，于诸家无所偏主，其坚持成见者，则在不使外国之学胜中国，不使后人之学胜古人，故于等韵之学，以孙炎反切为鼻祖，而排斥神珙反纽为元和以后之说。无神珙为元和中人，固无疑义，然《隋书·经籍志》明载梵书以十四字贯一切音，汉明帝时与佛经同入中国，实在孙炎以前百余年。且《志》为唐人所撰，远有端绪，非宋以后臆揣者比，安得以等韵之学归诸神珙，反谓为孙炎之末派旁支哉?”

朝军按：戴震《声韵考》认为唐以前无字母之说，神珙字母乃剽窃成书，而托词出于西域。《总目》经过考证后认为：“盖反切生于双声，双声生于字母。此同出于喉吻之自然，华不异梵，梵不异华者也。中国以双声取反切，西域以字母统双声，此各得于聪明之自悟，华不袭梵，梵不袭华者也。稽其源流，具有端绪。特神珙以前，自行于彼教，神珙以后，始流入中国之韵书，亦如利玛窦后推步测验，参用西法耳。岂可谓欧罗巴书全剽窃洛下鲜于之旧术哉?”①

---

① 《总目》卷41，《重修玉篇》提要。

(2)《总目》《后山集》提要评论陈师道诗："其五言古诗出入郊、岛之间，意所孤诣，殆不可攀，而生硬之处则未脱江西之习，七言古诗颇学韩愈，亦间似黄庭坚，而颇伤謇直，篇什不多，自知非所长也。五言律诗佳处往往逼杜甫，而间失之僻涩。七言律诗风骨磊落，而间失之太快太尽。五、七言绝句纯为杜甫遣兴之格，未合中声，长短句亦自为别调，不甚当行。大抵词不如诗，诗则绝句不如古诗，古诗不如律诗，律诗则七言不如五言。"

纪昀《后山诗抄序》亦云："其五言古，劖削坚苦，出入于郊、岛之间，意所孤诣，殆不可攀。其生硬杈枒，则不免江西恶习。七言古，多效昌黎，而间杂以涪翁之格，语健而不免粗，气劲而不免直。喜以拗折为长，而不免少开合变动之妙。篇什特少，亦自知非所长耶？五言律，苍坚瘦劲，实逼少陵，其间意僻语涩者，亦往往自露本质。然胎息古人，得其神髓，而不自掩其性情，此后山所以善学杜也。七言律，嵚崎磊落，矫矫独行，惟语太率而意太竭者是其短。五、七言绝则纯为少陵遣兴之体，合格者十不一二矣。大抵绝不如古，古不如律，律又七言不如五言。"

(3)《总目》《李义山诗集》论李商隐《无题》部分提要亦与纪昀《玉溪生诗说》中评"八岁偷照镜"中语相近。

正是根据以上四个方面的材料，《纪传》得出了如下结论："《总目》直可视为纪昀学术文化思想的代表作。"①

朝军按：《总目》本为乾隆时代的一部官书，经过如此"小心求证"，居然摇身一变，成为纪昀的私家著述。并将其《文化视野下的〈四库全书总目〉》的绝大部分内容复制到《纪昀评传·思想篇》中来。二者的章节安排详见下表：

《文化视野下的〈四库全书总目〉》	《纪昀评传·思想篇》
第一章"以实心励实行，以实行求实用"——《四库全书总目》的经世价值观念	第一章"以实心励实行，以实行求实用"——纪昀的经世价值观念

① 周积明：《纪昀评传》，南京：南京大学出版社，1994年，第70页。

续表

《文化视野下的〈四库全书总目〉》	《纪昀评传·思想篇》
一、"古之圣贤，学期实用"——对儒学经世务实传统的认同	一、"古之圣贤，学期实用"——对儒学务实传统的认同
二、"以实心励实行"——"实学"本位的价值取向	二、"以实心励实行"——"实学"本位的价值取向
三、历史合理性的解析	
第二章　攻驳程朱，讥诋理学——《四库全书总目》的理学批判	第三章　"数百年风气之衰，纪氏之过也"——纪昀的理学批判
一、性理之论，虚沓无本	一、理学批评之一：性理之论，虚沓无本
二、"崇王道、贱霸道"，"窒碍难行"	二、理学批评之二："崇王道、贱霸道"，"窒碍难行"
三、"存天理、遏人欲"，"不近人情"	三、理学批评之三："存天理、遏人欲"，"不近人情"
	四、理学批评之四：道学家"外貌麟鸾，中韬鬼域"
四、朱子一说，不能律天下万世	五、理学批评之五：朱子一说，不能律天下万世
第三章　"节取其技能，禁传其学术"——《四库全书总目》的西学观	第四章　"节取其技能，禁传其学术"——纪昀的西学观
一、西洋科技"实有益于民生日用"	一、西洋科技"实有益于民生日用"
二、西学源出中土	二、西学源出中土
三、"其议论夸诈迂怪，亦为异端之尤"	三、"节取其技能，禁传其学术"
第四章　"剖析源流，斟酌古今，辨章学术，高挹群言"——《四库全书总目》的学术论	第五章　"剖析源流，斟酌古今，辨章学术，高挹群言"——纪昀的学术论及其对学术文化的大总结

续表

《文化视野下的〈四库全书总目〉》	《纪昀评传·思想篇》
一、学术理念与文化保守意思的二重变奏——《四库全书总目》论学术文化形态与运行机制	一、学术理念与文化保守意思的二重变奏——纪昀关于学术文化运行规律的思考
二、“公之学在于辨汉、宋儒术之是非”——《四库全书总目》的经学批评	二、“公之学在于辨汉、宋儒术之是非”——纪昀的经学思想
三、“所重乎正史者，在于叙兴亡、明劝戒、核典章”——《四库全书总目》的史学论	三、“所重乎正史者，在于叙兴亡、明劝戒、核典章”——纪昀的史学思想
四、“系统的文学批评”——《四库全书总目》的文学批评	四、“晓岚论析诗文源流正伪，语极精”——纪昀的文学论
五、《四库全书总目》学术论的意义	五、简短的小结
第五章　《四库全书总目》的批评方法和批评风格	第六章　“自古论者对于批评用力之勤，盖无过纪氏者”——纪昀的批评方法和批评风格
一、传统批评方法的集大成	一、传统批评方法的集大成
二、“儒者气象”的批评风格	二、“儒者气象”的批评风格

不难看出，《纪传》大胆使用了如下公式：

《四库全书总目》的≌纪昀的（注：≌即“全等于”）

但我们不能不十分遗憾地说，“周氏公式”只是一种大胆的假设。北京大学孟昭晋教授指出：“《纪昀评传》遇到的第一个问题，就是：‘四库提要’这一官书之文字能否作为研究纪昀思想的依据呢？因为有众多分纂官的提要稿，也有乾隆皇帝的‘钦定’。提要的思想倾向与水准，足以表现纪昀的思想成就吗？如果不能，整部评传就难以下笔。"① 所言极是。但是，孟昭晋在没有认真审查《纪传》所用材料之前，就匆匆得出结论："周积明以《四库提要》为纪氏思想资料，也是目前条件下几乎惟一可行之途。"同样失之偏颇。

有的学者曾经专门讨论《总目》与纂修官原撰提要的异同：

> 从《总目》与纂修官原撰提要的比较中，可以看出，原撰提要大多撰写体例不一，行文详略迥殊，表达的观点内容也因人而异，总的来说，尚处于草创阶段。而总纂官则在各篇提要的考订、修改、润饰方面，做了大量工作，花费了无数心血，为《四库全书总目》的编成和质量的提高，作出了重要贡献。但同时要指出的是，改定后的《四库全书总目》，无论其风格体例，抑或其思想内容，都趋向于当时学术发展的潮流，也更符合统治者的意愿。如果说，纂修官原撰提要在一定程度上尚可代表一家之言，那么，《四库全书总目》就基本上是一部"钦定"的官修目录了。②

对于以上说法，笔者以为大体可信。但该书作者坦然承认："初步对照的结果，可以看到，《四库全书总目》与今存各家提要稿，几乎无一相同。"笔者经过比较分析后，认为此种"几乎无一相同"的说法显然夸大其词，与实际情况相差较远。《纪传》没有进一步验证其结论是否正确，又将其"初步对照的结果"如此关键的字眼挖去，断章取义，似有盲从之嫌。沈津对此有比较中肯的批评："在近人所有的研究四库的专著中，对于总纂官之一的纪昀都有着许多的赞颂之词，而其中又多引用当时学者的评价，如朱珪、江藩、阮元等。这些赞词过分夸大了个人因素，有的甚至达到了神化

---

① 孟昭晋：《纪昀评传评介》，《中国思想史与思想家评传》，北京：中华书局，2002 年，第 503 ~ 504 页。

② 黄爱平：《四库全书纂修研究》，北京：中国人民大学出版社，1989 年，第 336 页。

的程度。”①

本人与周积明先生素不相识，毫无芥蒂。初读其书，对于他在《总目》研究方面敢闯新路、另辟蹊径深表敬意。但在做博士论文和博士后报告过程中，有幸接触到大量前人所未使用过的原始材料，无意之中将其结论来了个釜底抽薪。本人绝无立异鸣高、哗众取宠之意，而是出于推动四库学发展之苦心。子曰：“君子和而不同。”这正是笔者孜孜以求的境界。虽不能至，心向往之。另外，本书之所以不厌其详地反驳前哲与时贤，也主要是出于一种纯粹学术的考虑，对于某些粗疏的考证方法进行一番比较彻底的清算，试图为建立严整有序的现代学术规范尽一点力。

二、陆锡熊与《四库全书总目》

陆锡熊（1734～1792），字健男，号耳山，上海人。与纪昀同为《四库全书》总纂官。长期以来，学术界对于他在四库方面的贡献只字不提，似乎他在四库馆中无足轻重。纪、陆当日并驾齐驱，上下颉颃。纪昀专美于后世，陆锡熊则为其所掩。名之显微，有幸有不幸焉。今征文考献，阐幽表微，庶几发潜德之幽光。

（一）从陆氏文集分析

陆锡熊著有《宝奎堂集》、《篁村集》等。其中最能代表其学术见解且又与四库学关系较为密切的有二文，一是《晓谕诸生示》：

> 夫为学以穷经为首，而经师授受实本专门，将溯源流必资古义，诸生先当潜心注疏，穿穴诸家，详辨训诂，博稽名物，然后折中儒说以睹指归，精治一经，旁通六籍，苟臻贯串，必与甄嘉。至史学与经并重，体用相资，诸生方欲学古，入官而

① 《中国图书文史论集》，北京：现代出版社，1992年，第161页。按：朱、陆等人的赞词并未夸大纪昀之功，而是后人在理解上存在问题。

> 故事茫如，将何以练习典章、扩充识见？即以行文而论，亦未尝不可得其精意，羽翼微言，愿研经之余，时亦览史。①

力主"经史并重论"，与《总目》"正史体尊，义与经配"②大致相近。二是《题韦约轩前辈秋林讲易图》：

> ……自从王学行，清谈久驰骛。九家尽湮埋，百氏竞喧嘑。浸淫及图书，往往失牴牾……嗟我汉经师，遗文委蟫蠹。我昨校中书，兰台发缣素。岿然中孚经，一一辨章句……源流识焦京，古义宁强附……征君白发翁（谓惠定宇先生），掇拾搜武库。犄成汉学书，惜此目未遇……③

陆氏贬斥王弼以来之《易》学，而盛推惠栋光复汉学之功，这与《总目》的论调极为吻合。

子部医家类提要经陆锡熊审定。陆锡熊自称："往余典校秘书，子部医家类最为完备，自隋唐以来诸名师著述具在。今著录文渊阁者尚百数十种，余皆尝审正一过。而于灵兰金匮之要，未有所得，故茫然莫辨其津涯。"④文集内涉及四库编纂的史料不多，但吉光片羽，尤为可珍。

为总裁拟札子也是陆锡熊的主要职责之一。如其文集中就收有《为总裁拟进销毁违碍书札子》、《为总裁拟进评鉴阐要札子》、《为总裁拟进旧五代史札子》，文繁不具引。

（二）从上海图书馆所藏提要残稿分析

《辨言》重写提要稿出自陆锡熊之手。在此篇提要旁另有朱笔批语："依此本改。"此四字审为纪昀手笔。稿本中原拟之提要为：

---

① 《宝奎堂集》卷6，第1页。

② 《正史类序》，《总目》卷45。

③ 《篁村集》卷8，第1页。

④ 《伤寒论正宗序》，《宝奎堂集》卷7，第14～15页。

《辨言》一卷 永乐大典本

宋员兴宗撰。兴宗，《宋史》无传，其名仅见于《姓氏急就篇》，所著有《九华先生集》，世亦不传，惟《永乐大典》间为采入，并录集末所载当时祭文六首，以诸文参考其出处，兴宗盖蜀人，字曰显道，始应召官太学再迁至著作郎。乾道中，以有所论劾，奉伺而去，终于润州。而赵汝愚所为文，至以欧阳永叔、苏明允为比，倾倒甚至，盖亦独立自好之士也。此书加载《永乐大典》中，然不题九华集字，疑其于集外别行，书中历摭经传子史，下及宋代诸儒之说，凡于理未安者，各为之辨，中间惟论《公羊传》纪季入齐一条，称纪以千乘畏人为非，乃因绍兴时事而发，未为切当，若其辨《尚书》六宗旧解之误，《礼记》文王九龄之诞，以及讥刘氏《汉书刊误》为不知史家行文之法，皆具有特识，其他亦多中理要，至以《诗》不待序而明，而断序之作为非古，则沿郑樵之新说，各存一解可也。

稿本中陆锡熊重拟之提要为：

《辨言》一卷 永乐大典本

宋员兴宗撰。兴宗有《采石战胜录》，已著录。兴宗著作载于《永乐大典》者，[皆冠以]“九华集”字，惟《采石战胜录》及此书不以“九华集”字为冠，疑二书于集外别行也，其书历摭经传史子，下及宋代诸儒之说，凡于理未安者，皆系举而系以辨，故曰《辨言》。中间惟论《公羊传》纪季入齐一条，称纪以千乘畏人为非，乃因绍兴时事而发，未为切当，若其辨《尚书》六宗传解之误，《礼记》文王九龄之诞，以及讥刘氏《汉书刊误》为不知史家行文之法，皆具有特识，其他亦多中理要，至以《诗》不待序而明，而断序之作为非古，则沿郑樵之新说，各存一解可也。

《总目》定稿为：

《辨言》一卷　永乐大典本

宋员兴宗撰。兴宗有《采石战胜录》，已著录。兴宗著作载于《永乐大典》者，皆冠以“九华集”字。惟《采石战胜录》及此书不以“九华集”字为冠，疑二书于集外别行也。其书历摭经传史子，下及宋代诸儒之说，凡于理未安者，皆条举而系以辨，故曰《辨言》。中间惟论《公羊传》纪季入齐一条，称纪以千乘畏人为非，乃因绍兴时事而发，未为切当。若其辨《尚书》六宗旧解之误，《礼记》文王九龄之诞，以及讥刘氏《汉书刊误》为不知史家行文之法，皆具有特识。其他亦多中理要。至以《诗》不待《序》而明，而断《序》之作为非古。则言郑樵之新说，各存一解可矣。①

显然可见，陆氏参与了修改提要稿的工作。

（三）从当时人的评价分析

清高宗云：

……见其考订分排具有条理。而撰述提要粲然可观，则成于纪昀、陆锡熊之手。二人学问本优，校书亦极勤勉，甚属可嘉。②

《纂修四库全书档案》中还记载了不少表彰陆锡熊的档案材料，文繁不具引。总之，撰述提要非成于纪昀一人之手，陆氏亦功不可没。正如于敏中当时所言：“提要稿吾固知其难，非经足下（指陆锡熊——引者注）及晓岚学士之手，不得为定稿。诸公即有高自位置者，愚亦未敢深信也。”他对于陆锡熊的工作颇见肯定之辞。《于文襄手札》内还有以下材料可以佐证：

---

① 《总目》卷121。

② 乾隆三十八年八月二十五日奉上谕。

来书俱悉所定凡例，大致极佳，感佩之至。

阅酌定（《永乐大典》）散篇条例，妥协周详，钦佩之至。惟末条云：纂定之时另录副本方无舛漏，似应略有分别。盖所集四百余种未必尽能凑合成书，亦未必尽皆有用，诚如前札所云……其适用与否以定去留，如应刊应抄者自须先誊副本，俾有成式可循。……即无庸再行录副，约计可省一半工夫。自必须如此筹办，方不繁冗，希以此意先与钱塘宫保商之。（引者按：钱塘宫保指总裁官王际华。）

又蒙询及各种遗书分别应刊、应抄、应存、撰叙提要约计何时可完？愚复奏以约计后年当有眉目。此即两公承恩之由，祈与纪大人相商酌办，但不知果能如愚所言否？

遗书目录，六月底又可得千种，甚好。若办得即可寄来呈览。但须详对错字，勿似上次之复经指摘也。至每进目录一次，即将交到遗书点检清厘一次，此法极妥。……《弇州四部稿》书非不佳，但卷帙太繁，且究系专稿抄录，太觉费事，存目亦不为过，但题辞内不必过贬之也。薛史自应刊刻流传，但欲颁之学官，须与廿三史板片一例，未免费力，或可止刊行而不列于正史否？并酌之。

前以检查有无干碍之书专丈足下及晓岚先生。

仅从《于文襄手札》便可知，陆锡熊之于《四库全书》与《总目》，均为举足轻重之功臣。酌定凡例，改定提要稿，正是总纂官的职责。

陆锡熊后因赴文溯阁校书，不幸于乾隆五十七年病逝于客栈。一代宗师，遽逝荒凉之地，殊堪惋惜。纪昀后来专门写了一首《题陆耳山副宪遗像》的长诗纪念他：

性情嗜好各一偏，如火自热泉自寒。
文士例有山水癖，惟余兹事颇无缘。
东岳嶒崚倦蹑屐，西湖浩渺懒放船。
幔亭峰下三度宿，亦未一访虹桥仙。

我去君来我使节，乃能煮茗千峰巅。
旁人错认陆鸿渐，前身乃是杨大年。
羡君雅调清到骨，笑我俗病医难痊。
有如带剑异左右，定知结佩分韦弦。
宁识相与不相与，此故不在形骸间。
蓬莱三岛昔共到，开元四库曾同编。
两心别有胶漆契，多年皆似金石坚。
一旦东流惊逝水，至今南望悲荒阡。
丹青忽见形髣髴，存亡弥觉情缠绵。
……
题诗半夜昏灯绿，招魂何处霜枫丹。
老屋惊寒风瑟瑟，深冬酿雪云漫漫。
徘徊不寐坐长叹，伊谁解识余辛酸？①

诗内饱含深情地回忆了他们共同编纂《四库全书》及《总目》时所结下的金石之情。如果当时他们二人只是貌合神离，或者在很多问题上存在严重分歧，纪昀也决不会如此痛心地去追忆一位同事或者论敌。不难理解，正是他们在编纂过程中相互沟通、相互支持，在诸多问题上存在共同之处，愉快合作，共同推进了四库这一宏大工程。

同时学者王昶认为，陆锡熊"考字画之讹误，卷帙之脱落，与他本之互异，篇第之倒置，蕲其是否不谬于圣人。又博综前代著录诸家议论之不同，以折衷于一是，总撰人之生平，撮全书之大概，凡十年书成，论者谓陆君之功为最多"。②

长期以来扬纪抑陆，惟王昶独褒美陆氏，论者竟然视而不见。有人认为，由于陆锡熊入馆较晚，又死得较早，所以惟有纪昀是"始终其事而总其成者"。③ 其实不然，纪、陆同时就任总办（即

① 纪昀：《纪晓岚文集》第一册，第534～535页。
② 王昶：《春融堂集》卷55，珠溪文彬斋刻本，清光绪十八年重修本。
③ 周积明：《纪昀评传》，第70页。按：《总目》初稿于乾隆四十七年编纂完成，此时陆锡熊尚在四库馆中。

总纂官），以后又多次同步提升。《总目》编纂成功之日，陆锡熊尚得见之。陆氏自称："臣等奉命纂辑《四库全书总目》，现在编次成帙。"① "宋曾巩校史馆书仅成目录序十一篇，臣等承命撰次《总目提要》，荷蒙指示体例，编成二百卷。遭际之盛，实远胜于巩。"② 白纸黑字，铁证如山，谁曰不然？

可见，无论馆内馆外，当时都一致认为，陆锡熊为《总目》的撰写与定稿作出了巨大贡献。是非予夺之际，绝非一出纪昀，陆锡熊亦有莫大之助焉。其子陆成沅云："伏念先都宪公遭际盛时，所著《四库全书提要》，怀椠握铅之士无不共知。"③ 其孙陆庆循云："先子以文章学业受特达之知，自奉敕编辑各书外，《四库全书提要》外，有《通鉴纲目辑览》、《唐桂二王本末》、《契丹国志》、《胜朝殉节诸臣录》、《旧五代史》、《河源纪略》、《历代职官表》、《八旗通志》各种，余如《日下旧闻考》等书，亦代定体例。"④ 其子若孙径将《总目》的著作权归于陆锡熊名下，为颂先人之德，不惜抹煞他人之功，子孙之词，未足尽凭，但也决不会完全凭空捏造，一定也有相当的事实作根据。后世以纪、陆并称，庶几近之。

---

① 陆锡熊：《恭和御制经筵毕文渊阁赐茶作元韵》"中簿勤编励省私"自注，《篁村集》卷9，第7页。

② 陆锡熊：《恭和御制经筵毕文渊阁赐宴以四库全书第一部告成庋阁内用幸翰林院……元韵》注，《篁村集》卷9，第10页。

③ 陆锡熊：《篁村集》卷首。

④ 陆锡熊：《篁村集》卷首。

第三章

总裁官与《四库全书总目》

在《总目》编纂过程中，总裁官们是发挥过作用的，特别是于敏中。清高宗云："从前办理《四库全书》时，朕因卷帙浩繁，编纂不易，原曾谕于敏中，凡兴作大事，不能不侥幸数人。……此事发端于于敏中，承办于陆费墀，其条款章程俱系伊二人酌定。"① 于敏中曾用书信方式与陆锡熊、纪昀等人反复讨论《四库全书》编纂事宜。《于敏中手札》写于乾隆三十八年至四十一年。据陈垣考证："编纂《四库全书》掌故，私家记载极稀，诸函备述当时办理情形，多为官文书所不及，事关中秘，殊可宝贵。于敏中以大学士总裁其事，据寻常观察，必以为徒拥虚名，机轴实出纪、陆二人之手。今观诸札，所有体例之订定，部居之分别，去取之标准，立言之法则，敏中均能发纵指示，密授机宜，不徒画诺而已。"②

---

① 《纂修四库全书档案》，第1876页。按：陆费墀后亦升任到总裁。

② 陈垣：《书于文襄论四库全书手札后》，《图书馆学季刊》，1933年第4期。按：于敏中所授机宜，多出清高宗旨意，详见第四章。

一、于敏中裁正提要举例

《于文襄手札》（以下简称《手札》）涉及提要撰写者一一钩稽如下：

（一）《汉秘葬经》、《吴中旧事》、《全碧故事》三种，并谕皆非要书，毋庸刊刻。则《吴中旧事》亦无须再行缮进，即在应抄之列，亦止须缓办。再检阅此书所感，并非前贤嘉言懿行，不过诗话、说部之类，似不应附于史部，应请再酌。

（二）《历代建元考》前两本亦不可少者，一并存留录副……（引者按：此书系清钟制映撰，已抄入《四库全书》政书类。）

（三）《吴中旧事》改入子部小说家极为妥合。

（四）想经解内除应删数种外，无应止录书名者，似应明存经解总名。即《汉魏丛书》，目虽分列四库书，仍汇装方不至于散漫无统也。

（五）林之奇《全解》，《永乐大典》既有完本，似应仿照《春秋繁露》之例，另为抄进，尊意何如？可与晓岚先生相商，并告之各位中堂大人酌定。

（六）《历代纪元》一书考订详明……拟暂留录副……钟渊映是名是字？何地人？或仕或隐？并希询明寄知。

（七）《中兴小历》一种，原单注拟刊刻。愚见以为，建炎南渡乃偏安而非中兴，屡经《御制诗》驳正。且阅《提要》所开是编，颇有未纯之初，似止宜抄而不宜刻，已于单内改补奏进。

（八）至《汉魏丛书》、《津逮秘书》所收各部，尊意虽转四库而不必归总，所见亦是，但须于各部散见处提要内叙及《丛书》、《秘书》一语，而于辑《总目》时集部内存两书总名，而注其分系之故，似为两得。

（九）《永乐大典》内散片可辑者自当即为裒录，若多至三四百条，较之旧有完善本仅止数篇者已胜，即偶有缺佚，于《提要》内声明亦无碍耳。

（十）二氏书如《法苑珠林》之类，在所必存。即《四十二章经》，其来最高，文法亦与他经不同。且如黄庭内外经未尝非道家之经，势不能删削，何宽于羽士而刻于缁流乎？

（十一）顷接李少空札，以《水经注》尚有可商，不可不酌求其是。愚学浅薄，不敢轻议，且相隔甚远，尤难彼此折衷，此事知东园（原）深费苦心，且向曾探讨及此，自当有所依据，其中或有应行酌定者不妨再为复核。（引者按：李少空指副总裁官李友棠。）

《水经注》既已另办，须善为调停，使彼此无碍无疑，方为万妥。

（十二）又阅《提要》内《宝真斋法书赞》，有"朱子储议一帖"云云数句，与此书无大关系，而储议事尤不必举以为言，因节去另写，将原篇寄还。嗣后遇此等处，宜留意斟酌。

朝军按：《宝真斋法书赞》提要云："其间遗闻佚事，可订史传之是非，短什长篇，可补文集之讹阙，如'朱子储议'一帖，辨论几及万言，许浑'乌阑百篇'，文异殆逾千字，于考证颇为有功。且所载诸帖石刻，流传者十仅二三，墨迹仅存者，百鲜一二，皆因珂之汇集以传。其书泯没零落逾数百年，遭遇圣代右文，得邀裒辑，复见于世，可谓珂之大幸，亦可谓历代书家之大幸矣。至于前贤法帖，释者聚讼，珂所载亦间有异同，其已经《钦定重刻阁帖》厘正者，并敬遵驳正，间有参差歧出，数说皆通者，亦并用参存，不没其实焉。"① 可见，《总目》并未尽删。

（十三）各集内如有青词致语，抄存则可不删，刊刻即应删。《胡文恭集》已奉有御题指示，自不便两歧耳。

---

① 《总目》卷112。

(十四)《遗书总目》续撰可得千种，甚好。但必须实系各纂修阅讫。一经呈览即可付刊付缮方好，勿又似从前之沈搁也。《开元占经》既见于历代史志，《灵台秘苑》见于《文献通考》，皆不便删去，似应抄而不梓，于提要内详晰声明，似属无碍。

《唐开元占经》提要云：“所言占验之法，大抵术家之异学，本不足存。惟其中卷一百四、一百五全载《麟德》、《九执》二历。《九执历》不载于《唐志》，他书亦不过标撮大旨。此书所载，全法具著，为近世推步家所不及窥。……至《麟德历》虽载《唐志》，而以此书校之，多有异同。若推入蚀限术、月食所在辰术、日月蚀分术诸类，《唐志》俱未之载。又此书载章岁、章月、半总、章闰、闰分历、周月法、弦法、气法、历法诸名，与《新唐书》所载全不合。其相合者，惟辰率、总法等目。盖悉达所据当为《麟德历》，见行本《唐志》远出其后，不无传闻异词。是又可订史传之讹，有裨于考证不少矣。又征引古籍，极为浩博。如《隋志》所称纬书八十一篇，此书尚存其七八，尤为罕觏。然则其术可废，其书则有可采也。卷首有万历丁巳张一熙识语，谓是书历唐迄明，约数百年，始得之挹元道人。钩沉起滞，非偶然已。”①《灵台秘苑》提要云：“……大抵颇涉占验之说，不尽可凭。又笃信分野次舍，以州郡强为分析，亦失之穿凿附会。然其所条列，首尾详贯，亦尚能成一家之言。宋世司天台所修各书，如《乾象新书》、《大宋天文书》、《天经星史》等类，见于《文献通考》者，今俱佚弗传。惟苏颂《仪象法要》与此本仅存。一则详浑仪测验之制，一则志日官占候之方。虽禨祥小术，不足言观文察变之道。顾《隋志》所载天象诸书，今无一存。此书既据季才所撰为蓝本，则周以前之古帙，尚藉以略见大凡。尤为考证之资，亦无不可也。”②

① 《总目》卷108。
② 《总目》卷108。

（十五）若无精义之书，亦不必列于抄刊也。

（十六）章程稿所议极妥，即可照办。《宋史新编》体例既乖，即非史法，若删去附传尚可成书，则抄存似亦无碍。弟恐每篇叙事或多驳而未纯，改之不可胜改，又不如存目为妥。至《北盟会编》，历来引用者极多（未便轻改），或将其偏驳处于提要声明，仍行抄录，似亦无妨。

《宋史新编》提要云："然托克托等作《宋史》，其最无理者莫过于道学、儒林之分传，其最有理者莫过于本纪终瀛国公而不录二王及辽、金两朝各自为史而不用岛夷、索虏互相附录之例。盖古之圣贤，亦不过儒者而已，无所谓道家者也。如以为儒者有悖于道，则悖道之人何必为之立传？如以为儒者虽不悖道，而儒之名不足以尽道，则孔子之诏子夏，其误示以取法乎下耶？妄生分别，徒滋门户。且《太平御览》五百十卷中尝引《道学传》二条，一为乐巨，一为孔总，乃清净栖逸之士。袭其旧目，亦属未安。此必宜改者也，而维骐仍之。至于元破临安，宋统已绝。二王崎岖海岛，建号于断樯坏橹之间，偷息于鱼鳖鼋鼍之窟，此而以帝统归之，则淳维远遁以后，武庚构乱之初，彼独非夏、商嫡冢、神明之胄乎？何以三代以来序正统者不及也。他如辽起滑盐，金兴肃慎，并受天明命，跨有中原。必似元经帝魏，尽黜南朝，固属一偏。若夫南北分史，则李延寿之例。虽朱子生于南宋，其作《通鉴纲目》，亦沿其旧轨，未以为非。元人三史并修，诚定论也。而维骐强援蜀汉，增以景炎、祥兴。又以辽、金二朝置之外国，与西夏、高丽同列，又岂公论乎？大纲之谬如是，则区区补苴之功，其亦不足道也已。"①馆臣遵循其旨意，将此书打入别史类。《三朝北盟会编》提要云："然自汴都丧败，及南渡立国之始，其治乱得失，循文考证，比事推求，已皆可具见其所以然，非徒饾饤琐碎已也。虽其时说部糅杂，所记金人事迹，往往传闻失实，不尽可凭。又当日臣僚札奏，亦多夸张无据之词。梦莘概录全文，均未能持择。要其博赡淹通，

① 《总目》卷50。

南宋诸野史中，自李心传《系年要录》以外，未有能过之者，固不以繁芜病矣。”①

（十七）摘出（《永乐大典》）书名，自应办入存目内，但其中有卷帙尚存者，亦止一两条而具一书名者，办《提要》时自应略有分别为佳。

（十八）《提要》俱逐本检阅，惟《景文集》略有可商，另单请酌，固尚非不可不改之病，仍照原本送上，俟寄回后酌定可耳。又《子渊集》乃贤作纳新，对音不甚妥，不知馆中何人所定？南音贤延音近，或作纳延尚相合，若作新，则与贤字母不同，断难强就。祁即告之小岩（引者按：指宋铣）、纯斋（引者按：指刘锡嘏），嘱其即为另酌，并将何时改译之处寄复。

永乐大典本《景文集》、《子渊诗集》似分别出自分纂官宋铣、刘锡嘏之手。

二、《于文襄手札》所论《四库全书总目》编纂诸问题

本节我们考察与《总目》编纂密切相关的一些问题：

（一）凡例问题

首先，于敏中向陆锡熊等交代了注明藏书家的想法：

进呈书目提要，此时自以叙时代为正，且俟办《总目》时再分细类，批阅似较顺眼。其各书注藏书之家，莫若即分注首行大字下，更觉眉目一清，且省提要内附书之繁一。②

---

① 《总目》卷49。按：馆臣确实于提要内声明偏驳之处。

② 于敏中：《于文襄手札》，北京：北平图书馆，1933年。

其次，于敏中交代了跨代人物的分代问题：

> 昨面奉发下《五代史·华温琪传》，谕云：“华温琪仕庄宗、明宗，于清泰间乞归死，终系唐臣，并未仕晋，何以列于（唐）［晋］史？”承旨既退，反复披寻，不得其解。华温琪确卒于晋天福初，但未曾食禄石晋，不应从贬。岂以其太子太保为晋时所赠，遂属之晋乎？复检阅《凡例》，并未将此等分代原委叙明。

华温琪仕后唐庄宗、明宗，并未仕晋，但名列于后晋书中。他虽卒于晋天福初，但未曾食禄石晋，应该在后唐书中立传。对于跨代人物，《总目》一般采用以政治活动断代的著录标准，而不是以作者的卒年断代。如《中庸指归》著者黎立武生活在宋、元之际，“宋咸淳中举进士第三，仕至军器少监、国子司业，宋亡不仕，闲居三十所以终”，《总目》因而著录为宋人。《遗山集》的作者元好问生活于金、元之际，金兴定间进士，曾任行尚书省左司员外郎等职，金亡不仕，《总目》因此著录为金人。《希澹园诗》的著者虞堪生活在元、明之际，元至正中隐居不仕，明洪武中任云南府学教授，卒于官，《总目》因此著录为明人。《通鉴续编》的著者陈桱生活于元、明之际，入明任翰林编修等职，《总目》因此亦著录为明人。《总目》“以受官与否为两朝之断限”，史称“陶潜书晋之例”。此例之确定，无疑受到于氏的影响。当然，这与清高宗的想法大体一致。因此，“陶潜书晋之例”后来写进了《四库全书凡例》。

（二）褒贬问题

褒贬问题是关系到《总目》编纂的核心问题之一。于敏中指出一个褒贬原则：

> 又见所叙《金氏文集》、《北湖集》两种誉之过甚。果如所云，即应刊刻，不止抄录而已。及读其诗文，不能悉副所言，且金氏集《忠义堂记》列入扬雄，其是非尤未能得当。

愚见以为《提要》宜加核实，其拟刊者有褒无贬，拟抄者则褒贬互见，存目者有贬无褒，方足以彰直笔而示传信。①

这个原则也大体为《总目》所遵用。

（三）标准问题

在《四库全书》及《总目》编纂时有四项标准，即应刊、应抄、应存和禁毁，于敏中提出了以下几项标准：

1. 旧书去取宽于元以前，严于明以后。

2. 查检明末诸书，宁严毋宽，最得要领。查有应毁之书，不可因其文笔稍好，略为姑容，如《容台集》之述而不作，只须删去有碍者数本，余外仍存，然亦须奏闻办理。此外或有与之相类者即仿办之。至南宋明初人著作，字面粗累者止须为之随手删改，不在应毁之列。

3. 存抄一事视其人为去取。

4. 应抄者尚不妨稍宽其途，而应刊者当严为去取。即不能果有益于世道人心，亦必其书实为世所罕见，及板久无存者方可付梓流传，方于艺林有益，非特词章之类未便广收，即道学书亦当精益求精，不宜泛滥，经解亦然。

5. 明人文集若止章奏干碍、字面词意不涉狂悖者，则查其余各种实无贻害人心之语，即删去字面有碍数篇，余尚可存目；若章疏妄肆狺吠，及逞弄笔墨、病呓狂嗥者，必当急行毁禁，以遏邪言。无论是诗是文，务须全部焚斥。

6. 制义一项，自前明至今以此取士，流传者不下千百家，即不必抄录，其名目不可不存。惟《钦定四书文》抄之以备一体。制义存目亦当核实分别，其源流正变则于节略叙明可耳。

7. 永乐大典本以适用与否定去留。

---

① 于敏中：《于文襄手札》，北京：北平图书馆，1933年。

8. 永乐大典本内御题各书，如《井田谱》未经深斥，自应抄存；其余如《重明节馆伴录》、《都城纪胜录》、《中兴圣政草》，亦在驳饬之列，其应否抄存，自应通行酌损。

9. 曾经御题之书必应抄存。

10. 僧徒诗文，其佳者原可录于集部，若语录中附见者即当从删；其虽名语录实系诗文所言亦不专涉禅理者又不妨改正其名而存之。

11. 经部本多于他种，如果义有可取，误解十得二三即不可弃，虽稍滥亦无碍。若肤浅平庸及数见不鲜者，则在所屏耳。

以上标准在《总目》编纂过程中起过非常重要的指导作用。

（四）分类问题

于敏中对一些具体分类问题也提出了一些意见，如于敏中三次谈到《少仪外传》的归类问题，他第一次说："……《少仪外传》之列于子部，皆未解其故。"第二次说："《少仪外传》改入经部小学，以为相合。"第三次又说："《少仪外传》仿《韩诗外传》之例，极为妥合。"《总目》将《少仪外传》最后列入子部儒家类，其《提要》云：

其书为训课幼学而设，故取《礼记·少仪》为名，然中间杂引前哲之懿行嘉言，兼及于立身行己、应世居官之道，所该繁富，不专于洒扫进退之末节，故命之曰"外传"，犹韩婴引事说《诗》，自题曰"外传"云尔。吕本中旧有《童蒙训》，皆自为诰诫之语。此书则采辑旧文，体例近朱子《小学》。①

《小学集注提要》云：

---

① 《总目》卷92。

考《汉书·艺文志》，以《弟子职》附《孝经》，而小学家之所列，始于史籀，终于杜林，皆训诂文字之书。今案：以幼仪附之《孝经》终为不类，而入之小学，则于古无征。是书所录皆宋儒所谓养正之功，[立]教之本也。改列儒家，庶几协其实焉。①

以上二则提要解释了为什么《少仪外传》由子部改入经部小学类，最后又回到子部儒家类。围绕一部《少仪外传》，于敏中与纪、陆二氏之间反复讨论，直至最后达成共识。一方面说明《总目》的编纂绝非草率从事，另一方面也证实了"《总目》出自纪昀一人之手"说法之不确。

《手札》还多处提到刘统勋、王大人、嵇大人、舒赫德、李友棠以及"各位中堂大人"，显然这些正副总裁官均或多或少地对《总目》编纂有过商榷讨论之益，乾隆三十八年二十一日，内阁奉上谕："著再添派王际华，裘曰修为总裁官，即会同遴简分校名员，悉心酌定条例，将《永乐大典》分晰校核。"② 同日刘统勋等奏："臣等恪遵谕旨，将应行条例，公同悉心逐一酌议，谨拟定十二条……俟发下，臣等即行遵照，作速办理。如其间尚有应行斟酌查办之处，臣等再行随时妥核定议，奏闻请旨。"③ 另据《翁方纲纂四库提要稿》记载，编纂体例须由总裁酌定：

以上只就集论集，若办其书，则方纲另有粘签，请总裁定，并请定一画一之例，以馆中之书恐不止此一种也。此种集以今馆臣等恭办全书之体似不应存目，且不应校办，然明人万历年间以后之集恐不止此，应否商定画一。

其集之是非勿论已，即以今馆臣恭办全书之体，此等不但

① 《总目》卷92。按：文渊阁本卷首提要与《总目》迥异。"立"字，据《简目》补入。

② 《纂修四库全书档案》，第2073～2074页。

③ 《纂修四库全书档案》，第57页。

> 不应存目，而且不应校办；不但不应校办，而且应发还原进之人。从前于茅元仪所著书卷前亦粘签，候总裁大人酌定。明人万历以后之书恐不止此，应如何商定画一，请酌定，俾各纂修一体照办。方纲谨笺。①

纂修《四库全书》及《总目》乃当时最为重大之举措，举全国之人力、物力，前后十余年，清高宗亲自坐镇指挥，各位总裁岂敢作壁上观？他们的劳绩，在《纂修四库全书档案》中也时有记载。

总之，总裁官在《总目》编纂过程中起着上传下达的桥梁作用，及时传达清高宗的旨意，并督促检查总纂官的工作，又通过总纂官促进分纂官的工作。

① 《翁方纲纂四库提要稿》第1542页，《镜山庵集》条。

第四章

清高宗与《四库全书总目》

于敏中云："圣主稽古右文，凡事集思广益，今访求遗书，嘉惠后学，往往一字一义询及刍荛。我辈钦承恩命，岂可不仰体圣衷，虚谷斟酌，以期无负委任，尚敢稍存成见乎？"又云："恭绎圣训，便可得办理之道也。"① 陆锡熊亦云："宋曾巩校史馆书仅成目录序十一篇，臣等承命撰次《总目提要》，荷蒙指示体例，编成二百卷。遭际之盛，实远胜于巩。"②

《总目》出自清高宗钦定，《纂修四库全书档案》中材料比比皆是，文繁不具引。下面仅从四个方面加以补充论证。

① 于敏中：《于文襄手札》，北京：北平图书馆，1933 年。

② 陆锡熊：《恭和御制经筵毕文渊阁赐宴以四库全书第一部告成庋阁内用幸翰林院……元韵》注，《篁村集》卷 9，第 10 页。

一、从《凡例》分析

（一）《总目》纲目出自钦定

> 每进一编，必经亲览。宏纲巨目，悉禀天裁。定千载之是非，决百家之疑似，权衡独运，衮钺斯昭，睿鉴高深，迥非诸臣管蠡之所及。随时训示，旷若发蒙，八载以来，不能一一殚记，谨录历次恭奉圣谕为一卷，载诸简端，俾共知我皇上稽古右文，功媲删述，悬诸日月，昭示方来，与历代官修之本泛称御定者迥不相同。

"《四库全书》即在众多考据学家主持下按其意愿编纂，但这都是清高宗允许的，《凡例》所谓'每进一编，必经亲览；宏纲巨目，悉禀天裁'，并非全是虚美。因此，这部前古未有的宏大巨制可以说是反映了当时的朝廷文化政策。"① 其言虽是针对《四库全书》而发，亦颇切合《总目》。《总目》确实反映了乾隆王朝的文化政策。

（二）帝王著作编例出自钦定

> 其历代帝王著作，从《隋书·经籍志》例，冠各代之首。至于列朝圣制、皇上御撰，揆以古例，当弁冕全书，而我皇上道秉大公，义求至当，以四库所录包括古今，义在衡鉴千秋，非徒取尊崇昭代，特命各从门目，弁于国朝著述之前。此尤圣裁独断，义惬理精，非馆臣所能仰赞一词者矣。
>
> 至其编次先后，《汉书·艺文志》以高帝、文帝所撰杂置

① 漆永祥：《乾嘉考据学研究》，北京：中国社会科学出版社，1998 年，第 66 页。

诸臣之中，殊为非体。《隋书·经籍志》以帝王各冠其本代，于义为允，今从其例。

《总目·子夏易传》按语亦云："臣等编摩《四库》，初亦恭录《御定易经通注》、《御纂周易折中》、《御纂周易述义》，弁冕诸经，仰蒙指示，命移冠国朝著述之首，俾尊卑有序，而时代不淆。"

（三）体例出自钦定

今于所列诸书，各撰为提要，分之则散弁诸编，合之则共为《总目》。每书先列作者之爵里，以论世知人；次考本书之得失，权众说之异同，以及文字增删，篇帙分合，皆详为订辨，巨细不遗。而人品学术之醇疵，国纪朝章之法戒，亦未尝不各昭彰瘅，用著劝惩。其体例悉承圣断，亦古来之未有也。

（四）去取出自钦定

释道外教、词曲末技，咸登简牍，不废搜罗。然二氏之书，必择其可资考证者。其经忏章咒，并凛遵谕旨，一字不收。宋人朱表青词，亦概从删削。其倚声填词之作，如石孝友之《金谷遗音》、张可久之《小山小令》，臣等初以相传旧本，姑为录存，并蒙皇上指示，命从屏斥，仰见大圣人敦崇风教，厘正典籍之至意。是以编辑虽富，而谨持绳墨，去取不敢不严。

（五）存目根据钦定

至于其书虽历代著录而实一无可取，如《燕丹子》、陶潜《圣贤群辅录》之类，经圣鉴洞烛其妄者，则亦斥而存目，不使滥登。

总之，大至纲目、体例，小至编排顺序，多视清高宗指示而定。《凡例》中未明言出自“钦定”者尚有多条，实则亦出自钦定。

二、从《圣谕》分析

殿本《总目》收圣谕21条，浙本、粤本《总目》亦收21条，无《乾隆三十八年八月二十五日奉上谕》，但多出《乾隆五十五年六月初一日奉上谕》。现将《圣谕》与《总目》编纂有关者抽绎如次：

> 至儒书之外，（《永乐大典》——引者注）阑入释典、道经，于古柱下史专掌藏书守先待后之义，尤为凿枘，不合朕意。从来四库书目，以经、史、子、集为纲领，裒辑分储，实古今不易之法。……将《永乐大典》详悉校核。除本系现在通行，及虽属古书而词义无关典要者，不必再行采录外，其有实在流传已少，其书足资启牖后学、广益多闻者，即将书名摘出，撮取著书大旨，叙列目录进呈。俟朕裁定，汇付剞劂。其中有书无可采而其名未可尽灭者，只须注出简明略节，以佐流传考订之用，不必将全部付梓。……今诸臣从事厘辑，更系弃多取少。①

按：前半部分谈采用四分法，后半部分谈“永乐大典本”的处理条例。

> 所有进到各遗书，并交总裁等，同《永乐大典》内现有各种，详加核勘，分别刊抄，择其中罕见之书有益于世道人心

① 乾隆三十八年二月十一日奉上谕。

者，寿之梨枣，以广流传。余则选派誊录，汇缮成编，陈之册府。其中有俚浅讹谬者，止存书名。汇为《总目》，以彰右文之盛。此采择《四库全书》本指也。①

按：此条牵涉《总目》著录与存目标准，“罕见之书有益于世道人心者”著录，“俚浅讹谬者”存目。

四库全书处进呈《总目》，于经、史、子、集内分晰“应刻”、“应抄”及“应存”书名三项，各条下俱经撰有提要，将一书原委撮举大凡，并详著书人世次爵里，可以一览了然。较之《崇文总目》搜罗既广，体例加详，自应如此办理。……而所撰《总目》，若不载明系何人所藏，则阅者不能知其书所自来，亦无以彰家藏珍弆资益之善。著通查各省进到之书，其一人而收藏百种以上者，可称为藏书之家，即应将其姓名附载于各书提要末。其在百种以下者，亦应将由某省督抚某人采访所得附载于后。其官板刊刻及各处陈设库贮者，俱载内府所藏。使其眉目分明，更为详细。至现办《四库全书总目》提要多至万余种，卷帙甚繁，将来抄刻成书，翻阅已颇为不易，自应于《提要》之外，另刊《简明书目》一编，只载某书若干卷，注某朝某人撰，则篇目不繁，而检查较易，俾学者由《书目》而寻《提要》，由《提要》而得全书。②

按：此条谈《总目》标准、解题体例、著录体例以及《简目》体例。

内宋刘跂《学易集》十二卷，拟请刊刻。其中有青词一体，乃道流祈祷之章，非斯文正轨。前因题《胡宿集》，见其有道院青词、教坊致语之类，命删去刊行，而抄本仍存其

---

① 乾隆三十八年五月十七日奉上谕。

② 乾隆三十九年七月二十五日奉上谕。

旧。……又如时文为举业所习，自前明以来，通人擅长者甚多，然亦只可听其另集专行，不并登文集，况青词之尤乖典则者乎！……至现在纂辑《四库全书》，部帙计盈数万，所采诗文既多，自不能必其通体完善。或大端可取，原不妨弃瑕录瑜，如宋穆修集有《曹操帐记》，语多称颂，谬于是非大义，在所必删。而全集或录存，亦不必因此以废彼。惟当于提要内阐明其故，使去取之义晓然。诸凡相类者，均可照此办理。该总裁等务须详慎决择，使群言悉归雅正，副朕鉴古斥邪之意。①

按：此条谈青词、举业与集部处理意见。

前因汇辑《四库全书》……分别“应刊”、“应抄”及“存目”三项，以广流传。第其中有明季诸人书集，词意抵触本朝者，自当在销毁之列。……朕复于进到时亲加披览，觉有不可不为区别甄核者，如钱谦益……金堡、屈大均……其人实不足齿，其书岂可复存！自应逐细查明，概行毁弃，以励臣节而正人心。若刘宗周、黄道周……又如熊廷弼……又如王允成《南台奏稿》……又如叶向高……以上诸人所言，若当时能采而用之，败亡未必若彼其速。是其书为明季丧乱所关，足资考镜。惟当改易违碍字句，无庸销毁。又彼时直臣如杨涟、左光斗、李应升、周宗建、缪昌期，赵南星、倪元璐等，所有书籍，并当以此类推。即有一二语伤触本朝，本属各为其主，亦止须酌改一二语，实不忍并从焚弃，致令湮没不彰。……又若汇选各家诗文，内有钱谦益、屈大均所作，自当削去。其余原可留存，不必因一二匪人致累及众。或明人所刻类书，其边塞、兵防等门，所有触碍字样，固不可存，然只须削去数卷，或削去数篇，或改定字句，亦不必因一二卷帙，遂废全部。他如南宋人书之斥金，明初人书之斥元，其悖于义理者自当从

① 乾隆四十年十一月十七日奉上谕。按：穆修撰《穆参军集》三卷。

改，其书均不必毁。①

按：此条谈毁书原则。

据《四库全书》总裁奏进所办《总目》提要，内请于经、史、子、集各部冠以圣义、圣谟等六门，恭载列圣钦定诸书及朕御制、御批各种，所拟殊属棼繁。从前开馆之初，曾经降旨，以《四库全书》内惟集部应以本朝御制诗文集冠首，至经、史、子三部，仍照例编次，不必全以本朝官书为首。今若于每部内又特标“圣义”诸名目，虽为尊崇起见，未免又多增义例。朕意如列圣御纂诸经列于各本经诸家之前，《御批通鉴纲目》等书列于各家编年诸书之前，五朝《圣训》、朱批谕旨、方略等书列于诏令诸门之前，《御注道德经》列于各家所注《道德经》之前，其他以类仿照编次，俾尊崇之义与编纂之体并行不悖。至阅其《总目》，特载朕前后修书谕旨及御题四库诸书文为卷首，所办未为尽协。……所有历次所降谕旨，刊之《总目》首卷，以为当序，事属可行。且官撰诸书，亦有以谕旨代弁言者，自不得不如此办理。至朕题四库诸书诗文，若亦另编卷首，将来排列，转在列圣钦定诸书之前，心尤未安。……著将所进诗文六卷撤出，仍分列入朕御制诗文集内，俾各为卷首。则编排在列朝钦定诸书之后，而四库书内朕所题各书诗文，列在本集卷首，庶眉目清而开帙了然。②

按：此条详述编例。

昨据四库全书总裁奏进《总目》，请于经、史、子、集各部冠以圣义，圣谟等六门，业经降旨……所以示大公也。朕一

---

① 乾隆四十一年十一月十七日奉上谕。

② 乾隆四十六年二月十三日奉上谕。按：五朝《圣训》指清代太祖、太宗、世祖、圣祖和世宗之圣训。

再思维，《四库全书》之辑，广搜博采，汇萃群书，用以昭垂久远，公之天下万世。如经部易类，以《子夏易传》冠首，实为说《易》家最古之书，允宜弁冕羲经。若以钦定诸书列于各代之前，虽为纂修诸臣尊崇本朝起见，而于编排体例究属未协。况经、史、子、集各部内，尚有前代帝王论著，以本朝钦定各书冠之，亦有未合。在编辑诸臣，自不敢轻议及此。朕则笔削权衡，务求精当，使纲举目张，体裁醇备，足为万世法制，即后之好为论辨者，亦无从置议，方为尽善。所有《四库全书》经、史、子、集各部，俱照各按撰述人代先后，依次编纂。至我朝钦定各书，仍各按门目分冠本朝著录诸家之上，则体例精严，而名义亦秩然不紊，称朕折衷详慎之至意。①

按：此条亦详述编例。

四库全书馆进呈书内，有宋叶隆礼奉敕所撰《契丹国志》……中间体例混淆，书法讹舛，不一而足。……昨曾著《正统辨》，论断甚明。今《契丹国志》既有成书纪载，当存其旧，惟体例书法讹谬，于纲目大义有乖者不可不加厘正。著总纂纪昀等详加校勘，依例改纂。……并将此旨书于简端，以昭纲常名教大公至正之义。②

按：此条谈正统问题。

三、从《进表》分析

《进表》（又称《钦定四库全书告成恭进表》）有云：

---

① 乾隆四十六年二月十五日奉上谕。

② 乾隆四十六年十月十六日奉上谕。

所赖恭承睿鉴，提玉尺以量才；仰禀天裁，握银华而鉴物。初披卷轴，共掇零玑；即荷丝纶，务砻完璧。吴澄《易翼》，辨颠倒乎阴阳；杨简《诗音》，斥混淆乎周汉。稗官剿说，删马角之荒唐；译史传闻，摘象胥之讹异。醮章祈福，发凡于刘跂之词；语录参禅，示例于齐㤟之记。固已南车指路，陟道岸而衢亨；北斗旋杓，揆文星而度正。洎乎群书大集，品杂金沙；圣训弥彰，鉴澄珠砾。诂经忌凿，黜错简于龟文；论史从公，溯编年于麟笔。立言乖体，四明之录必删；赝古诬真，五柳之名宜辨。七签三藏，汰除释老之编；五蠹九奸，排斥申韩之术。毒深孔雀，无容校写其青词；巧谢璇玑，未许增添其锦字。小山艳曲，削香奁脂盝之篇；金谷新词，刊酒肆歌楼之句。凡皆词臣之奏进，误点丹黄；一经圣主之品题，立分白黑。至于铜签报夜，紫殿勤披；玉案开缄，丹毫亲咏。五家《易》说，歧涂附辟其《传灯》；四氏《书》笺，余绪兼详乎括地。前车后鉴，陈风雅于《经筵》；斜上旁行，寓《春秋》于《世本》。庐陵处士，特申僭上之防；安定门人，大著尊王之义；王元杰名同谳狱，为云谷之重儓；洪咨夔迹类探囊，窃玉川之余沛。四箴误注，宁知颜巷之心；二佛同称，转隘尼山之量。《六经》作绘，全收诸杨甲图中；《七纬》成编，知出自庄周书后；五音分配，篆文互备其形声；二史交参，奇字各通其假借；古香馣馤，细辨班书；碎腋穿连，得重刊薛史。清流肇衅，示鉴戒于东林；正统明尊，存纲常于西蜀。派沿涑水，袁朱之新例兼存；俗记扶余，班范之讹传并订。党碑再勒，嗟揖盗而开门；权焰弥张，嗤教星而替月。西湖游迹，殊怜野老之藏名；北使宾筵，深陋词臣之校射。宋抄仅剩，搜旧志于临安；金刻稀闻，宝遗闻于贞观。或攻或守，徒存十鉴之兵谋；相胜相生，未信五行之德运。建炎政草，愧彼中兴；至正刑章，斥其左袒。李尊洛学，辨道命于天原；郦注桑书，剖源流于地理。史腴详摘，有逾汉隽之精；经笥悬探，更胜曹仓之富。至于孔庭旧语，首定儒宗；蔡帐秘文，严排异说。范祖禹之《帝学》，具有渊源；曾公亮之《武经》，姑存崖略。横

> 戈危堞，节取陈规；握策灵台，参征苏颂。算穷杪忽，九章研鲍瀚之藏；术杂纵横，十卷稽赵蕤之撰。楚中隐士，互权韩柳之评；婺郡名贤，不废吕唐之学。胪登谶记，衍《洪范》而原非；妄议井田，托《周官》而更误。《钱唐遗事》，深讥首鼠于宋元；《曲洧旧闻》，微憾操戈于洛蜀。绌聪有取，旁通方朔之言；指佞无难，慎听韩非之说。陈思《书苑》，列笔阵而成图；马总《意林》，搴词条而擢秀。黄伯思之博洽，石墨精研；孙逢吉之淹通，云龙遥溯。多知《旧事》，病歌舞之销金；一洗《清波》，笑词章之谀墓。《太平御览》，徒粉饰乎嘉名；《困学纪闻》，偶抨弹其迂论。晚唐小史，入厨宁取乎卮言；南宋枝谈，按鞫深嫌其曲笔。十七卷骚人旧制，更证以草木之名；二百年吏部清吟，特赏其烟霞之气。兼推韩杜，续来凤嶲之胶；并采郊祁，拟以棠华之句。文恭著作，先欧尹而孤行；忠肃风裁，抗苏程而角立。勤王留守，呼北渡者凡三；殉节侍郎，壮南朝者惟一。学如和叔，原不限以宗朱；诗到仪卿，乃转嫌其入墨。读书秘阁，明詹初论古之非；从宦金渊，赏仇远耽吟之癖。杨维桢取其辨统，而颂莽则当诛；刘宗周闵其完忠，而吠尧为可恕。凡兹独断，咸禀睿裁；懿此同情，实乎公义。苞千龄而建极，道出于天；综百氏以归型，言衷诸圣。权衡笔削，事通乎春赏秋刑。……经崇世教，贵实征而贱虚谈；史系人心，削诬词而存公论。选诸子百家之粹，博收而不悖圣贤；惩十人九集之非，严汰而宁拘门户。上沿虞夏，咸抱海以求珠；下采元明，各披沙而见宝。六千箧璋分圭合，延阁储珍；二百卷部次州居，崇文列目。……元元本本，总归圣主之持衡；是是非非，尽扫迂儒之胶柱。至其盈箱积案，或汗漫而难寻；复以提要钩玄，期简明而易览。譬诸典谟纪事，别行小序之一篇；类乎金石成书，先列诸碑之十卷。分纲列目，见义例之有条；按籍披图，信源流之大备。

上揭引文，用典异常丰富，且多系四库馆中今典，一般人未及留意，以为官样文章必多虚美。更有论者以为绝不可信：“《奏进四库全书表文》却洋洋洒洒，大肆渲染乾隆皇帝的功绩，说什么‘帝镜悬光，艺苑定千秋之论’，‘元元本本，总归圣主之持衡’，‘仰蒙训示，得闻六艺之源’。这是对历史的歪曲。”① “鲁迅先生称纪昀为‘前清的世故老人’，这倒是名副其实，因纪昀最能揣摩乾隆的心理，投其所好，而赢得恩荣。如《钦定四库全书告成恭进表》……极尽歌功颂德之能事，‘凡皆词臣之奏进，误点丹黄，一经圣主之品题，立分黑白’。‘仰蒙训示，得闻六艺之源’。为了迎合乾隆皇帝好大喜功，至高无上的自尊心理，把四库馆中的学者说成是‘误点丹黄’，把《四库全书》纂成之功全归乾隆一人。乾隆看了表文就说：‘表必出昀手！’文似其人。乾隆一眼就猜中这是纪昀的手笔，由此可见，纪昀深得乾隆的了解和赏识。”② 以为纪昀“投其所好”，但又未提供任何真凭实据，抓住片言只语即下结论。

通过综合考察《进表》，又从《总目》中找出大量的“本证”，证明前揭《进表》引文绝大部分已落实到《总目》之中；另外，又从乾隆御制诗文集、《四库全书》中找到了大量的“旁证”，证明前揭《进表》引文确有其事，《四库全书》与《总目》确是“总归圣主之持衡”。下面不惮烦琐，试作疏证，以证吾说之不诬。

（一）吴澄《易翼》，辨颠倒乎阴阳。

【疏证】“吴澄《易翼》”指其《易纂言》及《易纂言外翼》。《易纂言》提要云：“惟以《系辞传》中说上下经、十六卦、十八爻之文定为错简，移植于《文言传》中则悍然臆断，不可以为训矣。”③乾隆御制诗文集未见相关议论，待考。也有可能是口谕。

（二）杨简《诗音》，斥混淆乎周汉。

【疏证】“杨简《诗音》”指《慈湖诗传》所引吴棫之《诗补

① 王渭清：《乾隆皇帝与四库全书》，《上海师范大学学报》1980 年第 3 期。

② 王渭清：《纪昀四议》，《四川图书馆学报》1987 年第 2 期。

③ 《总目》卷 4。

音》。《慈湖诗传》提要云："昔吴棫作《诗补音》十卷，又别为《韵补》五卷。《韵补》明人有刻本，其书采摭诗骚以下及欧阳修、苏轼、苏辙之作，颇为杂滥。《补音》久佚，惟此书所引尚存十之六七。然往往以汉魏以下之韵牵合古音，其病与《韵补》相等。《朱子语类》谓'才老《补音》，亦有推不去者'，盖即指此类。顾炎武亦尝作《韵补正》一书以纠其失。考古音者，固未可全以为准焉。"① 乾隆御制诗文集未见相关议论，待考。也有可能是口谕。

（三）稗官删说，删马角之荒唐。

【疏证】"马角之荒唐"，典出《燕丹子》。清高宗《御制诗》四集卷17《汇辑四库全书联句》胡高望句云："燕丹名殆妄庸托。"原注云："大典内《燕丹子》三篇蒙指出后人凑集，不必抄存。"《燕丹子》提要云："今检《永乐大典》载有全本，盖明初尚存。其可信者已见《史记》，其他多鄙诞不可信，殊无足采。谨仰遵圣训，附存其目。"②

《小说类序》亦云："班固称：'小说家流，盖出于稗官。'如淳注谓：'王者欲知闾巷风俗，故立稗官，使称说之。'然则博采旁搜，是亦古制，固不必以冗杂废矣。今甄录其近雅驯者，以广见闻。惟猥鄙荒诞，徒乱耳目者，则黜不载焉。"③

（四）译史传闻，摘象胥之讹异。

【疏证】《周礼》："象胥掌蛮夷闽貉戎狄之国，使掌王之言而谕说焉。"

清高宗《增订清文鉴序》云："稽古语言文字之传，不能不随方随时代为变易，将欲观其会通，惟音义两端为之枢管，独是施之翻译，则以字之不得其音，而舛者亦以字之强索其义而愈舛。向评《通鉴辑览》，纠正前史译本失真，则有校正《金元国语解》之命。

---

① 《总目》卷15。

② 《总目》卷143。

③ 《总目》卷140。

及制《西域同文志序》诸作，复连类而引申之。……夫字不得其音者，如明安之为猛安、穆昆之为谋克，犹云对字未叶耳。甚者乃因字法以寓褒讥，如《金史》书乌珠为兀术……至以字文强索其义，如蒙古语鄂博特堆砌之统词而曲说者……盖对音本无义也，即如国语称天曰阿卜喀，蒙古语则曰腾格里，西番语则曰那木喀，回语则曰阿思满，以汉字求之，皆无义之可索……”①

清高宗《满珠蒙古汉字三合切音清文鉴序》云：“向有校正《金元国语解》之命，及制《西域同文志》壹是义也。虽然，予以为亦无足深怪作《金元史》者之谰文，何则？彼一类人尚有越人视秦人肥瘠之言，而况彼实不解其语言音义乎？”②

清高宗《热河志序》云：“金、元、辽史成于汉人之手，所为如越人视秦人之肥瘠……言语有所不解，风尚有所不合，且辽、金、元皆立国不久……夫辽、金、元之史纪内地欲其得中得实尚且难之，况纪边关以外荒略之地乎？”③

清高宗《改译辽金元三史序》云：“改译辽、金、元三史……乃改译汉文译其国语之讹误者……”④

《钦定西域同文志》提要亦云：“考译语之法，其来已久。然《国语》谓之舌人，特通其声音而已，不能究其文字。”⑤

（五）醮章祈福，发凡于刘跂之词。

【疏证】乾隆四十年十一月十七日奉上谕：“内宋刘跂《学易集》十二卷，拟请刊刻。其中有青词一体，乃道流祈祷之章，非斯文正轨。前因题《胡宿集》，见其有道院青词、教坊致语之类，命删去刊行，而抄本仍存其旧。今刘跂所作，则因己身服药交年

① 《御制文集》二集卷16，《四库全书》第1301册，第384~385页。
② 《御制文集》二集卷17，《四库全书》第1301册，第388页。
③ 《御制文集》二集卷17，《四库全书》第1301册，第389页。
④ 《御制文集》二集卷17，《四库全书》第1301册，第390页。
⑤ 《总目》卷41。

琐事，用青词致告，尤为不经，虽抄本不妨姑存，刊刻必不可也。盖青词迹涉异端，不特周、程、张、朱诸儒所必为肯为，即韩、柳、欧、苏诸大家亦正集所未见。若韩愈之《送穷文》，柳宗元之《乞巧文》，此乃拟托神灵，游戏翰墨，不过借以喻言，并非实有其事，偶一为之，固属无害。又如时文为举业所习，自前明以来，通人擅长者甚多，然亦只可听其另集专行，不并登文集，况青词之尤乖典则者乎！"①

《学易集》提要亦云："谨依类编订，共录为十有二卷。今恭承圣训，于刊刻时削去青词，以归雅正。其《同天节道场疏》、《管城县修狱道场疏》、《供给看经疏》、《北山塑像疏》、《灵泉修知疏》、《仁钦升坐疏》、《请崇宁长老疏》有及为其父母舅氏修斋诸疏，皆迹涉异端，与青词相类，亦概为削除，重加编次，厘为八卷，用昭鉴古斥邪之训，垂万世立言之准焉。"②

（六）语录参禅，示例于齐熙之记。

【疏证】《朱子读书法》提要："宋张洪、齐熙同编。……虽捃拾抄撮稗贩旧文，不足以言著述，而条分缕析，纲目井然，于朱子一家之言亦可云覃思研究矣。元时版已不存，至顺中江南行台御史赵之维重镂于集庆路学，故《永乐大典》全帙收入。原编卷次已不可考，今酌其篇帙，厘为四卷，俾讲新安之学者有所考证焉。"③乾隆御制诗文集未见相关议论，待考。

（七）诂经忌凿，黜错简于龟文。

【疏证】《定正洪范》提要云："河图、洛书名见《系辞》，不云有关于《洪范》。……（胡）一中又因（刘）歆有'河图洛书相为经纬，八卦九章相为表里'之文，遂以河图、洛书并合于《洪范》，而又参以陈抟先天之说。所列二十八图，大抵支离破

① 《总目》卷首一。
② 《总目》卷155。
③ 《总目》卷92。

碎……且其说既穿凿，理多窒碍，乃于必不可通者，更遁为错简之说，以巧饰其谬，遂割裂旧文，强分经传……刘向以为龟背先有三十八字，刘歆以为先有二十字，孔颖达已均谓其无据……”① 乾隆御制诗文集未见相关议论，待考。

（八）论史从公，溯编年于麟笔。

【疏证】“麟笔”指孔子作《春秋》绝笔于获麟，代指《春秋》。清高宗《御制咏昭烈帝诗》云：“司马光《通鉴》以魏纪年，朱子《纲目》取《春秋》之义，以昭烈承献帝后，绍汉遗统，乃天下万世公论，故《辑览》从《纲目》之例。”②

《总目·史部总叙》亦云：“鲁史所录，具载一事之始末，圣人观其始末，得其是非，而后人定以一字之褒贬，此作史之资考证也。”

（九）立言乖体，四明之录必删。

【疏证】此句指《（四明）开庆续志》体例乖舛。《宝庆四明志·开庆续志》提要云：“（《宝庆四明志》）叙述谨严，不失古法。……《续志》十二卷……所以志大使丞相履斋先生吴公三年治鄞政绩，其已作而述者不复志，故所述多吴潜在官事实，而山川疆域已详于旧志者则概未之及。是因一人而别修一郡之志，名为舆图，实则家传，于著作之体殊乖。”又云：“二人所述，尚不尽出于谀颂。至（吴）潜所著文集，世久无传。后人掇拾丛残，编为遗稿，亦殊伤阙略。此志载潜吟稿二卷，共古今体诗二百九首，诗余二卷，共词一百三十首，皆世所未睹。虽其词不必尽工，而名臣著作，藉以获存，固亦足资援据。故今仍与罗浚书并录存焉。”③ 可见四明之录并未删除，未审其故。

---

① 《总目》卷13。

② 清高宗：《御制诗集》四集卷49。按：明张吉《古城集》卷末有《纲目发微辨》，持论与清高宗相近，可以合观。

③ 《总目》卷68。

（十）赝古诬真，五柳之名宜辨。

【疏证】此句指《圣贤群辅录》为伪作，非出陶潜之手。清高宗《御制诗》四集卷17《汇辑四库全书联句》载胡高望诗注云："上以《圣贤群辅录》必非陶潜所著，谕令驳正。"

《圣贤群辅录》提要亦云："一名《四八目》，旧附载《陶潜集》中，唐宋以来相沿引用，承讹踵谬，莫悟其非。迩以编录遗书，始蒙睿鉴高深，断为伪托。臣等仰承圣训，详悉推求，乃知今本潜集为北齐仆射阳休之编……其为晚出伪书，已无疑义……潜之受诬，已逾千载。今逢右文圣世，得以辨别而表章之，使白璧无瑕，流光奕叶，是亦潜之至幸矣。"①

（十一）七签三藏，汰除释老之编。

【疏证】此句指《四库全书》内不收入释家、道家之经典。乾隆三十八年二月十一日奉上谕："至儒书之外，阑入释典、道经，于古柱下史专掌藏书守先待后之义，尤为凿枘，不合朕意。"②

《总目·释家类序》亦云："《旧唐书》以古无释家，遂并佛书于道家，颇乖名实。然惟录诸家之书为二氏作者，而不录二氏之经典，则其义不可从。今录二氏于子部末，用阮孝绪例；不录经典，用刘昫例也。"

（十二）五蠹九奸，排斥申韩之术。

【疏证】"五蠹九奸"指韩非之《五蠹》、《九奸》，"申韩之术"即法家之术。《史记》云："申、韩皆本黄老之术，而流为刑名之学。"《总目》云："刑名之学起于周季，其术为圣世所不取。"清高宗《读韩非子》云："昔韩非述管仲之对桓公曰：'知臣莫如君，知子莫如父。'斯言也予以为非是。自古及今，多有以此言为然者，而余以为非是者何？盖其君若父果贤耶？自能知之，而亦无

---

① 《总目》卷136。按：宋晁公武已开始怀疑《四八目》。

② 《总目》卷首一。

待其臣子及他人之颂。使其不贤不能，知在他人，则是不关己之谬赞，以害人家国。设为臣子者亦如是言，则是内怀怨怼，而仍陷其君若父如不知也。……盖不近情之论，听之似是，而折衷于理，其剌谬不通若是者亦多矣，且君子立言将以为万世法程，而不可逞一己之私智，以欺世盗名也。”①

《总目·法家类序》亦云：“观于商鞅、韩非诸家，可以知刻薄寡恩之非。鉴彼前车，即所以克端治本。”

（十三）毒深孔雀，无容校写其青词。

【疏证】“毒深孔雀”喻指明代奸臣严嵩，他以青词著称于世。《钦定四库全书总目·凡例》云：“宋人朱表青词，凛遵谕旨，概从删削。”

《钤山堂集》提要亦云：“明严嵩撰。……事迹具《明史·奸臣传》。嵩虽怙宠擅权，其诗在流辈之中乃独为迥出。王世贞《乐府变》云：‘孔雀虽有毒，不能掩文章。’亦公论也。然迹其所为，究非他文士有才无行可以节取者比。故吟咏虽工，仅存其目，以昭彰瘅之义焉。”②

（十四）巧谢璇玑，未许增添其锦字。

【疏证】“璇玑”指《回文诗》。清高宗《题肇鉴图》注云：“《四库全书》内有宋桑世昌所编《回文类聚》一书，内载唐时《肇鉴图》一，失名。王勃为之序，称南海好事者示予，云当今才妇人作。后有令狐楚跋……”又云：“《玉台新咏》载傅休奕有《盘中诗》，注云新本作苏伯玉妻，究未定为谁作。又是古诗旋转写之，亦不能成回文也……苏惠，字若兰，因为回文，织锦名《璇玑图》，宛转读之，至二百余首，则踵事增华矣。”③

《回文类聚》提要亦云：“苏伯玉妻《盘中诗》，据《沧浪诗

① 《御制文集》二集卷34，《四库全书》第1301册，第494页。

② 《总目》卷176。

③ 《御制诗集》四集卷86，《四库全书》第1308册，第679页。

话》，自《玉台新咏》以外，别无出典。旧本具在，不闻有图，此书绘一圆图，莫知所本。考原诗末句称，当从中央周四角，则实方盘，而非圆盘，所图殆亦妄也。"①《璇玑图诗读法》提要云："苏惠织锦回文，古今传为佳话……然《晋书》称其图凡八百四十字，纵横宛转以读之，文多不录，则唐初实有是图……僧起宗以意推求，得三四五六七言诗三千七百五十二首，分为七图。万民更为寻绎，又于第三图内增立一图，并增读其诗至四千二百六首，合起宗所读，共存七千九百五十八首。合两家之图，辑为此编。夫但求协韵成句，而不问义之如何，辗转钩连，旁行斜上，原可愈增愈多。然必以为若兰本意如斯，则未之能信，存以为艺林之玩可矣。"②《璇玑碎锦》提要云："苏若兰事不可无一，亦不必有二也。"③

朝军按：前一条提要对于作者有所质疑，但后二条提要与前者又自相矛盾，《总目》前后行文不尽一致。

（十五）小山艳曲，削香奁脂盝之篇。

【疏证】"小山艳曲"似指晏几道《小山词》。"香奁脂盝之篇"指香奁体。乾隆四十六年奉上谕："朱存孝编辑《回文类聚补遗》一种，内载《美人八咏》诗，词意媟狎，有乖雅正。夫诗以温柔敦厚为教……唐人韩偓辈，务作绮丽之词，号为香奁体，渐入浮靡。尤而效之者，诗格更为卑下。今《美人八咏》内所列《丽华发》等诗，毫无寄托，辄取俗传鄙亵之语，曲为描写。无论诗固不工，即其编造题目，不知何所证据？朕辑《四库全书》，当采诗文之有关世道人心者，若次等诗句，岂可以体近香奁，概行采录？所有《美人八咏》诗，著即行撤出。"

《小山词》提要亦云："黄庭坚《小山集序》曰：'其乐府可谓狭邪之大雅，豪士之鼓吹。其合者，《高唐》、《洛神》之流；其下

---

① 《总目》卷187。
② 《总目》卷148。
③ 《总目》卷183。

者，岂减《桃叶》、《团扇》哉？"①

（十六）金谷新词，刊酒肆歌楼之句。

【疏证】"金谷新词"指宋石孝友撰《金谷遗音》。《钦定四库全书总目·凡例》云："其倚声填调之作，如石孝友之《金谷遗音》、张可久之《小山小令》，臣等初以相传旧本，姑为录存，并蒙皇上指示，命从屏斥，仰见大圣人敦崇风教，厘正典籍之至意。"

《金谷遗音》提要亦云："长调类多献谀之作，小令亦间近于俚俗……今考《茶瓶儿》结句云：'而今若没些儿事，却枉了做人一世。'《惜奴娇》前一阕云：'我已多情，更撞见多情的你。'后一阕云：'冤家，你教我如何割舍？冤家，休直待教人咒骂！'直是市井俚谈。"②

（十七）五家《易》说，歧涂附辟其《传灯》。

【疏证】此句指徐总干撰《易传灯》。清高宗《题易传灯》序云："是书旧署徐总干撰，而不著名。其子序谓其父尝师事吕祖谦、唐仲友，所学似尚有禀承，顾取释氏传灯语为经解标题，谬盭甚矣，其言君子小人吉凶阴阳之义颇有阐发，而所论河图、象数牵附九宫，则又乖于正道。盖其书纯驳参半，乃指斥后学差误，得无责人则明而责己则昏欤？以其裒辑于散帙之中，亦云希覯，录备四库，庶几瑕瑜不掩，系诗简端，讥之正所以惜之也。"其诗曰："徐氏隐名故以何，标题想亦自知过。本来画卦由古圣，胡乃传灯拟梵陀。学述东莱道未见，习沿永叔语伤讹。明云后学多差误，可识其人差已多。"③

《易传灯》提要亦云："《易传灯》一书，诸家书目俱不著录。朱彝尊《经义考》亦不载其名。惟《永乐大典》散见于各卦之中，

---

① 《总目》卷198。

② 《总目》卷200。

③ 《御制诗集》四集卷45，《四库全书》第1308册，第92页。

题其官曰‘徐总干’，而不著名字。又载其子子东序，谓其父尝师事吕祖谦、唐仲友……‘传灯’本释氏之语，乃取之以名经解，殊为乖剌。又谓《系辞下传》‘易之为书’三章，皆汉儒《易纬》之文，讹为夫子之作以诳后世，亦沿欧阳修之误。又谓圣人观《河图》有数有象，以纵横十五之妙，配乾、坤九六之数，白紫者吉，黄黑者凶，是直以《易》数为五行家言，尤未免驳杂。然其《八卦总论》十六篇，参互以求，颇能得《易》之类例……”①

(十八) 四氏《书》笺，余绪兼详乎括地。

【疏证】此句指傅寅《禹贡说断》。清高宗《题傅寅禹贡说断》云：“指南向已题毛晃，说断兹当属傅寅（前于《永乐大典》内集得毛晃《禹贡指南》一书，曾为题识六韵，兹复校辑傅寅《禹贡说断》四卷，其于五服、九州岛、三江、四海辨论甚精，吕祖谦、唐仲友皆亟称之，其书实可传布也）。五服九州岛辨贡赋，三江四海析涯垠。积年累月而穷究，继晷焚膏亦苦辛。代移时陈因失旧，定讹补缺为完新（朱彝尊《经义考》载宋傅寅《禹贡详解》二卷，《通志堂九经解》亦尝刊入，称原缺四十余简。今《永乐大典》所载则题曰‘说断’，并无详解之名，且经解所称缺简具在，并有多至数倍者。又卷前四图，经解误入程大昌论中，兹亦从乔行简原序校定，并为之正讹补缺，粹然复为完书矣）。只台妄以知德先，纷披奚辞注语频。更有诸家难著笔，流沙今越海西滨（《禹贡》疆域限于九州岛，其极远者至流沙而止。今自平定准部、回部以来，幅员所拓，西逾流沙万余里，更在九州岛之外，岂依经著说家所能罄乎？）。”②

《禹贡说断》提要亦云：“案：朱彝尊《经义考》有寅所著《禹贡集解》二卷，通志堂尝刊入《九经解》中，而《永乐大典》载其书则题曰《禹贡说断》，无‘集解’之名。又《经解》所刊本称原缺四十余简，今检《永乐大典》，不独所缺咸在，且其《五服

① 《总目》卷3。

② 《御制诗集》四集卷19，《四库全书》第1307册，第577页。

辨》三千余言、《九州岛辨》千数百言，较之原注缺文多至数倍。又《山川总会》及《九河》、《三江》、《九江》四图，经解误入程大昌《禹贡论》中，与其书绝不相比附，而《永乐大典》独系之《说断》篇内，盖当时所见，实宋时原本，足以援据……"①

（十九）前车后鉴，陈风雅于《经筵》。

【疏证】此句指袁燮《絜斋毛诗经筵讲义》。清高宗《题絜斋毛诗经筵讲义》云："……解经依注无为异，取古诫今有足多……黍离故国三致意，其奈孱王弗听何？"②

《絜斋毛诗经筵讲义》提要亦云："惟《永乐大典》颇载其文，盖其失传已久矣……其中议论和平，颇得风人本旨。于振兴恢复之事，尤再三致意……皆深有合于献纳之义。"③

（二十）斜上旁行，寓《春秋》于《世本》。

【疏证】此句指程公说《春秋分纪》。清高宗《题宋版春秋分记》云："分记原通记，尊王义寓中（原注：程公悦，宋宁宗时人，所撰《春秋分记》，以《史记》法，取《左传》事，厘为《年表》、《世谱》、《名谱》，又为《历书》、《天文》、《五行》诸书，又分记周天王内鲁外诸侯，以及次国、小国、五夷之事，条分缕析，事因左氏，义本圣经，皆首记天王，以见天下之一乎？周分记诸国以见列国之所以异。详见公悦自序。其弟公许于乾祐三年刻梓，以广其传）。年经国为纬，外抑风斯崇。统万乃惟一，会殊则以同。希珍传宋椠，遗暇可研穷。"④

《春秋分纪》提要亦云："宋程公说撰。……书前有开禧乙丑自序。乾祐三年其弟公许刊于宜春，凡《年表》九卷、《世谱》七

---

① 《总目》卷11。

② 《御制诗集》四集卷31，《四库全书》第1307册，第798页。

③ 《总目》卷15。

④ 《四库全书》第1307册，第706页。按：《总目》作程公说《春秋分纪》，而清高宗《御制诗集》四集卷26作程公悦《春秋分记》。

卷、《名谱》二卷，《书》二十六卷、《周天王事》二卷、《鲁事》六卷、《大国世本》二十六卷、《次国》二卷、《小国》七卷、《附录》三卷。……条理分明，叙述典赡，所采诸儒之说与公说所附《序论》亦皆醇正，诚读《春秋》者之总汇也。”①

（二十一）庐陵处士，特申僭上之防。

【疏证】“庐陵处士”指宋萧楚，所撰《春秋辨疑》矛头直指蔡京。清高宗《题萧楚春秋辨疑》云：“直逆权臣（蔡京）退自怡，著书胡（铨）赵（旸）奉为师。宗经颇具明卓见，异注不从迁就词。非史信哉超众论，亡诗作也辨群疑。一王天下无他义，三变周公岂逆知。可惜代湮多散佚，允宜重录表扶持。瞠乎徒仰获麟笔，鲜暇方惭下董帷。”②

《春秋辨疑》提要亦云：“庐陵人，绍圣中游太学，贡礼部不第。于时蔡京方专国，楚愤疾其奸，谓京将为宋王莽，誓不复仕，遂退而著书，明《春秋》之学。赵旸、冯澥、胡铨皆师事之。……书之大旨，主于以统制归天王，而深戒威福之移于下。虽多为权奸柄国而发，而持论正大，实有合尼山笔削之义。……胡铨以《春秋》登第，归拜床下，楚告之曰：‘学者非但拾一第，身可杀，学不可辱，毋祸我《春秋》乃佳。’厥后铨以孤忠谠论震耀千秋，则其师弟之于《春秋》，非徒口讲耳受者矣。”③

（二十二）安定门人，大著尊王之义。

【疏证】“安定门人”指宋孙觉，其《春秋经解》“大著尊王之义”。清高宗《题孙觉春秋经解六韵》云：“注疏《春秋》充栋伙，高邮作解费研磨。学从安定居门第，书出临川罢制科（周麟之跋云：初，王荆公欲释《春秋》，以行于天下，而莘老之传已出，一见而有惎心，自知不复能出其右，遂诋圣经而废之，曰此断

① 《总目》卷27。

② 《春秋辨疑》卷首，《四库全书》第148册，第107页。

③ 《总目》卷26。

烂朝报也，不列于学官，不用于贡举者积有年。其说虽未必尽然，而是书为当时所重，亦可见矣。)。凿传鄙他相佩剑，翼经嘉此匪操戈。诸公列国事悉具，抑伯专王义不讹。发奥依然准平正，折衷要是弗偏颇。邵张珍弆今归纪，汲古深心有足多。”①

《春秋经解》提要亦云：“觉字莘老，高邮人……早从胡瑗游，传其春秋之学，大旨以抑霸尊王为主……周麟之跋云：‘初，王荆公欲释《春秋》，以行于天下，而莘老之传已出，一见而有惎心，自知不复能出其右，遂诋圣经而废之。’……似未必尽然，然亦可见当时甚重其书，故有此说也。”②

（二十三）王元杰名同谳狱，为云谷之重儓。

【疏证】此句指王元杰《春秋谳义》。清高宗《题王元杰春秋谳义》云：“谳有评狱义，狱实刑之引。春秋岂其然，求精失之远。梦得已一误，元杰重儓允。”“梦得已一误”下有清高宗自注：“宋叶梦得尝作《春秋谳》，不揆经世之意，而专以评狱解经，已失《春秋》本旨。至元王元杰复撰《谳义》，盖未见梦得原本，而名与相复，其书编辑程朱绪言，复删缀胡安国传分缀经文之下，而于三家末别标己意曰谳，其与朱子一无异词，盖墨守前说，一字不敢芟削，实难免重儓之诮云。”③

《春秋谳义》提要亦云：“元杰之谳，则委曲恕纪，不从程子之说，而全书之内，于朱子无一异词，其宗旨概可见矣。恭读《御题诗注》，以程朱之重儓目之，允足破乡曲竖儒守一先生之锢见。又其书袭叶梦得之谬，以谳为名，亦经御题严辟，尤足以戒刻深锻炼、以法家说《春秋》者。”④

（二十四）洪咨夔迹类探囊，窃玉川之余沛。

【疏证】玉川指唐代诗人卢仝；洪咨夔为宋代人，著有《春秋

① 《御制诗集》四集卷17，《四库全书》第1307册，第530页。

② 《总目》卷26。按：此书为纪昀家藏本，故高宗表彰其“汲古深心”。

③ 《御制诗集》四集卷45，《四库全书》第1308册，第102页。

④ 《总目》卷28。按：《总目》排斥程朱之学实中清高宗下怀。

说》。

清高宗《书洪咨夔〈春秋说〉论隐公作伪事》云："……如洪咨夔《春秋说》之论隐公直以作伪日拙吹求，实已甚焉。其言盖出于卢仝《春秋摘微》之绪论。夫仝去三传几千百年，而咨夔又去仝几四百余年，拾人唾余，而以为自出己见，此何能欺千载之公论乎？"①

《春秋说》提要亦云："其书议论明慁，而考据事实、推勘情伪，尤多前人所未发。"②

朝军按：此处似未采纳清高宗的说法。待考。

（二十五）四箴误注，宁知颜巷之心。

【疏证】"四箴"即孔子所谓"非礼勿视，非礼勿听，非礼勿言，非礼勿动"。此句指顾宪成《小心斋札记》卷18内解说"四勿"一条。

清高宗《题顾宪成解论语四勿》云："克己为仁请问目，告之四勿训犹亲。如何解作庄严法，足识斯人学不醇。"原注云："庄严二字出梵经，宪成乃以为颜子庄严四体，是何言耶？……四勿即克己为仁之注，岂有二哉？是解也足见宪成之学杂儒墨，所谓非圣无法。"③

朝军按：《总目》似未采纳清高宗的说法。待考。

（二十六）二佛同称，转隘尼山之量。

【疏证】此句指焦袁熹《此木轩四书说》。清高宗《御制题此木轩四书说》云："云间绩学众传诸，经说方成又说书。一刹不容有二佛，此言果可说《书》欤？"原按："袁熹《书说》，论者谓其较所作经说为优，其中固不无可节取。阅及《孟子》'以予观于无子'章谓：'孔子不特春秋之世不容有二，从是以后更数千岁，六

① 《御制文集》二集卷33，《四库全书》第1301册，第487页。

② 《总目》卷27。

③ 《御制诗集》四集卷55，《四库全书》第1308册，第244页。

经四子书苟未澌灭，亦不得生于孔子其人，盖犹一刹不容有二佛也。’意在推崇孔子，而拟不于伦，尊之固如是乎？且以释氏语阑入儒书，尤乖说书之体。昔昌黎谓荀扬大醇而小疵，余谓袁熹此书乃小醇而大疵耳。”①

朝军按：《总目》似未采纳清高宗的说法。待考。

（二十七）《六经》作绘，全收诸杨甲图中。

【疏证】此句指宋杨甲撰、毛邦翰补《六经图》。清高宗《题宋版六经图八韵》云：“太古图先书后出，考书或不考图非。陈（森）刊苗（昌言）序诚探要（《六经图》为宋绍兴中布衣杨甲所撰，乾道初知抚州陈森属教授毛邦翰等编类补刻之，为图三百有九），物列文彰允造微。典备六千年烛照，册贻五百载芸馡。玩时愒日凛儆戒，惕夕乾朝守范围。传授都因著姓氏，次铨还以正依韦。六经敢曰能窥道，一己惟应励敕几。敬奉禋宗陈俎豆，恪遵家法服冠衣。帝王学与儒生异，罪我由他知我稀。”②

《六经图》提要亦云：“宋杨甲撰，毛邦翰补。……书成于绍兴中；邦翰不知何许人，尝官抚州教授，其书成于乾道初。陈振孙《书录解题》引《馆阁书目》，载邦翰所补之本……为图三百有九。”③

（二十八）《七纬》成编，知出自庄周书后。

【疏证】纬书成编于《庄子》之后，此乃清高宗之判断。清高宗《题乾坤凿度》云：“乾坤两凿度，撰不知谁氏。矫称黄帝言，仓颉为修饰。以余观作者，盖后于庄子。《南华》第七篇，率已揭其旨。倏忽凿七窍，窍通混沌死。乾坤即倏忽，混沌实太始……黄震著《日抄》，所论正非鄙。”④

---

① 《此木轩四书说》卷首，《四库全书》第210册，第521页。

② 《御制诗集》四集卷25，《四库全书》第1307册，第688页。

③ 《总目》卷33。

④ 《御制诗集》四集卷13，《四库全书》第1307册，第461页。

《乾坤凿度》提要亦云："伏读《御制乾坤凿度诗》，定作者后于庄子，而举《应帝王》篇所云'倏忽混沌、分配乾坤太始'，以推求凿字所以命名之义，援据审核，折衷至当。臣等因考《列子》、《白虎通》、《博雅》诸书，皆以太易、太初、太始、太素为形、气、质之始，与《凿度》所言相合。独《庄子》于外篇《天地》略及泰初、有无之语，而其他名目概未之见，则'倏忽混沌'实即南华氏之变文，作《凿度》者复本其义而缘饰之耳。仰蒙圣明剖示，精确不刊，洵永为是书定论矣。按七经纬皆佚于唐，存者独《易》……"① 显然，《总目》据《御制乾坤凿度诗》立论。

（二十九）五音分配，篆文互备其形声。

【疏证】此句指徐锴《说文篆韵谱》。清高宗《题说文篆韵谱》云："……制文遵古见识卓，作隶趋今辨以详。许慎特嘉研六篆，贾鲂何事变三仓。成编割裂异大典（此书以韵相次，音训简明，便于检阅，实为小学津梁，非若《永乐大典》之依韵采辑，将各书割裂散见者比），因字区分述旧章。"②

《说文解字篆韵谱》提要亦云："所注颇为简略……此特取便检阅。"③

《翁方纲纂四库提要稿》云："此（指《说文篆韵谱》）系问题特发下之本，未便迳撰提要。今仍须另撰提要与否之处，俟酌定。"④

（三十）二史交参，奇字各通其假借。

【疏证】"二史"指《史记》、《汉书》，此句指宋娄机《班马字类》。清高宗《题影宋抄班马字类》云："喜此朝弦而暮诵，嘉

① 《总目》卷6《附录》。

② 《御制诗集》四集卷23，《四库全书》第1307册，第640页。

③ 《总目》卷41。

④ 翁方纲：《翁方纲纂四库提要稿》，第141页。

伊远绍更旁搜。批翻快处缘恶旨，笑异东坡大白浮。”①

《班马字类》提要亦云：“其书采《史记》、《汉书》所载古字、僻字，以四声部分编次……考证训诂，辨别音声，实有裨于小学。”②

（三十一）古香馣馤，细辨班书。

【疏证】此句指班固《汉书》。清高宗《题宋版前汉书》云：“冠冕琳琅天禄收，因刊书目阅从头（内府旧藏宋椠《前汉书》为琳琅天禄之冠，兹因校勘《四库全书总目》复阅及之，更觉其精妙罕匹）。吴藏本自赵魏国，楚得重归王弇州。久入上方不知故（其书初为赵孟頫所藏，入明则自陆顾两家展转流传，归之王世贞。赵与王皆于卷前画其像，王并有跋。向虽有题识简端，亦未及此次之经意也），兹编四库识其由……”③

朝军按：《总目》卷45《汉书》提要原稿出自邵晋涵之手，但未辨明版本来源。

（三十二）碎腋穿连，得重刊薛史。

【疏证】“薛史”指薛居正所撰《旧五代史》。清高宗《题旧五代史八韵》云：“上承唐室下开宋，五代兴衰纪欲详。旧史原监薛居正（宋开宝中诏修《五代史》，卢多逊、扈蒙、张澹、李昉、刘兼、李穆、李九龄同修，宰相薛居正监修。书成，凡五百五十卷。其后欧阳修别撰《五代史记》七十五卷，藏于家。修殁后，官为刊印），新书重撰吉欧阳。泰和独用滋侵佚（欧史既出，遂与薛史并行。当时以薛史为旧史，欧史为新史。至金章宗泰和时，始诏学官，专用欧史。于是薛史遂微。元明以来传本渐就湮没），永乐分收究未彰（《永乐大典》虽载其文，然割裂淆舛，已非居正等篇第之旧）。四库搜罗今制创，群儒排纂故编偿（因校《四库全

① 《御制诗集》四集卷46，《四库全书》第1308册，第105页。

② 《总目》卷41。

③ 《御制诗集》四集卷26，《四库全书》第1307册，第704页。

书》，词臣等于《永乐大典》各韵所引薛史甄录条系，得十之八九，复采《册府元龟》、《太平御览》、《通鉴考异》、《五代会要》、《契丹国志》、《北梦琐言》诸书以补其缺，并参考《新、旧唐书》、《东都事略》、《宋史》、《辽史》、《续通鉴长编》、《五代春秋》、《九国志》、《十国春秋》及宋人说部、文集并碑碣尚存者，以资辨证。卷帙悉符原书，而考核更加详备）。残缣断简研磨细，合璧连珠体裁良。遂使已湮得再显，果然绍远藉搜旁。两存例可援刘昫（书成呈览，馆臣请仿刘昫《旧唐书》之例，列于廿三史，刊布学官，从之），专注事曾传马光（薛史文笔虽不及欧史谨严，而叙事颇为详核，其是非亦不诡于正，司马光《通鉴》多采用之）。序以行之诗代序，惕怀殷鉴念尤长。"①

《旧五代史》提要亦云："宋薛居正等奉敕撰。考晁公武《读书志》云：'开宝中诏修梁、唐、晋、汉、周书，卢多逊、扈蒙、张澹、李昉、刘兼、李穆、李九龄同修，宰相薛居正监修。'《玉海》引《中兴书目》云：'开宝六年四月戊申，诏修五代史。七年闰十月甲子，书成，凡五百五十卷，目录二卷，为纪六十一、志十二、传七十七，多据累朝实录及范质《五代通录》为稿本。'其后欧阳修别撰《五代史记》七十五卷，藏于家。修殁后，官为刊印，学者始不专习薛史，然二书犹并行于世。至金章宗泰和七年，诏学官止用欧阳史，于是薛史遂微。元明以来，罕有援引其书者，传本亦渐就湮没。惟明内府有之，见于《文渊阁书目》，故《永乐大典》多载其文，然割裂淆乱，已非居正等篇第之旧。恭逢圣朝右文稽古，网罗放佚，零缣断简，皆次第编摩。臣等谨就《永乐大典》各韵中所引薛史，甄录条系，排纂先后，检其篇第，尚得十之八九。又考宋人书之征引薛史者，每条采录，以补其阙，遂得依原书卷数，勒成一编。晦而复彰，散而复聚，殆实有神物呵护以待时而出者。遭逢之幸，洵非偶然也。欧阳修文章远出居正等上，其笔削体例，亦特谨严。然自宋时论二史者即互有所主，司马光作《通鉴注》，皆专据薛史，而不取欧史。沈括、洪迈、王应麟辈为

① 《御制诗集》四集卷33，《四库全书》第1307册，第832页。

一代博洽之士，其所著述，于薛、欧二史亦多兼采，而未尝有所轩轾。盖修所作皆刊削旧史之文，意主断制，不肯以纪载丛碎，自砭其体。故其词极工，而于情事或不能详备。至居正等奉诏撰述，本在宋初，其时秉笔之臣，尚多逮事五代。见闻较近，纪传皆首尾完具，可以征信。故异同所在，较核事迹，往往以此书为长。虽其文体平弱，不免叙次烦冗之病，而遗闻琐事，反藉以获传，实足为考古者参稽之助。又欧阳止述司天、职方二考，而诸志俱阙，凡礼乐、职官之制度，选举、刑法之沿革，上承唐典，下开宋制者，一概无征，亦不及薛史诸志为有裨于文献。盖二书繁简，各有体裁，学识兼资，难于偏废。昔修与宋祁所撰《新唐书》，事增文省，足以括刘昫旧书。而昫书仰荷皇上表章，今仍得列于正史。况是书文虽不及欧阳，而事迹较备，又何可使隐没不彰哉？谨考次旧文，厘为《梁书》二十四卷，《唐书》五十卷，《晋书》二十四卷，《汉书》十一卷，《周书》二十二卷，《世袭列传》二卷，《僭伪列传》三传，《外国列传》二卷，《志》十二卷，共一百五十卷，别为目录二卷。而搜罗排纂之意，则著于凡例。”①

（三十三）清流肇衅，示鉴戒于东林。

【疏证】清高宗《题东林列传》云：“东林讲学，始以正而终以乱，驯至与明偕亡。陈鼎叙为列传……东林诸人始未尝不以正，其后声势趋附，互相标榜，糅杂混淆，小人得而乘之以起党狱，是开门揖盗者，本东林之自取，迄明亡而后已……盖有讲学，必有标榜；有标榜，必有门户。尾大不掉，必至国破家亡，汉宋明其殷鉴也。”②

《东林列传》提要亦云：“明万历间，无锡顾宪成与高攀龙重修宋杨时东林书院，与同志讲学其中。声气蔓延，趋附者几遍天下，互相标榜，自立门户，流品亦遂糅杂。……于是党祸大兴，一时诛斥殆尽，籍其名，颁示天下。……水火交争，彼此报复……卒

① 《总目》卷46。

② 《御制文集》二集卷18，《四库全书》第1301册，第394页。

至国是日非，迄明亡而后已。……前事不忘，后事之师，其亦千古之炯鉴矣。"①《小心斋札记》提要云："（顾）宪成家居，与弟允成修宋杨时东林书院，偕同志高攀龙、钱一本、薛敷教、史孟麟、于孔兼辈讲学其中。朝士慕其风者，多遥相应和。声气既广，标榜日增。于是依草附木之徒，争相趋附，均自目为清流。门户角争，递相胜败，党祸因之而大起。恩怨纠结，辗转报复，明遂以亡。……既已讲学，则议论多而是非生。其始不过一念之好名，其究也流弊所极，遂祸延宗社。《春秋》责备贤者，宪成等不能辞其咎也。"②《刘蕺山集》提要云："讲学之风，至明季而极盛，亦至明季而极弊。……东林一派始以务为名高，继乃酿成朋党，小人君子，杂糅难分，门户之祸，延及朝廷，驯至于宗社沦亡，势犹未已。"③

（三十四）正统明尊，存纲常于西蜀。

【疏证】《三国志》提要云："其书以魏为正统，至习凿齿作《汉晋春秋》始立异议。自朱子以来，无不是凿齿而非寿。然以理而论，寿之谬万万无辞。以势而论，则凿齿帝汉顺而易，寿欲帝汉逆而难。盖凿齿时晋已南渡，其事有类乎蜀，为偏安者争正统，此孚于当代之论者也。寿则身为晋武之臣，而晋武承魏之统，伪魏是伪晋矣，其能行于当代哉！此犹宋太祖篡立近于魏，而北汉、南唐迹近于蜀，故北宋诸儒皆有所避而不伪魏。高宗以后偏安江左近于蜀，而中原魏地全入于金，故南宋诸儒乃纷纷起而帝蜀。此皆当论其世，未可以一格绳也。惟其误沿《史记》周、秦纪之例，不托始于魏文，而始曹操，实不及《魏书·叙纪》之得体，是则诚可已不已耳。"④

清高宗《题郝经续后汉书》其二云："陈寿宁称史笔人，续之

① 《总目》卷58。
② 《总目》卷96。
③ 《总目》卷172。
④ 《总目》卷45。

尊汉见诚醇（陈寿《三国志》帝魏寇蜀，论者非之，然司马光作《通鉴》尚不能订其误，至朱子作《纲目》，始为改定。经所著《续后汉书》独以蜀汉绍炎刘正统，其识甚正，彼盖已见朱子之书也）。独嫌董卓仍列传，即未叛臣亦乱臣。”其三云：“褒贬从来不可诬，要公千载赏和诛。篡臣仲达只篡魏，篡汉宁非孟德乎？”①

《续后汉书》提要亦云：“元郝经撰。……特著此书，正陈寿帝魏之谬。即《三国志》旧文，重为改编……升昭烈为本纪，黜吴、魏为列传……持论颇为不苟。”②

（三十五）派沿涑水，袁朱之新例兼存。

【疏证】“派沿涑水”指沿袭司马光编年体，“袁朱之新例”分别指袁枢纪事本末体著作《通鉴纪事本末》、朱熹纲目体著作《资治通鉴纲目》。

清高宗《题宋版通鉴纪事本末》云：“涑水编年著《通鉴》，建安纪事别成书。兴亡本末为金镜，条理因依若辅车。虽有增前斯数典（袁枢为是书依司马光《通鉴》为起讫，其前编则明沈朝阳所编，焦竑校正之），便称续后此开初（《续编》、《宋纪》为明冯琦编，《元纪》为陈邦瞻编，皆张溥论正，《明纪》则本朝谷应泰所编也）。淳熙纸墨香天禄，玩味孜孜日警予。”③ 其《题宋版资治通鉴纲目》云：“涑水创为开义例，紫阳述订益精微。……《三编》惟此遵纲纪（尝命词臣纂辑明史事为《通鉴纲目三编》，体例一准朱子，朕亲为裁定，序而行之），《辑览》曾无越范围（《通鉴辑览》一书亦近年所纂，上自唐虞，下迄明末，凡有关政治得失者，巨细咸载，其中书法大旨亦仿朱子《纲目》之例，并摘要著论）。”④ 其《明史纲目序》云：“编年之书，奚啻数十百家，而必以朱子《通鉴纲目》为准。《通鉴纲目》盖祖述《春秋》之义，虽

---

① 《御制诗集》四集卷51，《四库全书》第1308册，第179页。

② 《总目》卷50。

③ 《御制诗集》四集卷27，《四库全书》第1307册，第711页。

④ 《四库全书》第689册，第1页。

取裁于司马氏之书，而明天统，正人纪，昭鉴戒，著几微，得《春秋》大居正之意，虽司马氏有不能窥其藩篱者……读书立言之士，论世为难。非如朱子具格致诚正之功，明治乱兴衰之故，其于笔削鲜有不任予夺之私，失褒贬之公者。"①

《通鉴纪事本末》提要亦云："……编年之法，或一事而隔越数卷，首尾难稽。枢乃自出新意，因司马光《资治通鉴》区别门目，以类排纂。每事各详起讫，自为标题。每篇各编年月，自为首尾。始于'三家之分晋'，终于'周世宗之淮南'，包括数千年事迹，经纬明晰，节目详具，前后始末，一览了然，遂使纪传、编年贯通为一，实前古人之所未有也。"②《御定通鉴纲目》提要云："乾隆四十年奉敕撰。……夫朱子创例之初，原以纲仿《春秋》，目仿《左传》。……即圣谕所指'福藩田土'一条，其他条之疏略皆可以例推……如圣谕所指朵颜、青海诸人名，书图为兔之类，亦往往而有。鄙倍荒唐，尤不可不及厘正。是编仰禀睿裁，于大书体例皆遵《钦定通鉴辑览》，而细注则详核史传……"③《御批通鉴辑览》提要云："……皇上几暇披寻，以其褒贬失宜，纪载诬漏，不足以备乙览，因命重加编订。发凡起例，咸禀睿裁。每一卷成，即缮稿进御。指示书法，悉准麟经，又亲洒丹毫，详加评断。微言大义，灿若日星……"④

（三十六）俗记扶余，班范之讹传并订。

【疏证】此句指《后汉书》及《三国志·魏志·夫余传》之文有讹，清高宗加以订正。其《夫余国传订讹》云："近阅《四库全书》内元郝经《续后汉书》所作《夫余国列传》，其官有马加、牛加之名，讶其诞诡不经，疑有舛误，因命馆臣覆勘。其说实本之《后汉书》及《三国志·魏志·夫余传》之文，于是叹范蔚宗、陈

---

① 《御制文集》初集卷10，《四库全书》第1301册，第97页。

② 《总目》卷49。

③ 《总目》卷47。

④ 《总目》卷47。

寿之徒不识方言，好奇逞妄，疑误后人，而更惜郝经之失于裁择也。其传曰：'国以六畜名官，有马加、牛加、猪加、狗加'、'诸加别主四出道，大者主数千家，小者数百家'、'有敌，诸加自战，下户俱担粮饮食之'。信如其言，则所谓'诸加'者，何所取义乎？史称夫余善养牲，则畜牧必蕃盛，当各有主之。犹今蒙古，谓典羊之官曰'和尼齐'，和尼者，羊也；典马之官曰'摩哩齐'，摩哩者，马也；典驼之官曰'特默齐'，特默者，驼也。皆因所牧之物以名其职，特百官中之一二。志夫余者，必当时有知夫余语之人译其司马、司牛者为'马家'、'牛家'，遂讹为'马加'、'牛加'。正如《周礼》之有羊人、犬人，汉之有狗监耳。若必以'六畜名官'寓相贬，则剡子所对少皞氏鸟名官为'鸟师'，而鸟名又何以称乎？蔚宗既讹'家'为'加'，又求其说不得，乃强为之辞，诚不值一噱。总由晋宋间人与外域道里辽阻，于一切音义素所不通，遂若越人视秦人之肥瘠，率凭耳食为傅会，甚至借恶词丑字以曲肆其诋毁之私，可鄙孰甚！且蔚宗以附彭城王义康谋反伏诛，陈寿索米为人作佳传，其人皆不足取，其言又何足据乎！第《后汉书》、《三国志》旧经刊行，旧文难以更易，因命于《续后汉书》中改'加'为'家'，并为订其踳谬如右。"①

《续后汉书》提要亦云："永乐大典本元郝经撰。……时萧常《续后汉书》尚未行于北方，故经未见其本，特著此书，正陈寿帝魏之谬。既《三国志》旧文，重为改编，而以裴《注》之异同，《通鉴》之去取，参校刊定。原本九十卷，中间各分子卷，实一百三十卷……是书与经所撰《陵川集》，皆延祐戊午官为刊行。然明以来绝少传本，惟《永乐大典》所载尚多。核以原目，惟《年表》一卷、《刑法录》一卷，全佚不传，全篇完好者犹十之六七，其序文议赞，存者亦十之八九。今各据原目，编辑校正，所分子卷，悉仍其旧。间有残阙，其文皆已具于陈《志》，均不复采补。以省繁复。又经所见乃陈《志》旧本，其中字句，与今本往往异同。谨各加案

① 《御制文集》二集卷25，《四库全书》第1301册，第437页。

语标明，以资考证。”①

《三国志》卷30原文为：“夫余，在长城之北……国有君王，皆以六畜名官，有马加、牛加、猪加、狗加、大使、大使者、使者。邑落有豪民，名下户皆为奴仆。诸加别主四出道，大者主数千家，小者数百家。”《后汉书》卷85云：“夫余国……以弓矢刀矛为兵，以六畜名官，有马加、牛加、狗加，其邑落皆主属诸加。”今查《四库全书》本元郝经《续后汉书》卷81《东夷列传》夫余部分有云：“国有君王皆以六畜名官，有马加、牛加、猪加、狗加、犬使……”②

朝军按：清高宗讶其诞诡不经，明令馆臣覆勘。《总目》亦称“其中字句，与今本往往异同。谨各加案语标明，以资考证”，实际上没有执行。吴金华先生认为：“乾隆才是强为之辞，不值一噱，可鄙孰甚！由此，我们联想到，殿本《三国志》从《提要》到《考证》，之所以踳谬百出，想必与乾隆的指导思想有关。乾隆之谬，单凭清代蒙古语去上推三国时代的夫余语，搞点推测是可以的，要作定论，就必须拿出令人信服的理据和实证。其一，没有实证，没有任何史料为证明。其二，乾隆的理据有三：1. 其人皆不足取，其言又何足据乎？这是乾隆的政治标准。2. 晋宋间人与外域道里辽阻，于一切音义素所不通。这是乾隆想当然。魏晋南北朝的汉人一直跟‘夫余’有交往，不仅《三国志》、《后汉书》称‘加’，《梁书》卷54、《北史》卷94也没有变成‘家’。3. 认为《后汉书》等以‘六畜名官’寓相贬，借恶词丑字以曲肆其诋毁之私，是误会。陈寿客观地叙述夫余国以‘六畜名官’，有马加、牛加、猪加、狗加，并没有就此发一通贬低北方少数民族的议论，而乾隆竟认为汉人的这种叙述是对满族有关的夫余族不怀好意，未免神经过敏。不难看出，这是乾隆民族意识和政治偏见在作怪。因为‘夫余’是‘满族’的前身，所以，乾隆对‘夫余’情有独钟。元郝经也是蒙古人，所以乾隆惜其没有站在蒙古族立场上改‘加’

① 《总目》卷50。

② 《四库全书》第386册，第245页。

为‘家’。《四库全书》本《续后汉书》卷八十一《东夷列传》并没有改‘加’为‘家’。也就是说，馆臣并没有执行乾隆的改字命令，揣想有两种可能，一种可能是，乾隆事后又看了一些书，如《北史》等等，长了一点见识，因而口头指示馆臣暂不改动。另一种可能是，馆臣向乾隆陈述了不必改字的理由，乾隆虽然认为不改字也可以，但仍然保留自己的意见，因而并不撤销《夫余国传订讹》一文。”吴先生此说极为合理，使此疑难涣然冰释。

（三十七）党碑再勒，嗟揖盗而开门。

【疏证】“党碑再勒”指“庆元党禁”。清高宗《题庆元党禁》云：“宫闱通情侂胄求（庆元初，韩侂胄既专政，用京镗、何澹、刘德秀、胡纮四人为鹰犬，斥逐异己者，目为伪党，宰执则赵汝愚、留正、王兰、周必大四人，待制则朱熹等十三人，余官则刘光祖等三十一人，武臣皇甫斌等三人，太学生杨宏中等六人，士人则蔡元定、吕祖泰二人，皆贬斥禁锢。及镗、澹等相继罢死，始得追复，而正人之沦亡者已不少矣。侂胄任群小以攻伪学，终蹈诛殛，自取其罪。然迹其得志由，则赵汝愚不能辞过……），汝愚曾是失深谋。庆元党祸延邦国，揖盗开门自有由。”①

《庆元党禁》提要亦云：“考党禁起于宁宗庆元二年八月，弛于嘉泰二年二月，是书之作，盖距弛禁时又四十四年矣。宋代忠邪杂进，党祸相仍，国论喧呶，已一见于元祐之籍。迨南渡后，和议已成，外忧暂弭，君臣上下，熙熙然燕雀处堂。诸儒不鉴前车，又寻覆辙，求名既急，持论弥高，声气交通，贤奸混糅。浮薄诡激之徒，相率攀援，酿成门户，遂使小人乘其瑕隙，又兴党狱以中之。兰艾同焚，国势驯至于不振。《春秋》责备贤者，不能以败亡之罪，独诿诸韩侂胄也。且光、宁授受之际，赵汝愚等谋及宵人，复处之不得其道，致激成祸变，于谋国尤疏。恭读御题诗章，于揖盗开门，再三致意，垂训深切，实为千古定评。讲学之家不能复以浮词他说解矣。书中所录伪党共五十九人，如杨万里尝以党禁罢官，

---

① 《御制诗集》四集卷21，《四库全书》第1307册，第607页。

而顾未入籍，其去取之故，亦颇难解。盖万里之荐朱子，实出至公，与依草附木，攀援门户者迥异，故讲学之家，终不引之为气类。观所作《诚斋易传》，陈栎、胡一桂皆曲相排抑，不使入道学之派。知此书之削除万里，意亦如斯，未可遽执为定论也。至如薛叔似晚岁改节，依附权奸。皇甫斌猥琐梯荣，偾军辱国。侂胄既败之后，又复列名韩党，与张岩、许及之诸人并遭贬谪。阴阳反复，不可端倪，而其姓名亦并见此书中，岂非趋附者繁，枭鸾并集之一证哉。总之儒者明体达用，当务潜修，致远通方，当求实济，徒博卫道之名，聚徒讲学，未有不水火交争，流毒及于宗社者。东汉不鉴战国之横议，南北部分而东汉亡；北宋不鉴东汉之党锢，洛、蜀党分而北宋亡；南宋不鉴元祐之败，道学派盛而南宋亡；明不鉴庆元之失，东林势众而明又亡，皆务彼虚名，受其实祸。决裂溃覆之后，执门户之见者犹从而巧为之词，非公论也。张端义《贵耳集》曰：'朝廷大患，最怕攻党。伊川见道之明，不能免焉！淳熙则曰道学，庆元则曰伪学。深思由来，皆非国家之福。'斯言谅矣！谨恭录御题冠此书之端，用昭万年之炯戒。并详著古来党祸之由，俾来者无惑焉。"①

（三十八）权焰弥张，嗤教星而替月。

【疏证】此句指《两朝纲目备要》。邵晋涵纂提要稿有此篇，大致相同，文章稍有润饰。此种永乐大典本似出自邵氏之手。

清高宗《题南宋两朝纲目备要》其一云："侂胄家奴抵罪宜，禁军何致似兴师。深谋尔日出弥远，月落还如星替之。"原注："除侂胄之议，建于史弥远，迨弥远柄政，其擅权用事，专任佥壬奸恶，几与侂胄无异，何不鉴其覆辙耶？"②

《两朝纲目备要》提要亦云："其中间有序述失次，端委相淆者，睿鉴指示，旷若发蒙，谨仰遵圣训详为核正，各加案语以明

① 《总目》卷57。

② 《御制诗集》四集卷17，《四库全书》第1307册，第543页。

之，俾首尾秩然。……一经御览，义例益明。"①

（三十九）西湖游迹，殊怜野老之藏名。

【疏证】清高宗《题南宋都城纪胜录》序云："宋自南渡之后，半壁仅支，而君若臣溺于宴安，不以恢复为念，西湖歌舞，日夕流连，岂知剩山残水已无足恃，顾有若将终焉之志。其去燕巢危幕几何矣？而耐得翁为此编，惟盛推临安之明秀……抑亦知其书流传必贻笑于后世，故隐其姓名，而托于子虚乌有之伦乎？"②

《都城纪胜》提要亦云："内府藏本。不著撰人名氏，但自署曰耐得翁。……是书作于端平二年，正文武恬嬉、苟且宴乐之日，故竞趋靡丽，以至于斯。作是书者既欲以富丽相夸，又自知苟安可愧，故讳而自匿，不著其名。伏读御题，仰见圣鉴精深，洞其微暖。起作者而问之，当亦无所置词。以其中旧迹遗闻尚足以资考核，而宴安鸩毒亦足以垂戒千秋，故纠正其失，而书仍录之焉。"③

（四十）北使宾筵，深陋词臣之校射。

【疏证】此句指宋词臣倪思之《重明节馆伴语录》。清高宗《题倪思重明节馆伴语录》云："重明馆伴纪倪思，序语无非饰强词。称侄却思称彼虏，畏人反诩畏吾仪……南渡偷安颜特腆，千秋殷鉴慎哉斯。"原注有云："时宋人甚畏金人，而此录所载，转自夸金使之畏宋，且如射之一事，金俗所尚，彼东南文弱之人岂能相胜？顾盛称与使较射屡中，多见其不知量。"④

《重明节馆伴语录》提要亦云："盖绍熙二年七月，金遣完颜衮、路伯达来贺重明节，思为馆伴，因纪一时问答之词……时金强宋弱，方承事不遑，而序谓北人事朝廷方谨，遣使以重厚为先，已为粉饰。其他虚夸浮诞，不一而足。上下相欺，苟掩耳目，亦可谓

① 《总目》卷47。

② 《御制诗集》四集卷13，《四库全书》第1307册，第474页。

③ 《总目》卷70。

④ 《御制诗集》四集卷13，《四库全书》第1037册，第471页。

言之不怍矣。”①

（四十一）宋抄仅剩，搜旧志于临安。

【疏证】清高宗《题乾道临安志》：“……武林掌故因堪考，宋纸存刊乃更奇。……临安四度亲访古，当面失哉此细披。”②

《乾道临安志》提要亦云：“此本为杭州孙仰曾家所藏宋椠本……考武林掌故者，要必以是书称首焉。”③

（四十二）金刻稀闻，宝遗闻于贞观。

【疏证】此句指金版《贞观政要》。清高宗《题金版贞观政要》云：“……言不以人废如是……吴兢采辑质文备，梁萧锓行劝戒详。几度披芸钦古鉴，宁徒玩纸墨精良。”④

《贞观政要》提要亦云：“史称兢叙事简核，号良史，而晚节稍疏牾。此书盖其耄年之笔，故不能尽免渗漏。然太宗为一代令辟，其良法善政，嘉言微行，胪具是编，洵足以资法鉴……伏读皇上《御制乐善堂集》，开卷首篇，即邀褒咏，千年旧籍，荣荷表章，则是书之有裨治道，亦概可见矣。”⑤

（四十三）或攻或守，徒存十鉴之兵谋。

【疏证】此句指李舜臣《江东十鉴》。清高宗《题李舜臣江东十鉴六韵》云：“十胜原无一胜终，谁云鉴此合江东。徒因南渡君臣怯，最以北征议论公（李舜臣因宋高宗狃于偏安，君臣皆委靡不振，乃取赤壁以下十战之胜绘图系说，为《江东十鉴》上之，始言江东之人知有江东，而不知有天下，终言六朝君臣不能恢复中原之弊，意在陈古讽时，冀高宗闻而感动，非其书果有当于天下之

① 《总目》卷52。

② 《御制诗集》四集卷26，《四库全书》第1307册，第705页。

③ 《总目》卷68。

④ 《御制诗集》四集卷30，《四库全书》第1307册，第772页。

⑤ 《总目》卷51。

大势也)。藉是便希成正统，谓他未可奏肤功。扼亢拊背曾何有，楚尾吴头只自穷。都会上游应冀北（燕京为《禹贡》冀州，苏秦所谓天府百二之国，据上游，象北极，得居中驭外之势，故朱子称古今建都之地，莫过于冀，至其次则关中，张良谓阻三面而守，独以一面，东制诸侯，尚有形势可取，若江东僻在一隅，土狭而气弱，曾何足与北方抗衡哉），提封次者亦关中。少师故是金阊侣，桑梓情牵识未通（姚广孝佐永乐迁都燕京，宜陈此地形胜，而所编《永乐大典》首聚江东，殊为不达时事，岂其身系吴人，艳称故土乎？识亦陋矣）。”①

《江东十鉴》提要亦云：“盖宋自南渡，偏据一隅，地处下游，外临勍敌，岌岌乎不能自保。故（李）舜臣特作此编，以励战气。然自古以来，无以偏安江左而能北取中原者。舜臣徒为大言，未核事势也。明姚广孝等编辑《永乐大典》，特录其书，殆以广孝吴人，故借以夸乡邦之形胜。……恭读皇上御题，综括南北之大势，洞烛往古之得失，用以辟舜臣之虚谈，揭广孝之私意，经纬天地，睿鉴高深，为万古定评，非寻常管蠡之见所能窥测万一也。考《永乐大典》所载尚有地图，此本无之，盖传写佚脱。然舜臣持论既谬，则其图之有无，固亦不足计矣。”②

（四十四）相胜相生，未信五行之德运。

【疏证】此句指《大金德运图说》。清高宗《题大金德运图说》序云：“大金发祥于爱新水，爱新者，金也。故建国即以金为号，乃因金色白，遂欲从而尚之，妄矣。且五德之运说本无稽，纵如所言，亦取其或生或克议者以宋为火德，辽为水德，大金当为金德。夫宋虽南迁，正统自宜归之宋。至元而宋始亡，辽、金固未可当正统也。……自汉儒始言五德迭王，遂推三皇五帝各有所尚，后更流为谶纬，抑又惑之甚矣。夫一代之兴，皆由积德累仁，岂在五行之生克？……足破汉魏以后之陋说。”

① 《御制诗集》四集卷13，《四库全书》第1307册，第463页。

② 《总目》卷100。

《大金德运图说》提要亦云："五德之运，不见于《六经》，惟《家语》始有之。而其书出于王肃伪撰，不可据为典要。后代泥于其说，多侈陈《五行传序》之由，而牵合迁就，附会支离，亦终无一当。仰蒙我皇上折衷垂训，斥妄祛疑，本宅中图大之隆规，破谶纬休祥之谬说，阐发明切，立千古不易之论。是编所议，识见皆为偏陋，本不足录……并恭录圣制，弁诸简首，俾天下后世晓然知驺衍以下皆妄生臆解，用以祛曲说之惑焉。"①

（四十五）建炎政草，愧彼中兴。

【疏证】清高宗《题宋中兴圣政草》云："少康光武始勘称（古今中兴之君惟夏少康、汉光武足以当之。……至于宋高宗流离播迁，仅有东南半壁，始终委靡无能，苟图自全之计，不思为父兄雪耻、恢复中原，以为偏安则可，然比之东晋元帝尚有未逮，顾腼然诩为中兴，不亦深可鄙哉），何事建炎号中兴？"

《中兴小历》提要亦云："是编排次南渡以后事迹，首建炎丁未，迄绍兴壬戌……盖以当时之人记当时之事，耳目既有难周，是非尚未论定。"②《于文襄手札》有云："《中兴小历》一种，原单注拟刊刻。愚见以为，建炎南渡乃偏安而非中兴，屡经《御制诗》驳正。且阅《提要》所开是编，颇有未纯之初，似止宜抄而不宜刻，已于单内改补奏进。"

（四十六）至正刑章，斥其左袒。

【疏证】此句指《至正条格》。清高宗《题至正条格》云："条格居然观至正……每为左袒非公允。"原注："《条格》所载，大率偏袒蒙古者居多，如试中汉科加一等注，授服色独不在禁限……又蒙古殴打汉人，不得还报，及指立证，见于所在官司陈诉，违者严行断罪；而蒙古人犯法，不得拷掠监收，是徇私而纵其

① 《总目》卷82。

② 《总目》卷47。

妄行，大失人心……岂帝王宅中建极、大公至正之道哉？”①

《钦定大清会典》提要亦云：“又如《至正条格》中偏颇不工之令，经御题指摘者，人人咸喻其非。”②

（四十七）李尊洛学，辨道命于天原。

【疏证】“李”指李心传，撰有《道命录》。“洛学”指程子之学。清高宗《道命录识语》云：“昨命词臣校勘《永乐大典》，得李心传《道命录》一册，集当时论伊川程子之事，以道属之，而以命惜之。所见不衷于理。曾题诗帙首，并序而正其失。兹内廷翰林覆校天禄琳琅旧藏，有元板《道命录》十卷，重以《永乐大典》本校之，则前六卷相同者过半，其刊本有而写本无者计二十八条，第七卷以下则写本皆不录，疑其为未全之书。及细检之，又有写本所录而刊本无者凡八条，似大典别有所据。考李心传原序，专以伊川为言，而刊本则兼及朱子，并附濂洛关闽事。复考程荣秀序云：李秀岩《道命录》五卷，梓在江州，毁于兵。荣秀尝得而读之。疑为初稿，欲删定而未成。兹因原本略加厘次十卷如左云云。今大典写本止载伊川事，与心传序合，或写本乃抄江州初梓之本，而龟山书院所镌十卷兼及朱子诸人，乃荣秀增定之本耳。因识原诗后以俟考。”③ 又清高宗《题道命录》序云：“宋李心传集当时论伊川程子之事二十余条，其言誉毁各半，名之曰《道命录》，意在推尊伊川，以道属之，而以命惜之。过矣！夫天命谓性，率性为道，道即由于天命，非命之外别有所谓道也。故董仲舒云：‘道之大原出于天，天不变，道亦不变。’实为笃论。若心传所谓命，乃穷通祸福之命，即孔子所罕言，顾以附之于道，亦小之乎论道矣。或者曰：孔子不云乎，道之将行也与命也，道之将废也与命也，何尝不相提并论？不知孔子之言正申明道之行与废，由于率性复命之能与不能，而不系于公伯寮之沮与不沮，公伯寮其如夫子之率性复命

① 《御制诗集》四集卷 14，《四库全书》第 1307 册，第 479 页。

② 《总目》卷 81。

③ 《御制文集》二集卷 19，《四库全书》第 1301 册，第 400 页。

何？故朱子亦谓命有两种，其意则引而未发。且二程氏之品谊亦正不同，明道纯粹，不露圭角，伊川则不免于客气，致有洛蜀之党。夫党岂君子所宜有？如东汉之黄宪、徐穉不入党锢之中，其矫然拔俗，诚有足取。彼顾厨俊及，互相标榜，适以自害，然犹出于小人之中伤也。若伊川之与苏轼，皆系正人，乃至门户分歧，而凭附之徒遂至彼此攻讦不已，显然操同室之戈，亦独何哉？夫以道学而流为党援，其弊至无所底止，非清流之福，更非国家之福，所系于世俗人心者甚巨。而心传道命之说，尤不衷于道。"①

《道命录》提要亦云："是书载程子诸子进退始末，备录其褒赠、贬谪、荐举、弹劾之文。《宋史》心传本传作五卷，此本十卷，与本传不合。考卷首元至顺癸酉新安程荣秀序，称宋秀岩先生李公《道命录》五卷，刻梓在江州，毁于兵。荣秀尝得而读之，疑其为初稿，尚欲删定而未成者，斋居之暇，僭因原本略加厘定，汇次为十卷如左云云。然则此为荣秀所编，非心传之旧稿矣。《永乐大典》载有心传原本，然所记惟程子事，与此本前六卷相同者过半，此本所有而《永乐大典》不载者凡二十八条，《永乐大典》所有而此本不载者凡八条。第七卷以下《永乐大典》全无之，则荣秀大有所增删，并所记朱子诸条亦疑为荣秀所附益，则所谓略加厘正者，特讳不自居于改窜耳，非其实也。其大旨不出首户之见，其命名盖以孔子比程、朱，然于道命之义，亦未得其解。《御制诗序》及《识语》已辟之至悉，兹不具论焉。"②

（四十八）郦注桑书，剖源流于地理。

【疏证】此条详见本书第一章戴震部分。

（四十九）史腴详摘，有逾汉隽之精。

【疏证】此句指宋杨侃所编之《两汉博闻》。清高宗《题两汉博闻》有云："撰者或讹杨（侃）与鲁（黄鲁曾）。"原注："考晁

① 《御制诗集》四集卷 13，《四库全书》第 1307 册，第 469 页。

② 《总目》卷 59。

公武《读书志》，以《两汉博闻》为杨侃撰，其书采前、后《汉书》中隽语为标目，先载本文，而备列诸家注释于其下，不加议论，亦类书之体。明嘉靖间长洲黄鲁曾购得其本，刻而传之。今版久佚，原本因有黄鲁曾序，该巡抚遂称为黄鲁曾撰，误也。”①

《两汉博闻》提要亦云：“明嘉靖中黄鲁曾刊本。不著撰人名氏。案晁公武《读书志》，乃宋杨侃所编也……是编摘录前后汉书，不依篇第，不分门类，惟简择其字句故事为标目，而节取颜师古及章怀太子注列于其下……较他类书摭采杂说者究为雅驯。”②

（五十）经笥悬探，更胜曹仓之富。

【疏证】此句指朱彝尊《经义考》。清高宗《题朱彝尊经义考》云：“……竹垞昭代撰堪称。存亡若彼均详注，文献于兹率可征。”原注云：“彝尊号竹垞，秀水人，康熙己未以博学鸿词授检讨，入直内廷，博闻淹贯，是书通考历代诸儒说经书目，每书先列撰人姓氏、书名、卷数；次列题注，曰存、曰阙、曰佚、曰未见；次列原书序跋、诸儒论断及其人爵里。彝尊考证案语载于末，而附以逸经、毖纬、拟经诸目，凡三百卷。自汉迄今，说经之家存亡可考，文献足征，编辑之勤，考据之审，网罗之富，实有稗于经学，惟所注阙、佚、未见者，今四库所录往往其书尚存。盖册府储藏，外间难觏，不足为彝尊病。至卷首冠以我朝世祖《御注孝经》、圣祖《日讲解义》，自属体制应尔，若臣工著述，则当按时代先后，彝尊于编次时亦未及详订，即如本朝成德所著之《大易集义粹言合订》列于前，而朱子元亨利贞说立于后，殊为参错。第以刊布成书，难以改刻，惟令于《四库全书提要》内声明以正体例。至其义在尊经，不惟汲古之助，并将昭示来兹矣。”③

《经义考》提要亦云：“彝尊字锡鬯，号竹垞，秀水人。康熙己未，荐举博学鸿词，召试授检讨，入直内廷。彝尊文章淹雅……

① 《御制诗集》四集卷22，《四库全书》第1307册，第624页。

② 《总目》卷65。

③ 《御制诗集》四集卷43，《四库全书》第1308册，第67～68页。

博识多闻，学有根底，复与顾炎武、阎若璩颉颃上下。凡所撰述具有本原。是编统考历朝经义之目，初名《经义存亡考》，惟列存、亡二例，后分例曰存、曰阙、曰佚、曰未见，因改今名。……每一书前列撰人姓氏、书名、卷数，其卷数有异同者，则注某书作几卷。次列存、阙、佚、未见字；次列原书序、跋、诸儒论说及其人之爵里。彝尊有所考正者，即附案语于末。……彝尊是书乃以专说一篇者附录全经之末，遂令时代参错，于例亦为未善。然上下二千年间，元元本本，使传经源委一一可稽，亦可以云详赡矣。至所注佚、阙、未见，今以四库所录校之，往往其书具存，彝尊所言不尽可据。然册府储藏之秘，非人间所得尽窥。……儒生株守残编，目营掌录，穷一生之力，不能测学海之津涯，其势则然，固不足为彝尊病也。"①

（五十一）孔庭旧语，首定儒宗。

【疏证】"孔庭旧语" 指《孔子家语》。清高宗《题影宋抄家语》云："天禄青藜信也非，何于家语却相违。祖传（孔安国）孙辨（孔衍）名因正，明影宋刊世已稀。多漏鲜全斯乃萃，钩玄提要志焉希。愀然敬对君为政，一语兴邦凛敕几。"原注："孔安国撰次《孔子家语》毕，值巫蛊事起，遂阁废不行。刘向以为时所未施之，故不使名家。安国孙衍为博士，上书辨之。"②

《总目》卷 91 将《孔子家语》列为儒家类之首，但此条提要与清高宗的谕旨不符，似出纪昀之手，详参前面有关部分。

（五十二）蔡帐秘文，严排异说。

【疏证】"蔡帐秘文"指王充《论衡》，袁山松《后汉书》载王充作《论衡》，中土未有存者。蔡邕入吴始见之，以为谈助。清高宗《读王充〈论衡〉》云："向偶翻阅诸书，见有王充《论衡》，喜其识博而言辩，颇具出俗之识，其全书则未之览也。兹因校

① 《总目》卷 85。

② 《御制诗集》四集卷 25，《四库全书》第 1307 册，第 682 页。

《四库全书》，始得其全卷而读之，乃知其为背经离道，好奇立异之人，而欲以言传者也。夫欲以言传者，不衷于圣贤，未有能传者也。孔孟为千古圣贤，孟或可问而不可刺，充则刺孟，而且问孔矣。此与明末李贽之邪说何异？夫时命坎坷，当悔其所以自致坎坷耳，不宜怨天尤人，诬及圣贤……"①

《论衡》提要亦云："充书大旨详于《自记》一篇，盖内伤时命之坎坷，外疾世俗之虚伪，故发愤著书，其言多激。《刺孟》、《问孔》二篇，以与圣贤相轧，可谓悖矣。"王充《论衡》在封建社会"攻之者众"，被卫道士们斥为"汉人诸书，无有劣于此者"，"实三千年之罪人也"。《总目》力排众议，以"终不能废也"肯定之。②

（五十三）范祖禹之《帝学》，具有渊源。

【疏证】清高宗《题宋版范祖禹〈帝学〉》云："元祐成书心力殚，逮乎嘉定又重刊。欣兹祖禹芸编在，不异九龄金鉴看。务学求师著仪轨，修身莅政示倪端。……"③

《帝学》提要亦云："是书元祐初祖禹在经筵时所进……又历举人主正心修身之要，言甚切至。"④

（五十四）曾公亮之《武经》，姑存崖略。

【疏证】清高宗《题宋仁宗武经总要》云："论兵千载如聚讼，真是徒工纸上谈。剧重驭轻自不易，困民养卒则何堪？若言爱物斯诚有，以曰知军或未谙（宋仁宗为三代以下令辟，其勤民爱物，诚有足称，然优柔畏事之见，在所不免。至于治兵用武诸要务则固非其所长也）。庞籍汰多意犹踖，韩琦救后虑惟覃。第观卌卷称综古，讵足武经为指南。旗籍绿营维内外，慎遵祖制万方戡。"⑤

---

① 《御制文集》二集卷35，《四库全书》第1301册，第500页。

② 《总目》卷120。

③ 《御制诗集》四集卷26，《四库全书》第1307册，第697页。

④ 《总目》卷91。

⑤ 《御制诗集》四集卷21，《四库全书》第1307册，第614页。

《武经总要》提要亦云:“仁宗为守成令主,然武事非其所长。公亮等亦但襄赞太平,未娴将略。所言阵法战具,其制弥详,其拘牵弥甚。大抵所谓检谱角抵也。至于诸番形势,皆出传闻……宋一代朝廷修讲武备之书,存者惟此编而已,固宜存与史志相参也。”①

(五十五)横戈危堞,节取陈规。

【疏证】《守城录》提要云:“伏读睿题,阐析精微,抉汴梁丧败之由,申守在四夷之训,然后知保邦谌命,自有常经。区区输攻墨守之技,固其末务矣。谨录存是帙,以不没规一事之长,并恭录宸翰,弁于简端,俾天下万世知圣人之所见者大也。”②

清高宗《题陈规守城录》云:“摄篆德安固守城,因而失事论东京(陈规于靖康丙午摄德安府事,群盗王在等攻城,规在城上,问贼何因到此,贼言东京已破,规初不信。迨贼遁,遣人诣都城奏功,始知城果陷,因叹当时身不在围城中,以效守御,并论官吏将帅应敌捍御之失,更因靖康朝野佥言于所载攻守各条下附以己见,并为之序)。陈规屡御应之暇(《守城机要》备载陈规守德安事,自城郭门墙楼橹之制以及攻城备御之方,凡四十余条,极为详备。又载群贼王在等攻德安,未两月而退,张世、李孝义四日引去,杨进十六日引去,孔彦舟三次皆不克,而去董平三万人即日败,去赵寿亦三日引去,曹成、李宏阅九月始引去,桑仲下邢尚孙群贼阅三月引去,李横则六十五日引去,前后应敌机宜纪载甚悉。其后浏阳人汤璹编为《德安守御录》,表上其书,欲沿边守宰共为细绎,其意固善。夫陈规力保危城,九遇贼,至皆随机应敌,卒赖安全,可谓长于守矣。但此特施之郡邑,用得其人,或见功效,然因幸遇小寇耳。若宋靖康汴京之失,则由于平时政事之乖违,岂尽系临事捍御之疏略。彼时即陈规果在围城,又安能救其败亡之祸乎?),汤璹深知纪以精。小县傍州或可赖,通都大邑转难行。四夷守在垂明

① 《总目》卷99。
② 《总目》卷99。

训，逮迫临冲祸早成。”①

（五十六）握策灵台，参征苏颂。

【疏证】宋代苏颂著有《新仪象法要》。清高宗《题影宋抄〈新仪象法要〉》云：“梁代浑仪已制之，失传苏颂乃重为。有经有纬述前验，具说具图期后垂。亦曰用心究钩股，即看影槷悉毫厘。大成图象精锱黍，皇祖鸿贻万世规。”跋云：“玑衡虽昉自尧时，其制法今昔异同则不可深考。后世仪象若洛下闳、若张衡、若李淳风、若一行，皆有所作，而贾逵、蔡邕、王蕃、陆绩、何承天辈议各不一。自元时郭守敬造为浑仪，后人因之，明代相沿不改。若西洋法明中叶即入中国，颇有宗其说者，而徐光启、李之藻推之尤至，率格于众议，不果行。我皇祖洞见西法之精审，学焉而会通之，益知其可垂永久，乃敕灵台专行弗失。既而《钦定数理精蕴》、《仪象考成》诸书，实足为天下后世法。予虽未习其事，然幼闻皇祖闳论，因得笃行而敬守之。即如明以前之法，每日以百刻计，而西法则以九十六刻计。夫一时八刻，其理明简易晓，不待智者而知之。闻本朝初曾有讼西洋人私窃四刻者。时刻乃一定之数，窃将安往？不亦大可笑乎？又如日出之早晚、节气之长短、薄蚀之分数，今每验之辄不爽铢黍，非其法至精至密，曷克臻此？或云尧时玑衡之法西洋得之，其说当存而弗论。第自皇祖表章以来，迄今百余年，行之无弊，虽百世不易可也。此苏颂所撰《新仪象法要》，以其影宋刊，且为钱曾述古堂所藏之物，因视为旧籍而题弆之，又岂见异思迁乎？”②

《新仪象法要》提要亦云：“是书为重修浑仪而作，事在元祐间。……南宋以后，流传甚稀。此本为明钱曾所藏。……我朝仪器精密，夐绝千古。颂所创造，固无足轻重，而一时讲求制作之意，颇有足备参考者。且流传秘册，阅数百年而摹绘如新，是固宜为宝

---

① 《御制诗集》四集卷15，《四库全书》第1307册，第500页。

② 《御制诗集》四集卷25，《四库全书》第1307册，第685页。

贵矣。”①

朝军按：“或云尧时玑衡之法西洋得之，其说当存而弗论。”《总目》仍然持此说，未审何故。

（五十七）算穷杪忽，九章研鲍澣之藏。

【疏证】“九章”即《九章算术》。清高宗《题九章算术》序云：“是书虽为晋刘徽注，而其名则始见于《唐书》，盖自李淳风注释义遂大显。北宋时人罕习者，渐以湮晦。南宋庆元中，鲍澣得其本，写入秘阁，世亦莫得而见。明初编列《永乐大典》，然依韵分排，阅者鲜能究其端委，则虽存犹亡也。兹以校勘《四库全书》，词臣于断简零篇中裒辑，得九篇，悉符鲍澣之旧。顾鲍本无图，今诸臣按注意补为之。虽未能必其尽合，皆可因注推演而知，则亦未尝或紊，视澣所传殆有过之无不及矣。算法自皇祖表章以来，可谓大备。是书至今始出，或亦显晦有时，固有莫知其然而然者乎？夫《九章》昉于《周官》，六艺教于洙泗，余虽未习其事，要不得谓非学者所当肄业及之者已。”②

《九章算术》提要亦云：“谨按《九章算术》，盖《周礼》保氏之遗法，不知何人所传。……旧本有注，题曰刘徽所作。……又有注释，题曰李淳风所作。考《唐书》称淳风等奉诏注《九章算术》，为《算经十书》之首……北宋以来，其术罕传。自沈括《梦溪笔谈》以来，士大夫少留意者，书遂几于散佚。洎南宋庆元中，鲍澣之始得其本于杨忠辅家，因传写以入秘阁，然流传不广，至明又亡。故二三百年来算术之家未睹其全者。惟分载于《永乐大典》者，然依类裒辑，尚九篇具在。考鲍澣之后序，称唐以来所传旧图，至宋已亡。……图既不存，则其注猝不易晓，今推寻注意，为之补图，以成完帙。”③

① 《总目》卷106。

② 《御制诗集》四集卷29，《四库全书》第1307册，第747页。

③ 《总目》卷107。按：此则提要稿系戴震所拟，详见本书第一章。

（五十八）术杂纵横，十卷稽赵蕤之撰。

【疏证】清高宗《题赵蕤长短经》云："郪县创为救弊论，爱憎殴业匠和函。向时虽类纵横说，忧末原归理道谈。"原注有云："赵蕤自序称总目六十三篇，合为十卷。而卷后沈新民跋语乃称第十卷缺存者六十四篇。今细检篇目，实六十四，凡九卷，与沈跋合。按之蕤序所云卷既缺一，不应转多一篇……然无可订正，存以阙疑。"①

《长短经》提要亦云："唐赵蕤撰。……是书皆谈王伯经权之要……自序称凡六十三篇，合为十卷……然仅存九卷，末有洪武丁巳沈新民跋，称其第十卷载阴谋家本缺，今存者六十四篇云云（案：此跋全剿用晁公武之言，疑书贾伪托。）。是佚其一卷，而反多一篇，与蕤序六十三篇之数不合。然勘验所存，实为篇六十有四，疑蕤序或传写之讹也。……刘向序《战国策》，称或题《长短》。此书辨析事势，其源盖出于纵横家，故以'长短'为名。虽因时制变，不免为事功之学，而大旨主于实用，非策士诡谲之谋。其言故不悖于儒者，其文格亦颇近荀悦《申鉴》、刘邵《人物志》。"②

（五十九）楚中隐士，互权韩柳之评。

【疏证】"楚中隐士"指鹖冠子，"楚人居深山，以鹖为冠"。《文心雕龙》云："鹖冠绵绵，亟发深言。"此句指韩愈、柳宗元评论之《鹖冠子》。清高宗《题鹖冠子》云："……杂形匪独老和黄。朱评陆注同因显，流谤韩誉两不妨。"原注云："其说虽杂刑名，未尝不归于道德，固非若黄老之专务清净，亦不至如申韩之流为惨礉也。"又云："宋陆佃既为之注解……凡十有九篇，而退之读此云十有六篇者非全书也。朱子评韩文云，汉唐皆以为道家者流，公谓其辨——'施于国家，功德岂少？'而柳子厚作辨则曰：'得其

---

① 《御制诗集》四集卷 20，《四库全书》第 1307 册，第 590 页。

② 《总目》卷 117。

书而读之，言尽鄙浅。’所见不同如此。朱子遂不置可否。然其书具在，柳说不免过当。”①

《鹖冠子》提要亦云：“《韩愈集》有《读鹖冠子》一首……谓其‘施于国家，功德岂少’。《柳宗元集》有《鹖冠子辨》一首，乃诋为言尽鄙浅，谓其《世兵编》多同《鹏赋》，据司马迁所引贾生之语以决其伪。然古人著书，往往偶用旧文，古人引证，亦往往偶随所见，如‘谷神不死’四语今见《老子》中，而《列子》乃称为《黄帝书》。‘克己复礼’一语今在《论语》中，《左传》乃谓‘仲尼称：志有之’，‘元者，善之长也’八句，今在《文言传》中，《左传》乃记为穆姜语。司马迁惟称贾生，盖亦此类，未可以单文孤证遽断其伪。……其说虽杂刑名，而大旨本原于道德，其文亦博辨宏肆。自六朝至唐，刘勰最号知文，而韩愈最号知道，二子称之。宗元乃以为鄙浅，过矣。”②

（六十）婺郡名贤，不废吕唐之学。

【疏证】吕指吕祖谦，唐指唐仲友，二人均为金华人。金华，古称婺郡。吕、唐二人之学均与朱子之学不同。

清高宗《题吕祖谦历代制度详说》云：“中原文献有家模，讲学还从张与朱。酌古准今列条目，镕经铸史示师谟。讵宁考据资谈柄，欲见施行洽化枢……”③ 清高宗《题帝王经世图谱》序云：“帝王经世之道，具在六经。法戒所垂，取则不远……唐仲友乃撮举诸经要旨，列为图谱……允为政治圭臬……《永乐大典》中搜罗甚富，如此书之有资君道，盖不屈指数也。洵称万世帝王经世宏编。”④

《丽泽论说集录》提要亦云：“道学之讥儒林也，曰不闻道；儒林之讥道学也，曰不稽古。断断相持，至今未已。夫儒者穷研经

① 《御制诗集》四集卷15，《四库全书》第1307册，第508页。

② 《总目》卷117。

③ 《御制诗集》四集卷22，《四库全书》第1307册，第621页。

④ 《御制诗集》四集卷14，《四库全书》第1307册，第477页。

义，始可断理之是非，亦必博览史书，始可明事之得失。古云博学反约，不云未博而先约。朱氏之学精矣，吕氏之学亦何可尽废耶！"①《珩璜新论》提要云："考（孔）平仲与同时刘安世、苏轼，南宋林栗、唐仲友，立身皆不愧君子。徒以平仲、安世与轼不协于程子，栗与仲友不协于朱子，讲学家遂以皆寇仇视之。夫人心不同，有如其面。虽均一贤者，意见不必相符。论者但当据所争之一事，断其是非，不可因一事之争，遂断其终身之贤否。韩琦、富弼不相能，不能谓二人之中有一小人也。因其一事之忤程、朱，遂并其学问、文章、德行、政事，一概斥之不道，是何异佛氏之法，不问其人之善恶，但皈五戒者有福，谤三宝者有罪乎？安世与轼，炳然与日月争光。讲学家百计诋排，终不能灭其著述。平仲则惟存本集、《谈苑》及此书，栗惟存《周易经传集解》一书，仲友惟存《帝王经世图谱》一书，援寡势微，铄于众口，遂俱在若存若亡间。实抑于门户之私，非至公之论。今仍如甄录，以持其平。若沈继祖之《槐林集》，散见于《永乐大典》者，尚可排缉成帙。以其人不足道，而又与朱子为难，则弃置不录，以昭衮钺。凡以不失是非之真而已。"②《帝王经世图谱》提要云："宋唐仲友撰。仲友字与政，金华人。绍兴中登进士第，复中宏词科。后守台州，与朱子相忤，为朱子所论罢，故《宋史》不为立传。惟王象之《舆地纪胜》称其博闻洽识，尤尚经制之学。又朱右《白云稿》有题宋濂所作《仲补传》，云在台州发粟赈饥，抑奸拊弱，创浮梁以济艰涉，民利赖焉。则仲友立身，自有本末。其与朱子相轧，盖以陈亮之诬构。观周密《齐东野语》所载唐朱交奏始末一条、台妓严蕊一条，其事迹甚明，未可以是病仲友也。……其书分类纂言，大要以《周礼》为纲，而诸经史传以类相附。于先圣大经大法，咸纵横贯串，曲畅旁通。故以帝王经世为目。其所绘画，州居部分，经纬详明，具有条理。其所辨订，不甚主注疏旧说，而引据博赡，亦非杜撰空谈。盖考证之学，议论易而图谱难；图谱之学，阴阳

① 《总目》卷92。

② 《总目》卷120。

奇偶推无形之理易，名物制度考有据之典难。仲友此编，可征其学有根柢矣。自宋以来，儒者拘门户之私，罕相称引，沉埋蠹简垂数百年。一旦自发其光，仰邀宸翰，且徨命剞劂以广其传，岂非真是真非待圣人而后定哉？臣等编次之余，既仰钦睿鉴高深，且以庆是书之遭遇也。"①

（六十一）胪登谶记，衍《洪范》而原非。

【疏证】此句指宋仁宗《洪范政鉴》。清高宗《题宋仁宗洪范政鉴》注云："自刘向作《五行传》，分配类应，各举其事以实之。后世宗其说，专以之觇察禨祥，失《洪范》之本义矣。"②

《洪范政鉴》提要亦云："《洪范》庶征，约举感应之理，亦大凡也。汉儒推衍，条目愈繁……言无准的，事益繁费者，尤笃论也。"③ 因而附入存目。

（六十二）妄议井田，托《周官》而更误。

【疏证】清高宗《题夏休周礼井田谱》云："仁政必由经界始，井田谷禄率因平。……谁肯忘私毕公事，难称均地限民名。斯之未信关雎意，《周礼》《周官》敢漫行。"原注云："井田之法，见于《周礼》特详，然宜古而不宜于今，亦由时会之递变。春秋以还，以不能尽循其旧，况自商鞅变法之后乎？汉武帝去周未远，而董仲舒限民名田之议尚不能行。……欲复井田，或乘大乱之后，制度初定，庶可因以均齐划一。若当承平日久，生齿盛而田野治，断无可改弦更张之理。夏休此书，亦泥古而不通于今，徒为纸上空谈则可，设取而行之，不至如王安石之变坏成法不止。"④

《周礼井田谱》提要亦云："其书因井田之法，别以己意推演，创立规制……夫阡陌既开以后，井田废二千余载矣。虽以圣人居天

① 《总目》卷135。

② 《御制诗集》四集卷14，《四库全书》第1307册，第486页。

③ 《总目》卷111。

④ 《御制诗集》四集卷14，《四库全书》第1307册，第492页。

子之位，亦不能割裂州郡，[illegible]平城堡，驱使天下久安耕凿之民，悉夺其所有，使之荡析变迁，以均贫富。一二迂儒，乃窃窃然私议复之，是乱天下之术也。使果能行，又岂止王安石之新法哉?"①《周礼传》提要云："其《治地事宜》，直欲复井田之制，殊失之迂。"②《礼经会元》提要云："惟必欲复封建、井田、肉刑之类，颇迂阔耳。"③ 颜元《存学编》所论井田、封建等问题，貌似复古，实则深中时弊，正是当时统治阶级极为敏感的问题，因此，《总目》恼羞成怒，恶语相讥："欲全复井田、封建、学校、征辟、肉刑及寓兵于农之法。夫古法之废久矣，王道必因时势。时势既非，虽以神圣之智，藉帝王之权，亦不能强复。强复之，必乱天下，元所云云，殆于瞽谈黑白，使权行其说，又不止王安石之《周礼》矣。"④

（六十三）《钱唐遗事》，深讥首鼠于宋元。

【疏证】清高宗《再题刘一清〈钱塘遗事〉》自注："一清初称元为北兵北朝，似为宋民矣，其记元帅下江州、下安庆，则又改称大元，记京城归附则称大兵入临安府，一人之书而前后称谓自相矛盾，实为进退无据云。"⑤

《钱塘遗事》提要亦云："又书中称'北兵'，称'北朝宪宗皇帝'，称帝显曰'嗣君'，称谢后曰'太皇太后'，似属宋人之词；而复称元曰'大元'，称元兵曰'大兵'、曰'大元国兵'，称元世宗曰'皇帝'，乃全作元人之语。盖杂采旧文，合为一帙，故内外之词，不能画一，亦皆失于改正。"⑥

---

① 《总目》卷23。

② 《总目》卷19。

③ 《总目》卷19。

④ 《总目》卷97,《存治编》提要。

⑤ 《御制诗集》四集卷46,《四库全书》第1308册，第105页。

⑥ 《总目》卷51。

（六十四）《曲洧旧闻》，微憾操戈于洛蜀。

【疏证】“微憾操戈于洛蜀”指程子与苏轼之洛蜀党争。清高宗《题曲洧旧闻四首》之一云：“二帝播迁虽自取，祸缘新法变更纷。”之三云：“汴都掌故颇传真，说部非同耳食伦。”之四云：“清浊渭泾本自殊，操戈同室若为乎？因翻汝瑮独藏本，略恨尔时程与苏。”①

《曲洧旧闻》提要亦云：“今考其书……于王安石之变法、蔡京之绍述、分朋角立之故，言之尤详。盖意在申明北宋一代兴衰治乱之由，深于史事有补，实非小说家流也。”②《总目》著录为“浙江汪汝瑮家藏本”，从宋椠影抄，系南宋旧刊，正是清高宗所阅之本。

（六十五）黈聪有取，旁通方朔之言。

【疏证】方朔即东方朔。此句指元李冶撰《敬斋古今黈》。清高宗《题敬斋古今黈》序云：“……辨析疑义，折衷厘正，尤极精审，洵（《永乐大典》）散篇中之最佳者。至李冶以黈名书，惟取义于不外听，予则以黈纩塞聪有合于君临之道。”③

《敬斋古今黈》提要亦云：“其以黈名者，案《汉书·东方朔传》：‘黈纩充耳，所以塞聪。’颜师古注曰：‘示不外听。’冶殆以专精覃思，穿穴古今，以成是书，故有取于不外听之义欤？……辨《魏志》穿方负土，谓即算经之立方定率；辨《吴志》孙权告天文，谓不当呼上帝为尔……皆具有根据。”④

（六十六）指佞无难，慎听韩非之说。

【疏证】“韩非之说”指韩非曾著《说难》篇。清高宗《读韩

---

① 《御制诗集》四集卷23，《四库全书》第1307册，第637页。
② 《总目》卷121。
③ 《御制诗集》四集卷29，《四库全书》第1307册，第745页。
④ 《总目》卷122。

非说难》云："韩非曾著《说难》辞，世态揣摩竟莫遗。寄语听人之说者，破其术只在无私。"① 清高宗《读韩子》亦云："韩非著说难，其于人情世态亦既知之悉而言之详矣，而其所称周文王晋文公之结。"②

《韩子》提要亦云："《史记·自叙》所谓'韩非囚秦，《说难》、《孤愤》'者，乃史家驳文，不足为据。"③

（六十七）陈思《书苑》，列笔阵而成图。

【疏证】清高宗《题书苑菁华》云："好恶为君宜慎哉，搜书种种挈籯来。不能无彼因有此，用识心存欲政推。运笔诸家备传法，胪篇廿卷允称才（是书为宋陈思撰，凡二十卷，采摭秦汉以逮唐人运笔结字之法，兼及法帖古刻，而以诸家诗文论及书法者附之）。……独爱公权一语该。"④

《书苑菁华》提要亦云："宋陈思撰。是编集古人论书之语，与《书小史》相辅而行。……《御定佩文斋书画谱》中论书一门，多采用之。"⑤

（六十八）马总《意林》，搴词条而擢秀。

【疏证】清高宗《题意林四绝句》之一云："集绿裁成庾颍川，《意林》三轴用兹传。漫嫌撮要失备载，尝鼎一脔知味全。"之三云："六经万古示纲常，诸子何妨取所长。节度岂徒务占毕，要知制事有良方。"之四云："五卷终于《物理论》，《太玄经》下已亡之（唐戴叔伦序云：梁颍川庾仲容广搜采异，为《子书抄》三十卷。扶风马总又增损庾书，裁成三轴目，曰《意林》云云。又河东柳伯存序谓其文约趣深，菁华尽在，且以为怀袖百家，掌握千

① 《御制诗集》四集卷58，《四库全书》第1308册，第279页。
② 《御制文集》二集卷33，《四库全书》第1301册，第488页。
③ 《总目》卷101。
④ 《御制诗集》四集卷23，《四库全书》第1307册，第651页。
⑤ 《总目》卷112。

载，称美特至。案：此所集子书，起于《鬻熊》，讫于《中论》，统计七十一家。但柳序谓存为六卷。今此书目录仅有五卷，至杨泉《物理论》而止，其《太玄经》以下六种则阙佚无存，盖又失其半卷矣。)。设非天一阁珍弆，片羽安能欣见斯。"①

《意林》提要亦云："初，梁庾仲容取周、秦以来诸家杂记凡一百七家，摘其要语为三十卷，名曰《子抄》。总以其繁略失中，复增损以成此书。……前有戴叔伦、柳伯存二序……叔伦序云三轴，伯存序又云六卷。今世所行有二本，一为范氏天一阁写本，多所佚脱，是以《御题诗》有'《太玄》以下竟佚之'之句。……合计卷帙，当已失其半，并非总之原本矣。"②

（六十九）黄伯思之博洽，石墨精研。

【疏证】清高宗《题明版东观余论》云："米已辟王黄斥米（见黄伯思序语），从来聚讼每纷如。千年下议千年上，几事实当几事虚。笔正明言在心正，古书垂法示今书……"③

《东观余论》提要亦云："伯思殁时年仅四十，而学问淹通。李纲志其墓，称经史百家之书，天官、地理、律历、卜筮之说，无不精诣。又好古文奇字，钟鼎彝器、款式体制，悉能了达辨正。……其书颇讥欧阳修不精考核……盖考证之学无尽藏……要其精博，胜《集古录》多矣。"④

（七十）孙逢吉之淹通，云龙遥溯。

【疏证】清高宗《题〈职官分纪〉》云："古今制异难沿袭，襄赞职同在协和。经史历编无不备，缥缃独弆有堪多（是书为宋孙逢吉撰，本杨侃《职林》而推广之。凡官职之古今异制不相沿

---

① 《御制诗集》四集卷21，《四库全书》第1307册，第606页。

② 《总目》卷123。

③ 《御制诗集》四集卷30，《四库全书》第1307册，第771页。

④ 《总目》卷118。

袭者，俱分目编次，不强为附合，体例最称精审，征引史传亦极详博。)。"①

《翁稿》云："《职官分纪》五十卷，宋富春孙逢吉彦同著。先是咸平中集贤院学士钱唐杨侃撰《职林》二十卷，此书本《职林》而增广之，有元祐七年秦少游序。引用之书凡三百二十种。《唐书》、《五代史》皆参合新旧本用之而宋初官制多于宋史，有可订补者，至于每门之内摘取故实，意有华藻既不原引书名，甚有言而不知何君，言时而不知何朝，言予而不知何人者，斯为艺林之谫说矣。昔秀水朱竹垞论改修宋史，以此为文献是征之一，虞山钱遵王《读书敏求记》谓焦太史藏本多残缺，清常道人赵开美从书贾搜得宋椠本第七卷补入今观此本，则第七卷无缺，墨即清常校后之抄本，而其中讹脱者又不少矣。唐以前事尚有他书可证，元祐以后则此书无之，如有心力者但取其所载宋初官制，抄为一编，以资考宋史，是亦简而要也。"《职官分纪》提要亦云："《职官分纪》五十卷，江苏巡抚采进本。宋孙逢吉撰。逢吉字彦同，富春人，事迹具《宋史》本传。前有元祐七年秦观序。陈振孙《书录解题》亦载之。考逢吉举宋隆兴元年进士，距元祐七年凡七十二年。又考朱子罢经筵直讲，逢吉代讲《诗·权舆》篇，事在绍熙五年，距元祐七年凡一百三年。逢吉至宁宗朝，尚官秘书监、吏部侍郎、知太平州，距元祐七年则一百几十年矣。谓元祐时秦观序之，殆谬误也。其书每官先列周官典章，次叙历代制度沿革、名姓故事。根据经注，沿考史传，搜采颇为繁富。若其引《易纬》'黄帝与司马容光观于元扈'，引《论语纬》'孔子为素王、颜子为司徒'之类，则无关典要，徒以爱博而存之。然类事之书与考典之书，体例各殊，取材亦异，固未可执引纬解经之说，责以泛滥也。"②

（七十一）多知《旧事》，病歌舞之销金。

【疏证】此句指《武林旧事》。清高宗《御制诗集》四集卷

① 《御制诗集》四集卷27，《四库全书》第1307册，第710页。

② 《总目》卷135。

46，《题增补武林旧事》之一有云："正向金朝称侄际，那仍豪兴赏湖山？"之三云："朝歌暮舞胜都京，水秀山明凑雅情。绘出承平真气象，尔时岂果是承平？"对南渡小朝廷所谓的"承平气象"尽情揶揄。清高宗《题刘一清钱塘遗事》亦云："湖边歌舞酣余乐，天外徽钦弃远荒。"①

《武林旧事》提要亦云："是书记宋南渡都城杂事……而湖山歌舞，靡丽纷华，著其盛，正著其所以衰。遗老故臣恻恻兴亡之隐，实寄于言外。"②

（七十二）一洗《清波》，笑词章之谀墓。

【疏证】此句指《清波杂志》。清高宗《题明人影宋抄〈清波杂志〉》云："……清波门外西湖水，洗尽当年谀墓辞。"③

《清波杂志》提要亦云："'清波'为杭州城门之名……方回《桐江续集》力诋其尊王安石之非。考书中称辉之曾祖与安石为中表，盖亲串之间不无回护。"④

（七十三）《太平御览》，徒粉饰乎嘉名。

【疏证】清高宗《题〈太平御览〉书六韵》云："太平谁不喜，求实匪求名。……宋帝怀惭德，三书弭众英。搜罗虽已富，考证未云精。四库翻其目，五言写我情。"⑤

《太平御览》提要亦云："初名《太平编类》，后改为《太平御览》。宋敏求《春明退朝录》谓书成之后，太宗昌览三卷，一岁而读周，故赐是名也。凡分五十五门，征引至为浩博。故洪迈《容斋随笔》称太平兴国中编次《御览》，引用书一千六百九十种。……胡应麟《经籍会通》则以为是编所引大抵采自类书，非

① 《御制诗集》四集卷21，《四库全书》第1307册，第616页。

② 《总目》卷70。

③ 《御制诗集》四集卷27，《四库全书》第1307册，第711页。

④ 《总目》卷141。

⑤ 《御制诗集》四集卷21，《四库全书》第1307册，第611页。

其书宋初尚存，力驳迈说之误，所言良是。”①

（七十四）《困学纪闻》，偶抨弹其迂论。

【疏证】清高宗《读王应麟困学纪闻》云：“应麟博学多闻，著书颇富，而议论皆出于正。是编乃随笔考订，理融辞达，其说经具有渊源，深合内圣外王之旨。偶披说《易》卷，于凡修辞立诚、阳大阴小、防于未然、恐以致福，未尝不反复而诵，沉潜而思，以为有天下国家者不可不熟读而切已体察也。独其论五阳之盛一阴生而引陈完之奔齐为亡齐者已，至汉宣帝时匈奴来朝，而王政君已在太子宫。唐太宗即位，而武氏已生于前二年，宋艺祖二年女真来贡，而宣和之祸乃作于女真。以为《易》者极深研几，当勿用而知有亢，履霜而知有战……而未免失之凿矣。夫为君者虑泰否之几，察盛衰之运，朝乾夕惕，持盈危明，如是而已耳。必举数世之前之事以为数世之后之兆，或转疑于谬悠而不信，则反懈其儆惧之心，非此说有以基之乎？”②

检《总目》卷118《困学纪闻》提要，有褒无贬。

（七十五）晚唐小史，入厨宁取乎卮言。

【疏证】此句指《总目》著录浙江鲍士恭家藏本《唐阙史》。清高宗《题唐阙史》云：“知不足斋奚不足，渴于书籍是贤乎？长编大部都庋阁，小说卮言亦入厨……”③

《唐阙史》提要亦云：“是书诸家著录皆三卷，今止上下二卷，似从他书抄撮，非其原本。”④《述古堂书目》提要亦云：“国朝钱曾撰。曾此编，乃其藏书总目。所列门类，琐碎冗杂，全不师古。其分隶诸书，尤舛谬颠倒，不可名状，较《读书敏求记》更无条理。如杨伯岩《九经补韵》，乃摭九经之字，以补《礼部韵略》，

---

① 《总目》卷135。

② 《御制文集》二集卷35，《四库全书》第1301册，第499页。

③ 《御制诗集》四集卷23，《四库全书》第1307册，第647页。

④ 《总目》卷142。

非九经音释，而列之于经。《玉篇》、《龙龛手镜》、《篇海》、《从古正文》皆字书也，而列之韵学。《啸堂集古录》乃《博古图》之类，而列之六书。《东观余论》乃杂编题跋，《宝章待访录》乃搜求书画，而列之于金石。《班马异同》、《两汉刊误补遗》、《后汉书年表》乃正史之支流，《两汉博闻》乃类书，《唐阙史》乃小说，而列之杂史。"①

（七十六）南宋枝谈，按鞠深嫌其曲笔。

【疏证】此句指岳珂《桯史》所记隆兴按鞠之事。清高宗《咏桯史隆兴按鞠事》注云："岳珂载孝宗此事（指隆兴按鞠之事——引者注）……以誉孝宗之英武，诚不值一噱。……同资笑柄耳。"②

遍检《总目》，未见线索，有待进一步考证。

（七十七）十七卷骚人旧制，更证以草木之名。

【疏证】"十七卷骚人旧制"指十七卷《楚辞》，"更证以草木之名"指吴仁杰撰《离骚草木疏》。清高宗《题影宋本吴仁杰离骚草木疏》云："疏传草木异刘（杳）王（逸），特重《离骚》廿五章。岂为春园问桃李，独存古道吊沅湘。辨精鱼鲁篇篇核，义寓兴观字字芳。虽是罗田版亡矣，步兵从可识中郎。"③

《离骚草木疏》提要亦云："是编末有仁杰庆元丁巳自序，谓梁刘杳有《草木疏》二卷，见于本传，其书已亡。杳疏凡王逸所集者皆在焉。仁杰独取二十五篇疏之。……以其征引宏富，考辨典核，实能补王逸训诂所未及。……迹其赅洽，亦考证之林也。此本为影宋旧抄，末有庆元庚申方灿跋，又有校正姓氏三行，盖仁杰官国子学录时，属灿刊于罗田者。旧板散佚，流传颇罕。写本仅存，可谓艺林之珍笈矣。"④

---

① 《总目》卷87。

② 《御制诗集》四集卷55，《四库全书》第1308册，第242页。

③ 《御制诗集》四集卷31，《四库全书》第1307册，第790页。

④ 《总目》卷148。

(七十八)二百年吏部清吟,特赏其烟霞之气。

【疏证】"吏部"指谢朓,他曾官至尚书吏部郎。此句指《谢宣城集》。清高宗《题宋椠谢宣城集》云:"……讵只摛辞丽,颇多契理精。欲嗤刘刺史,何据五言城。"①

《谢宣城集》提要亦云:"本传称朓长于五言诗。沈约尝云:'二百年来无此诗。'钟嵘《诗品》乃称其微伤细密,颇在不伦;一章之中,自有玉石。"②

(七十九)兼推韩杜,续来凤觜之胶。

【疏证】此句指《宋板五百家注韩昌黎集》、《宋板韩昌黎文集》、《集九家注杜诗》等集相继入藏天禄琳琅。

清高宗《宋板五百家注韩昌黎集》云:"子厚退之昔并传,论文可拟以诗诠。韩如杜也柳如李,此则圣而彼则仙。注五百家孰窥奥,垂千万代独钩玄……"原注云:"名为五百家注,其实姓名可考者仅一百四十八家,余二百三十家逸其姓氏,合计亦不能足数,而所采用之注更不能遍及。又柳宗元集亦有五百家注,所载姓名更少于此耳。"③《五百家注音辨柳先生文集》提要亦云:"今流传五六百年而纸墨如新,神明焕发,得复与《昌黎集注》先后同归秘府,有类乎珠还合浦,剑合延津,是尤可为宝贵矣。"④此种说法与《天禄琳琅书目》载乾隆帝御题微有不同:"《五百家注昌黎集》是宋椠之佳者,《柳子厚集》虽亦五百家注,版式、行款、标题并同,而纸色、墨香逊韩集远甚。且正集廿二卷以下至末皆阙;又改目录终以弥缝之,更非完善。第柳集注刊本今鲜存者,亦觉片羽可珍,惟当居韩之次耳。"韩、柳二集皆出宋代魏仲举之手:"考魏仲举,乃建阳书贾,今所传五百家注韩、柳文集,即出其家,盖以

---

① 《御制诗集》四集卷27,《四库全书》第1307册,第716页。

② 《总目》卷148。

③ 《御制诗集》四集卷25,《四库全书》第1307册,第690页。

④ 《总目》卷150。

刊书射利者。”① 朝军按：《总目》对韩、柳二集未分优劣，而清高宗则从纸色、墨香方面断定韩优柳劣。此亦《总目》未能充分反映清高宗意志之一证。

清高宗《题宋板韩昌黎文集》云：“……宋氏椠铅存擘窠，真是起衰空八代……”②

清高宗《再题宋版九家注杜诗》云：“兑氏之戈和氏弓，续增天禄吉光中……”其注云：“世以藏经纸之未作经册者为卷筒纸，最为难得，此书面页用之。”又云：“是书庋尘武英殿库架不知几许年，兹以校勘《四库全书》始物色及之，且辨其为宋椠善本，即此不可以悟人材之或有沉沦耶？”③《九家集注杜诗》提要亦云：“曾噩重刻序，作于宝庆元年……宋人喜言杜诗，而注杜诗者无善本。此书集王洙、宋祁、王安石、黄庭坚、薛梦符、杜田、鲍彪、师尹、赵彦材之注，颇为简要。……振孙称噩刊板五羊漕司，字大宜老，最为善本。此本即噩家所初印，字画端劲而清楷，宋板中之绝佳者，振孙所言固不为虚云。”④《总目》著录为“内廷藏本”，清高宗辨其为宋椠善本。

（八十）并采郊祁，拟以棠华之句。

【疏证】“并采郊祁”指同时从《永乐大典》中辑佚宋庠《宋元宪集》、宋祁《宋景文集》。清高宗《题元宪景文集并各书其卷首》序云：“宋庠、宋祁兄弟同负盛名，且同举进士，时以大小宋并称，乃其官位一至宰辅，一为尚书，事业所就既殊，性情亦奢俭各异，故其诗文沉博新警，因各随其性之所近，而为世所传诵则同。及戒其子不令刊类文集行世亦同。迨其后虽经合刊，继而仍归散佚又同。兹复裒辑成集，并以聚珍版印而流传之又无弗同。其不同之故，庠与祁固无能知之，余亦乌徒而知之。然其散也，由于自

① 《总目》卷89。

② 《御制诗集》四集卷29，《四库全书》第1307册，第761页。

③ 《御制诗集》四集卷27，《四库全书》第1307册，第715页。

④ 《总目》卷149。

欲韬晦；而其聚也，幸有《永乐大典》之仅存。佚之于七百余年以前（宋天圣至今七百五十余年），而完之于三百余年以后（明永乐至今三百七十余年），则又复归于同。余因合题一诗，并冠于两集简首，更使之不同而同，则向之所谓同、不同者，皆可勿深论，是之谓大同。”诗云：“二宋合刊曾纪王（宋嘉定间郡守王允初倡议欲刊二宋集，以属郡文学陈之强，未就而去。其后太守陈芾捐资刊成之，见之强序。），惜哉分集失传详。学如有本终难晦，行不负言久益彰。伯也独风表雅操，仲兮强识富文章。虽称俭过及奢过，弗愧元方与季方。收拾碎珍得全册，吟题七字冠前行。休嗤大典纷割裂，爱礼幸兹存饩羊。”①

《宋元宪集》提要亦云：“《永乐大典》修于明初，距宋末仅百余年，旧刻犹存，故得以采录。而庠文章淹雅，可取者多，故所载特繁富。今以类排比，仍可得四十卷，疑当时全部收入也。……陈振孙称：‘景文清约庄重不逮其兄，以此不至公辅。’今观其集，庠有沉博之气，而祁多新警之思，其气象亦复小殊，所谓文章关乎器识者欤！”②《宋景文集》提要云：“实则所著诗文博奥典雅，具有唐以前格律。……祁笔记又深戒其子无妄编缀作集，使后世嗤诋。……兹就《永乐大典》所载，汇萃裒次，厘为六十有二卷。又旁采诸书，纂成《补遗》二卷，并以帙闻余事各为考证，附录于末。虽未必尽还旧观，名章巨制，谅可得十之七八矣。祁兄弟俱以文学名，当时号大宋、小宋。今其兄庠遗集《永乐大典》采掇成编，祁集亦于蠹蚀之余，得以复见于世。虽其文章足以自传，实亦幸际圣朝表章遗佚，乃得晦而再显，同邀乙夜之观，其遭遇之奇，良非偶然也。”③

（八十一）文恭著作，先欧尹而孤行。

【疏证】“文恭著作”指胡宿《文恭集》，欧、尹分别为欧阳

① 《御制诗集》四集卷41，《四库全书》第1308册，第21~22页。

② 《总目》卷152。

③ 《总目》卷152。

修、尹洙，均晚于胡宿。清高宗《题胡宿文恭集》云："久曾割裂得全难，四库搜罗为复完（是书亦散见《永乐大典》中，经词臣采辑，复成完本者。）。如此立朝有本末，可教遗帙听凋残。既经呈览斯予事，自与发潜令彼安。通集原应俾抄录，至文乃合命镵刊。教坊致语宁忠告，道院青词实异端（胡宿文笔颇佳，允宜刊以传世。第集中兼及道场青词，殊乖正道，且代教坊致语，及为内中侍御贺词，则尤为琐狎，自当存其正者刊行，全集抄存可耳。）。去取之间系旌瘅，示兹大略付儒官。"①

《文恭集》提要亦云："（胡）宿立朝以直廉著，而学问亦极该博。当时文格未变，尚沿四六骈偶之习，而宿于是体尤工。所为朝廷大制作，典重赡丽，追踪六朝。其五、七言律诗，波澜壮阔，声律铿訇，亦可仿佛盛唐遗响。……今惟《永乐大典》分采入各韵下者，裒而录之，计诗文一千五百余首……"②

（八十二）忠肃风裁，抗苏程而角立。

【疏证】"忠肃风裁"指宋代忠臣刘挚，所著有《忠肃集》。清高宗《题刘挚忠肃集六韵》云："散编裒集还全璧，世久湮沦传始今（刘挚文集四十卷见于《宋史·艺文志》及马端临《经籍考》，世久无传本，今从《永乐大典》各韵中裒集编缀，各体具备，共得文二百八十五首、诗四百四十三首，以原书卷目相校，尚可存十之六七云。）。必有鬼神为呵护，自然天地祐忠忱。未尝释卷于经邃，却匪空言见理深。出处一身守直亮，是非两字辨佥壬。明陈十害邪辞辟，分析二章正气森。六百载余惜悃笃，裕陵见摈独何心。"③

《忠肃集》提要亦云："宋刘挚撰……其文集四十卷，见于《宋史·艺文志》，久无传本。今从《永乐大典》各韵中裒集编缀，共得文二百八十五首、诗四百四十三首，以原书卷目相校，尚可存

① 《御制诗集》四集卷38，《四库全书》第1307册，第730页。
② 《总目》卷152。
③ 《御制诗集》四集卷41，《四库全书》第1308册，第32页。

十之六七。……挚忠亮骨鲠，于邪正是非之介辨之甚严，终以见愠群小，贬死荒裔。其为御史时论率钱助役之害，至王安石设难相诘，而挚反复条辨，侃侃不扰，今其疏并在集中。"①

（八十三）勤王留守，呼北渡者凡三。

【疏证】"勤王留守呼北渡者"指宋宗泽，著有《宗忠简集》。清高宗云："偶阅宗泽《忠简集》，爱其乞回銮诸疏，不忍释手。既终卷，乃知章凡二十四上，而高宗漠然也。夫南渡去近六百余年，读其疏者，未尝不嘉其血诚，赏其卓识，叹其孤忠，欲为堕泪……"②

《宗忠简集》提要亦云："泽孤忠耿耿，精贯三光，其奏札远见画时势，详明恳切，当时狃于和议，不用其言，亦无收拾其文者……考史称泽力请高宗还汴，疏凡二十八上，本传不尽录其文，今集中所载仅十八篇。"③《总目》编录南宋诸集，冠以宗泽，著其说不用而偏安之局遂成。

（八十四）殉节侍郎，壮南朝者惟一。

【疏证】"殉节侍郎"指李若水，著有《忠愍集》。清高宗云："主和误国罪奚辞，即使弗和祸亦随。慷慨捐躯诚可尚，诗文成集合教垂。浩然之气塞天际，不幸而生革命时。"④

《忠愍集》提要亦云："若水当多兵薄城之时，初亦颇主和议，于谋国之计未免少疏，而卒能奋身殉节，搘拄纲常，与断舌常山，后先争烈，使敌人相顾叹息，有'南朝惟李侍郎一人'之语，其末路足以自赎。史家以忠义称之，原其心也。其诗具有风度而不失

---

① 《总目》卷153。

② 《读宗泽忠简集》，《御制文集》二集卷35，《四库全书》第1301册，第497页。

③ 《总目》卷156。

④ 《题李若水忠愍集》，《御制诗集》四集卷29，《四库全书》第1307册，第748页。

气格，其文光明磊落，肖其为人。"①

（八十五）学如和叔，原不限以宗朱。

【疏证】和叔为宋袁燮之字。此句指袁燮《絜斋集》。清高宗《题袁燮絜斋集六韵》云："学为君子儒，体用亦相符。性悟虽宗陆，身名未异朱（燮师事陆九渊，得其指授，具有原本，又少以名节自期，立朝屡进谠言，所至政绩皆可纪，在南宋诸儒中可谓学有体用者，具详《宋史》本传。）。边情言颇悉，民务政多殊（集中札子几及三十首，其料敌论边，深得要领，而陈民务述治要，亦切实可见施行。向惟散见《永乐大典》中，今为裒辑得二十四卷，虽未必能尽还原书之旧，亦可存十之六七，因命刊刻以广流传。）……"②

《絜斋集》提要亦云："乾道、绍熙之间，陆九渊以心学倡一世，燮初与同里沈焕、杨简、舒璘同师事之……今据《永乐大典》所载，裒集编次……勒成二十四卷。"③

（八十六）诗到仪卿，乃转嫌其入墨。

【疏证】此句指宋严羽之《沧浪集》。清高宗《题严羽沧浪集》云："言志曾闻舜典宣，尔时谁识所为禅。假禅宗以定诗品，混儒释兼紊后先。"原按："严羽《沧浪集》诗辨以为禅道在妙悟，诗道亦在妙悟。且屡举正法眼、小乘禅、临济、曹洞之类以定诗品，不惟引释教以证儒宗，已为冠履倒置，比拟弗伦，岂知佛生于周昭王时，至汉明帝时始入中国，其教亦惟演经守变而已。至达摩于萧梁时至中国，始倡禅宗顿悟之法，是虞廷所为诗言志者，乃数典之最。祖彼时之法，亦可以禅宗概之乎？夫诗有别裁，偶涉禅趣，固无不可。若宋之苏轼及我朝之张照，每有吟咏，托禅意者十之七八，已失诗之本旨。若严羽此集，津津以禅门乘果定诗之品

---

① 《总目》卷155。

② 《御制诗集》四集卷31，《四库全书》第1307册，第782页。

③ 《总目》卷160。

格，其所谓不涉理路不落言筌者，羽早自犯。涉理路而落言筌，即禅家所谓担板汉，未必非此人也。诗以辟之，用示后之学诗者。”①

《沧浪集》提要亦云：“羽字仪卿……其《沧浪诗话》有曰：‘论诗如论禅，汉魏晋与盛唐之诗则第一义也。大历以还之诗，则小乘禅诗也……盛唐诸人惟在兴趣，羚羊挂角，无迹可求，故其妙处，透彻玲珑，不可凑泊，如空中之音，相中之色，水中之月，镜中之像，言有尽而意无穷。近代诸公乃作奇特解会，以才学为诗，以议论为诗，夫岂不工，终非古人之诗也’云云。其平生大旨俱在于是……志在天宝以前，而格实不能超大历之上，由其持‘诗有别才，不关于学；诗有别趣，不关于理’之说，故止年摹王、孟之余响，不能追李、杜之巨观也。”②

（八十七）读书秘阁，明詹初论古之非。

【疏证】此句指詹初《寒松阁集》。詹初《读李敬业传》诗见《四库全书》第1179册，第15页。清高宗《御制题詹初读李敬业传》注云：“李勣陛下家事一言成君之过，且以贻患家国，实为千古罪人。其子敬业起兵以讨伪周，事虽无成，而忠不可没，所谓死有重于泰山者，何惨祸之足云。若敬业者真能干父之蛊，不意绩乃有是子。而詹初诗顾云‘乃知成祸者，惨祸亦归躬。’且序云：‘武氏之立未几，而绩之嗣先灭。予于此深快天道之有知’云云，嘻，是何言耶？詹初殆惑于庸俗祸福之见，而不知忠烈大义千载不朽，因题识以斥正之。”③

《寒松阁集》提要亦云：“核其立言大旨，如与詹体仁论道，体仁摘其《咏水》诗‘野人见清不见水，却道无水亦无清’之句，深以为疑，盖不免稍涉于禅。至《翼学·大道章》所言器理有无之旨，日录第一条所言知止、运用二段功夫之说，则又皆力辟释、老。观其日录载：‘或问尊德性，道问学，朱子本来自全，陆子前

---

① 《御制诗集》四集卷46，《四库全书》第1308册，第115页。

② 《总目》卷163。

③ 《四库全书》第1179册，第1页。

面只尊德性一边，因朱子方走道学问，曰：此非学者所可轻议。’则所学实介于朱、陆之间，似明代调停之说。”① 可见此则提要也没有完全体现清高宗的意志，而是转移话题，从立言大旨方面指责“詹初论古之非”。

（八十八）从宦金渊，赏仇远耽吟之癖。

【疏证】此句指仇远《金渊集》。清高宗《题仇远金渊集》诗云：“宋末元初鸣以诗，早年仇白（珽）已名驰。却看排次怀面目（仇远在宋末即以诗名，其格高雅，往往颉颃古人，世所传惟《兴观集》、《山村遗稿》及近时歙人项梦昶所辑《山村遗集》，其《金渊集》则不可复睹，兹于《永乐大典》散篇中裒辑各体，编为六卷。考远赠士瞻上人卷，僧道衍跋之推挹甚至，盖深倾倒于远者，故其监修是书，所载独多，似全部，遗者无几，若有神灵呵护者然。）信有甲丁为护持，雄逸或堪苏（轼）伯仲，清真亦偶陆（游）埙篪。拟之李杜诚犹远，则实渊源限代时。”②

《金渊集》提要亦云：“其诗格高雅，往往颉颃古人，无宋末粗犷之习。……而此集出自尘埋蠹蚀之余，皆项昶本所不载，若有神物呵护，俾待圣朝而复显者，为尤可宝贵矣。”③

（八十九）杨维桢取其辨统，而颂莽则当诛。

【疏证】清高宗云：“元杨维桢著《宋辽金正统辨》，大旨以元承宋统而排斥辽、金，其文不见本集，惟陶宗仪《辍耕录》载之。今馆臣编辑《四库全书》谓其持论纰缪，并《辍耕录》内所载者亦与删除……然馆臣之删杨维桢《正统辨》者，其意盖以金为满洲，长欲令承辽之统，故曲为之说耳。不知辽、金皆自起北方，本无承统，非若宋元之相承递及为中华之主也。若以此立论，转觉狭小，天下万世必有起而议之者，是不可以不辨。朕以为不但《辍

① 《总目》卷163。

② 《御制诗集》四集卷30，《四库全书》第1307册，第765页。

③ 《总目》卷166。

耕录》中所载杨维桢之《正统辨》不必删除，即杨维桢文集内亦当补录是篇，并将此谕各载卷首以昭天命人心之正，以存春秋纲目之义。"①

《东维子集》提要亦云："陶宗仪《辍耕录》载维桢《辨统论》一篇，大旨谓元继宋而不继辽、金。此集不载此篇，未喻其故。今恭奉谕旨补入集内。盖维桢虽反颜吠主，罪甚扬雄，而其言可采，则不以其人而废。仰见圣人衮钺之公，上超万古，非儒生浅见所能窥也。"②

（九十）刘宗周闵其完忠，而吠尧为可恕。

【疏证】清高宗《题刘宗周黄道周集》序云："比因汇辑《四库全书》，各省博访遗编以进，裒聚既广，则甄别宜精。而明末诸人文集内多有论列边防兵事诋触本朝者，馆臣随时检出请毁，理固宜然，亦不可不有所决择，因于几余披览衡定之。夫为明臣而指斥我朝，所谓吠非其主，本无可罪。其或人品无系重轻，言事又剽窃无据，及已入本朝苟活求生，又谬托为明遗民如屈大均之流者，毁之诚不足惜。若黄道周之《博物典汇》、刘宗周之疏稿则不可毁。盖二人当明政不纲，权移奄宦独能守正不阿、多所弹劾，至今想见其风节凛然，而且心殷救败，凡有指陈，悉中时弊。假令当日能用其言，覆亡未必如彼之速，卒之致命，遂志以身殉国。允为一代完人。若因字句干犯，并其全书而弃之，致使忠臣正士其言论不能并传不朽，余岂忍为之哉。然命廷臣就其应避之字略为删改，书仍录而存之，使天下后世知余大公至正之心，维持名教而不苛小节，重其人因及其书，且为千古之君若臣垂戒示劝，不徒味其文艺而已。既以宣谕，并题诗各书其集端。"③ 又《总目》卷首一云："若刘宗周、黄道周立朝守正，风节凛然，其奏议慷慨极言，忠荩溢于简

① 清高宗：《命馆臣录存杨维桢正统论谕》，《御制文集》二集卷 8，《四库全书》第 1301 册，第 332～334 页。

② 《总目》卷 168。

③ 《御制诗集》四集卷 29，《四库全书》第 1307 册，第 753 页。

陵，卒之以身殉国，不愧一代完人。……以上诸人所言，若当时能采而用之，败亡未必若彼其速。是其书为明季丧乱所关，足资考镜。惟当改易违碍字句，无庸销毁。"①

《周易古文抄》提要亦云："宗周……南都破后，绝粒而死。事迹具《明史》本传。乾隆乙未赐谥忠介。……故其人可重。"②《圣学宗要·学言》提要云："其临没时犹语门人曰：'为学之要，一诚尽之，而主敬其功也。'云云。盖为'良知'末流深砭痼疾，故其平生造诣，能尽得五学所长而去其所短。卒之大节炳然，始终无玷，为一代人伦之表。虽祖紫阳而攻金溪者，亦断不能以门户之殊并诋宗周也。知儒者立身之本末，惟其人，不惟其言矣。"③《论语学案》提要云："其解'见危致命'章曰：'人未有错过义理而能判然于生死之分者。'卒之明社既屋，甘蹈首阳之一饿，可谓大节皭然，不负其言矣。与其为孙承泽，又何如为宗周乎？"④《刘蕺山集》提要云："在有明末叶，可称皦皦完人，非依草附木之流所可同日语矣。"⑤

通过以上90条例证，不难看出，《进表》与《总目》及清高宗御制诗文三者之间的关系大致相合，难道这能说是"对历史的歪曲"吗？这种结论恐怕下得过于草率。纪昀所撰《进表》以当事人述当时事，虽有溢美之嫌，但其可信度非常高，具有较高的史料价值。对《进表》的重新估价，将有助于深化一系列相关问题的认识。

四、从清高宗诗文分析

清高宗云："……少有余闲，未尝不考镜经史，以自观省……

---

① 乾隆四十一年十一月十七日奉上谕。
② 《总目》卷8。
③ 《总目》卷93。
④ 《总目》卷36。
⑤ 《总目》卷172。

盖是集乃朕夙昔稽古典学所心得，实不忍弃置。自今以后，虽有所著作，或出词臣之手，真赝各半，且朕亦不欲与文人学士争巧，以转贻后世之讥，则是集之辑，有不得已者。”① 清高宗汉化程度甚深，自幼注重考镜经史，稽古典学，后来故有开四库馆之壮举。

清高宗又云：“明茅坤举唐宋两朝中昌黎、柳州、庐陵、三苏、曾、王八大家，荟萃其文，各若干首行世，迄今操觚者脍炙之。本朝储欣谓茅坤之选，便于举业，而弊即在是，乃复增损之，附以李习之、孙可之，为十大家，欲俾读者兴起于古，毋只为发策决科之用，意良美已。顾其识之未衷，而见之未当，则所去取与茅坤亦未始迳庭。朕读其书，嘉其意，而亦未尝不惩其失也。”②《御选唐宋文醇》提要亦云：“明茅坤尝取韩、柳、欧、苏、曾、王之文，编为《唐宋八家文抄》。国朝储欣增李翱、孙樵为十家。皇上以欣所去取尚未尽协，所评论亦未尽允，乃指授儒臣定为此集。茅坤所录，大抵以八比说之。储欣虽以便于举业讥坤，而核其所论，亦相去不能分寸。”③

《钦定协纪辨方书》提要有云：“至于御制序文，特标敬天之纪、敬地之方二义，而以人之祸福决于敬不敬之间，因习俗而启导之，尤仰见圣人牖民觉世、开示以修吉悖凶之理者，至深切矣。”④《协纪辨方书序》详见《四库全书》第1301册第94页。

清高宗《重刻二十一史序》云：“史者，辅经以垂训者也。”“史为经翼。”⑤

清高宗《日讲礼记解义序》云：“惟《礼记》出自汉儒，然多本于七十子之所传习。……虽《月令》、《王制》附益其间，有以启后人疑议，而先王之制，所传各异，事之不可考，而说之不可强

① 《乐善堂全集序》，《四库全书》第1301册，第90页。
② 《御选唐宋文醇序》，《四库全书》第1301册，第93～94页。
③ 《总目》卷190。
④ 《总目》卷109。
⑤ 《四库全书》第1301册，第102页。

同者亦已多矣。依文立训，以存旧观，说经之通例也。……因言以求其义，因义以达其用，夫岂章句训诂之足云。"①

清高宗《重刻通志序》云："夫博物洽闻之士，殚毕生之精力，从容几研，囊括贯串，勒为成书，宜其援据精而条理密，顾纪事纂言，尚不免于纰缪若此，岂非所谓多而不能无失者欤？而况设局分曹，成于众手，动淹岁序，举后忘前，亥豕鲁鱼，触目而是。任操觚者其可不知所惧也乎？甚矣夫著述之难也！"②

清高宗《重刻文献通考序》云："朕惟会通古今，该洽载籍，荟萃源流，综统异同，莫善于《通考》之书。其考核精审，持论平正，上下数千年，贯串二十五代，于制度张弛之迹，是非得失之林，固已灿然具备矣。夫帝王之治天下也，有不弊之道，无不弊之法。纲常伦理，万世相因者也；忠敬质文，随时损益者也。法久则必变，所以通之者，必监于前代，以为之折衷。"③

清高宗《重刻通典序》云："简而有要，核而不文。"④

《御定仪象考成》提要云："乾隆九年奉敕撰。乾隆十七告成，御制序文颁行。"⑤ 清高宗《仪象考成序》详见《四库全书》第1301册第110页。

《御纂春秋直解》提要云："大旨在发明尼山本义，而铲除种种迂曲之说，故赐名曰直解。冠以御制序文，揭胡安国传之傅会臆断，以明诰天下……"⑥ 清高宗《春秋直解序》云："中古之书，莫大于《春秋》。推其教，不越乎属辞比事……人自为师，经生家大抵以胡氏安国、张氏洽为最著。及张氏废，而胡氏直与三传并行，其间傅会臆断往往不免……夫儒者猥云，五经如法律，《春秋》如断例，故啖助、赵匡、陆淳辈悉取经文书法，纂而为例，一一引徽切墨以求之，动如凿枘之不相入……盖曲说之离经，甚于

① 《四库全书》第1301册，第102~103页。

② 《四库全书》第1301册，第107页。

③ 《四库全书》第1301册，第106页。

④ 《四库全书》第1301册，第105页。

⑤ 《总目》卷106。

⑥ 《总目》卷29。

曲说之泥经也审矣。”①

《钦定皇朝礼器图式》提要云：“考礼图世称始郑玄，而《郑志》不载，盖传其学者为之也。阮谌以后踵而作者凡五家，聂崇义汇合为一……若夫酌古宜今之精意，奉天法祖之鸿规，具见御制序文之中。”② 清高宗《皇朝礼器图式序》详见《四库全书》第1301册第112页，《总目》有所参考。

《明宫史》提要云：“皇上于内殿丛编，检逢是帙，辟其谬而仍存之，圣人之所见大矣。谨恭录谕旨，弁冕简端。”③

清高宗云：“厄鲁特语及回语，朕亦因暇而习焉。”④

清高宗云：“朕于几政之暇，每爱以国语翻译经书，如《易》、《书》、《诗》及四子书……”⑤

清高宗《经解问》云：“儒者之学，莫尚于穷经。……各经授受源流何所依据？章句、注疏、传、解、笺、诂之属有何异同？其施诸学官用以取士者何所因革？又如古有三《易》，夏何以称《连山》？殷何以称《归藏》？周何以称《周易》？且《连山》不始于夏，《归藏》不始于殷，《周易》不始于周，其说可得闻欤？传《周易》者有四家，其兴废可得考欤？《书》何以有古文、今文之别？《诗》何以有齐、鲁、韩、毛之殊？《春秋》左氏、公、穀而外又何以有邹氏、夹氏、铎氏、虞氏之类？诸家分门别派，其说可悉数欤？礼始于高堂生、显于后仓，其转述者谁欤？二戴何删？马氏何补？《冬官》何阙？《仪礼》何逸？群儒议论纷纭，其说可详陈欤？《论语》何以有鲁论、齐论？《大学》、《孝经》何以有古本、今本？《尔雅》或曰周公作，或曰子夏作，其说何（居）［据］？《孟子》何以或删、或疑、或翼、或尊？何其识之相远欤？惟《中庸》无异说，而《学》、《庸》二篇原皆载于《戴记》，其别为诠

① 《四库全书》第1301册，第112页。

② 《总目》卷82。

③ 《总目》卷82。谕旨详见《纂修四库全书档案》第1556页。

④ 《四库全书》第1301册，第115页。

⑤ 《四库全书》第1301册，第116页。

说而列入《四书》者自何而始欤？凡此经传源委，其能条分缕晰，阐岐为言，抉其奥义，而铢黍之不爽欤？"①

清高宗《史论问》云："儒者学术之要，先经次史。凡具渊通之学，必擅著作之才。然非熟与掌故、周知上下数千载之事理而剖决其是非者不足以语此，则史学尚矣。今之称正史者皆曰廿一史，岂廿一史之外，别无正史欤？抑廿一史之名遂定而不可移易欤？又岂正史之外，别无他史欤？考之汉、唐、宋《艺文志》及隋《经籍志》所载诸史，其名类甚多，而称史学者惟以马、班为宗，何欤？《史记》、《汉书》不自马、班始也，开之者谁？补之者谁？注解之者又谁也？范史一书与马、班并称三史，而袁宏、荀悦之作独不可媲美欤？陈寿之志帝魏退蜀，正统已紊，孰称其是？孰正其非？可与三史并传欤？即三史之书，又果无遗憾欤？《晋书》创于何人？共有几家？唐太宗命房乔等再加撰次，所称房乔者何人也？其称房乔等者又共几人也？观其文多骈丽，史体固应然欤？南北史皆成于李延寿，而考之南北朝各有专史，乃延寿复为合之。合者可取，则专者宜删，专者既行，则合者可废。而八书二史皆得并行，辞多重复，后之作者独不可汇而修之欤？六朝之后，《隋书》颇善，其所撰诸志综核尤工，近世儒者专称五代史而不及《隋书》，又何说也？《唐书》新旧二编各有短长，自新书出而旧书流布无多，不得并载十七史中，其故何欤？梁、唐、晋、汉、周皆有史，薛居正尝修之，欧阳氏之本诚善矣，而薛氏之本犹可得见欤？宋、辽、金三史已不及前代，而《元史》成于仓猝，舛谬尤多，乃后儒罕能删定以成佳史，岂古今人果不相及欤？且史之体有二，曰编年，曰纪传。纪传之善自司马迁《史记》始，而编年之善自司马光《通鉴》始。《通鉴》本《春秋》之法，至朱子则纲仿《春秋》，目仿左氏，而前编续编之作，亦皆得其遗意。此外体例甚繁沿革互异，作史者奚啻数百家，多士有能悉数其姓氏，详其名目以证其是非者欤？将备举作者之优劣，以考正诸史之得失，则一代著

① 《四库全书》第1301册，第123页。

作之任殊有厚望焉。”①

清高宗认为：“夫政事与学问非二途，稽古与通今乃一致。”②

清高宗的上述观点，大多已被吸收到《总目》之中。另外，笔者发现，乾隆《御制文二集》内尚有以下3篇与《总目》编纂有关：

(1)《命国史馆以明季贰臣传分甲乙二编谕》；

(2)《命馆臣录存杨维桢正统辨谕》；

(3)《命馆臣编辑河源纪略谕》。

文繁不具引。

五、从纪昀诗文集分析

纪昀虽然有时暗示《总目》乃其所撰（详前），但在公开场合则承认清高宗对于《总目》之主控作用。

（一）纪昀云：“……仰见我皇上天藻日新，道源奥衍，阐苞符于玉宇，耀仪璘于金版。越十载而一编，允范金而垂远。天禄石渠，搜罗秘简。积六千帙，溢八万卷。皆圣鉴亲裁，付儒臣而编纂。日综理乎庶绩，悉禀承于睿算。尚乙夜之懋勤，亲琅函与金管。”③ 此处所说与《进表》若合符契。

（二）纪昀云：“至于圣学高深，包涵万汇。凡琅环酉阳之秘简，兰台石渠之逸文，四库丛编，著录册府者，皆亲握权衡，明示衮钺。虽一字之阙遗，一言之疑误，披函立见，洞鉴纤毫。珥笔典校之臣，一经指示，皆旷若发蒙。”④ 此亦与《进表》吻合。

（三）纪昀云：“我皇上圣学高深，纂承前绪，诏定中和韶乐，一遵轩律舜弦之旧，从前钦定《四库全书》，既命以琴谱之明律吕者入经部·乐类，而以俗工之论句撤者入子部·艺术类，权衡至

① 《四库全书》第1301册，第124页。

② 《四库全书》第1301册，第127页。

③ 纪昀：《八旬万寿锦屏赋》，《纪晓岚文集》第一册，第19页。

④ 纪昀：《化源论》，《纪晓岚文集》第一册，第134页。

当，于琴声之源流正变业已昭晰无疑。兹复御题朱载堉《琴谱》，定其指法之讹，又题载堉乐书，纠其杂用曲牌之谬，煌煌彝训，旷若发蒙。”① 可见，清高宗不仅是《四库全书》及《总目》的钦定者，而且对四库之分类也有所贡献。

纪昀确实不失为“世故老人”。在不同的时间、不同的地方，纪昀的说法是前后矛盾的。时表己功，时夸帝勋。但是，《总目》出自钦定，这是谁也无法翻转的。

六、小 结

综合《凡例》、《圣谕》、《进表》等所述，清高宗之作用大致可归纳为以下三点：

（一）定分类，定大例；

（二）定是非，决疑似②；

（三）定去取，定存毁③。

一言以蔽之，《总目》之大纲出自钦定，绝非他人越俎代庖。正如乾隆五十三年十二月十一日纪昀所奏称：“……事关全书体例，非修补篇页者可比，未经奏明，不敢擅改。”④

---

① 纪昀：《御制题明朱载堉琴谱乐律全书恭跋》。

② 乾隆四十二年十月初七日奉上谕：“朕命诸臣办理《四库全书》，亲加披览，见有不协于理者……随时厘正，惟准以大中至正之道，为万世严褒贬，即以此衡是非。”

③ 毁书过程大致如下：首先是分纂官查出具体篇目，其次是总纂官签署禁毁意见，最后由清高宗决定是存还是毁。

④ 《纂修四库全书档案》，第2108页。

下　编

分　论

第五章

翁方纲与《四库全书总目》

《翁方纲纂四库提要稿》保存了大量的原始资料，是了解《总目》纂修过程的第一手资料，对于了解清代的政治、思想、文化、学术等方面具有极高的研究价值。翁方纲所撰提要稿总计在1200条以上，是现存分纂官提要稿保存最多的一家。其手稿本收提要稿1150条，是当时撰写提要稿的最初文献，是研究《四库全书总目》乃至《四库全书》编纂的原始材料，近期已由上海科技文献出版社正式影印出版。另外，复旦大学藏有两个抄本，一为施韵秋抄本，略有删节；一为王欣夫抄本，只过录提要部分，对其他信息一概删除。两个抄本较手稿本多出32条提要。翁氏所撰提要稿不仅数量特别巨大，而且其价值也在其他分纂官提要稿之上。本章首次进行穷尽性研究，将其逐一与《总目》进行对比①，分为六大类，勘其异同，察其有无，并附论其优劣。最后我们讨论其在文献学（这里主要指目录学、版本学和辨伪学）上的价值，并兼及禁书问题。

---

① 三个本子为稿本与抄本，而正式的整理本尚未问世。

一、翁方纲及其论学宗旨

翁方纲（1733～1818），字正三，号覃溪，晚号苏斋，顺天大兴人。乾隆十七年（1752）进士，官至内阁学士。著述甚丰，代表性著作有《复初斋诗集》七十卷、《文集》三十五卷、《石洲诗话》八卷、《苏诗补注》八卷、《补正经义考》十二卷、《两汉金石记》二十二卷等。①

翁方纲是最早一批分纂官之一。《翁氏家事略记》称：

> 乾隆三十八年癸巳三月大学士刘公统勋等奏："原任学士降调候补之翁方纲，留心典籍，见闻颇广，请充补四库全书纂修官。"奉旨依议。三月十八日入院修书。九月二十五日奉旨："翁方纲学问尚优，且曾任学士著加恩授为翰林院编修。"十月初三到编修任，移居烂面胡同。
>
> 四十二年丁酉，时方纲承修《四库全书》，又承修《明纪纲目》，又承修《音韵述微》，又承修《续通志》，又兼武英殿缮写处覆校，是冬辞武英殿分校，覆校事，仍在《四库全书》馆专办金石、篆隶、音韵诸书。……四十三年戊戌，《四库全书》五年期满，分等议叙，方纲列上等，奉旨加一级。五月，充殿试弥封官。②

可见翁氏撰写此稿，开始于乾隆三十八年（1773），终止于乾隆四十三年（1778）。据翁氏自称：

> 自癸巳春入院修书……每日清晨入院，时于翰林院署开《四库全书》[馆]，以内府所藏书发出到院，及各省所进民间

① 沈津：《翁方纲年谱》第529～539页。

② 翁方纲：《翁氏家事略记》，国家图书馆藏抄本。前有"吴兴刘氏嘉业堂藏书记"。

藏书，又院中旧贮《永乐大典》内有摘抄成卷汇编成部之书，合三处书籍分员校勘。院设大官厨供给桌饭，午后归寓。以是日所校阅某书应考某处，在宝善亭与同修程鱼门晋芳、姚姬传鼐、任幼植大椿诸人对案详举所知，各开应考证之书目，携至琉璃厂书肆访查之。是时江浙书贾亦皆踊跃编征善本足资考订者悉聚于五柳居、文粹堂诸坊舍。每日检有应用者，辄载满车以归。家中请陆镇堂司其事。凡有裨考核者，价不甚昂即留买之，力不能留者，或急写其需查数条，或暂借留数日，或又雇人抄写，以是日有所得。①

翁方纲致程晋芳手札云："与程吏部。所以必五人集于一几办之者，盖此事需公研讨，又须各种书目，应取备检阅之件，粗以供㩻摭，而后此目可就。然即以吾辈五人者所蓄前史诸志，并前贤读书诸记，未必能一家兼有之，假如兄处有可查之书十许种，而次日集弟斋，弟所蓄只一二种，则兄必将所省之十许种者皆携来乎，抑系由不知彼三君之所携，不有复乎？且焉知有五人者，此时所蓄之件，合之即皆足乎？假若明日到馆商之为一百又过，则万一后日集兄处，而人皆恃兄处之各种皆全，竟不携来，未可知也。携而复又未可知也。复而仍不足，又未可知也。细细此事，如庀室材，竹头木屑，皆须预计，莫若于明日即写一知单，列五人者之名，而各疏所必携之书目等，毋使复出，其有不足而实想不出者，则亦已矣。其不足而五人稍能忆及者，即乘明日午后于厂肆索之。即如兄处之《菉竹堂书目》现在弟处，一友写之，弟即已遣人追来也。如必需某人集其跋，或向其友借之，亦即于某人名下写出，则头绪不紊，事易集。四月九日。"此信当写于开馆之初。程吏部即程晋芳，信中所谓五人者，除翁、程外，还有姚鼐、任大椿和陆锡熊。翁方纲在馆中所撰提要稿达千种以上，姚鼐在馆时间不长，也有近百种，程晋芳、任大椿和陆锡熊在馆较久，所撰提要稿当亦可观。②

---

① 翁方纲：《翁氏家事略记》，国家图书馆藏抄本。

②《中国图书文史论集》，北京：现代出版社，1992 年，第 155 页。

目前珍藏在国家图书馆的《覃溪杂稿》，为翁方纲手稿，这是翁氏为撰写提要而做的资料准备工作。据沈津介绍，此书中关于四库之事，一为访书拟目，卷端原题“拟四库全书草目”，目录为别人所拟，翁氏改成“访书拟目”，录中朱笔、墨笔删改、补充甚多。其中史部分二部分，一为金石类、目录类、谱系类、传记类、律令类，计二十九页；一为传记类、史评类、谱系类、金石类，计二十二页。此第二部分皆翁氏手拟，包括书名、卷数，部分写有作者。另为翁氏所拟从御书房、南书房、懋勤殿、养心殿、天禄琳琅以及古董房、瀛台、画舫斋、圆明园、景阳宫、五所前库、摛藻堂等处提书之目录。①

翁方纲为“校办各省送到遗书纂修官”，同时，他也是纂修永乐大典本的有功之臣。《复初斋诗集》卷十六有《永乐大典余纸歌并序》：“乾隆癸巳春，诏开四库全书馆，命翰林诸臣取院中所贮嘉靖重录《永乐大典》分种编辑，每卷尾有余纸，以赐诸臣。臣谨装册赋诗纪焉。澄心堂纸欧阳诗，此纸年数倍过之。况闻郁冈比韵海，不徒博物赐陟厘。……院斋去春宿旬月，篇目二万重寻思。借编崇文秘书录，因想解缙、刘季篪。历城周髯要我咏，六十卷第抄已疲。莫生界画索小字，灯前絮语又及期……”解缙、刘季篪均为《永乐大典》总纂官。“借编崇文秘书录”，此句似确指编辑大典本《崇文总目》。“历城周髯”指周永年，《翁方纲纂四库提要稿》中附记有周永年索诗之事。翁氏又云：“五月二日，取原心亭纪、励诸公校《永乐大典》册子三本，即于宝善亭校讫，交鱼门手。又取原心亭京中各家所进遗书册二本，于初三日亦交馆。”②按：“纪、励诸公”指纪昀、励守谦诸人，励守谦为“校勘《永乐大典》本纂修官兼分校官”，校勘大典本是其本职；纪昀亦参与校勘大典本，这是值得珍视的文献材料。另外，笔者从《翁方纲纂四库提要稿》中发现，所纂提要有五种原为大典本，即《职官分

① 《中国图书文史论集》，北京：现代出版社，1992年，第156页。

② 《中国图书文史论集》，北京：现代出版社，1992年，第157～158页。

纪》、《汉官旧仪》、《崇文总目》、《月令解》和《续资治通鉴长编》。①

翁方纲在乾嘉诸老中别树一帜，精心积学，喜言考订，以衷于义理为归，一字一句，必求根据，兼综汉宋，不为汉、宋门户之见。尝为《考订论》三篇，其大要曰：

考订之学，以衷于义理为主。其嗜博、嗜琐者非也，其嗜异者非也，其矜己者非也。不矜己，不嗜异，不嗜博、嗜琐而专力于考订，始可以言考订。考订者，对空谈义理之学而言之也。凡所为考订者，欲以资义理之求是也。而其究也，惟博辨之是炫，而于义理之本然反置不问者，是即畔道之渐所由启也。如近日惠栋之于《易》，极意博综，而妄取他本以解经字，甚至以《系辞传》"天一地二"以下为后人所增，以"富有日新"诸语为后人所训，以《说卦传》"乾健也"为后人所益。又如近日阎若璩之于《书》，苛求古文，毛举细碎，逞其口辨，甚至以"危微精一"十六字为非经所有。凡此谬说，皆起于偶有所见，而究其自新自炫，遂反唇而不顾其安，皆嗜博、嗜异而不惟义理之求是也。学者束发受书，则诵朱子《四书章句集注》，迨其后用时文取科第，又厌薄故常，思骋其智力，于是以考订为易于见长，其初亦第知扩充闻见，非有意与幼时所肄相左也，既乃渐骛渐远而不知所归，其与游子日事漂荡，而不顾父母妻子者何异？考订本极正之通途，而无如由之者之自败也，则不衷于义理之弊而已矣。然则考订之学，转不及空谈义理者欤？曰：考订之学，岂惟胜之，正赖有考订之学，然后义理为尤长。近日秀水朱氏《经义考》，其有资于考证，人所知也，然吾最所憾者，每书载其原序，而于序尾之年月反多删去，将使观者何由而得其师承之所自乎？何由而参验其异同沿革乎？宋以后言义理，则益加密矣，顾有恃义理之益明，而转薄视汉、唐注疏者，忽视《尔雅》、《说文》者，

① 《汉官旧仪》的纂修官为陈昌图，而其提要则出自翁方纲之手。

甚至有以意测义而断定训诂形声者，有无所凭借而直言某与某古通用者，此皆空谈义理，不知考订者误之，乃激而成嗜博、嗜异之侈为罔说者，是二者，其弊均也。言正误，则开妄改之弊；言错简，则开妄作之弊。若究其所始，则错简之疑，始于郑康成之注《玉藻》，其段段言脱烂者，原自有所以处之，非私见也，而极其弊，至于宋儒之改《康诰》首段以为《洛诰》之文，则误甚矣！至于正误，以某字当为某字，则郑氏之失为多，后人岂得尤而效之？语其大者，则衷之于义理，语其小者，则衷之于文势，语其实际，则衷之于所据之原处，三者备，而考订之法尽是矣。然而文势亦必有根柢于道也，所据群籍，亦必师诸近圣也，故曰考订之学，以衷于义理为主。

……吾固谓考订在于审其来处也，如考史，则所考之事，必以所据之书为断。其所考之书出于正史欤？出于别史、杂史欤？即同出于正史，而正史所据，必有其足信之实，有前后数代之失以证之，有前后诸纪传之岁月以证之，有旁推诸纪载以证之。考诸子集亦然。既有其所据之书，则其记载之先后，互校之虚实，此其中即有义理之所征者，即有文势之所区别者，故凡考子史诸集者，皆与治经之功一也。天下古今，未有文字不衷于义理者也，岂惟诸子、诸史、诸集哉？即稗官说类之流，皆可以此概之，岂惟稗说哉？……如权其轻重，则不至泥古反古，致以为考订者之累矣。

……金石自是一类，法帖与书画自是一类。考金石，则仍吾前所云考史之例，若考法帖，则专以书法为主。何者？法帖、书画者，艺而已矣。虽言艺，亦必根于道，然未有言艺而转舍艺以为言者，故凡考法帖，而博极参证于经史者，此言艺之本也；其有不甘于言艺，而必假考订经史以为名者，此自欺之事也。……今之学者，动辄举碑刻之文以断史之误，然其中固有史误而备可信者，亦有不妨两存以备考者。如唐文宗年号大和，是大小之大，史皆误为太和……此则必以石刻正之。若其他岁月、职官、名氏，或有不得执一以遽断之者。近日言碑帖者，不知艺之与道通也，嫌其仅言鉴赏，似游客之所为，故于碑帖，必先求其与史合否，然又往往申石刻以抑史传，其实则欲避居论书之名，为大言以欺人而已矣。……划道与艺而二之，吾不敢也。有训诂之考订，有辨难之考订，有校雠之考订，有赏鉴之考订。古之立言者，欲明义理而已，不知后人之有考订也。古之为传注者，欲明义理而已，不知后之人有考订也。若东汉时淹洽诸经如郑康成者，知后人欲加考订之功，则所见之书尚多，必已备陈之矣，所据之音训何自，必亦详说之矣。岂惟郑氏之于诸经，古之人有先我而稽纂者，当早剖其本末而具其节目，则无事于后人之考订矣。此固必不能之势也。然而原其大要，则稽古之勤自汉儒始，汉儒所自为训义者，又不尽传于后，于是荀、虞、郑氏之《易》，申、辕之《诗》，服之《春秋》，反赖后人为之掇拾辑录，至有不能知其上下文义若何，而专举其一语为证者。然而师承之遗绪，时有间见引述，赖得假途问津者。……直至南宋而朱子出焉。吾非敢目朱子为考订家也，谓其用心之精，用心之正也，即一考订之事，未有不本于用心之精、用心之正者也。……用心之精，自南宋始也，而其后又间隔以有明之不知考订。明人之不知考订，则八比时文之弊也。学者童而习焉，则由八比时文入也。然而上下千古言考订之学者，未有盛于国朝者也。宋人之推欧阳子也，曰以通经学古为高，乃欧阳氏之于考订，尚有待焉者，则通经学古之事，必于考订先之。国朝虽沿有明之制艺，而实承宋儒之传义，萃汉、唐之注疏，固未有过于今日者也。学者幸际斯时，其勿区别汉学、宋学而二之矣。然而划汉学、宋学之界者固非也，其必欲通汉学、宋学之郎者亦非也。今日上则有钦定诸经传疏义说，下则内外皆有四库书写本，即以科举时文，亦人人知有稽古通途所自出。昔日患其俭陋者，今已转欲防其骛广嗜异之渐，是则此时之考订，视前人倍易为力，其收功也，亦视前人倍，多所逸获，则用心之精，用心之正，与用力之勤兼而出之，何不可随所近之路以适于大道乎？

……无锡顾氏之于《春秋》，元和惠氏之于诸经，婺源江氏之于三礼，吾皆未及见其人，而粗得其绪矣。吾所目及见者，则休宁戴震、歙县金榜、金坛段玉裁，是皆惠、江氏之后出者，然吾虽皆略知其人，而未与之友也。就吾所与辨析往复者，则如余姚卢文弨、嘉定钱大昕、大昭也。诸子之书具在，抑又不必从而轩轾之。……吾所识如诸城刘阁老墉之于金石碑板，及钱侍郎载之于诗文，皆不善于考订，而不敢公然斥考订为非，惟一蒋君（士铨）出言之，违失竟若此！……凡人各有所长，岂其人必考订而后成家乎？要在平心而勿涉矜气，则考订与不考订，皆无弊矣。凡考订之学，盖出于不得已。事有歧出而后考订之，说有互难而后考订之，义有隐僻而后考订之，途有塞而后通之，人有病而后药之也。乃若义之隐僻者，或实无可阐之原，或猝无可检之来处，则虚以俟之可矣。事之两歧，说之互勘，而皆不得其根据，则待其后定而已矣，此亦庄生所谓缘督为经也。……若其立意以考订见长者，则先自设心以逆之，而后言考订乎？若其于事之两歧、说之互出、义之险赜，苟间以私意出入而轩轾焉者，其为考订也，必偏执而愈增其扰矣，又奚以考订为哉！考订者，惩棼丝而理之也，未有益之以棼丝者也。是故考订之学，可以平吾心，可以养吾气，可以渐问于学道之津，故曰考订之学，以义理为主。

……盖尝反复推究上下古今考订家之所以然，具于此三言矣：曰多闻，曰阙疑，曰慎言，三者备，而考订之道尽于是矣。大抵考订者之用己意，初非好矜己以炫所长也，亦实因乍见某书某处有间可入也，而未暇于此事之旁见于他处者，悉取而详核之，则误者什有几矣。其或又见一处正与此处足以互按也，喜而并勘之，以为两端之执在是也，而不知前乎我者，某家某文早有说以处之，吾不及知，而遽以吾所见定之，又非漏则略，故观书贵博也。每有积数十年之参互待决者，一旦豁然得之矣，而后此又于某书见有此条，其所见又倍于我者，乃始皇然省也。此皆未多闻之故也。至于不肯阙疑，不甘阙疑，则其弊最大。今之言考订者，相率而蹈之者，比比皆是也。何者？不平心，不虚己，而好胜之害中也。未考订之前，已有胸中成例在矣。及其所遇，偶有不合于例者，则迁就圆合以为之说，必不欲阙疑也。经史之事，有能析其一端，而不能尽白其后一端，则耻之……若考订家遇难解处，毅然以一说强质之，则竟笔诸著述，传诸艺林，甚且有奉为定解者，直有以为利而不知其害者，此其为弊，中于人心学术，以视市井小人之所为，不更下一等乎？不意考订本至精之正业，而其可笑至于如此，则强不知以为知之为患大也夫！然后知圣人教人，灼见后世人心学术之利弊至深远也。

其必不可不阙者，则无宁阙也，其稍有可通之处，则慎言而已矣。……治经史者，惟慎可以补阙。有慎言之一途，而阙疑之法圆足而已矣。至于并欲慎言而无从者，则仍归于阙疑而已。然而慎言亦岂易哉？有出入采取之慎，有比较絜度之慎，有落笔字句之慎，有出入词气之慎。夫非为畏物议而慎，为友朋箴规而慎也。学者立言，本宜敬以出之，远鄙倍而择尤雅，或者其庶几乎？考订者，考据考证之谓，非断定之谓。如曰考定，则圣哲作之也，非学者所敢也。近见戴震谓非典制名物不足以窥圣道，且如宫室之制，必据《大戴记》。卢注谓明堂即路寝。夫卢注所谓路寝与明堂同者，未知是言其中某制某义之相同也，而谓路寝即明堂，可乎？如井田之制，近日沈彤得汉尺，即准之以定有周之世分田制禄之法，可乎？如祭祀之制，郑康成氏谓禘是祭天，实是误会祭法，而近日为郑学者必傅会其说，谓禘非宗庙之祭，可乎？……况居今日而断定古之典制名物，非妄则凿也。妄则启僭以诬世也，凿则嗜异以自欺也。凡学问之事，苟非大有害于世教者，慎勿剖断之也。且勿论不当纂礼，凡典制名物，吾未目见，必不可断定之已，且即以纂言之法，虽一字义，苟非有前人成说，亦不可以断定。①

在阐述"考订之学，以衷于义理为主"这一基本观点的同时，翁方纲主张多闻、阙疑、慎言，反对嗜博、嗜琐、嗜异、矜己。值得玩味的是，此文对《总目》划分汉学、宋学的观点颇不满意，

① 徐世昌：《翁方纲传》，转引自沈津《翁方纲年谱》。

认为“学者幸际斯时，其勿区别汉学、宋学而二之矣。然而划汉学、宋学之界者固非也，其必欲通汉学、宋学之邮者亦非也”。文中对惠栋、阎若璩、戴震、段玉裁等考据大师多有微词，一一鸣鼓而攻之，尤其对戴震所谓“非典制名物不足以窥圣道”的学术路数大不以为然。① 翁方纲在考据学方面有相当深厚的修养，尤长于金石之学，他对考据之利弊洞若观火，谈言微中，殊为有见。但其正统观念也根深蒂固，他将朱子之学奉为正学，“考订之学以衷于义理为主”云云，仍然是衷于程朱之义理，这一点在《翁方纲纂四库提要稿》（下称《翁稿》）中有充分的流露。

翁方纲在诗歌理论方面也颇有建树，倡“肌理说”，其内涵包括“义理”和“文理”两个方面，前者侧重内容，后者侧重形式。他认为：“士生今日经学昌明之际，皆知以通经学古为本务，而考订训诂与词章之事未可判为二途。”②“为学必以考证为准，为诗必以肌理为准。”③ 其为学主张与《总目》合拍，但其为诗主张并未在《总目》中留下蛛丝马迹。

翁方纲在治学方法上也比较守旧，严守经学考据之法，明确反对以子证经、经史会通，他说：

> 盖诂理义，而杂采诸书以证其同异，可也；叙年代，而杂采诸书以实其先后，不可也。宏之为是书，必不能置身于三代之文。布帛绫谷之不辨，而制之为衣，其何异于天吴紫凤之坼移旧绣者耶？此以证事，固大不可矣，若以明道，则尤有大不可者。孟子曰：“夫道一而已矣。”是以道性善必称尧舜。退而上之，孔曾之传，举一贯则必称忠恕。圣贤之言各有统摄，未有可以倏举此书，后举他书，接笏合缝，而曰我将以明道者

---

① 时秀水钱载斥休宁戴震为破碎大道，以此相诋。方纲与歙县程晋芳言，谓训诂名物，岂可目为破碎？考订训诂，然后能讲义理也。钱戴之争，究以戴说为正，然戴谓圣人之道，必由典制名物得之，此却不尽然（蔡冠洛：《清代七百名人传》，北京：中国书店，1984 年，第 1853 页）。

② 《蛾术集序》。

③ 《言志集序》。

也。借曰我将以明道也，抑何不使人就经读经，就传读传，及其久而豁然，必有会通之日，举而措之于事，不紊而已矣。若不揆其本之合，而姑为其末之整齐而撮合也，则《周官》、《礼》大小戴记之言与《孟子》、《王制》尚未必能一一合矣，而今曰集为十篇，集为十三篇，皆以系诸唐王之下，是遵何训耶?①

总之，他的基本观点与学术方法均与《总目》保持了很大的差距。我们下面详细比较《翁方纲纂四库提要稿》② 与《总目》之异同。

二、《翁方纲纂四库提要稿》与《四库全书总目》之比较

《翁稿》与《总目》的异同是学术界长期关注的问题，因为《翁稿》手稿本流落到澳门，而过录本又长期“养在深闺人未识”，因此一直没有人作穷尽性的对比研究。偶有所见者，即得出“二者无一相同”的结论。为了彻底破除如此无根之论，本书不惮烦琐，首次将其要点逐条揭出，从其增删之间阐明其异同。本书大致将其异同分为材料与评论两大方面。综而论之，《翁稿》在材料方面工作做得多一点，《总目》在评论方面的增删力度大一点。为免词费，本书仅点到即止，并将修辞方面的差异暂时略去。

（一）相同类

1.《华礼部集》③

① 《翁稿·皇王大纪》按:《皇王大纪》八十卷，宋胡宏撰。

② 翁方纲《复初斋文集》有《自跋提要旧草》:“此二十年所写提要草稿，尔时凡遇金石著录诸书，余辄拟作提要，亦有旧日所为题跋之语，借提要以发之者。钱辛楣自裒辑所作金石题跋汇成数帙，有欲借看者，辛楣则曰:‘不可借出，恐公等摘取入提要，即不得为我有耳。’一时同人谑语如此。”

③ 《翁稿》云:“此人卒于万历三年，无违碍粘签处。”故得以存目。

2.《史觿》①

3.《丰麓集》

4.《占星堂集》

5.《古器铭释》②

6.《学孔精言汇稿》③

7.《道园集》④

8.《重辑祖陵纪略》

9.《山居代曹》

10.《漕河图志》⑤

11.《诗经提要录》⑥

12.《安危注》⑦

13.《事词类奇》⑧

14.《疏稿》

15.《薄游草》⑨

16.《洛如诗抄》

---

① 《总目》卷65。《翁稿》认为"虽识其小，亦读史者摭实之一端，应抄录之"（第35页），但《总目》列入史抄类存目，原因是"于《晋书》以下原本无注者，亦仅录旧文，绝无考证，仍不足以释学者之疑，则所云求其解者亦徒虚语矣"。

② 《总目》卷43。"不应存目"的意见未被采纳，《总目》入小学类存目。

③ 《总目》著录为十二卷。二者提要大致相同，惟作者介绍因文例要求作了一点处理。《翁稿》云："此集刻于万历六年，是以毋庸识签。"（第197页）

④ 《总目》卷174别集类存目。《翁稿》认为"《道园学古录》与《遗稿》皆已校刊，毋庸存目"。（第261页）

⑤ 卷数著录不同。《翁稿》云："此本止存三卷，尚阙其五卷，非足本也。应仍以八卷存目。"（第406页）这种意见不妥，《总目》未予采纳，以实际卷数著录。《翁稿》上签："此须查《明史》传并《艺文志》。"（第406页）

⑥ 《总目》卷18。《总目》特别强调"是书以朱子《集传》为宗"，暗寓贬斥之意。

⑦ 《总目》卷62。《总目》将"每条系以自论，或存其目"改为"意在讽时事也。"其他文字略有点窜。

⑧ 《总目》卷138。

⑨ 《总目》卷179。

17. 《定变录》①
18. 《周易广义》②
19. 《易大象说录》
20. 《谏垣奏草》
21. 《五华纂订四书大全》
22. 《易经辑疏》
23. 《观妙斋金石文考略》
24. 《裁纂类函》③
25. 《四焉斋集》④
26. 《赵恭毅剩稿》
27. 《少岷拾存稿》
28. 《鹿洲公案》⑤
29. 《东征集》⑥
30. 《棉阳学准》
31. 《突星阁诗抄》
32. 《白溇集》
33. 《孔天征集》
34. 《丹岩集》
35. 《否泰录》
36. 《石秀斋集》
37. 《蟦衣生晋草》《楚草》《家草》
38. 《空同子瞽说》
39. 《彩线贯明珠秋檠录》
40. 《射堂诗抄》

---

① 《总目》卷64。《总目》将“许岳”改为“许徽”、“郑舜臣”改为“郑舜民”。

② 《总目》卷8。

③ 《翁稿》认为不应存目（第1186~1190页），《总目》列入存目。

④ 《总目》列入别集类存目，一分为二：《四焉斋诗集》、《四焉斋文集》。

⑤ 《总目》卷64列入存目，稍有删润。

⑥ 《总目》卷49列入存目，附《平台纪略》之后。二者提要大致相同。

41. 《爱日堂诗》

42. 《抚黔奏疏》

以上凡42条，约占3.65%。

（二）增饰类

1. 增材料

（1）《内阁奏稿》。《总目》增材料："志皋身在床褥，于罢矿、建储诸大政，数力疾草疏争……殆志皋尚有他奏议，《明史》总举其数欤？"①

（2）《南朝史精语》。《总目》增材料："凡《宋书》四卷，《齐书》三卷，《梁书》二卷，《陈书》一卷。其去取多不可解。即以卷首《宋本纪》考之，如桓玄《与刘迈书》有云：'北府人情云何？近见刘云何所道。'乃独摘'北府人情云何'句。宋顺帝反正诏曰：'故顺声一唱，二溟卷波，英风振路，宸居清翳。'乃独摘'二溟卷波'句。高祖北讨，加领征将军，司、豫二州刺史，以世子为徐、兖二州刺史，下书有云：'今当奉辞西旆，有事关中，弱嗣叨蒙，复忝今授。'乃独摘'复忝今授'四字。又如加高祖九锡策文，骈词丽句，叠出不穷，乃独摘'出藩入辅，锋无前对'二句。盖南宋最重词科，士大夫多节录古书，以备遣用。其排比成编者，则有王应麟《玉海》、章俊卿《山堂考索》之流。巾箱秘本，本非著书，不幸而为人所传者，则有如此类。后人以其名重存之，实非其志也。以流传已久，姑存其目，实则无可采录。惟其中所录《宋书》，本纪第一，列传第二、第三，志第四，志反在列传之后。考刘知几《史通》曰：'旧史以表、志之帙，分于纪、传之间。降及蔚宗，肇加厘革。沈、魏继作，相与因循。'今北监板《魏书》，志在列传后，是其显证，与《史通》合。而《宋书》则移其次第，列于纪、传之间。观迈所序，犹从古本。知几之言不妄，是则可资考证之一端，十卷之中，惟此一节足取耳。"②

---

① 《总目》卷56，《内阁奏题稿》提要。

② 《总目》卷65。

(3)《林泉高致集》。《总目》增材料："谓公平日讲论小笔范式，粲然盈编，题曰《郭氏林泉高致》。而书中多附思所作释语，并称间以所闻注而出之。据此，则自《山水训》至《画题》四篇皆熙之词，而思为之注。惟《画格拾遗》一篇纪熙平生真迹，《画记》一篇述熙在神宗时宠遇之事，则当为思所论撰，而并为一编者也。许光凝序尚有《元丰以来诗歌赞记》，陈振孙即称已缺。而此本前后又载入王维、李成《山水诀》、荆浩《山水赋》、董羽《画龙辑议》各一篇，亦非郭氏原本之旧。书末有至正八年豫章欧阳必学重刻一行，或即元时刊书者所附入欤？别本又有《山水诀纂》一卷，亦题宋郭思撰，前有签书河南府判官厅公事王纬序，称思述其父熙平日所说山水画法，好事者喜传其文，而纬得之最先，大观四年，镂版广之。校其文，与《林泉高致》所载《山水训》一篇首尾相同，疑思先纂是编，后复增益之为《林泉高致集》，而其书已行，故至今犹两存之也。书末又有《图画见闻志》一卷，与郭若虚同名，而其文迥异。中载叶梦得《评画行》，似非思所裒辑，疑本别为一编，乃续郭若虚书而作者。后人因所收画诀、画题，皆思述其父之词，故取附《山水训纂》之末耳。以上二编，一与思书相复，一与思书无关，今俱刊除不录，而附存其目于此书之末，用以订同异，备考核焉。"①

(4)《元包经传》。《总目》增材料："杨楫尝序其书云：'元嵩，益州成都人。明阴阳历算，献策后周，赐爵持节蜀郡公。'胡应麟《四部正讹》则云：'元嵩，后周人。所撰述有《齐三教论》七卷，见郑樵《通志》。又《隋志》释氏类称蜀郡沙门卫元嵩上书，言僧徒猥滥，周武帝下诏，一切废毁，即其人也。'杨楫本序颇与《隋志》合。序称元嵩有传，考《北史》无之，杨氏误也。案：应麟谓元嵩先为沙门，所考较楫为详。然《北史》载元嵩《艺术传》中，应麟求之于专传，不见其名，遂以为《北史》不载，则楫不误而应麟反误。至《崇文总目》以为唐人，《通志》、

① 《总目》卷112，《翁稿》认为应抄入技艺家，《总目》抄入子部艺术类一，而无"技艺家"类目。

《通考》并因之，则疏舛更甚矣。唐释道宣《广弘明集》于元嵩深有诋词，盖以澄汰僧徒，故缁流积恨。然温大雅《创业起居注》载元嵩造谣谶，斐寂等引之以劝进，则亦妖妄之徒也。是书体例近《太玄》，序次则用《归藏》，首坤而继以乾、兑、艮、离、坎、巽、震卦，凡七变合本卦，共成八八六十四。自系以辞，文多诘屈。又好用僻字，难以猝读。及究其传注音释，乃别无奥义。以艰深而文浅易，不过效《太玄》之颦。宋绍兴中临邛张行成以苏、李二氏徒言其理，未知其数，复遍采《易》说，以通其旨，著为《总义》。元嵩书，《唐志》作十卷，今本五卷。其或并或佚，盖不可考。杨楫序称，大观庚寅，前进士张升景初，携《元包》见遗，曰自后周历隋、唐，迄今五百余载，世莫得闻。王世贞疑为依托，似非无见。今术数家从无用以占卜者。徒以流传既久，姑录存之。行成书，《玉海》作二卷，与今本合。与《元包》本别著录。然考升子张洸跋，已称以行成《疏义》与临邛韦汉卿《释音》合为一编，则二书之并，其来已久。毛晋刊版，盖有所本，今亦仍之。其《释音》漏题汉卿名，则晋之疏耳。"①

(5)《意林》。《总目》加大了考证份量，一考作者："《唐书》总本传但称其系出扶风，不言为何地人。其字《唐书》作会元，而此本则题曰元会，均莫能详也。传称其历任方镇，终于户部尚书，赠右仆射，谥曰懿。陈振孙《书录解题》称总仕至大理评事，则考之未审矣。"二考版本："今世所行有二本。一为范氏天一阁写本，多所佚脱。是以《御题诗》有'《太玄》以下竟佚之'之句。此本为江苏巡抚所续进，乃明嘉靖己丑廖自显所刻，较范氏本少戴、柳二序，而首尾特完整。"三考流传源流："又《通考》称今本《相鹤经》自《意林》抄出，而《永乐大典》有《风俗通·姓氏篇》，题曰'出马总《意林》'，此本亦并无之。合计卷帙，当已失其半，并非总之原本矣。然残璋断璧，益可宝贵也。"同时删去"《文献通考》云《意林》三卷"、"乃其书实五卷，与两序及

① 《总目》卷108。《翁稿》认为此书已载《津逮秘书》，不必存其目，其建议未被采纳，该书已抄入《四库全书》术数类。

《通考》皆不合，且《子抄》……”、“亦皆今不传于世者，而此本目与书皆无之，则其卷帙之不合。盖由抄写散轶所致，非总之原本矣”等语。①

（6）《绣斧西征录》。《总目》增材料：“盖本刻于家乘中，此乃析出半卷别行耳。”②

（7）《云林遗事》。《总目》增考证：“江宁李蘅尝刻其本于所辑《璅探》中，题云顾元庆撰。虽未知所据，然考元庆所著，尚有《瘗鹤铭考》、《夷白斋诗话》，盖亦雅士。《苏州府志》载其兄弟皆纤啬治产，惟元庆以图书自娱，王稚登往访之，年七十五，犹酬对不倦。是其志趣与瓒相近，或辑此编以明所尚，亦事理所有矣。”③

（8）《避戎夜话》。《总目》增材料：“史不为友仲立传，然《钦宗本纪》颇采用之。徐梦莘《三朝北盟会编》第九十八卷引此书有云：‘汴京城陷，仆逃难于乡人王升卿舍馆。夜论朝廷守御之方。一话一言，莫不验其文，摭其实，直而不诈。非所见闻，则略而不书。’云云，盖茂良自叙之词。此本为明末李蘅刊入《璅探》内者。检勘并无此文，知为删节不全之本矣。尤袤《遂初堂书目》载有《靖康夜话》，疑即此书。晁公武《读书志》列《金人背盟录》七卷、《围城杂记》一卷、《避戎夜话》一卷、《金国行程》十卷、《南归录》一卷、《朝野佥言》一卷，总注曰皇朝汪藻编。记金人伐契丹，迄于宣和乙巳犯京城。《围城杂记》等五书皆记靖康时事。其意盖谓《金人背盟录》以下六书，皆靖康时人所作，藻合而编之耳。而其文义混淆，似乎六书皆出于藻，故有引是书为藻作者。其实《书录解题》载《朝野佥言》为夏少曾作，《南归录》为直秘阁沈管作，此书为茂良作，各有主名也。况汪藻未从北行，安得有《金国行程》乎？”④

---

① 《总目》卷123。

② 《总目》卷64。《翁稿》认为毋庸校办（第143页），其意见被采纳。

③ 《总目》卷60。此为《璅探》之第一种，纪昀加批语：“此（引者注：指《璅探》）在前，为一纸，以下逐条各为一纸。”（《翁稿》第182页）

④ 《总目》卷52，杂史类存目。

(9)《二科志》。《总目》增考证:“其纪徐祯卿、方登贤书,于文征仲尚称文璧,以征明字之,则犹弘治中所作也。”①

(10)《稗传》。《总目》增材料:“是编纪元末王艮、柯九思、陈谦、葛乾孙、潘纯、陆友、王冕、王渐、杨椿、王德元、徐文中事,后载沈烈妇等十三人,叙述颇为详备。中多及丙申二月平江城陷事,指张士诚军为外兵,而载己亥绍兴被兵事,于明人则直斥为寇。疑作此书时,张氏尚存,故其词如此。”②

(11)《四焉斋诗集》。《总目》增材料:“是编乃其诗集,《石仓世纂》之第四种也。”在著录书名时著录附卷,即“附《梯仙阁余课》一卷《拂珠楼偶抄》二卷”。叶氏锡圭究为其室,抑或其女,存疑以待考。

(12)《承启堂稿》。《总目》增材料:“事迹具《明史》本传。是集乃其门人严从简所编,凡诗七卷,文二十卷,附录志铭、行状、墓表、传诔一卷。”③

(13)《文温州集》。《总目》增材料:“总题以温州,从所终也。”④

(14)《圣贤遗像图》。《总目》以《圣贤图赞》著录,增材料:“谓像为李龙眠笔。高宗于绍兴十四年即岳飞第作太学,三月临幸,首制先圣赞,后自颜回而下亦撰词,二十六年十二月刻石于学。又称旧有秦桧记,磨而去之,则是石刻之题识,非木本之跋语,故颜、曾二子后皆有高攀龙赞,知为近时人刻也。考《玉海》:绍兴十四年三月十一日己巳幸太学,览唐明皇帝及太宗、真宗御制赞文,令有司取从祀诸赞悉录以进。二十四日乙亥御制御书宣圣赞,令揭于大成殿,刻石,颁诸路州学。二十五年又制《七十二贤赞》,亲札刻石颁降焉。二十六年十二月戊午廷臣请颁诸州郡学校,从之。据此,则高宗所撰《宣圣赞》刊石在绍兴十四年,

① 《总目》卷61,传记类存目。

② 《总目》卷61,传记类存目。

③ 《总目》卷177。

④ 《总目》卷175。

《七十二贤赞》刊石在绍兴二十五年。讷序谓先圣及七十二贤赞，俱于二十六年十二月刊石，殊误。所列七十二子，较《史记》及《唐六典》所载七十七人，少十人，增五人，与《宋史·礼志》所载八十二人，则少十人，与唐、宋典制皆异。考《玉海》卷一百十三又云：高宗《七十二子赞》，去《史记》公良孺、公夏首、公肩定、颜祖、鄡单、句井疆、罕父黑、申党、原亢、颜何、公西舆如十一人，增申枨、蘧伯玉、陈亢、林放、琴牢、申堂续六人，遂为七十二人，与此书人数正合。然《玉海》谓所去十一人，内有申党，而此书仍列申党。《玉海》称增申堂续，而此书于申党之外乃增申枨，互相剌谬。又如颜子封复圣公，曾子封宗圣公，皆始于元至顺中。绍兴中作赞，安得标此？又考唐开元二十七年赠颜子兖公，闵子以下至卜商九人皆侯，曾参以降六十七人皆伯，宋祥符二年赠闵子以下至卜商九人皆公，曾参以下七十二人皆侯。今书标爵，皆袭开元。高宗作赞，亦不应近废祥符而远从唐制，疑非宋之原石。且李公麟北宋人，安得至绍兴中作图？其图画诸贤，多执书卷，既非古简策之制；而樊须名须，即作一多髯像；梁鳣字叔鱼，即作手持一鱼像，尤如戏剧，其妄决矣。"①

(15)《吴越游稿》。《总目》增考证："考一贯登隆庆戊辰进士，寅登万历庚辰进士，时皆未第，故与明臣同游也。后有扬州卞蓑跋，一贯亦有卞长卿《园燕集诗》一首，长卿殆即蓑字欤？"②

(16)《武夷游咏》。《总目》云："汝成有《炎徼纪闻》，汝楠有《说经札记》，皆已著录。"③

(17)《金石备考》。《总目》增考证："陕西地志亦均不载其姓名。考《太学进士题名碑》，陕西有来聘、来俨然、来复，皆三原人，浚岂其族欤？"④

---

① 《总目》卷59，传记类存目。

② 《总目》卷192。

③ 《总目》卷192。

④ 《总目》卷87。《翁稿》建议"或抄存之以资核证"，但《总目》仅存目。《翁稿》有签语："其人尚须查陕志，始可定其时代。"（第437~439页）

(18)《月令解》。《总目》在“可以裁成天地之道”句后增补：“辅相天地之宜。虽未免过胶古义，不尽可见诸施行，然辞义晓畅，于顺时出政之际，皆三致意焉，其用心有足取者。《月令》于刘向《别录》属《明堂阴阳记》，当即《汉书·艺文志》所云古明堂之遗事，在《明堂阴阳》三十篇之内者，《吕氏春秋》录以分冠十二纪。马融、贾逵、蔡邕、王肃、孔晁、张华皆以为周公作，郑康成、高诱以为即不韦作。论者据《汉书·百官志》，言太尉为秦官。或又据《国语》晋有元尉、舆尉之文，谓尉之名不必起于秦。然究不得因元尉、舆尉遂断三代必有太尉也。意不韦采集旧文，或附益以秦制欤？今考其书，古帝王发政施令之大端，皆彰彰具存，得其意而变通之，未尝非通经致用之一助。至其言误某令则致某灾，殆因《洪范》庶征而推衍之，遂为汉儒阴阳、五行之滥觞，虑《解》皆未能驳正。然列在礼经，相沿已久，亦不能独为虑咎也。”①

(19)《种太尉传》。《总目》增考证：“考史不言谔官太尉，此传亦无此文。盖自唐以后，武臣显贵者往往加至太尉，遂习为尊称，不必实居是职。如李煜归宋后只为特进陇西郡公，而徐铉奉诏往谒，乃语阍者，称愿见太尉。盖当时流俗有此等称谓，意其犹宋人旧题也。史称谔虽名将，而喜事贪功，实开永乐之衅。今传中无贬词，殆亦不无溢美矣。”②

(20)《平倭四疏》。《总目》增材料：“字扬华，一字茂实……官至督理南京仓储右副都御史。”③

(21)《阳明要书》。《总目》增材料：“守仁有《保甲法》，已著录。绍容，吴江人……盖偶未见也。”④

(22)《黄门集》。《总目》增材料：“与郊党附大学士申时行、

---

① 《总目》卷21。按：余嘉锡先生对此颇有辨证。又按：永乐大典本《月令解》似出翁方纲之手。

② 《总目》卷59。《翁稿》认为应抄存之，而《总目》列入存目。

③ 《总目》卷50。

④ 《总目》卷176，叶绍颙之名因避嘉庆帝之讳而改为绍容。

王锡爵，其论大峪寿宫事，诋李植、江东之，其疏今载集中。《明史·万国钦传》又载，给事中李春开效赵南星、张士昌，与郊助之，亦以二人纠政府私人也。"①

(23)《乌衣香牒》。《总目》增材料："邦彦字世南……康熙癸未进士，官至内阁学士兼礼部侍郎。"②

(24)《易领》。《总目》增材料："是书专释卦序之义。……卷前标《山草堂集第二内编》，盖敬所著《九经解》皆编入文集，此其集中之第二种耳。"③

(25)《点易丹》。《总目》增材料："崇祯中副榜贡生……盖以摭录云富，未必悉睹原书……实则无一字涉丹经也。"④

(26)《易经小传》。《总目》增考证："自称其号曰澹山。……《明史·毕自严传》称：'时有县令行取者，先核其钱谷，华县知县郑友元已入为御史，先任青浦，逋金花银二千九百，帝以诘户部尚书毕自严，自严饰辞辨，遂下自严狱，遣使逮友元。'"⑤

(27)《世说新语补》。《总目》增考证："良俊《语林》三十卷，于汉、晋之事，全采《世说新语》，而摭他书以附益之。本非补《世说新语》，亦无《世说补》之名。凌濛初刊刘义庆书，始取《语林》所载，削去与义庆书重见者，别立此名，托之世贞，盖明季作伪之习。绂从而信之，殊为不考。然绂序字句鄙倍，词意不相贯属，疑亦出书贾依托。观其所刊目录，列补编于前，列原书于后，而三十六门之名，一页中重见叠出，不差一字，岂识黑白者所为哉？"⑥

(28)《方舟易学》。《翁稿》云："不著姓氏。"《总目》考作

① 《总目》卷56。

② 《总目》卷116，又将"盖刻板误四为三耳"改为"而此多一卷，疑刊刻之时，分四卷以均页数，而序则未及追改耳"。

③ 《总目》卷8，易类存目。

④ 《总目》卷8，《桂林点易丹》提要。

⑤ 《总目》卷8。《翁稿》云："不知何时人。"（第793页）

⑥ 《总目》卷143。《翁稿》有二篇提要，均认为"其书于何良俊之上加门人二字，殊为可疑"（第859～860页）。

者:“宋李石撰。石字知几,资阳人。陆游《老学庵笔记》载其本名知几,后感梦兆,改名石,而以知几为字。《宋史》不为立传。《资州志》载其举进士高第,绍兴末,以荐任太学博士,黜成都学官。乾道中,再入为郎。后历知合州、黎州、眉州,皆以论罢,终成都转运判官。邓椿《画继》则载其‘少负才名,既登第,以赵逵荐,任太学博士,今倅成都’。盖椿与石同时,犹及见其居官也。”又增著录:“考《书录解题》载李石《方舟集》五十卷,后集二十卷,而《永乐大典》所载《左氏君子例》、《诗如例》、《诗补遗》及此书,皆题曰《李石方舟集》,则是四书皆其集中所载,徐氏惟得其两卷,故卷端无姓名耳。”①

(29)《易序丛书》。《总目》增材料:“所载营陈队伍图法甚备……惟第八卷《六日七分论》及第九卷、十卷《辨方》、《纳甲》二篇,尚颇存汉学之旧。然文字亦多脱误,疑好事者偶得其残本,不知完帙尚存,杂抄他书以足十卷之数也。卷首有董其昌名印,则其来已久,殆明人所杂编欤?”②

(30)《南河志》。《总目》增材料:“国盛字敬韬,华亭人。万历庚戌进士,官至工部尚书兼理侍郎事。……创为此志……前有自作序例一首,又有李思诚、徐标二序,后有彭期生跋。思诚,扬州人。标与期生皆继国盛董斯役者也。”③

(31)《蘧园集》。《总目》增材料:“不乐仕进,年仅五十而卒。其壻钱鸿裒录遗稿,编为是集。”④

---

① 《总目》卷7。《翁稿》认为“应抄存以备宋人《易》学之一种”(第883页),而《总目》未予以采纳,因为该书已从《永乐大典》中辑佚出来。

② 《总目》卷7,删评论:“初亦毋庸各分一种者。中又忽标书目,忽题卷数,皆似后人抄写者所为,而即其前《筮宗》一种本是三卷,今抄本则止二卷,且《易雅》、《筮宗》二种自当附于《周易辑闻》之后,以成赵氏一家言《易》之书,今反去《辑闻》而附兵法诸书,恐启学者好奇诬经之渐,即使其书真出于赵汝梅,而丛书三种之说出于袁桷,桷去南宋未远,较为可信。”(《翁稿》第888~890页)

③ 《总目》卷75。《翁稿》认为“凡于黄、淮诸水疏治之法,足资考核,应抄”(第913页),但《总目》入地理类存目。

④ 《总目》卷150。

（32）《明四礼集说》。《总目》增材料："承祚自署曰东鲁，不知何郡邑人也。"①

（33）《通鉴博论》。《总目》增材料："其上、中二卷所云'外记'者，刘恕、陈桱之书也；'正纪'者，司马光之书也。钱曾《读书敏求记》曰：'下卷图格中于至正二十六年丙午，书廖永忠沉韩林儿于瓜步。大明恶永忠之不义，后赐死。此非宁王之书法，而太祖之书法也。德庆一案，尽此二十一字，又何他词之说'云云。夫林儿之死，犹义帝之死也；永忠之死，亦犹淮阴之死也。诿过永忠，一语而解两失，此真舞文之曲笔，曾乃以为定案，于义殊乖。下卷之末有永乐五年御制文一篇，题曰'历代受命报复之验'，盖官为刊行，因而附著其文，纯举报应轮回之说，最为浅陋。后有成祖自跋云：'观其革命之际，报复屠戮之惨，或乱生于内，或患生于外，自相鱼肉。'又云：'察其历代报复之由，以明天道好还之理。'观其所言，似乎尚畏天道者，而革除时屠戮之惨，乃无复人理。天下后世之耳目，可以是言掩耶？"②

（34）《易传撮要》。《总目》将书名改为《石潭易传撮要》，且增材料："是书大旨以程子之全体大用具于《易传》，朱子尝欲将其要处别写为书，而竟未成编。髦因摘录其文，分类排纂，定为本性道、精公私、正身心、施政治四门……前有萧镃序云总为四卷，而此刻则仅有一卷，然门目与镃序皆符，知无所佚阙。朱彝尊《经义考》亦作一卷，盖重刻者所合并也。"③

（35）《天子肆献祼馈食礼》。《总目》增材料："每篇之内，又各为节次。每节皆先撮己说，而自注其说之所出。其后并附载经、传。较之黄榦所续《祭礼》，更为精密。其中如《吉蠲篇》'省牲视濯'节曰：饔人溉鼎，廪人溉甑甗，司空溉豆笾及勺爵。

① 《总目》卷25，删评论："有明一代所用礼制可因以备考。"（《翁稿》第95页）

② 《总目》卷89，删评论："其曰'外纪'、曰'天运纪统'、曰'受革报复'诸名目，颇皆未成文义。"（《翁稿》第954页）

③ 《总目》卷7。

今考《周礼·天官·世妇》：‘掌祭祀之事，帅女宫而濯溉为齐盛。’贾疏谓《少牢》：‘濯溉，以饔人、廪人司官者，彼大夫家无妇官，故并使男子宫。此天子礼有妇官，与彼异。’启运此书，既推天子之礼，而仍据《少牢》之文，则《世妇》‘帅女官濯溉’之文，遂无归宿。又《列位》节，启运谓‘同姓皆在阼阶，自北而南，以序昭穆爵位。则于一世中自西而东，以尊卑为序。盖世异则子不可先父，世同则弟不妨先兄。观《中庸》于燕毛言序齿，则昭穆不序齿可知。’案：同姓之位，旧说多歧。《文王世子》：‘公族在宗庙之中如外朝之位，宗人授事，以爵以官。’《中庸》：‘宗庙之礼，所以序昭穆也。’孔疏谓‘同姓无爵者从昭穆，有爵者则以官，与公侯列西阶’。孔意盖欲使《中庸》与《文王世子》二义并归一义，其说尚为意测。《祭蔡》曰：‘凡赐爵，昭为一，穆为一，昭与昭齿，穆与穆齿，群有司皆以齿。此之谓长幼之序。’注曰：‘昭穆犹《特牲》、《少牢》、《馈食礼》之众兄弟。’则兄弟赐爵以齿，其位亦以齿，确有明文。启运不用孔义，又不用郑义，别创‘昭穆不序齿’之说，与经义殊为不合。又《正祭篇》有‘荐币’，自注云：‘据薛氏《礼图》，郑氏、孔氏皆未及引《大宰》、《小宰》文，及《大戴礼·诸侯迁庙礼》为据。’今考《大宰》曰：‘及祀之日，赞玉币爵之事。’上承祀五帝之文，不与宗庙相涉。《小宰》曰：‘凡祭祀赞玉币爵之事，祼将之事。’贾疏云：‘赞玉币爵，据祭天，而下云祼将，是据祭宗庙。’则赞币非祭宗庙，明矣。《大宗伯》‘以玉作六器’，其币各以其方之色，亦是据祀五帝也。惟《诸侯迁庙礼》有云：‘祝声三，曰孝嗣侯某敢以嘉币告于皇考。’今考宗庙之礼，惟告奠有币，而祭无币。故《曾子问》曰：‘凡告用牲币。’注曰：‘牲当为制字之误也。制币一丈八尺。’又《大祝》注云：‘告用牲币。’《诸侯迁庙礼》明云：‘成庙将徙，敢告。’又云：‘告事毕，乃曰择日为祭焉。’则告礼而非祭礼，明甚。而启运以之证宗庙正祭，亦为牵附。又《正祭篇》曰：‘后又羞笾二，糗饵粉餈、羞豆二、酏食糁食、内饔赞荐。’自注云：‘孔疏但云：内饔荐，兹据薛氏《礼图》。’今考《内饔职》曰：‘凡宗庙之祭祀，掌割亨之事。’无荐内羞明文，孔疏亦无所出。又《春官·内宗》曰：‘掌宗庙之祭祀，荐加豆笾。’夫加豆笾隆于内羞，王后已不亲荐，况内羞乎！启运沿薛《图》之误，亦为失考。然大致综核诸家，首尾融贯，极有伦要，如后荐朝事豆笾，启运列在纳牲之前，薛《图》列在三献之后。今考《内宰》疏曰：‘王出迎牲，时祝延尸于户外之西，南面。后荐八豆笾，王牵牲入。’则启运之说确有所本。又考《明堂位》：‘君肉袒迎牲于门，夫人荐豆笾。’其下云：‘君亲牵牲，大夫赞币而从。’据此，则朝事荐豆笾，贾《疏》列在纳牲之前，甚确。薛《图》舛谬，亦复显然。又后荐馈食之豆笾，启运列在五献之前，薛《图》列在五献之后。今考郑《司尊彝》注曰：‘馈献荐孰时，后于是荐馈食之豆笾。’云‘荐孰时’，则其时初荐孰而未及五献，甚明。故《少牢礼》‘主妇荐韭菹醓醢，葵菹蠃醢’，尚在尸未入以前，即知后于馈食荐豆笾必不在五献以后。凡此之类，启运考正薛《图》之误，俱精核分明。存而录之，与《续仪礼通解》亦可以详略互考焉。”① 删材料：“而无天子之祭礼，因取其散见经传者纂辑成编。”②

(36) 《藻轩间录》。《总目》增材料：“终于昌化县知县。……杂采古书之词，分一百六十门，颇为繁碎。……尚有前集，故此曰续采云。”③

(37) 《心传录》。《总目》增材料：“此二书皆录九成语也……明人刻《横浦集》，已收入之。此其别行之本也。”④

(38)《修吉堂文集》。《总目》增材料：“是集凡《修吉堂文稿》八卷，《应制集》二卷，《寓园小草》一卷，《燕台小草》一卷，《梧下杂抄》二卷，《苹蓼闲集》二卷，《甲乙友抄》一卷，《汗漫集》二卷，《野航集》二卷，《鼓缶集》三卷，《黄发集》二

① 《总目》卷20，《肆献祼馈食礼》提要。

② 《翁稿》第986页。

③ 《总目》卷138。

④ 《总目》卷124。《翁稿》认为应抄录入儒家（第997页），而《总目》入杂家类存目。

卷，《词集》二卷，《耄余残沛》二卷。附录其子元正遗稿二卷，一曰《清啸楼草》，皆未第以前作；一曰《鸾坡存草》，则自入词馆以后应制、纪恩、游燕、赠答之什也。元正字子贞，号静园，康熙乙丑进士，官至工部尚书。徐氏五世翰林，倬其第二世，元正其第三世云。"①

(39)《蓬庄诗集》。《总目》增材料："是集其所自编，以作诗先后为次……古今体共五百四首……纪其岁月及所阅历遭逢。"②

(40)《储越渔集》。《总目》增材料："自储欣以古文词有名，其家父子兄弟多以此相镞砺……今世所传欣选《左》、《国》、《史》、《汉》及唐宋十家文，即其甄录以授掌文者也。"③

(41)《玩芳堂摘稿》。《总目》增材料："此本乃嘉靖中江陵曹忭以御史巡按江西，取箧中所有慎中之文，校而刻之。仅一百首。"④

(42)《今文选》。《总目》增材料："其前七卷称《今文选》，后五卷称《续选》。"⑤

(43)《斜川集》。此则提要稿被《总目》吸收，《总目》仅增王士祯《香祖笔记》材料一则，并从版本之纸、印等方面辨伪。⑥

(44)《六经奥论》。题曰郑樵渔仲著。《总目》增材料："自述其著作，胪列名目甚悉，而是书……后昆山徐氏刻《九经解》，仍题樵名。今检书中《论》诗皆主毛、郑，已与所著《诗辨妄》相反。又'天文辨'一条，引及樵说，称夹漈先生，足证不出樵手。……具有明验。不知顾湄校《九经解》时何未一检也。第相传既久，所论亦颇有可采，故仍录存之，缀诸宋人之末，而樵之名

① 《总目》卷183，《苹村类稿》提要。

② 《总目》卷184，删评论："其诗亦无甚人格者。"（《翁稿》第1076页）

③ 《总目》卷184，《云溪文集》提要。

④ 《总目》卷177。《翁稿》认为应抄录。《总目》未予采纳，列入别集类存目四，且删评论："慎中所为古文，在有明一代最为著称。"（《翁稿》第1094页）

⑤ 《总目》卷193。

⑥ 《总目》卷174。

则从删焉。”①

(45)《北平录》。《总目》增考证：“核检其文，亦从实录抄出也。”②

(46)《敬乡录》。《总目》增材料：“明正德间，金华守赵鹤有《金华文统》十三卷，盖以是录为蓝本。然鹤所编次，往往重复舛漏。如此录载潘良贵《矫斋记》、《静胜斋记》、《答雷公达书》、《君子有三戒说》四篇，而《文统》止载《矫斋记》及《雷公达书》二篇，删汰漫无义例，殊不及师道本书。又如宋方符所编《宗忠简遗集》，师道谓不及见，故集中封事诸篇，此录不载。然此录有《赠鸡山陈七四秀才》五言一首，方符所编转未之及，则零篇散什，藉以存者不少矣。至所编辑宋人小传，犹在《宋史》未成以前，故记载多有异同。若谓梅执礼密与诸将谋夺万胜门，夜入金营，劫二帝归，范琼以为无益，独吴革与赵子方结军民，得众数万，王时雍、徐秉哲闻之惧，使琼泄谋于金师。《宋史》及《东都事略》本传俱不载，仅略见《三朝北盟会编》中，惟此书言之颇悉。又若《宋史》载嘉定十四年三月丁亥金师破黄州，知州事何大节弃城遁死；己亥金师陷蕲州，知州事李诚之死之，是录载李诚之死事与《宋史》合，而于何大节之遁则引刘克庄《答傅谏议伯成书》，辨大节初护齐安官吏士民过武昌，复自还齐安固守，半月，城破，金师拥入，大节死于赤壁矶下，则大节实未尝遁，此事与史颇异，亦可以资考证。元好问《中州集》以诗存史，为世所重。师道此书殆与相埒。”③

(47)《大金集礼》。《总目》增考证：“以《金史》诸志相校，其蓝本全出于此。而志文援引舛漏，失其本意者颇多。若祭方丘仪，是书有前祭二日太尉告庙之仪。而《金史》遗落不载。又

---

① 《总目》卷33。

② 《总目》卷52，《别本北平录》提要。《总目》著录了两种《北平录》，一为户部尚书王际华家藏本，一为浙江范懋柱家天一阁藏本，后者加别本二字以示区别。《翁稿》（第1164页）与前者提要异，但与别本之提要大致相同。

③ 《总目》卷58。

《金史》云‘设馔幕于内壝东门之外，道北南向’。考之此书，则陈设馔幕乃有东门、西门二处。盖坛上及神州东方、南方之馔，陈于东门外，西方、北方之馔，陈于西门外。《金史》独载设于东门外者，于礼为舛。如斯之类，不一而足。非得此书，无以知史志之疏谬也。则数金源之掌故者，此为总汇矣。惟第十卷载夏至日祭方丘仪，而圜丘郊天仪独阙。考《金史》自天德以后，并祀南北郊，大定、明昌，其制渐备。编书者既载北郊仪注，不应反遗南郊。盖传写脱佚，非原书有所不备也。”①

(48)《齐云山志》。《总目》增材料：“点，字子与……癸未进士……上有北极祐圣真君神祠，明代数经修葺……分三十七目。”②

(49)《续刻麻姑山洞天志》。《总目》增材料：“宗郢，南城人。万历己丑进士，官至太常寺少卿。天爵、时彬皆建昌人……此本每卷标题……可知体例之庞杂……今姑从标目焉。”③

(50)《桐村集》。《总目》增材料：“是编一卷为一集，一曰《江汉集》，二曰《日下集》，三曰《章江集》、四曰《南海集》、五曰《南海二集》、六曰《公车集》、七曰《玉堂集》、八曰《京口集》、九曰《黔中集》……自序题康熙甲午。盖《江汉集》之序，刊板时取冠全诗尔。”④

(51)《七星岩志》。《总目》增材料：“志本明王泮所撰。作栋因而重修，吴绮又为之润色。”⑤

(52)《西樵山志》。《总目》增材料：“符录字受之，南海人……明万历辛卯，郡人霍守尚初为之志，岁久散佚……符录乃因其旧本，辑为此编。”⑥

(53)《海表奇观》。《总目》增材料：“凡标二十三门：曰溯

---

① 《总目》卷82。

② 《总目》卷76。

③ 《总目》卷76，《续刻麻姑山志》提要。

④ 《总目》卷184，《桐村诗》提要。

⑤ 《总目》卷76。

⑥ 《总目》卷76。

源，曰疆境，曰形势，曰分野，曰气候，曰潮汐，曰节序，曰风俗，曰黎俗，曰古历，曰灾祥，曰名山，曰水泉，曰名宦，曰人物，曰列传，曰祠庙，曰古迹，曰坟墓，曰物产，曰奇人，曰奇事，曰题咏。”①

(54)《使琉球录》。《总目》增材料：“崇业……隆庆辛未进士，官至右佥都御史，提督操江。杰……万历甲戌进士，官至户部尚书，总督仓场。……往封琉球国世子尚永为中山王。是年六月，渡海抵其国，十月还闽。因记其行事仪节及琉球山川风俗为此书。大抵本嘉靖十三年陈侃、四十年郭世霖二录而稍润益之。”②

(55)《宗玄文集》。《总目》增材料：“此本为浙江鲍氏知不足斋所抄……则当时非无传本。此跋题戊申岁，不著年号，疑作于《通考》前也。……考德舆序称四百五十篇，而此本合诗、赋、论仅一百十九篇，则非完书矣。……序称受正一法于冯尊师，上距陶弘景五传。《传》又云受正一法于潘体元，乃冯之师，亦相乖剌。考《旧书·李白传》称天宝初客游会稽，与道士吴筠隐于剡中。而《传》乃言禄山将乱，求还茅山。既而中原大乱，江淮多盗，乃东游会稽，与诗人李白、孔巢父诗篇酬和。不知天宝乱后，白已因永王璘事流夜郎矣，安能与筠同隐？此传殆出于依托……核之以序，伪妄显然。以流传已久，姑并录之，而辨其牴牾如右。”③

(56)《白石樵唱》。《总目》改题曰《林霁山集》，且增考证：“今考此集载《梦中作》四诗，与诸书所载珏作同。珏他诗不概见，而此四诗词格实与景熙他诗相类，且‘双匣亲传竺国经’句，与景熙葬高、孝两陵之说合，与珏同葬诸陵之说不合。考集中有《和唐玉潜》一诗，玉潜即珏之字，则二人本属旧友，或当时景熙与珏共谋此举，其事秘密，传闻异词，遂讹以为珏作也。”复考著录源流：“又有《白石樵唱》六卷，皆诸体诗。元统甲戌，昆山章

① 《总目》卷77，删评论：“其人自称吏隐，其书又号奇观，二者皆非述志之体，既有郡志，此则毋庸存目矣。”（《翁稿》第1457页）

② 《总目》卷54。

③ 《总目》卷149，《宗玄集》提要。

祖程为其诗集笺注，传本仅存，其文集遂就散佚……增以元音所录《读文山集》诗一篇，又捃摭遗文，得记十四篇、传一篇、说一篇、文一篇、序十三篇、墓志六篇、铭一篇，厘为二卷。嘉靖戊子，辽藩光泽王得江陵毛秀校本重刊，附以秀《辨证》一篇，于《白石樵唱》题卷一、卷二、卷三，《白石稿》题卷四、卷五。书名各别，而卷数相属，骤阅之，似《白石稿》佚其前三卷者，殊不了了。国朝康熙癸酉，歙县汪士铉等重刊，乃总题曰《林霁山集》，较有体例，今用以缮录焉。"①

(57)《紫阳宗旨》。《总目》一考作者："佖，东阳人。即淳祐壬子作《朱子年谱序》者也。"二考著录："考赵希弁《读书附志》，载《晦庵先生朱文公语后录》二十卷，注曰：'右东阳王佖记杨方、黄榦、刘琰、黄灏、邵浩、刘砥、李辉、黄卓、汪德辅、陈芝、吴振、吴雉、林子蒙、林学履、刘砺、钟震、萧佐、舒高、魏椿、杨至所录也。其说谓池录初成，勉斋犹未免有遗恨于刊行之后，况饶本又出于其后乎。此二十卷，皆池、饶所未及刊者。'云云。其书名各异，卷数复殊。据其所言，乃续刊之语录，体例亦与此书不合。惟《内阁书目》有佖《紫阳宗旨》三十八卷，《千顷堂书目》则作二十八卷，书名撰人均与此本相合，而卷数复异，未详其故。然《浙江通志》经籍门中以佖《朱文公语后录》列为一条，而以此书附载于下，不入标目，则亦疑非佖作矣。"②

(58)《记室新书》。《翁稿》认为"无庸存目"，《总目》入类书类存目。《总目》增考证："盖坊贾得残缺《翰苑新书》，并两集为一集，改此名以售欺也。"③

(59)《谭襄敏奏议》。二者行文详略不同。《翁稿》云："纶沉毅，知兵，与戚继光并称。"而《总目》增饰为："史称纶沉毅，

---

① 《总目》卷165，《林霁山集》提要。

② 《总目》卷95，删评论："每条下亦不注明原文题目，至其书名'宗旨'，讲学本儒家事，而宗旨似释氏语，后来王守仁、湛若水辈始有浙宗、广宗之目，朱子岂有之哉？王佖无考，而所编辑尚有条绪。"（《翁稿》第995页）

③ 《总目》卷137。

知兵，为台州知府时，即与戚继光立束伍法，练兵破倭寇，禽斩殆尽。官浙江海道副使时，又连破之。再起为浙江右参政时，破饶平贼林朝曦。调福建参政时，郡县多为倭所陷，力战恢复，闽地以平。官四川巡抚时，灭云南叛酋凤继祖于会理。总督两广时，岑冈贼江月照等望风而降。朝廷倚以办贼，遇警辄调，居官无淹岁。后在蓟辽，与戚继光协力修边备，三卫诸部迄不敢南牧。终始兵事垂三十年，积首功二万一千五百，计其功名，不在王守仁下。而儒者顾艳称守仁，则以守仁聚徒讲学，羽翼者众也。今特录是集，以见其谋画之大略，庶不没其实焉。"《翁稿》云："此其历官所上疏草，曰《闽稿》，曰《蜀稿》，曰《蓟辽稿》，自嘉靖四十二年至隆庆四年，凡一百四疏。"① 而《总目》增饰为："此编乃其历官疏草，分为三集：曰《闽稿》，嘉靖四十二年再起为右佥都御史，巡抚福建时所上也。曰《蜀稿》，嘉靖四十四年起为陕西巡抚，会大足民作乱，陷七城，调任四川以后所上也。曰《蓟辽稿》，隆庆元年至四年，由兵部右侍郎进左侍郎，兼右佥都御史，总督蓟辽、保定军务时所上也。"②

(60)《治世余闻录》。《总目》增材料："其题曰《治世余闻录》，录字亦后人所增也。洪谟字宗禹，武陵人，弘治丙辰进士，官至兵部左侍郎。"③

(61)《文信公集杜诗》。《总目》增考证："祝犁单阏当为已卯之月，上章协洽为庚未之日，于干支纪次不合。考是年正月癸卯朔，二月内当有三庚日，二未日，必传写者有所错互。至以岁阳岁名纪日，本于吴国山碑中'日惟重光大渊献'语，而并以纪月，则独见于此序。又序后有跋称壬午元日，则天祥授命之岁也。诗凡二百篇，皆五言二韵，专集杜句而成。……刘定之序称原书序跋中有缺文，指元之君臣、宋之叛逆，缺而不书，今皆补之为白字。又题'姓某履善甫'者，即《指南集》中所谓越蠡改'陶朱'之意。

① 《翁稿》第1098页。

② 《总目》卷55。

③ 《总目》卷53，《治世余闻》提要。

案：今本序跋并无缺字，盖即定之所补，而履善甫上已署天祥之名，则不知何人增入。"①

(62)《古参同契集注》。《总目》增材料："吴龙字绍闻……雍正癸卯进士，官至都察院左都御史。"又考证《参同契》的版本源流："隋、唐《经籍志》是书原未著录，盖据《读书志》之说。考《旧唐书·经籍志》五行类有《周易参同契》二卷，魏伯阳撰，《周易五相类》一卷，亦魏伯阳撰，《新唐书·艺文志》同。晁氏所说，未免失考，慎述之亦为沿误。至慎称古本，云掘地得之石函。夫文字托于金石，尚不免剥蚀销泐。石函所藏，如在彭晓以后，则五代至宋，不应无一人见之，至明始出。如在彭晓以前，则缃素纸札，入土五六百年尚完全无阙，有是理耶？至俞琰之《发挥》，实不及彭晓、陈致虚所注。独据以为本，亦未为确论也。"②经过仔细考证后，《总目》对所谓杨慎所得石函古本持怀疑态度。

(63)《刘文靖公遗事》。《翁稿》认为应抄存以核史事，而《总目》列入存目。二者提要详略不同，观点大致相同。

(64)《遇集》。《总目》增材料："其《学记》，则康熙十九年提学时作。《奏疏》，则官刑科给事中时所上。《江南通志》称其在应山，有守御功。在平越，清文苗民虚税八千有奇。在湖广，振兴文教，楚风为之一变，列于《宦绩传》中云。"③

(65)《金川玉屑集》。《总目》著录为《练中丞集》，且增材料："当燕王篡立之初，诬建文诸臣为奸党，禁其文字甚严。弘治中，王佐始辑其遗文，名曰《金川玉屑》，故徐泰《诗说》有'金川练子宁，玉屑无多，为世所宝'之语。此本乃泰和郭子章重编，附以《遗事》一卷，其裔孙绮复增辑之。"④

(66)《嗜退庵语存》。《总目》增材料："是书为其子我斯所

---

① 《总目》卷164，删评论："然非天祥血气勃郁，其精神足与杜诗相副，焉能贯输一气如此？"(《翁稿》第1253页)

② 《总目》卷47。

③ 《总目》卷181，《慎斋遇集·莅楚学记·日怀堂奏疏》提要。《翁稿》认为或酌存其目（第130页），《总目》列入存目。

④ 《总目》卷170，《练中丞集》提要。

刊。称其晚年结庵城东隅，颜曰‘嗜退’，网罗古名儒硕辅嘉言懿行及阴阳、图纬、兵、农、礼、乐百家众流之书，探综研究，成一家言，用以娱老，名曰‘语存’，析为内、外编。外篇卷帙稍多，故先梓内篇以问世。其书凡分三十类，分隶古事，间附论断。”①

(67)《建炎时政记》。《总目》增材料：“宋李纲撰。纲字伯纪，邵武人。政和二年进士，积官至太常少卿，钦宗时授兵部侍郎、尚书右丞。南渡后拜尚书右仆射，兼中书侍郎，为御史所劾罢，为观文殿大学士。事迹具《宋史》本传。是编乃纲奉诏所编，前有奏书原序，起建炎元年六月，终八月，即其奏议附录中之一种。《永乐大典》亦别载之，则自明以前已析出单行矣。”《翁稿》云：“此抄本将臣纲皆改为臣口，且多讹字。”而《总目》较为详细：“惟纲代高宗所草《通问徽钦二帝表》，内所称臣某言者，乃高宗署名，故讳而不书。《永乐大典》本俱误作‘臣纲言’，盖明人不知而妄改。今此书尚仍原文，则所据者未改之本也。”②

(68)《建炎维扬遗录》。《总目》增材料：“当即此书也。别有《维扬巡幸记》一卷，自二月初十日以前与此本字句小异，而叙述尽同，惟无锡令任说逸其名姓。初十日以后则至十五日而止。凡此所载，诏书悉不录。盖一本而传写互异，又有所删窜于其间，不及此本之详也。”③

(69)《集古录》。《总目》增材料：“修有《诗本义》，已著录。古人法书惟重真迹，自梁元帝始集录碑刻之文，为《碑英》一百二十卷，见所撰《金楼子》，是为金石文字之祖。今其书不传，曾巩欲作《金石录》而未就，仅制一序，存《元丰类稿》中。修始采摭佚逸，积至千卷。”④

(70)《馆阁漫录》。《总目》增材料：“二人相去不远，必有

---

① 《总目》卷133。

② 《总目》卷52。《翁稿》认为此“即前所校过宋李纲奏议附录内之一种，而此抄本将臣纲皆改为臣，且多讹字，无庸另办”（《翁稿》第1334页），《总目》未予采纳，列入存目。

③ 《总目》卷52。翁云：“应抄存以证史事。”（《翁稿》第1335页）

④ 《总目》卷86。

据也。元忭有《绍兴府志》，已著录。……编年纪载，亦间有论断。首题‘洪武三十五年’者，成祖革除建文四年年号，仍称洪武三十五年故也。”①

《翁稿》云：“盖依当时实录编之，可备翰林故事，应抄录。”《总目》入职官类存目，但对其作者未能确指。王重民考证为张元忭著，认为：“是书按年记翰苑事，或院中原有是稿，或为元忭从《实录》内抄出，因非个人精心之作，故不具名也。”②

(71)《云湖堂集》。《总目》增材料：“第一卷曰《湖山诗》，二卷曰《北征诗》，三卷曰《南归诗》，四卷曰《寓情诗》，五卷曰《赠怀诗》，六卷曰《离忧诗》。”③

(72)《太白山人漫稿》。《总目》增材料：“王世贞《题一元墓》诗曰：‘死不必孙与子，生不必父与祖。突作凭陵千古人，依然寂寞一抔土。’盖其踪迹诡异，当时即莫之详也。……晚而就婚施氏，遂卒于吴兴。麟为文以表其墓。事迹具《明史·隐逸传》。一元才地超轶，其诗排奡凌厉，往往多悲壮激越之音。……体格固略相近。然庭坚之诗沉思研练而入之，故蟠拏崛强之势多，一元之诗轩豁披露而出之，故淋漓豪宕之气盛，其意境亦小殊也。……盖据吴兴张氏本及阳湖本而合辑之。……岂当时有志搜访而未得欤？闵元衢《欧余漫录》载一元逸诗，有《送许相卿》诗一首，见许氏谱；《题王伯雨园亭》二首，见《乌青镇志》；《和吴甘泉》四首，《重游》一首、《君马黄》一首，见真迹；《饮马长城窟》一首，见卢志庵所录；续于纪宣符家得十四首，又称鲍稚弢家有其诗抄约千余首，而梁清远《雕邱杂志》亦称所藏一元墨迹有《送别李远庵北上》诗，风调极高，不知《漫稿》何以不载，则其散佚已多矣。”④

---

① 《总目》卷80。

② 王重民：《中国善本书提要》，上海：上海古籍出版社，1980年，第163页。

③ 《总目》卷181。

④ 《总目》卷171。

(73)《止止堂集》。《总目》增材料："编首总题《止止堂集》。前有万历二年工部尚书郭朝宾序，而集中有万历庚辰纪年，在朝宾作序之后，盖又尝续有增益。知虞稷所见《愚愚稿》一卷，乃初刻之本，非著录之误也。继光有平倭功，当时推为良将。诗亦伉健，近燕、赵之音。而杂说中乃多及阴骘、果报、神怪之事，不免偏驳。考继光有《登盘山绝顶》七律一首，格律颇壮。今石刻尚存，而两集中皆不收。殆作于刻集之后欤?"①

(74)《西行草》。《总目》增材料："凡论学二十二章，论君道五章，论臣道七章，论治九章，杂论四十五章，而杂文十二首附焉。"②

(75)《酒概》。《总目》增材料："前有自序一首，则称曰褐之父困困沉沉，名号诡谲，不知何许人。每卷所署校正姓氏皆称海陵，则刻于泰州者也。其书仿陆羽《茶经》之体，以类酒事。一卷三目，曰酒、名、器。二卷七目，曰释、法、造、出、称、量、饮。三卷六目，曰评、僻、寄、缘、事、异。四卷六目，曰功、德、戒、乱、令、文。杂引诸书，体例丛碎。"③

(76)《乾道临安志》。《总目》增材料："第一卷纪宫阙官署，题曰行在所，以别于郡志，体例最善，后潜志实遵用之。二卷分沿革、星野、风俗、州境、城社、户口、廨舍、学校、科举、军营、坊市、界分、桥梁、物产、土贡、税赋、仓场、馆驿等诸子目，而以亭、(台)［堂]、楼、观、阁、轩附其后。叙录简括，深有体要。三卷纪自吴至宋乾道中诸牧守，详略皆极得宜。淙尹京时，撩湖浚渠，颇留心于地利，故所著述亦具有条理。今其书虽残阙不完，而于南宋地志中为最古之本。考武林掌故者，要必以是书称首焉。"④

(77)《杨黄门奏疏》。《总目》增材料："字自西，一字以斋……又自序云：历吏、礼、兵、刑四垣，章凡三十余上。……目

① 《总目》卷178。
② 《总目》卷125。
③ 《总目》卷116。
④ 《总目》卷68。按："潜志"指元潜说友撰《咸淳临安志》。

录后有自识云：余以内升，复入垣署，章奏及西台诸疏原稿散失无存。赖吾侄存理中发留心搜辑，得以续梓。”①

(78)《卓山诗集》。《总目》增材料：“盖犹其自订之原本也。”②

(79)《彭若金集》。《总目》增考证：“考其族孙敏求跋，盖散佚之余，后复重抄成帙也。”③

此类凡79条，约占6.87%。

2. 增评论

(1)《白云集》。《总目》增评论：“其诗颇学少陵、右丞，得其形似。”④

(2)《西涧文集》。《总目》增评论：“称苏明允父子一时皆有文名，而明允老成岿然，时号老苏，其官位竟不显。暨子贵，乃进身后之命。敬方亦今之明允乎！今观其文，视宋濂、王祎去之尚远，似未容上拟眉山也。”⑤

(3)《六朝事迹编类》。《总目》增评论：“惟书以六朝为名，而古迹之中，自南唐以逮于北宋，如丁谓、王安石所建，亦具载之，殊失断限。又总叙门内《六朝保守》一篇，历数自吴以来南朝不可北伐，北伐必败，即幸胜亦不能守。盖亦南渡之初力主和议之说者。然核诸情事，其说亦不为无因。固与《江东十鉴》之虚张形势者，较为切实矣。”⑥《翁稿》详撮纲目，但案语较简。

(4)《寿世秘典》。《总目》增评论：“所引各条，俱各注书名于其下。大抵撮《月令广义》、《玉烛宝典》诸书为之……则未成之本也。”⑦

(5)《明典故纪闻》。《总目》增评论：“然其帝曰云云之属，多属空谈。大抵皆记注、实录润色之词。亦颇及琐屑杂事，不尽关

① 《总目》卷56。

② 《总目》卷185。

③ 《总目》卷175，《若金集》提要。

④ 《总目》卷180。

⑤ 《总目》卷175。

⑥ 《总目》卷70。

⑦ 《总目》卷133。

乎政要。如太祖攻婺城时，见五色云，无论其事真伪，总不在法戒之列。又如成祖时灵邱氏一产三男，有司议给廪至八岁，成祖命给至十岁，亦细故，不足毛举也。”①

(6)《易经粹言》。《总目》增评论：“河图、洛书，数学也，邵子之传也；吉凶、法戒，理学也，程子之传也；兼而言之，是朱子之传也。麟讲图书与所说卦爻不相关，其讲卦爻与所说图书又不相关，兼有取之，又分而治之，亦足见先天之说与爻象为两事矣。”②

(7)《诗经旁参》。《总目》增评论：“大抵因《朱传》而敷衍其余意。”③

(8)《类纂古文字考》。《总目》增评论：“亦多失许、顾之本义。惟其每部之中以字画多少分前后，较《说文》、《玉篇》、《类篇》颇易检寻，故后来字书皆用其体例云。”④

(9)《五经字学考》。二者行文不同。《总目》增评论：“然引据未能淹博，考证亦未能精密。如《春秋·隐公》之彄字，此为公子彄名训也，而注曰：‘从弓，区声，音抠。又人名，公子彄。’《文公》之頵字，此为楚成王名训也，而注曰：‘从页，君声。徐曰：头大也。又楚成王名。’此反以本义为旁义也。又如《易·坤卦》驯字注曰：‘音同旬。《字汇》引徐邈读作训，蛇足。’案：徐邈之说出陆德明《经典释文》，以为出自《字汇》，已不求其本。至经师异读，自古并存，乃以为蛇足，更不确矣。”⑤

(10)《周礼述注》。《总目》浙本提要加评论：“案：《冬官》不亡、乱入五官之邪说，倡于宋俞庭椿，益之以元之邱葵，皆变乱古文，为经学之蝥贼。至吴澄《三礼考注》，本晏璧所伪托，实亦沿三家之流弊。何乔新之《集注》，又其重儓也。瑶未见俞、邱之书，遂奉吴、何为鼻祖。所定伪官乱句诸条，若亲得周公旧本，一一互

① 《总目》卷54，《典故纪闻》提要。

② 《总目》卷9。

③ 《总目》卷18，删材料：“亦就所见随举句义，一篇之中亦不尽解也。前有自序。”（《翁稿》第71页）

④ 《总目》卷43。

⑤ 《总目》卷43。

校而知者，其无稽更不足辨矣。”语气较原稿为重。①《总目》殿本提要如下：

> 明金瑶撰。瑶有《六爻原意》，已著录。是书成于万历己卯。前有瑶自序并所作凡例十条，谓《周礼》之文为汉儒所窜改，其中有伪官乱句，悉为考定，别以阴文书之。大旨本元吴澄《三礼考注》、明何乔新《周礼集注》之说，而又以臆见更定之。其补《冬官》之末，附以《改官议》、《改文议》二篇，即评论二氏之得失者也。所定伪官乱句诸条，若亲得周公旧本一一互校而知者，亦可谓果于自信矣。

按：《总目》殿本提要与浙本提要行文不同。

(11)《古今文房登庸录》。《总目》增评论：“陈陈相因，皆敝精神于无用之地者也。”②

(12)《苍岩山房遗稿》。《总目》增评论：“彝尊又为之序，称映榴之节，不待此区区之文以传。其论当矣。”③

(13)《杨公笔录》。《总目》增评论：“其论《易》，取郑夬之说，盖其时邵伯温《易学辨惑》未出，故不知其误。亦颇称引王安石、陆佃之说，而所辨字音、字义，惟引《字说》一条，余皆引许慎《说文》。亦称过洛见程子，则似非王氏学矣。又以‘四诗风雅颂’对‘三光日月星’句，《桯史》以为苏轼事，而延龄自记乃其待试兴国时梦中所得，亦可以证小说多附会也。”④

(14)《重订易学说海》。《总目》增评论：“然不多见也。”⑤

(15)《天池草》。《总目》增评论：“宏诲初释褐时，值海瑞廷杖

---

① 《总目》卷23。

② 《总目》卷144。《总目》将“自韩文有毛颖传”改为“昔曹植《鱼且表》，加以爵位，为俳谐游戏之祖”。

③ 《总目》卷182，《叶忠节遗稿》提要。《总目》未见著录《苍岩山房遗稿》，而是将十三卷本《叶忠节遗稿》入别集类存目。

④ 《总目》卷120。

⑤ 《总目》卷8。《翁稿》原拟二条提要（第244页），第一条字不似翁方纲，第二条则出自翁手，且为《总目》所采用。

下诏狱，力调护之。张居正当国，又尝作《火树篇》、《春雪歌》以讽，为居正所衔，盖亦介特之士也。……集首载谕祭文及本传，犹古人附录之例。又载其三世诰命，已为破格。至以万历己丑，宏诲为会试副总裁，遂并载是科题名录，则从来编别集者无此变体矣。"①

(16)《松门稿》。《总目》增评论："年未四十而殁，故诗文皆未成就。冯琦序其诗，称其有沉鸷迈往之气，而文以质掩，盖道其实云。"②

(17)《月湖集》。《总目》增评论："廉以气节称，而其父崇尝从吴与弼游，因亦喜讲学，请颁薛瑄《读书录》于同朝，请跻周、程、张、朱于汉唐诸儒上，皆其所奏。故其诗多涉理路，其文亦概似语录云。"③

(18)《张文忠集》。《总目》增评论："其间所论未必百无一当，然穿凿附会以迁就时局者，比比然也。"④

(19)《拙存堂经质》。《总目》增评论："其中颇有典核之条，如辨《书》七政皆右旋，蔡《传》未为实测。《诗小序》与经传多相符，申公《诗说》不合于《鲁诗》者凡数端，《国风》非徒诗，程大昌《诗议》颇误。引《方言》东齐土作谓之杼，木作谓之柚，证《诗》杼柚其空。引《史记》、《国语》，证赵朔生年。其他考《书》与《春秋》舆地者，亦见根据。他如谓'《大司徒》、《小司徒》等止言都鄙而不及乡遂，以都鄙即乡遂也。《乡师》言六乡，《遂人》言六遂，而不及都鄙，以乡遂即都鄙也'。且谓六乡七万五千家，六遂亦如之。则十五万家一人受百亩，百里之国，田九百万亩。除公田外，仅八万家，其余七万家将于何处受田？若都鄙在乡遂外，彼公、侯、伯等国、卿大夫、士之采地将何所受？今考《大司徒》曰：'辨其邦国都鄙之数。'又曰：'帅六乡之众。'《小司徒》

---

① 《总目》卷178，删材料："前有门人欧大伦所为传。"《翁稿》："此处按其时事尚在隆庆以前，应否签记。"（第245页）

② 《总目》卷179，删材料："此集六卷以前皆文，后二卷皆诗，卷后附录墓铭表二首。"（《翁稿》第250页）

③ 《总目》卷175。

④ 《总目》卷176。

曰：‘以稽国中及四郊都鄙之夫家九比之数。’又曰：‘乃颁比法于六乡之大夫。’则一职之内，都鄙与六乡并举，何得谓《大司徒》、《小司徒》等止言都鄙而不及乡遂耶？至谓百里之国尚不能容六乡六遂之夫田，何得更有都鄙？不知天子六乡六遂，大国止有三乡三遂，次国二乡二遂，小国一乡一遂，《费誓》鲁三郊三遂，是其明证。且乡遂之制，既据《周礼》，即当以《周礼》封国之数为正。如公五百里，开方百里者五五二十五。侯四百里，开方百里者四四十六。大国三乡，止三万七千五百家，合三遂止七万五千家，二十五同而容七万五千家，仅得三十五分之一，岂此外更不容有都鄙乎？起宗误以侯国亦六乡六遂，与天子同制，而又不用《周礼》封国之数，宜乎以百里之国不能容六乡六遂也。《春秋·襄七年传》：‘叔仲昭伯为隧正。’隧与遂通，则有遂之名；又《襄九年传》曰：‘二师令四乡正敬享。’则有乡之名；《庄二十八年传》曰：‘凡邑有宗庙先君之主曰都。’则有都之名；又《庄二十八年传》曰：‘群公子皆鄙。’《昭二十年传》曰：‘县鄙之人。’则有鄙之名；《襄三十年传》曰：‘子产使都鄙有章。’则有都鄙之名，何谓诸侯有乡遂即不得有都鄙乎？起宗徒以遂官所统之县正、鄙师与稍县之县、都鄙之鄙名称相混，遂谓都鄙统于乡遂，不知《周礼》名同者不一而足。闾师之名与闾胥同，县师之名与县正同，岂得谓闾师、县师即闾胥、县正乎？又《周礼》有都宗人、家宗人、都司马、家司马，皆都鄙之官也，而起宗谓《周礼》有乡遂之官，无都鄙之官，误矣。又《杂记》曰：‘大夫为其父母兄弟之未为大夫者之丧服如士服。’注：‘大夫虽尊，不以其服服父母兄弟，嫌若踰之。’于《礼》其意最精，而起宗乃以为訾。又于《书》则极尊《古文尚书》，力诋梅鷟；于《春秋》谓周不用子正，并谓秦不用亥正。此皆误袭前人之说，而不知所择，以致失其纲要也。”① 远比《翁稿》为详。

（20）《虚斋遗集》。《总目》增评论：“文颇舂容，诗亦妥帖，盖成、弘间台阁之体也。”②

① 《总目》卷34。列入五经总义类存目。

② 《总目》卷175，《虚斋先生遗集》提要，删材料：“陕西提学副使。虚斋其号也。此其所著诗文集。”

(21)《小孤山集》。《总目》增评论:“故寥寥特甚，不足以备考证也。”又删考证:“《太平寰宇记》小孤山在彭泽县古城西北九十里，自吴曾《能改斋漫录》以及曹学佺《名胜志》诸书于前人传闻具有辨证。今既辑订为集，自应博考地志及诗文集，载其山川形胜祠宇以备稽考，而此所载止寥寥数诗，并山记庙记二篇耳。然亦足备志乘参校。”①

(22)《观生手镜》。《总目》增评论:“其持论不甚谬，而词气儇薄。皆明末山人之习，必万历以后人作也。”②

(23)《学稼余谭》。《总目》增评论:“冗琐特甚。《诗鹄》谓诗有南北宗:《国风》‘林有朴遬’，南宗语也;‘我心匪石’二句，北宗语也。剿伪本贾岛《二南密旨》之语，尤少持择。又谓七言古为唐歌行之未成者，则更异矣。”③

(24)《琴学》。《总目》改为《琴学》内篇一卷外篇一卷，列入艺术类存目，且增评论:“其《制弦篇》云:‘律有十二，弦仅有七，以为转轸便可换调，终不尽合当用之律，必须因正变半律之数，俱制为弦，随调更张之。’此正朱子之所讥，而庭栋不知也。《立调篇》云:‘黄、大、太三律，以一弦为宫，夹、姑二律，以二弦为宫，仲、蕤、林三律，以三弦为宫，夷、南二律，以四弦为宫，无、应二律，以五弦为宫。’说盖本之赵孟頫《琴原》。然丝数之巨细多寡，无可增减，如一弦既定为黄钟者，不得又目之为大吕、太簇，是以有随调制弦之说以迁就之。今考书中《五调统十二宫图》，所列每弦正、倍、变之别，有十二通七弦，则八十四，如一弦有黄、大、太及黄变四律，而大吕正律，又因宫正与羽、徵、角、商倍而分为五，太簇五律，又因宫正、徵倍而分为二，黄变又因羽、徵、角、商倍而分为四，不知庭栋何以能尽别之?是亦臆说而已矣。”④

(25)《白露山人遗稿》。《总目》增评论:“傅受业章懋之门，

---

① 《总目》卷193,《小孤山诗集》提要。

② 《总目》卷132，删材料:“皆取其有资修身保家者。”

③ 《总目》卷197。

④ 《总目》卷114。

清苦自持，不愧其师。集中有‘死卧溪山鬼亦清’句，可以见其志节。然年未四十而卒，文章则未成就也。”①

(26)《芸晖馆稿》。本书撰者《翁稿》著录为茅积翁，而《总目》作茅翁积。《总目》增评论：“豪荡不羁，以任侠自负，故所作多文酒燕会之词。是集凡诗十卷，文二卷，乐府二卷，而以行状、墓志铭、小传附其后。”②

(27)《蔡可泉集》。《总目》增评论：“克廉少与乡人王慎中齐名，而其文乃远不及慎中。苏浚序称：‘克廉秉枢执钺时，慎中已跧伏故园，日寻欧、曾之绪，而克廉方锐意事功。论者谓慎中阒寂丘园，故文独工’云云，是当时已有定评矣。”③

(28)《辟雍讲义》。《总目》增评论：“《大学》、《中庸》讲义则因其札记之说而畅之耳。”④

(29)《贤识录》。《总目》增评论：“援据既寡，事迹亦仅寥寥数则，不足以当贤识之目。”⑤

(30)《西峰字说》。《总目》增评论：“皆与‘字说’无与，亦莫解其故。《明史·艺文志》不载此书，《福建通志》载此书而不载卷数，殆学佺没后，人重其忠义，掇拾残稿而刻之，故详略不齐，体例亦不画一也。四库之中，无类可附，姑存其目于杂家焉。”⑥

---

① 《总目》卷176。

② 《总目》卷178，删材料：“赠中书舍人。是集前十卷诗，后二卷文。芸晖乃所居斋名，故以名其集。附状铭传于卷后。”（《翁稿》第346页）

③ 《总目》卷177。

④ 《总目》卷37，删材料：“前四卷皆口义，《周易》以下七卷，皆其札记，《程功录》以下五卷则语录之类也。虽无卷目，而约计得十六卷。”（《翁稿》第349页）

⑤ 《总目》卷143，删材料：“自昔辑泉书以备故实，如宋江少虞《事实类苑》之属，皆博稽广采，乃足备一朝之事。今此录所采书既无多，而事亦寥寥数则，姑存其目而已。此与王琼《双溪杂记》前题人名下皆有言字，中缝又有所言二字，考之明代高鸣凤有《今献汇言》二十八卷，则此类一人一家之识，编载者尚多当不止此一二种也。《今献汇言》八卷，《贤识录》其卷一之第一种也，亦馆中遗书，浙江巡抚三宝所进曝书亭藏本，又与高鸣凤之二十八卷不同。然此或不足本耳。卷首无高鸣凤名，亦无序例。凡壹部八本。”（《翁稿》第350页）

⑥ 《总目》卷128。《翁稿》认为“似难遽存其目”，《总目》列入存目。

(31)《瓜庐集》。按：此种已抄入《四库全书》。《总目》增评论："卷首有赵汝回序，称其每与'四灵'聚吟，独主古淡，融狭为广，夷镂为素，神悟意到，自然清空。今观其诗，语多本色，不似'四灵'以尖新字句为工，所谓'夷镂为素'者，殆于近之。至于边幅太窄，兴象太近，则与'四灵'同一门径，所谓'融狭为广'者，殊未见其然。盖才地视'四灵'稍弱，而耕钓优游，以诗自适，意思萧散，不似'四灵'之一字一句刻意苦吟，故所就大同而小异也。荆山刘植跋称其多肥遁之词，斯言谅矣。"①

(32)《闻见录》。《总目》将此书确实列入小说家存目，且增评论："多涉神怪。旧事则注出某书，新事则注闻之某人，而序述冗拙，亦或失于诠次。如'禄薄俭常足，官卑廉自尊'一联，一以为正德间浙江巡检题，一以为洪武中御史刘子敏左迁侯官典史时题。一页之中，相隔三行，而复出两条，可知其杂抄无绪也。"②

(33)《藏一话腴甲乙集》。《总目》改题《藏一话腴》，且增评论："宠奖甚至。岳珂序称其闭户终日，穷讨编籍，足不蹈毁誉之域，身不登权势之门。然刘埙《隐居通议》有度宗御札跋，惜其下访陈郁父子之卑陋（语详《隐居通议》条下）。又周密《武林旧事》载诸色伎艺人姓名，所列御前应制者八人，姜特立为首而郁居第四，则亦特立之流。惟特立名列《宋史·佞幸传》，而郁不与焉，似乎未可同日语耳。是书分甲乙二集，又各分上下卷，多记南北宋杂事，间及诗话，亦或自抒议论。珂序又称其出入经史，研究本末，具有法度。而风月梦怪，嘲戏诋诞，淫丽气习，净洗无遗。今观所载，如谓周子《游庐山大林寺》诗'水色含云白，禽声应谷清'一联，前句是明，后句是诚，附会迂谬，殆可笑噱。惠洪解杜甫'老妻画纸为棋局，稚子敲针作钓钩'一联，以老妻比臣，以稚子比君，固为妄诞，郁必谓上句比君子之直道事君，下句比小人之以直为曲，亦穿凿无理。所录诸诗，亦皆不工。其持论，如谓孔子不当作《世家》，豫让不当入《刺客传》，斥《史记》

---

① 《总目》卷162。

② 《总目》卷144，删材料："宣盖成化、弘治间人，所记皆明初至弘治之事。"（《翁稿》第399页）

不醇，颇涉庸肤；谓李虚中以年月日时推命，而不知韩愈作虚中墓志，其推命实不用时，尤失考证。然所记遗闻，多资劝戒，亦未尝无一节之可取焉。"①

(34)《存心录》。《总目》增评论："检核书首，有私印一，其文曰'尚宝少卿袁氏忠彻印'，盖犹明初旧本，尚无脱佚。又黄佐《南廱志》载嘉靖间《存心录》板存者五十八面、阙者三面，所列亦止十卷，与此本同，是史志误衍一'八'字也。"②

(35)《海语》。《翁稿》认为"应存其目，入之地志"。《总目》列入地理类，且增评论："分为四类：曰风俗，凡二目；曰物产，凡二十九目；曰畏途，凡五目；曰物怪，凡八目。所述海中荒忽奇谲之状，极为详备。然皆出舟师舵卒所亲见，非《山海经》、《神异经》等纯构虚词、诞幻不经者比。每条下间附论断，词致高简，时寓劝戒，亦颇有可观。书中别有附注，乃其族子学准增加。原本所载，今并存焉。案：《明史·满剌加传》称正嘉间为佛郎机所灭，而此书则称佛郎机破其国，王退依陂堤里，佛郎机整众而去，王乃复所云云，与史稍有不同。此书成于嘉靖初，海贾所传，见闻较近，似当不失其实。是尤可订史传之异，不仅博物之资矣。"③

(36)《南宋名臣言行录》。《总目》增评论："前有弘治癸亥自序，云取《宋史》列传，自陈俊卿以下，芟繁节冗，撮采其要，得百二十有三人。然朱子所作《名臣言行录》原以网罗旧闻，搜载轶事，用备史氏之采择。若徒抄录史文，一无考证，则《宋史》列传具在，亦何必徒烦笔墨乎！"④

(37)《冬心集》。《总目》增评论："书画皆以奇逸自喜，诗

---

① 《总目》卷121，删材料："是书多述诗文事，故以话腴名。《千顷堂书目》作一卷或非足本耳，应存其目。"（《翁稿》第402页）

② 《总目》卷83，删材料："姑就此十卷存目可尔。"（《翁稿》第405页）

③ 《总目》卷71，《翁稿》第408页。

④ 《总目》卷61，传记类存目。《翁稿》后有批示："书内有用红笔批抹处太多，如应进呈，须另誊本，或俟各省进书内再有佳本。"（第423页）详审笔迹，似出于敏中之手。

亦如之。"①

(38)《尚书讲义》。《总目》增评论:"无所发明。"②

(39)《易经提要录》。《总目》增评论:"余各分卦分章,第取总括大意而止,故以提要为名焉。"③

(40)《真如子醒言》。《总目》增评论:"其文颇博丽宏肆,规仿《淮南》、《鹖冠》诸子。然理不足而轧茁,其辞又多用奇字,如《亢仓子》之例,则亦金玉其外而已。"④

(41)《令史高山集》。《总目》增评论:"其标目如循令、廉令之类,尚成文义。如自清令、荐举令之类,则拙鄙甚矣。第一卷别名令谱,而隶事与诸卷例同,尤不可解。"⑤

(42)《荑言》。《总目》增评论:"凡文五卷,诗一卷。其曰《荑言》者,盖取荑稗之意,自谓学而无当于道者稗学也,言而无当于道者荑言也。又谓命题属草,聊供酬应。今观其文,如《门墙桃李册序》、《刻联捷稿引》、《细草流芳册小引》、《题龙山课艺》等篇,皆不免俗体,盖疏于芟汰之过也。"⑥

(43)《莆阳文献》。《总目》增评论:"文以体分,传则不分门目……岳书采摭繁富,义例颇仿史裁。然起龙讥其文内不载杨琅、林诚两御史之奏疏,及黄仲元之郭孝子祠记、墓表。传内载仕梁之徐寅、翁承赞及永乐初梯荣献策之林环,而于《林光朝传》但纪其文集,而不及所著之《易解》、《尚书解》、《语录》、《说诗》等书,去留不无遗憾,则固确论也。"⑦

---

① 《总目》卷185,删材料:"客于扬州……前有自序。"(《翁稿》第488~490页)

② 《总目》卷14。

③ 《总目》卷10。

④ 《总目》卷125,删材料:"多用奇句怪字,每篇又为之音释,盖好异者所为也。或附存其目。"(《翁稿》第550页)

⑤ 《总目》卷65。

⑥ 《总目》卷179。

⑦ 《总目》卷61,删材料:"续编列传十篇,无补传,故郑岳之传载卷中,而柯维骐则无之……维骐字奇纯,官南京户部主事,即撰宋史新编者也。"(《翁稿》第565页)

(44)《欧余漫录》。《总目》增评论："而肤浅者居多。"①

(45)《帝学编》。《总目》增评论："祖禹初侍哲宗经幄，因夏暑罢讲，即上书论：今日之学与不学，系他日治乱，而力陈宜以进学为急。又历举人主正心修身之要，言甚切至。史称其在迩英时，守经据正，献纳尤多。又称其长于劝讲，平生论谏数十万言，其开陈治道，区别邪正，辨释事宜，平易明白，洞见底蕴，虽贾谊、陆贽不是过。今观此书，言简义明，敷陈剀切，寔不愧史臣所言。虽哲宗惑于党论，不能尽用祖禹之说，终致更张初政，国是混淆，而祖禹忠爱之忱，惓惓以防微杜渐为念。观于是书，千载犹将见之矣。"②

(46)《礼问》。《总目》增评论："其中如正《子夏传》'妾不得体君，为其父母遂'二语之误，本于郑注；解《曾子问》接祭之接为接续之接，本于卫湜《礼记集说》，持择颇为有见。至论庙制，谓古之诸侯多出于天子，其始祖天子祀之，故诸侯五庙。今考《王制》、《祭法》，诸侯五庙皆有始祖庙，则诸侯原祀及始祖，不特天子祀之也。况《王制》郑注曰：'太祖，别子始爵者。'孔疏曰：'凡始封之君，谓王之弟封为诸侯，为后世之太祖。'如以此始封之别子为始祖，天子安得祀之！如以为始封之君所自出之王，则诸侯不得祖天子。鲁有文王庙，郑有厉王庙，孔疏皆以为非礼之正，安得据以为通例耶！楠又谓《仪礼·丧服》'父卒继母嫁，从，为之服期'，则从生母嫁者当三年。不知《仪礼》经文必特著'从'之一字，是知继母嫁必'从'乃'服期'，不从即不服也。《檀弓》子思之母死于卫，郑注：'嫁母齐衰期。'则知生母嫁即不从，亦必服期也。生母之厚于继母，义在于此。若必加服至三年，岂不念嫁母有绝族之义，安得与无故而服三年者同也！今《律》

---

① 《总目》卷128，删材料："卷前有万历丙午焦竑序。"（《翁稿》第596页）

② 《总目》卷91，《帝学》提要，删材料："其长子冲字符长，绍圣元年进士，建炎中守衢州，坐与赵鼎有连，落职。今此书前有建炎四年谢克家进札，称祖禹子冲寓居衢州，盖冲落职后所勘校也。"（《翁稿》第626～627页）

文生母嫁者在《期服章》，不别‘从’与‘不从’，盖准郑义。枏说似过于情。其他条亦多循旧义，少所阐发。若全载家祭及焚黄文，则更为泛滥矣。"①

(47)《性理要解》。《总目》增评论："前有苏浚序，称其冥搜之暇，神游太极，左图右书，字字而栉之，言言而综之。亦但举二书。其序词气拙陋，殆出依托。疑清本有此残稿，其后人汇为一编，强立此名，又伪撰浚序于前也。"②

(48)《尚书要义》。《总目》增评论："孔安国《传》本出依托，循文衍义，无大发明，亦无大瑕纇，取宋儒说《诗》排《小序》，说《春秋》排《三传》，而说《书》则不甚排孔氏。孔颖达《正义》虽诠释传文，不肯稍立同异，而原原本本，考证粲然，故《朱子语录》亦谓《尚书》名物典制当看疏文。然《尚书》文既聱牙，注疏又复浩汗，学者卒业为艰。了翁汰其冗文，使后人不病于芜杂，而一切考证之实学，已精华毕撷，是亦读注疏者之津梁矣。"复增材料："是书传写颇稀，此本有‘旷翁手识’一印、‘山阴祁氏藏书’一印、‘澹生堂经籍记’一印，犹明末祁彪佳家所藏也。原目二十卷，中第七卷、第八卷、第九卷并佚，无别本可以校补，今亦姑仍其阙焉。"③

(49)《毛诗说序》。《总目》增评论："每章标举大意，主于疏通毛义而止。其诸说之异同皆不置辨，其名物训诂亦皆弗详，犹

---

① 《总目》卷25。

② 《总目》卷95，删材料："而挂扐图说附焉。其书以解性理名，而所解实止《太极图说》。清源苏浚序，亦未晰言卷数。姑就此存其目。"（《翁稿》第659页）

③ 《总目》卷11。《翁稿》认为"了翁诸经要义传本极少，应校刊以佐《注疏》"，此种已抄入《四库全书》。《总目》著录为十七卷，因为不著阙卷。《总目》又删材料："此《尚书要义》亦如孔颖达《正义》卷数，其长孔无忌等上《正义》之表，已见于《周易要义》卷首，故此从颖达序说起也，其上《正义》姓名，亦具《周易》，故此书首不书颖达系衔也。了翁诸经要义传本极少，应校刊以佐《注疏》。"（《翁稿》第670～671页）

说《诗》家之简严者，但疏解未免太略。"①

(50)《耄年录》。《总目》增评论："坤刻意摹司马迁、欧阳修之文，喜跌宕激射。所选《史记抄》、《八家文抄》、《欧阳史抄》，即其生平之宗旨。然根柢少薄，摹拟有迹。秦汉文之有窠臼，自李梦阳始；唐宋文之亦有窠臼，则自坤始。故施于制义则为别调独弹，而古文之品终不能与唐顺之、归有光诸人抗颜而行也。至《耄年录》则精力既衰，颓唐自放，益非复壮盛之时刻意为文之旧矣。"②

(51)《太古遗音》。《总目》增评论："卷首系四言赞一篇，其中《上古琴样》一篇，自伏羲、神农迄刘伯温凡三十四人之琴，皆绘之为图，不经殊甚。又绘钟子期像，而以己像厕其后，尤为妄诞。"③

(52)《天隐子遗稿》。《总目》增评论："是集诗七卷，文十卷。首有王思任序云：'弇州盱衡海内，才子俱上贽贡。所不能致者，会稽徐文长，临川汤若士，其乡则严毅之。'可谓卓然自立之士。然其诗文则尚非徐渭、汤显祖之匹。"④

(53)《西�诗集》。《总目》增评论："其近体格调清越，超然出群。古诗差逊，然亦不坠俗氛，以不为王世贞等所奖誉，故名不甚著。然当太仓、历下坛坫争雄之日，士大夫奔走不遑，七子之数，辗转屡增，一时山人墨客，亦莫不望景趋风，乞齿牙之余论，冀一顾以增声价。诗道之盛，未有盛于是时者；诗道之滥，亦未有滥于是时者。朴独闭户苦吟，不假借嘘枯吹生之力，其人品已高，其诗品苕苕物表，固亦理之自然矣。"⑤

(54)《榆墩集选》。《总目》增评论："中间《诸葛武侯无成论》一篇，谓诸葛之出师，即周公居东之志。其尽瘁而无成功，

---

①《总目》卷17。

②《总目》卷177。

③《总目》卷114。

④《总目》卷178，删材料："诗文同编，盖隐居未仕者，故以天隐子自号。或存其目。"（《翁稿》第698页）

⑤《总目》卷172。

则昭烈‘如其不才卿可自取’一言酰之也。又云：‘昭烈之疑忌，尽见生平深险毕露。’又云：‘诸葛若久在蜀，必有不利孺子之谗。’又云：‘昭烈之有是言，则亮劝攻刘璋之言有以致之。一事之不仁，百行忠厚不足以盖之。亮始教备杀璋以取蜀，卒也致备疑其图禅以终身’云云。其持论殊为偏激。昭烈君臣之契，光明磊落，为三代以后所仅有。永安托孤之言，亦出至诚，陈寿于《昭烈传》中已极论之，即后主之于诸葛，始终尊信，亦未尝有毫发之间言。何得因卿可自取一语而遂谓其有所疑忌乎？至诸葛劝昭烈取蜀，则自三顾隆中时以定其计，而昭烈卒用其策，以少延汉绪。若如所论，则昭烈生平与诸葛周旋者，皆日在猜嫌疑忌之中。虽魏主睿之于司马懿，尚不忍出此，而谓鱼水相合者若是哉？文人好为翻案之说，殊非论古之正轨。王士祯《居易录》极斥其妄，固非太过矣。”①

(55)《易学统此集》。《总目》增评论：“其书多取宋元以来诸说，不甚考究古义，每节之下皆敷衍语气，如坊刻讲章之式。越所补入各条及引述其父之言，皆别为标识，亦无奥旨。”②

(56)《原易》。《总目》增评论：“皆剿袭旧文，别无创获。”③

(57)《古梅吟稿》。《总目》增评论：“其《见刘后村》诗有云：‘诗瓢行脚半天下，多谢先生棒喝功。’又卷末附方秋崖《和百韵诗》，龙翰书其后，自称门人，且言：‘以诗正法眼授记于仆。’是其渊源授受，犹及见前辈典型，故其诗清新有致，颇耐咀吟，在宋末诸家尚为近雅。程元凤序许其‘句老意新’，亦不诬也。集中有《内丹诗》、《外丹诗》，又《拜李谪仙墓》云：‘经营紫河车，破费十载功。金鼎驯乌兔，炎炎丹光红。’又《楼居狂吟》云：‘偃月炉深紫气浮，红铅黑汞六丹头。’是龙翰盖讲

---

① 《总目》卷181。

② 《总目》卷8，删材料：“是书每条有演说，如顺口气讲章之式。其子又有补条，中复引述其父之言。”（《翁稿》第722页）

③ 《总目》卷8，删材料：“所列诸图及解释卦爻，皆前人诸书所已见者。朱彝尊《经义考》无此书名。不知其作书时代。”（《翁稿》第724页）

求神仙炉火之术者，殆亦俞琰之流亚欤？然诗则工于琰多矣。”①

(58)《覆瓿集》。《总目》增评论：“是集诗二卷，长短句一卷，杂文二卷，附录一卷。必瑑治邑有惠政，属宗邦沦丧，慷慨从军，其志可取。沧桑以后，肥遁终身，其节亦不可及。诗文篇帙无多，在宋末诸家中未为颖脱。然体格清劲，不屑为靡靡之音，如‘一雨鸣蛙乱深夜，数声啼鸟怨斜阳’诸句，固未尝不绰有情韵也。”②

(59)《易经儿说》。《总目》增评论：“浚《周易冥冥篇》恍惚支离，颇涉异学。……尺寸不逾，其首先曰讲者，诠释文句也；次曰意者，推阐大旨也；次曰总论，则一卦之纲领也。又间出旁注，以一二语标题。”批评的语气加重。③ 二者行文稍异，而精神相同，均认为该书“墨守朱子《本义》”，“专为科举之学而设”。

(60)《鄱阳集》。《总目》增评论：“又编次错互，如古体中误入律诗一首，律诗中误入古体一首，《武冈驿》一首有录无书，《寄佛印》一首前后两见，颇多复混。殆其本集久佚，后人掇拾残剩，复为此编，故其淆杂如此欤？史称汝砺词命雅正，有古人风，而诗笔亦谐婉可讽。明瞿祐《归田诗话》尝极推其情致缠绵，王士祯《居易录》亦引其《梅花诗》中‘潇湘此日堪肠断，随处幽香著莫人’之句，以证朱淑真词、耶律楚材诗内‘著莫’二字之所出。在北宋诸人之中，固亦褒然一作手矣。张舜民《画墁录》载汝砺于临殁作偈，有‘从今以后不打这鼓’之语，盖其学实出于禅，故集中多与僧往还酬答之作。然汝砺立朝侃直，风节凛然，凡所论谏，皆关国是，其晚耽禅悦，盖亦自行其所得，故不必以一

---

① 《总目》卷165，删材料：“序称‘吟稿’，与宋诗刻本合，而卷内又作‘遗稿’，当以‘吟稿’为是。应存其目。”（《翁稿》第753页）

② 《总目》卷165，删材料：“有异政，民为立祠。……此其所为诗文也。”（《翁稿》第754页）

③ 《总目》卷8。《翁稿》第784页。苏浚之字，《总目》卷8《周易冥冥篇》提要作“字君禹，号紫溪”，原稿将号误为字。

格绳人，遽为汝砺病也。”①

(61)《揭文安公集》。《总目》增评论：“其文章叙事严整，语简而当。凡朝廷大典册及碑版之文，多出其手，一时推为巨制。独于诗则清丽婉转，别饶风韵，与其文如出二手。然神骨秀削，寄托自深，要非嫣红姹紫、徒矜姿媚者所可比也。虞集尝目其诗如三日新妇，而自目所作如汉庭老吏。傒斯颇不平，故作《忆昨》诗，有‘学士诗成每自夸’句。集见之，答以诗曰：‘故人不肯宿山家，夜半驱车踏月华。寄语旁人休大笑，诗成端的向谁夸？’且题其后曰：‘今日新妇老矣。’是二人虽契好最深，而甲乙间乃两不相下。考杨维桢《竹枝词序》曰：‘揭曼硕文章居虞之次，如欧之有苏、曾。’其殆定论乎？顾嗣立《元诗选》载傒斯诗题曰《秋宜集》，今未见。焦竑《国史经籍志》载《傒斯集》一卷，今亦未见。此本凡诗四卷，又续集二卷，制、表、书、序、记、碑、志、杂文八卷，乃其门人锡喇布哈所编。锡喇布哈字符普，泰定四年进士。第九卷有《送锡元普序》，即其人也。所编虽不足尽傒斯之著作，然师弟相传，得诸亲授，终较他本为善。观《元诗选》所载《秋宜集》中《晓出顺承门有怀太虚》绝句曰：‘步出城南门，遥望江南路。前日风雪中，故人从此去。’乃割裂汉乐府半首为傒斯之诗，则所收必不甚精矣。”② 朝军按：《古诗纪》卷二十《古诗一首》云：“步出城东门，遥望江南路。前日风雪中，故人从此去。我欲渡河水，河水深无梁。愿为双黄鹄，高飞还故乡。”《历代诗话》卷六十七“五言短古篇法”条亦云：“辞简意味长，言语不可明白说尽，含糊则有余味，如‘步出城东门，怅望江南路。前日风雪中，故人从此去。’‘忽见明月光，疑是地上霜。起头望

① 《总目》卷153，删材料：“有诗无文，卷首有新城王士正手题，与《居易录》相合，盖即《居易录》所言竹垞近写本得彭汝砺集本者是也。虽非汝砺之全集，然传本已少，应刊刻之。”（《翁稿》第810页）

② 《总目》卷167，《文安集》提要，将《翁稿》“有称于时，其集曰《秋宜集》，此抄本，是其门人燮里溥化校录，溥化字符溥，蒙古人，泰定四年进士，集中有送序者也。应合《秋宜集》同校而抄存之”改为“迁国子助教。告归，复召还。……总修辽、金、宋三史。……事迹具《元史》本传”。

明月，低头思故乡。’‘开帘见新月，即便下阶拜。细语人不闻，北风吹裙带。’”顾嗣立编《元诗选》初集卷三十误将古诗半首视为揭傒斯之作，康熙四十八年张豫章等奉敕编次《御选四朝诗》亦沿误。

（62）《云阳集》。《总目》增评论：“元亡，自称不二心老人。……祁为诗冲融和平，自合节度。文章亦雅洁有法。其初登第也，元制以汉人、南人为左榜，蒙古、色目人为右榜……祁为左榜第二人、其右榜第二人则余阙也。后阙死节，而祁独转侧兵戈间，尝为阙序《青阳集》，以‘不得乘一障，效死如廷心’为恨。又称：‘世之贪生畏死，甘就屈辱，腼然以面目视人者，斯文之丧益扫地尽矣！’盖与阙虽出处稍殊，死生各异，而其惓惓故主，义不负元，则大节如一。昔宋理宗宝祐四年榜，得文天祥为状元，又得陆秀夫、谢枋得二人。是榜得李黼为状元，而又得祁与阙二人。黼不愧文天祥，阙不愧陆秀夫，而祁亦不愧谢枋得。是二榜者，后先辉映，亦可云科名之盛事矣。初，明兵至永新，祁中刃僵道左，千户俞子茂询知为祁，舁归，礼待之。虽幸不死，然洪武中征召旧儒，祁独力拒不起。子茂重其为人，祁没之后，子茂为刻其遗集十卷。至弘治间，其五世从孙东阳搜辑遗稿，属吉安守顾天锡重镂，即此本也。国朝康熙中，广州释大汕复以意删削，并为四卷。然大汕虽号方外，实权利之流，其学识不足以知祁，去取深为未当。故今仍以原本著录，存其真焉。”①

（63）《涂子类稿》。《总目》增评论：“以隐居著述称。然朱彝尊《静志居诗话》谓几尝撰《时事策》十九篇，上书孝庙，大言不怍，盖非安于遁世者云云。今观其集，亦不甚经世之学也。”②

（64）《岁时杂咏》。《总目》增评论：“盖所增惟宋人之诗，而目类则一仍其旧也。晁公武载绶原本诗一千五百六首，而此本二

---

① 《总目》卷168。

② 《总目》卷176，《类稿》提要。《总目》删材料：“志称其善属文，尤工《楚辞》，此其诗文集，前四卷诗赋，后六卷杂文。万历十八年重梓者也。”（《翁稿》第827页）

千七百四十九首，比绥所录增一千二百四十三首。则一代之诗，已敌古人五分之四，其搜采亦可谓博矣。其书自一卷至四十二卷为元日至除夜二十八目，其后四卷则凡只题月令而无节序之诗皆附焉。古来时令之诗，摘录编类，莫备于此。非惟歌咏之林，亦典故之薮，颇可以资采掇云。"①

(65)《声律发蒙》。《总目》增评论："据高儒《百川书志》云：'《声律启蒙》二卷，元博陵安平隐者祝明文卿撰。自一字七字至隔句各押一韵。对偶浑成，音响自合，共九十首。'……《百川书志》所云，未免过情之誉也。……无所当于著述。"②

(66)《周易悬镜》。《总目》增评论："然别无证验。盖方技家依托也。……邵子之《易》，朱子已称为《易》外别传，此又别传之别传矣。"③

(67)《读易考原》。《总目》增评论："其说虽亦出于邵氏，而推阐卦序，颇具精理，盖犹依经立义，视黑白奇偶蔓衍而不可极者，固有殊焉。"④

(68)《文懿集》。《总目》增评论："景淳清介自持，史载其与严嵩论胡宗宪，及不撰陆炳妻诰词，皆触忤权奸，无所惮畏。其制义亦名一时，至今有王、唐、瞿、薛之称。古文则非所擅长也。"⑤

(69)《筹海重编》。《总目》增评论："亦间有引证。前有彦序一篇，极称胡宗宪功。盖宗宪倚赵文华势，攘张经血战之功，固难逃清议，而其所自设施，亦颇著勋劳，受祸以后，众怒平而公论定，固有不容尽没者也。"⑥

(70)《崇川诗集》。《总目》增评论："其第十卷所载皆同时

① 《总目》卷187，《古今岁时杂咏》提要。

② 《总目》卷137。

③ 《总目》卷111。

④ 《总目》卷4。

⑤ 《总目》卷177。

⑥ 《总目》卷76。《翁稿》认为"有考及前代故事处，尚属有用之书，可以抄录"（第915页），《总目》仅入存目。

之人，殊非《文选》不收何逊之义也。”①

(71)《同人集》。《总目》增评论：“然阿瑛但文酒之欢，此并其寿序之类亦皆载入。故繁富胜之，而精美则不及焉。”②

(72)《益智录》。《总目》增评论：“凡圣贤名人言行可录者，诠次为二十卷，而载明人事居三之一，间有叙事之后附以论断者。承泽崇祯庚午乡试，出姚希孟之门，辛未会试，出何如宠之门，故其附东林也甚力。是书为万历、天启间诸人传尤详。然承泽门户深固，大抵以异同为爱憎，以爱憎为是非，不必尽协于公道也。”③

(73)《半窗史略》。《总目》增评论：“亦课蒙之本，无关考据也。”④

(74)《大司空遗稿》。《总目》增评论：“其文有意刻画韩、柳，而往往失之粗率。诗则音调谐美，亦学唐格而过于摹拟者也。”⑤

(75)《梅谷集》。《总目》增评论：“履丰以奉兄丧归里，遘疾早卒，未掌制诰，而集中有册文、奏书等篇，殆皆其馆课之拟作耶?”⑥

(76)《程文恭遗稿》。《总目》增评论：“较《松溪集》为赅备，然体格则一也。”⑦

(77)《洪范皇极》。《总目》增评论：“极驳其宗王柏之说，删改圣经。盖亦好异之士。”⑧

(78)《钝斋文抄》。《总目》增评论：“张尚瑗序称其文似归有光。使汰其冗句俗字，固亦近之矣。”⑨

---

① 《总目》卷194。

② 《总目》卷194。《翁稿》认为应存其目（第926页），《总目》入总集类存目。

③ 《总目》卷63。

④ 《总目》卷50。

⑤ 《总目》卷177。

⑥ 《总目》卷179。

⑦ 《总目》卷177，删材料：“《明诗综》所载《松溪集》者非其全也。”（《翁稿》第961页）

⑧ 《总目》卷110，《洪范皇极注》提要。

⑨ 《总目》卷184。

(79)《孔孟颜三氏志》。《总目》增评论："纪年既误，而又以宋理宗年号移之于元，殊为疏舛。即此一端，其他可概见矣。"①

(80)《四书惜阴录》。《总目》增评论："以陇其《三鱼堂集》勘之，其文相合，实非依托。然其书则不称陇其之所言。据世沐自记曰：'仇沧柱示以关中李中孚《反身录》，中孚曾讲学毗陵，会过一次。彼深惜南浙两省学者害于举业，彼时心不甘南士必逊北士。如此迄今，几三十年。彼学已成，名已立，南士竟无与颉颃。细读其录，愈不心服。摘录中数处，以质沧柱翁，狂不自量，续为《惜阴二集》，不觉积成二十一卷，几乎有六百叶。'又曰：'李从陆、王入，而出入于程、朱四子。余从程、朱入，而准则于周、宋八贤，虽沐染南风，刚峻良有不逮，而古人所云醇正，则当仁不欲多让'云云。则世沐此书，盖为与盩厔李颙相诟而作。故陇其喜其能排陆、王，为之作跋。然讲学以明道，非以求胜。但为朱、陆而争，已不免门户之见。况世沐以圣学自任，而不能化一南北之畛域，则先不自克其私心矣，又何学之可讲乎？"②

(81)《诗经惜阴录》。《总目》增评论："然循文衍说，于诗教未得其要领也。"③

(82)《乐律管见》。《总目》将此书著录于《柏斋三书》条内，并加评论："大都好为异说以自高。如论阴阳，则以周子相生之说为不可信，于张子《正蒙》、邵子《经世》诸书皆排诋其失；论乐律，则以蔡元定《律吕新书》为不可行，并讥《礼经》之《乐记》为过当而失实；论儒学，则以朱子为欠明切，而真德秀《大学衍义》于《大学》之道实亦不知，皆所谓一知半解也。"④

(83)《学文堂集》。《总目》增评论："王晫《今世说》，称

---

① 《总目》卷59。

② 《总目》卷37。

③ 《总目》卷18。《总目》又将"盖其人固虚心力学者"改为"世沐有《周易惜阴录》，已著录……每卷皆记其起草缮真之年月，盖亦苦志著述者"。

④ 《总目》卷134，《柏斋三书》提要，杂家类存目，删材料："与蔡氏《律吕新书》、陈氏《乐书》多有不同。后又有读李文利《律吕元声》、周德清《中原音韵》二则。"(《翁稿》第1006页)

‘玉堪每读书至夜分，两眸欲合如线，辄用艾灼臂，久之成痂’。盖亦苦学之士。又称‘其所为诗文，旬日之间，动至盈尺，见者逊其俊才。’则贪多务博可知，宜其集不一本也。”①

(84)《鹤滩集》。《总目》增评论：“福少而颖悟，诗文以敏捷见长，故委巷鄙俚之词，率以归之。今观是集，实少俳谐之作，知小说多附会也。……又多溢美，亦不尽可凭。”②

(85)《两汉隽言》。《翁稿》仅为材料稿，无观点。《总目》增评论：“然不自为一书，而补葺旧本，创立新名，是则明人之结习矣。”③

(86)《东水质疑》。《总目》增评论：“然持论疏浅，不免为饾饤之学也。”④

(87)《景迂生集》。《总目》增评论：“说之博极群籍，尤长经术，著书数十种，靖康中兵燹不存，其孙子健访辑遗文，编为一十二卷，又续广为二十卷。前三卷为奏议，四卷至九卷为诗，十卷为《易元星纪谱》，十一卷为《易规》十一篇，又《尧典》、《中气》、《中星》、《洪范》小传各一篇，《诗序论》四篇，十二卷为《中庸传》及读史数篇，十三卷即《儒言》，十四卷为杂著，十五卷为书，十六卷为记，十七卷为序，十八卷为后记，十九、二十卷为传、墓表、志铭、祭文。其中辨证经史，多极精当。《星纪谱》乃取司马光《元历》、邵雍《元图》而合谱之，以七十二候、六十四卦相配而成，盖《潜虚》之流也。陈振孙《书录解题》曰：‘刘跂斯立墓志，景迂所撰，见《学易集》后，此集无之，计其佚者

---

① 《总目》卷183，《别本学文堂集》提要。《翁稿》认为：“此刻本文内阙其九卷，则不知元阙，抑印本偶阙也。应以五十六卷存其目。”（第1015～1016页）《总目》：“然文集之中，有录无书者九卷，实为四十七卷，与前一本大同小异。两本皆无总目，疑皆随作随刊本，非其全帙也。”未采纳其建议，而是以实际卷数著录。

② 《总目》卷176，删材料：“《明史·艺文志》载此卷数相符。”（《翁稿》第1020页）

③ 《总目》卷65。

④ 《总目》卷125。

多矣。’此本当即陈氏所见，而讹误颇甚。《洪范》小传及十七卷序文内兼有脱简。又有别本题曰《嵩山集》，所录诗文均与此本相合，讹缺之处亦同，盖一书而两名，今附著于此，不复别存其目云。”①

(88)《孱守斋遗稿》。《总目》增评论：“平生学问，以何焯为宗。故全祖望为其墓铭曰：‘蕙田之学，私淑义门。义门之徒，莫之或先。人亦有言，墨守太坚。蕙田不信，御侮兀然。每逢异帜，互有争端。焦唇敝舌，各尊所闻。’纪其实也。”②

(89)《野庵文集》。《总目》增评论：“其文落落有气，而格律未严。”复增材料：“是集乃其门人王君谟等所编，未经刊行，其玄孙道南复订正藏于家。前有道南自述颠末一篇。”③

(90)《半农斋集》。《总目》增评论：“其文颇辨博自喜，而多拾李贽余论，未脱明季之町畦。”④

(91)《石语斋集》。《总目》增评论：“亦高自位置矣……明人集刻本丛杂，著录互异，此亦其一也。”⑤

(92)《甜香斋诗文集》。《总目》增评论：“气格纤琐，皆无足取……大旨以竟陵为宗。”⑥

---

① 《总目》卷154，删材料：“其是集一称《嵩山集》，然说之语其后人云：‘访辑遗文，当以景迂目之。’盖其自号‘景迂生’者，以平生慕司马光之为人也。应以景迂生集标目。说之平生著书凡三十二种，今皆不传于世。是集间存其序文数篇，而如《晁氏书传》七卷，则朱彝尊《经义考》亦失载。今见于是集者惟《儒言》一卷耳。其书虽名《儒言》，实则专为黜王安石而作，新城王士祯云是王安石爰书者也。是集辨证多有资于经史大义。应刊刻之。”（《翁稿》第1055页）

② 《总目》卷185。

③ 《总目》卷175，删材料：“筑巴山书院，肆力经籍……此其所为文，有万历壬子玄孙道南序。”（《翁稿》第1067页）

④ 《总目》卷182，删材料：“而每部止一卷，或二卷。其分部者盖侈言之矣。”（《翁稿》第1097页）

⑤ 《总目》卷179，删材料：“前有迪光自序。”（《翁稿》第1102页）

⑥ 《总目》卷180，删材料：“中间每篇又皆加圈点，其初在崇祯之初年，此则重抄本也。”（《翁稿》第1104页）

(93)《华阳洞稿》。《总目》增评论："然所造则尚未深也。"①

(94)《丽奇轩四书讲义》。《总目》增评论："大旨为科举而作。"②

(95)《剪胜野闻》。《总目》增评论："书中所纪，亦往往不经。如谓徐达追元顺帝，将及之而遽班师；常遇春诉愬于帝，达入自疑，拔剑斩阍而出。真齐东野人之语，祯卿似未必至是也。"③

(96)《成宪录》。《总目》增评论："书中所载，事实少而诰敕多，如洪武元年二月，诏以太牢祀先师孔子于国学，仍遣使诣曲阜致祭，并载太祖遣祭之谕。今《本纪》乃止书祀国学而不及阙里，又《本纪》载洪武十年十二月高丽使五至，以嗣王未立却之。十二年十二月高丽贡黄金百斤、白金万两，以不如约却之。而此书又载洪武十二年五月谕辽东守将潘敬、叶旺勿纳郑白一事，亦足以补史传之阙，然浮文妨要者终多也。"④

(97)《继世纪闻》。《总目》增评论："其书皆记武宗时事，谓韩文等劾刘瑾，司礼监太监王岳等佐之，瑾已垂诛，李东阳党于瑾，先期漏言，遂不可制，卒成擅权之祸，所以罪东阳者甚至，其事容或有之。至谓张彩于瑾多所匡正，反复为辨其枉，则公论具在，安能以一手掩乎？"⑤

(98)《澹然集》。《总目》增评论："敬宗与李时勉同举进士，同时为南北祭酒。时勉立朝刚劲，而待诸生则平恕。敬宗立身端直，而待诸生则甚严。然同以德望为士林师范，世不得而优劣之。惟文章质朴太甚，又逊于时勉耳。"⑥

---

① 《总目》卷178。

② 《总目》卷37，删材料："前有其甥井在序。"（《翁稿》第1148页）又将作者时代由"明"改为"国朝"。

③ 《总目》卷143。

④ 《总目》卷48。

⑤ 《总目》卷53，删材料："洪谟之为人，史无其传，而此书第二第三卷之首行下有箬陂二字，乃前后卷首则又无之。抄本中有涂乙处，姑存其目可矣。"（《翁稿》第1181页）

⑥ 《总目》卷175。

(99)《绩学堂文抄》。《总目》增评论："然文鼎测验推算诸法，皆足以自传于后。诗文特其余事，非所擅长。盖算术虽一艺，而非以毕生之精力专思研究，则莫造其微。虽超特绝世之姿，其势不能以旁及。张衡深通历算，妙契阴阳，至能作候风地动仪，而文章博丽，又能凌轹崔、蔡之间，千古一人而已。自洛下闳、鲜于妄人以下，淳风、一行亦未能以词采著也。斯亦物不两大之理矣。"①

(100)《白云诗集》。《总目》增评论："称为总角交，其才气亦调元之亚也。"②

(101)《周易明善录》。《总目》增评论："自序谓后天之道以致用为主，而造化之流行有常有变。常者宰之于帝，变者藏之于神。履其常者以卦为体，通其变者以筮为用。是故帝者流行一定之极，而神者造化不测之机也。其推阐亦颇极苦心，然与讲先天之图者亦同一关纽，总为《易》外之别传而已。"③

(102)《梭山农谱》。《总目》增评论："词多借题抒愤，不尽切于农事也。"④

(103)《蒿庵集》。《总目》增评论："大抵才锋骏利，纵横曼衍，多似苏轼，而持论不免驳杂。盖尔岐之专门名家究在郑氏学也。"⑤

(104)《山林清气集》。《总目》增评论："其诗皆五七言律体，又续集仅诗七十六首，而咏物者至五十三首，格调亦皆浅弱。末有附集一卷，皆同时诸人酬赠之作。前有三山王都中题五言律诗一首，又一首署蒙古作，亦和王韵，盖即集中所称钱蒙古松壑佥事也。"⑥

(105)《眉公十集》。《总目》增评论："简端各缀以评。其评

---

① 《总目》卷184。

② 《总目》卷185。

③ 《总目》卷9。

④ 《总目》卷102。

⑤ 《总目》181。

⑥ 《总目》卷174，删材料："附诸人所赠诗于卷后，而吴郡僧善住《谷响集》中亦多与德净之诗，此抄本前有长洲顾嗣立印。嗣立所选元百家诗三集皆无之，杭志亦不载其名。"（《翁稿》第1258页）

每卷分属一人，而相其词气，实出一手，刊板亦粗恶无比，盖继儒名盛一时，坊贾于《秘籍》中摘出，翻刻又妄加批点也。”①

(106)《戒庵漫笔》。《总目》增评论：“诩自号戒庵老人，因以为名。书中称世宗为今上，而又载有万历初事。盖随时缀录，积久成编，非一时所撰集，故前后不免于驳文也。其间多志朝野典故及诗文琐语，而叙次烦猥，短于持择。于凡谐谑鄙俗之事，兼收并载，乃流于小说家言。惟记苏轼、黄庭坚真迹诗句，可补本集之亡佚；记刘基画蜀川图，可证《图绘宝鉴》之阙漏；又如论《孟子古本》同异，则较王士祯《池北偶谈》所摘为详；又据《三水小牍》以证洪迈《夷坚志》之蹈袭；辨《两山墨谈》所称苏轼有妹嫁秦观之诞妄诸条，为沙中金屑耳。”②

(107)《昭代经济言》。《总目》著录为《经济言》，且增评论：“是编掇辑诸子名言，自管、韩迄唐、宋，分类标题，以供程试之用，非真为经济作也。”③

(108)《尚䌹小语》。《总目》增评论：“多论人情世事，所见颇粗。”④

(109)《说诗乐趣》。《总目》增评论：“以所撰《读书乐趣》末有《偶咏草》，故此曰续集也。其书庞杂无绪，去取失伦。……涵芬《偶咏草》中有‘侨居白下三山市，乱卖柴溪伍氏书’句，盖贫士刊鬻以自给，原不为著述计也。”⑤

---

① 《总目》卷134杂家类存目。《翁稿》认为“自《读书镜》、《玉振谭》凡十一种，皆在《宝颜堂秘籍》之内。惟《读书十六观》一种别出名目……实无庸另存目”。(第1312页)

② 《总目》卷128。《翁稿》认为“颇有资于引证，在明人说部中尚为洁净者，应抄录之”(第1317页)，但《总目》入存目。

③ 《总目》卷138，删材料：“是书前有自序在天启丙寅，则正其削籍官居时也。所辑皆明人之文，自疏议以至论说或全或删，前有闽瓯谢绍芳序，称先君子谏书云云，盖指第十四卷谢朝佐册立东宫诸疏也。”(《翁稿》第1321页)

④ 《总目》卷125。

⑤ 《总目》卷197，删材料：“龙衮《江南野史》讹为野录，《临汉诗话》讹为临溪，以及孟棨讹孟启，王楙讹懋，张耒讹张来，严羽讹严明之类。”(《翁稿》第1326页)

(110)《月湖剩稿》。《总目》增评论:“是集仅文二十四首,又多小品,盖犹明季山人之遗风。”①

(111)《中岩集》。《总目》增评论:“文昭序则称郭明府九芝延居余园书馆,昆山顾亭林、二曲李中孚皆执弟子礼。亭林,顾炎武号;二曲,李颙号也。二人皆国初通儒,似不轻北面于人者,存其说可矣。”②

(112)《梦虹奏议》。《总目》增评论:“前有凡例,称以事之大小、时之先后改易旧次。考显麒以正德时谏疏得名,其《嘉靖讲学疏》不过循例陈言,体同策论,而此本乃列谏疏于讲学疏后。盖明人以讲学为至荣,故视为第一大事,取以冠编,而不计其年月颠倒也。卷首载《一统志·显麒传》,称其劾戚畹陈万言及论蔚州买木二事。此木乃无其疏,殆原稿散佚欤?”并删去“尝受学于蔡清之门”一句。③

(113)《衡岳志》。《总目》增评论:“然宏谟序已称续刻者随时窜入而不之究,则未经重修以前已非簪之原本矣。序又称总形胜于多景之前,补事纪于诸卷之首。此本一卷为事纪,二卷、三卷为形势,知为宏谟所增。至所称诗文以景附、景以类分者,则散缀各卷,不可复考。簪自号石屋山人,安城人,官衡山县知县。其书成于嘉靖戊子。宏谟秀水人,嘉靖癸丑进士,官至吏部左侍郎。其书成于隆庆辛未,时提督湖广学政,应知县章宜之请,续此编云。”④

(114)《南漳子》。《总目》增评论:“核其体例,实亦于古无征。”⑤

(115)《觉迷蠡测》。《总目》增评论:“是编皆阐发佛理。前有自序,称江阳民侯幻然子传来一札,询大觉起迷之生相及老、释差殊之教相,俱是儒书率性修道以上事,不容不答,亦不忍不答。

---

① 此条《总目》分为两条(即《月湖剩稿》、《月湖读画录》)著录。

② 《总目》卷182。

③ 《总目》卷56。

④ 《总目》卷76。

⑤ 《总目》卷78。二者观点相同,而行文不同。

乃草勒数款，而命之曰《觉迷蠡测》。末有瞿汝稷题语。其《剩言》一卷，皆阐发此书余义……附录一卷，则与诸人往返论禅书也。"①

(116)《知白堂稿》。《总目》增评论："皆无关大计，其余亦大抵应酬之作。"②

(117)《青棠集》。《总目》增评论："是编乃嗣成殁后其友茅维所编。前有谢肇淛序，称嗣成古选宪章陶、谢，近体沐浴岑、王，如姑射仙人飧风饮瀣，盖略举其近似。至云使天假以年，骎骎乎将立坛坫，与海内争雄，则已显言其学力尚浅矣。"③

(118)《冬溪集》。《总目》增评论："集中文章猗率，不出方丈语录之格，诗稍近雅，而亦不工。"④

(119)《性灵稿》。《总目》增评论："是集名以'性灵'，盖欲抒写襟抱，不落窠臼之意。然师孔为吴国伦弟子，究不能出七子之轨辙。"⑤

(120)《黄海》。《总目》增评论："大抵以多为胜，而考证之学与著述之体则非所讲也。"又增材料："之恒字景升，嘉靖间官中书舍人。……史称二十九卷，未为确数。……不知其止此六十卷否也。"⑥

(121)《西樵遗稿》。《总目》增评论："《明史》本传谓其虽执大政，气厌厌不振，入阁之初，攻者四起。故集中多引疾求退之

---

① 《总目》卷145。《翁稿》："此书皆释氏之言，毋庸存目。"（第1418页）但《总目》未予采纳，存目著录。

② 《总目》卷177。

③ 《总目》卷179。《翁稿》认为应存其目，但又另注："毁。"《总目》未予采纳，存目著录，又删材料："以建言储事削籍归，此其所为诗也。集名青棠，取合骓蠲忿之义。"（《翁稿》第1424页）

④ 《总目》卷178。

⑤ 《总目》卷180。翁方纲云："此书内记出二签。"（《翁稿》第1432页）

⑥ 《总目》卷76，删材料："其书名既列《明艺文志》，自应存目，然此本卷数实难确定其次第，则未能遽存其目矣。"（《翁稿》第1439页）

章，无所谓嘉言硕画云。”①

（122）《谦斋文录》。《总目》增评论：“事迹具《明史》本传。溥于孝宗时在内阁十二年，与刘健、谢迁等协心辅治，不立异同。然于事有不可者，侃侃力争，多所匡正，如谏止李华复官，执奏不撰三清乐章，因视朝渐晏，上疏抗论，并著谠直之节。孝宗时朝廷清暇，海内小康，论者谓溥等襄赞之力为多。今集中奏议尚存，其指事陈言，委曲恳至，具见老成忧国之忱，与隆、万后以讦激取名、嚣争立党者，词气迥殊。盖有明盛时，士大夫风气如是也。至其他作则颇多应俗之文，结体亦嫌平衍。盖当时台阁一派皆以春容和雅相高，流波渐染，有莫知其然而然者。王鏊《震泽纪闻》曰：‘徐溥在翰林，不以文学名，及在内阁，承刘吉恣威福、报私怨之后，一以安静调和中外，海内宁平。行政不必出于己，惟其是；用人不必出于己，惟其贤。时称休休有大臣之度。’云云。是文章不如器量，当时已有定评。然有德之言，忠与涂饰字句者异，是又不能不以其器量重其文章矣。”②

（123）《古史要评》。《总目》增评论：“而挂一漏万，茫无始末，并不足以裨初学。于元朝不载事实，但附许衡、吴澄二人，题曰‘元朝人物’，尤为偏谬。”③

（124）《伐檀斋集》。《总目》增评论：“其诗大抵推陈出新，不袭窠臼，而风骨遒上，伉壮自喜，每渊渊有金石声。所作《西苑宫词》，《静志居诗话》谓其高出世贞之上。他如《北游》诸律，亦多不失矩矱。盖其才华本富，又脱屣名利，胸次旷夷，故当琅琅、历下之派盛行，而能不囿于风气，宜世贞之心折不置矣。”④

（125）《大谷诗集》。明温新著。《总目》入总集类存目，改题《二温诗集》，且增评论：“新诗刻意学杜，而仅得浮声，盖亦宗北

---

① 《总目》卷176。

② 《总目》卷170，删材料：“是集为其子宏弼孙文炯所辑，录前有朱希周、王宗沐二序。”（《翁稿》第1489页）

③ 《总目》卷90。

④ 《总目》卷172。

地之学者也。"①

(126)《中谷诗集》。明温秀著。《总目》增评论:"故诗多亢厉之音。"②

(127)《苍耳斋集》。《总目》增评论:"其诗风华有余,深厚不足,盖亦沿七子之派,多浮声而少切响也。"③

(128)《黄说仲诗草》。《总目》增评论:"盖亦沿七子之流波者。"④

(129)《潘象安诗集》。《总目》增评论:"五言古体多摹《文选》,七言古体学初唐,近体亦颇有大历诸人风调。然音节畅而性情少,所谓得皮而未得髓者也。中间颍阳许国、岭南区大相二人评语,如批点时文之法,亦非古人体例。"⑤

(130)《东壁遗稿》。《总目》增评论:"祝允明为作遗文后序,载其死为《丹台记》,事甚怪。焘外舅程遵为作墓志、墓碣,集序乃无一语及之。允明故好奇,所作《野记》、《志怪》诸书,朱孟震《河上楮谈》称其百无一信,则所述焘事,殆影附李贺《小传》为之,未必可据矣。是编乃焘殁之后遵所编次,凡论十五篇,策五篇,表四篇,皆其揣摩科举之文。大抵才气溢发,有苏氏父子遗意,而神锋太隽,义蕴未深,则天限其年,学问未足副之也。遵序称焘在时尝题其文曰《东壁录》,故因其志题曰《东壁遗稿》云。"⑥

(131)《研山山人漫集》。《总目》增评论:"是集为湖州沈庭诏所编。前有隆庆二年姜元序、茅翁积《方山人传》。又列翁积诗

① 《总目》卷192。

② 《总目》卷192。

③ 《总目》卷179。

④ 《总目》卷178,删材料:"其诗因地分编,而汇存之。"(《翁稿》第1521页)

⑤ 《总目》卷180,删材料:"载入颍阳许国及岭南区大相评语,盖其诗最见赏于二人也。"(《翁稿》第1522页)

⑥ 《总目》卷176,删材料:"此二卷乃其业科举所为也。焘年止十七而有文二卷,故论者叙其事比于唐李贺云。"(《翁稿》第1523页)

评数条，逐体分论，多大言无实，至诋束皙《补亡》秽不可读。其分五言律、五言排律为二格，而云排律本赋体，又谓绝句裁自近体，皆漫无依据。其推重盱诗，以四言、六言比嵇康，五言比陶潜，五言律比张九龄，五言绝句比王维，然皆所谓形骸之外去之愈远。七言古诗尤为浅薄。翁积总评谓‘侈万言于毫末，恣百态于缃缥，虽有歉于豪士，实无损于专门’，则亦知其才地之弱矣。”①

(132)《古雪斋近稿》。《总目》增评论：“其诗修饰风调，流易有余，而短于精诣。”②

(133)《已宽堂集》。《总目》增评论：“是集所载诗，自嘉靖壬辰至万历乙亥，计四十四年之作。篇什虽多，颇伤芜杂。”③

(134)《石龙庵诗草》。《总目》增评论：“学诗不以诗名，而所作音节颇清亮。盖尝与李攀龙相赠答，故流派与之相近。”④

(135)《敦行录》。《总目》增评论：“所纪皆厚德之事，而以《征验》一篇终之。则近乎因果之说，涉于有为而为矣，故列之杂家类焉。”⑤

(136)《窦子纪闻类编》。《总目》增评论：“盖以其人重之，其言则未能免俗也。”⑥

(137)《燕山丛录》。《总目》增评论：“大抵多涉语怪。末附以长安里语，尤为鄙俚。又多失其本字、本音，不足以资考证。书成于万历壬寅，有昌祚自序，谓因辑《太常寺志》，得征州县志书，因采其所记成此书，则亦剽掇之学也。”⑦

(138)《可斋杂记》。《总目》增评论：“此书述其生平阅历，

---

① 《总目》卷179。

② 《总目》卷180。

③ 《总目》卷177，删材料：“不受羡余，归田不能资伏腊，中庭广丈许，榜曰已宽。”(《翁稿》第1530页)

④ 《总目》卷177。《翁稿》：“即其劾嵩一节，已炳史册，而疏稿在集中，应抄存以资考史。”(第1545页)《总目》入存目。

⑤ 《总目》卷133。

⑥ 《总目》卷125，《纪闻类编》提要。

⑦ 《总目》卷144。

始正统乙丑在国子监肄业，多称李时勉善教事。次叙廷试第一及入翰林事，多陈梦兆、机祥及诸琐事。次记景泰初入内阁事，所载英宗北狩、额森内侵、夺门复辟、曹吉祥谋逆，皆甚寥寥，王文入相事独详，叙周、钱二太后并尊及钱太后祔庙事，往返曲折尤悉。盖平生经济，在策项忠一事；平生大节，则在此一事。证以本传，一一相合，知非诡词以自炫。惟称景泰初内外防御，以于谦、陈循同功，似非公论。又记张英、刘长子之冤，以时方省亲，自家至京，不及申救为解。然其后时在内阁，亦未闻申攘功之诛，正骩法之罪。仅以笔记存公论，殊无谓也。时本贤相，殆以此自识其过乎?"①

(139)《竹屿山房杂部》。《总目》增评论："公望之子懋澄，合而编之。诩字久夫，公望字天民，皆见于书中，其始末则未详焉。考《千顷堂书目》载是书，凡二十七卷。前集：《树畜部》四卷，《养生部》六卷，《家要》二卷，《宗仪》二卷，《家规》四卷；后集：《种植》一卷，《尊生》一卷。此本盖不完之书。然此书以农圃之言，兼玩好之具，与《家要》、《家规》、《宗仪》同为一帙，实属不伦，疑其后析而别行。而此五部以类相聚，自为一编，则亦不可谓非全帙也。至《种植》、《养生》二部实各十卷，与黄氏所云各一卷者不合。且以黄氏所载卷数计之，与二十七卷之数又自不相合。则黄氏所云亦不足据以定此书之完缺矣。其书于田居杂事最为详悉，而亦间附考证。如《养生部》'鲥鱼'条引《尔雅》鳍当魱以证之。郑樵注谓'鳍即魱，魱即缩项鳊'。郭璞注谓'鳍似鳊而小'，则非鳊可知。郑注似误。此书取张萱《汇雅》之说，舍郑从郭，以鳍为鲥，所解甚确。犹读书考古者之所为，非仅山人墨客语也。"②

(140)《禅寄笔谈》。《总目》增评论："《续谈》分二十则，

---

① 《总目》卷143，删材料："此其笔记。自未通籍时至入官后所质时事，皆可与史相证。可斋盖其别号，而刻《续说郛》者谓之《彭公笔记》，非也。"(《翁稿》第1590页)

② 《总目》卷123。

而附以《岁余随笔》一卷。纪录颇为庞杂。……其持论皆近于李贽。盖与贽友善，习气沾染而不觉也。……则前人所未言也。"①

(141)《旗阳林氏集》。《总目》增评论："春泽少与郑善夫游，互相切磋，故其诗颇有体裁，但乏深思厚力耳。"②"其诗皆沿七子之派。"③

(142)《张水南集》。《总目》增评论："是集凡诗二卷，文九卷。……盖亦留心于经世者，词章则又当别论焉。"④

(143)《燕川集》。《总目》增评论："皆他人作……嫁名于人，后仍收之集中耳。然究非体例也。"⑤

(144)《考正晚年定论》。《总目》增评论："乃取《朱子年谱》、《行状》、《文集》、《语类》等书，详为考正……考《晚年定论》初出之时，罗洪先致书守仁，所辨何叔京、黄真卿二书，已极为明晰。是书特申而明之，大旨固不出罗书之外。至谓守仁立身居家，并无实学，惟事智术笼罩，乃吾道之莽、懿。又取明世宗时《请夺守仁封爵会勘疏》及不准恤典之诏，以为口实。则摭拾他事，以快报复之私，尤门户之见矣。"⑥

此则提要前半部分云："是书以王守仁所作《朱子晚年定论》不言晚年始于何年，但取偶然谦抑之词，或随问而答之语，及早年与人之笔录之，特欲借朱子之言以攻朱子，不足为据。乃取《朱子年谱》、《行状》、《文集》、《语类》等书，详为考正。以宋孝宗淳熙甲午为始，朱子是时年四十有五。其后乃始与陆九渊兄弟相会。以次逐年编辑，实无一言合于陆氏，亦无一字涉于自悔。因逐条辨驳，辑为是编。"而作者原序云："阳明王氏有《朱子晚年定

---

① 《总目》卷127。

② 《总目》卷176，《人瑞翁集》提要。《旗阳林氏集》、《碧麓堂集》未见著录，但《人瑞翁集》、《少峰草堂诗集》分别著录。

③ 《总目》卷177，《少峰草堂诗集》提要。

④ 《总目》卷176，删材料："集为隆庆元年吴郡范惟一所删订，前有惟一序。"(《翁稿》第1614页)

⑤ 《总目》卷185。

⑥ 《总目》卷97。

论》一书，考正者考正其谬也。断自孝宗淳熙元年甲午，朱子四十五岁。始与陆子静兄弟会。逐年编辑。其言论书札及所著诸书大指一一具列，年愈晚而事学愈力，辟邪愈坚，宁有一字合于陆氏，一言涉于自悔者?”《总目》因袭前人序跋的成分较重，于此可见一斑。

此类凡144条，约占12.52%。

3. 增案语

(1)《调象庵集》。《总目》增案语:“案:《涅盘经》曰:‘譬如醉象，狂骇暴恶，多欲杀害。有调象师以大铁钩钩斲其项，即时调顺，恶心都尽。一切众生，亦复如是。贪欲瞋恚愚痴醉，故欲多造恶业。诸菩萨等以闻法钩斲之令住，更不得起造诸恶心’云云。”①

(2)《宋文选》。《总目》增案语:“案:张邦基《墨庄漫录》称崔伯易有《金华神记》，编入《圣宋文选》后集中，则此乃其前集，在南渡以前矣……中无三苏文字，而黄庭坚、张耒之文则录之。岂当时苏文之禁最严而黄、张之类则稍宽欤?又其中无二程文，盖不以文士目之也。何焯《义门读书记》跋所校《元丰类稿》后曰:‘己卯冬，于保定行台(案:焯是时在直隶巡抚李光地署中。)阅内府所赐大臣《古文渊鉴》，有在集外者六篇，则《书魏郑公传》、《邪正辨说》、《再上田正言书》、《上欧蔡书》也。后知立斋相公(案:立斋为大学士徐元文之别号。)有建本《圣宋文选》数册，其中有《南丰文》二卷，嘉善柯崇朴借抄，遂传于外，此六篇者皆在焉。’云云。按:《书魏郑公传后》一篇，《宋文鉴》亦载，不仅见于此集中，焯盖考之未审。然南丰外集、续稿，今并不传，其佚篇惟赖此集以存，盖亦不为无功矣。宋人选宋文者，南宋所传尚伙，北宋惟此集存耳。其赅备虽不及《文鉴》，然用意严慎，当为能文之士所编，尤未可与南宋建阳坊本出于书贾杂抄者一

① 《总目》卷179。《翁稿》:“此集皆万历二十六年以前所作，无违碍记签之处。”(第5页)

例视之也。”①

(3)《易外别传》。《总目》增案语：“案：此书纯为道家之说，自序中已明言之。旧虽附于《周易集说》之后，今移置于道家。盖一家之书可以不分品目，自相系属。若区别门类，则宗旨各殊，不容以黄、老之谈参羲、文之笈矣。”②

(4)《明高皇后传》。《总目》增案语：“案：此编亦传记之类。然皇后为天下母仪，敌体人主，不可参错诸传记中。今变例置之于杂史，亦所谓礼以义起者也。”③

(5)《寰有诠》。《总目》增案语：“案：欧逻巴人天文推算之密，工匠制作之巧，实逾前古。其议论夸诈迂怪，亦为异端之尤。国朝节取其技能，而禁传其学术，具存深意。其书本不足登册府之编，然如《寰有诠》之类，《明史·艺文志》中已列其名，削而不论，转虑惑诬，故著于录而辟斥之。又《明史》载其书于道家。今考所言，兼剽三教之理，而又举三教全排之，变幻支离，莫可究诘，真杂学也，故存其目于杂家焉。”④

(6)《野古集》。《总目》增案语：“案：练子宁以下诸人，据其通籍之年，盖有在解缙诸人之后者。然一则死革除之祸，效命于故君；一则迎靖难之师，贡媚于新主。薰莸同器，于义未安。故分别编之，使各从其类。至龚诩卒于成化己丑，更远在缙等之后。今亦升列于缙前，用以昭名教是非。千秋论定，纡青拖紫之荣，竟不

---

①《总目》卷186。

②《总目》卷146。按：此种已抄入《四库全书》道家类。

③《总目》卷52。《总目》又将《翁稿》“所称文皇后内训翻刻梓者即指徐后之序也……本传云端王嗣位，以仁寿著”改为：“俱谓永乐九年类辑《古今列女传》，以高皇后圣训与古后妃为一卷，而诸侯、大夫、士、庶人妻各为卷。徐后请以《高皇后传》别刻之，遍赐内外。然则此即《古今列女传》之文而别出之者。其文则永乐初词臣所撰也。”

④《总目》卷125。《翁稿》认为毋庸存目，但《总目》未予采纳，存目著录，且增评论：“其论皆宗天主。又有《圜满纯体不坏》等十五篇，总以阐明彼法。”

能与荷戟老兵争此一纸之先后也。"① 此条案语出自纪昀之手，详见第二章。

(7)《征南录》。《总目》改题《孙威敏征南录》，且增案语："案：削平寇乱之事，宜入杂史。然此书为表孙沔之功，非记依智高之变，故入之传记类中。"②

(8)《嘉靖以来首辅传》。《总目》增案语："案：明自太祖罢设丞相，分其事权于六部。至成祖始命儒臣入直文渊阁，参预机务，但称阁臣而不以相名，其后阉幸干政，阁臣多碌碌充位。至嘉靖间，始委政内阁，而居首揆者责任尤专。凡一时政治得失，皆视

① 《总目》卷170。《总目》将《翁稿》"既卒，门人私谥曰安节先生。诩尝筑逸志庵虞浦上，读书鼓琴其中。此《野古集》其所为之诗也。前有自序，题天顺癸酉八月，天顺无癸酉，盖刻本之讹耳"改为"尝语都御史吴讷曰：'诩仕无害于义，但恐负当日城门一恸耳。'成化己丑始卒，年八十八。《明史》附载《牛景先传》。是集乃崇祯乙亥其八世从孙挺所刻。前有李继贞序，称删其十之二三、盖诩诗格调在《长庆集》、《击壤集》间，其伤于鄙俚浅率者，继贞稍汰之也。要其性情深挚，直抒胸臆，律以选声配色，雕章琢句，诚不能与文士争工；律以纲常名教之旨，则不合于风人者鲜矣。末附上周忱书及王执礼、张大复等所作家传、墓志、谥议、像赞等篇，又有年谱，称诩族侄绂所编，于建文四年称'传言乘舆逊去'。于正统七年称：'旧君还京，先生作《落叶吟》见意。'案：绂之作谱在成化十三年，杨应能事应久已论定，应有'旧君还京'之语。且《落叶》一诗本无明指，安知非别有托讽。而顾据断为惠帝出奔还京之作，亦未见其然。此谱于康熙乙巳挺得本于其族弟维则，故崇祯乙亥原刻总目不与墓铭家传等并列。观是一条，其真为绂作与否犹在两可间也。疑以传疑，姑并存之而已"。

② 《总目》卷58将《翁稿》"帝问劳，解御带赐之，以知杭州，至南京，召为枢密副使，则是沔之知杭州，在破侬智之后，而滕甫守湖州之岁月亦因是可考也。卷末又云，师还……盖史与广南之绩，详青而略沔，而甫以知己之遇，力为发抒之。《文献通考》作《孙威敏征南录》，《宋史·艺文志》亦有其目。应抄以证史"改为"宋滕元发撰。元发初名甫，后以避高鲁王讳，以初字符发为名。……朝廷亦以青为枢密使，赏赉甚厚，沔止加秩一等。甫以为南征之事，本出沔议，其措置先备，又能以身下狄青，卒攘寇难，因述为此书，以颂沔之绩。盖沔知杭州时尝奇甫才，授以治剧守边方略，具有知己之分，故力为之表暴如此。考《宋史》载征侬智高事，亦于《狄青传》为详，而《沔传》颇略，然此书备见于《宋史·艺文志》、陈振孙《书录解题》，当时皆不以为诬，殆必有说。是亦考史者所宜兼存矣"。

其人为轻重，故世贞作此书，断自嘉靖为始，以明积渐所由来。前有总序称阁臣沿革始末，已具年表者，即指《弇山堂别集》中之《百官表》也。……于当时国事是非，及贤奸进退之故，序次详悉，颇得史法。惟世贞与王锡爵同乡，锡爵家尝妄言其女得道仙去，世贞据为作传。当时劾锡爵者，或并劾世贞。及世贞作此书时，仍载入昙阳子事，以申己说，不免文过遂非。其余所纪，则大抵近实，可与正史相参证，不以一节之谬，弃其全书也。"①

此类凡 8 条，约占 0.70%。

4. 既增材料又增评论

(1)《刘清惠集》。《翁稿》认为"当依此本存目"，《总目》著录，且增材料："事迹具《明史》本传。初，麟观政工部时，即与同年陆昆抗疏争谏官下狱事。及为绍兴府知府，又以忤刘瑾褫职。后官尚书，卒以争苏松织造为宦官所挤而罢，盖始终介介自立者。其自绍兴归也，依其姻家吴琉于长兴，与孙一元、文征明等往来倡和，世传征明《神楼图》即为麟作也。"又增评论："朱凤翔为序，称其文出入秦汉，诗则骎骎韦、杜，固未免太过。至称其标格高入云霄，胸中无一毫芥蒂，故所发皆盎然天趣，读之足消鄙吝，则得其实矣。是亦文章关乎人品之验也。"②

(2)《蘧庐诗》。《总目》增材料："明翰林韩敬之子也。敬以党附汤宾尹见摈于时，纯玉以是抱憾终身，不求仕进。其行踪略具所作自序及集中《癸丑五十生朝示儿》诗中。"又增评论："中多凄楚之音，盖皆明季兵燹及国初江南初定余孽未平山居避寇之作也。"③

(3)《廿一史识余》。《总目》增材料："是编一名《竹香斋类书》……共五十七门，末又附补遗一门。"又增评论："然《世说新语》古来本列小说家，实稗官之流，而责其滥及稗官，是犹责弓人不当为弓，矢人不当为矢也。且所重乎正史者，在于叙兴亡，

---

① 《总目》卷 58。

② 《总目》卷 171。

③ 《总目》卷 181。

明劝戒，核典章耳。去其大端而责其琐事，其去稗官亦仅矣。”①

(4)《读史评论》。《总目》增评论：“评多琐屑，论多臆断。如《王戎石崇论》，谓戎之得预竹林，以多财之故，嵇、阮等利其所有，引而入之，冀分余润，崇既富人，必不识丁，其《金谷园集序》，殆有寒士为之捉刀。虽有激之谈，亦偵之甚矣！”又增材料：“前有雍正戊申自序。”②

(5)《古今列女传》。《总目》增材料：“先是洪武中孝慈高皇后每听女史读书，至《列女传》，谓宜加讨论，因请于太祖，命儒臣考订，未就。永乐元年，成祖既追上高皇后尊谥册宝，仁孝皇后因复以此书为言，遂命缙及黄淮、胡广、胡俨、杨荣、金幼孜、杨士奇、王洪、蒋骥、沈度等同加编辑……此为秀水项元汴家所藏，犹明内府初刊之板。黄虞稷《千顷堂书目》称此书成于永乐元年十二月。今考成祖御制序，实题九月朔旦，知虞稷未见原书，仅据传闻著录矣。”又增评论：“时仁孝皇后又作《贞烈事实》，以阐幽显微，颇留意风教。故诸臣编辑是书，稍为经意，不似《五经》、《四书大全》之潦草。……汉以前多本之刘向书、后代则略取各史《列女传》，而以明初人附益之。去取颇见审慎，盖在明代官书之中犹为善本。”③

(6)《欣赏编》。《总目》考证作者较详，且增评论：“序称始于诗法，终于修真。而书中诗品、词评乃在第三册，尤颠舛无绪。……名见孙作所撰《陶宗仪传》，世所行本已非其旧，此更剽窃而变乱之，风益下矣。”④

(7)《庙制图考》。《总目》增考证：“斯同字季野，鄞县人。是书统会经史，折衷庙制，谓庙不在雉门之外。《考工记》左祖、右社，据王宫居中而言，是庙在寝东，盖本蔡氏、朱子、易袚之

---

① 《总目》卷65。

② 《总目》卷90。《翁稿》认为“或存目”，《总目》入史评类存目。

③ 《总目》卷58。《翁稿》认为应存其目，《总目》收入《四库全书》传记类。

④ 《总目》卷131。

说。又谓诸侯五庙，太祖居中，二昭居东，二穆居西，平行平列，盖本贾公彦之说。又谓自虞、夏、商、周天子皆立七庙，惟周增文、武二祧为九庙，盖本刘歆、王舜诸家之说。又谓《大传》、《小记》、《祭法》、《中庸》、《诗序》、《国语》、《论语》所言'禘'皆据宗庙大祭，非圜丘，盖本王肃之说。于是上溯秦、汉，下迄元、明，凡庙制沿革，悉为之图，以附于经图之后，而缀以说。其用功颇勤，其义例亦颇明晰，视明季本之书较为赅备。其中所论则得失互陈，如朱子谓群昭皆列北牖下而南向，群穆皆列南牖下而北向。斯同则谓《礼》室中但有南牖无北牖，朱子为误。今考《丧大记》：'寝东首于北牖下。'《注》云：'病者恒居北牖，或为北牖。'是室有北牖明矣。《诗》：'塞向墐户。'《经典释文》引《韩诗》云：'向，北向窗也。'《毛传》亦云：'向，北出牖也。'《孔疏》云：'为备寒不塞南窗，故云北出牖。'则是室有南牖又有北牖明矣。《郊特牲》云：'薄社北牖。'盖但开北牖而塞其南，非凡屋本无北牖而特为薄社开之也。《荀子·宥坐篇》：'子贡观于鲁庙之北堂，出而问［于］孔子曰：乡者赐观于太庙之北堂，吾亦未辍还，复瞻被九盖。'《注》云：'北堂，神主所在也。九当为北。盖音盍，户扇也。'然则北堂既有北阖，何独疑于北牖耶？《明堂位》：'刮楹达向。'《注》云：'向，牖属，谓夹户窗也，每室八窗为四达。'然则太庙之制略似明堂，四面且皆有牖，又何独于北牖而疑之耶？凡此之类，皆未深考者也。至如朱子《祭图》，祖、妣并列，斯同谓宗庙吉祭，一尸统二主，无女尸，何以知六庙之妣尽入太庙？遂引《曾子问》五庙七庙无虚主，惟祫祭为无主，即知妣主亦入太庙。"又增评论："凡此之类，则援证精确，为前人所未发矣。虽大旨宗王黜郑，固守一隅，然通贯古今，有条有理，不可谓非通经之学也。"①

（8）《道园学古录》。《总目》增考证："又考《道园遗稿》，前有至正己亥眉山杨椿序，以为集季子翁归及其门人所编，与李本序合。盖集母杨氏为衡阳守杨文中之女，杨椿即其外家后人，其言

① 《总目》卷82。

自当无误，亦可证黄溍所云之不足据……盖多出后人窜改，要当以元本为正矣。”又增评论：“文章至南宋之末，道学一派侈谈心性，江湖一派矫语山林，庸沓猥琐，古法荡然，理极数穷，无往不复。有元一代，作者云兴。大德、延祐以还，尤为极盛。而词坛宿老，要必以集为大宗。此录所收，虽不足尽集之著作，然菁华荟粹，已见大凡。迹其陶铸群材，不减庐陵之在北宋。明人夸诞，动云元无文者，其殆未之详检乎？”①

(9)《畏垒笔记》。《总目》增考证：“中间如‘匡鼎说诗’一条，知《西京杂记》之伪。而杨王孙名贵之类，又引《西京杂记》为凭。‘《孔丛子》’一条，既灼知其书为依托，而子思性无须眉之类，又引以证。盖爱博嗜奇，随文生义，未能本末赅贯。至于以泰山碧霞元君为周武王女太姬之神，陈敬仲奔齐，奉之以来。以西洋天主教为秦始皇所遣求仙之人，飘流海岛，奉之以去，尤属牵合臆断矣。”又增评论：“核其所学，自不及国初顾炎武、朱彝尊等之淹通。然持择矜慎，叙述简洁，正舛订讹，颇资闻见。在近时说部之中，犹为秩然有条理者。究非明人杂录，转相稗贩，冗琐无绪者比也。”②

(10)《放言居诗集》。《总目》增材料：“煜曾之从弟也。是集为《石仓世纂》之第三种。”又增评论：“其诗与煜曾《道腴堂集》格律相近，而才地稍逊焉。”③

(11)《刘元城集》。《总目》改题《尽言集》，且增评论：“颇足以考见时政。其中稍有遗议者，如吴处厚之劾蔡确，本出罗织，而安世申处厚之说，章凡一十二上，务欲置确于死地，殊不免意见

① 《总目》卷167。《总目》统一文例，将《翁稿》“集字伯生，蜀之仁寿人。宋丞相允文五世孙，居江南之崇仁，从临川吴澄游，以荐授大都路儒学教授，除国子助教，迁集贤修撰、翰林待制，兼国子祭酒。文宗天历中拜奎章阁侍书学士，进侍讲学士，顺帝初谢病归临川，卒，赠仁寿郡公，谥文靖。集为文万篇，存者十之二三耳”改为“集有《平猺记》，已著录。事迹具《元史》本传”。将作者事迹加以简化，以避免重复。

② 《总目》卷126，所增评论部分为浙本《总目》所有，而殿本删之。

③ 《总目》卷184。

之偏。然由其嫉恶太严，至于已甚，故徒知确为佥邪，而不察处厚非善类。见无礼于君者，遂如鹰鹯之逐实，非故相排挤之比。观欧阳棐为苏轼所善，程子为苏轼所仇。……并程子诋为五鬼，绝无所区别于其间。是亦其孤立无党之一证，不足以为疵瑕也。惟是气质用事，词或过激。……至朱子作《名臣言行录》，于王安石、吕惠卿皆有所采录，独以安世尝劾程子之故，遂不载其一字，则似乎有意抑之矣。要其于朝廷得失，知无不言，言无不尽，严气正性，凛凛如生。其精神自足以千古，固非人力所能磨灭也。”又增材料：“今未见传本。此集皆其奏札，不知何人所编。前有隆庆辛未石星、张应福序，皆云得抄本于西亭王孙家。西亭者，朱睦㮮也。……然证以《永乐大典》所载，一一相符，殆校雠偶疏，三字上脱十字也。……而刚劲则过之，故弹击权贵，尽言不讳，当时有殿上虎之称。”①

(12)《闲居丛稿》。《总目》增评论：“凡诗赋八卷，杂文、乐府十八卷。诗文俱平实显易，不尚华藻。黄溍为之序，称国家统一海宇，士俗醇美，一时鸿生硕儒所为文皆雄深浑厚，而无靡丽之习。承平滋久，风流未坠。皇庆、延祐间，公以性理之学施于台阁之文，譬如良金美玉，不假锻炼雕琢，而光耀自不可掩云云。亦言其文之真朴也。盖元大德以后，亦如明宣德、正统以后，其文大抵雍容不迫，浅显不支，虽流弊所滋，庸沓在所不免，而不谓之盛时则不可。顾嗣立《元诗选》引溍此文，谓当时风尚如此，可以观世运焉。斯言允矣。”又增材料：“迹其生平，恬于仕宦，大抵闲居之日为多。”②

(13)《清风亭稿》。《总目》增材料：“《千顷堂书目》载《青风亭稿》十卷。此本第一卷为骚赋，自二卷至七卷皆诗……较

① 《总目》卷55，《尽言集》提要，且删去结句：“此本尚非安世全集，或抄录之，以备宋史之考镜焉。”(《翁稿》第218页)

② 《总目》卷167。《翁稿》上签：“抄本，有红笔改正。”卷七上签：“然则八景诗云者元人已如此。”卷十三上签：“此一卷可入《经义考》。”卷二十上签：“《农桑辑要》”。因其中有《农桑辑要序》。《总目》别集类著录，且删去结句：“抄者传者颇少，应抄录之。”(《翁稿》第219~220页)

《千顷堂书目》少三卷，未知为原本佚脱，为黄虞稷误记也。……轩别有《枕肱集》二十卷，又有《海岳涓谈》、《谕蜀稿》，《千顷堂书目》尚著录，今未之见，其存佚盖莫之详矣。"又增评论："戴冠《濯缨亭笔记》称轩性寡合，不妄取予，居南京日，家人衣食或不给，惟王恕馈以米及白金，或不受。毘陵王僎知其介，不敢致馈。有以礼币求文者，导使诣轩，轩亦不纳。其人品本为高洁，其诗亦雅淡绝俗，然在明代不以诗名，殆正德以后，北地、信阳之说盛行，寥寥清音，不谐俗尚故耶？朱彝尊《明诗综》仅录其《忆金陵》五言律诗一首，未尽所长。又引周吉父之言，称其《九日》诗'黄菊酒香人病后，白苹风冷雁来初'，《草堂》诗'草堂夜雨生科斗，花径春风叫栗留'两联，亦非其至。或彝尊偶未见其全集，亦未可知也。"①

(14)《芜园诗集》。《总目》增材料："号介龛。"又增评论："告归，遨游湖山间，故其诗颇有闲适之致。集中多及其家姬是庵。是庵者，征奇妾李因之字，善画花卉禽鸟，亦颇能吟咏。征奇尝与酬和，其颇伤纤弱，或以此欤?"②

(15)《四书录疑》。《总目》增评论："然解《章句》、《集注》者多，解经文者转少。其大旨在于钻研朱子之说，一字一句，务发明尽致。殆如业《春秋》者以经命题，以胡《传》行文耳。据其子湜语，绰实积数十年之力乃成此书。湜亦时有所附记，盖其父子以此为世学也。"又增材料："绰有《周易录疑》，已著录。是书成于康熙后壬寅。"③

(16)《慎独堂文集》。《总目》增评论："维祺晚殉闯难，以节义显。其生平盖主于笃实践履，而不求以文章名世。然所论建多朴实，亦异乎空谈经济之流。"又增材料："纪崇祯庚辰维祺家居

---

① 《总目》卷170。按：童轩原诗作"白苹风冷雁来时"，《总目》引用时误将"时"改为"初"。明王世贞《弇州四部稿》卷148《说部·艺苑卮言五》首次拈出此联："童轩《九日》：'黄菊酒香人病后，白苹风冷雁来时。'"《草堂》诗原题为《南坡草堂为张侍御题》，见《清风亭稿》卷六。

② 《总目》卷180，删材料："此其所为诗也。"(《翁稿》第237页)

③ 《总目》卷37。

平土寇王之典事，则康熙二年维祺子兆璜刻集时所附入也。"①

(17)《梦华子遗集》。《总目》增补王士祯《居易录》之引文："吴垌文学《战国短长》及《管》、《韩》、《荀卿子》，作《准言》以拟权书。其《正学》、《观时》、《敛祸》诸篇，可自作一子。"并加评论："今观其文，大抵摹拟周、秦，得其形似。士祯所云，犹明人标榜之余习也。"②

(18)《花史》。《总目》增评论："此书皆载花之品目故实，分类编辑，属辞隶事，多涉佻纤，不出明季小品之习。"又增材料："又此本二十五卷《花之友》、二十七卷《花之器》皆题潭云宣猷驭云子补，二十二卷《花麈》题百花生主人辑，则路书本二十四卷，此三卷乃后人所补入，而刊书者并为一目耳。又路《小序》称此书为《左编》，别有《右编》为《花之辞翰》，约一十二卷，盖有其名而未成书也。"③

(19)《崇文总目》。《总目》增评论："是刊除序释之后，全本已不甚行。南宋诸家或不见其原书，故所记卷数各异也。考《汉书·艺文志》本刘歆《七略》而作，班固已有自注。《隋书·经籍志》参考《七录》，互注存佚，亦沿其例。《唐书》于作者姓名不见纪传者，尚间有注文，以资考核，后来得略见古书之崖略实缘于此，不可谓之繁文。郑樵作《通志·二十略》，务欲凌跨前人，而艺文一略，非目睹其书，则不能详究原委。自揣海滨寒畯，不能窥中秘之全，无以驾乎其上，遂恶其害己而去之。此宋人忌刻之故智，非出公心。厥后托克托等作《宋史·艺文志》，纰漏颠倒，瑕隙百出，于诸史志中最为丛脞。是即高宗误用樵言，删除序释之流弊也。宋人官私书目，存于今者四家，晁氏、陈氏二目，诸家藉为考证之资，而尤袤《遂初堂书目》及此书，则若存若亡，几希湮灭，是亦有说无说之明效矣。此本为范钦天一阁所藏，朱彝尊抄而传之，始稍见于世，亦无序释。彝尊《曝书亭集》有康熙

① 《总目》卷180，《明德堂文集》提要。

② 《总目》卷182，《吴季野遗集》提要，著录于别集类存目。

③ 《总目》卷116，《花史左编》提要。

庚辰九月作是书跋，谓欲从《六一居士集》暨《文献通考》所载别抄一本以补之。然是时彝尊年七十二矣，竟未能办。今以其言考之，其每类之序见于欧阳修集者只经、史二类及子类之半，马端临《文献通考》所载论说亦然。晁公武《读书志》、陈振孙《书录解题》皆在《通考》之前，惟公武所见多《通考》一条，陈氏则但见六十六卷之目，题曰绍兴改定者而已。《永乐大典》所引亦即从晁、陈二家目中采出，无所增益，已不能复睹其全。然搜辑排比，尚可得十之三四，是亦较胜于无矣。谨依其原次，以类补入，厘为一十二卷。其六十六卷之原次，仍注于各类之下……黄伯思《东观余论》校正《崇文总目》十七条，郑樵《通志·校雠略》则全为攻击此书而作……今观其书，载籍浩繁，牴牾诚所难保。然数千年著作之目总汇于斯，百世而下，藉以验存佚，辨真赝，核同异，固不失为册府之骊渊，艺林之玉圃也。”又增材料：“诸书援引，仍谓之《崇文总目》，从其朔也……盖由于此，今亦仍之。”①

(20)《高坡异纂》。《总目》增材料：“案明张爵《坊巷胡衕集》，东城有高坡胡衕，盖即所居也。钱希言《狯园》称：‘杨仪礼部，素不信玄怪之谈，因闻王维贤亲见仙人骑鹤事，始遂倾心。著有《高坡异纂》，行于世。’”又增评论：“然书中所记，往往诞妄，如黄泽为元末通儒，赵汸之所师事，本以经术名家，而仪谓刘基入石壁得天书，从泽讲授，真可谓齐东之语。至谓纤女渡河，文曲星私窥其媟狎，织女误牵文曲星衣，上帝丑之，手批牵牛颊，伤眉流血，竟公然敢于侮天矣。小说之诞妄，未有如斯之甚者也。”②

(21)《邹聚所文集》。《总目》增评论：“诗文多涉禅机，持论亦往往偏驳。史称守益子善服习父训，践履无怠，称其家学。而德涵从耿定理游，定理不答，发愤湛思，自觉有得，于是专以悟为

① 《总目》删材料：“臣等幸备员天禄石渠，典校雠事，细绎诸书，辑录于月之下，虽未睹其全本，而编类一依原题次第，差具十之一三，凡编十二卷，并原本卷数亦仍分注于下，以存原书之概，其原注阙字样亦具仍之。乾隆四十二年月呈校上。”按：永乐大典本《崇文总目》似出翁方纲之手，《翁稿》内有非常详细的资料记录。（第430～436页，第1125～1140页）

② 《总目》卷144。

宗，于祖父所传始一变云。”又增材料：“《明史·儒林传》附见其祖守益传末。是集凡诗一卷，文五卷……（《外集》）非德涵所著也。”①

(22)《画响》。《总目》增评论：“气韵亦未能潇洒。”又增材料：“林古度为之序，则当明末也。”②

(23)《觉非集》。《总目》增评论：“其中颂美中官之文至十余篇，编录者略不删汰，殊不可解也。”又增材料：“亨信居谏垣，有直声……值英宗北狩，捍城有功。生平著述每不留稿。”③

(24)《尚书义疏》。《翁稿》云：“《镇江府志》亦无其人。”《总目》考证为：“康熙庚午举人，官怀集县知县。”又增评论：“其体段皆（类）时文。”④

(25)《礼记章句》。《总目》增材料：“启运有《周易洗心》，已著录。……按：《礼记》诸篇之分类，自刘向《别录》首肇其端，如以《内则》属子法，《文王世子》属世子法，《曲礼》、《少仪》、《王制》、《礼器》、《玉藻》、《深衣》属制度之类，今孔《疏》篇目犹备载之。其后魏有孙炎，复改易旧本，以类相从。……别《投壶》、《奔丧》，补《仪礼》之经《冠婚》、《乡饮》、《燕射》、《聘义》为《仪礼》之传。其余三十六篇为《通礼》者九，为《丧礼》者十有一，为《祭礼》者四，为《通论》者十二。此则启运是书之所本也。”又增评论：“而伪本吴澄《考注》，分合增减，尚多未安。……其条分规合，远过伪吴氏本，然于启运之意犹有异同。……盖与刘向《别录》之以全篇分类者大不同矣。”⑤

(26)《耿岩文选》。《总目》增材料：“殿试二甲第一人，授内阁中书舍人……召试授编修……而卷端则题《耿岩文选》。每篇

① 《总目》卷179。

② 《总目》卷180。

③ 《总目》卷175。

④ 《总目》卷14。《翁稿》“二册不分卷”（第965页），《总目》改为“无卷数”。

⑤ 《总目》卷24。

自为起迄，不相联属，疑校刊未竟之本，偶然印行，非其全也。”又增评论：“其文平易近人，大抵规仿庐陵，而尚未能入室。”①

(27)《欧阳恭简集》。《总目》增评论：“史称铎清介自持，内行修饬。尝知延平，毁淫祠百十所，以其材葺学宫坛庙。今考集中《延平改建山川坛记》，具载其事，与史相符。集中又有上严嵩书，然只叙述荣遇，而无一字及其相业，犹异于称功颂德之流。其文娟秀自喜，而边幅颇狭。诗多近体，又逊于文。”又增材料：“事迹具《明史》本传。”②

(28)《夏忠靖集》。《总目》增材料：“燕王篡立，原吉降附……事迹具《明史》本传。……为其孙廷章所辑，刊板久佚。”又增评论：“前有杨溥序，称其诗文平实雅淡，不事华靡。考原吉以政事著，不以文章著。洪、永之际，作者如林，以原吉位置其间，尚未能并骛中原，齐驾方驱。然致用之言，疏通畅达，犹有淳实之遗风，以肩随杨士奇、黄淮诸人，固亦无愧也。”③

(29)《春秋世族谱》。《总目》增材料：“春秋之世自王朝以迄诸侯、大夫得姓受氏，各有源流，其人之见于经传者，不可殚数。汉宋衷有《世本》四卷，唐代尚传，今惟孔氏《正义》中偶载其文，而书则久佚。……今恭遇圣朝表章遗籍，《释例》一书，得于《永乐大典》中，裒辑丛残，复为完帙，独《世族谱》仅存数条，仍不免于阙略。厚耀当时既未睹《释例》原本，因据孔氏《正义》，旁参他书，作此以补之。其体皆仿旁行斜上之例……”又增评论：“其义例与此相近，而考证互有异同。如周卿大夫之周公忌父、召庄公诸人，此书征引不及顾本之备，又脱漏王叔氏世系不载，亦为逊于顾本。然顾氏于有世系者叙次较详，其无可考者概阙而不录。此书则于经传所载之人，只称官爵及字者，悉胪采无遗，实为顾本所未及。读《春秋》者，以此二书互相考证，则

---

① 《总目》卷181。

② 《总目》卷176，删材料：“此集前无序，仅有总目，卷前亦不列衔名，盖明人刻集之陋也。”(《翁稿》第1019页)

③ 《总目》卷170。

《春秋》氏族之学几乎备矣。"①

(30)《道腴堂诗集》。《总目》增材料："康熙末贡生。是集为其孙锡宝所编《石仓世纂》之第一种也。"又增评论："煜曾为云间董俞弟子，故其诗声律、格调颇有师法。然卷中但存近体，而无古诗。王延年序称其懒不自惜，散佚颇多。今所传者，皆其孙口授。岂训课时惟取声律谐适、易于记诵故耶？"②

(31)《长啸轩诗集》。《总目》增材料："炳曾之弟也。是集为《石仓世纂》之第二种。"又增评论："其生平所注意者，在于诗余、骈体。其诗亦专学晚唐，以纤丽自喜。"③

(32)《曹月川集》。《总目》增材料："首以《夜行烛》，次《家规辑略》，次《语录》，次《录粹》，次序七篇，次诗十五首。《夜行烛》、《家规》二序不冠本书，而别载于后（诗）［文］之中，间以《太极图［说］赞》一篇，皆非体例，盖编次者误也。末附《诸儒评语》及张信民所纂《年谱》。"又增评论："端诗皆《击壤集》派，殊不入格。文亦质直朴素，不以章句为工。然人品既已醇正，学问又复笃实，直抒所见，皆根理要，固未可绳以音律，求以藻采。况残编断帙，掇拾于放失之余，固宜以其人存之矣。"④

(33)《丽奇轩易经讲义》。《总目》增评论："皆略象数而谈义理。详其文义，盖标识于经传之上，而其后人录之成帙者也。"又增材料："克扬字武维，号六息，文安人。是编用《注疏》本。"⑤

(34)《国初事迹》。《总目》增材料："建文中擢监察御史……事迹具《明史》本传。此书卷首有'臣刘辰今将太祖高皇帝国初事迹开写'一行，后俱分条件系，颇似案牍之词。"又增评论："所见旧事皆真确，而其文质直，无所隐讳。明代史乘多采用

---

① 《总目》卷29。

② 《总目》卷184。

③ 《总目》卷184。

④ 《总目》卷170。

⑤ 《总目》卷9，删材料："前有其婿高光夔序。"（《翁稿》第1148页）作者时代由原来的"明"改为"国朝"。

之，故其文并散见于他书，转无异闻之可取焉。”①

(35)《正统临戎录》。《总目》增评论：“惟首尾俱作通俗语。盖铭未必知书，当时口述，令人书之于册尔。”又增材料：“此书末专叙铭官职升迁之事……事迹附见《明史·袁彬传》。”②

(36)《丰清敏公遗事》。《总目》增评论：“朴所叙录，较史传为详。”又增材料：“事迹具《宋史》本传……《宋志》著录一卷，与今本同。……书末又有稷注《孟子》三章、《幸学诗》一首及曾巩所赠歌行、袁桷祠记，则明景泰中其十一世孙河南参政庆所搜讨增入也。”③

(37)《三国纪年》。《总目》增评论：“是书大旨主于右蜀而贬魏、吴。名为纪年，实史家论断之体。”又增材料：“亮字同甫，婺州永康人。绍熙四年进士第一，官至建康军节度判官。事迹具《宋史》本传。”④

(38)《四六丛珠汇选》。《总目》增材料：“前有明鳌序，称宋季叶氏采当代名家汇集成编，名曰《四六丛珠》，分门数百，成帙累千云云，则即宋人《四六丛珠》旧本而为之摘录者也，故其职官舆图皆南宋之制。”又增评论：“不列姓名，徒供剽掇之用，则亦村塾兔园册耳。”⑤

(39)《梯青集》。《总目》增评论：“吐属颇韶秀，而得年仅二十有六，功候未深，故骨格未能成就焉。”又增材料：“刲股疗母，不愈，以哀毁卒。”⑥

---

① 《总目》卷52。

② 《总目》卷53，删材料：“……帝宣谕也。先及其部下，尝使铭也，先辈有所陈请，亦铭为转达。”(《翁稿》第1170页)

③ 《总目》卷59。《翁稿》认为应抄存之，但《总目》列入存目。

④ 《总目》卷89，史评类存目。《翁稿》：“即《龙川全集》中之一卷，毋庸另为校办。”(第1174页)《总目》：“已载亮所著《龙川集》中，此其别行之本也。”

⑤ 《总目》卷193。

⑥ 《总目》卷185，删材料：“缀以圈评。前有方璲所作传、吴嗣爵、曹绳柱、张曾敞诸序。”(《翁稿》第1256页)

(40)《增订广舆记》。《总目》增评论："大抵抄撮《明一统志》，无所考正。自列其父于人物中，亦乖体例。懋德不愧于人物，宜待天下后世记之，不可出自方炳。方炳自作家传，亦无不可，特不可载于舆记也。"① 又增材料："号息关……明山西巡抚懋德之子也。"

(41)《平台纪略》。《总目》增材料："前有自序，称有市《靖台实录》者，惜其未经身历目睹，得之传闻。其地、其人、其时、其事，多谬误舛错，乃详述其实为此编。"又增评论："其叙述功罪，亦无所避忌，颇称直笔。所论半线一路，地险兵寡，难于镇压。后分立彰化一县，竟从其说。至今资控制之力，亦可谓有用之书，非纸上谈兵者矣。"②

蓝鼎元《平台纪略序》云：

> 蓝子自东宁归，见有市《靖台实录》者，喜之甚。读不终篇，而愀然起，喟然叹也，曰：嗟乎！此有志著述，惜未经身历目睹，徒得之道路之传闻者，其地、其人、其时、其事，多谬误舛错，将天下后世以为实，然而史氏据以征信，为害可胜言哉！稗官野史，虽小道，必有可观，求其实焉耳。今以闽人言闽事，以今日之人言今日事，而舛错谬误且至于此，然则史氏之是非，其迷乱于稗官野史之纪载者不乏矣。台湾雄踞海外，直关内地东南半壁沿海六七省，门户相通，其乱其平，非于国家渺无轻重者！致乱之由，定乱之略，殉难丧节，运筹折冲，皆将权衡其衮钺，以为千秋之龟鉴。言焉而不求其实，习焉而不知其讹，鄙人所为惧也。谫劣不才，学荒识陋，东征逾载，躬历行间，风涛戎马，磔鼠哀鸿，执馘献俘，招降殄孽，至于冞搜穷山，绥靖番黎，无不目击手挥，又或中夜闻警，磨盾草檄，千里驱驰，睇瞻要害，废寝食，冒风露，盖亦几经劳瘁矣，无一命之膺，当赞画之寄，事定归来，满船明月，惟有

① 《总目》卷72。
② 《总目》卷49。

全台形胜，治乱事迹，了了胸中，所见所闻，视他人较为切实，则平台纪略之作，恶可已也。据事直书，功无遗漏，罪无掩讳，自谓可见天日，质鬼神，而或者以列宪称名为讥，是犹未知载笔之道者。载笔所以传信，非一人一时之文，天下后世共之，而姓名尚不敢笔之书，则过失在所必讳，纵功绩可纪，亦等之谄语谀词，夫岂其可传耶？鄙人愚昧，文不足传，平台大役，事在必传，直道平心，无为市井讹谈所昏惑，亦庶乎其可矣。若夫鉴前车，绸未雨，施经纶，措康乂，有治安之责者，谅早留心，不待阅兹编而后得之也。

不难看出，《总目》在修改过程中，确实大量参考了原著序跋、诗话、词话、笔记、野史、方志等，既提高了解题的准确性，也提高了可读性。

(42)《存悔斋诗》。《总目》增评论："盛仪《嘉靖维扬志》称璛善属文，刻意学书，有晋人风度，盖亦一时知名士。乃篇什所存，寥寥无几，当已不免散佚。然其诗格伉爽，颇能自出清新，在元人诸集中，犹为独开生面，正不必以少为嫌矣。"又增材料："父渫，宋末官司农卿。国亡，不食卒。璛少为宪使徐琰辟置幕下，后充和靖、学道两书院山长。"①

(43)《广社》。《总目》增评论："然语多钝置，颇乏巧思。"又增材料："云龙字尔阳。"②

(44)《增注唐策》。《总目》增评论："所注虽简略，而所录皆唐人名作，持择颇审，非明代坊选冗滥无序者比，存之亦足备采择也。"又增材料："考书中魏征作魏证，与《古文集成》同，则亦宋人作也。……盖辑以备答策之用，从所重耳。……亦不知诸人为谁。殆当时盛行其本，互相训释，而书贾合刊之耳。"③

---

① 《总目》卷166。

② 《总目》卷130。

③ 《总目》卷187，删材料："盖为揣摩试策者作也。"（《翁稿》第1330页）

(45)《清溪弄兵录》。《总目》增材料："弥大字约父，爵里未详。是编记宣和中方腊寇睦州事……其后篇从《续会要》第二百五十三卷《出师门》中录出。后有自识。"又增评论："在金陵时命表侄陈知新摘录，以备参考。盖裒合旧文，非所自撰也。"①

(46)《东观奏记》。翁氏认为应抄以考唐史。《总目》虽接受，但对此书也作了适度的批评："书中记事颇具首尾，司马光《通鉴》多采其说，而亦不尽信之。盖闻见所及，记近事者多确；恩怨未尽，记近事者亦多诬。自古而然，不但此书矣。"② 又增材料："庭裕一作廷裕，字膺余，闻喜人。官右补阙，其名见《新书·宰相世系表》，所谓裴氏东眷者也。王定保《摭言》称其乾宁中在内廷，文书敏捷，号'下水船'。其事迹则无可考焉。其书专记宣宗一朝之事。前有自序，称上自寿邸即位二年，监修国史丞相晋国公杜让能，奏选硕学之士十五人，分修《三圣实录》。以吏部侍郎柳玭、右补阙裴庭裕、左拾遗孙泰、驾部员外郎李允、太常博士郑光庭专修《宣宗实录》。自宣宗至今垂四十载，中原大乱，日历、起居注不存一字，谨采耳目闻睹，撰成三卷，奏记于晋公，藏之于阁，以备讨论。盖其在史局时所上监修稿本也。序末不著成书年月。"

裴庭裕《东观奏记序》云：

> 圣文睿德，光武弘孝皇帝自寿邸即位二年，监修国史，丞相晋国公杜让能以宣宗懿宗三朝实录未修，岁月渐远，虑圣绩湮坠，乃奏上选中朝鸿儒硕学之士十五人分修《三圣实录》，

---

① 《总目》卷52，删材料："皆载方腊起兵至平方腊之事。……又《学海类编》内有《清溪寇轨》一卷，亦录《泊宅编》之文，与此册前半同。……方腊之事起于宋徽宗宣和二年十月，平于名年四月，《通鉴》源委本明。此册或抄存以资参考。"(《翁稿》第1331页)

② 《总目》卷51，删材料："盖庭裕曾奉诏修《宣宗实录》，故此事皆杂记宣宗朝事，《文献通考》所载与《稗海》、《唐宋丛书》卷数皆同，而此抄本前有庭裕自序，其谓修实录之事在昭宗即位之二年，其曰宣宗、懿宗三朝实录，盖合僖宗言之。"(《翁稿》第1336页)

以吏部侍郎柳玭、右补阙裴庭裕、左拾遗孙泰、驾部员外郎李胤、太常博士郑光庭专修《宣宗实录》。庭裕奉诏之日，惕不敢易，思摭实无隐，以成一朝之书，逾岁，修例竟未立。国朝故事：以左右史修起居注，逐季送史馆，史馆别设修撰官。起居注外，又置日历。至修实录之日，取信于日历、起居注，参而成之。伏自宣宗皇帝宫车晏驾，垂四十载，中原大乱，日历与起居注不存一字，致儒学之士阁笔未就，非旷职官，无凭起凡例也。庭裕自为儿时，已多记忆，谨采宣宗朝耳目闻睹，撰成三卷，非编年之史，未敢闻于县官，且奏记于监国史晋国公，藏之于阁，以备讨论。

可见，《总目》在修改过程中也参考了作者原序。

(47)《大唐传载》。《总目》增评论："所录唐公卿事迹，言论颇详，多为史所采用，间及于诙谐谈谑及朝野琐事，亦往往与他说部相出入。惟称贞元中，郑国、韩国二公主加谥，为公主追谥之始，而不知高祖女平阳昭公主有谥已在前。又萧颖士逢一老人，谓其似鄱阳王，据《集异记》乃发冢巨盗，而此纪之以为异人。如此之类，与诸书多不合，盖当时流传互异，作者各承所闻而录之，故不免牴牾也。"又增材料："记唐初至元和中杂事。唐、宋《艺文志》俱不载。……不著其纪元之号，所云八年者，亦不知其在何时也。"①

(48)《云川文集》。《总目》增评论："其诗文不出当时台阁之体。"又增材料："一曰《直言安国疏》，二曰《送叔祖士杰之任序》，三曰《送伯氏世桢南归序》，四曰《友兰轩诗跋》。……一时献媚求荣者，欲借以倾动英宗，锻炼炮烙，备极惨毒，而同义不负故主，卒无一语连南内，竟拷毙于狱，天下悲之。事迹具《明史》本传。卷末又附墓志一篇，章纶为撰文，廖庄为书丹，皆与同时建

① 《总目》卷140。翁氏认为"应抄存以备唐时说部一种"（第1337页）。该书确已抄入《四库全书》小说家类。作者自序称："八年夏，南行极岭峤，暇日泷舟，传其所闻而载之，故曰传载。"

言受祸，幸而未死者也。志称同在狱所作诗文稿，纶藏于枕畔，为狱卒窃去，故所存止此。忠臣著作，理宜甄录。以寥寥不成卷帙，故特存其目，于此示表彰焉。"①

(49)《大雅堂摘稿》。《总目》增评论："叔祺尤不应若是之陋，或选录者不谙古体，惟取其所能解耶?"又增考证："明代已不行于世矣。"②

(50)《畲山人集》。《总目》增评论："其诗近体居多，古体仅寥寥数篇耳。"又增材料："好游名山，去家数载而归。……案《太学题名碑》，嘉靖乙丑科有三甲进士畲嘉诏，广东顺德县人，盖即世亨之子也。"③

(51)《平桥稿》。《总目》增材料："平桥其所居地也。集中或自署曰开封，其祖贯耳。《江南通志·文苑传》称文康登正统戊辰进士，以父母继亡，遂绝意仕进。居家枕藉经史，操觚顷刻千言，稿成辄为人持去。其存者有《平桥稿》十八卷，即此本也。初刊于天顺辛巳，叶盛为之序。旧版久佚，康熙癸酉其裔孙起泓又为重刊，凡诗五卷，文十三卷。"复增评论："其诗意主劝惩，词旨质直，颇近《击壤集》体，而温柔敦厚，蔼然可挹，要不失为风人之遗。文章亦不屑以修词为工，而质朴之中自中绳墨，较其诗为尤胜。《江南通志》称所作多记载时事，有益劝惩，文尤简质有法度，殆非虚美。《静志居诗话》以文康比石介、尹洙，虽所造深浅不同，而意度波澜亦庶几近之矣。"④

(52)《群书集事渊海》。《总目》增评论："皆陈因习见，又门目繁碎，配隶或多不当，引据亦多误，殊无足采录。即李东阳及刘健原序亦深致微词云。"又增材料："内官监左少监贾性在司礼

① 《总目》卷175，删材料："第一卷文，第二卷以下皆诗，前附像赞诔词……以谏复储死狱中，谥恭愍。其直言安国疏在景泰五年五月四日也。"（《翁稿》第1361页）

② 《总目》卷178。

③ 《总目》卷176。

④ 《总目》卷170。《翁稿》评论仅六字："当时以简质称。"（第1426页）按：检四库本《平桥稿》，叶盛序已为馆臣删去。

购而得之，捐赀锓板，病其字太小，募善书者录之，稍拓其式。是此书本出自明初，《百川书志》特据贾性重刻之本，遂误以为弘治间人耳。"① 李东阳及刘健原序当时已为馆臣所寓目。

(53)《格致镜原》。翁氏认为："在近时类书中最为精核，似应抄录。"②《总目》增润为："其采撷极博，而编次具有条理。又以明人类书多不载原书之名，攘古自益，因各考订，所出必系以原书之名。虽所据或间出近代之本，不能尽溯其原，而体例秩然，首尾贯串，无诸家丛冗猥杂之病，亦庶几乎称精核矣。"此书已抄入《四库全书》。《总目》增材料："乙丑进士，及第历官文渊阁大学士，谥文简。是编乃其类事之书，其曰《格致镜原》者，自昔类书大抵缕陈旧迹，与史传相参，或胪列典章，与《会要》相佐。此所采辑，分三十类：曰乾象，曰坤舆，曰身体，曰冠服，曰宫室，曰饮食，曰布帛，曰舟车，曰朝制，曰珍宝，曰文具，曰武备，曰礼器，曰乐器，曰耕织器物，曰日用器物，曰居处器物，曰香奁器物，曰燕赏器物，曰玩戏器物，曰谷，曰蔬，曰木，曰草，曰花，曰果，曰鸟，曰兽，曰水族，曰昆虫，皆博物之学。"又增评论："又每物必溯其本始，略如《事物纪原》，故曰'镜原'也。其采撷极博，而编次具有条理。又以明人类书多不载原书之名，攘古自益，因各考订，所出必系以原书之名。虽所据或间出近代之本，不能尽溯其源，而体例秩然，首尾贯串，无诸家丛冗猥杂之病。"③ 二者观点大致相同，但材料详略有别。

《格致镜原凡例》云：

> 凡类书所以供翰墨备考订也。是书则专务考订，以助格致之学。每纪一物，必究其原委，详其名号，疏其体类，考其制作，以资实用。比事属辞，非所取也。故于古来诗赋以及故事

① 《总目》卷137，删评论："盖类书之不涉辞藻而有关于考镜得失者。"（《翁稿》第1440页）此书入类书类存目。

② 《翁稿》第1443页。

③ 《总目》卷136。

一概不录，以别于他类书。间有关于物之别名，与怪异者，采百之一。

唐宋类书，援据古文必系以原书出处，使人参考炳然。明人类书多不载原书之名，攘古以自益，称余者不知何人，称上者不知何君，称本朝者不知何代，最为闷濇，且安知非杜撰乎？是书大而连篇，小而只句，必系书名，或偶忘其书，亦必系某人曰，所以征信也。

是书所引，以经史为主，但纪物既博求类复详，或古无而今有，或雅弃而俗收，此稗编、丛书不得不旁及，俗说、野乘不得不间采也。然所援引，迄明而止，亦求精约，毋为泛滥。

是书每载一物，辄随其物之详略以为标首，多者累牍难竟，则有总论，有名类，有称号，有纪异以别之，至如冠玺车服等之标历代、标古人，茶墨等之标采制、收贮，书画等之标装潢之类，眉目既清，阅者了如指掌。其少者数行可竟，则不复分晰，又其少者则连类而录之，曰诸某物似乎不拘一格，而实有定例可循。

凡类书所引载籍，必摘其中一二字句以标于上，而后录其原文。是书纪载务博，篇帙务约，故连缀诸书，而于要紧处则旁圈以显之，既省赘文，弥为醒眼。

是书为卷一百，为类三十，其另为类而不成卷者，则附于各类之后，如药饵之附饮食，刑具之附武备，渔猎匠具之附耕织，竹附于木，藤附于草，是亦不类之类也，而天下之物略尽于此矣。有一物而两见者，如蚕之在织与虫，桃李之在花与果，犀象之在珍宝与兽之类，则各有所详，无取重出。

显而易见，《总目》在修改时参考了上述凡例，还特地将三十类类目一一列出。

(54)《樊川文集》。《总目》增评论：“范摅《云溪友议》曰：‘先是李林宗、杜牧言元、白诗体舛杂，而为清苦者见嗤，因兹有恨。牧又著论，言近有元白者，喜为淫言媟语，鼓扇浮嚣，吾恨方在下位，未能以法治之。’《后村诗话》因谓牧风情不浅，如杜秋娘、张好好诸诗，青楼薄幸之句，街吏平安之报，未知去元、白几何，比之以燕伐燕，其说良是。《新唐书》亦引以论居易。然考牧集无此论，惟《平卢军节度巡官李戡墓志》述戡之言曰：'尝痛自元和以来，有元白诗者，纤艳不逞，非庄士雅人，多为其所破坏。流于民间，疏于屏壁，子父女母，交口教授，淫言媟语，冬寒夏热，入人肌骨，不可除去。吾无位，不得用法以治之。欲使后代知有发愤者，因集国朝以来类于古诗得若干首，编为三卷，目为唐诗，为序以导其志。'云云。然则此论乃戡之说，非牧之说。或牧尝有是语，及为戡志墓，乃借以发之，故摭以为牧之言欤？平心而论，牧诗冶荡甚于元、白，其风骨则实出元、白上。其古文纵横奥衍，多切经世之务。《罪言》一篇，宋祁作《新唐书·藩镇传论》，实全录之。费衮《梁溪漫志》载欧阳修使子棐读《新唐书》列传，卧而听之，至《藩镇传叙》，叹曰：'若皆如此传，笔力亦不可及。'识曲听真，殆非偶尔。即以散体而论，亦远胜元、白。观其集中有《读韩杜集诗》，又《冬至日寄小侄阿宜诗》曰：'经书刮根本，史书阅兴亡。高摘屈宋艳，浓熏班马香。李杜泛浩浩，韩柳摩苍苍。近者四君子，与古争强梁。'则牧于文章，具有本末，宜其薄视长庆体矣。"又增材料："牧字牧之，京兆万年人。大和二年登进士第，官至中书舍人，事迹附载《新唐书·杜佑传》内。是集为其甥裴延翰所编……晁氏《读书志》又载《外集》一卷……则宋本《外集》之外，又有《续别集》三卷，故士祯云然也。……有裴延翰序……较克庄所见《别集》尚少二卷，而南海府罢之作不收焉，则又经后人删定，非克庄所见本矣。"①

朝军按：《总目》博引《云溪友议》、《后村诗话》、《新唐书》、《梁溪漫志》等书，将杜牧与元、白作比较，以求公允之论。

(55)《江南春词》。《总目》增评论："盖唐人乐府，被诸管弦者，往往收入诗集，自古而然，固非（沈）周之创例矣。"又增考证："时吴中有得瓒手稿者，因共属和成帙。首有作者姓

---

① 《总目》卷151。《翁稿》云："应博访善本校定焉。"（第1462页）裴延翰序云："近代或序其文，非有名与位，则文学宗老。"

氏，自周以下共五十人。……又有张凤翼、汤科、陈瀚三人之作。卷首不戴姓氏，疑刻成后所续入也。……当时实皆以诗和之。"①

(56)《无为集》。《总目》增材料："元丰中历礼部员外郎，出知润州，除两江提点刑狱，卒于官。原序称侍讲杨先生，盖其带职也。杰事迹具《宋史·文苑传》。"又增评论："杰及与欧阳修、王安石、苏轼游，故其诗虽兴象未深，而亦颇有规格。其率易者近白居易，其偶为奇崛如《送李辟疆》之类者，或偶近卢仝，其大致则仍元祐体也。又及与胡瑗游，故所学亦颇有根柢。……但其文才地稍弱，边幅微狭耳。集凡赋二卷、诗五卷、文八卷……士彩序云：'删除芜类，取有补于教化者。若释、道二家诗文，则见诸别集。'今别集不传，故张敦颐《六朝事迹》载其《雨花台》诗一首，王象之《舆地纪胜》载其《净居寺》诗一首，潜说友《咸淳临安志》载其《西湖参寥山房》诗一首，《铁网珊瑚》载其《佛日山别长老弼公》诗一首，凡为僧作者，今皆不见于集中也。然第五卷中有《宝山寺壁》一首、第七卷中有《题宝林院五松》一首、《东峰白云院》一首、《野寺》一首，第十卷中有《圆同庵铭》一首、《圆寂庵铭》一首，未免自乱其例。又如铭五首入杂文，赞亦杂文，乃列诗中；诗以古体、律体分编，而《和谢判官宴南楼》一首本拗体七言律，而误入古诗，编次尤为无绪。至于《魏诏君赞》诏字盖避仁宗嫌名，而次卷仍称魏征君草堂，校雠亦未尽善。惟杰集自南渡以后湮没不传，士彩积两岁之力，搜求编次，使得复传至今。其表章之功，固亦不可尽没耳。"②

《无为集序》云：

> 国家以文教作成，海内近二百年，主上绍开中兴，息马论

① 《总目》卷191，删材料："据此既云阕，则原倡是词而非诗矣……又前后两篇皆为诗矣。今姑以《江南春词》一卷存其目。"（《翁稿》第1471页）按：此书有袁表序、袁袠跋。

② 《总目》卷153。

道者，一纪于兹。比诏有司修建太学，盖以儒术粉饰，治具渐磨，士类未始须臾置也。无为在淮右，为小垒，而多名士。侍讲杨先生名杰，字次公，道号无为子，实一时文人。公自妙龄擢巍科，以雄文妙赋醇德懿行得名于时。中间立朝议礼乐因革，人尤多之。晚年尝奉使过泰山，观日出于绝顶之上。重九日赋诗举酒于华山莲花之峰，继被诏从高丽僧统义天游。前辈以谓皆以王事而得方外之乐，故于瞿昙尤造理窟。当时如大丞相王公、内翰苏公悉印可之。年七十而终。生平所著文集，湮没未传于世。吁！可惜也。岁在重光作噩之冬，士彰误恩假守是邦，服膺侍讲公之名久矣，视事之初，首询公文于搢绅间，岁余搜获不一。公遣词典丽，立意奥妙，因删除其芜类，取其有补于教化者，编次成集，将以为学者标准，上佐吾君偃武修文之意，不其伟欤！其诗赋、碑记、杂文、表、启共分为一十五卷，若释道二家诗文，则见诸别集云。绍兴癸亥岁夏四月，左朝请大夫知无为军兼管内劝农营田事赵士彰谨序。

可见，《总目》修改《翁稿》时已经参考并引用《无为集》原序。

(57)《东皋文集》。《总目》增评论："前有其门人刘瑞序曰：'读先生之文者，知其大可也。乃若较声律，评矩矱，区区于文字家者，亦浅之乎知先生矣。'殆微词欤？"且增材料："是集为其门人王汝邻所刻。"①《总目》明引刘瑞序中语，并认为是微词相讥。

(58)《道荣堂文集》。《总目》增材料："此本为鹏年所自编，刻于《恪勤集》之前。"且增评论："其生平以清操受主知，诗文非所注意。集中亦皆应酬之作，更不见所长。"②

(59)《方建元诗集》。《总目》增评论："然世终称其墨也。"又增材料："则其子嘉树所续刻也。于鲁初以制墨名，后与汪道昆

① 《总目》卷175，别集类存目。

② 《总目》卷184，别集类存目。

唱和，遂招入丰干社中。"①

(60)《七星文抄》。《总目》增评论："其文风格疏畅，多自抒抑塞磊落之怀。诗则率意而成，兴寄颇浅。"又增材料："屡上公车不第，遂放游山水以终，是集为泰和知县区时行所编。前有正德五年罗钦顺序。……五言绝句中《西州词》第一首，乃全录《西州》古词四句，殊不可解。疑或手书是词，其后人不考而误收也。"②

(61)《树人堂诗》。《总目》增评论："念祖以时文鸣一时，务以幽渺之思，摆脱陈因；其诗亦清刻不俗。但平生精力尽于八比，徒以余力为之，未能自成一队耳。"复增材料："号兰皋……缘事谪戍军台，殁于塞外。是集前有吴焯序，称念祖塞上所作，有《多博吟》，今未见。此七卷则念祖官陕西时所自编也。"③《总目》明引吴焯序中语。

(62)《古今约说》。《总目》增材料："自署曰古九峰，盖松江人。"且增评论："排辑成编，漫无体例。"④《翁稿》认为可无存目，但《总目》存目。

(63)《静庵集》。《总目》增评论："中多留心时事之言。"且增考证："一名《醒世格言》，则札记语也。"⑤

(64)《清端集》。《总目》增评论："是集凡文七卷，诗一卷，皆非当行。然瑸居官以廉介称，其节概足以自传，亦不必以文章传

① 《总目》卷178，别集类存目。《翁稿》此则提要稿又被《方氏墨谱》提要吸收不少。《总目》仅增材料："摹绘精细，各系题赞，亦备列真草隶篆之文，颇为工巧。然其意主于炫耀以求名，故所绘仅墨之形制，与程氏争胜于刻镂间耳，于墨法未尝一讲也。"

② 《总目》卷175，别集类存目，删材料："此其所为诗文，分元亨利贞四部，总十五集。"(《翁稿》第1615页)

③ 《总目》卷185，删材料："是集皆其视学浙江以前所作，而在陕藩时所自汇订也。"(《翁稿》第1650页)

④ 《总目》卷72。

⑤ 《总目》卷182，别集类存目。

也。”又增材料：“历官都察院右佥都御史……入祀贤良祠。”①

(65)《潜书》。《总目》增评论：“大略仿《论衡》之体，自心性、治术以至处世淑身之理，无不具列。甄与魏禧友善，故其文格颇相类。然所载多据当时见闻，及友朋酬对之语。其《尊孟篇》颇诋伊川，《法王》、《虚受》、《知行》三篇，又力崇良知之学，皆未为醇粹。”又增材料：“顺治庚子举人，官长子县知县。宋李觏先有《潜书》，今见《盱江集》中。甄此书偶同其名。”②

(66)《容膝居杂录》。《总目》增评论：“若所云心本无欲，欲者非心之类。其学盖颇杂于禅。”复增材料：“卷首有芝自序。”③《总目》又以葛芝自序中语推测作者时代。

(67)《文选锦字录》。《总目》增材料：“迪知有《左国腴词》，已著录。是书以《文选》字句辑为二十七门。”复增评论：“然二家之书已涉饾饤，叠床架屋，尤为无谓矣。”④《总目》已经利用作者自序。

(68)《屺思堂集》。《总目》增材料：“明崇祯庚午举人，困公车者几二十年。”复增评论：“雄厚排奡，凌轹一切。其诗古文亦以气胜，然精华果锐，已销耗于八比之中。又年仅四十四而卒，未能于登第之后，复殚心于古学。纯以天资用事，往往或失之粗豪。二其翼者两其足，予之角者去其齿，固亦事理之恒耳。是编为其孙永锡等所刻，寿序、贺序连篇累牍，而独不载其对策，恐所拾掇亦未必子壮意也。”⑤

(69)《折腰漫草》。《总目》增评论：“善继与弟善述，并有

---

① 《总目》卷184，删评论：“琎平生为官以清廉著称，不仅以文见者。其文亦多在官莅事时所作。”（《翁稿》第1655页）所增材料为浙本所有，殿本无之。

② 《总目》卷125。

③ 《总目》卷125。

④ 《总目》卷137。

⑤ 《总目》卷181，删评论：“其文则不及其时艺远甚。即以所作《汉寿亭侯祠碑》、《宋元春秋序》二篇，乃取诸传奇之《三国演义》、《水浒传》，其诗、古文概可见矣。”（《翁稿》第1569页）

才名。朱彝尊谓其诗不及善述……顾取善继而善述不与焉。殆以善述诗体格不纯，操纵任意，不若善继之惬适欤?”又增材料：“是集刻于万历甲午，盖善继所自编也。”①

(70)《涉江诗》。《总目》增评论：“迹其生平，盖始终随人作计者也。”此条评论是在《翁稿》的基础上稍加引申发挥，且增材料：“集本二十卷，宏道删定为此本。凡甲、乙集各三卷，丙集一卷。”②

(71)《静芳亭摘稿》。《总目》增评论：“其诗音节谐畅，而意境不深，盖弘、正之间风气初变，渐趋七子之派，而未尽离三杨之体也。”又增材料：“今乃独有诗集，而文集未见本传。考此本卷首标题之下俱有诗集二字，知尚别有文集，故以示别，非史误也。”③

(72)《三洲诗脍》。《总目》增评论：“诗则体格尚未成就，累句亦多。”又增材料：“其完缺不可考。”④

(73)《隆池山樵集》。《总目》增评论：“然当时鲜有称其诗者，独王世贞序称征明诗以韵胜，而年诗以边幅胜。其词亦颇有抑扬矣。”又增材料：“又据世贞序，称征明孙子悱，乃年女婿。年死后，其家取其诗文草鬻于某甲，得缗钱以资葬。后有永嘉王公者从某甲购得之，然已佚其大半，其存者仅十之三，故此编有诗无文。《明史·艺文志》载《隆池山樵集》三卷，与此不合。疑刊本偶误二字为三云。”⑤ 王世贞序被《总目》反复征引。

(74)《雁湖钓叟自在吟》。《总目》增评论：“其诗皆率意直书，不拘格律，故名曰‘自在吟’。”又增考证：“前序后跋皆称其子为观察，而不著其名。据王锡命、张大忠等题词，咸自称年侄。证以《太学题名碑》所载，知其子乃嘉靖乙未进士王倖，后官至

① 《总目》卷179。

② 《总目》卷178。

③ 《总目》卷176。

④ 《总目》卷177，删材料：“盖淮之诗尚不止此，此则选定之本，故以脍名。”(《翁稿》第1556页)

⑤ 《总目》卷178。

都御史。是编前四卷所称《北上》、《寓京》诸诗，即俸官京师迎养时作也。"①《总目》利用前序后跋推断作者时代。

(75)《昭忠录》。《总目》增补曰："大都确实可据。以《宋史·忠义传》互相校核，其为史所失载者甚多，即史传所有，亦往往与此书参错不合。如绍定辛卯西和州徇难之陈寅，《宋史》亦有传，而其同死之守将杨锐则史竟失载其战没事，且讹其姓为王锐。又《宋史·林空斋传》，以空斋为林同之子，考此书方知即同之号。史又误以刘同子为刘同祖，并失载其被执自缢及其妻殉节等事。凡此皆当以是书为得实。又张世杰在崖山及谢枋得被征事，所载亦比诸书为详。考袁桷《清容居士集》、苏天爵《滋溪文集》均有修《元史》时采访遗书之目，不载此名。孔齐《至正直记》所列修史应采诸书，亦无此名。知元时但民间传录，未尝上送史馆。故至正间纂修诸臣无由见也。此本乃旧传抄帙，文字亦间有讹脱，而大略尚可考见。谨著之于录，庶一代忠臣义士未发之幽光，复得以彰显于世，且俾读《宋史》者，亦可藉以考正其疏略焉。"②

以元代民间传录之野史与官修之《宋史》比较，《总目》充分肯定其史料价值。

(76)《宋吕午谏草》。《总目》增评论："午两为谏官，以风节自励，知无不言。理宗尝称其议论甚明切，又谓其论边事甚好。此六疏皆理宗嘉熙二年所上，虽篇数无多，而宋末时事颇可考见。其论宋宰相台谏之弊，尤极详恳。"又考流传："回称午文集名《竹坡类稿》，是午本有全集，而今佚之。兹六疏盖存于散轶之余者，其他遗文则颇散见于《新安文献志》诸书中云。"又考作者："午字伯可，歙县人。嘉定四年进士，官至起居郎，右文殿修撰，知漳州。事迹具《宋史》本传。"③《总目》在修改时显然利用了方回所撰之《左史吕公家传》中的材料，见四库本《左史谏草》之附录。

---

① 《总目》卷177。

② 《总目》卷57。此种已抄入《四库全书》史部传记类。

③ 《总目》卷55，《左史谏草》提要。

(77)《枕流日札》。《总目》增材料："前有自题，称偶有会心，即述诸楮，不伦不次，或佛或儒。"且增评论："知为不学人矣。"①《总目》利用作者自题增补材料。

(78)《咏史集解》。《总目》增材料："敏政有《宋遗民录》，已著录。乔松，晋江人，始末未详。其注此书，则官景宁县知县时也。其书取古人咏史之作，依代编次……止七言绝句一体，采辑颇备。"又增评论："体例颇为冗杂。"②

(79)《石川集》。《总目》增材料："尝疏论武宗纳有娠女子马姬事，以峭直称。《明史·文苑传》附载《郑善夫传》中。"又增评论："史称云霄尝作'蓄艾堂'，聚书数千卷，以作者自命，多与孙一元唱和，诗派亦与相近。然大抵才情富赡，而骨格未坚。"③

《明史·文苑传·郑善夫传》云："所交尽名士，与孙一元、殷云霄、方豪尤友善，作诗力摹少陵。云霄字近夫，寿张人，善夫同年进士，作蓄艾堂，聚书数千卷，以作者自命，正德中官南京给事中，武宗纳有娠女子马姬宫中，云霄偕同官疏引李园、吕不韦事为讽，不报，卒官，年三十有七。乡人穆孔晖畏云霄峭直，曰殷子耻不善，不啻负秽然。"可见，《总目》利用官修《明史》作增补润色之资源。

(80)《东埜诗》。《总目》增材料："其自序有'效官秋浦'之语，则宝祐中又尝为池州幕僚，不知其终于何职也。其诗世有二本：一为两淮所进，题曰《戴东野诗》，只一卷，卷首又题曰《石屏诗集附录》，盖本缀复古诗后以行者。一为浙江所进，分为五卷，其编次稍有条理，而诗视两淮本较少数篇。今以浙江本为主，据两淮本增入诗十一首，又据《宋诗抄》增入诗三首，凡百有余

① 《总目》卷125。

② 《总目》卷191，删材料："前有万历三年括苍何镗序，援杜甫遗恨吞吴之句，谓说者纷无定解，然此书所解……卷中曰集解，序曰说解，盖其原编本曰咏史集而林乔松从而解之耳。"(《翁稿》第339页)

③ 《总目》卷176。

篇。考卷内有宝祐改元癸丑修禊日昺自跋曰：‘抖擞破囊，凡百篇，录之。’则昺所自编，不过此数，可以称足本矣。”又增评论：“今观所作五言，如‘眼明千树底，春入数花中’，‘秋床梧叶雨，晓袂竹林风’，‘清池涵竹色，老树蚀藤阴’，‘草润蛩声滑，松凉鹤梦清’，七言如‘野水倒涵天影动，海云平压雁行低’，‘杨柳轻风寒忽暖，催花小雨湿还晴’，格虽不高，而皆清婉可讽，亦颇具石屏家法也。”①

杨万里原序云：

> 戴昺字景明，号东野，石屏之从孙。嘉定己卯登第，授赣州法曹参军，有《东野农歌集》。石屏称其“不学晚唐体，曾闻大雅音”者也。集中答妄论唐宋诗体者云：“安用雕镂呕肺肠，辞能达意即文章。性情元自无今古，格调何须辨宋唐。人道风箫谐律吕，谁知牛铎有宫商。少陵甘作村夫子，不害光芒万丈长。”知此可与言诗矣。庐陵杨万里题。

戴昺《自序》云：

> 余效官秋浦，公余弗暇，他问独未能忘情于吟，凡得诸山川之登览、景物之感触、宾友之应酬，率于五七字寄之。虽草根喓喓，柳梢嘒嘒，视鸣高冈、唳九皋，声韵邈乎不侔，而发乎情，则一也。抖擞破囊，凡百篇……

朝军按：翁方纲利用杨万里原序于前，《总目》化用戴昺《自序》于后。平心而论，书目解题不可能全部出自原创，需要借鉴前人的评论资料，而原序原跋无疑是解题最为便利的资源。如何将它们化为己有，将私人话语转为公共话语，需要点铁成金之术，《总目》无疑为我们提供了丰富的经验。《简目》亦云：

① 《总目》卷163，《东野农歌集》提要。按：此种已抄入《四库全书》。

宋戴昺撰。昺为戴复古之从孙，故是集或附刻《石屏集》末，复古与昺诗有“不学晚唐体，曾闻大雅音”句。然集中秀句，多得晚唐佳处，盖复古所谓晚唐者，乃四灵体耳。

《简目》又对《总目》做了浓缩处理。此种浓缩术也值得借鉴。

(81)《参寥集》。《总目》增材料：“《墨庄漫录》载其本名昙潜，轼为改曰道潜……今所传者凡二本：一题三学院法嗣广亨订、智果院法嗣海惠阅录，前有参寥子小影，即海惠所临，首载陈师道《饯参寥禅师东归序》，次载宋濂、黄谏、乔时敏、张睿卿四序，抄写颇工；一本题法嗣法颖编，卷帙俱同而叙次迥异，未知孰为杭本。按集中诗有同法颖韵者，则法颖本授受有绪，当得其真。惟所载陈师道序，题曰《高僧参寥集序》，与序语颇相乖刺，岂传写者所妄改欤？”复增评论：“《冷斋夜话》称参寥性褊，憎凡子如仇。今观其诗如《湖上》二首之类，颇嫌语少含蓄，足为傲僻寡合之验。然其落落不俗亦由于此。吴可《藏海诗话》曰：参寥《细雨》云：‘细怜池上见，清爱竹间闻。’荆公改‘怜’作‘宜’。又‘诗成暮雨边’，秦少游曰：‘雨中雨旁皆不好，只雨边最妙。’又云‘流水声中弄扇行’，俞清老极爱之，此老诗风流酝藉，诸诗僧皆不及。韩子苍云：‘若看寥诗，则惠洪诗不堪看也。’云云，盖当时极推重之。曹学佺《石仓历代诗选》惟录其《游鹤林寺》诗一首、《夏日龙井书事诗》一首，以当北宋一家，殆从他书采摭，未见此本欤？”①

《冷斋夜话》载：“吴僧道潜有标置，常自姑苏归西湖，经临平道中，作诗云：‘风蒲猎猎弄轻柔，欲立蜻蜓不自由。五月临平山下路，藕花无数满汀州。’东坡赴官钱塘，过而见之，大称赏，已而相寻于西湖，一见如旧相识。及坡移守东徐，潜往访之，馆于逍遥堂，士大夫争识之。东坡馔客罢，略而俱来，红妆拥随之。东坡遣一妓前乞诗，潜援笔而成，曰：‘寄语巫山窕窈娘，好将魂梦恼襄王。禅心已作沾泥絮，不逐春风上下狂。’一坐大惊，自是名

① 《总目》卷154。《翁稿》建议“应抄以备宋诗僧家数”（第378页）。

闻海内。然性褊，憎凡子如仇。尝作诗曰：‘去岁春风上国行，烂窥红紫厌平生。而今眼底无姚魏，浪蕊浮花懒问名。’士论以此少之。道潜作诗追法渊明，其语有逼真处，曰：‘数声柔橹苍茫外，何处江村人夜归。’又曰：‘隔林仿佛闻机杼，知有人家在翠微。’时从东坡，在黄州，士大夫以书抵坡曰：‘闻日与诗僧相从，岂非隔林仿佛闻机杼者乎？真东山胜游也。’坡以书示潜，诵前句，笑曰：‘此吾师七字师号。’”此种诗话，饶有兴致，久为文坛佳话，历代传诵不绝。《总目》节引其中一句以见道潜之性情，又引吴可《藏海诗话》以当时之公论来评其诗品。既知其人，又论其文，为初学提供了极大之便利。今检四库本《参寥集》，陈师道《饯参寥禅师东归序》及宋濂、黄谏、乔时敏、张睿卿四序，概予删除。如此恶历行径，不免大杀风景。

(82)《周易集传》。《总目》增评论：“反复推阐，颇能抒所心得。非如胡炳文等徒墨守旧文者也。《吉安府志》又称其谓《杂卦》为占筮书，引《春秋传》《屯》固、《比》入、《坤》安、《震》(杀)[动]皆以一字断卦义为证，其说似创而有本，亦异乎游谈无根者。《元史》称仁夫所著《周易》，多发前儒之所未发，殆不诬矣。……朱彝尊《曝书亭集》有是书跋，谓通志堂刻经解时，以其残缺，故未开雕云云。夫传录古书，当问其义理之是非，不当论其篇页之完阙，残编断简，古人尚且搜辑，仁夫是书上下经裒然俱完，而以不全弃之，何其傎也！况傅寅《禹贡说断》、程大昌《禹贡图说》、林之奇《三山书传》，今以《永乐大典》校之，皆非完帙，而徐氏仍登梨枣，是又何说与？今特录存之，俾重著于世，庶于经义有所裨眼焉。”又增材料：“《吉安府志》作永新人。……事迹附载《元史·儒学传·刘诜传》内。……董真卿《周易会通》称其有《自序》一篇，此本无之。朱彝尊《经义考》于旧序例皆全录，而亦无是篇，则其佚已久矣。”①

朱彝尊《曝书亭集·龙氏易集传跋》云：

---

① 《总目》卷4。

> 《周易集传》十八卷，元湖广儒学提举龙仁夫撰。仁夫字观复，庐陵人，学者称麟洲先生。经文主朱子《本义》，每卦爻下各分变象辞占，谓杂卦为古筮辞。《春秋传》所引《屯》固、《比》入、《坤》安、《震》动，皆以一字断卦义，此类是也。孔子录之以羽翼经，初非创解。今书止存八卷尔。通志堂集经解，以阙书未开雕写，以藏诸笥。

《总目》对于《通志堂经解》之主持者徐乾学颇有微词，读到朱跋之结语，遂将攻击目标锁定在徐氏身上："夫传录古书，当问其义理之是非，不当论其篇页之完阙，残编断简，古人尚且搜辑，仁夫是书上下经裒然俱完，而以不全弃之，何其傎也！"此种话出自四库馆臣之口，载于钦定之《总目》，应该是对于当时清高宗大兴文字狱、大肆窜改、焚毁古籍的最辛辣的反讽！在编纂《四库全书》时，将大量"裒然俱完"之古书，弄成"残编断简"，真可谓"何其傎也"！朱彝尊《经义考》于旧序例皆全录，此例甚便学者阅读与研究，而《总目》却大肆删削，其真实意图究竟何在呢？

(83)《金华诗粹》。《总目》增评论："搜辑颇富，而略远详近，未免失之泛滥。"又增材料："婺人所作诗二百五十四家，自乐府迄六言，皆以体分，每篇后间附评语。"①

(84)《九朝谈纂》。《总目》增评论："盖江少虞《事实类苑》之类，然采摭未备，去取亦未精也。"又增材料："分太祖为三册，成祖以下为七册。"②

(85)《治世龟鉴》。《总目》增材料："天爵有《名臣事略》，已著录。此书为成化丙午吴江知县太和陈尧弼所刊。篇首天爵结衔题中奉大夫浙江等处行中书省参知政事。考《元史》天爵本传，凡两拜是官，一在至正七年，一在至正十二年。……皆标壬辰正

---

① 《总目》卷193，删材料："分体类选，前有姓氏传略一卷，大约皆取之地志也。"（《翁稿》第394页）

② 《总目》卷132，杂家类存目。《总目》删材料："所记之事皆已见各书。"（《翁稿》第398页）

月，则作于再任之日。是时妖寇，自淮右延及江东，诏天爵总兵饶、信，克复一路六县，正干戈俶扰之际，乃能留心于治理。……所采皆宋以前善政嘉言，而大旨归于培养元气。”又增评论：“殆有深意也。天爵著述，载于本传者，《名臣事略》十五卷，《文类》七十卷，《松厅章疏》五卷，《春风亭笔记》二卷，诗七卷，文三十卷，又载有《辽金纪元》、《黄河源委》二书，未及脱稿，而不载此书。然赵汸序今载《东山存稿》第二卷中，与此本一一相合，知非伪托。本传盖偶遗之，亦足证《元史》之多疏矣。”①

四库本《治世龟鉴》卷首载赵汸序云：

> 昔者先王盛时，纪纲法度，悉备子孙，得有据依，以为治号，曰成宪旧章，而君臣上下，相与监观前代，以保天命，系民心者，忧勤惕厉，不敢少忘，以为家法，其制于未乱者如是，故虽或孽芽其间，而图难于易，为大于细，可以无患。夫岂有一旦土崩之祸哉！秦人学不师古，取凡三代圣人所以维持天下之具，与其深微之意，悉荡灭扫除之。盖不特燔经书，杀学士，为足以亡其国家也。自是以还，创业者无所因袭，守成者无所持循，而庙堂之筹策，侍从之论思，遂为治乱安危之本，其不可忽也明矣。然历代简策所存忠言嘉谟，曷可胜纪！当其时，或见用，或用之而未究，或遂不用，得失具可考知。而自今观之，则其所善皆可以劝，而所戒者无不可惩也。若夫上下古今，博观约取，以贻当世，而示来哲，庶几圣贤经世之志，一二有见，则诚哉君子之用心已乎！江浙行省参政赵郡苏公，尝采经史百氏书切于治道政要者，辑为一编，曰《治世龟鉴》。至简而不遗，甚深而非激，疏通练达，而正大之规著，亲切确实，而公平之体存，信为谋王断国者之元龟宝鉴也。民有言：“所贵于中国者，以有上世帝王以来千数百年之

① 《总目》卷93。《翁稿》认为“应存目”（第400页），《总目》列入子部儒家类，删材料：“明成化二十二年刊本。序曰《治世龟鉴录》，而卷中无录字。”

议论也。”漠然无所镜考，而徒肆其胸臆，亦公之所为深忧者乎！公为御史，知无不言，持宪节，以洗冤泽物为己任，参议政府，屹然弗阿，两典大藩，皆勤于庶事，尤拳拳焉以护惜国家元气为心。尝奉诏宣抚京畿，实冠诸道，旁求民瘼，秋毫无隐，而酌理道之中正，存大体于几微，不迎合于前，无顾虑于后，虽用事者若不见察，而退居之日，凡可以尊主庇民者，未尝少辍其讨论之工也。盖公学本先王，而志存天下，其见于行事者如此，则是书之作，岂欲托诸空言者哉！至正壬辰岁正月初吉，诸生新安赵汸谨书。

《总目》认为此序载赵汸《东山存稿》第二卷中，与此本一一相合，知非伪托。一则证《元史》之疏，一则证此序之真，因而此序可能引起了《总目》修订者的强烈共鸣。

(86)《钱塘先贤传赞》。《总目》增评论：“所纪录者虽止及一乡之耆旧，其中郎简谢绛等十余人，又俱见于正史，然是书为宋人所撰。又在元人修史之前，于事实多所综核。如《东都事略·谢绛传》称阳夏人，是书称富阳人。考《宋史》本传，谓其先阳夏人，祖懿文，为杭州盐官令，葬富阳，遂为富阳人，则是书较为得实。又《东都事略》绛本传，不载绛判吏部流内铨及太常礼院，亦不载核吏部官职田及使契丹事，此书详之。又是书《钱彦远传赞》载杨怀敏妄言契丹宗真死，乃除入内副都知，内侍黎用信以罪窜海岛，赦归，遽得环卫官，许怀德高年未谢事，彦远上疏极论之。又言杨景宗、郭永祐小人，宜废不用，而《东都事略》彦远本传不载；又《钱藻传赞》载藻改翰林侍读学士，知审官东院卒，神宗知其贫，特赙钱五十万，赠太中大夫，而《东都事略》藻本传不载；又《钱勰传赞》载王安石许用以御史，勰辞谢，安石知不附己，命权盐铁判官，又载奉使高丽，却岛王金银器事，而《东都事略》勰本传不载；《沈遘传赞》载知开封府后迁右谏议大夫，丁母忧，上赐黄金百两，居丧，日一食，既葬，庐墓侧以卒，而《东都事略》遘本传不载，凡此多得之故老流传，颇为详赡。修正史者因采以入传，故与《宋史》颇相吻合，《传赞》亦古雅可诵，固非后来地志家夸饰附会之比也。”又增材料：“淳熙十三年进士，授吴江丞，历参知政事，赠太师、越国公。事迹具《宋史》本传。”①

班惟志《钱塘先贤传赞序》云：

粤自宝庆丙戌岁，杭牧袁公韶辑许箕公以下三十有九人，请于朝，以官镪售其地若干祠，于南山少北新堤之上树碣，以代其绘像，且为之系赞。又徙其观宇曰：旌德者隅其旁，以奉之甲子，适周据有其观宇者，定香缁流也。且毁其祠，悉佃其祠地，并仆其碣货于掩坎者。然湖山虽在，而颓基遗址竟芜于荒草野田，至樵儿牧竖，亦能指其彷佛而恻然，大夫士过而览之者，此心其有不盡伤者乎？亦未知曷日可复其旧观，得慰其高山景行之思也。良士吕渊且念《皇朝通制》内一款，前代名人遗迹，不许拆毁，事敬恭佩服久矣。复征诸图志，其盛迹有不可郁堙者，先捐己帑葺修其寺庑。至正二年，以所置膏腴田五亩为本寺常业，代佃其故祠地，闻其于有司，每岁倍其官租钱，以五十缗输之，于是尽瘁经营，堂宇廊庑，悉循旧制，非利禄计，非子孙谋也。观者为之叹息。盖重其成功之不易易也。吁！昔宝庆之创此也，以其德行可师，节概可法，功业可尚，至内而女师亦可睎。其轨范于名教，不为小补，使感于心者得之于目焉。今吕氏以向者得之于目，至于老而不忘于心，仍以三十九人系赞锓诸梓，非徒为士民游观之具，且使其心抑有所感慕于无穷。然人心天理，人所具有，吾不知昔之毁坏者为何心也！虽然创之者，有司也；复之者，己帑也。然其事之昔今，孰难孰易，昭然不可诬。吕不唯此也。外置其山地一十五顷，岁时以供祀享，然故祠田亩为羽流蔽匿，亦且经理，而复其固有焉。余因其复得旧图本，而重刊其事，辄序其始末，于前序之，后庶来者知有所考云。时至正丙戌上巳日，奉政大

① 《总目》卷57。《总目》将《翁稿》“此本即元时板本，而浙省书目以袁韶为元人，误矣”改为“是编犹元时旧刻”。

夫江浙等处儒学提举班惟志序。

此序载于四库本《钱塘先贤传赞》卷首，写法与《总目》迥异，一重人之德行，一重书之内容，故没有被《总目》吸取养分。

(87)《明名臣像图》。《总目》考作者："明吴守大撰。守大字有君，昆山人。"又增评论："四十九人面貌相同，惟以题名别识，殆如儿戏。"①

(88)《古微书》。《总目》增考证："考刘向《七略》，不著纬书。然民间私相传习，则自秦以来有之。非惟卢生所上，见《史记·秦本纪》。即吕不韦《十二月纪》称某令失则某灾至，伏生《洪范五行传》称某事失则某征见，皆谶纬之说也。《汉书·儒林传》称孟喜得易家候阴阳灾变书，尤其明证。荀爽谓起自哀、平，据其盛行之日言之耳。《隋志》著录八十一篇。燔烧之后，湮灭者多。至今仅有传本者，朱彝尊《经义考》称《易乾凿度》、《乾坤凿度》、《礼含文嘉》犹存；顾炎武《日知录》又称见《孝经援神契》。然《含文嘉》乃宋张师禹所撰，非其旧文；《援神契》则自宋以来不著于录，殆炎武一时笔误，实无此书。则传于世者，仅《乾凿度》、《乾坤凿度》二书耳。我皇上光崇文治，四库宏开，二酉秘藏，罔弗津逮，又于《永乐大典》之中搜得《易纬》《稽览图》、《通卦验》、《坤灵图》、《是类谋》、《辨终备》、《乾元序制记》六书，为数百年通儒所未见。其余则仍不可稽，盖遗编残图，十不存其一矣。"考镜纬书源流可谓详矣。《总目》又增评论："所采凡《尚书》十一种，《春秋》十六种，《易》八种，《礼》三种，《乐》三种，《诗》三种，《论语》四种，《孝经》九种，《河图》十种，《洛书》五种。以今所得完本校之，瞉不过粗存梗概。又唐瞿昙悉达《开元占经》，去隋未远，所引诸纬，如《河图圣洽符》、《孝经雌雄图》之类，多者百余条，少者数十条。瞉亦未睹其书，故多所遗漏。又摘伏胜《尚书大传》中《洪范五行传》一篇，指为神禹所作，尤属杜撰。然其采摭编缀，使学者生于千百年后，犹

① 《总目》卷61。

见东京以上之遗文，以资考证，其功亦不可没。《经义考》毖纬一门其所引据，出彀书者十之八九，则用力亦可谓勤矣。纬与经，名虽相辅，实各为书。卦气之说，孟喜始据以诂《易》，何休、郑玄援引尤多，宋欧阳修《乞校正五经札子》，欲于注疏中全削其文，而说不果用，魏了翁作《九经正义》始尽削除。此实说经家谨严之旨，与孙复说《春秋》而废传，郑樵说《诗》而废序，深文巧诋，务排汉学者不同。然义理则当尊正轨，考证则不废旁稽。如郑玄注《礼》，五天帝具有姓名，此与道家符箓何异？宋儒辟之是也。至于蔡沈《书集传》所称周天三百六十五度四分度之一，实《洛书增耀度》、《尚书考灵耀》之文。黑道二去黄道北，赤道二去黄道南，白道二去黄道西，青道二去黄道东，实《河图帝览嬉》之文。朱子注《楚辞》：'昆仑者，地之中也，地下有八柱，互相牵制，名山大川，孔穴相通。'实《河图括地象》之文。'三足乌，阳精也。'实《春秋元命包》之文（引者按：此四条皆朱彝尊《经义考》之说。）。以至七日来复，自王弼以来承用；六日七分之说，朱子作《易本义》亦弗能易，实《易稽览图》之文。洛书四十五点，邵子以来传为秘钥，其法出于太乙九宫，实《易乾凿度》之文。是宋儒亦未能尽废之。然则彀辑此编，于经义亦不无所裨，未可尽斥为好异，故今仍附著五经总义之末焉。"① 所增文字超过《翁稿》几倍，《总目》借此大力表彰其光复古学之功。

《古微书略例》云：

> 一曰删微
>
> 地南北为经，东西为纬，今也经存而纬亡，是有南北无东西也。圣人之言，理数具举，既师其理，安遗其数？可付之删，后之文无足取也哉？兹所遇图纬诸家，虽细，录也；虽

① 《总目》卷33。《翁稿》认为"此六册则止《删微》三十六卷，自尚书纬至河洛纬各种。乃其四部中之一部，而浙江进书总目直云《古微书》三十六卷，误也。卷次既不全，自不能遽存其目"（第444页）。翁氏意见未被《总目》采纳。

伪，收也；惟断章者，亦取焉。首《删微》。

一曰焚微

书以焚亡，亦以焚重，非焚之重，焚而有不焚，故焚重也。汉桓锢党，党愈烈；齐武灭僧，僧愈繁。时势固然。然则上古至文，星星皪皪，虽秦之炎，而寒烟落灺中，犹可拾取焉。是亦凤之一毛，而虬一甲也。次《焚微》。

一曰线微

象纬者，天之转注也；海岳者，地之转注也。畿辅之内，数百里所谈所习，莫非君举，莫非朝事，盖其近也。春秋而降，末光绝焰，殆无盛于汉儒，倍汉而欲谈经，吾乌识其所本矣。所得汉晋间疏笺，辄复登之，以为经翼。次《线微》。

一曰阙微

书删矣，焚矣，孔子而前，遂无帝系，帝系而上，遂无七十二代之皇哉。《春秋》夏五，或不月，月或不事，阙之也。阙之而又书之者，以待备也。圣人阙之以待备，吾辈安得不备之以待阙。三代以降，而有能力溯混芒者，虽齿之邃古之篇，亦何让焉。次《阙微》。

一是集皆远古漆书竹简之遗，非唐宋缥缃所盛传者。即历史经籍、艺文诸志及内府天下书目，亦仅存其名，而亡其书，虽藏书家疑未必有也，兹所录著，每一书各指一事，其牍长者孤行为卷，短狭者萍合之，乌集之，汇以成卷，正不足文字观耳。

一是集多得之《十三经注疏》及《二十一史》书志、《太平御览》、《玉海》、《通典》、《通考》、《通志略》诸大部，所援引中，或载数段，或数行，或数句，前所见者俟后续之，后所得者征前冠之，中有异同者诘前后络之，皆真球珞，非赝琬琰，搜罗缉缀，累月穷年，故其首尾都无伦次，正不必苛其端绪，摘其挂漏也。

一迩年坊肆翻刻古书，汗牛充栋，如《古今逸史》、《汉魏丛书》、《古书十九种》、《秘册汇函》，每一部中各百十家，皆是流行篇卷，故于此集，绝不雷同。至如《百川学海》、

《百家名书》、《古今说海》、《历代小史》、《稗海》小说等，又皆唐宋以后，耳目近事，亦此中所不赘也。

一是集文多赘轧理，或奥实故，每卷之首，辄有小引为之论，次其卷中篇目间有难晥者，窃以数语疏释之。至本文有古注者，录其原注，无原注者，复泛拾异说，与之旁通，使读之者开卷而豁然，则又责居子苦心之余事也。

朝军按：此种编例，也是《总目》取材之源。另外，《古微书》原序虽不为《总目》所引用，但也是一篇绝妙好辞，可以借古讽今，不妨节引一段，以证今日之学风乃明代学风之翻版：

古人之学恒富，今人之学恒贫。古人之学恒富，然而非富于书也。今人之学恒贫，然而非贫于书也。汉虽秦余哉，书皆道古，故其学最富。至唐若宋，而人人著籍矣。人人著籍，则人人竞传。人人竞传，古安得复存？今日者著录之繁，篇帙之广，讵不什百倍于汉，然而试探其业力与其所就，今之不若宋，犹宋之不若唐者何哉？寖侈于近日之书，而寖减于古，何怪乎书愈富，学之愈贫也！

(89)《投辖录》。《总目》增评论："所列凡四十四事，大都掇拾丛碎，随笔登载，不能及《挥麈录》之援据赅洽，有资考证。然故家文献，所言多信而有征，在小说家中，尤为不失之荒诞者。惟第六条之首，原阙四行，乃传写者所脱佚，今已不可考矣。书中于每条之下，多注所闻之人。今考其'江彦文'一条下注'闻之陆务观'，'任荩臣'、'虹县良家子'二条下注'闻之僧祖秀'。祖秀乃宣和旧人，即作《艮岳记》者，明清犹及见之，而又下见陆游，其称己未岁金人归我河南地者，为高宗绍兴九年，又称甲戌岁者，乃宁宗嘉定七年，则明清之老寿，可以概见。宜其于轶闻旧事多所谙悉也。"又增材料："是书乃其晚年所作，见于《书录解题》者一卷，与此本相同。”①

陈振孙《书录解题》云：“《投辖录》一卷，王明清撰，所记奇闻异事，客所乐听，不待投辖而留也。”《文献通考》引亦同。陈振孙《书录解题》是《总目》参考的重要书目资料。余嘉锡认为馆臣撰写提要时只是翻一翻《文献通考》就敷衍了事，甚至连《书录解题》都懒得一查。此说过于苛严，且缺少证据。

(90)《拾遗书》。《总目》增评论：“其齐泰以下三十人，事实俱缺，亦未能考补也。”又增材料：“载建文诸臣事迹，文甚简略。前有正德乙亥自识。”② 正德乙亥自识已经被《总目》引用。

(91)《革朝遗忠录》。《总目》增材料：“所列一百六十传，皆明惠帝时死难诸臣，而附录一卷，则降燕诸臣如胡广、黄福之类，后至大官者亦在焉。”又增评论：“然其精要，已皆采入《革除遗事》中矣。”删评论：“亦足以资参考，卷前有序二篇，皆非此书之序，而其中缝皆刻曰‘遗忠录序’，或后人刻《遗忠录》而采摭其序于简端耳。”③ 可见二者褒贬不同。翁方纲对于该书卷前二序进行辨伪，应该说是很硬的东西，可惜被《总目》删除。《革朝遗忠录》入传记类存目，而《革除遗事》、《革除遗事节本》入杂史类存目。《革除遗事节本》提要云：“是书有列传无本纪。《明史·艺文志》载黄佐《革除遗事》六卷，当即此书。然佐书实有本纪，其所自撰序可考。又郁衮《革朝遗忠录》别载佐序，称旧本繁文，今皆芟之，定为七卷，是知十六卷之《革除遗事》乃佐之全书，此则佐所自节之本，通本纪为七卷，此本佚其本纪，故止有列传六卷也。又原书如姚广孝诸人皆别为外传，此则不复分析，其体例亦稍不同。”原案云：“此本惟存列传，似应入传记类中，然实原有本纪而佚之，则仍以杂史论矣。”朝军按：《总目》将十六卷之《革除遗事》归在符验名下，将六卷节本归在黄佐名下。

(92)《胡子衡齐》。《总目》增评论：“大要以理在心而不在

---

① 《总目》卷141，删材料：“盖客谈之类也。所记皆北宋至南宋初之事。”(《翁稿》第446页)

② 《总目》卷61。

③ 《总目》卷61。

天地万物，意在疏通守仁之旨。然守仁本谓‘我与天地万物一气流通，无有碍隔’，故人心之理即天地万物之理。而直乃谓‘吾心所以造天地万物，匪是则黝没荒忽而天地万物熄矣’，是竟指天地万物为无理，与守仁亦不相合，未免太失之高远。其文章则纵横恢诡，颇近子书，与他家语录稍异。盖直少攻古文词，年二十余始变而讲学，故颇能修饰章句，无诸家语录弇陋粗鄙之状云。”且增材料：“嘉靖丙辰进士……直之学出于欧阳德及罗洪先，故以王守仁为宗……分言末、理问、亡锢、博辨、明中、征孔、谈言、续问、申言九篇。”①

(93)《楚辞图》。《总目》增评论：“核之《楚辞》篇什，挂漏良多。皇上几余披览，以其用意虽勤，而脱略不免，特命内廷诸臣，参考厘订，各为补绘。于《离骚经》则分文析句，次为三十二图。又《九章》为九图，《远游》为五图，《九辩》为九图，《招魂》为十三图，《大招》为七图，《香草》为十六图。于是体物摹神，粲然大备，不独原始要终，篇无剩义，而灵均旨趣，亦藉以考见其比兴之原。仰见大圣人游艺观文，意存深远。而云从以绘事之微，荷蒙宸鉴，得为大辂之椎轮，实永被荣施于不朽矣。”复增材料：“后世读其书者，见所征引，自天文、地理、虫鱼、草木与凡可喜可愕之物，无不毕备，咸足以扩耳目而穷幽渺，往往就其兴趣所至，绘之为图。”“皆以此擅长。特所画不过一篇一章，未能赅极情状。云从始因其章句，广为此图，当时咸推其工妙，为之镌刻流传。”②

《总目》为什么要如此增评论呢？乾隆四十六年十二月十五日馆臣奉旨：“《四库全书》馆进呈书内有萧云从画《离骚图》一册，

① 《总目》卷96。

② 《总目》卷148，《钦定补绘离骚全图》提要。按：萧云从作《离骚图》，寓意甚深。其《九歌图》自跋云：“取《离骚》读之，感古人之悲郁愤懑，不觉潸然泣下……我将何乐乎？吾用此与《天问》诸图，锢铁函中，沉于幽泉，使华林诸君子庸补萧选之阙云尔。”郑振铎认为：“他明显的寄遗黎的悲愤于这些画幅之中，那心情是和屈原血脉相通的。故幅幅画面，均高旷有奇致。在艺术创作上，其成就是很崇高的。”同时力诋补绘诸图：“清辑《四库全书》时，为补绘《九章》、《卜居》诸图，大非尺木原意，而图亦庸俗不足观。”（《西谛书跋》，北京：文物出版社，1998年版，第206~208页）

盖踵李公麟《九歌图》意，而分章摘句，续为全图。博考前经，义存规鉴，颇合古人左图右书之意。但今书中所存各图已缺略不全。又如荪荃兰蕙以喻君子，寄意遥深。云从本未为图，自应一并绘入，以彰称物芳。著于《古今图书集成》内采取补入，南书房翰林等逐一考订，将应补者酌定稿本，令门应兆仿照李公麟《九歌图》笔意补行绘画，以臻完善，书仍旧贯，新补者各注明。录旨简端，即以当序。钦此。”由此可知，《总目》所增评论正好反映了清高宗的旨意。门应兆为四库馆中惟一的专职绘图分校官，因此清高宗特意点将由门氏修补萧云从所画之《离骚图》。领旨后，馆臣特地制订了补绘凡例：

遵旨补绘萧云从离骚全图凡例

一、萧云从原书目录载有《离骚全图》，今已逸去，应为补绘。按《离骚》一篇，屈原一生梗概，备载其间，非片楮所能殚其义，因绎三闾之词，复考诸家之注，分文析句，厘为三十二图。盖准原书《天问图》分绘之例。

一、原书目录，《九章》无图，盖云从初辑是编，未经绘画者也。按《九章》为屈原既放江南以后之作，时序不同，景物亦异，所宜分图布景，指事传神，于每章各绘一图，与原书《九歌》同例。

一、原书凡例所载《远游》五图阙，今详加参考，仍厘为五图，以合原书之数。至《卜居》、《渔父》二篇，原书既有合图，兹不复绘，免致繁复。

一、《九辩》、《招魂》、《大招》三篇，原目凡例中既以宋玉、景差为屈原授经之士，并引王注，疑为屈子所作，附存于后，则亦宜据云从纂辑体例，一律补图。今《九辩》按章为九图，《招魂》分段为十三图，《大招》分段为七图。

一、《楚辞》各篇，皆借香草以喻君子，诚宜殿以芬芳，写其高洁，云从原书凡例亦称“香草一图，有志未逮”。今按名别类，分为十六图，以附于后。至于椒樧为木本，芰荷为水花，已散见于各篇所补图内，他如茅藚、菉葹之类，凡所指为恶草者，概不阑入。

一、原书只有三闾大夫、郑詹尹、渔父合绘之一图、《九歌》九图、《天问》五十四图，今自《离骚》篇起，至香草止，为补绘九十一图，共成一百五十五图，庶几图既补亡，篇无剩义云尔。

清高宗对此事颇为赏识，特地赋诗以纪其事：

御制题补绘萧云从离骚全图八韵

画史老田野，披怜长卷情（《四库全书》馆进呈萧云从所著《离骚图》，始知其善画，侍郎曹文埴因进所藏云从山水长卷，末自识云："河阳李晞古作大障，为高宗所眷爱。余草野中人，无缘献纳，虽衰老，极力勉为此卷，藏之以俟知我。"云云，词颇诚恳，因为题句。）。不缘四库辑，那识此人名。六法道由寓，三闾迹以呈。因之为手绘，足见用心精。岁久惜佚阙，西清命补成。共图得百五（云从踵李公麟《九歌》为《离骚图》，颇合古人左图右书之意，但今书只存《卜居》、《渔父》合绘一图、《九歌》九图、《天问》五十四图，其余或原本未画，或旧有今阙，因命南书房翰林等逐一考订，令门应兆补绘九十一图，合之原书六十四图，共一百五十五图，俾臻完善。），若史表幽贞。姓屈性无屈，名平鸣不平。迁云可以汲，披阅凛王明。

由此可见，清高宗的意志贯串于《总目》编纂的全过程之中。其诗其文，一字一句，皆为馆臣心领神会，甚至会不露痕迹地改写进《总目》。清高宗在完成"十全武功"之后，欲与其祖康熙大帝媲美，竭尽全力编纂《四库全书》与《总目》，妄图在文治方面博得"稽古右文"① 之美名。他甚至狂妄地宣称，只有他一人通读了

① 清高宗《御制读明史》："几余何所乐，书史案头横。稽古征文献，诠时验治平。百年民物盛，一代纪纲呈。抚卷增乾惕，还垂殷鉴明。"

《四库全书》。尽管纪昀也一再称自己"曾读人间未见书"，但在公开场合，也要竭力吹捧清高宗的博学多能。

(94)《琬琰录》。《总目》增材料："纮字朝文，弘治庚戌进士，以刑部郎中出为广东按察司佥事，分巡岭东，终云南按察司副使。"又增评论："其中如李景隆之丧师误国，不得谓之名臣；惠安伯张升在戚里中虽有贤声，而始终未尝任事，亦难与勋臣并列。又如陈泰墓志中称寇深忌其才名，嗾人诬劾。而李贤所作深墓志，亦在录中，乃极称其持法严明。虽自附识语调停，究不免彼此矛盾。然明自成、弘以前，风会淳厚，士大夫之秉笔者，类多质直不支，无缘饰夸大之词，尚属可以取信。且其中如郁新、吴寿昌等凡数十人，皆史传所不详。"①

(95)《诗经汇诂》。《总目》增评论："其书大旨以朱子《集传》为主……采摭非不详赡，而本意为科举而设，于经义究鲜发明。"对于清朝范芳所撰之皇皇巨著，《总目》基本上倾向于否定，原因有二：一则反朱子之显学，二则反科举之俗学。《总目》又增材料："全书共一千二百五十余番，约六十万言。"②

(96)《阅耕余录》。《总目》增评论："而摭拾旧文者亦多，又兼录谐谑果报诸杂事，盖陈继儒《珍珠船》之类也。"又增材料："万历辛丑进士。"复删材料："名阅耕者，盖归田知稼之类。前有陈继儒序。"③ 翁方纲对于原书书名进行解释，本来是书名学研究的好材料，《总目》予以删除，未审其意。其实，《总目》对于书名诠释颇为留意，这种材料在《总目》中比比皆是，可以做专题研究，进而可以扩大到对所有古籍的书名进行系统研究，写出一系列厚重扎实的专著，如《古籍书名研究》、《中国书名学史》、《书名论》等。

(97)《王文端奏疏》。《总目》增材料三条，一注版本来源："两江总督采进本。"二注明事迹出处："事迹具《明史》本传。"三注明

---

① 《总目》卷58，《明名臣琬琰录》提要。

② 《总目》卷18。

③ 《总目》卷128。

同书异本："此盖初出别行之本。"又增评论："其编校亦可谓疏矣。"①

(98)《庭闻州世说》。《总目》增评论："刊本则不标卷帙，未详其体例云何也。"又增材料："不著其名。"②

(99)《梅花草堂笔谈》。《总目》增材料："是编为其《梅花草堂集》中之一种。据《江南通志·文苑传》，乃其丧明以后追忆而作也。所记皆同社酬答之语，间及乡里琐事。"复增评论："辞意纤佻……殊属支离。《二谈》轻佻尤甚。如云'《水浒传》何所不有，却无破老一事（案：美男破老，《逸周书》之文。），非关缺陷，恰是酒肉汉本色如此，以此益知作者之妙'，是何言欤？"③

《江南通志·文苑传》云："张大复，字符长，昆山人。少英迈绝伦，父维翰授以经史、汉魏唐宋诸家，故学有原本。文日奇，名日起。父殁，哀毁两目，丧明犹成《笔谈》、《梅花草堂诸集》。"④《总目》据此种方志材料以修订提要稿，选择张大复丧明著书的事迹，较翁氏原稿生动感人。至于对《水浒传》的评价，《总目》是完全持否定态度的。

(100)《乐府诗集》。《总目》增评论："其解题征引浩博，援据精审，宋以来考乐府者无能出其范围。每题以古词居前，拟作居后，使同一曲调，而诸格毕备，不相沿袭，可以药剽窃形似之失。其古词多前列本词，后列入乐所改，得以考知孰为侧、孰为趋、孰为艳、孰为增字减字。其声词合写不可训诂者亦皆题下注明，尤可以药摹拟聱牙之弊，诚乐府中第一善本。……然卷帙既繁，牴牾难保。司马光《通鉴》犹病之，何况茂倩斯集？要之，大厦之材，终不以寸朽弃也。"又增材料："明梅鼎祚《古乐苑》曰：郭氏意务博览，间有诗题恩列乐府，如《采桑》则刘邈《万山见采桑人》，《从军行》则王粲《从军诗》、梁元帝《同王僧辨从军》、江

① 《总目》卷56。

② 《总目》卷143。

③ 《总目》卷128。《翁稿》认为"以释家语诂圣经，害道之尤者也，不应存目"（第559页），《总目》将其列入杂家类存目，未采纳翁氏意见。

④ 《江南通志》卷165。

淹《拟李都尉从军》、张正见《星名从军诗》、庾信《同卢记室从军》之类。有取诗首一二语窜入前题，如‘自君之出矣’，则鲍令晖题诗后寄行人，‘长安少年行’，则何逊《学古诗》‘长安美少年’之类。有辞类前题原未名为歌曲，如《苦热行》，任昉、何逊但云‘苦热’，《斗鸡篇》，梁简文但云‘斗鸡’之类。有赋诗为题而其本辞实非乐府，若张正见‘晨鸡高树鸣’，本阮籍《咏怀》诗‘晨鸡鸣高树，命驾起旋归’，张率‘雀乳空井中’，本傅玄《杂诗》‘鹊巢邱城侧，雀乳空井中’之类。亦有全不相蒙，如《善哉行》则江淹《拟魏文游晏》，《秋风》则吴迈远《古意赠今人》之类。有一题数篇半为牵合，如杨方《合欢诗》后三首为杂诗、《采莲曲》则梁简文后一首本《莲花赋》中歌之类，并当删正云云，其说亦颇中理。”①

《总目》又将此书与左克明所编《古乐府》作比较：“考宋郭茂倩先有《乐府诗集》，所录止于唐末，极为赅备。克明此集似乎床上之床。然考李孝光《刻乐府诗集序》称，其书岁久将弗传，至元六年，济南彭叔仪始得本校刻。是郭书刊板之时，仅在克明成书前六年。其板又在济南，距江西颇远，则编此集时，当必未见郭书，非相蹈袭。且郭书务穷其流，故所收颇滥，如薛道衡《昔昔盐》，凡二十句，唐赵嘏每句赋诗一首，此殆如春官程试摘句命题，本无关于乐府，乃列之薛诗之后，未免不伦。此集务溯其源，故所重在于古题古词，而变体、拟作，则去取颇慎，其用意亦迥不同也。”② 郭集以穷源为主，左编以溯源为主。《乐府诗集》征引可谓浩博，但援据难称精审。

(101)《许灵长集》。《总目》增材料：“是集刻于万历壬子。……刊本不分卷数，而各体之首必题曰初集，盖犹未竟之本也。”又增评论：“诗格平易，罕逢警策。”③

---

①《总目》卷187。

②《总目》卷188。

③《总目》卷180，删材料：“有万历四十年光祚自序，其诗每体另起，又各标出每体之初集。”（《翁稿》第618页）

(102)《周易说翼》。《总目》增材料:“号泾野。事迹具《明史·儒林传》。……是编乃柟马书林韦鸾满潮等录其讲授问答之语。”又增评论:“每卦皆有论数条,专主义理,不及象数。”① 复删评论:“大约以程《传》、朱《义》为主。”

是书前有嘉靖己亥王献芝序,后有李遂跋,已为翁方纲注意。翁氏在起草提要稿时,对于序跋是非常重视的,善于将序跋中的有用信息吸收到提要稿中,有时甚至将一些重要的序跋一字不漏地抄下来,为总纂官修改时提供了有价值的参考资料。

(103)《易义古象通》。《总目》增评论:“明自万历以后,经学弥荒。笃实者局于文句,无所发明;高明者骛于虚无,流为恣肆。浚独能博考旧文,兼存古义,在尔时说《易》之家,譬以不食之硕果,殆庶几焉。”又增材料:“一曰《原古象》,二曰《理传象》,三曰《八卦正象》,四曰《六爻位》,五曰《卦爻画》,六曰《卦变》,七曰《互体》,八曰《反对·动爻》。”② 复删材料:“《经义考》载王在晋序一篇,今刻本失之。”

《翁稿》仅仅指出“是书前有明象总论八篇”,这是全书之纲领,但缺少具体篇目,《总目》一一为之补出。《总目》所论“明自万历以后,经学弥荒。笃实者局于文句,无所发明;高明者骛于虚无,流为恣肆”,大局在胸,由木而见林,透视明代经学全程,其眼光较《翁稿》高明广大得多。

《经义考》载王在晋序一篇,翁方纲所见刻本未载,《四库全书》本也未补出,今补抄如下:

> 《易义古象通》,建溪苍水魏公所论述也。公于易道有深契,合元会运世之终,以观无始;溯天地人物之始,以极无终。一理浑涵,散殊万象,万象归根,统会一理,故曰理无形也,假象以显。圣人开物成务,见天下之赜,以拟形容,象万宜,故谓之象。然非自圣人始也,河出图,洛出书,显然以象

① 《总目》卷7。

② 《总目》卷5。

示矣。又非自图书始也，太极分阴阳，阴阳分动静，两仪、四象、八卦渐次而生，又显然以象示矣。一奇一偶，而天下之万象生焉。一奇一偶之变，而天下之万变生焉。变者，生乎象者也。通者，生乎变者也。天地间自然之易为象，无象不可以言易。天地间自然变易之理为通，无通不可以言象。圣人观会通，以行典礼，通其变，以成天地之文，使民不倦，变则通，通而后能久，恒久不已，而天地万物之情见矣。此《易古象通》所由述也。昔吕东莱氏存《古易》十二篇，紫阳氏因之。魏公之存古象也，汉魏晋唐诸家之说具在。后有作者，百世不能易矣。黄虞稷曰：浚字苍水，松溪人，万历甲辰进士，累官都察院右佥都御史，巡抚湖广。书八卷，前有《明象论》八篇。

(104)《古周易订诂》。《总目》增评论："楷之学虽博而不精，然取材宏富，汉、晋以来之旧说，杂采并陈，不株守一家之言。又词必有据，亦不为悬空臆断、穿凿附会之说，每可以见先儒之余绪。明人经解空疏者多，弃短取长，不得已而思其次，楷书犹足备采择者，正不可以驳杂废矣。"又增材料："吏科给事中。唐王聿键起兵于闽。……旋为郑芝龙所轧，愤恚而卒。事迹具《明史》本传。……而七卷后则仍列《十翼》原文，以还田何之旧。盖分经分传以存古本，而经下所列《十翼》之文，则引以互证，故皆低一格书之，以别于后之正文。其仍以'古周易'标目，盖以是也。"①

何楷《古周易订诂序》云：

《古易》分上下二篇，所谓二篇之策也。孔子作传，释经亦随经而分，谓之《十翼》：《上彖传》一，《下彖传》二，

① 《总目》卷5，删评论："是其书名曰古周易，而其卷内体例初不尽符于古本矣。至于杂采诸说，验以己意，虽亦不无沿讹之处，而于经义亦有发明。"（《翁稿》第674页）

《上象传》三，《下象传》四，《上系辞传》五，《下系辞传》六，《文言传》七，《说卦传》八，《序卦传》九，《杂卦传》十。自鲁商瞿子木受《易》孔子，以授鲁桥庇子庸，子庸授江东馯臂子弓，子弓授燕周魏子家，子家授（阙）……旬，独以彖象传，及《系辞》等十篇解说上下经，凡以彖、象、文言杂八卦中者，自费氏始。田何之学，施雠、孟喜、梁丘贺之徒最盛。后别有焦延寿易，托之孟氏，传京房。其说长于灾变，不顾圣人之经。费氏初微，但传民间，至后汉时，陈元、郑众之徒皆学费氏。费氏兴而田何遂息，古十二篇之《易》遂亡。其本世所传郑玄旧本，以彖传连经文，然犹若今乾卦次序，至王弼乃自坤卦而始，每卦以《彖传》移缀《彖辞》之后，而以"彖曰"两字冠之。又以为象本释经，宜相附近，其义易了，故分爻之象辞各附当爻之下，犹如杜预注《左传》分经之年，与传相附。其意欲便学者诵习，如许俊对高贵乡公之说也。按古者经、传各为一书，如《春秋》三传不与经连，故石经《公羊传》皆无经文。《艺文志》所载《毛诗故训传》亦与经别。及马融为《周礼》注，乃云欲省学者两读，故具载本文，而就经为注。郑玄与马融同时，玄以《易传》合经，盖仿融例，而弼又援玄例也。魏晋而下，去古日远，学者不见古文。唐太宗诏名儒定《九经正义》，孔颖达奉诏与诸儒参议于《易》，独取王弼，不本《正义》者以为异说，于是后学惟弼是从，莫敢移动。吕汲公、王原叔、晁以道、李巽岩、吕伯恭、朱元晦皆以分经合传为非古。吴仁杰、税与权编《周易古经》，亦皆极论王弼之失，愚故别异经传，以还田何之旧。窃谓夫子之注《易》备矣，学者因而求之，则思过半，仍取彖、象二传附于经文之下，以为之注《易》，以彖传、象传等字，其文言颛释乾、坤及上下系，说、序、杂等传凡有关于彖象者亦各随卦而附列焉。以祖费直之意，辄不自量，网罗旧闻，裁以管见，为之小注，要求靡盭于夫子而已，爰题其名曰《古周易订诂》云。崇祯六年，岁在癸酉，闽漳何楷序。

《总目》云："观其自序，论分经合传之非古，然复引魏淳于俊对高贵乡公语，则又未始不以分附为便，故其前分上下经为六卷，而彖、象、系辞诸传之文仍随卦分列，犹祖费直之意，而七卷以后则仍列《十翼》原文，以还田何之旧。盖分经分传，以存古本，而经下所列十翼之文，则引以互证，故皆低一格书之，以别于后之正文。其仍以古周易标目，盖以是也。惟于上下经内，又别立初、中、终诸名，则自我作古耳。"《翁稿》已有此意，但不完善，《总目》又进一补将语意补圆。可见，提要自起草到定稿，均参考过作者自序。

(105)《易会》。《总目》增评论："然往往亦借以寓意，如解'亢龙有悔'曰：'亢而曰龙，则亢乎其不得不亢也。盖人处时势之极，固有必亢而后济者。惟圣人纯乎天德，无一毫全躯保命之思，虽履盛满，蒙讥谤，冒天下之不韪而弗之避也。即势且至于悔，亦为天下甘之矣。若虑其有悔，而先自处于不亢之地，则智士之所为耳，何龙德之云乎！'此明季清流之见，以愧选愞则可矣，实非经义也。"又增材料："字汝光……《明史·儒林传》附见其祖《守益传》末。"①

(106)《易象解》。《总目》增材料："濂字浚伯。……正德辛巳进士，由杞县知县擢监察御史。"又增评论："盖袭欧阳修之说而益加甚焉，所谓象占亦多悖谬……亦可谓勇于自用者矣！"②《翁稿》云："其中所论筮占等悖谬固不待言，而意敢诬经非圣，实从来说易者所未有……是乃小人无忌惮之尤者。"用词比较激烈，可谓极力贬斥。经《总目》修改后，语气稍微温和一点。

(107)《少峰草堂集》。《总目》增材料："人瑞翁春泽子也……是集《千顷堂书目》作二卷，此本仅一卷。"又增评论："其诗皆沿七子之派。"③

《翁稿》云："此卷皆所为诗也。"未对其诗加以评价，《总目》

---

① 《总目》卷8。

② 《总目》卷7。

③ 《总目》卷177。

则明确指明其诗派特征。

(108)《春秋经传类求》。《总目》增评论:“虽亦欲发比事属辞之旨,然割裂繁碎,弥难寻检。”又增材料:“从添号石芝……是书始刻于乾隆己卯。取《春秋三传》及胡安国《传》……事类之中又自分经、传。”①

《翁稿》仅引作者自述谓本于苏轼《春秋》当以类求一语,未置可否,《总目》则明确指出其缺陷。

(109)《易象约言》。《总目》增材料:“乾隆丙辰进士,官工部主事。……《参同契》称日月为易,虞翻注虽亦引之,然核以《说文》,易字实不从日月。”又增评论:“是书诠释文句,颇为简明。……又每卦《象辞》以卦名割系卦画之下,体例似皆未允。……据为宗旨,亦泥古太甚也。”②

《翁稿》云:“载考《周易》十翼之目,诸家分合次第非一本矣。要皆圣人观象玩辞,龟训后人,初不在沾沾分别篇次,自生彼此之见,是乃经生之习气,非说经之要旨也。况所据又皆已见,非有实可凭依之迹。……此不过徒多词说,翻前人之案,实与经义非有关涉者也。……殊为印定读者眼目,亦似著迹,特其所谓约言者于卦爻尚无大谬。”此种论调,较《总目》为苛。作者自序已为《翁稿》所引,《总目》因之。

(110)《杨氏易传》。《总目》增材料:“事迹具《宋史·道学传》。”且增评论:“明人凡刻古书,多以私意窜乱之,万历以后尤甚,此或日升等所妄改欤?……今既不睹简之原本,亦莫详其何故也。……实简之务谈高远,有以致之也。考自汉以来,以老、庄说《易》,始魏王弼。以心性说《易》,始王宗传及简。宗传,淳熙中进士;简,乾道中进士,皆孝宗时人也。顾宗传人微言轻,其书仅存,不甚为学者所诵习。简则为象山弟子之冠,如朱门之有黄榦;又历官中外,政绩可观,在南宋为名臣,尤足以笼罩一世,故至于明季,其说大行。紫溪苏浚解《易》遂以《冥冥篇》为名,而

① 《总目》卷31。

② 《总目》卷10。

《易》全入禅矣。夫《易》之为书，广大悉备，圣人之为教，精粗本末兼该，心性之理，未尝不蕴《易》中，特简等专明此义，遂流于恍惚虚无耳。昔朱子作《仪礼经传通解》，不删郑康成所引谶纬之说，谓存之正所以废之。盖其名既为后世所重，不存其说，人无由知其失也。今录简及宗传之《易》，亦犹是意云。"①

朝军按："考自汉以来，以老、庄说《易》，始魏王弼。以心性说《易》，始王宗传及简。……宗传人微言轻，其书仅存，不甚为学者所诵习。简则为象山弟子之冠，如朱门之有黄榦；又历官中外，政绩可观，在南宋为名臣，尤足以笼罩一世，故至于明季，其说大行。紫溪苏浚解《易》遂以《冥冥篇》为名，而《易》全人禅矣。夫《易》之为书，广大悉备，圣人之为教，精粗本末兼该，心性之理，未尝不蕴《易》中。"此种论调，可圈可点，与前面所述纪昀的易学观点如出一辙，因此可以判断，此条所增评论确出纪昀之手。据此推测，纪昀为《总目》的修改定稿贡献了自己的聪明才智。具体而言，有以下几点：一是观点更明确，二是语言更生动，三是考证更精确，四是结论更可靠。经过纪昀等人的修改，提要稿质量大为提升。过去完全归功于纪氏一人固非，现在如果完全抹煞其功亦大谬不然。我们应该实事求是地对诸色人等在《总目》编纂过程中的贡献作出评价，回到具体的历史语境，以翁方纲还之翁方纲，以戴震还之戴震，以纪昀还之纪昀，以陆锡熊还之陆锡熊，以于敏中还之于敏中，以清高宗还之清高宗。只有如此，才能谈得上客观公正。

（111）《周易传义折衷》。《总目》改题《周易程朱传义折衷》，且增材料："益以语录诸书，列之于前，而各以己说附于后，谓折衷也。"增评论："前有采自序，称有康节邵子推明羲、文之卦画，而象数之学著。有伊川程子推衍夫子之意，而卦画之理明。洎武夷朱文公作《本义》，厘正上、下经、《十翼》而还其旧，作《启蒙》，本邵子而发先天。虽《本义》专主卜筮，然于门人问答，又以为《易》中先儒旧说，皆不可废，但互体、飞伏、纳甲之类，

① 《总目》卷3。

未及致思耳。故愚以为今时学者之读《易》，当由邵、程、朱三先生之说溯而上之云云，故其书虽以宋学为宗，而兼及于象数变互，尚颇存古义，非竟暖暖姝姝守一先生之言也。顾炎武《日知录》谓割裂《本义》以入程《传》，始于胡广之修《大全》。然董楷已用程子之本，而附以《本义》，采又因之，则其来有渐矣。炎武专责胡广，殆未见二书欤?"①

赵采《周易程朱传义折衷序》云：

《易》该象、数、理，未作之前，其体因象数而立，既作之后，其理因象数而显。《大传》曰："河出图，洛出书，圣人则之。"河图、洛书，为天地自然之文，象数之大原也。二图之象皆九位，故伏羲则之，画为长短之九画，成乾、坤二卦之小成，由乾坤而八卦，八卦而六十四卦，以左右交互而观，则两卦得十八画，二九也，是为《先天图》，邵子所谓交易之易也。文王则之，变伏羲之卦次，分上下之二经，上经卦三十，下经三十四。以一反一覆而观，除八正卦外，五十六卦只成二十八卦，上经得十八卦，下经亦得十八卦，二九也。是为《后天易》，程子所谓变易之易也。或曰："伏羲既因象推数而作先天交易之易矣，文王又因象推数而作后天变易之易，何哉?"《大传》曰："《易》之兴也，其于中古乎？作《易》者，其有忧患乎?"夫子盖谓文王当殷末世，忧患而兴此《易》也。曷为见其忧患？今观后天反对卦，如泰反为否，剥反为复，晋反为明夷，夬反为姤，既济反为未济，举一二以类推，则文王实忧虑天下后世阴阳祸福之相为倚伏，治乱安危之相为消长，君子小人之相为进退，只在一反复间，故示人以用九，扶阳而抑阴，为君子谋，不为小人谋，为转移造化之机，此上下经所以皆寓用九之意，岂出于圣人之智巧，皆倚天地自然之法象，而加一倍焉耳。自古圣王之致治皆用九，如舜命九官，禹之九功、九叙、九歌是已。是以周公作爻辞，于乾卦首

① 《总目》卷4。

发用九之义，夫子翼之曰："天德不可为首也。"曰乾元用九，天下治也。曰乾元用九，乃见天，则于九曰天则，则其可过哉，则过其亢矣。又于《大传》三陈九卦，以明文王处忧患之道，上经取三卦而陈之，用一九也。下经取六卦而陈之用二也，此夫子因子推理而作《十翼》也。呜呼！《易》更三圣，而象数义理始备。自夫子殁，千数百年，论《易》者各据己见，泥象数者流于诡怪，说义理者沦于空寂，而圣人忧患作《易》之旨昧矣。

至宋有康节邵子推明羲、文之卦画，而象数之学著，有伊川程子推衍夫子之意，而卦画之理明。洎武夷朱文公作《本义》，厘正上下经、《十翼》，而还其旧；作《启蒙》，本邵子而发先天，虽《本义》专主卜筮，然于门人问答，又以为《易》中先儒旧说皆不可废，但互体、五行、纳甲、飞伏之类，未及致思耳。故愚以为，今时学者之读《易》，当由邵、程、朱三先生之说泝而上之，以会羲、文、周、孔之心，庶几可与言《易》矣。然邵子无《易》解，其说仅见于《观物篇》。故愚是集以程朱传义为主，而附以鄙见，间亦窃取先儒象数变互以资发明。虽然俗士口《易》，贤人体《易》，圣人忘《易》，孟子著书，未尝及《易》，邵子以为《易》道存焉，且以为善用《易》。人能用《易》，是为知《易》。呜呼！韦编三绝，企东家之无过；蠹简百年，慨西伯之有忧。愚虽衰老，愿就有道而正焉。

《总目》摘录原序中语，以推测作者本意，并将《翁稿》中的评论删去："兼采先儒之说，以相发明，其载程朱二子之说，于传义各有删节。又采语录诸书与合刻程传朱义者不同，但其附以己说处亦未能确有折衷，惟兼及先儒象数、互变，差为有益耳。"

(112)《大易钩玄》。《总目》增考证："王袆《造邦勋贤录》称……授文华殿大学士，辅导东宫。《明史·吴伯宗传》则称与吉安余诠、高邮张长年、登州张绅同荐。恂年八十，诠年亦七十，并命为文华殿大学士，皆以老疾固辞，遂放还。惟绅授鄠县教谕，后官至布政使，则恂固未尝仕明。《造邦勋贤录》载陶珽《续说郛》中，疑为伪托，当以史为据。又陶宗仪《辍耕录》载鲍恂以妻父建德知县俞镇之力，夤缘中浙江乡试第十四名。考其籍乃嘉兴，其年乃至正甲申，盖名姓偶同，非此鲍恂也。”因为存在作者跨代问题与同名同姓问题，《总目》利用王祎《造邦勋贤录》、《明史·吴伯宗传》、陶宗仪《辍耕录》等详考其时代与籍贯。《翁稿》将作者误作明代人，《总目》改正为元人。清人重正统，所以对跨代作者的时代问题尤为敏感。《总目》又增评论：“考所言仅粗陈崖，略不足当‘钩玄’之名，题曰‘举隅’，于义为近。”① 总之，二者提要相近，只是详略有别，行文方式稍有不同。

《总目》云：“首有宁王权序，题曰旃蒙单阏，盖宣德十年乙卯也。序称程蕃伯昌重加订正，而称蕃生于至元十七年丁酉。考后至元无十七年，惟顺帝至正十七年岁在丁酉，则至元乃至正之误也。其书本名《学易举隅》，权为刊板，始更名《大易钩玄》。然朱彝尊《经义考》载之，仍曰‘举隅’。”考宁王权序曰：

> ……然《易》之精者，独鲍氏得其所传之妙，而勿行于世。先生崇德人，姓鲍，名恂，字仲孚，元乙亥进士也。深得大《易》之旨，乃作是书，以宣大《易》之道，名曰《学易举隅》，而授之连山陈先生亮，亮授之建安赵先生志道，志道授之黄州程先生伯昌。先生名蕃，生于至元十七年丁酉，生而英爽超卓，颖悟且奇，贯通三氏之学，深得大《易》之旨，而合乎神明之德，出于人也，大不凡矣，可谓奇士也。于是重加订正，以明圣人作《易》之心。数十年间屡欲刊行，而事不果。予乃命寿诸梓，以示后学，更其名曰《大易钩玄》。

可见，此则提要的焦点在于书名。褒之者称“钩玄”，贬之者用“举隅”。《总目》又辨陶宗仪《辍耕录》所载之鲍恂非此鲍恂，而

---

① 《总目》卷7。《总目》接受翁方纲的建议（《翁稿》第740～741页），将书名改为《学易举隅》，并列入存目。

朱彝尊《经义考》正好将两位名姓偶同者混为一人，因此也可视为是对《经义考》的驳正。

(113)《翠微南征录》。《总目》于“此本卷首有新城王士禛题语曰”后增评论：“宋华岳集十一卷，名《翠微南征录》，第一卷开禧元年上皇帝书，请诛韩侂胄、苏师旦，语最抗直。余诗十卷，率粗豪使气。上侂胄诗云：‘十庙英灵俨如在，漫于宗社作穿窬’。及诛侂胄，函首请和，又有诗云：‘反汉须知为晁错，成秦恐不在于期。’皆不肯附和浮议，盖陈东一流人。如岳诗，不以工拙论可也。其持议颇允。”又增考证：“不知何据。案：岳名著史册，此集已著录《艺文志》，昭灼无疑。华廉所著《翠微集》当别自一人一书，与岳集不得相混。士祯乃录以存疑，则失于裁断矣。”①

王士禛《翠微南征录题语》云：

> 宋华岳集十一卷，名《翠微南征录》，第一卷开禧元年上皇帝书，请诛韩侂胄、苏师旦，语最伉直。余诗十卷，率麤豪使气。上侂胄诗云：“十庙英灵俨如在，漫于宗社作穿窬。”及诛侂胄，函首请和，又有诗云：“反汉须知为晁错，成秦恐不在于期。”皆不肯附和浮议，盖陈东一流人。如岳诗不以工拙论可也。又致吴兴掌故云：《翠微集》华廉字仲清著。渔阳山人记。

《总目》抄录王士禛《翠微南征录题语》，以为“持议颇允”。《总目》中因人成事之处确实不少，此又一例。同时，《总目》又对王氏将华廉所著《翠微集》与华岳集相混一事予以辨证。

(114)《蠹斋铅刀编》。《总目》增考证：“与今集本相合。盖珙序专指诗文而言。末二为《非诗辨妄》，原自别本单行，百禴取以附入，故通为三十二卷耳。又《宋诗纪事》称孚卒后，辛弃疾刊其集。今考集中多与弃疾赠答之作，然绝无刊集之文。世所传

① 《总目》卷162。

本，实淳熙己亥岁百禴为镂版以传，跋语可证，疑《宋诗纪事》有误也。”又增评论：“诗中分注，自甲戌岁始，距其卒于淳熙初凡二十余年。盖皆其中年之作，学问日进，故大抵词旨清拔，无纤仄卑俗之病，文章不事雕缋，而波澜意度，往往近于自然。至郑樵作《诗辨妄》，决裂古训，横生臆解，实汩乱经义之渠魁。南渡诸儒，多为所惑，而孚陈四十二事以攻之，根据详明，辩证精确，尤为有功于诗教。今樵书未见传本（引者按：《经义考》载樵此书，注曰未见。），而孚书岿然独存，岂非神物护诃，以延风雅一脉哉！尤可为宝贵者矣。”①

陈珙《蠹斋铅刀编序》云：

> 欧阳公之序苏子美、曾南丰，陈后山之序王平甫，皆悲其不遇以死，其言反复哀抑，有大不释然者。人之读之，知其辞之缓，而不知其意之切也。夫二公之材，高视一世，文可施诸典册，诗可荐诸声歌，而坎壈流放，曾不得少用其所长而夭死，继之一时，交旧论次，其平日之文，序其穷而闵其志，能无哀乎？所以深悲而痛恨者，自其情也。余之师友周公孚，字信道，自号蠹斋，天资颖悟，七岁通《春秋左氏传》，既长，于书无所不窥，博闻强记，而尤邃于《楚骚》、迁史、唐韩、杜氏之诗文、国朝诸公名世之作，出入贯穿，造诣其畛域，掇拾其精华，始刻意于诗，以后山为法。其后由陈而黄，黄而杜，属思高远，炼句精稳，少而工，壮而新，晚而平淡，为文长于叙事，简洁而峻厉，不喜襞积雕绘，循理而言，理尽言止。公之于诗文盖如此。登第十年，始为真之郡博士，竟卒于官。仕止于一命，寿不登五十，其穷殆与子美、平甫类。而不逮二公者，二公所与游皆一代宗工，足以自托不腐。公常恨不及见前辈，不蕲今之人知一时显人，亦未有能知公者，以故名未大耀。公既没之二年，平阳解君伯时得公之遗文、古赋、古律、诗、表、笺、启、书、序、记、疏、青词、赞、碑、铭，

① 《总目》卷159。

共三十卷，目曰《铅刀编》者，属余为之序。余少从公游，其学盖得于公，老不加进，思公之不复见也，未尝不潸焉以悲……淳熙己亥仲秋六日，京口陈珙序。

《总目》在修改时确实参考了陈珙所撰《蠹斋铅刀编》原序。《四库全书》本《蠹斋铅刀编》未载鄜延解百禴跋语，未审其故。

(115)《云松巢集》。《总目》增材料："希晦，乐清人，至正末，隐居瑶州。"又增评论："是集乃其子鼒所编，天台鲍原弘为之序。正统间，其玄孙元谏刊板，章陬又为之序。原弘序称其飘逸放旷宗于李，典雅雄壮宗于杜。陬序称其思致精深，词意丰赡，滔滔汩汩，如惊涛怒澜，蛟鼍出没，而可骇可愕。今观其诗，五言诗气格颇清，而边幅少狭，兴象未深，数首以外，词旨略同。七言稍为振拔，古体又胜于近体。溯其宗派，盖瓣香于剑南一集。原序所称，未为笃论也。"①

永乐五年鲍原弘《云松巢集序》云：

初予在乐清，咨访故老，得瑶川朱先生希晦，而惜其死矣。先生当元季，有诗名在士夫间，而行检尤峻洁可重。时秉使节下瓯越者，如佥宪宋公学士、贡公皆愿见仪范，以厉士风。入国朝，先生须发皓白，动合轨度，幅巾短策，徐行林壑，望者以为神仙中人。郡邑始行乡饮酒礼，求齿德崇高、名实相副、足充大宾者，而先生居首选。予尝厕翰林修撰赵君彦铭客席，得见《梅湾诗》八首，而楮尾先生自署姓名，惟予谨圭诵再四，不能去手，因扬榷于众曰："古人谓名下无虚士，信然也。"……永乐五年秋，予自京师还龙鸣山中，而先生之子鼒袖出《云松巢诗集》谒予，言曰："鼒先子平生之志，发于咏歌者，尽在是编，愿序以垂诸远。"予谓诗自《三百篇》以后，惟唐为盛，唐人以诗名者千余家，而李杜最著，以故后世言诗者率以李杜为大家数而宗之。今观是集，其飘逸

① 《总目》卷168。

放旷者宗于李欤？其典雅雄壮者宗于杜欤？先生可谓善于学诗者矣……

正统六年章陬序曰：

《云松巢集》者，乐清朱先生希晦所赋咏也。先生家瑶川，世有令德，自幼嗜学励行，有志于古人。元季遭海内乱，遂囊括不仕，益闭户读书，以究其业。下笔才思泉涌，而于诗尤工，故因物寄情，伤时感事，凡有触于外而动于中，一于歌焉发之。日增月积，多至千余篇。扁其室曰云松巢，而稿因以名焉。……正统庚申，其玄孙美从予读书空明山中，间尝捧先生遗稿示予，请为之序。予发而视之，但见其思致精深，词意丰赡，滔滔汩汩，如惊涛怒澜，蛟鼍出没，而可骇可愕，要其所至，多有得于唐人大方家之心法，而无雕琢委靡之气，故沉潜反复，累日不厌焉。尝因是推之，先生以有为之才，不幸生于季世，故形于言者，澹然无求于时，而怡然有安贫乐道之志，往往自放于山巅水涯，以寄其兴，而模写云林泉石之幽，以及草木昆虫之变。虽所寓不同，而皆曲尽其妙。至于闵时、病俗，婉词讽刺，又有得于风骚之遗意焉。故玩其词，想其人，而知先生之不遇为可叹也。使其生于明时，而出其所有，以鸣国家之盛，岂不伟哉！虽然，先生之志固不获自见于世，而其可以传世垂后者，未必不在乎是……

《总目》先引用原序中语，继而溯其宗派，既非李白，亦非杜甫，而在陆游。可见，《总目》在增删修改之时，并非一味剿袭群言以成一书，还是有自己的批评标准。关于《总目》的批评标准问题迄今尚未归纳出来，亟待深入探讨。

(116)《武夷新集》。《总目》增评论："惟石介不以为然，至作《怪说》以讥之，见所著《徂徕集》中。近时吴之振作《宋诗抄》，遂置亿集不录，未免随声附和。观苏轼深以介说为谬，至形之于奏牍，知文章之不可以一格限矣。……大致宗法李商隐，而时际升平，春容典赡，无唐末五代衰飒之气。”又增材料：“亿有《历代铨政要略》，已著录。《宋史》亿本传载所著有《括苍》、《武夷》、《颍阴》、《韩城》、《退居》、《汝阳》、《蓬山》、《冠鳌》诸集及《内外制》、《刀笔》……较本传所载已不相符……《武夷新集》者，亿景德丙午入翰林，明年辑其十年以来诗笔而自序之。《别集》者，避谗归阳翟时作也。此本但有《武夷新集》，则《别集》又亡矣。别本或题曰《杨大年全集》，误也。凡诗五卷、杂文十五卷。”①

杨亿《武夷新集序》云：

予咸平戊戌岁九月受诏知括苍郡，逮十有二月戊子朏始达治所。凡再更年，钥复朝于京师。未半载，入西台掌诰命。讫景德三祀龙集丙午仲冬之七日，被召入翰林。会庚戌诏书，许百执事以旬休出沐，颇燕居多暇，因取十年来诗笔条次为二十编，目之曰《武夷新集》。盖山林之士，不忘维桑之情，雕篆之文，窃怀敝帚之爱，命题之意，良在是也。予亦励精为学，抗心希古，期漱先民之芳润，思窥作者之壸奥，而志力浅局，襟灵底滞，大惧夫绝膑于龙文之鼎，伤吻于蚁封之埒，非不勉也，恐致败焉。亦由凫鹤之质自然，胡能损益；姜桂之性素定，岂可变迁？鸿丽之客当见恕矣，辄将假词大手，序以冠篇。又虑其相先与进，掩瑕溢美，刻画无盐，只足益其陋，穿凿混沌，弥以丧其真，故不避乎厚颜，聊援笔以自述云耳。

《汉书·班固传》云：“穷先圣之壸奥。”应劭曰：“宫中门谓之闱，宫中巷谓之壸。”师古曰：“壸音苦本反。”此序虽为《总目》言及，似未采择。新城王士祯跋也不见于此书，但见于《四库全书》本《居易录》卷十一：

宋翰林学士杨亿大年《武夷新集》二十卷，景德丁未大

① 《总目》卷152。

年在翰林所自编定也。诗五卷，杂文十五卷。闽谢在杭写本。大年以西昆体擅名，宋初其诗在同时钱、刘诸公之上。览其全集，警策绝少。文皆骈体，大抵五季已来风气如此。而石守道作《怪说》三篇刺之，张皇其词，亦过矣。介最推柳仲涂，至拟之周、孔，尤妄。予尝于《池北偶谈》辨之。

此跋被《翁稿》引用："亿复编叙之，曰《西昆酬唱集》，当时人谓是昆体，此抄本诗文则亿初入翰林当景德于末年亿有所自编定也。诗文五卷，杂文十五卷。诗每卷所标格律体犹见唐人遗意，文多骈俪，亦治唐五季以来风华如此，昔苏轼有朱辈宗徐庚之讥，而近人吴之振抄宋诗，遂置宋初杨刘诸集渠不之录。新城王士正跋斯集则谓其诗在钱惟演、刘筠之上，而全集警策绝少。自是平允之论。然宋初当欧苏未起之时，亦不必于此问途焉。且是书传本甚少，拟刊刻之，以见由唐入宋流别所自。"但又旋为《总目》所删削。

(117)《易外别传》。《总目》增评论："其书以邵子《先天图》阐明丹家之旨。考《先天图》传自陈抟，南宋以来无不推为伏羲之秘文，卦爻之本义。袁枢、林栗虽据理以攻之，然不能抉其假借之根。口众我寡，无以相胜也。迨元延祐间，天台陈应润始指为《参同契》炉火之说，其言确有根据。然宗河洛者深讳之，巧辨万端，轇轕弥甚。惟琰作此书，绝无文饰。其后序有曰：'名之曰《易外别传》，盖谓丹家之说虽出于《易》，不过依仿而托之者，非《易》之本义也。'可谓是非皎然，不肯自诬其心者矣。"且增考证："白云霁《道藏目录》以此书与《易图通变》、《易筮通变》同载于太玄部若字号中，并题曰雷思齐撰。考揭傒斯为思齐作序，称所著有《老子本义》、《庄子旨义》、《和陶诗》，吴全节序又称其别有文集，而均不及此书，殆云霁以三书同函而误欤？"

吴城《易外别传序》云：

《易外别传》一卷，元俞琰撰。前后自有序。《苏州府志》：琰字玉吾，吴县林屋山人，生宋宝祐间，以词赋称。宋亡，隐居著书，不复仕进，精于《易》学，尤好鼓琴，既老，自号石涧，卒于元贞间，年七十。所述诸家《易》说百余卷，名曰《大易会要》，自注上下经，并《十翼》四十卷，名曰《周易集说》。今惟集说独存，成氏通志堂刻之经解中。而以《易图纂要》一卷、《易外别传》一卷附焉。其子仲温跋云："《易外别传》一卷，先君子之所著，而附于《周易集说》之后。先君子尝遇隐者，以《先天图》指示邵氏环中之极玄，故是书所著发明邵氏之学为多。"仲温跋今本已无存，见《经义考》云。乾隆丙戌六月既望，松里小隐吴城识于瓶花斋，时年六十有五。

《翁稿》节引此序："琰字玉吾，吴县人。此抄本前有吴城识语，谓琰生于宋宝祐间，卒于元贞间，年七十。"又对其说予以辨证："然干文传序延祐二年琰尚无恙，延祐在元贞之后又二十年矣。且文传序谓《周易集说》起至元甲申至元贞丙申，凡十有二年而后成，而成德序则谓断于至大辛亥，至大在元贞之后又十余年，焉有生于宝祐、卒于元贞之理？盖抄本序跋之不可信如此。"此类考证，稍嫌枝蔓，故为《总目》所删。

俞琰自序云：

《易外别传》者，先天图环中之秘，汉儒魏伯阳《参同契》之学也。人生天地间，首乾腹坤，呼日吸月，与天地同一阴阳。《易》以道阴阳，故伯阳借《易》以明其说，大要不出先天一图。是虽《易》道之绪余，然亦君子养生之切务，盖不可不知也。图之妙在乎终坤始复，循环无穷，其至妙则又在乎坤复之交、一动一静之间。愚尝学此矣，遍阅《云笈》，略晓其一二。忽遇隐者，授以读《易》之法，乃尽得环中之秘，反而求之吾身，则康节邵子所谓太极，所谓天根月窟，所谓三十六宫，靡不备焉，是谓身中之《易》。今为图如左，附以先儒之说，明白无隐，一览即见识者，当自知之。至元甲申八月望日，古吴石涧道人俞琰书。

此序未引起注意，但是后序则被征引。俞琰后序云：

右《易外别传》一卷，为之图，为之说，披阐《先天图》环中之极玄，证以《参同契》、《阴符》诸书，参以伊川、横渠诸儒之至论，所以发朱子之所未发，以推广邵子言外之意。愚虽弗暇专志从事于斯，而丹之妙用，非苟知之，盖尝试之者也。故敢直指方士之所靳，以破学者之惑。尝慨夫世所传丹家之书廋辞隐语，使览者无罅缝可入，往往目眩心碎，而掩卷长叹，如蔡季通、袁机仲，尝与朱子共订正《参同契》矣，虽能考其字义，然不得其的传，未免臆度而已。愚今既得所传，又何忍缄嘿以自私，乃述是书，附于《周易集说》之后，而名之曰《易外别传》。盖谓丹家之说，虽出于《易》，不过依仿而托之者，初非《易》之本义也。其详载于《参同契发挥》三篇，兹不赘云。石涧俞琰书。

翁方纲云："其曰'别传'者，盖发明汉人魏伯阳《参同契》之说，非《易》之本义也。"与后序大旨相合。《总目》更是据以大加发挥，详考《先天图》之源流。

(118)《易宫》。《总目》增评论："大旨取来知德之说。"又增材料："号易斋……其书前后无序跋……或注未定本字，或注非先生手授本字，则隆元草创未竟之书，其门人追录之也。"①

翁方纲云："味其中小注，则是其门人所记隆元之稿，而非其所手定也。其名'易宫'者……与京房宫世之宫不同。"其意与《总目》大致相合，只是文字有所删改。

(119)《顾氏易解》。《总目》增材料："大抵出于依托，非彝尊著录之原本。"又增评论："其虚诞可知矣。"②

《翁稿》认为不应存目，但《总目》未接受其意见，而是列入

---

① 《总目》卷9。浙本《总目》有"中多从吴澄《纂言》改易经文，颇伤于自信"句，但不见于殿本。

② 《总目》卷7。

存目。《翁稿》云："悖道害理，莫此为甚。且此序题万历四十四年丙辰，距其成进士之嘉靖癸丑已隔六十余年，恐不可信。"对其序文的真实性予以怀疑。《总目》经过考证后发现："其《自序》一篇，则即宋杨简《慈湖易解》之序，稍为节抄，而题以曾唯之名。"此序因此被《总目》证伪。

《杨氏易传序》云：

> 昨秋，余入南铨选部，陈君以所刻苏长公《易传》相示，余读而卒业，已谓奇矣。顷之，封司刘君、功司陈君复刻杨敬仲《易传》成，属余叙。余读之。又一奇也。独斯传也，明所学也，余不学，其何敢序？然学不可以终弃，则传言学者不敢不致意也，叙何可已。夫《易》道大矣，自周、孔而后，微言绝，而程、朱传行，谓可以尽《易》，而《易》有所不可尽也。今观苏氏传虽未必尽合《易》旨，然借《易》以发其自有之奇，其识隽，其文雄，往往道人所未经道，其卒传，宜也。杨氏因《易》之理，以发摅其所学，精深融贯，要在一而能通，示人专事内而不外，非直探本原者能之乎？要之，苏即事以明理，杨溯源以该流。譬之苏如樝梨橘柚杂陈，而皆适于口；杨则即一樝梨橘柚，而凡为樝梨橘柚之类者，皆可推而味之也。是二氏俱深于《易》，求其有补于学，杨视苏为要焉。……吁！此与苏传均《易》之羽翼也，顾湮没久矣。待三君而始传，信大宝之显晦有时哉。然一时并显，而三君与诸同官之志于《易》，及易道之益明可觇矣。独愧余莫为倡其独无入山舍玉之惧乎。兹叙也并以自勖云。蔡国珍序。

(120)《易疏》。《总目》增评论："其说颇近荒渺。"又增材料："事迹附见《明史·高倬传》。乾隆乙未赐谥忠节。"①

《翁稿》云："图学传自邵子，大抵皆依《说卦传》为之，故证之于经，亦无不合，若以意更易，未见其可也。"《总目》删

---

① 《总目》卷8。

此语。

(121)《易芥》。《总目》增材料:“是书《经义考》作十卷,与此本不符。然所引郑之惠说,称陆庸成为诸生时,著《易芥》八卷,与此本合,则十卷乃字之误也……多论反对之意。”又增评论:“显相乖剌,知其不以古义为宗矣。”①

朱彝尊《经义考》卷六十一云:

> 陆氏振奇易芥十卷
>
> 存
>
> 《浙江新志》:“陆振奇,字庸成,钱塘人,万历丙午举人。”
>
> 葛寅亮曰:“亡友庸成《易芥》,不执象,亦不执理。”
>
> 郑之惠曰:“陆庸成为诸生时,著《易芥》八卷。丙午,庸成举孝廉,未及上公车,即世。庸成故工逢掖业,而所为《易芥》,独不为逢掖言。”

显而易见,《总目》在修改过程中,参考了朱彝尊《经义考》。朱彝尊于四库馆臣为前辈,诗文俱佳,且工于填词。《总目·曝书亭集提要》云:

> 国朝之诗,以彝尊及王士祯为大家。谓王之才高,而学足以副之;朱之学博,而才足以运之。及论其失,则曰朱贪多,王爱好,亦公论也。惟暮年老笔纵横,天真烂漫,惟意所造,颇乏翦裁,然晚境颓唐,杜陵不免,亦不可苛论彝尊矣。至所作古文,率皆渊雅,良由茹涵既富,故根柢盘深。其题跋诸作,订讹辨异,本本原原,实跨黄伯思、楼钥之上。盖以诗而论,与王士祯分途各骛,未定孰先;以文而论,则渔洋文略固不免瞠乎后耳。

① 《总目》卷8。

朱、王并驾齐驱，各有千秋，评价不可谓不高。朱彝尊考据功底虽不及乾嘉诸老深厚，但所撰《经义考》资料丰富，号为善本，一时成为馆臣的枕中鸿宝。今检电子本《总目》，明引其文即达296次之多，暗引者难计其数，此仅为其一也。《总目》对王士祯的著作也是大量征引，杨晋龙曾有专文加以讨论。

(122)《周易像象述》。《总目》增评论："卷中所注皆一字一句究寻义理，颇有新意可参。……盖桂森以万历丁巳从一本于龟山，此书业已属草，《自序》所谓间有所述，以呈先生，先生为面订之，惜未及半而先生曳杖是也。然则桂森是书，具有渊源，非师心自用者矣。"又增材料："万历丙辰岁贡生。……桂森本其意而推阐之，以成是书，名曰像象述，明师承也。经文用《注疏》之本，惟删其卦首六画。……标举大旨。"①

吴桂森《周易像象述叙》云：

> "像象述"者，述启新先生钱子之《易》也。先生有《像象三书》，曰《管见》，曰《像抄》，曰《续抄》。其大旨以乾、坤两画为人仪，以天、地、雷、风、水、火、山、泽八物为人象，而谓之"像"者，以全象备于人，则人必成其为象，斯成其为人也。惟知像象为人，而乃知一卦一爻皆人身中物。爻象之辞，皆言人身上事。故《易》至深也，而实至显、至赜也，而实至近。圣人曰："神而明之，存乎其人。默而成之，存乎德行。"其示人之意，亦亲切明白矣。先生三书外，又画人象图以析其义。斯义也，启钥开关，无异以司南指来学之路也。然则先生之书详矣，又何必述乎？盖森于庚戌受业，得睹管见。于癸丑设皋比，延先生于东林，得睹《像抄》，随读随听，而见先生之言不尽于书也。又于丁巳负笈龟山，得睹《续抄》，朝夕从游，而见先生之意不尽于言也。于是间有所述，以呈先生，先生为面订之。惜未及半，而先生曳杖矣。自是朝而读，夕而思，更八寒暑而成帙。夫先生之书，犹不足尽

---

① 《总目》卷5。

先生，而况述之者又安能仿佛先生乎？然而宁述焉者，使有好《易》者见之，知像象之旨，其意不在于言，而言不在于书若此。天启乙丑仲冬望吴桂森谨识。

《总目》显然参考了作者自序。另外，是书卷首有《像象述金针题辞》一篇，述其大旨，略云：

……是书所言非《易》也，而有读《易》之法，循其法，象象爻爻，若有线可通者，变而通之，特存乎人焉尔。……读《易》之法，先看阴阳；阴阳大分明，然后看八卦；八卦性情得，然后看六十四象；六十四象卦名识，然后看彖辞；彖辞明，然后看三百八十四爻义；爻义得，然后看小象。从源察流，始知条理，脉络一一分明。圣人下字下语，都是因物赋形，化工神笔，极拟议之工。句中有象，字中有义，句句字字，有个缘故下落，无一个闲文杂字，与诗书文法不同。识得一分，才有一分可进。通得一路，更有一路可通……

有道是："鸳鸯绣出从君看，不把金针度与人。"《总目》解题，为初学说法，旨在将金针度与后人。如何才能做到"金针度人"呢？鄙见以为，最好的办法莫过于将每一种书的大旨抽出来。而了解每书大旨最清楚的显然是作者本人，此所以自序自跋之可贵也。其他写得好的旧序旧跋也会将作者的精华部分提炼出来，或正面宣传，或反面驳难，都会为我们提供有益的参考。《总目》大量参考前人的序跋，简单处理者固然有之，但绝大多数还是取精用弘，溶盐于水，化为己有。其主要目的不在抄袭成言，而在设置路标，为学海导航。《总目》的导读作用，自它问世之日起就凸显出来了。二百年来，多少博学鸿儒成就其博大精深之业，幸赖《总目》为之保驾护航！

(123)《五音类聚》。《总目》以《四声篇海》著录，且增评论："殊体僻字，靡不悉载。然舛谬实多，徒增繁碎。"复增材料："是编以《玉篇》五百四十二部依三十六字母次之。更取《类篇》

及《龙龛手镜》等书，增杂部三十有七，共五百七十九部。凡同母之部，各辨其四声为先后；每部之内，又计其字画之多寡为先后，以便于检寻。其书成于明昌、承安间。……道昭又因《广韵》改其编次，为《五音集韵》十五卷。明成化丁亥，僧文儒等校刊二书，合称《篇韵类聚》。篇，谓教彦所编，以《玉篇》为本；韵，谓道昭所编，以《广韵》为本。二书共三十卷，较之他本，多《五音类聚径指》目录，余无所增损云。"①

朝军按："殊体僻字，靡不悉载"，为韩道昇序中语，《总目》据以发表评论。《翁稿》第772页云："自梁大同时黄门侍郎顾野王增许氏《说文》为《玉篇》三十卷，凡字之偏旁同者，皆区别而类聚之，至金陵阳王与秘推广《玉篇》，区其画段为《篇海》，皆类形以统声，六书之义綦详矣。"此语为《总目》所删。

(124)《周易辨录》。《总目》增评论："颇剀切著明。……盖以正直之操，处兀臬之会，幽居远念，寄托良深，有未可以经生常义律之者。然自始至终，无一字之怨尤，其所以为纯臣欤?"又增材料："上疏极论符瑞……事迹具《明史》本传……《明史》本传作《周易辨说》，其名小异，然《艺文志》仍作《周易辨录》，盖刊本字误也。所释惟六十四卦，每卦惟载……皆兼及之，特不列其文耳。"②

杨爵《周易辩录》自序云："予久蒙幽系，自以负罪深重，忧患惊惕之念，即夙夜而恒存也。困病中日读《周易》以自排遣。愚昧管窥，或有所得，则随笔之以备遗忘。岁月既久，六十四卦之说略具矣，因名曰《周易辩录》。《系辞》曰：'困德之辩也。'吾以验吾心之所安，力之所胜何如耳。若以为实有所见，而求法于古人焉，则吾死罪之余，万万所不敢也。"作者自序已为《翁稿》与《总目》所注意。《总目》云："前有自序，题嘉靖二十四年乙巳，盖即其与周怡、刘魁等在狱中讲论所作，故取《系辞》'困德之辨'一语为名。"《翁稿》云："语多自勖，合于《易》中忧患之

① 《总目》卷43。

② 《总目》卷5。

一义。”此语被《总目》改写。朝军按：在《四库全书》中该书书名作“周易辩录”，与《总目》所辨稍有不同。

(125)《读易蒐》。《总目》增评论：“多经生之常义……而不言所以改定之故，更不免变乱之讥。盖犹明季诸人轻改古经之余习也。”又增材料：“然自汉晋以来未有标目。”①

(126)《读易纪闻》。《总目》增评论：“献翼放诞不羁，言行诡异，殆有狂易之疾，而其说《易》乃平正通达，笃实不支，祧庄、老之虚无，阐程、朱之义理，凡吉凶、悔吝、进退、存亡，足为人事之鉴者，多所发明，得圣人示戒之旨。”又增材料：“嘉靖中国子监生，《明史·文苑传》附见《皇甫涍传》末。……朱彝尊《经义考》载献翼《易注》凡五种，惟《读易韵考》注‘存’，其《读易约说》三卷、《易杂说》二卷、《读易臆说》二卷及此书六卷均注曰‘未见’。今搜采遗编，惟得《读易韵考》及此书。《韵考》纰漏殊甚，如盲谈黑、白，聋辨宫、商，已别存目。此书不载经文，但逐节拈说，有如札记之体。《江南通志·文苑传》称献翼好《易》，十年中笺注凡三易，盖亦积渐研思而就者。殆中年笃志之时，犹未颓然自放欤?”②

《江南通志》卷一百六十五云：“张凤翼，字伯起，长洲人，与弟献翼、燕翼并有才名。吴人语曰：‘前有四皇，后有三张。’凤翼，嘉靖甲子举人。献翼字幼于，刻意为歌诗，好《易》，十年中笺注凡三易，于是三张之名，献翼尤籍甚。燕翼，字叔贻，亦有文名，与凤翼同举于乡，早卒。”《总目》节引此条方志材料，据以推测该书著作时代。

(127)《周易古经》。《总目》增材料：“乐，建安人，嘉靖间由贡生官广州训导。是书《明史·艺文志》不著录，朱彝尊《经义考》亦不载。……凡初本、费直本、郑玄本、王弼本、胡旦、胡瑗本、吕大防本、邵子本、晁说之本、程迥本、吕祖谦本、朱子本，共十二家。乐据吴仁杰本为费氏之《易》，原无确证，且朱本

① 《总目》卷9。

② 《总目》卷5。

即吕祖谦本，亦未可分为二家，至于十二家外……”又增评论：“未及载入，亦殊挂漏。……然吴仁杰本具在，正不假此本以传也。”①

(128)《周易衍义》。《总目》增材料：“书前有自序，作于大德乙巳，盖成宗九年也。又有其子光大识语，称几成书而下世，后十年始克纂修成编，则其书实成于光大之手矣。……自署曰庐山深溪，又题将仕佐郎。”又增评论：“序次颇为颠倒……前后脱简亦不一而足，或传写者失其原次，故错紊若如此与？其于经文训诂，大抵皆举史事以发明之，不免太涉泛滥，非说经家谨严之体。然议论尚为平正，所引诸儒之解亦颇为详赅，多可以备参考，视言理而空谈妙悟，言数而漫衍奇偶者，犹为此善于彼焉。”②

胡震《周易衍义序》云：

> 《易大传》曰：“《易》之为书也，广大悉备，有天道焉，有人道焉，有地道焉。”又曰：“夫《易》开物成务，冒天下之道，圣人以通天下之志，以定天下之业，以断天下之疑。”又曰：“昔者圣人之作《易》也，将以顺性命之理。”如是则《易》之为《易》，圣人经世之书也，亦圣人忧世之书也。自其画于伏羲，辞于文王、周公，翼于孔子，经四圣人手而《易》始备。羲、文、周公之《易》，虽依乎象数，而实根乎义理之正。孔子之《易》，虽明乎义理，而象数之妙亦在其中矣。昔吴之季札聘鲁，见《易象》而喜，曰：“周礼尽在鲁矣。”当是时，岂《易》、《书》唯鲁有之欤？抑诸国皆有而吴未有欤？宜其见之而喜也。自火于秦，六经之书，唯《易》以卜筮存，独得为全书。天之未丧斯文也，岂非所以揭万古人心之日月，而开万古人心之盲晦欤？由汉以来，以高远探《易》者，不察乎身心性情之德、人伦日用之常，往往求《易》于天地造化之外；以浅近探《易》者，不明乎五行阴阳

① 《总目》卷7。
② 《总目》卷4。

之道、消息盈虚之理，往往论《易》于谶纬术数之学，是皆未明体用一源、显微无间之妙道也。以言者尚其辞，以动者尚其变，以制器者尚其象，以卜筮者尚其占，《易》有四象，所以示也。然《易》之一经，实备乎六经之体：存象辞，则该乎《诗》之作赋；正心术，则贯乎《书》之精一；防情伪，则著乎《礼》、《乐》之中和；辨吉凶，则著乎《春秋》之褒贬。人君用之，则君道尽；人臣用之，则臣道尽；圣人用之，则道教彰；贤人用之，则德业新；庶人用之，则悔尤亡。象辞云乎哉！爻辞云乎哉！虽然，《易》者崇阳抑阴之书，尊乾而卑坤，尊君而卑臣，尊父而卑子，尊夫而卑妇，尊中国而贱外夷，尊君子而贱小人，三百八十四爻之义，无非所以存天理，正人心，扶纲常，而垂教于万世也。是则作《易》者其有忧患乎？不然，何以曰圣人？以此洗心退藏于密，愚生赋性愚鲁，识见庸陋，少读《易》于国正何先生子举、编修刘先生均堂、长饶先生鲁之门，得于耳提面命之际，悟于心领意会之表，始知《易》之为《易》，大之为天地，幽之为鬼神，明之为人物吉凶消长之理，进退存亡之道，修齐治平之本，皆不外乎此《易》也。谨以平日父师之训，笔而辑之为成书，附以程、朱、张、杨先贤之确语有益于世教者，名之曰《周易衍义》，极知僭逾，愿就有道而正焉。大德乙巳良月，将仕佐郎南康路儒学致仕教授深溪胡震序。

光大识语云：

先子生平嗜书，贯穿经史，暮年尤研心《周易》，述为《衍义》，几成书而下世。易箦之际，呼光大前曰："《周易》一经，非特占筮之书，可施而正心、修身、齐家、治国之道备焉，予一生灯窗精勤，在此一经，身后汝其为我辑次补阙，以成全书。如遇当路者有知，得以锓梓行于世，或者有补于修己治人之君子，而亦不负父师之训，予其可以瞑目九原矣，切勿秘之。"光大无所肖似，而先子弃背殆将十载，甫克遂成先志，纂集成编，谨附书于卷首，以俟当世先达肯为品题者。

《总目》根据上述二则序跋考证该书成书情况。与此同时，又删去《翁稿》以下字样："大约注《易》自以十二篇者为正，不则循用注疏本，犹有所承，若任意更易而又无说处之，则不可也。其训诂亦止敷衍常说，无所发明。卷末抄写亦有脱阙，盖抄写者失其原分之卷次，故朱彝尊《经义考》亦不载卷数耳。"

(129)《大象观》。《总目》增材料："《明史·儒林传》附见邓元锡传中。史称所著有《山居草》、《还山续草》、《诸儒学案》、《贤弈编》、《思间编》、《礼律类要》、《大学新编》，而不及此书，盖偶未见。"且增评论："不足尽示人用《易》之义……尤为颠倒，夫杂者相错之余义也。缀《十翼》之末，明非正经也。经文不以为次，而元卿改经以从传，然则《序卦》可不用矣。"①

《明史·儒林传·邓元锡传》云：

元卿字调父，安福人，举隆庆四年乡试。明年会试，对策极陈时弊，主者不敢录，张居正闻而大怒，下所司申饬，且令人密诇之，其人反以情告，乃获免。既归，师同邑刘阳——王守仁弟子也。万历二年，会试不第，遂绝意科名，务以求道为事，既累被荐，乃召为国子博士，擢礼部主事，疏请早朝勤政，又请从祀邹守益、王艮于文庙，厘正外蕃，朝贡旧仪，寻引疾归。肆力撰述，有《山居草》、《还山续草》、《诸儒学案》、《贤奕编》、《思问编》、《礼律类要》、《大学新编》诸书。……自吴与弼后，元锡、元卿、潢并蒙荐辟，号江右四君子。②

明邹元标《愿学集》卷六亦有《明诏征承德郎礼部主客司主事泸潇刘公墓志铭》：

① 《总目》卷7。
② 《明史》卷283。

安成自文庄公以学鸣海宇数十年，所称心行双清，特起绍述者，吾友征君泸潇是已。……公讳元卿，字调父，初号旋宇，既号泸潇。先世为安成南溪人，世系详状中。……所著有《山居草》、《还山续草》、《大象观》、《诸儒学案》、《贤奕编》、《六鉴举要》、《国史举凡》、《晤语》、《测言》、《思问编》、《何莫编》、《先正义方》、《礼律类要》、《明贤宗解》、《婺江证学》、《大学新编》行世。铭曰：

安成之学，祖于文庄。公其杰特，示我周行。嗟彼世儒，索之幽冥。火燃泉达，是为公心。天地大德，曰惟生生。吾握其机，均齐治平。侧身柴桑，守一为要。捧檄而往，天子有诏。见机而作，旋赋归来。惟二三子，藉公以裁。不竞意见，不涉末学。惟规惟矩，岿然先觉。流风余韵，百世犹师。过者必式，斯文在兹。

邹氏所述较《明史》为详，《大象观》赫然在目，可惜《总目》失于征引。《翁稿》云："昔人谓大象者君子独出之事，盖每卦俱用'以'字示人用《易》之法，义取两卦而事该万有。……可以言观也。……殊不知上经始乾坤，终坎离，以体为主，故《大象》曰'天行'、'地势'……皆先用而后体，明此则《大象》次序必依上下经，而不可改依《杂卦》矣。"① 此段被《总目》删改。

(130)《周易宗义》。《总目》增材料："朱之蕃序又称其字曰敬承，盖有二字也。"又增评论："朱之蕃序称万历辛卯遇汝继于天界禅林，方以《易》学应制举，又称比擢南曹，乃得乘其政暇，罗列诸家之说，不泥古，不执今，句栉字比，必求其可安于吾心，以契诸人心之所共安，而后录之。盖其初本从举业而入，后乃以意推求，稍参别见，非能元元本本究《易》学之根柢者，故终不出讲章门径云。"②

---

① 《翁稿》第797页。

② 《总目》卷8。

朱之蕃序被《总目》征引，而翁方纲以下评论则被删去："且用注疏本，亦与《本义》不同，至经中卦次稽诸《序卦传》，层递相受，初不仅以二卦相对为义。今之书于每卦之前并画相对二卦，是欲印定后人眼目，非通义也。"①

(131)《九灵山房集》。《总目》增评论："良诗风骨高秀，迥出一时，眷怀宗国，慷慨激烈，发为吟咏，多磊落抑塞之音。故其《自赞》谓歌黍离麦秀之诗，咏剩水残山之句。苏伯衡赞其画像，亦谓其跋涉道途，如子房之报韩，其彷徨山泽，如正则之自放云。"又增材料："《明史·文苑传》，明太祖初定金华时，用为学正良，弃官逃去。至正辛丑，顺帝用荐者言……后至吴中依张士诚。知士诚不足与谋……欲间道归库库军。库库即世所称王保保，百战以图恢复者也。会道梗不达……太祖怒，羁留不释。次年四月卒于京师，然迄未食明禄也。……不在集目之内。"②

《明史·文苑传》云：

> 戴良字叔能，浦江人。通经史百家暨医卜释老之说，学古文于黄溍、柳贯、吴莱。贯卒，经纪其家。太祖初定金华，命与胡翰等十二人会食省中日，二人更番讲经史，陈治道。明年用良为学正，与宋濂、叶仪辈训诸生。太祖既旋师，良忽弃官逸去。辛丑元顺，帝用荐者言，授良江北行省儒学提举，良见时事不可为，避地吴中，依张士诚。久之，见士诚将败，挈家泛海抵登莱，欲间行归库库军，道梗，寓昌乐数年。洪武六年，始南还，变姓名，隐四明山。太祖物色得之。十五年，召至京师，试以文命，居会同馆，日给大官膳，欲官之，以老疾固辞，忤旨。明年四月暴卒，盖自裁也。元亡后，惟良与王逢不忘故主，每形于歌诗，故卒不获其死云。良世居金华九灵山下，自号九灵山人。

---

① 《翁稿》第799页。

② 《总目》卷168，删材料："旁及天文地理医卜佛老之书，无不该悉。"(《翁稿》第805页)

苏伯衡《像赞》云：

> 九灵先生捐馆之八年，伯衡过其乡邑，从其子礼拜其遗像，追为之赞曰：绪接二戴之后，道探两汉之上。卓尔为人中之英，隐然负海内之望。威仪文采，尚莫能仿佛；精神心术，矧可以名状。其跋涉道途也，类子房之报韩；其彷徨山泽也，犹正则之自放。世今若山斗之共仰，公遽驾风霆而长往。后死者之瞻遗像，安得不慨斯文之将丧也与?①

以上二则材料为《总目》所征引。另外，我们从清朱彝尊《曝书亭集》卷六十三也查到了《戴良传》：

> 戴良字叔能，浦江人。父暄与柳贯交，命良受业于贯，并从黄溍、吴莱游。又学诗于余阙，旁及天文、地理、医卜、佛老之书。贯卒，良持心丧三年。元末以荐授淮南江北等处行中书省儒学提举。时太祖兵已定浙东，良乃避地吴中。久之，挈家浮海至胶州，欲投扩廓军前，不得达，侨居昌乐。洪武六年，还变姓名，隐四明山。十五年，征入京，试文词，留会同馆，命光禄给膳，欲官之，以老疾固辞，忤旨。明年四月卒于狱。良世居金华九灵山下，自号九灵山人。
>
> 元亡后，不忘故君旧国。所为诗文，悲凉感慨。其《自赞》曰："处荣辱而不二，齐出处于一致。歌黍离麦秀之诗，咏剩水残山之句。则于二子，庶几无愧。"

此传前半与《明史·文苑传》相同，后半为《总目》转引，但《总目》未交代出处。

考康熙壬辰进士顾嗣立编《元诗选》二集卷二十，亦有《九灵山人戴良》一则：

---

① 元戴良：《九灵山房集》卷30。

良字叔能，浦江人。少学文于柳待制贯、黄侍讲溍，学诗于余忠宣阙，皆得其师承。起为月泉书院山长。至正辛丑，以荐授淮南江北等处行中书省儒学提举。然时事已不靖，无可行其志，乃携家浮海至中州，欲与豪杰交，而卒无所遇，遂南还四明。四明多山水，耆儒故老往往流寓于兹，因相与宴集为乐，酒酣赋诗，击节歌咏，闻者悲而壮之。洪武壬戌，召至京师，试文词若干篇，留会同馆，命大官给饍，欲官之，以老病固辞，忤旨待罪。次年四月，卒于寓舍，年六十七。叔能世居九灵山下，自号九灵山人，有《九灵山房集》三十卷。

王袆谓其诗"质而敷，简而密，优游而不迫，冲澹而不携，上追汉魏之遗音，而自成一家"。叔能自元亡后，故国旧君之思，往往见于篇什。其《自赞》曰："处荣辱而不二，齐出处于一致。歌黍离麦秀之诗，咏剩水残山之句。则于二子，庶几无愧。"苏伯衡赞其画像曰："其跋涉道涂也，类子房之报韩。其彷徨山泽也，犹正则之自放。叔能殆欲终其身，为有元之遗民者欤?"

康熙四十年所修《渊鉴类函》卷二百七十九也载《明戴良小传》曰：

戴良自元亡后，不忍忘故君旧国，酒酣赋诗，击节歌咏，闻者壮而悲之。其《自赞》曰："处荣辱而不一，齐出处于一致。歌黍离麦秀之诗，咏剩水残山之句。则于二子，庶几无愧。"

《渊鉴类函》修于康熙四十年，《明史》三百三十六卷，清朝保和殿大学士张廷玉等奉敕撰，乾隆四年七月二十五日书成。二书材料与朱彝尊所撰大致相合。

(132)《道园遗稿》。《总目》增材料："盖以补《道园学古录》之遗也……考裒录集之遗文者，别有《道园类稿》……集著作虽富，而散佚亦多……则云烟变灭者，不知凡几。"又增评论：

"辑缀成编，纵未能片楮不遗，要其名篇隽制，挂漏者亦已少矣。集中《题花鸟图》一首，《元诗体要》作揭傒斯诗。今观其格意，于揭为近，或堪一时误收，亦未可知。然《元音》及《乾坤清气集》均载是诗，又题集作，此当从互见之例。疑以传疑，不足以为是书病也。"①

黄溍《道园遗稿序》云：

> 自昔文章家，著述之盛，其集有内、外、前、后、续、别之分，盖由其体制有同异，岁月有早暮，故其编纂汇次之法，各有所存。然其文之可传者，虽片言半简，皆不得而弃置，又复有所谓拾遗者焉。国朝一代文章家，莫盛于阁学蜀郡虞公。公之诗文曰《道园学古录》者，其类目皆公手所编定。天下学者既已家传而人诵之矣。然其散逸遗落者，犹不可胜计也。其从孙堪乃为博加讨访，积累之久，得古律诗七百四十一篇，而吴郡金君伯祥为锓诸梓。是编之传，其殆所谓拾遗者乎？予尝获执笔，从公之后，而窃诵公之诗，以为国朝之宗工。硕生后先林立，其于诗尤长者如公及临江范公，盖不可一二数也。学者读乎是编，则知其残膏剩馥，所以沾丐后人者多矣。今公已不可复作，予是以三复是编，而为之永慨也。抑公平生所为文，无虑万余篇。今《道园录》中所载不啻十之三四而已。然则并加讨访，而使之尽传焉，岂非堪之志，而予之所深望者乎？是故昌黎之集成于门人，河东之集托于朋友，惟庐陵欧阳公之集，其嗣人能致其力焉。若堪之汲汲于此，其亦可以无愧于欧阳氏矣。堪字克用，一字胜伯，好学有文，能世其家，而公之行能官伐，已具于欧阳内翰所为碑铭，兹不著。至正二十年正月十日，金华黄溍序。

虞堪序云：

---

①《总目》卷167。

先叔祖学士虞公，诗文有《道园学古录》、《翰林珠玉》等编，已行于世。然窃读之，每虑其有所遗落，凡南北士夫间，辄为搜猎求之，累年始得诗章七百余首，皆章章在人耳目，及得之亲笔者。盖惧其以伪乱真，故不敢不为之审择也。惟先叔祖鸿文巨笔，著在天下，家传人诵，其大篇大什，诸编盖已得其八九，此盖拾遗补缺，庶免有湮没之叹。方类聚成，编以便观览。而吾友金伯祥乃必用寿诸梓，以广其传，命其子镠书以入刻。伯祥之施，不其永耶？外有杂文诸赋，尚有俟于他日云。至正十四年五月甲子，从孙堪百拜谨识。

《总目》据此二序增益材料。此条提要的修改情况比较复杂，《翁稿》与《总目》、《四库全书》所载提要不一致。首先，我们看一看《四库全书》本《道园遗稿》卷首提要：

臣等谨案：《道园遗稿》六卷，元虞集撰。集平生所为文，凡万余篇，门人李本编为《道园学古录》五十卷，有刘基所刻大字本，又有乌克章所刻建宁本，后人又编其诗文曰《道园类稿》，与《学古录》互有出入。此《遗稿》一编，则其从孙堪补辑也。凡古律诗七百四十一篇，附以乐府，刻于至正十四年，其中有《类稿》已载者百余篇，而《类稿》所无者尚五百余篇。集之诗文，为有元一代冠冕，而稿多散佚，当李本编《学古录》时已有“泰山一豪芒”之叹。堪续加搜访，用心甚勤，虽不能搜括无遗，然其挂漏者亦已少矣。又考黄溍序《学古录》，以为集所手编，而此书前有至正已亥眉山杨椿序，以为集季子翁归及其门人所编，与李本序合。盖集母杨氏，为衡阳守杨文仲之女，杨椿即其外家后人，其言自当无误，亦可证黄溍所云之不足据也。虞堪字克用，一字胜伯，隐居长洲，明洪武中尝为云南府学教授，好学有文，所著有《鼓枻稿》，已别著录云。乾隆四十六年九月恭校上。

总纂官臣纪昀、臣陆锡熊、臣孙士毅

总校官臣陆　　　费　　　墀

我们再看《四库全书总目》卷一百六十七《道园遗稿》提要是怎么说的：

> 《道园遗稿》十六卷 江西巡抚采进本
>
> 元虞集撰，其从孙堪编。盖以补《道园学古录》之遗也。凡古律诗七百四十一篇，附以乐府，刻于至正十四年。考裒录集之遗文者，别有《道园类稿》，以校此编，《类稿》所已载者仅百余篇，《类稿》所未载者尚五百余篇。集著作虽富，而散佚亦多，当李本编《学古录》时已有“泰山一豪芒”之叹，则云烟变灭者不知凡几。堪续加搜访，辑缀成编，纵未能片楮不遗，要其名篇隽制挂漏者亦已少矣。集中《题花鸟图》一首，《元诗体要》作揭傒斯诗。今观其格意，于揭为近，或堪一时误收，亦未可知。然《元音》及《乾坤清气集》均载是诗，又题集作。此当从互见之例，疑以传疑，不足以为是书病也。

显而易见，《四库全书》本《道园遗稿》卷首提要与《总目》所载迥然不同，反而与《总目》所载《道园学古录》提要相近。《总目》所载《道园学古录》提要云：

> 《道园学古录》五十卷 浙江巡抚采进本
>
> 元虞集撰。集有《平猺记》，已著录。此集凡分四编，曰《在朝稿》、曰《应制稿》、曰《归田稿》、曰《方外稿》。其中诗稿又别名《芝亭永言》。据金华黄溍序，以是集为集手自编定。然其《天藻诗序》云：“友人临川李本伯宗辑旧诗谓之《芝亭永言》。”又《赋谢李伯宗》题云：“至元庚辰冬，临川李伯宗、黄仲律来访山中，拾残稿二百余篇录之。”而李序又云：“至正元年十有一月，闽宪韩公征先生文稿本，与先生幼子翁归及同门之友编辑之，得《在朝稿》二十卷、《应制稿》六卷、《归田稿》一十八卷、《方外稿》六卷。”所言与今本正相合。又考《道园遗稿》前有至正己亥眉山杨椿序，以为集

季子翁归及其门人所编，与李本序合。盖集母杨氏为衡阳守杨文中之女，杨椿即其外家后人，其言自当无误，亦可证黄溍所云之不足据。是编为李所定无疑也。自元暨明，屡经刊雕，然皆从建本翻刻，亦间有参错不合。盖多出后人窜改，要当以元本为正矣。文章至南宋之末，道学一派侈谈心性，江湖一派矫语山林，庸沓猥琐，古法荡然，理极数穷，无往不复，有元一代，作者云兴，大德、延祐以还，尤为极盛，而词坛宿老，要必以集为大宗。此录所收，虽不足尽集之著作，然菁华荟稡，已见大凡，迹其陶铸群材，不减庐陵之在北宋。明人夸诞，动云元无文者，其殆未之详检乎？

而《四库全书》本《道园学古录》卷首提要云：

臣等谨案：《道园学古录》五十卷，元虞集撰。集字伯生，蜀之仁寿人，宋丞相允文五世孙。居江西之崇仁，从临川吴澄游，以荐授大都路儒学教授，擢国子助教，迁集贤修撰、翰林待制兼国子祭酒。文宗天历中，拜奎章阁侍书学士，进侍讲学士。顺帝初，谢病归临川，卒赠仁寿郡公，谥文靖。集著作为有元一代冠冕，平生为文万篇，存者十之一二，其《在朝》、《应制》、《归田》、《方外》诸稿，总五十卷者，曰《道园学古录》。其中之诗稿亦曰《芝亭永言》，又有别集曰《翰林珠玉》。其从孙堪又访得其诗七百四十余篇，曰《道园遗稿》。今之行于世者又有《道园类稿》，与《学古录》互有出入。金华黄溍以《学古录》为集手自编定。然其《天藻诗序》云："友人临川李伯宗辑旧诗，谓之芝亭、永言。"又《赋谢李伯宗》题云："至元庚辰冬，临川李伯宗、黄仲律来访山中，拾残稿二百余篇录之。"考伯宗为李本字，则是编当为李本所定也。乾隆四十六年九月恭校上。

总纂官臣纪昀、臣陆锡熊、臣孙士毅

总校官臣陆　　　费　　　墀

一望而知，《总目》所载《道园学古录》提要与《四库全书》本《道园学古录》卷首提要相差甚远。

《翁稿》云："集平生所为文凡晚余篇，其门人李本所编者为《道园学古录》，凡五十卷，有刘伯温所刻大字本，又有刘克庄所刻建宁本，后人又编其诗文曰《道园类稿》，与《学古录》互有出入，此遗稿一编。……堪字克用，一字胜伯，好学，有文，隐居长洲，洪武中为云南府学教授。金华黄溍序以《学古录》为集手编，然是编至正己亥眉山杨椿序，以为集门人所编，与李本序合。所称杨氏书莲经事，盖集之母杨氏，衡阳守杨文仲之女，集幼时杨氏授以诸经者也。杨椿是其外家后人，故言之有征如此。虽抄本间有讹缺，然世间传本颇少，应合《学古录》诸稿并刊刻之。"① 按：此语初为四库全书本《道园遗稿》卷首提要所采择，继而为《总目》《道园遗稿》提要所刊落，最后又为《总目》《道园学古录》提要所吸收。于此可知，《总目》之编纂绝非易事，改来改去，反反复复，数易其稿。

另外，我们讨论一下《题花鸟图》的作者问题。《元音》卷五载此诗云：

吴中女儿颜色好，洗面看花花为悄。调朱弄粉不自施，写作窗间雪衣鸟。绿窗沉沉春昼迟，半生心事花鸟知。花残鸟去人不归，细雨梅酸愁画眉。

此诗为多种选本所收录。但关于此诗作者，历元、明、清三朝，有两种不同说法。清顾嗣立《元诗选》初集卷二十六云："《题花鸟图》，一作吴中女子画花鸟歌，此诗《元音》、《乾坤清气》俱作虞集，《体要》作揭傒斯。"朝军按：《元音》十二卷，不著编辑者名氏。《总目》据书前洪武甲子乌斯道序称定为明初本。《乾坤清气集》十四卷，明初偶桓编。《总目》认为："元诗选本，究当以此本为善也。"《元诗体要》十四卷，明宋绪编。绪字公传，以字行，

① 《翁稿》第811页。

余姚人，成祖时预修《永乐大典》，此编“去取颇有鉴裁”。另外，元傅习《元风雅》前集卷七作“揭曼硕”，明李蓘《元艺圃集》卷二作“揭傒斯”，清朝康熙年间陈焯《宋元诗会》卷七十四作“虞集”。《总目》从互见之例，是比较谨慎的做法。

(133)《乐全文集》。《总目》增材料：“然方平在翰林时，代言之文如立太子、除种谔节度使、韩琦守司徒、吕公弼枢密使、李昭亮殿前副都指挥使诸制，见于《宋文鉴》者，此集皆无之。考王巩作方平行状，称别有《玉堂集》二十卷，《东都事略》所载亦同，盖制草别为一编，故集中不载耳。集凡诗四卷，颂一卷，刍荛论十卷，杂论二卷，对策一卷，论事九卷，表状三卷，书一卷，笺启一卷，记序一卷，杂著一卷，祭文、碑志六卷。”又增评论：“方平天资颖悟，于书一览不忘，文思敏赡，下笔数千言立就，才气本什伯于人，而其识又能灼见事理，剸断明决，故集中论事诸文，无不豪爽畅达，洞如龟鉴，不独史所载《平戎十策》、《论新法疏》为切中利弊。苏轼作序，以孔融诸葛亮比之，虽推挹之词，稍为溢量，然亦殆于近似矣。其集流传甚少，此本首尾颇完善，慎字下皆注今上御名四字，盖从孝宗时刊本抄出。”①

苏轼《乐全集序》云：

> 孔北海志大而论高功烈，不见于世，然英伟豪杰之气，自为一时所宗。其论盛孝章郗鸿豫书，慨然有烈丈夫之风。诸葛孔明不以文章自名，而开物成务之姿，综练名实之意，自见于言语，至《出师表》简而尽，直而不肆，大哉言乎！与伊训《说命》相表里，非秦汉以来以事君为悦者所能至也。常恨二人之文不见其全。今吾乐全先生张公安道，其庶几乎？呜呼！士不以天下之重自任久矣，言语非不工也，政事、文学非不敏且博也，然至于临大事，鲜不忘其故，失其守者，其器小也。公为布衣，则颀然已有公辅之望。自少出仕，至老而归，未尝以言徇物，以色假人，虽对人主，必同而后言，毁誉不动，得

① 《总目》卷153，《乐全集》提要。

丧若一，真孔子所谓大臣以道事君者。世远道散，虽志士仁人，或少贬以求用，公独以迈往之气，行正大之言，曰用之则行，舍之则藏。上不求合于人主，故虽贵而不用，用而不尽；下不求合于士大夫，故悦公者寡，不悦者众。然至言天下伟人，则必以公为首。公尽性知命，体乎自然，而行乎不得已，非蕲以文字名世者也。然自庆历以来，讫元丰四十余年，所与人主论天下事，见于章疏者多矣，或用或不用，而皆本于礼义，合于人情，是非有考于前，而成败有验于后。及其他诗文，皆清远雄丽，读者可以想见其为人。信乎其有似于孔北海、诸葛孔明也。轼年二十，以诸生见公成都，公一见，待以国士。今三十余年，所以开发成就之者至矣。而轼终无所效尺寸于公者，独求其文集，手校而家藏之。且论其大略，以待后世之君子。昔曾鲁公尝为轼言，公在人主前论大事，他人终日反复不能尽者，公必数言而决，粲然成文，皆可书而诵也。言虽不尽用，然庆历以来，名臣为人主所敬，莫如公者。公今年八十一，杜门却扫，终日危坐，将与造物者游于无何有之乡，言且不可得闻，而况其文乎？凡为文若干卷若干首。苏轼撰。

苏轼撰此序之事，载于宋南海王宗稷所编、武进邵长蘅重订《东坡先生年谱》，毋庸置疑。而原本《乐全集》失载，四库馆臣从《东坡全集》卷三十四《乐全先生文集叙》移录补冠于《乐全集》卷首。世人徒知馆臣删序，实则也有补序之例，此其一也。《翁稿》云："所谓得志者谓无以益其乐而已矣。……《文献通考》暨王巩所为行状皆同，而行状又云《玉堂集》二十卷，当在《乐全集》之外，而苏轼所为序者又不详著其卷目，然得轼之一序，此集可以不朽矣。故今之传本既少，而此抄本又不载轼序，应录轼序于卷前而刊传之。"① 此语虽被《总目》删改，但其建议还是被采纳了。

(134)《叠山集》。《总目》增评论："枋得忠孝大节，炳著史

① 《翁稿》第824页。

册。《却聘》一书，流传不朽，虽乡塾童孺，皆能诵而习之。而其他文章亦博大昌明，具有法度，不愧有本之言。观所辑《文章轨范》多所阐发，可以知其非苟作矣。惟原本有《蔡氏宗谱》一首，末署至元二十五年。其词气不类枋得，确为伪托。又有《贺上帝生辰表》、《许旌阳飞升日贺表》，此类凡十余篇，皆似道流青词，非枋得所宜有，亦决非枋得所肯作，其为赝本误收，亦无疑义。今并加刊削，不使其乱真焉。"又增材料："事迹具《宋史》本传。……明嘉靖中揭阳林光祖为广信府知府，始以黄溥所校刊行世，仅分上下二卷。万历中御史吴某所辑《叠山集》，又刻之上饶，编次错迕，未为精审。"①

文渊阁《四库全书》本《叠山集》卷首提要云：

臣等谨按：《叠山集》五卷，宋谢枋得撰。枋得字君直，号叠山，信州弋阳人。宝祐四年进士，历官江东制置使。宋亡后，元人征聘，累辞不就，后福建行省，魏天祐迫胁至燕，寓居悯忠寺，不食而死，门人私谥曰文节先生。事迹具《宋史》本传。所著《易》、《书》、《诗》三传及《四书解》、杂著、诗文，原本六十四卷，岁久散佚。明嘉靖中揭阳林光祖为广信知府，始以黄溥所辑《叠山集》校刊行世，仅分上下二卷。万历中御史吴某又刻之上饶，编次错迕，未为精审。此本乃本朝康熙中弋阳知县谭瑄所重订，视旧本较为详备。枋得忠孝大节，炳著史册。《却聘》一书，久已脍炙人口。而其他文章，亦博大昌明，具有法度，不愧有本之言。观所辑《文章轨范》，多所阐发，可以知其心得之深矣。惟原本有《蔡氏宗谱》一首，末署至元十五年，其词气不类枋得，必系伪作。又有《贺上帝生辰表》、《许旌阳飞升日贺表》，此类凡十余篇，皆似道流青词，非枋得所宜出此，疑亦不无赝托，今并加刊削，不使其乱真焉。乾隆四十六年正月恭校上。

---

① 《总目》卷164。

朝军按：此与《总目》同名提要文字稍有出入。《四库全书》诸阁本提要之间、阁本提要与《总目》之间、《总目》殿本与浙本之间，文字均有所不同。真可谓“一娘生九子，九子各不同”。研究四库学者，不可不留意焉。

《总目》所称赞的谢枋得“却聘一书”，为其集中一篇大文字，题为《上丞相留忠斋书》，文曰：

七月吉日，门生衰绖谢枋得谨斋沐裁书百拜，托友人吴直夫献于内相尚书大丞相国公忠斋先生钧座。

惟天下之仁人，能知天下之仁人；惟天下之义士，能知天下之义士。贤者不相知多矣，能灼见三俊之心者，必圣人也。某自壬戌以后，小夫竿牍，不至门墙者二十七年，孰不以为简？先生曰：“斯人也，非简我也，必爱我也。”今天下能知某之心者，孰有过于先生乎？事有当言而不言，非所以酬知己。某敢不避诛斥，而僭言之君子之所为必非，众人之所识，汤可就，桀亦可就，必道义如伊尹者能之，伯夷、柳下惠不能也。佛肸召可往，公山弗扰，召可往，必圣神如孔子者能之，颜、曾、闵不能也。传曰：“人各有能有不能。”先生之所能，某自知某必不能矣。皇帝本无灭宋之心，郝奉使将命来南，欲使南北百万亿苍生同享太平之乐，至仁也。只此一念，自足以对越上帝。贾似道执国命十六年，欺君罔上，误国残民，其恶不可一二数，拘行人，负岁币，满朝无一人敢言其非；兵连祸结，亡在旦夕，满朝无一人敢声其罪；善类亦可自反矣。天怒于上，人怨于下，国灭主辱，理固宜然。天实为之，人岂能救之哉？皇帝之礼，三宫亦可谓厚矣。皇帝保全亡国之臣，亦可谓有恩矣。江南无人才，未有如今日之可耻。春秋以下之人物，本不足道。今欲求一人如瑕吕饴甥、程婴、杵臼厮养，卒亦不可得矣。先生少年为抡魁，晚年作宰相，功名富贵，亦可以酬素志矣。奔驰四千里如大都，拜见皇帝，岂为一身计哉？将以问三宫起居，使天下后世知君臣之义，不可废也。先生此心，某知之，天地鬼神知之，十五庙祖宗之灵亦知之，众人岂能尽知之乎？师友之相知，古今宁几人哉？事有可效忠于清朝者，某不可不言先生，亦不可不察近观路县及道录司备奉尚书省指挥江淮行省参政管公将旨："来南根寻好人，根寻不亏面皮正当底人。"此令一下，人皆笑之，何也？江南无好人，无正当人久矣，谓江南有好人，有正当人者，皆欺皇帝也。何以言之？纣之亡也，以八百国之精兵，不敢抗二子之正论，武王、太公，凛凛无所容，急以继灭兴绝谢天下。殷之后遂与周并立，使三监淮夷不叛，则武庚必不死，殷命必不黜，殷之位号必不夺，微子亦未必以宋代殷而降为上公也。多士多方，依依然不忘旧君者三十年。成王、周公以忠厚之心，消其不平之气，曰"商王士"，曰"有殷多士"，曰"殷逋播臣"，未敢以我周臣民例视之。太平君相待亡国臣民，何如此其厚也？岂非殷之旧国故都，犹有好人，犹有正当人乎？唐人哀六国之灭者，曰："妃嫔媵嫱，王子皇孙，辞楼下殿，辇来于秦，朝歌夜弦，为秦宫人。"至今读者犹恻楚，六国臣子无一痛心刻骨，亦可谓无人矣。楚怀王不过一至愚极暗之主耳，播弃忠直，信任奸邪，送死咸阳，无足哀者，楚人乃怜之，如悲其亲戚，岂不曰楚本无罪，不过弱而不能自立耳。楚灭矣，义陵一邑，惓惓于旧君者，惟一心扶老携幼，肥遁桃源，后六百年，儿孙尚不与外人相接，以秦皇帝之威灵，蒙恬蒙毅之智勇，岂不能尽执楚人而拘之？天常民彝，不可泯灭，姑留此辈以劝吾忠臣义士可也，岂非楚之旧国故都，犹有好人，犹有正当人乎？金人之破汴京也，劫二帝，据中原，土地人民皆其有矣。粘罕多智人也，知地广人稠，未易心服，一读马伸秦桧议状，为之痛心变色，亟思一策处之耳。后南北战者六七年，金人之待二帝亦惨矣，宋之臣子不敢置两宫于度外也。今年遣使祈请，明年又遣使祈请，今年遣使问安，明年又遣使问安，一使死于前，一使继于后。王伦，一市井无赖狎邪小人耳，谓梓宫可还，太后可归，诸君子切齿怒骂，终则二事皆符其言。行人洪忠宣拘留燕山，开门受徒，室燃敬其忠信诚悫，一日问之曰："天下何时可太平？"忠宣曰："息兵养民则太平。"又曰：

"何如则可以息兵养民?"忠宣读《孟子》"齐宣问诸侯救燕"一章以对,和声朗诵,曰:"天下固畏齐之强也,今又倍地而不行仁政,是动天下之兵也。"又读"孟子乐天畏天"一章,曰:"小国能畏天,大国能顺天。"室燃曰:"善哉!善哉!吾计决矣!"曾几何时,密授秦桧,以江南称藩国纳岁币之说而息兵养民矣。金人自丁未以后,安处中原,享国百有八年,而宋自戊午至甲午,偷安江南者九十七年,非秦桧之功,皆洪忠宣读《孟子》劝室燃之力也。岂非江左臣子犹有好人、犹有正当人乎?以某观之,江南无好人,无正当人久矣。求好人、正当人于今日,尤难。某,江南一愚儒耳,自景定甲子以虚言贾实祸,天下号为风汉。先生之所知也。昔岁,程御史将旨招贤,亦在物色中。既披肝沥胆,以谢之矣。朋友自大都来,乃谓先生以贱姓名荐皇帝,过听遂烦旌招。某乃丙辰礼闱一老门生也,先生误以忠实二字褒之,入仕二十一年,居官不满八月,断不敢枉道随人,以辱大君子知人之明。今年六十三矣,学辟谷养气已二十载,所欠惟一死耳,岂复有他志?自先生过举之后,求得道高人者物色之,求好秀才者物色之,求艺术人者物色之,奔走逃遁,不胜其苦。中书行省魏参政之言,勒令福建有官不仕人呈文凭根脚者,又从而困辱之,此非先生之赐而何?然先生岂有心于害某哉!大抵皇帝一番求贤,不过为南人贪酷吏开一番骗局,趁几锭银钞,欺君误国,莫大焉。今则道录司备参政管公将隆旨根寻好人,不亏面皮正当人,又物色及某矣。某断不可应聘者,其说有三:

一曰老母年九十三,而终殡在浅土,贫不能备礼,则不可大葬。妻子爨婢,以某连累死于狱者四人,寄殡丛冢十一年矣,旅魂飘飘,岂不怀归?弟侄死国者五人,体魄不可寻,游魂亦不可不招也。凡此数事,日夜关心,某有何面目见先生乎!此不可应聘者一也。

二曰有天下英主必能容天下之介臣。微介臣,不能彰英主之仁;微英主,不能成介臣之义。某在德祐时为监司,为帅臣,尝握众兵,当一面矣。蒯通对高祖曰:"彼时臣但知有齐王韩信，不知有陛下也。”滕公说高祖曰：“臣各为其主。季布为项羽将而尽力，乃其职耳，项氏臣可得而尽诛耶?”某自丙子以后，一解兵权，弃官远遁，即不曾降附。先生出入中书省，问之故府宋朝文臣降附表，即无某姓名；宋朝帅臣监司寄居官员降附状，即无某姓名；诸道路县所申归附人户，即无某姓名。如有一字降附，天地神只必殛之！十五庙祖宗神灵必殛之！甲申岁，皇帝降诏赦过宥罪，如有忠于所事者八年，罪犯悉置不问，某亦在恩赦，放罪一人之数，夷齐虽不仕周，食西山之薇，亦当知武王之恩。四皓虽不仕汉，茹商山之芝，亦当知高帝之恩。况羹藜含粝于皇帝之土地乎？皇帝之赦某屡矣，某受皇帝之恩亦厚矣，若效鲁仲连蹈东海而死，则不可。今既为皇帝之游民也。庄子曰：“呼我为马者应之以为马，呼我为牛者应之以为牛。”世之人有呼我为“宋逋播臣”者，亦可呼我为“大元游隋民”者，亦可呼我为“宋顽民”者，亦可呼我为“皇帝逸民”者，亦可为轮为弹，与化往来虫臂鼠肝，随天付予，若贪恋官爵，昧于一行，纵皇帝仁恕，天涵地容，哀怜孤臣，不忍加戮，某有何面目见皇帝乎？此不可应聘者二也。

某受太母之恩亦厚矣，谏不行，言不听，而不去，犹愿竭驽钝，以报上也。太母轻信二三执政之谋，挈祖宗三百年土地人民尽献之皇帝，无一字与封疆之臣议可否，君臣之义亦大削矣。三宫北迁，乃自大都寄白书曰：吾已代监司帅臣具姓名归附宗庙，尚可保全生灵，尚可救护三尺童子，知其必无是事矣。不过绐群臣以罢兵耳。以宗社为可存，以生灵为可救，阳绐臣民以归附，此太母之为人君自尽，为君之仁也。知祖宗不可存，生灵不可救，不从太母以归附此。某为人臣，自尽为臣之义也。语曰：“君行令，臣行志。”又曰：“制命在君，制行在臣。大臣者，以道事君，不可则止。”孔子尝告我矣，君臣以义合者也，合则就，不合则去。某前后累奉太母诏书，并不回奏，惟有缴申二王，乞解兵权，尽纳出身以来文字，生前致仕，削籍为民，还逃山林，如殷之逋播臣耳。闻太母上仙久矣，北向长号，恨不即死，然不能寄一功德疏如任元受故事，今日有何面目捧麦饭，洒太母之陵乎？此不可应聘者三也。

今皇帝欲根寻好人，不亏面皮正当底人，某决不可当此选。先生若以三十年老门生，不背负师门为念，特赐仁言，为某陈情，使江淮行省参政管公愿移关诸道路县及道录司，不得纵容南人贪酷吏，多开骗局，胁取银钞，重伤国体，大失人心，俾某与太平草木同沾圣朝之雨露，生称善士，死表于道，曰宋处士谢某之墓，虽死之日，犹生之年。感恩报恩，天实临之。司马子长有言："人莫不有一死，死或重于泰山，或轻于鸿毛。"先民广其说，曰："慷慨赴死易，从容就义难。"先生亦可以察某之心矣！干冒钧严，不胜恐惧战栗之至。

谢枋得与文天祥、陆秀夫齐名，忠孝大节，炳著史册。却聘一书，脍炙人口，气贯长虹，足以流传不朽。《总目》表彰忠义，特地拈出此文，可能与当时鄙弃贰臣有关。

(135)《吴兴掌故集》。《总目》增材料："《明史·文苑传》附见《文征明传》中。……曰宦业，曰乡贤，曰游寓，曰著述，曰金石刻，曰艺文，曰名园，曰古迹，曰山墟，曰水利，曰风土，曰物产，曰杂考。"又增评论："考订多未详审。……尤为舛误也。"①

《翁稿》云："亦寻常志乘之类，如金石不详考存否，艺文则概摘诗文，与著述强分二类……余亦止就志书抄撮，不能当掌故之名。或仅存其目可矣。"此段尽管被《总目》改写，但存目的意见被采纳。

(136)《续古今考》。《总目》增评论："至解《论语》'有妇人焉'，引来集之《樵书》，又引顾炎武语。皆明末国初之人。解《中庸》'屋漏'，引陈司业之说，今见陈祖范《经咫》中。祖范荐举经学，赐国子监司业衔，事在乾隆十六年。则此书直近时人所为，本可不著于录，以其托名古人，故存而辨之，不使售欺焉。"

---

① 《总目》卷74。

又增考证："此外诸家著录，别无他书。此编莫省所自来。前有永乐四年解缙续序，词意凡鄙，不类缙文。其论《晋书》以十六国为载记，不若《东都事略》以辽、金、夏为附录，决非金人之言。"①

《翁稿》云："虞毛氏以《遗山集》刻入元十家，长洲顾氏以《遗山集》抄入元百家，学者习焉不察，几以好问为元代之人，而王应麟、马端临皆宋人，殊不知王应麟、马端临实皆入元，而元好问当至元灭宋时殁已久矣。此失考之故也。独是撰是书者，于经史极有辨证，而独昧于此，是为异耳。若以其伪撰，则毋庸存目；若以其书各条尚有资于援据，或即以无名氏《续古今考》九卷存目亦可。"朝军按：《总目》从著录源流、风格、史实等方面辨伪，较原稿质量大为提高。翁方纲编有《元遗山先生年谱》，因而能从时代先后方面判断真伪。而《总目》将如此坚实的材料删除，无疑减轻了说服力。

(137)《锦里耆旧传》。《总目》增材料："并见于书中，惟不著其里贯。其书乃纪王氏、孟氏据蜀时事……按今本止四卷，起僖宗中和五年，无懿宗咸通间事。""延庆在开宝时，去祥符尚远，似不能续记至是，而平蜀后事及张约序，此本亦无之，疑振孙所见即《宋志》八卷之本，出于后人所增益，此本四卷或犹延庆之旧也。"又增评论："书虽以耆旧传为名，而不以人系事，其体实近编年。所录两蜀兴废之迹亦颇简略，惟于诏敕章表书檄之文，载之独详。中间如前蜀咸康元年，唐兵至成都，王宗弼劫迁王衍于西宫，《通鉴》在十一月甲辰，而此书作乙巳。又宋太祖赐后蜀主孟昶诏一首，其文多与《宋史》不同。如此之类，亦皆可以备参考也。陈振孙称为'平阳句延庆'。案：书中于后蜀主多所称美，疑出蜀人之词。孟昶时有校书郎华阳句中正者，后入宋为屯田郎中，延庆疑即其族，则'平阳'或'华阳'之误欤？"②

检文渊阁本《四库全书》，发现有两点值得注意：其卷首提要

① 《总目》卷126。

② 《总目》卷66。

与《总目》行文不同，此其一。其二，此书书名应为《续锦里耆旧传》，而被删去“续”字。明曹学佺《蜀中广记》卷九十六有《续锦里耆旧传》条：

> 陈振孙曰：前应灵县令平阳句延庆昌裔撰。开宝二年，秘书丞刘蔚知荣州得此传，其词芜秽，请延庆修之改曰《成都理乱记》。天成后别加编次，起咸通九载，迄乾德乙丑平蜀之后，朝廷命令官僚姓名及政事因革以至李顺王均刘旴作乱之迹，皆略载之。知新繁县太常博士张约序。按：延庆，成都人。

其实《锦里耆旧传》已经失传。据朱彝尊《续锦里耆旧传跋》考证：

> 予年来思注欧阳子《五代史记》，求野史于蜀，若毛文锡《前蜀记事》二卷、董淳《后蜀记事》三卷、李昊《蜀书》二十卷、张彭《锦里耆旧传》一卷，俱佚不传，仅存者张唐英《蜀梼杌》十卷，今止二卷，若勾延庆《续锦里耆旧传》三卷，恐亦非完书也。延庆字昌裔，成都人，官应灵县令。书成于开宝二年，起咸通九年，迄乾德三年。一名《成都理乱记》。卷中载李昊降表及从降三十二人，入除目者二十六人，李顺、王均、刘旴作乱，亦略载之，可以资采获者。惜太常博士张约序已亡之矣。①

此跋应该为馆臣所寓目，但不知何故《总目》妄改书名。

《翁稿》云：“所载事起唐僖宗中和五年乙巳，终宋太祖乾德四年兵寅，与陈振孙所谓起咸通九载迄乾德乙丑迄祥符己酉者不合，平蜀后事亦皆无之。真宗大中祥符二年己酉，又在平蜀之后四十四年矣。此书后经宋朝金修张约所为序者是也。此本无张廖，而句延庆之修则在开宝三年，其末段云：‘……’应抄录之。”此段被删去，但将此书抄入《四库全书》的意见被采纳。

① 朱彝尊：《曝书亭集》卷44。

(138)《西洋朝贡典录》。《总目》增材料："（黄省曾）《明史·文苑传》附见《文征明传》中。是编纪西洋诸国朝贡之事。"又增评论："国各一篇，篇各有论。凡道里远近、风俗美恶、物产器用之殊、言语衣服之异，靡不详载。考《明史·外国传》，其时通职贡者尚不尽于此录。省曾止就内侍郑和所历之国，编次成书，余固未暇及也。末有二跋，一为东川居士孙允伽，一为清常道人赵开美。允伽称此书初未付梓，得其手稿录之。开美谓其章法句法颇学《山海经》，信为奇书。钱曾《读书敏求记》亦载之。然其精华已采入正史，余亦无他异闻也。"①

《翁稿》认为应抄录，但《总目》列入存目，且删材料："有《五岳山人集》，集外撰有《舆地经》、《西洋朝贡典录》诸书，皆不概行于世。是书摭取《星槎胜览》、《瀛涯胜览》诸书……"复删评论："足与《明史》相佐。此抄本即钱曾《读书敏求记》所载之本，后跋尚好。"

祝允明《西洋朝贡典录序》云：

> 《西洋朝贡典录》者，所以叙海表列国之事，辨方域，列山川，计道里，陈土风，纪产育，述朝贡，以阐王化，录建设，以美使才，备国典之实录，寄通览之遐志者也。……郑和等飞星舶于天池，耀皇华于鳌极。……虽称实录，犹未会通，言而不文，行之岂远。黄子勉之，生于华文之区，而遥揽恢诡之观，隐乎一尺之几，而虑经六宇之阔，游乎熙安之代，而慕驰奔走之辰，间气庞博，时而出之，握椠随襟，是有此作。其为书也，法班、马叙国境所在，风俗所殊；法《周官》叙田畜法、《山海经》叙山水鸟兽草木法、《禹贡》叙贡物，每一岛末复著论以该未尽事，事有征纲，纲有条信乎，逐南左之良匠，追卿云而我仪者矣。……②

---

① 《总目》卷78。

② 黄宗羲：《明文海》卷220。按：郑和下西洋是中西交通史上的大事，故其史料价值不容抹杀。

祝允明为馆臣深度鄙视①，故其序未被征引，实则可矫正《总目》之偏颇。

(139)《韦骧集》。《总目》增材料："除知袁州萍乡县，历福建转运判官……出为夔路提刑。建中靖国初……提举杭州洞霄宫……其事迹不见于《宋史》，而集中所载表状、祭文诸篇署衔尚存，可以得其大概。马端临卷数亦同。是编原本十六卷，特所阙两卷，诸本皆同，今已末由考补耳。……实止十四卷。检勘书中，凡构字皆空阙，而注其下云太上皇帝御名，当由孝宗时刊本抄传。……而集中未见。考《宋史·艺文志》，别有赋二十卷，当别在赋集之内，而今佚之矣。其古体诗亦已不完，而梗概尚具。……谨厘改目次，即所存之本，以第三卷为第一，定为一十四卷，著之于录。屡经传写，脱落颇多，世无别本，其可知者随文校正，其不可知者则姑从阙疑之义焉。"又增评论："观其气格，大抵不屑于规抚唐人，而密咏恬吟，颇有自然之趣。杂文多安雅有法，而四六表启为尤工。其精丽流逸，已开南宋一派。虽未能接迹欧、梅，要亦一时才杰之士也。"②

《翁稿》认为："初无《钱塘集》之目，其称《钱塘集》，题签者之误也。"《总目》仍以《钱塘集》著录，未采纳翁氏意见，未审其故。《总目》云："谨厘改目次，即所存之本，以第三卷为第一，定为一十四卷。"今检文渊阁本《四库全书》，发现此书只有十二卷，亦未明其故。

(140)《宋史全文续资治通鉴长编》。《总目》对此则提要作了

---

① 《祝子罪知》提要云："其说好为创解，如谓汤武非圣人，伊尹为不臣，孟子非贤人，武庚为孝子，管蔡为忠臣，庄周为亚孔子一人，严光为奸鄙，时苗羊续为奸贪，谢安为大雅君子……论文则谓韩柳欧苏不得称四大家，论诗则谓诗死于宋，论佛老为不可灭，皆剿袭前人之说，而变本加厉。王宏撰《山志》曰：'祝枝山，狂士也，著《祝子罪知》，录其举刺予夺，言人之所不敢言，刻而戾，僻而肆，盖学禅之弊，乃知屠隆、李贽之徒，其议论亦有所自，非一日矣。圣人在上，火其书可也。'其说当矣。"《浮言》提要亦云："盖允明平生以晋人故诞自负，故持论矫激，未能悉轨于正云。"

② 《总目》卷153。

较大幅度的修改：第一，增考证："不著撰人名氏，原本题曰《续通鉴长编》，而以李焘《进长编表》冠之于前，是直以为焘之《长编》矣。案：焘成书在孝宗时，所录止及北宋。此本实载南宋一代之事，其非出焘手明甚。检勘此书，卷卷标题皆有'宋史全文'四字，而《永乐大典》宋字韵内亦多载《宋史全文》，与《长编》截然二书。又此本目录前有坊间原题，称'本堂得宋鉴善本，乃名公所编，前宋已盛行，再付诸梓'云云，盖本元人所编，而坊贾假托焘名，诡称前宋盛行耳。惟《永乐大典》所收之书，皆载入《文渊阁书目》，乃宋鉴多至六部，独不见《宋史全文》之名，或亦杨士奇等编辑时因标题而致误欤？"第二，对宋荦跋提出批评："则又臆断之语，未见其有确证也。其书自建隆以迄咸淳，用编年之体，以次排纂。其靖康以前亦本于焘之《长编》，而颇加删节。高、孝二代则取诸留正之《中兴圣政草》。今以《永乐大典》所载《圣政草》相与参校，其文大同小异。留正等所附案语，亦援引甚多。至光、宁以后，则别无蓝本可据，为编书者所自缀辑。故《永乐大典》于光、宁二宗下亦全收此书之文，勘对并合。其于诸家议论，采录尤富。如吕中《讲义》、何俌《龟鉴》、李沆《太祖实录论》、《足国论》、富弼等《释》、吕源等《增释》、陈瓘《论大事记》诸书，虽其立说不尽精醇，而原书世多失传，亦足以资参考也。惟原本第三十六卷内度宗、少帝及益王、广王事迹有录无书，《永乐大典》亦未采，今姑仍其阙焉。"①

《翁稿》云："或当日与焘本并刻，今所存者止此耳。焘之进表在宋孝宗乾道四年，而编中乃并光宗以后至宋末事全载入之，是与前表已不合，若果是元胡宏之书，自应并存，以附焘书之后，然又不著宏名及宏之纂辑原委，则仍未为完书。应姑存其目，以俟博访。"②

(141)《授经图》。《总目》增材料与评论："虞稷序称'西亭(案：西亭即睦㮮之别号。)旧本先后不无参错，子与龚子蘅圃重

---

① 《总目》卷47，《宋史全文》提要。

② 《翁稿》第858页。

为厘正，《易》则以复古为先，《书》则以今文为首，其他经传之阙轶者，复取历代史《艺文志》及《通志》、《通考》所载，咸为补入，而近代传注可传者，亦间录焉。视西亭所辑，庶几少备'云云。又睦㮮义例：'称周汉而下至金元，作者凡一千一百三十二人，国朝三十九人，经解凡一千七百九十八部，二万一千七十一卷。'虞稷等附注其下，称新增入古今作者二百五十五人，经解凡七百四十一部，六千二百一十八卷。则虞稷等大有所窜改，非复睦㮮之旧矣。今以所窜改者观之，《易》称'以复古为先'，而列《子夏易传》，实王弼本，非古《易》也。《书》称'以今文为首'，而所列朱子《书》古经，实孔安国本，非今文也。以是例推，殆未能尽允。且睦㮮之作是书大旨，病汉学之失传，因溯其专门授受，欲儒者饮水思源，故所述列传，止于两汉。其子勤美跋（案：美字，原本误作羹字，今改正。）亦称'秦烬之余，六经残灭。汉兴，诸儒颇传不绝之绪，于是专门之学甚盛。至东京，则授受鲜有次第，而经学亦稍稍衰矣。故是编所列，多详于前汉'云云。其著书之意，粲然明白。虞稷等乃杂采诸家以补之，与睦㮮所见正复相反。"①

朱睦㮮《授经图义例序》云：

> 余观《崇文总目》，有《授经图》，不著作者名氏。叙《易》、《诗》、《书》、《礼》、《春秋》三家之学，求其书亡矣。及阅章俊卿《考索图》，六经皆备，间有讹舛，余因考之。盖自东汉而下，诸儒授受，尠有的派云。其经义或私淑，或自治，或受之国学，俱系之为某受为某传，可乎？余于是稽之本传，参之诸说，以尝请业及家学者，各为之图，以一二传而止者亦录之，以备咨考。旧图俱无传，图后或录经论数条，而诸儒行履弗具，使览者不知其为何如人也。余既为图，复捃摭其要而作传。无关经学、无裨世教者皆略焉。传成，以诸儒著述及历代经解附之，厘为四卷，藏之家塾，以俟同好，庶斯道之

---

① 《总目》卷85。

不坠也。

此序被《总目》不露痕迹地化为己有，将序首“余观”二字挖去，稍加点窜，朱氏之言就变为馆臣之语。

黄虞稷《授经图义例序》云：

六经大义，至宋儒昌明之，而始无遗憾，学者守为章程宜也。不知绝续之际，汉儒为难。当日秦书既焚，往圣遗言澌灭殆尽，幸而去古未远，间得之屋壁所藏，女子所献，老生所口述，然而仅矣。迄学者代兴，遐搜博考，或一人集众是，或数人成一经，要其授受，各有师承，非若后人以意见为予夺也。刘歆遗书博士，谓孝宣时广立经文，义虽相反，不嫌并设。与其过而废之，宁过而立之。旨哉斯言！夹漈郑氏乃云，秦焚书而书存，诸儒穷经而经绝。于是有指斥汉儒，迹其同异，纷纭为诋诃所自起。岂知前型未坠，尽信非也，概疑之亦非也。六经之义，如江湖日月，无所不该。解之者，惟其不背于经，斯已尔，而又何同焉？夹漈之言过矣！授经诸图，见于章氏考索。明西亭宗正复加厘定，并采诸儒言行，列为小传，由是师友渊源，灿如指掌。自汉以后，晨星相望，专家虽不逮汉儒，而亦多有缵承，惜其未暇补入。然传注、义疏、序解辨问条犁然，各具于图之左方。览者因目以求其书，则得矣。是集未经镂版，黄征君俞邰向藏写本，龚主事蘅圃、高舍人澹人刻之白下。世之师心党同，薄前贤为不足法，庶几知所返也。然则汉儒洵有功于六经，而为功于汉儒者三子，又将与西亭并传也。夫秀水朱彝尊粤：自经籍之传，圣言弘广，后世未易窥测，言之者人殊其义，于是《易》有施、孟、梁丘、京氏之学，费直晚出，其说盛行于今；《书》则欧阳、大小夏侯为今文，孔安国为古文；《诗》则有齐、鲁、韩、毛四家之异；《三礼》则二戴之大小《记》、高堂生之《仪礼》、刘歆之《周官》；《春秋》则《公羊》之严氏、颜氏，《穀梁》之瑕丘江公，《左氏》之贾护、刘歆，各以其家法教授。缘及东京，相仍未改。班、范二书之《儒林传》与散见于诸列传者可考也。宋《崇文总目》有图三卷，缘存而书亡。明万历初，中尉西亭本其旨，因章俊卿《山堂考索图》，更为细订，每经之首，著凡例数则，其次为授经之图，又其次为诸儒之行履有关经术者节为传，末则附其所著，而下及于魏晋以来传注之目，俾后人按籍以求，了若掌录，诚有功经学之书也。惜其所载传注时有缺误，而类例亦未尽善。如古本之《易经》上、下、十传，各自有书，王弼本始以彖、象、文言系各爻辞之下；《书》则伏生口授之二十九篇，先兴于齐鲁之间，古文后出于孔壁，先儒多疑之者。西亭旧本，先后不无参错。予与龚子蘅圃重为厘正，《易》则以复古为先，《书》则以今文为首，其他经传之缺轶者，复取历代史《艺文志》及《通志》、《通考》所载，咸为补入，而近代传注可存者亦间录焉。视西亭所辑，庶几少备矣乎。然是编也，于汉儒略具矣。而有宋诸儒之著述，如蓝田上洛、洛阳延平，则程门之嫡嗣也。金华、新安，则伊洛之孙曾也。逮婺源朱子出，而五经之学益明。双湖、云峰之于《易》，庆元、辅氏之于《诗》，九峰、蔡氏之于《书》，勉斋、信斋之于《礼》，清江、张氏之于《春秋》，与夫元、明以后诸儒阐明羽翼，亦等于汉儒之家法，而义理过之。其源流派别，未有序而图之者，苟得续是编，以传其为裨益经学，不更大乎！世多留意正学之士，予且有厚望矣。

黄序后半部分也在《总目》征引之列。

另外，特别值得注意的是，《翁稿》此条天头有“总裁李”批语一条：“无所发明，存目可也。”但副总裁李友棠的此条意见被否决，《总目》对此书颇有佳评：“朱彝尊《经义考》未出以前，能条析诸经之源流，此书实为之嚆矢。正不以有所点窜，并其原书而废之矣。”因此被抄入《四库全书》。

(142)《中庸衍义》。《总目》增材料：“良胜字于中，南城人。正德戊辰进士，官至太常寺少卿。事迹具《明史》本传。自宋以来，取古经之义，括举条目而推衍其说者，始叶时《礼经会元》，嗣则真德秀《大学衍义》。良胜又因德秀之例，以阐发《中庸》。其书成于嘉靖间，盖以《大礼疏稿》事，谪戍辽海时作也。”又增评论：“至于崇神仙、好符瑞、改祖制、抑善类数端，尤究极流弊，惓惓言之。尽皆为世宗时事而发。然务抒献纳之忱，而无一毫怨怼讥讪之意，斯所以为纯臣之言也。考良胜于正德、嘉靖间两以鲠直杖谪，风节凛然，为当世所重。其书虽近于浚书，至其人品则非浚所可企及矣。”①

(143)《大易法象通赞》。《总目》增材料：“事迹具《元史·儒学传》。其书首为诸图，次以中天、述考、述衍等说，终以甲辰、乙巳、丙午三年所作《习坎书院旅语》。其《中天图》后署曰至元三十年十一月吉日宣召赴阙儒人臣郑滁孙。”又增评论：“中天之说，始见于干宝《周礼注》，朱元升衍之为《三易备遗》。然滁孙所谓中天元景，与干宝之说又异。大旨谓中天即天也，由其运用合一居中，故曰中天，由其在生两之后、用九之前，故曰中天。其象藏于互体，而义发见于文王、周公、孔子之辞。其说大抵皆幽渺恍惚，不可究诘。……而牵合诸经以证之，支离曼衍，终无归宿。自来以奇偶推《易》者，病于穿凿；以老庄谈《易》者，病于虚无。此书更以穿凿之数，附会于虚无之理，两家流弊，兼而有之，可谓敝精神于无用者矣。”②

翁方纲云：“推衍《论》、《孟》诸经以广之，言大而夸，辨逞而博，然滁孙在当时最号博洽，儒学之士翕然推之，与其弟陶孙皆以前朝士荷制衣亲赐之荣，则其为书又不得不以诬且谀目之矣。然究非说经之正。”持论与《总目》不同，此语褒中带贬，而《总目》有贬无褒。

(144)《春秋程传补》。《总目》增材料：“其词义高简者重为申明，阙略者详为补缀。书成于康熙九年，按伊川《春秋传》，《宋史·艺文志》作一卷，陈亮《龙川集》有跋云：‘伊川先生之序此书也，盖年七十有一矣。四年而先生殁。今其书之可见者才二

① 《总目》卷93。

② 《总目》卷7。

十年。'陈振孙《书录解题》云：'略举大义，不尽为说，襄、昭后尤略。'考程子《春秋传序》作于崇宁二年，书未定而党论兴，至桓公九年止。门人间取经说续其后，此陈亮所谓可见者二十年也。是书桓公九年以前全载程传，十年以后以经说补之。经说所无者，采诸说补之。中取诸新安汪克宽《纂疏》者居多。《纂疏》即明代《春秋大全》所本。"又增评论："其书坚守胡安国《传》，则仍胡氏之门户而已，未必尽当程子意也。又所补诸传，皆不出姓氏，于原文亦多所芟改。其桓公九年以前程子无传者，亦为补之。则是自为一书，特托名于程子耳。考陈亮跋有云：'先生于是二十年之间，其义甚精，其类例甚博。学者苟优柔餍饫，自得于意言之表，不必惜其缺也。'然则何藉承泽之补乎？"①

此类凡 144 条，约占 12.52%。

（三）删改类

1. 删材料

（1）《山谷全书》。《总目》于"是外集亦编于孝宗时也"后删："此别集之前则刻全书者亦当置外集于别集之前也。"于"后人注释则惟取其诗"后删："今之学者但见三集注本之名，烜□于著录家之目，而内外别之本所自出，或未之详者也。"②

（2）《杨文懿集》。《总目》删去"为其孙廷春所刊"等字，又将"中间论说书简诸卷皆阙而未刻者，合以诗之上下卷，止十二卷耳"改为"自十一卷至十八卷皆注云嗣刻，其有录有书者仅十二卷，盖裒辑未竟之本也"。③

（3）《禹贡方域考》。《总目》删材料："然其序中所谓程葆舒、陈师凯、艾南英之书，程、陈二书不见于朱彝尊《经义考》，盖奕端就所见言之耳。"④

---

① 《总目》卷 31。

② 《总目》卷 154，《翁稿》第 257 页。

③ 《总目》卷 179，《翁稿》第 906 页。

④ 《翁稿》第 969 页。

(4)《苍润轩碑跋记》。《总目》删材料:“著有《苍润轩集》。……时泰卜筑山中，爱方泽祁山之胜，时往来其间。……前后皆有时泰自序。……其他标题前后重复，舛讹杂出非一，其自题曰字牍纪者，盖侈言其为秘文，亦犹其三日之内遍和王世贞拟古诗七十章，而世贞为之折服。盖才士而好古者。”①

(5)《九谷集》。《总目》删材料:“前有自序。”②

(6)《南园后五子诗集》。《总目》删材料:“粤人之诗，自唐张九龄肇开风格，后若唐之邵谒、孟宾、于宋之余靖、李昂吴，虽各有集，而风气未盛，孙贲诸人始与吴之四子、闽之十子并驰艺苑，而有誉、大任诸人遥接其后，发挥益畅，中惟有誉格调小变，不无稍染王李之习，然要之粤中风雅继往开来，不可谓非诸人之力也。是编所选录亦出近人抄辑，未必尽合于作者之诣。然如吴旦之诗寥寥数篇，借以流传，亦未可少者……即得名江左，归而属其乡人皆和之……盖以粤中无牡丹，借扬州之花为南园之咏，故以《南园花信》为名。”③

(7)《小学纂注》。《总目》删材料:“博野尹会一视学江苏，因取其书付梓以课士。前有会一序。”④

(8)《就正草》。《总目》删材料:“序中以乡进士称之，盖诸生未仕而有文名者。”⑤

(9)《嗜退山房稿》。《总目》删材料:“布政使念祖之兄也……前有自序，诗有上下卷之目，而文无之。”⑥

此类凡9条，约占0.78%。

2. 删评论

(1)《四游稿》。《总目》删评论:“内有明应麟评语，乃明人

① 《翁稿》第1068~1072页。

② 《翁稿》第1093页。

③ 《翁稿》第1109页。

④ 《翁稿》第1237页。

⑤ 《翁稿》第1364页。

⑥ 《翁稿》第1652页。

刻集之陋习尔。"①

(2)《篆文纂要全宗》。《总目》将书名改为《篆文纂要》，且删评论："其所分韵部次用《洪武正韵》，举明代所不能行之法用之，于今日已为谬妄。至其卷首所刊字体大略尚古籀文及所谓续字俗字者，文义体例皆甚为陋略。其卷中所列诸字则所谓鼎文者，不著所出，无以考其是非。而其最谬者尤在所谓大篆，大篆之字于今已多不可考。虽《说文》之籀、篆、石鼓之籀文，已皆不可目为大篆，而况九叠篆文?"②

(3)《革除编年》。《总目》删评论："其编年之中兼序月日，而忽以干支记日，忽以数目记日，体例亦殊未画一。"③

(4)《易领》。《总目》删评论："其书虽主释卦序，而于卦爻大意亦略举其概，与所著正解有相发明者。"④

(5)《易经大旨》。《总目》删评论："讲章常诂而已，或姑存其目。"⑤

(6)《十愿斋易说》。《总目》删评论："其书皆是常谈，无所阐发。"⑥《总目》将"则是钟峦自有全集，而以所著经说入焉，下卷又非完书，似难遽存其目"改为"盖编入文集之中，乃李石《方舟集》例，今仅存此两卷耳"。

(7)《修史试笔》。《总目》删评论："盖以为修《宋史》之先导云尔，而其所谓《宋史》杂沓繁芜，欲为改修者正不知去林维骐、王惟俭诸人之所著何如矣，又无鼎元自撰序例，或存其目。"⑦

此类凡7条，约占0.61%。

3. 改材料

(1)《彭比部集》。《总目》将"集前有辂自序，不著年月。

---

① 《总目》卷179。《翁稿》第6页。

② 《总目》卷43，《篆文纂要》提要。《翁稿》第440页。

③ 《总目》卷53。《翁稿》第459页。

④ 《翁稿》第675页。

⑤ 《翁稿》第794页。

⑥ 《总目》卷8。《翁稿》第681页。

⑦ 《翁稿》第1268页。《总目》卷63列入传记类存目。

其诗则皆嘉隆间至万历初年之作也”改为“以察典罢归。集为其子润宏所编”。①

(2)《桂林风土记》。《总目》增材料：“此本小草亭题识及洪武年月，与彝尊所言合，盖即彝尊所见本也。彝尊跋又称，中载张固、卢顺之、张丛、元晦、路单、韦瓘、欧阳膑、李渤诸人诗，向未著于录，亟当发其幽光。今观诸诗外尚有杨尚书、陆宏休二首，亦唐代轶篇，为他书所未载。今《全唐诗》采录诸篇，即据此本。则其可资考证者，又不止于谱民风、记土产矣。”又删材料：“朱彝尊跋谓所载诸人诗采唐音者均未著于录。然如少室山人李渤之诗，则在当时最有名，而《全唐诗》所载篇题亦间与此小异……世人率以为疑，王世贞则谓出后人附益，今此书云遂良历官中书令，则不得信史而疑稗明矣。凡此皆可与史传相补证者。”②

朱彝尊《桂林风土记跋》云：

> 《桂林风土记》，唐光化二年融州刺史莫休符撰。《新唐书·艺文志》作三卷，今只存一卷，闻谢在杭小草斋所录旧藏，徐惟起家卷尾称获诸钱塘沈氏，是洪武十五年抄传，虽非足本，中载张固、卢顺之、张丛、元晦、路单、韦瓘、欧阳膑、李渤诸人诗，采唐音者均未著于录，洽闻之君子，亟当发其幽光者也。③

《总目》所增材料正是此跋，在此基础上再稍加引申。

(3)《隶释》。《翁稿》云：“是又别为前续合刻之书为越帅刊行者，不传于世久矣。先是欧阳修《集古录》载汉隶之碑凡七十五，赵明诚《金石录》则多于欧阳修者九十三，此二书皆不专为隶作，而所录隶颇多，又郦道元《水经注》所列碑目亦足资参考，故适是书标目下具载三书有无，而又采录三书之与隶相证者别为七

---

① 《总目》卷177。

② 《总目》卷70。

③ 朱彝尊：《曝书亭集》卷44。

卷于后，以天下碑录一卷殿焉。”①《总目》改为：“合为一编。今其本不传，传者仍《隶释》、《隶续》各自为书。此本为万历戊子王鹭所刻，凡汉、魏碑十九卷，《水经注碑目》一卷，欧阳修《集古录》二卷，欧阳棐《集古目录》一卷，赵明诚《金石录》三卷，无名氏《天下碑录》一卷，与二十七卷之数合。每碑标目之下，具载郦、欧、赵三书之有无。”②

《总目》此篇提要提到多篇序跋，且多有征引，如洪适《自书隶续卷后》云：

> 《隶释》有续，前后共二十一卷，乾道戊子，始刻十卷于越。淳熙丁酉，姑苏范至能增刻四卷于蜀。后二年，霅川李秀叔又增五卷于越。明年，锡山尤延之刻二卷于江东仓台，而辇其板合之。越延之与我同志，故郑重如此。凡汉隶见于书者，为碑碣二百五十八，砖文器物款识二十二，魏晋碑十七，款识二，欲合数书为一，未能也。今老矣，平生之癖，将绝笔于斯焉。庚子十一月，洪景伯书。③

此跋又被馆臣拟《隶续》提要时加以参考利用。

(4)《瑞阳阿集》。《总目》将“又以耽瑞子自号也。十卷中奏议居其半，余则宦迹之文，家居之作，而以他人赠颂之文附焉，盖其后人所编辑也”改为“事迹具《明史》本传。明别有洗马江朝宗字曰东之，或混为一人，非也。……其立朝颇著风节，初劾冯保、徐爵，又劾王宗载、于应昌及驸马都尉侯拱宸，继以争寿宫事与李植、杨可立均坐贬。其详见魏禧所为传中，故集中奏议居半云”。④

《明史》本传云：

---

① 《翁稿》第99页。

② 《总目》卷86，《隶释》提要。

③ 洪适：《隶续》卷21。

④ 《总目》卷179。《翁稿》第206页。

江东之，字长信，歙人。万历五年进士，由行人擢御史。首发冯保、徐爵奸，受知于帝。佥都御史王宗载尝承张居正指，与于应昌共陷刘台，东之疏劾之。故事：御史上封事必以副，封白长官东之持入署，宗载迎，谓曰：江御史何言？曰：为死御史鸣冤。问为谁，曰："刘台也。"宗载失气，反走，遂与应昌俱得罪。东之出视畿辅屯政，奏驸马都尉侯拱宸从父豪夺民田，置于理。先是，皇子生免天下田租三之一，独不及皇庄及勋戚庄田，东之为言减免如制，还朝，擢光禄少卿，改太仆，坐争寿宫事，与李植、羊可立皆贬，东之得霍州知州，以病免。久之，起邓州，进湖广佥事，三迁大理寺右少卿。二十四年，以右佥都御史巡抚贵州，击高砦叛苗，斩首百余级，京察被劾免官，复以遣指挥杨国柱讨杨应龙，败绩，事黜为民，愤恨，抵家卒。

赞曰：李植、江东之诸人，风节自许，矫首抗俗，意气横厉，抵排群枉，迹不违乎正。而质之矜而不争、群而不党之义，不能无疚心焉。古之矜也廉，今之矜也忿，戾圣人所为，致慨于末世之益衰也。①

《总目》在介绍作者事迹时，如果名见经传，往往据史传文字稍加点窜。《总目》介绍《钦定续文献通考》时说："大抵事迹先征正史，而参以说部杂编议论，博取文集，而佐以史评、语录。"《总目》自身又何尝不是如此？

(5)《越望亭诗集》。《总目》将"鹤称越海樵，盖即郡人也"改为"绍兴守汤绍恩重创斯亭，一时多为题咏。同知孙令、推官周凤岐因令鹤辑录成编……绍恩号笃斋，安岳人，嘉靖丙戌进士。其治越有惠政，事迹具《明史·循吏传》"。②

(6)《游峨集》。《总目》将"二人皆先后按部至此，合其同作者都为一集，署号州事，汉川殷绮镂诸梓，亦特一时记游之作，

---

① 《明史》卷 236。

② 《总目》卷 193。《翁稿》第 332 页。

非有关于地志也”改为“巡按御史谢瑜亦踵昌故事，绮因合二人暨同游诸诗编为一集。大抵一时宦场酬应之词，无可采录”。①

(7)《宋名臣献寿集》。《总目》将“系一时抄录应酬之作。盖当时以之备用者。似未成书，应存其目”改为“盖其时书肆所为也”。②

(8)《备遗录》。《总目》增考证：“《明史》作峡江人，盖新淦其试籍也。弘治壬戌进士，官至浙江右布政使。事迹具《明史》本传。是书纪建文殉节诸臣姓名。……考芹序称录中四十六人名氏，皆闽中宋君端仪尝采辑为录而未成者，疑芹初据宋氏原本而作，后又随时续有增益，原非一本。传录者各据所见，遂两存之耳。”又删材料：“据《革朝遗忠录》所载此序尚有……盖芹所述建文事传录者恐或不止一本矣。”③

(9)《怀忠录》。《总目》增材料：“应旗，莆田人，嘉靖中贡生。”复删材料：“有专传，有合传。”④

(10)《读易略记》。《总目》增材料：“朝瑛字美之，号康流，又号罍庵。……细字至二百五十一页，必非一卷，疑彝尊所见或不完之本耶?”复删材料：“其书下经与《系辞》皆另起，似非止一卷。”⑤

(11)《周易不我解》。《总目》增材料：“盖即林光世《水村易镜》之说而变幻之，殊为附会……然陈抟之《易》但有《龙图》一卷，载于《宋志》，今未见其书，而尚见其序，绝无仰观星象之说。《青山易》则更莫知所自来，其亦在影响有无之间矣。”⑥《翁稿》云：“且云青山不知何许人也……乃黄百家所得即此一卷之本，又何从而知其姓，而其自序反谓不知谁氏，且称为青山，则其乖忤不辨可知。应存目而著其谬。”⑦

---

① 《总目》卷192。《翁稿》第332页。

② 《总目》卷191。《翁稿》第384页。

③ 《总目》卷61。《翁稿》第452页

④ 《总目》卷61。《翁稿》第456页。

⑤ 《总目》卷8。《翁稿》第678页。

⑥ 《总目》卷7。

⑦ 《翁稿》第679页。

(12)《琴瑟谱》。《总目》增材料："浩然始末未详。自称广东琼州府正乐生员，殆乐生也……浩然能协琴瑟之声为八音，尝谱《大成乐》，奏之广州学宫，湛若水尝为作记。"复删材料："有罗浮叶春及跋，而浩然之名省志、郡志皆无之。"①

(13)《琴谱正传》。《总目》增材料："案黄虞稷《千顷堂书目》，有黄献《梧冈琴谱》十卷，注云：献字仲贤，广西平乐人，宪宗时为中官。嘉靖丙午陈经序。今此本目止六卷，亦无陈经序，而有嘉靖辛酉总督漕运都御史吉阳何迁序，称培庵杨子，持《梧冈琴谱》，并无锡宋君七曲示之云云。则此书盖黄献原本，杨嘉森等所重刻，而并其卷数。其卷首列三十八势及详明字母等篇，鄙俚尤甚，当亦嘉森等所增入也。又献序自称弘治丙辰进入内府，则为孝宗时中官。虞稷称宪宗时者，殆偶误欤?"复删材料："以其前序结衔云前两京吏部吉阳何迁序，中间又题云辛酉戊午培庵书，其不成文理至此。"②

(14)《周易铁笛子》。《总目》增材料："橘字庭怀，献县人。万历甲午举人，官至监察御史……盖据税与权之本。"复删材料："其著书年月有干支而无时代，朱彝尊《经义考》不载此书。"③

(15)《南轩易说》。《总目》增材料："序末有钩摹旧本三小印：一作谦卦；一曰赣州胡氏，知顺父即赣人；一曰和卿，盖其字也。"复删材料："栻字敬夫，广汉人，学者称南轩先生。其《易》学出五峰胡氏，官至荆湖北路转运副使，知江陵府，以由文殿修撰提举冲祐观。此书题云张侍讲者，从陈振孙《书录解题》也。"④

胡顺父《南轩易说序》云：

昔尹和靖语学者祁宽曰："与其读他书，不若专读《易》；

---

① 《总目》卷39。《翁稿》第690页。

② 《总目》卷114。《翁稿》第692页。

③ 《总目》卷8。《翁稿》第723页。

④ 《总目》卷3。《翁稿》第739页。二者提要行文稍异，但主要内容相同，仅为详略之别。《总目》以三卷著录。

与其看伊川杂说，不若专看伊川《易传》。"又曰："一日只念一卦。闲时看《系辞》，《周易程氏传》止于卦，而不及《系》，非不及也，以《系辞》为《易大传》，不暇及也。然《易·系》曰：'《易》有圣人之道四焉，以言者尚其辞，以动者尚其变，以制器者尚其象，以卜筮者尚其占。'其通论一经之大体如此，不传奚可？"伊川议论，虽间见于遗书，而终未完，学者惜之。至元壬辰，鲁人东泉王公分司廉访章贡等路，公余讲论，因言辞谢，衰病家食，数年从事于《易》，尝诵伊川《易传》，特阙《系辞》，留心访求，遂得南轩解说《易·系》，缮写家藏，好玩如宝。圣人之言："无有师保，如临父母。"钦哉钦哉。傥合以并传，斯为完书，乃出示知事吴将仕及路学宿儒议。若命工刊之学官，以补遗阙，使与《周易程氏传》大字旧本并行于世，可乎？将仕洎诸儒复命曰："斯文也，盖有待于今日也，后之学者幸莫大焉。"顺父承命，校正敬录，以付匠氏，并序其概于后。是岁季冬既望，赣州路儒学学正权管学事胡顺父序。

朝军按：此序已被《总目》删节利用。

(16)《易学管见》。《总目》仅将"其官司榷而《闽志》无之"改为"万历癸丑进士，官兵部主事"。①

(17)《陆氏易解》。《总目》增材料："《吴志》载绩所著有《易注》，不言卷数。……然此本采《京氏易传》注为多。……然彝尊明言，其故则不可详矣。……然诸家著录并无三卷之本，殆《京氏易传》三卷，旧本题曰陆绩注，溶偶观之未审，因误记误说也……掇拾残剩，存什一于千百……十三而孤。年二十犹目不识丁，寓居德清姜氏家，姜始授以句读，晚乃卓然自立，盖亦奇士云。"复删材料："则后人辑《陆氏易注》之本，或有多寡详略之不同，未可知也。……于三书之散见者辑为一书。……又著《京氏易》三卷，自唐孔颖达专用王弼注作《正义》，汉晋以来诸家

① 《总目》卷8。《翁稿》第765页。

《易》注皆佚不存，绩之《易》注仅见于李鼎祚《集解》及陆德明《释文》，《集解》所载仅五十条，《释文》则多载经文异诸家处。"①

(18)《今易诠》。《总目》将"是则《古诠》、《今诠》二书，当并存合观，而不当遽以《今易诠》一本独存其目者矣。应俟访得《古易诠》二十九卷而同存其目，于义为安，不然则二序之语未能豁然明白也"改为"此本但有《今易诠》，非完帙矣"。②

(19)《治河通考》。《总目》增材料："高安人。嘉靖乙未进士，官至礼部尚书，谥文端。……前有崇祯戊寅其曾孙士颜序略，盖重刊时所作也。"③ 复删材料："官河南巡抚。……于疏治黄河颇有关系。"④

(20)《太平三书》。《总目》增材料："万选字举之……三书皆成于顺治戊子……惟存《胜概》七卷、《风雅》四卷。原本纸墨尚新，不应遽阙失无考，或装辑者偶遗欤?"《翁稿》云："卷二至卷八曰《胜概》，卷九至卷十二曰《风雅》，《胜概》则分当涂、芜湖、繁昌三卷，而《风雅》则不分也。虽其书已阙失而卷次可稽。"⑤ 认为其书已阙失，而《总目》认为纸墨尚新，不应遽阙失。

(21)《灵谷寺志》。《总目》增材料："云号舫翁，安福人。……明太祖迁梁宝志塔于此，改赐今名，而号其山曰紫金。……凡分二十四类，其门目皆因明志之旧，仅略为删补耳。"复删材料："内称庚辰、戊子，是重辑在万历八年，用板在万历十六年也。而吴云自序乃无月日，明人修志之陋如此。"⑥《皇朝文献通考》卷二百二十四、《皇朝通志》卷一百、《千顷堂书目》卷八

---

① 《总目》卷1。《翁稿》第789页。

② 《总目》卷8。《翁稿》第796页。

③ 《总目》卷75。《翁稿》认为应抄存之（第914页），但《总目》入存目。

④ 《翁稿》第914页。

⑤ 《总目》卷76。《翁稿》第934页。

⑥ 《总目》卷77。《翁稿》第957页。

均著录此书。

(22)《素园存稿》。《总目》增材料："《千顷堂书目》亦同……内《山中稿小序》称自抚浙待命凡十载，自留京归田经廿载。叶向高序亦云然。是宏静实自南京罢归，《通志》所记偶误也。……皆校刊之疏漏。又《千顷堂书目》载是集作二十卷，殆初刻十六卷，后增至十八卷，又增至二十卷，而目则未改欤。"又删材料："中自言万历甲戌自浙归，葺素园以居，则《江南通志》为得其实。其户部郎盖出使之衔也。……今依卷内之数以十八卷存目。"①

《钦定续文献通考》卷一百九十三《经籍考》云："方宏静《素园存稿》十八卷，宏静字定之，歙县人，嘉靖进士官至南京户部右侍郎。臣等谨案：是集目录只十六卷，而书实十八卷，目次亦与书内不合。"《钦定大清一统志》卷七十九云："方宏静，字定之，歙人。嘉靖进士，历东平知州江西副使，以治行闻，万历初累擢南京户部右侍郎，督粮储。岁饥，宏静月出仓粟给军，使无籴，民间米价为平。宏静沉厚笃实，居官介然有守，卒赠工部尚书。"

(23)《国初礼贤录》。《总目》增材料二则，一考作者："旧本题明刘基撰。基字伯温，青田人。元至顺中举进士，除高安丞，罢去。旋起为江浙儒学副提举，再投劾归。复辟为元帅府都事，为方国珍所构，羁管绍兴。后从舒穆噜宜逊剿捕山寇，执政者抑其功，仅授总管府判，遂弃官还里。明初聘入礼贤馆，参预机密，拜御史中丞，兼太史令，又授弘文馆学士，叙功封诚意伯。正德九年，追谥文成。事迹具《明史》本传。"一考真伪："此书《艺文志》、《千顷堂书目》皆作基撰。然《录》中所载……且有'基驰驿归里，居家一月而薨'之文，则非基所作审矣。其中纪述，多与史传相合，无他异同。又基、溢皆载其卒时事，而宋濂得罪徙蜀事则无之，叶琛事迹亦甚寥寥，盖后人杂采成书，故详略不同如此也。"复删材料："至其卷前标题称《国初礼贤录》上，则似有下卷者，而末又云《礼贤录》终，则卷前一行当有误，中间抄字讹

① 《总目》卷178。《翁稿》第958页。

误极多。"① 二者行文详略不同，但观点相同，均认为此书是伪作。

焦氏《经籍志》、《钦定续通志》卷一百五十八《艺文略》、《钦定续文献通考》卷一百六十三《经籍考》均将此书著录为"明刘基撰"，不别真伪，失于辨证。

《清类天文分野之书》、《郁离子》、《诚意伯文集》各条提要下均云："明刘基撰，基有《国初礼贤录》，已著录。"《总目》既将《国初礼贤录》证伪，又再三将其归于刘基名下，此种著录方法确实存在问题。

(24)《北征事迹》。《总目》增材料："护跸南归，官至掌锦衣卫都督佥事，莅前军都督府。事迹具《明史》本传。……书中首尾皆用题本之式，末有成化元年七月二十二日所奉谕旨，盖即当时录进本也。所述与刘定之《否泰录》大略相似，然有《否泰录》所载而是书阙者，亦间有互异者。如《否泰录》有正统十四年十一月二十三日额森遣使求索大臣迎驾，及景泰元年正月初七日英宗书至求索大臣来迎二事，此书皆未载。又《否泰录》称天顺元年七月初一日李实、罗绮、马显等至额森营，十三日见英宗，而是书载在五月内，《明史》本纪则载在六月，其他与《明史》异者，若喜宁等烧毁紫荆关，杀都御史孙祥事，此书在正统十四年九月，而《明史》则在十月。彬日侍英宗左右，其见闻当独真。而所记与他书辄有异同。岂其书上于成化元年，距从征之年前后凡十七载，诸所记忆，或有疑阙欤？《千顷堂书目》载此书，云一作尹宣撰。未知何据，似不然也。"② 复删材料："卒能保其君南归，至于后登帝位，身享爵赏，忠矣……云钱博作《袁彬传》，其书虽罕见于世，而至今《明史》特为彬立传，又载此书于《明史·艺文志》。以彬子熹跋合观之，则当日情事略可睹已。"③

《正统临戎录》提要云："记明英宗北狩始末。……此书所记，

① 《总目》卷52。《翁稿》第1113页。

② 《总目》卷53。

③ 《翁稿》第1116页。

与《北征事迹》略同，而详悉过之。”①

《明史》卷九七载：“袁彬《北征事迹》一卷，杨铭《正统临戎录》一卷，《北狩事迹》一卷，李实《使北录》一卷，刘定之《否泰录》一卷，刘济《革书》一卷（塞外无楮，以羊皮书之，故名《革书》)，李贤《天顺日录》二卷，汤韵《天顺实录辨证》一卷，张楷《监国略》一卷，彭时《可斋笔记》十二卷，已上纪正统景泰天顺时事。”

(25)《靖康蒙尘录》。《翁稿》认为毋庸存目，但《总目》列入杂史类存目，且增材料：“徐梦莘《三朝北盟会编》所采集书目甚详，亦无此书。……似为高宗苗、刘之变而作。……年月皆舛错不合，作伪之尤甚者也。”② 又删材料：“不足以当一书之目，且所谓复辟者似以高宗之即位言之，而此内并无高宗之事。且复辟云者乃还位之义，如范刘之变是也，若高宗于南渡之日尚未即位，何得以复辟称之？此于名义亦有未允，而且所记徽、钦二帝崩年亦皆与史不合……其谬误尤显然。”③

《钦定续通志》卷一百五十八著录此书，但未辨真伪。

(26)《天台山方外志》。《总目》增材料：“钱希言《狯园·释异篇》曰：‘有门法师名传灯，一号无尽，太末人也。出家天台之高明寺，少精炼戒行，学识高出道流。尝撰《天台山志》，甚有禅藻’云云。则无尽者，乃其号也。天台山自孙绰作赋以来，登临题咏，翰墨流传，已多见于地志。此书成于万历癸卯。”复删材料：“天台山在天台县北三里，圆径……故以天台名。山之大略固已见于地志。”④

《千顷堂书目》卷八云：“释无尽《天台山方外志》三十卷，字传灯，衢州僧。万历辛丑修。”钱希言《狯园》皆记当时神怪之事，《总目》据以此类杂书增补材料，而不直接引用《千顷堂书

---

① 《总目》卷53。
② 《总目》卷52。
③ 《翁稿》第1119页。
④ 《总目》卷76。《翁稿》第1399页。

目》中的材料，以增强可读性。

(27)《惠阳山水纪胜》。《总目》增材料：“骞字益存，号乐园，当涂人。康熙辛未进士……他如霍山、河源、龙川亦隶惠州，称名胜，而志不及焉，盖专为二地作也……以是标题，亦相沿杜撰之文矣。”复删材料：“近人已有撰惠阳山水之目，而惠郡所领如霍山之山、河源、龙宫川之水，皆未及焉。”①

(28)《兴观集》。《总目》增材料：“故魏骥序曰：《兴观集》者，钱塘瞿暹集其乡人先达仇山村、瞿存斋二先生所著七言近体八十八首。世或专称仇远《兴观集》，误也。后缀《山村逸诗》一卷……今《山村遗稿》已有新本，而远《金渊集》复从《永乐大典》中裒集成帙，刊刻以行。此不完之本，不足为重，故仅存其目焉。”删材料：“是集中所谓二先生者凡三见，而皆不用前跋……应存目。”②

《金渊集》提要亦云：“世所传《兴观集》、《山村遗稿》，皆从手书墨迹搜聚成编，非其完书。近时歙县项梦昶始采摭诸书所载，补辑为《山村遗集》一卷，刻之杭州，而所谓《金渊集》者，则不可复睹。今惟《永乐大典》所载尚数百首。”③

项梦昶《山村遗集跋》云：

> 仇山村先生有《金渊集》，久已散佚，世所传《兴观集》、《山村遗稿》，皆从手书真迹抄得，非完本也。先生为咸淳遗老，及见宋先辈典型。其诗清夷雅正，一倡三叹，若张承旨仲举、张外史伯雨，皆出其门，以诗名世。素与同里湛囦白先生齐名，谓之“仇白”。予向喜诵先生诗，留意披访，从《珊瑚木难》、《清河书画舫》、《成化杭州府志》、《嘉兴府志》、《补上天竺寺志》、《绝妙好词》、《花草粹编》诸书中，复得诗词题跋如干首，分各体编排成帙，刻于杭郡。惜湛囦全集无从寓

① 《总目》卷76。《翁稿》第1456页。
② 《总目》卷191。《翁稿》第1469页。
③ 《总目》卷166。

目，仅见于顾氏《元诗选》中，不得与先生合璧为歉事云。乾隆庚申仲春，古歙项梦昶谨跋。

朝军按：此跋亦被《总目》反复引用。

(29)《瑞金杨氏五家文抄》。《总目》增材料："以睿《汲亭稿》中有诗二卷。而总题曰文抄，用《文选》例也。"① 复删材料："杨为瑞金著姓，自学博、以任最有文誉，而五人者皆以文著。康熙丁酉吴江张尚瑗为之序，又有其族人兆嶦序称三先生文抄，谓以睿及兆凤、兆年也。盖三人之文曾同刻一集，而此编又合二人都为一集耳。"②

(30)《春秋道统》。《总目》增材料："与二卷之数亦不合。……宋人经说亦无此例。……其陋已极……不可殚述。伪书之拙，无过是矣。其卷首收藏诸印，亦一手伪造，不足信也。"复删材料："此岂后成宋人之经说哉？……不知学字乃笺传之书名也。"③ 翁方纲已辨其伪，《总目》又补充考证卷首收藏诸印亦一手伪造。

(31)《衡门晤语》。《总目》将"凡若干首，裒而集之，取可与日圣语之义"改为："亦皇甫谧《高士传》之支流。其曰'晤语'，则千载一堂之意云尔"。④《总目》解释书名。书名诠释，也是《总目》解题的一个重要方面。另外，一般将作者著录为潘京南，而《千顷堂书目》卷十二载："潘景南《衡门晤语》二卷。"

(32)《长物志》。《总目》增材料："震亨字启美……崇祯中官武英殿中书舍人，以善琴供奉，明亡殉节死。……其曰'长物'，盖取《世说》中王恭语也。"又增评论："凡间适玩好之事，纤悉毕具。大致远以赵希鹄《洞天清》录为渊源，近以屠隆《考盘

① 《总目》卷194。

② 《翁稿》第980页。

③ 《总目》卷30。《翁稿》认为不应存目（第1046页），但《总目》列入存目。

④ 《总目》卷63。

余事》为参佐。明季山人墨客，多以是相夸，所谓清供者是也。然矫言雅尚，反增俗态者有焉。惟震亨世以书画擅名，耳濡目染，与众本殊，故所言收藏赏鉴诸法，亦具有条理。所谓王谢家儿虽复不端正者，亦奕奕有一种风气欤？且震亨捐生殉国，节概炳然，其所手编，当以人重，尤不可使之泯没。故特录存之，备杂家之一种焉。"① 复删材料："中亦间有与张丑《清秘藏》等书相复者，惟以孟法师碑为虞世南书，以褚书圣教序为临王羲之书，又以薛绍彭、薛道祖为二人，则偶失考耳。"②

朝军按：文震亨为文征明之曾孙，明亡，殉节死。故《总目》从其家学、人品入手，加以申说。

《长物志》以卷五《书画》最有价值，摘录数条，以证《总目》"所言收藏赏鉴诸法，亦具有条理"之不诬：

> 金生于山，珠产于渊，取之不穷，犹为天下所珍惜，况图画在宇宙，岁月既久，名人艺士不能复生，可不珍秘宝爱？一入俗子之手，动见劳辱，卷舒失所，操揉燥裂，真书画之厄也。故有收藏而未能识鉴，识鉴而不善阅玩，阅玩而不能装褫，装褫而不能铨次，皆非能真蓄书画者。又蓄聚既多，妍蚩混杂，甲乙次第，毫不可讹。若使真赝并陈，新旧错出，如入贾胡肆中，有何趣味？所藏必有晋、唐、宋、元名迹，乃称博古，若徒取近代纸墨，较量真伪，心无真赏，以耳为目，手执卷轴，口论贵贱，真恶道也。
>
> 论书
>
> 观古法书，当澄心定虑，先观用笔结体，精神照应；次观人为天巧，自然强作；次考古今跋尾，相传来历；次辨收藏印识，纸色绢素。或得结构而不得锋芒者，模本也。得笔意而不得位置者，临本也。笔势不联属，字形如算子者，集书也。形迹虽存，而真彩神气索然者，双钩也。又古人用墨，无论燥润

① 《总目》卷123。

② 《翁稿》第1108页。

肥瘦，俱透入纸素，后人伪作，墨浮而易辩。

论画

山水第一，竹树兰石次之，人物、鸟兽、楼殿、屋木，小者次之，大者又次之。人物顾盼语言，花果迎风带露，鸟兽虫鱼，精神逼真，山水林泉，清闲幽旷，屋庐深邃，桥彴往来，石老而润，水淡而明，山势崔嵬，泉流洒落，云烟出没，野径迂回，松偃龙蛇，竹藏风雨，山脚入水，澄清水源，来历分晓，有此数端，虽不知名，定是妙手。若人物如尸、如塑，花果类粉捏雕刻，虫鱼鸟兽但取皮毛，山水林泉布置迫塞，楼阁模糊错杂，桥彴强作断形，径无夷险，路无出入，石止一面，树少四枝，或高大不称，或远近不分，或浓淡失宜，点染无法，或山脚无水面，水源无来历，虽有名款，定是俗笔，为后人填写。至于临摹，赝手落墨，设色自然不古，不难辨也。

书画价

书价以正书为标准，如右军草书，一百字乃敌一行行书，三行行书敌一行正书。至于乐毅黄庭画赞告担，但得成篇，不可计以字数。画价亦然。山水、竹石、古名贤象，可当正书。人物、花鸟，小者可当行书。人物大者及神图、佛像、宫室、楼阁、走兽、虫鱼，可当草书。若夫台阁标功臣之烈，宫殿彰贞节之名，妙将入神，灵则通圣。开厨或失，挂壁欲飞，但涉奇事异名，即为无价国宝。又书画原为雅道，一作牛鬼蛇神，不可诘识，无论古今名手，俱落第二。

古今优劣

书学必以时代为限，六朝不及晋魏，宋元不及六朝。与唐画则不然，佛道人物、仕女、牛马，近不及古。山水、林石、花竹、禽鱼，古不及近。如顾凯之、陆探微、张僧繇、吴道玄①及阎立德、立本，皆纯重雅正，性出天然。周昉、韩干、戴嵩，气韵骨法，皆出意表。后之学者，终莫能及。

---

① 明王世贞《画评》："画家称顾、陆、张、吴，犹书之有钟、张、羲、献也。"

宋板

藏书贵宋刻，大都书写肥瘦有则，佳者有欧、柳笔法，纸质匀洁，墨色清润。至于格用单边，字多讳笔，虽辨证之一端，然非考据要诀也。书以班、范二书、《左传》、《国语》、《老》、《庄》、《史记》、《文选》、诸子为第一，名家诗文、杂记、道释等书次之。纸白板新，绵纸者为上；竹纸活衬者亦可观；糊背批点，不蓄可也。

清高宗曾读《长物志》一书，并有辨证，其《题白玉如意》有云："震亨《长物志》，不测谬云防。"原按："文震亨《长物志》称，如意用以指挥向往，或防不测，故炼铁为之。其言不经，盖如意自是禅家所用之物，禅家何防不测之有？"①

(33)《平蜀记》。《总目》增材料："末有袁褧跋，称定远黄金《开国功臣录》载平蜀事于颍川侯傅友德、德庆侯廖永忠传中甚详。惟平章杨璟《与明升书》，乃详于斯记云。"② 复删材料："升者明玉珍之子，事具在《明史》，此记所叙事皆合。……亦因平蜀及之。"③

(34)《平黔三记》。《总目》增材料："末书'隆庆庚午十月，点苍山人书于玉屏精舍'。……云南亦黔中地，故称之耳。……亲赞其策……而元忭序作于辛未，邬琏序作于壬申，正当书成之时。序中亦言不知出谁手。盖当时光洵以人言去位，同事者相继褫谪，其功抑而不扬。是书独纪实不讳，故有所避而不敢言也。"④《翁稿》云："至于撰书之姓名，则又皆云不知谁氏。《明史·艺文志》有赵汝谦《平黔三记》一卷，而汝谦之名《云南志》亦无之。"⑤对于作者问题仍不敢下一断语，而《总目》据《明史·艺文志》、

① 《御制诗集》五集卷20。

② 《总目》卷52。

③ 《翁稿》第1165页。

④ 《总目》卷54。

⑤ 《翁稿》第1166页。

《千顷堂书目》俱载赵汝谦《平黔三记》一卷，断定“是书实汝谦所著，而隐其名耳”。《钦定续通志》卷一百五十八《艺文略》与《总目》著录相同。

(35)《思贤录》。《总目》增材料：“事迹具《明史·儒林传》……正录成于至正十五年，分为五目：曰事实、曰文辞、曰祠墓、曰祠墓废兴、曰古今题咏，有杨惟桢、郑元祐二序。《续录》则皆应芳及知府张度等祭墓之作，成于明洪武十二年，其中又载有洪武十三年以后祭文、碑记诸篇，迄于正统十年，则后人所附入也。”复删材料：“浩既以忠谏著于宋，而其乡之后学闻风而思慕之，至其一言一事，缀录不忘。可与史传文集并传矣。顾所载浩之述作尚不及全集什一，而后人修复墓田诸文特从附录其间耳。”①

(36)《荻溪集》。《总目》在《翁稿》的基础之上考证该书的真伪：“今检集中所与唱酬者，皆国朝顺治间常熟文士。又尝入京师，有《慈仁寺双松歌》。慈仁寺建于明代，亦与偕时世不相合。惟诗中有《岁暮遗荻溪》诸题，当必国初人寓居荻溪者，集名偶同。坊贾遂妄取原智序冠之，指为偕作，以售欺耳。”② 又删材料：“此集皆其晚年所为诗，凡二百二十九首。”按：冯原智为明初人。

(37)《筠轩集》。《总目》增材料：“集中《朱克用总管诗会序》作于至正乙酉，自题七十七岁，则当生于宋咸淳五年己巳，始终皆当元盛时，故所作多和平温厚之音。……于经术颇深，故议论亦不诡于正。据朱文选行状，元有《敬堂杂著》、《思乐杂著》、《吴门杂著》、《分阳杂著》、《金陵杂著》、《老学藁稿》，几七千篇，分为五十卷，乃其子桂芳手辑，故集中间有桂芳题识。……《唐氏三先生集》者，仅诗稿八卷，文稿五卷，殊非其旧观。其裔孙泽请汪抑之作序，启中亦谓兵燹之余，十存二三，则此集亦蠹蚀零落，幸而得存矣。惟元以乡校终身，未尝一官台阁，而集中有《扈从滦阳清暑》四诗，又有《玉堂夜直》诗，及《察罕淖尔》、《李陵台》

① 《总目》卷59，传记类存目。《翁稿》第1179页。

② 《总目》卷174。

诸诗，未喻其故，或误收他人之作欤？”① 又删材料：“与洪焱祖、俞赵老号新安三俊。”且删评论：“敏政与元皆新安人，新安为朱子之乡，故其议论绪言颇不违朱门，在元人著述中颇为近正。”②翁氏推尊朱子，故此语被《总目》删去。

文渊阁本卷首提要云：“元以乡校禄终其身，未尝入官台阁，而集中有《扈从滦阳清暑》四诗、《玉堂夜直》诗及《察罕诺尔》、《李陵台》诸诗，未喻其故。疑尝从人扈跸上都，有所酬和，而传写者脱其标题也。”怀疑是传写者误脱标题，与前述说法不同。

方回《筠轩集序》称大德八年始年三十六岁，唐元自序称至正丙戌七十八翁，据此不难推出其生年，而求之集中《朱克用总管诗会序》作于至正乙酉，自题七十七岁，则当生于宋咸淳五年己巳。《总目》未能明言，可谓失之眉睫。

方回《筠轩集序》云：

> 诗以格高为第一。三百五篇，圣人所定，不敢以格目之。然风雅颂体三，比兴赋体三，一体自有一格，观者当自得之于心。自骚人以来，至汉苏、李、魏曹、刘亦无格卑者，而予乃创为格高卑之论者何也？曰：此为近世之诗人言之也。予于晋，独推陶彭泽一人，格高足方嵇、阮，唐惟陈子昂、杜子美、元次山、韩退之、柳子厚、刘梦得、韦应物，宋惟欧、梅、黄、陈、苏长翁、张文潜。而又于其中以四人为格之尤高者，鲁直、无己，上配渊明、子美为四也。吾州在万山间，诗人不少，朱文公早为胡邦衡以诗人荐，公配享孔庭，人品近孟子，不止于诗。唐长孺讳元，自里中来访，出诗五十四篇，始年三十六岁，其所以可人意者，格高也。何以谓之格高？近人之学，许浑、姚合者，长孺扫之如秕糠，而以陶、杜、黄、陈为师者也。《艺圃》有作所谓“小园仅百步”者，凡十六句，

① 《总目》卷167。

② 《翁稿》第2278页。按：文渊阁本卷首提要云：“元字长孺，歙县人，与洪焱祖、俞赵老号新安三俊。”

似乎拟陶，后二首亦然，予为题曰《艺圃小集》，而序之以归，博读精思，而苦于吟，进可量哉！大德八年甲辰九月二十日，同里方回万里叙。

此序所论不为《总目》所喜，故未被征引。

(38)《嘉祐杂志》。《总目》增材料："事迹具《宋史·文苑传》……今佚不传……应麟殆偶未见也……年月亦皆相应。惟书中记……颇为舛异。然诸家引用其说，无不称江邻几者，而晁公武《读书志》亦以为《嘉祐杂志》即江邻几《杂志》。盖休复奉使雄州，未尝出境，不过馆伴之常事，故墓志、本传皆不书。而刻本标题，又后人所妄加尔。其书皆记杂事，故《宋志》列之小说家。姚宽《西溪丛语》摘其象胆随四时一条，误以《酉阳杂俎》为《山海经》。朱翌《猗觉寮杂记》摘其压角一条，误以丞相为直阁，以坐于榻为立于褥，是诚偶误。然休复所与交游，率皆胜流。耳濡目染，具有端绪，究非委巷俗谈可比也。"① 复删材料："无撰人名氏，以《宋史·艺文志》及诸家丛书核之，即江邻几《杂志》也。……所载时事亦未见有讹误，不得以元瑞之言谓《说郛》之外尽属不传也。……则即欧阳修之官无疑义，不得因此而疑其书矣。《说郛》本既太略，《唐宋丛书》之本义又前后歧误太甚，而《稗海》与此抄本又皆有讹误。是书在宋时已有精博之名，自应抄存，但前人既有三卷之说，则此合三卷为一册者必非其全本矣。"②

(39)《翠楼集》。《总目》增材料："分初集、二集、新集、集各一卷。"③ 复删材料："闺秀诗集之选以有明一代言之，则王士禄《然脂集例》与朱彝尊《静志居诗话》略综其概，此选王不载而朱载之。"④

---

① 《总目》卷140。《翁稿》原作一提要，自行删去，又重拟一篇。此处是与重拟稿比较。

② 《翁稿》第1289~1291页。

③ 《总目》卷194。

④ 《翁稿》第1304页。

(40)《周子年谱》。《总目》删材料："观其前序，是刻本合《朱子年谱》为一书，而今止此一册。如专抄则不用其序，如亦合《朱子年谱》抄于一处，则其序亦可抄。"① 又增材料："事迹具《宋史》本传……明张元祯尝与《朱子年谱》合刻之。"②

(41)《金石录》。《总目》增材料："张端义《贵耳集》谓清照亦笔削其间，理或然也。……目录中不列其名，或编次偶有疏舛，或所续得之本未及补入卷中欤？……时有所考证，乃为题识，故李清照跋称二千卷中有题跋者五百二卷耳……未可以残阙疑也。清照跋，据洪迈《容斋四笔》，原为龙舒刻本所不载，迈于王顺伯家见原稿，乃撮述大概载之。此本所列，乃与迈所撮述者不同，则后人补入，非清照之全文矣。自明以来，转相抄录，各以意为更移……沿讹踵谬，弥失其真。顾炎武《日知录》载章邱刻本，至以后序'壮月朔'为'牡丹朔'，其书之舛谬可以概见。……故从扬州所刊，著于录焉。"③ 复删材料："其未有跋者因亦得以考见其略，而其有跋者录出……洪适谓其证据精博，陈振孙谓其考订详洽。明诚所藏金石之文凡二千卷……有跋而无目者，则是当日编次偶有搘拄，既具于细目中，亦不必补于前目，以紊其二十卷之次矣。是书在宋时……存其原目旧式，而后可以因目考跋，而近来所传之本……盖抄本之脱漏久矣。"④

李清照《金石录后序》⑤ 云：

右《金石录》三十卷者何？赵侯德父所著书也。取上自三代、下迄五季钟、鼎、甗、鬲、盘、匜、尊、敦之款识，丰碑大碣、显人晦士之事迹，凡见于金石刻者二千卷，皆是正讹谬，去取褒贬，上足以合圣人之道，下足以订史氏之失者皆载

① 《翁稿》第1333页。

② 《总目》卷59。

③ 《总目》卷86。按：壮月指农历八月（从《尔雅·释天》)。每月初一日称"朔日"。

④ 《翁稿》第1353页。

⑤ 徐培均:《李清照集笺注》，上海：上海古籍出版社，2002年。

之，可谓多矣。呜呼！自王涯、元载之祸，书画与胡椒无异；长舆、元凯之病，钱癖与传癖何殊？名虽不同，其惑一也。余建中辛巳，始归赵氏。时先君作礼部员外郎，丞相时作吏部侍郎，侯年二十一，在太学作学生。赵、李族寒，素贫俭。每朔望谒告出，质衣取半千钱，步入相国寺，市碑文、果实归，相对展玩咀嚼，自谓葛天氏之民也。后二年，出仕宦，便有饭蔬衣綀，穷遐方绝域，尽天下古文奇字之志。日就月将，渐益堆积。丞相居政府，亲旧或在馆阁，多有亡诗逸史、鲁壁、汲冢所未见之书，遂尽力传写，浸觉有味，不能自已。后或见古今名人书画、三代奇器，亦复脱衣市易。尝记崇宁间，有人持徐熙《牡丹图》，求钱二十万。当时虽贵家子弟，求二十万钱，岂易得耶？留信宿，计无所出而还之，夫妇相向惋怅者数日。后屏居乡里十年，仰取俯拾，衣食有余。连守两郡，竭其俸入，以事铅椠。每获一书，即同共勘校，正集签题。得书画彝鼎，亦摩玩舒卷，指摘疵病，夜尽一烛为率，故能纸札精致，字画完整，冠诸收书家。余性偶强记，每饭罢，坐归来堂烹茶，指堆积书史，言某事在某书某卷第几叶第几行，以中否角胜负，为饮茶先后，中即举杯大笑，至茶倾覆怀中，反不得饮而起，甘心老是乡矣。故虽处忧患困穷，而志不屈。收书既成，归来堂起书库大厨，簿甲乙，置书册。如要讲读，即请钥上簿，关出卷帙。或少损污，必惩责揩完涂改，不复向时之坦夷也。是欲求适意而反取憀慄。余性不耐，始谋食去重肉，衣去重采，首无明珠翡翠之饰，室无涂金刺绣之具。遇书史百家字不刓缺、本不讹谬者，辄市之，储作副本。自来家传《周易》、《左氏传》，故两家者流，文字最备。于是几案罗列，枕席枕藉，意会心谋，目往神授，乐在声色狗马之上。至靖康丙午岁，侯守淄川，闻金人犯京师，四顾茫然，盈箱溢箧，且恋恋，且怅怅，知其必不为己物矣。建炎丁未春三月，奔太夫人丧南来，既长物不能尽载，乃先去书之重大印本者，又去画之多幅者，又去古器之无款识者，后又去书之监本者，画之平常者，器之重大者，凡屡减去，尚载书十五车，至东海，连舻渡淮，又渡江，至建康，青州故第尚锁书册什物，用屋十余间，期明年春再具舟载之。十二月，金人陷青州，凡所谓十余屋者，已皆为煨烬矣。建炎戊申秋九月，侯起复知建康府。己酉春三月罢，具舟上芜湖，入姑孰，将卜居赣水上。夏五月，至池阳，被旨知湖州，过阙上殿，遂驻家池阳，独赴召。六月十三日，始负担，舍舟坐岸上，葛衣岸巾，精神如虎，目光烂烂射人，望舟中告别。余意甚恶，呼曰："如传闻城中缓急，奈何?"戟手遥应曰："从众。必不得已，先弃辎重，次衣被，次书册卷轴，次古器，独所谓宗器者，可自负抱，与身俱存亡，勿忘也。"遂驰马去。途中奔驰，冒大暑，感疾，至行在，病痁，七月末，书报卧病。余惊怛，念侯性素急，奈何！病痁或热，必服寒药，疾可忧。遂解舟下，一日夜行三百里。比至，果大服柴胡、黄芩药，疟且痢，病危在膏肓。余悲泣，仓皇不忍问后事。八月十八日，遂不起。取笔作诗，绝笔而终，殊无分香卖履之意。葬毕，余无所之。朝廷已分遣六宫，又传江当禁渡。时犹有书二万卷，金石刻二千卷，器皿、茵褥，可待百客，他长物称是。余又大病，仅存喘息。事势日迫，念侯有妹婿任兵部侍郎，从卫在洪州，遂遣二故吏先部送行李往投之。冬十二月，金人陷洪州，遂尽委弃。所谓连舻渡江之书，又散为云烟矣。独余少轻小卷轴书帖，写本李、杜、韩、柳集，《世说》、《盐铁论》、汉唐石刻副本数十轴，三代鼎鼐十数事，南唐写本书数箧，偶病中抱玩、搬在卧内者，岿然独存。上江既不可往，又虏势叵测，有弟迒任敕局删定官，遂往依之。到台，台守已遁。之剡，出陆，又弃衣被，走黄岩，雇舟入海，奔行朝，时驻跸章安。从御舟海道之温，又之越。庚戌十二月，放散百官，遂之衢。绍兴辛亥春三月，复赴越。壬子，又赴杭。先侯疾亟时，有张飞卿学士，携玉壶过视侯，便携去，其实珉也。不知何人传道，遂妄言有颁金之语，或传亦有密论列者。余大惶怖，不敢言，亦不敢遂已，尽将家中所有铜器等物，欲赴外廷投进。到越，已移幸四明，不敢留家中，并写本书寄剡。后官军收叛卒，取去，闻尽入故李将军家。所谓岿然独存者，无虑十去五六矣。惟有书画砚墨可五七簏，更不忍置他所，常在卧榻下，手自开阖。在会稽，卜居土民钟氏舍，忽一夕，穴壁负五簏去。余悲恸不得活，重立赏收赎。后二日，邻人钟复皓出十八轴求赏，故知其盗不远矣。万计求之，其余遂牢不可出。今知尽为吴说运使贱价得之。所谓岿然独存者，乃十去其七八。所有一二残零不成部帙书册，三数种平平书帖，犹复爱惜如护头目，何愚也耶？今日忽阅此书，如见故人。因忆侯在东莱静治堂，装卷初就，芸签缥带，束十卷作一帙。每日晚吏散，辄校勘二卷，跋题一卷。此二千卷，有题跋者五百二卷耳。今手泽如新，而墓木已拱，悲夫！昔萧绎江陵陷殁，不惜国亡而毁裂书画。杨广江都倾覆，不悲身死而复取图书。岂人性之所著，死生不能忘之欤？或者天意以余菲薄，不足以享此尤物耶？抑亦死者有知，犹斤斤爱惜，不肯留在人间耶？何得之艰而失之易也！呜呼！余自少陆机作赋之二年，至过蘧瑗知非之两岁，三十四年之间，忧患得失，何其多也！然有有必有无，有聚必有散，乃理之常。人亡弓，人得之，又胡足道？所以区区记其终始者，亦欲为后世好古博雅者之戒云。

赵李绝代风华，传为千古佳话。《总目》注意此跋，惜乎点到为止。二十年前，笔者诵读此文，即生著述之志。时习古文辞，始悟人间至文，无不出自真情；真实之业，异代定有知音。今不惮冗琐，抄此全文。后之作者，若因此而悟作文作人之理，宁非幸事？

(42)《菊磵集》。《翁稿》云："取《江湖小集》所载凡一得近体诗一百八十九首刻之。"① 《总目》改作："采得遗诗一百九首，盖以家藏二十二首，又于他集中得十三首，续得朱彝尊宋刻《江湖集》所载四十七首，删除重复，共得一百八十九首刻之。"②

---

① 《翁稿》第1445页。

② 《总目》卷161，著录为《信天巢遗稿》，文渊阁库书题作《菊磵集》，《文溯阁四库提要》亦同。

(43)《怡云堂集》。《总目》增材料："事迹具《明史》本传。……尚才序谓从败簏中得其归田后所作诗一帙，以类编次，盖非全稿也……卷五、卷六乃国珍所作奏疏、序记诸文，又卷七、卷八附以敕命、墓表及寿文、祭文。卷九又为国珍所作书启、小词，卷十又附刻他人书启，编次殊为无绪。"① 复删材料："文则每体之后附以他人赠送之作。"②

此类凡43条，约占3.83%。

4. 改评论

(1)《拙存堂史括》。《翁稿》云："不尽出书名。不及《经质》之足资考证也。"《总目》云："多随意闲评，不必尽关褒贬。间有考证，亦未甚精核。盖文士闲居姑以资谈柄、消永日耳，不足以言史学也。"③

(2)《读史记十表》。《翁稿》云："史家考镜得失，多在表图，其法创于史迁。而后人但留意于表前序论，至其图之为全史键辖，则读者率多手披过之。是书独能研求十表，于书法详略、年事经纬具能道其所以然，可谓善读《史记》者矣。"《总目》云："考史家之难，在于表志。而表文经纬相牵，或连或断，可以考证，而不可以诵读，学者往往不观。刘知几考正史例，至为详悉。而《史通》已有废表之论，则其他可知。越等独排比旧文，钩稽微义，虽其间一笔一削，务以《春秋》书法求之，未免或失之凿。而订讹砭漏，所得为多，其存疑诸条，亦颇足正《史记》之牴牾。异乎瞑捧一书，纤毫必为回护者，于史学之中可谓人略我详矣。"④朝军按：引文不同，而精神大致相同。

(3)《圣门志考略》。《翁稿》云："是书先以至圣年谱，先贤先儒列传，终以祠庙典制，可备阙里典故证佐。"《总目》云："其

---

① 《总目》卷178。
② 《翁稿》第1506页。
③ 《翁稿》第348页。《总目》卷90。
④ 《翁稿》第23页。《总目》卷45。

书杂抄阙里诸志为之，殊不足以资考证。”① 《翁稿》认为应存其目。《总目》虽存其目，但评价迥殊。

(4)《玉笥诗谈》。《翁稿》云：“颇有关于考证，至于论诗则极推王世贞，不过拾七子之剩语，于诗无当也，第作记见闻之说部，存其目可耳。”《总目》云：“此其所为诗话，皆载明代之事，而涉于江西者尤多，盖据其见闻所及也，其论诗大旨，则惟以王世贞为宗。”② 朝军按：二者行文不同，但观点相近。

(5)《东吴水利考》。《翁稿》认为“圻生海右之乡，熟浚治之法，故是书指陈最悉，洵有用之书也，应抄录之”。《总目》仅列入地理类存目，认为“圻以吴人而考吴地水利，应无谬误。然谓钱塘江出宁波之赭山，不知宁波别有赭山，乃混而为一；又引《水经》东至余姚县东入于海，不知姚江源出大菁山，迳宁波入海，并不与浙江通，均未免于疏舛”。③ 朝军按：二者评价完全相反。

(6)《引年录》。《翁稿》云：“每条注出所引书名，亦保摄所必资也。”倾向于褒。《总目》云：“其中如以狗肝合土泥灶，令婢妾孝顺诸条，亦不尽关于养生也。”暗寓贬斥之意。④

(7)《皇王大纪》。《翁稿》云：“无与于时事，无与于治道者也，不传可也，况又挂漏，焉得谓博？若云理之精乎？未见《庄》、《孟》、《荀》相接成卷而谓之精理者也……开卷之首则以盘古为盘姓之祖，又以女娲为雄才大略之女主，如唐武后之类，此等逞臆之说而彝尊信之，称为择精而语详，盖彝尊所喜者侈陈古义，以博学详说为主，而或至不顾其安者有之。即其所著《经义考》，凡古人序说皆截去年月官爵，不知其为语详乎？为择精乎？观此一书之跋，而朱氏之学华而不实概可见矣。”倾向于否定。

---

① 《翁稿》第24页。《总目》卷59。

② 《翁稿》第29页。《总目》卷197。

③ 《翁稿》第44页。《总目》卷75。

④ 《翁稿》第46页。《总目》卷147。《翁稿》作者著录为“靖江朱应鼎撰”，据书中引李时珍《本草纲目》，断定作者为万历以后人；而《总目》作“旧本题靖江朱应鼎撰”，将其打入疑伪之列。

《总目》云："前二卷皆粗存名号事迹，帝尧以后，始用编年，博采经传，而附以论断。陈振孙《书录解题》尝讥其误取《庄子》寓言，及叙邃古之初，无征不信。然古帝王名号可考，统系斯存，典籍相传，岂得遽为删削。至其采摭浩繁，虽不免小有出入。较之罗泌《路史》，则切实多矣，未可以一眚掩也。"对朱彝尊并没有大加揶揄，而只是略加批评："彝尊以为未见，理或有然。至于此书体用编年，《绎史》则每事标题，而杂引古书之文排比伦次，略如袁枢纪事本末之法，体例固截然不同。不知彝尊何以谓其相似，殆偶未详检肆书欤？"① 朝军按：二者评价不同。

(8)《春秋剩义》。《翁稿》云："皆就所见一端言之，故以剩义名。"《总目》云："其论春王正月以为夫子行夏之时，改周正朔，大端已失。其他亦皆陈因之论。"② 加重了批评语气。

另外，此书著者四库本《浙江通志》卷二百四十一引《缙云县志》著录为丁逸。

(9)《尚论编》。《总目》将《翁稿》"皆书传已见之文，重加摘辑，可以毋抄"一语改为"明人议论采摘尤多，大抵拉杂无绪，每篇皆有跋语，亦佻纤无可取"。③

《尚论编》，《总目》著录为"不著撰人名氏"。考《江南通志》卷一百九十二云："《尚论编》，无锡王达。"《千顷堂书目》卷十亦云："王达《尚论编》二卷。"王达其人其事尚待深考。

(10)《管城硕记》。《总目》将"以己按为目，盖欲小变说部之体"改为"各系以论辨，略似《学林就正》之体，而考订加详"。又将"至于读史引证乃及于致堂胡氏、阳节潘氏，且并及刘氏之《十科策略》、蔡氏之《治平策略》、廖氏之《正字通》、阴氏之《韵府群玉》，斯皆未断断于俗学者。要其力主《左氏春秋传》，及推原《诗》、《礼》诸经之论，可谓博而勤矣，较诸胡应麟之《笔丛》、方以智之《通雅》，有过之而无不及，应抄存以见近今学

① 《翁稿》第69页。《总目》卷47。

② 《翁稿》第71页。《总目》卷31。

③ 《总目》卷90，又考作者："中有近日熊经略语，则明末人所辑也。"

者研精古学之验”改为“读史引证乃及于潘荣之《总论》、刘定之之《十科策略》、蔡方炳之《广治平略》、廖文英之《正字通》、阴时夫之《韵府群玉》，斯皆未免汩于俗学。要其推原《诗》、《礼》诸经之论，旁及子史说部，语必求当，亦可谓博而勤矣”。①

翁氏所云“较诸胡应麟之《笔丛》、方以智之《通雅》，有过之而无不及”，推之未免过高。

(11)《天门集》。《翁稿》云：“此集为之序者，以集名天门，比于李白之诗，然诗文皆不能入格。”《总目》云：“其诗文皆惟意所如，罄所欲言而止。”② 朝军按：二者评价稍异。

(12)《韵学渊海》。《翁稿》认为是不完之书，毋庸存目。《总目》认为：“盖取坊间伪托李攀龙所著《韵学事类》、《诗学事类》二书合并成编，于伪书之中又为重儓矣。”③ 评价虽低，但毕竟还是列入存目。

(13)《昨非庵日纂》。《总目》将“言不甚雅，要其志则足箴也”改为“然议论佻浅，征引亦多杂糅。冥果一类，皆出小说家言，尤不可为典要”。④

(14)《樊绍述集》。《翁稿》云：“宗师文每苦艰涩难读，之騄独为爬梳字句，著其文从字顺之所以然，可谓勤矣。应抄录之。”《总目》云：“宗师文故为诡异，本非正轨，韩愈以交游之故，曲以文从字顺许之。然所谓二百九十一卷者，卒以无传，则是非之公，虽愈不能夺也。之騄乃掇拾废弃，为之注释，谓之好奇则可，如谓有当于文章则未也。故特存旧注《绛守居园池记》一篇，示好奇之戒，而此则附存目焉。”⑤ 二者评价相反。

(15)《古器具名》。《总目》将“已陋甚矣”改为“其无所考证可见”，将“况《博古》、《考古》二图所载非一器，不知此书何

① 《总目》卷119。《翁稿》第119页。
② 《总目》卷185。《翁稿》第137页。
③ 《总目》卷137。《翁稿》第138页。
④ 《总目》卷132。《翁稿》第172页。
⑤ 《总目》卷174。《翁稿》第174页。

所见，而每种择其一器以为名之善者，诚不知所谓善者何在也。《宣和博古图》本不能无伪，而吕大临、薛尚功二家与王俅《啸堂集古录》互有同异，苟能定其一是，原可以核古信今，而若此之任意掇拾，且于古篆全不解其笔画，讹谬百出，不足增古器之重，而适足滋古器之疑，所谓扣盘扪钥者也”改为“乃每器仅择其一，亦不知其何取。末附《总说》一卷，则全袭《博古图》之文，益为弇鄙。《博古图》成于宣和禁绝史学之日，引据原疏。文焕不能考定，乃剽窃割裂，又从而汨乱之。其钩摹古篆，亦不解古人笔法，尤误谬百出。不知而作，其此书之谓欤”。①

(16)《存余堂诗话》。《翁稿》认为“说诗亦无足取”，可谓全盘否定；《总目》云：“论《天厨禁脔》假借格之谬，辨《渔隐丛话》论琴阮琵琶诗之非，其说皆确。他论映雪收萤一联及苏轼少年诗一条，欧阳修学温庭筠一条，亦皆有理。惟所称明人诸诗，多涉芜杂，论乐府必合本题篇名一条，似确而固。”② 一分为二，较为客观。此书虽未抄入《四库全书》，但《总目》有所征引。

(17)《杜韩集韵》。《总目》将“盖但欲观者知句法韵脚惟变所适，而与选全诗者言各有当也。至于诗家用韵通转，则杜韩乃古诗大家，既集二家韵句，尤宜究晰考证，使人有所据，而此书亦未之及，仅存其目可矣”改为“盖宋人《十二先生诗宗》之类也”。③

(18)《同文备考》。《翁稿》云：“不思许慎《说文》始一终亥，递相联贯，于形声事意无所不误，非可执一端以求之。徐锴演为《系传》，仿《周易》序卦之例，特许氏书中之一义，而非可尽《说文》之指也。应电是书立纲分条，已为自逞臆见……实为自古未见之事，其奇怪百出，依类附会，视赵宧光之草篆深有过之……又不思许氏当日或有别本，如用《易》则孟喜本也，且《说文》之引经又有出徐铉、徐锴者，学者据以考经文之同异，而应电反谓

① 《总目》卷116。《翁稿》第177～178页。

② 《总目》卷179。《翁稿》第187页。

③ 《总目》卷139。《翁稿》第221页。

经文有必当从许所引者，揆其实，总出于好奇盲目而已矣……牵紊夹杂，徒见其多事立异耳。"《总目》云："是编考辨文字声音，其学出于魏校，而乖僻又过其师……名为复古，实则凿空……不知汉代经师，多由口授，被诸竹帛，往往异文。马、郑以来诸儒，商榷折衷，乃定为今本。慎书所据，如《易》用孟喜之类，其序本有明文，不过当时一家之学。应电乃执为古经，拘泥殊甚……竟于千百世后，重出一制字之仓颉，不亦异乎……合其所不当合，分其所不当分……端绪丛杂，如治乱丝，亦可云劳而鲜功矣。……犹可知其异同因革之由。"①

(19)《盐政记》。《翁稿》云："洵为政者所必资，亦史志之张本也。"《总目》云："盖制诏疏议每一篇立一目，故其繁至是也。"② 朝军按：前者褒，后者贬。二者评价不同。

(20)《宋绍兴十八年同年小录》。《翁稿》认为"信乎科名之重，重以人也"，而《总目》则借机大肆讥笑朱子："宋代《同年小录》，今率不传，惟宝祐四年榜以文天祥、陆秀夫、谢枋得三人为世所重，如日星河岳，亘古长留，足以搘拄纲常，振兴风教，而是榜以朱子名在五甲第九十，讲学之家，亦自相传录，得以至今。明弘治中，会稽王鉴之重刻于紫阳书院，改名曰《朱子同年录》。夫进士题名，统以状头，曰某人榜进士，国制也；标以年号，曰某年登科小录，亦国制也。故以朱子传是书可也，以朱子冠是书而黜特选之大魁，进缀名之末甲，则不可。以朱子重是书可也，以朱子名是书，而削帝王之年号，题儒者之尊称，则尤不可。鉴之所称，盖徒知标榜门户，而未思其有害于名教。今仍以原名著录，存其真焉。"③ 二者观点相左。翁方纲意主尊朱，而《总目》借题发挥，极力贬斥朱子。"以朱子重是书可也，以朱子名是书，而削帝王之年号，题儒者之尊称，则尤不可。鉴之所称，盖徒知标榜门户，而未思其有害于名教"云云，几乎将朱子及其徒子徒孙视为名教之

---

① 《总目》卷43。《翁稿》第226页。

② 《总目》卷83。《翁稿》第287页。

③ 《总目》卷57。《翁稿》第325页。

罪人。

(21)《石鼓文定本》。《总目》将“而反致有改篆之嫌，其多事纷歧，殊为陋妄，且恐后人遂以为定本，则是转滋惑者也”改为“案宋金以前，争石鼓之时代，断断不休；元以来真伪论定矣，而争文字者，又哄而聚讼。凝作此书，既不以今日所存之三百二十余字以考定其真，又不详列诸家之本以纠其异，徒以杨慎伪本犹属全文，而据以为主。根本先谬，又加以意为增减，弥起纠纷”。“案：赵师尹《石鼓文考注》所摭《说文》与《石鼓》相同之字员、辞、皮、树、西、则、旁、中、囿九字而已。然旁字石鼓无之，乃杨慎以壬鼓‘[illegible]其用导’，‘用’字妄改为‘旁’。其余诸字，亦均有同异。凝必欲附会其文，亦郑樵以秦权一二字之合，定为秦鼓之类矣。”①

(22)《周礼训隽》。《总目》殿本云：“是书割裂五官，沿俞庭椿之说，于经义无所发明。”浙本云：“是书略无考证，而割裂五官，归于《冬官》，则沿俞庭椿辈之谬论，无足录也。”②《翁稿》云：“是书专以何乔新《周礼集注》之本为主，而增损核正之，其论曰，宋俞廷椿作《复古编》，而五官乱，其后王次点、邱葵、吴澄、何乔新相继增损，以补俞氏之所未备，五家中何氏最后，而纷裂尤甚。今以纷裂之甚者行之，而其失自见矣。盖其书之面目似依何氏本，而实则非之。朱彝尊《经义考》误作十卷，且但载其序，而不著其书五家补本之意，则无以见是书之指矣。”③

陈深自序曰：

荀卿有言：“欲观圣王之迹，则于粲然者矣后王是也。舍后王而道上古，是犹舍己之君而事人之君也。”及观孔子之告子张：“殷因于夏礼，所损益可知也；周因于殷礼，所损益可

---

① 《总目》卷122。《翁稿》有两篇提要稿，一为纂修官黄撰，一为翁方纲撰。《总目》于前者未用，于后者亦有删改。

② 《总目》卷23。

③ 《翁稿》第476页。

知也。其或继周者，虽百世可知也。”乃知荀卿之言、孔子之意也。且夫道莫盛于五帝，五帝莫盛于唐、虞。夫子乃近取诸夏、殷而损益之，不视唐虞而视夏殷者，以见闻为师也。夫高、曾之事，杳而难寻，以宗父为之语，则子弟不期而自喻，故高、曾之事，宗父能道之。唐、虞者，高、曾也。而夏、殷，宗父也。举唐、虞则失夏、殷，举夏、殷则见唐虞矣。故夏、殷者，吾之前行也。《周礼》，周公监夏、殷而作也。凡其所因所损益以治民临诸侯者，皆夏、殷之遗典也。自周公六百余年至孔子，而周礼犹在鲁也。孔子乃称曰：“我欲观夏道，是故之杞，而不足征也。我欲观殷道，是故之宋，而不足征也。”当是时，夏、殷之礼已不可考，而夫子欲从周矣。不从夏、殷，而从周者，孔子所以法后王也。夏、殷之礼，备于周。从周，所以从夏、殷也。《春秋》，孔子从周而作也，凡其所因所损益，以绳当世之诸侯者，皆周公之遗典也。禹合涂山，玉帛万国，及汤之黜夏，而诸侯归商者三千，禹之诸侯已失其十九。周盖千八百国，而会孟津者止于八百，汤之诸侯又失其半。及春秋而冠带之国仅十有二，未几而合为七国，卒并于秦，而周之诸侯尽失矣。所失者岂独其诸侯？并与其治诸侯之法而失之。周亡而礼亦亡，即周公、仲尼复起，不能使之返也。岂圣人作礼，不知其祸之至此与？奚而不知也。执今之法，以御今之人。圣人固曰：“如是而宜于治，斯已矣。”固不为后世虑变，而为后王制变也。事未形而意之，势未极而先之，圣人弗为也。周之天下可谓极治矣，以有《周礼》也。《周礼》，周之圣人作也。以周之礼，治周之天下，故其书名曰《周礼》，而非世世之礼也。有王者起而损益之，何世而不周之治乎？故孔子曰：“虽百世可知也。”今去周公二千五百年，而《周官》之遗意未尝不存乎历世相沿之内，循而举之，有余师矣。今之视周礼，犹周之视唐、虞也。世远而莫稽，义深而难竟，一不当则弊随之，其所因、其所损益，当自宗父而得之矣。乃有儒者之言曰：“不封建，不井田，不肉刑，终不足以治天下。”呜呼！此如锲舟而求剑，舟已行矣，而剑不可得也。

朝军按：陈深此序确实没有归纳出大旨，而是借题发挥，但未入馆臣法眼，故未被征引。

(23)《龙溪语录》。《总目》云："盖又经贽所品定也。合是二人以成此书，则书可知矣。"《翁稿》云："贽圈识者，其为流弊可知矣。《明史》收王畿入儒林，而谓其后士之浮诞不逞者率自名龙溪弟子，盖即指贽之徒也。"①

袁中道《李温陵传》云：

> 外史袁中道曰："公之于温陵也，学之否？"予曰："虽好之，不学之也。其人不能学者有五，不愿学者有三。公为士居官，清节凛凛，而吾辈随来辄受，操同中人，一不能学也；公不入季女之室，不登冶童之床，而吾辈不断情欲，未绝嬖宠，二不能学也；公深入至道，见其大者，而吾辈株守文字，不得玄旨，三不能学也；公自少至老，惟知读书，而吾辈汩没尘缘，不亲韦编，四不能学也；公直气劲节，不为人屈，而吾辈怯弱，随人俯仰，五不能学也。若好刚使气，快意恩雠，意所不可，动笔之书，不愿学者一矣；既已离仕，而隐即宜遁迹名山，而乃徘徊人世，祸逐名起，不愿学者二矣；急乘缓戒，细行不修，任情适口，鸾刀狼藉，不愿学者三矣。夫其所不能学者，将终身不能学；而其不愿学者，断断乎其不学之也。"②

李贽确实表彰过《龙溪语录》，但成为李贽之徒也断非易事。

(24)《四如讲稿》。《总目》将"然其中实有发先儒所未发者"改为"其说多述朱子之绪论，然亦时出新义，发前儒所未发。

① 《总目》卷177，删材料："谢病归，吴楚闽越，所至皆有讲舍。其学本之王守仁，而其讲学复杂以禅机，传其论者流弊滋甚焉。是书前有温陵……"（《翁稿》第479页）

② 明贺复征：《文章辨体汇选》卷541。

如‘行夏之时’，则据《礼运》孔子得夏时于杞注，谓夏四时之书，而不取三正之说。《周官》井田，则谓‘周时皆用井田’，而不取郑氏畿内用贡，都鄙用助之说，伯鱼为《周南》、《召南》，则据《诗·鼓钟》及《内传》季札观乐，谓南即是乐。又谓周、召为二公采邑，非因二公得名。虽按之经义，不必一一吻合，要为好学深思，能自抒所见者也”。又将“朱彝尊《经义考》亦未载其目，今虽印本仅存，而中间已有字句漫漶处，其边缝某经字则刻板者所为，非刻书之体，而目录摘出某经自不可少。应刊刻以备宋人经说”改为“朱彝尊《经义考》便载其所著《经史辨疑》，而不及是书。当由刊在家塾，闽中僻远，偶然未见传本欤”。①

（25）《极没要紧》。《翁稿》对此书颇为肯定：“敞之著述世既不多见，而是书有裨向、郭之注，应刊刻传之。”《总目》则持批评意见：“《弟子记》本属儒家，此书既剽《庄子》注，则道家言矣。故附存其目于道家，而辨其伪妄焉。”又增考证：“案：公是先生《弟子记》载晁公武《读书志》，曾所述即公武之语。然其书尚有传本，今别著录此书，皆采掇郭象《庄子》注语，联缀成文，与《弟子记》迥别。不知曾何以合为一书。岂曾所见别一本，而此为好事者所依托欤?”②

（26）《易数总断》。《总目》云：“盖方技之家，以六壬奇门，假《易》义明立法，非《易》之本法也。”③《翁稿》云：“盖奇门

① 《总目》卷33，《翁稿》第483页。

② 《总目》卷147。《总目》改为：“旧本题公是先生撰。公是先生，宋刘敞别号也。”删材料：“今检是书，皆说庄之语，无所谓时人书名称字之处，而《敏求记》列之子类，正与说庄相合，岂《弟子记》尚不止此欤？本传《弟子记》五卷，而《敏求记》作一卷，是书不载庄子本文而前后次第与庄注无异，至其命名之义则又类于谦卑自记而非出于其弟子之所辑成者，盖敞平生说庄之语而其门人掌录之，故冠以敞私谥耳。”（《翁稿》第484页）

③ 《总目》卷111。《翁稿》认为“其人时代亦无可考者”，又云“其书板似是明人之书”。认为“或别存其目于五行类，或另归六壬等书类校办之”（第523页），《总目》列入子部术数类存目，且增考证：“不著时代。详其版式纸色，盖明人书也。”

遁甲之书，无与于《易》，书中辞句亦多不成文义。”

（27）《书经提要录》。《翁稿》褒之曰：“其中《尚书古文辨》以李光地之言为据，自是平允之论。”而《总目》贬之曰：“大抵推求文义之学……至为无理……殊乏考订。”① 二者褒贬不同。

（28）《春驹小谱》。《总目》将“与《乌衣香牒》共一函，亦足资词苑之科”改为“盖欲仿宋人《蟹录》之例以为谈助。然搜罗虽广，而考核多疏，一时寄兴之作，固不暇于精审也”。② 二者褒贬各异。

（29）《元光漫稿》。《翁稿》云：“虽不必合古人，而在明人诗集貌古为多，似此转为朴实。”③ 而《总目》认为：“为唐、宋诸集未见之例，诗多出韵，又不合《洪武正韵》，亦不知何谈也。”④ 二者评价不同。

（30）《易辨》。《翁稿》云：“至论图书、太极，则极诋周、朱二子。坊于诸经皆别为训诂，今所传《石经大学》、《子贡诗传》皆其所撰，盖敢于作伪者。此书中为六篇，其第六篇专论井义，亦殊不伦，大都逞其臆见之私耳。”《总目》亦云：“大抵无根之谈。其论《太极图说》，谓朱子得之葛长庚，托名周子，尤为诬说。”⑤

（31）《毛诗原解》。《总目》将“不得其平，至议论之精醇者足以发明朱传，不可废也。此数语足蔽其书之概矣”改为“夫《小序》确有所受，而不能全谓之无所附益。《集传》亦确有所偏，而不能全谓之无所发明。敬徒以朱子务胜汉儒，深文锻炼，有以激

① 《总目》卷14。《翁稿》第527页。

② 《总目》卷118。按：《春驹小谱》在《总目》中未单列专条，与《乌衣香牒》并列。《翁稿》第615页。

③ 《翁稿》第616页。

④ 《总目》卷177。

⑤ 《翁稿》第668页。《总目》卷7.“考朱子《太极图传》及《通书解》，成于乾道九年癸巳，见于《年谱》。长庚生于绍熙五年甲寅，见《琼管集》‘长庚事实’。是注《太极图》后二十一年长庚乃生，安得指为长庚所授欤？”乾道九年癸巳即公元1173年，绍熙五年甲寅即公元1194年。《总目》根据史实进行辨伪，较《翁稿》更为具体。

后世之不平，遂即用朱吹求《小序》之法，以吹求朱子，是直以出尔反尔，示报复之道耳，非解经之正轨也”。①

(32)《存诚堂集》。《总目》将“英遭际升平，便蕃优渥，而多怡情白陆之词，与授简之篇并列焉”改为“英遭际昌辰，仰蒙圣祖仁皇帝擢侍讲幄，入直禁廷。簪笔雍容，极儒臣之荣遇，矢音赓唱，篇什最多，其间鼓吹升平，黼黻廊庙，无不典雅和平。至于言情、赋景之作，又多清微淡远，抒写性灵。台阁、山林二体，古难兼擅，英乃兼而有之。其散体诸文，称心而出，不事粉饰，虽未能直追古人，而原本经术，词旨温厚，亦无忝于作者焉”。②

(33)《诗经六帖重订》。《总目》云：“体例殊为未善。且既以古音无叶，为全书注意之处，乃于圈识之外，绝不言其所以然，题曰《韵谱》，名实亦复相乖。又‘六帖’名始于帖经，程大昌《演繁露》，疏解颇明，白居易以名类书，殊无所取义。光启以名经解，为转不失其初。然考《明史·艺文志》，载徐光启《毛诗六帖》六卷，是每帖为一卷也。方既删博物一门，则六帖仅存其五，与光启作书之意，全不相合，安得复以六帖称乎？”③《翁稿》云：“既如此圈识，则每篇下宜详言谐声之理，乃其所解又当与寻常讲章无别，而徒列此圈识以代字句，且于无韵之句，但以黑圈记之，亦未必黑圈者果皆无韵之句也。诗之有韵，本出天成，不假后人训诂比附，然既以古音不叶为全书注意之处，自当逐篇言其所以然，而是书徒有谱韵之名，并无谱韵之实。且所谓六帖者，亦不必有其六矣。盖原书本是每帖一卷，《明史·艺文志》亦载徐光启《毛诗六帖》六卷，而范方者厘为十四卷，则与光启作书之意又不相合，且其书名亦复不合。今或仍依《明史·艺文志》存其六卷之原目，

---

① 《总目》卷17，删材料：“考《诗序》有谓子夏毛苌合作者，有谓子夏所创而毛苌、卫宏更加润色者，有谓首句为毛苌所分而其下为后人所益者，今敬之说主于遵《序》，而转为画定界限如此。盖与所著《毛诗序说》八卷相因者也。刻本首尾皆有阙页，故无序止有目。桐城钱秉镫论之曰：京山说《诗》拘定《序》说。”（《翁稿》第672页）

② 《总目》卷173，且改题为《文端集》。《翁稿》第709页。

③ 《总目》卷17。

而其书存否又未可知矣。若以此十四卷之书，则名实既不相符，所订又未为善，竟可毋庸存目耳。”①

(34)《山草堂谈经》。《翁稿》云：“前有敬之师节维桢序，教又作题辞，每经为若干条，朱彝尊谓其经伉伉，盖所议未尽平允，而此可见其概云。应存目。”《总目》云：“总题曰《山草堂集》，盖后来编入集中也。凡《易》七十条，《书》三十条，《诗》五十四条，《春秋》五十六条，《礼记》十三条，《仪礼》二十条，《周礼》四十二条，《论语》二十六条，《孟子》三十二条。敬天资高朗，论多创辟，而臆断者亦复不少。其详皆具《经解》中，此亦可见所学之大概也。”②

(35)《读易随抄》。《总目》云：“其书用反对之说。所解多参以人事。虽以随抄为名，实杂采诸家之言而融贯以己意，不出原采书名也。”《翁稿》云：“其所抄不专主一家，程朱而外皆以己意融贯之，故不出原采书名，解经处得失互见。”③

(36)《易镜》。《总目》云：“盖言数而流于术矣，又沿汉学而失之者也……惟言卜筮。”《翁稿》云：“盖天章初习《易林补遗》、《易冒》等书，卖卜江湖间，故其说专主占验，间亦采儒先之语而非本意所在矣。”④

(37)《易经说意》。《总目》将“故其说书即用作文之法，或有似对比者，且并及命题处，是科举所用”改为“故其说经亦即用时文之法，中间或有竟作两比者。自有训诂以来一二千年无此体例也”。⑤ 朝军按：文字不同，而精神未变。

(38)《易贯》。《总目》云：“则又过于疑古矣。”《翁稿》云：“则其说亦支离无据。”⑥

(39)《词海遗珠》。《总目》云：“不分体制，亦不叙时代。

① 《翁稿》第713页。

② 《总目》卷34入存目，且改题《谈经》。《翁稿》第719页。

③ 《总目》卷10。《翁稿》第720页。

④ 《总目》卷9。《翁稿》第769页。

⑤ 《总目》卷8。《翁稿》第783页。

⑥ 《总目》卷10。《翁稿》第792页。

又多删节原文，饾饤割裂。其中纰缪不可殚数。如王羲之《月仪帖》乃索靖之语。刘禹锡《春江一曲柳千条》诗以为本集不载，乃元稹之诗，删八句为四句。又载裴度《题岳庙石阙》诗，乃司空图作，载在本集。又《古黄姑歌》二句，乃梁武帝《东飞伯劳歌》。又《青史子》一篇，不知为贾谊《新书》所载。晋无名氏三言诗，不知为傅玄作。汉《鉴铭炼形神冶》一篇，不知为《太平广记》所载，唐人作。他如《左传》卫灵公石椁铭，《声伯梦涉洹水歌》、《礼记》伊耆氏蜡词皆载于经，萧子显《齐书·郡国志赞》亦见正史。皆曰遗珠，尤疏舛矣。"①《翁稿》云："……颂、铭、赞之散见者抄撮成帙，亦不皆是金文。自序云固殊全璧，当是遗珠。今观所载古碑铭及诗颂等皆非世所不传之文，不应遽以遗珠目之。且编排之体既无门类去取，剪裁又无义例，若在学人随笔札记则可，若径裒集刊刻，则未为成书，并不必存其目矣。"②

(40)《祥符文献志》。《翁稿》云："盖与所著《汴京遗迹志》皆资志乘，采摘而此较《乡贤传》体例加详，其每人后偶有附录诗文，虽非志传正体，亦间有足资考证者，或酌抄之。"《总目》云："每传之后或偶附录诗文，则濂之变例也。所录皆明一代之人而至于盈十七卷，时弥近则易详，亦时太近则易滥，固志乘之通病耳。"③ 二者评论不同。

(41)《北硐集》。《总目》云："张诚子序称：'读其文，与宗密未知伯仲；诵其诗，合参寥、觉范为一人。'不能当也。宗密即圭峰禅师，裴休为书《传法碑》者。其文集《唐志》不著录，今亦未见传本，无从较其工拙。第以宋代释子而论，则九僧以下，大抵有诗而无文，其集中兼有诗文者，惟契嵩与惠洪最著。契嵩《镡津集》好力与儒者争是非，其文博而辨。惠洪《石门文字禅》，多宣佛理，兼抒文谈，其文轻而秀。居简此集，不摭拾宗门语录，而格意清拔，自无蔬笋之气。位置于二人之间，亦未遽为蜂腰

① 《总目》卷192。
② 《翁稿》第828页。
③ 《总目》卷61。

矣。”《翁稿》云：“然其中不皆言释氏之文，亦间有足资考证者，而传奇颇少，或酌抄之。”① 《总目》采纳翁氏意见，已将此书抄入《四库全书》。

张自明《北硐集序》云：

庆元初，予始入太学，于时伪学之禁严，台官胡纮、司业高文虎，表里为爪牙，搏噬无虚日，学校诸生，语言小异，辄坐伪罪，不以听。予浮沉其间，日以短气，遇休沐，率一游南北山，得士于北硐，相羊林泉，吟弄风月，足以消遣世虑。然予学乎泗水，北硐学乎灵山。予固不以及彼，彼亦不予及也。居数年，北硐出天台，为导师，而予更忧患，历兵间，自荆楚浮江汉以归，至东海上，则南北山无复相谁何矣。予时以特荐，补官不受，擢第太常，寓辇毂下，北硐以赤书相劳苦，寄新诗启予，出语益峻伟。予既归江西，与盱江刺史言，北硐于今为伟士，刺史走书邀北硐，以唐僧绍隆所开山处之，北硐高卧不肯起。既而江东部使者以东林云居力致之，亦复不肯起。今年，予归自岭表，北硐游华亭，知予入长安，驾小舟，看予于清河坊客舍，握手道契阔，十有三年如一日也。读其文，与宗密未知其伯仲；诵其诗，合参寥、觉范为一人，不能当也。虽然，北硐无学之宗也，文于何有见之文者，似焉而已矣。北硐于人不苟合，合亦不苟暌，取舍去就之际，洁如也。其名居简，其字敬叟，其生潼川，寓北硐之日久，故人不名字之，称北硐云。嘉定丁丑十月望日，盱江张自明诚子叙。

此序为《总目》征引，但持论不同。

(42)《杨氏塾训》。《总目》将“盖是著于家塾之书，不必尽叶于著述之体例也。且所引事已皆见于书传”改为“盖家塾童蒙之训。然较《少仪外传》诸书，不及远矣”。将“自孝亲、友悌、睦族之类，以至政事、官箴、师道之属，各引经史诸书成语，而亦

---

① 《总目》卷164。

不尽注明原引出处，间有称时而不知何帝者”改为“杭州人。自居家至交友、服官，每类各引经史成语以为法式”。①

(43)《律吕纂要》。《翁稿》云：“可资考订律吕形器，应备抄录。”而《总目》认为：“似乎近人节录《钦定律吕正义》，以便记诵者也。”② 二者褒贬不同。

(44)《卮林》。《总目》云：“是书体近类书，而考订经史，辨证颇为该洽。每条以两字标目，而各引原撰书之人姓以系之，如质鱼、咨杜之类。盖用《孔丛子》、《诘墨》及王充《刺孟》之例也。其中如驳王僧虔之纪次仲，及论杜诗之西川杜鹃等处，亦未免于执滞。然所刊正，有据者多。要为有本之学，非率尔著书也。王士祯《池北偶谈》称其辨石尤风一条，及解古乐府赐字义一条，君苗无姓一条，高似孙误引《金楼子》一条，而谓其诠钟一条不知《名媛诗归》为吴下人托名钟、谭，其中文明太后青雀台歌，杜兰香降张硕诗数条，皆不足辨。然钟惺、谭元春之书，盛行于天启、崇祯间，至真赝并出，无由辨别。今乡曲陋儒尚奉其绪论，谬种流传，知为依托者盖少。既悉其谬，即当显为纠正，以免疑误后人。如士祯之言，出于钟惺则当辨，不出于钟惺即不必辨。则惟攻其人，非攻其书矣。以是咎婴，仍不免于门户之见也。”《翁稿》云：“此书作于崇祯十六年，亦说部之类。每条别标其目，多质证辨难之词，而著其所引之人以实之。”③

王士祯《池北偶谈》卷十八“周婴卮言”条云：

> 周婴字方叔，莆田人，撰《卮林》十卷，援据该博，偶记其数条，可资诗话者。如“石尤风”，引元相诗“罔象睢盱频逞怪，石尤翻动忽成灾”。义山《古意诗》：“去梦随川后，来风贮石邮。”以“石邮”对“川后”。盖奇相飞廉之属。
>
> 又《古咄唶歌》：“枣适今日赐，谁当仰视之？”引《方

① 《总目》卷132。

② 《总目》卷39。

③ 《总目》卷119。《翁稿》第870页。

言》云："赐，尽也。"潘岳《西征赋》："若循环之无赐。"《维摩诘经》："如来钵饭悉饱，众会犹故不赐。"《太平广记》引《启颜录》："山东人谓尽为赐。"是也。又《光明经》："食已饱足，饭不消澌。"澌与赐同。……

又杨用修曰：唐人云君苗无姓。《宛委余编》曰："君苗姓应，玚之从弟，见《文选注》。"非也。按：陆云与兄平原书云："前作《登台赋》，极未能成，而崔君苗作之。"又云："君苗作《愁霖赋》极佳，见兄文，辄云欲烧笔研。曹志，苗之妇公，其妇与儿皆能作文。顷借其释询二十七卷，当百余纸写之。"则君苗，清河族也。休琏与二陆相距且百年，其从弟安得尚存，复修少年铅椠事耶？

又高似孙《纬略》《金楼子》云："刘子玄为水仙花赋，时人谓不减洛神。予固不敢望知几。"云云。按：《金楼子》者，梁元帝也；刘子玄，知几也。知几在证圣中作《史通》二十卷，后以名类玄宗改名，子玄在元帝后百余年矣。《御览》引《金楼子》云："刘休玄为水仙赋。"云云，是南宋南平王铄也。水仙乃水上神女，陶弘景亦有赋。高氏以休玄为子玄，以水仙为花名，岂不谬欤？

此类数十条，皆足解颐。胡元瑞、陈晦伯作《正杨》、《笔丛》等书以驳用修，方叔作《广陈》、《谂胡》，尤为杨氏功臣。予按：以休玄为子玄，正如书家以刘德升为景升也。

周婴为明末考据学家，林庆彰在《明代考据学研究》一书中有专章讨论。

(45)《词致录》。《总目》云："颇胜明末之猥滥，然意主于剽剟词藻，仍饾饤之学耳。"①《翁稿》云："诸家集中之可备词藻者，盖为上下酬答体式之用，或可备抄录。"② 二者褒贬不同。

《钦定天禄琳琅书目》卷十《明版集部》有《词致录》二函

---

① 《总目》卷193。

② 《翁稿》第871页。

十六册，文曰：

> 明李天麟著，十六卷。前有序，阙名。李天麟，山东济南府武定州人，登万历庚辰进士第，见《太学题名碑》。其书专辑骈体，上自六朝，下迄唐宋，采其根叶并茂者，合而录之，不以富丽为工。天麟曾有自刊之本。其序作于万历丁亥，备述选辑之旨。此本序称祥宇李公，则又别为一版，而序后署名为书贾割去，复从目录卷六中割取欧阳修、方岳、李良枢等名，移补目录首叶标题下，以此书为欧阳修所作。不知书中所载南宋人文章甚多，岂有修为纂辑之理？今取天麟自刊本校之，颠末具见，又安从欺饰乎？第此书雕刻清朗，模印颇工，亦不失为佳本。

天禄琳琅为皇家图书馆，仅供御览。此书既为天禄琳琅之善本，翁方纲又建议抄录，但还是未采纳。明温纯《温恭毅集》卷七有此书序；苏浚亦有《词致录序》，见《明文海》卷二百四十八，均载于《四库全书》，文繁不具引。

(46)《礼乐合编》。《总目》云："亦皆漫无体例。前有郑鄤等九人序，皆明末人标榜之辞，不足据也。"《翁稿》云："意谓考礼乐者无所不谈，而不自知其混淆者也。大约编次既无体例，叙次又乖文义，毫无条理，竟不成书，并其目亦不必存矣。"①

四库本《千顷堂书目》卷二载："叶广《礼乐合编》三十卷。原名伯瑛，无锡人，崇祯中贡士，安远知县。"四库本《明史·艺文志》亦作叶广。"叶"字当为"黄"，二说均误。王重民《中国善本书提要》据《无锡县志》卷29定为黄广。②

(47)《周易图说》。《总目》云："其说谓河图为作《易》之

---

① 《总目》卷25，增材料："广，无锡人。"删材料："又间或出一二断语，并分别名目。"（《翁稿》第875页）

② 王重民：《中国善本书提要》，上海：上海古籍出版社，1980年，第22页。

本。《大传》云：‘河出图，洛出书，圣人则之。’乃圣人即理推数，二者可以相通，故并言之，非谓作《易》兼取洛书。又引朱子之说，谓圆图有造作，且欲挈出方图在圆图之外。又谓朱子《易本义》于先天、后天卦位，必归其说于邵子，似歉然有所未足，是以不揆其陋而有所述云云。其说较他家为近理，然犹据陈抟以来相传之‘图’、‘书’言之。其实河图、洛书虽见经传，而今之五十五点、四十五点两图，其为古之‘图’、‘书’与否，则经、传绝无显证。援《左传》有‘三坟’，而谓即毛渐之书，援《周礼》有‘连山’、‘归藏’，而谓即刘炫之书，考古者其疑之矣。且《系辞》言洛书，不言即九畴，《洪范》言九畴，不言即洛书。卢辨注《大戴礼记》始云‘明堂九室法龟文’，其说起于后周阮逸伪作，关朗《易传》因而述之。于是洛书之文始传为四十五点，而九畴亦遂并于《易》。义方知九畴之非《易》，而不知洛书本非九畴，其辨犹为未审。至其谓自汉以来，惟孟喜本《易纬稽览图》，推《易》离、坎、震、兑各主一方，余六十卦主六日七分，为有图始，寥寥千载，至陈抟始本《易》有太极、两仪、四象、八卦，因而重之，及‘天地定位’等说，为横、圆、大、小四图，传穆、李以及邵子，又本‘帝出乎震’之说，为后天圆图，内大横图之卦为否泰反类方图。则于因《易》而作图，非因图而作《易》，本末源流粲然明白，不似他家务神其说，直以为古圣之制作，可谓独识其真矣。其所演二十七图，亦即因旧图而变易之。奇偶之数，愈推愈有，人自为说，而其理皆通，譬之自古至今，弈无同局，固亦不妨存之以备一家焉。”① 而《翁稿》认为：“其说圆图以为未必出于伏羲，是矣。而以为非夫子不能作，则亦自为断制之词，非有所据也。至其论洛书及诸图，采摭前人之说，颇皆有见。”②

钱义方《周易图说序》云：

> 钱子既作《易图说》，或问之曰：“《易》之有图尚矣，今

---

① 《总目》卷4。

② 《翁稿》第887页。《翁稿》认为应存其目，此书已抄入《四库全书》。

子之作，不尽合先儒之说，何也？”余应之曰：“求合于圣人之旨，则先儒之合乎圣人者取之，异乎圣人者，正之以圣人之说，此所以不尽合也。”或又问曰：“昔之述河图者，必并陈洛书，子独不然，何也？”余又应之曰：“河图者，伏羲所取而用之，洛书之出，则在乎千有余年之后。吾圣人兼而取之，不过以龙龟负文以出河洛者，其事同。圣人则之，以开物成务，其用亦同，而即理推数，二者又可以相通，故并言之耳，非谓作《易》兼取洛书也。余为明《易》，而本之河图，其不及洛书，宜矣。呜呼！六经之道，如日行天，万古一日。秦火之变，《易》独以卜筮得全，传之者虽众，知之者盖寡。自汉孟喜本《易纬稽览图》，推《易》离、坎、震、兑各主一方，余六十卦，每卦主六日七分，此《易》有图之始也。寥寥千载，《易》学绝响。宋之陈抟，心领神悟，始本吾圣人《易》有太极、两仪、四象、八卦，因而重之，及天地定位等说，为横圆大小四图，传之穆、李以及邵子，而又本“帝出乎震”之说，为后天圆图，因大横图之卦，为否泰，反类方图，于是《易》之有图，始大明于天下。而朱子尚有圆图，有造作不依他元初画底之说，且欲挈出方图在圆图之外，而释“天地定位，帝出乎震”者，必曰“邵子曰此伏羲八卦之位，此卦位乃文王所定，似犹有歉然未满之意”。然其释河图之则，犹未免惑于孔安国之说。此愚所以不揆其陋，而有所述也。扬子云曰：“众言淆乱，折诸圣。”苟无圣人之书，而臆度为之。顾余何人，而敢与先儒立异同哉？且愚伏读《易》之经传，而学之三十年矣，苟非反复潜玩而有所自得，亦岂敢遽为此书？观者幸恕其僭，而嘉其用心可也。至正六年龙集丙戌夏四月甲子，前进士吴兴钱义方子宜父序。

朝军按：《总目》已经撮录此序大旨。

(48)《周易卦爻经传训解》。《总目》云：“非但解卦、爻，不应揭‘卦爻’以标目。盖楷所见者四卷之全本，彝尊所见，佚其一卷，此本又佚其一卷。传写者讳其残阙，因于书名增入‘卦爻’二字，若原本但解上、下经者。此书贾作伪之技，不足据也。今删去‘卦爻’二字，仍以本名著录，存其真焉。”《翁稿》云：“况其书止曰《经传训解》，而此抄本题曰《卦爻经传上下篇训解》，则与诸家著录之目亦不合。不应遽存其目。”① 朝军按：评论的增删只有详略之分，而精神大致一致。翁氏不应存目的意见被否决，此种已抄入《四库全书》，且题曰《周易卦爻经传训解》。《总目》增材料：“蔡渊《周易经传训解》四卷……题曰《周易卦爻经传训解》，与彝尊所记不符。据《周易会通》称……知非赝托……其文皆在《系辞》、《文言》。”复删材料：“西山蔡元定之长子，弟沈尝为作后序，序云分为四卷……又无沈之后序。”

(49)《周易古今文全书》。《总目》云：“殊不免杜撰之訾。又或窜改经文，如……一句，自《经典释文》以后未见此文，竟不知其何所本，而其解今文卷中又置之不论，竟似乎经所本有……是以斗解斗。”《翁稿》云：“今既不用小篆而古文之存者，又舍钟鼎不用，则势必字体杂出，不衷于正体……又若不相□顾者，是直似别获奇秘各存一本于天地之间。……但此书引据既繁，亦颇有可资说经之采摭者。”②

(50)《周易旁注》。《总目》云：“万历中姚文蔚易其旁注，列于经文之下，已非其旧。此本又尽佚其注，独存此《图说》二篇。汉中书已别著录，余此八图仅敷衍陈抟之学，益无可取矣。”③《翁稿》云：“而系以郡子之诗与三十六宫图说，可谓知本矣。《旁注》十卷，初用《注疏》本，其后程应明更定从《本义》本，于是上下经与《十翼》分卷，此本即程应明所更定者，其解经取训诂文义，使相接属而已。”④

---

① 《总目》卷3。《翁稿》第891页。

② 《总目》卷7，增材料：“上饶人……事迹具《明史》本传……凡分六部，曰……郭忠恕《汗简》所引古周易诸字，已不能究所自来。时乔此本更古篆籀文，随意填缀。”《翁稿》第894～896页。

③ 《总目》卷7，《周易旁注图说》提要。《总目》增材料：“洪武中官至翰林学士。事迹具《明史》本传。”

④ 《翁稿》第898页。

(51)《周易旁注会通》。《翁稿》云："无论其易旁书为直下，失朱氏作书之本意，而以朱氏序次依古经为难读，是亦不知为程应明所更定也。至乾卦下注云：'《旁注》用古经，《会通》用今经，其分章一从朱子《本义》。'不知朱子《本义》即古经也。自董楷分《本义》入《程传》，《永乐大全》因之而成矩，又去《程传》而独存《本义》，悉用王弼本，而不失先贤修复古经之苦心矣。此书于《旁注》既无增损，而加以《会通》之名，本不足道，即其于古经篇次尚不悉其源流，则殊乃异也。"评论较详。而《总目》仅以"盖专为谐俗而设也"① 一语否定之。

(52)《西溪周易序说》。《总目》云："《易学》称其多所发明……又多割裂经文，如《乾卦》初爻'初九潜龙勿用'以下，即接以'象曰：潜龙勿用，阳在下也'；又接以《文言》曰：'潜龙勿用，下也'；'潜龙勿用，阳气潜藏'；初九曰：'潜龙勿用，何谓也?'至'是以君子勿用也'，汩乱颠倒，殆不可训……而说《明夷》一卦，以上三爻为箕子事，下三爻为文王事，则仍不免自乱其例。盖过晚而丧明，冥心默索，不能与师友相订正，意所独造，或不免毅然自为，而收视返听。用心刻挚，亦往往发先儒所未发。其乱经之罪，与诂经之功，固约略可以相当也。"《翁稿》云："其以《象传》、《爻辞》、《文言》、《小象》分附汩乱之非，然其于经亦颇有发明，如……前人已有论及者……其说良是。然至箕子明夷一条则亦不能释。"②

(53)《学蔀通辨》。《翁稿》云："所谓学者欲观前贤心迹、学术，必合观其全而后可见其大，未可摭拾一二条件以烛时而得之也。若斯之辨，恐转启后人争端。盖朱、陆异同之说，其源委所自，学者固不可澄澈称心，而专著为书，殊所不必。此书仅存其目

---

① 《总目》卷8。《翁稿》认为毋庸存目，但《总目》列入存目。

② 《总目》卷3，《西溪易说》提要。《总目》增材料："董真卿《周易会通》称：此书有过……而书中亦多阙文，盖传抄讹脱，又非真卿所见之旧矣。其书首为《序说》一卷，分上、下经，依次讲解，而不及《系辞》以下。"删材料："晚弃科举，授徒。"(《翁稿》第900页)

可矣。"①《总目》云："前有嘉靖戊申自序云：'专明一实，以抉三蔀。《前编》明朱、陆早同晚异之实，《后编》明象山阳儒阴释之实，《续编》明佛学近似惑人之实，而以圣贤正学不可妄议之实终焉。'按朱、陆之书具在，其异同本不待辨。王守仁辑《朱子晚年定论》，颠倒岁月之先后，以牵就其说，固不免矫诬。然建此书痛诋陆氏，至以病狂失心目之，亦未能平允。观朱子集中与象山诸书，虽负气相争，在所不免，不如是之毒詈也。盖词气之间，足以观人之所养矣。"② 二者评论不同。学术争鸣，应该遵守学术规范，平心静气，以理服人。不能负气相争，更不能相互毒詈。江山代有善骂者，各传笑柄数百年。或曰"病狂失心"，或曰"神经失常"，或曰"患了白内障"，诸如此类，均非学术语言，也有损学者风度。

(54)《淮郡文献志》。《总目》认为："此何关于文献耶？"③《翁稿》云："不称文献二字之目，且志淮郡之文，必考论此土之人所著之书有关于世用者，核其名目卷数方可谓之文，而今止载向来人之诗词，何耶？即献亦不能应直录史之全传。……可谓失当。仅存其目尚属厚幸矣。"④

(55)《或庵评公穀》。《总目》云："然六宗仅《左传》有评本，百家亦惟评《公羊》、《穀梁》二传而已。经义文章，虽非两事，三传要以经义传，不仅以文章传也。置经义而论文章，末矣；以文章之法点论而去取之，抑又末矣。真德秀《文章正宗》始录《左传》，古无是例，源乃复沿其波乎？据其全书之例，当归总集。以其仅成三传，难以集名，姑仍附之春秋类焉。"《翁稿》云："又曰《公》、《穀》，《左氏》之支流也。诸家自孟子而后皆未及评，评者只《公》、《穀》而已。《公羊》、《穀梁》二传本以诂经，学

---

① 《翁稿》第903页。

② 《总目》卷96。

③ 《总目》卷61，增材料："埙字伯和……正德戊辰进士，官至右副都御史，巡抚河南。事迹具《明史》本传。"

④ 《翁稿》第911～912页。

者惟当审其于圣经笔削同异合离之所以然，不当以文字目之。况此又选而加评，其去坊本杂选者无几。或仅存其目可矣。”①

(56)《传神秘要》。《总目》云：“是编凡二十七目，于一切布局、取势、运笔、设色，皆抒所心得，言之最详。考古人画法，多重写貌人物，故顾恺之妙绝当代，特以是名，然相传画论，则人物花鸟山水为多，其以写真之法勒为一书者，自陶宗仪《辍耕录》所载王绎《写像秘诀》外，不少概见，丹青之家多以口诀相传，几以为非士大夫之艺。骥是编研析精微，标举格例，实可补古人所未备，正未可贵远贱近，视为工匠之技也。”②《翁稿》云：“是书专为写真而作，逐条分论其法。”③

(57)《公余笔记》。《翁稿》云：“多说理之语，又杂以丹经语。”④《总目》云：“其大意欲仿《通书》，故其自序谓官浙江安吉州州判时，尝奉檄校刊《钦定朱子全书》、《御纂周易折中》，得益窥圣学之始终。全体大用，多所发明。然其学以无为宗，已全流于佛氏。又多杂以丹经之语，亦为不醇。”⑤ 朝军按：二者详略不同，但观点相同。杂以释道，即为不醇。因为《总目》以儒家学说为正为醇。

(58)《忠武志》。《翁稿》云：“博采诸书，辑为全志，亦足以表亮之遗烈矣。”倾向于肯定。而《总目》认为：“其遗文不收《黄陵庙记》之类，颇有甄别。而《心书》、《新书》确为伪书，乃并载之，则仍芜杂也。既收《心书》、《新书》，姑存其旧，而《十六策》仍不载，则又疏漏也。《梁甫吟》词意虽浅，然见于欧阳询《艺文类聚》，其来已久。又增一《白鸠篇》，则不知其何来矣。”⑥《忠武志》滥收《心书》、《新书》等伪书伪篇，爱博嗜奇，违反辨

① 《总目》卷31，《或庵评春秋三传》提要。《翁稿》第937页。

② 《总目》卷131。《总目》入艺术类存目。文渊阁本卷首提要与此稍有不同。《总目》增材料：“其父衡，字湘帆，后改名振生，以书法名一时，尝写十三经于乾隆五年呈进，特赐国子监学正衔。骥书不逮父，而特以写真名。”

③ 《翁稿》第939页。《翁稿》认为应抄入艺术家。

④ 《翁稿》第938页。

⑤ 《总目》卷125。

⑥ 《翁稿》第944页。《总目》卷60。

伪存真的考据规则，因而遭到否定。二者评论不同。

(59)《六爻原意》。《翁稿》云："然爻辞之意实非可以总括尽之也。"《总目》认为："前有自序，谓周公作爻辞必先得一卦之意，然后因爻而布之。此爻此意，则以此意属此爻。彼意合彼爻，则以彼爻系彼意云云。然《易》本天地自然之数，圣人因其盈虚、消息、过与不及，而以人事准之，明其吉凶悔吝，以决进退存亡。如瑶所论，是圣人先立一意，而牵引《易》象以合之，假借《易》数以证之。施于此处不可通者，移其说于彼；施于彼处不可通者，又移其说于此，反复迁就，务申己意而后已。此后世著书之法，非圣人演《易》之本旨也。"① 朝军按：二者评论不同。

(60)《春秋义疏》。《总目》云："以《胡传》为蓝本……然终不出《胡传》苛刻之习。或自出新意，又往往未安。如谓'孝公、惠公贤未著，隐为贤君，是以托始'，且称'隐亲亲而尊王，睦邻而守礼'。夫让桓，可谓亲亲，若平王葬而不会，凡伯聘而不报，可谓尊王乎？无骇入极，翚伐郑，伐邾，败宋，可谓睦邻乎？易祊于郑，矢鱼于棠，可谓知礼乎？后文每事示讥，而开卷极词称善，是自相矛盾也。'宰咺归仲子之赗'，左氏但云'子氏未薨耳'，家驹谓'以仲子为夫人，惠公宜死，仲子亦宜死，故天王并赗以示意'。是以车马之锡为灰钉之赐，讽使仲子自裁也。有是情事耶？"②《翁稿》云："采辑诸家之说……亦不尽宗《胡传》，而上下旁侧又多添注，是家塾抄本草稿也。"③ 朝军按：二者评论不同。

(61)《豳风广义》。《总目》云："考'蚕月条桑'，《豳风》所述，则其地非不可蚕桑。而近代其法久废，故贫民恒以无衣为虞。屾之所述，盖秦民之切务近时，颇解织纴，故所作之帛，世称秦纱，俗曰茧子。四方往往有之，或亦讲求之力欤？"④《翁稿》

① 《总目》卷7，增材料："授会稽县丞……教授乡里，年九十七乃卒。……成于万历辛巳，乃其晚年所作。"《翁稿》第964页。

② 《总目》卷31。

③ 《翁稿》第965页。

④ 《总目》卷102。

云："豳本秦地，故以《豳风广义》名其书，其友人史德溥共辑成之。书成于乾隆六年，当熙朝化洽，盈宁解阜之时，占毕之士皆知讲求王政道其乐利之源，歌思勤若，有古风焉。"①

(62)《韵蕞》。《翁稿》云："徒为多事耳。"②《总目》云："大抵皆师心自用之学也。"③ 批评的程度大为加重。

(63)《易范同宗录》。《翁稿》云："自序谓图与书同出于天，《易》与《范》参用于人，爰集二书，都为一帙，此其所以名同宗之意也。大约取刘歆河图洛书相为经纬之义，而乃以已所答之数辞附蔡氏《洪范内外篇》后，与《周易》合为一篇。要亦未能有合也。"④《总目》云："其说取刘歆《河图》、《洛书》相为经纬之义。以《易》与《洪范》合而一之，分三篇。一曰《河洛》，其总纲也。二曰《易卦》，三曰《范数》，其两目也。《河洛》列图、书表里之图，《易象》列伏羲卦图、文王之《易》、周公之《易》、孔子之《易》，而终以揲法占法。《范数》列箕子之范、九峰蔡氏之范、寅清李氏之范，附以所作数词。又附改定蔡氏占法。夫图书之说，纠纷极矣。牵《洛书》以解《易》，已为附会。又必取《洪范》以合于《易》，其说于是益支。且以《易》为蓍筮，《范》为龟卜，是又因龟文之说而缀合为一，于古亦无据也。"⑤ 朝军按：二者评论不同。

(64)《风姬易溯》。《翁稿》云："岂可以举业家概之，其谬甚矣。或酌存目，而著其序说之妄。"⑥《总目》云："(《十翼》)竟为举业而作欤？(引者按：浙本尚有"其妄谬殆不足道"一句。)此因四圣人各自有《易》之说，而报仇流为行劫者也。所言多主于象，亦破碎支离，不尽合于经义。"⑦

---

① 《翁稿》第966页。《翁稿》认为应抄录，但《总目》列入存目。

② 《翁稿》第970页。

③ 《总目》卷44。

④ 《翁稿》第971页。

⑤ 《总目》卷110。

⑥ 《翁稿》第972页。

⑦ 《总目》卷8，增材料："一字虚舟……前有自序曰：'风，伏羲姓，溯风者，溯卦。姬，文周姓，溯姬者，溯象……'"

《千顷堂书目》卷一载："王化卿《风姬易溯》。王化卿《物理所》一卷。"是书作者《总目》著录为："明王宣撰。宣字纪卿，一字虚舟，金溪人。"其字究作"纪卿"，还是"化卿"？俟考。

(65)《诗经考》。《总目》将"于《三百篇》所载人地名物具为考核……《毛诗》人名、地名，前人虽亦有著为书者，而此编颇为详悉"改为："是书专考《三百篇》中名物典故。其凡例有六：一曰世系，二曰畿甸，三曰人物，四曰天时地利，五曰兵农礼乐，六曰动植。仍以经文篇第为序，各标其目而解之，征引颇为繁富。惟爱博嗜奇，颇伤冗杂。其于人物皆详其始末，成一列传，而又不著其所本，尤为曼衍。窥其用意，似欲与何楷《世本古义》抗行一时，然不似楷之穿凿，亦不及楷之博洽也。"①

(66)《正韵笺》。《总目》云："其用意颇勤，然《洪武正韵》分合舛误，窒碍难通。虽以天子之尊，传国十余世，悬是书为令甲，而终不能使行于天下。二百六七十年之中若存若亡，无人置议。时伟乃于举世不用之中，出奇立异，冀以匹夫之力颠倒千古之是非，抑亦难矣！且所著古音，杂取吴棫、陈第二家，不知其体例各别；所收逸字，不能究《广韵》、《集韵》之源，仅据杨慎等之书，尤为疏略。所补笺亦皆辗转稗贩。如日在木中为东，此许慎所引官溥说，明载于《说文》，而乃引郑樵《通志》，足知非根本之学矣。"②《翁稿》云："要其意则恪守《洪武正韵》者也。"③ 朝军按：二者持论相近，而详略有别。

(67)《豫章书》。《总目》云："其体例盖本诸《华阳国志》，然冗杂太甚，去常璩所撰远矣。"④《翁稿》云："与后卷之事纪相混……虽亦可为作志之资，而要之非著述之正体，姑存其目可

---

① 《总目》卷17。《翁稿》第974页。《翁稿》认为应抄录之，但《总目》未予采纳，仅入存目。

② 《总目》卷44，小学类存目。

③ 《翁稿》第976页。《翁稿》认为应存目。

④ 《总目》卷62，删材料："子章尝著《螾衣生集》及《黔志》、《补白下记》、《豫章诗话》、《海内郡县释名》诸书。"（《翁稿》第979页）

矣。”①

(68)《周易起元》。《总目》云：“是书以太极、先天、河洛诸图合而演之，支离蔓衍，不可究诘。如周子《太极图》以无极作一空圈，此则变为一纯黑圈形，以为阳含于阴。至于《太极图》，乃为半黑半白圈，是先生阴而后生阳，非太极生阴阳也。又以名山大川分配六十四卦之阴阳，尤为牵合。昔林至《水村易镜》以卦配星，以为仰观天文，此更以卦配地，以为俯察地理，此非惟圣人作《易》虑不及此，即邵子、周子传陈抟之图，岂料其末流至此耶！其诠释经文，每句皆随意叶韵。如《象传》‘天行健君子以自强不息’，则以‘天行’为一句，‘健’为一句，‘君子以自强’为一句，‘不息’为一句，而注曰：‘行，叶杭。息，叶襄。’《坤卦》初爻则注曰：‘六，叶翕。至，叶室。’殆不知其何据。他如‘云行雨施’，‘飞龙在天’之类，必破为二字一句，虽嫌烦碎，理尚可通。至于《乾卦》三爻以‘君子终日’为一句，‘朝乾夕惕’为一句，‘若厉’为一句，‘无咎’为一句，则‘君子终日’四字不知是何文义矣。又经文之中多间以图，其图皆奇形怪状，如《文言传》‘见龙在田’节下附一《物欲所蔽图》，作纯黑壶卢形，上段分布五小白圈，中书‘人欲一萌，血自攻心’云云四言诗十二句，下段则书‘欲海茫茫不计深，其中灼灼产黄金’云云七言诗八句，左右注‘致知格物’四字，下注云‘此亦黑体用阴文’，其图大抵皆类此，多非经文之本意也。”②《翁稿》云：“是书于所解之中多增入图说，故其前目特题分卷，附图之名，然究属好异，徒生枝节，至其以卦爻词皆为叶韵，并其所分句读之处殊为破碎，不足取也。”③ 朝军按：二者评论不同。

(69)《周易惜阴诗集》。《总目》云：“盖本张九成《论语诗例》而益蔓衍之……其文皆体近歌括，不可入于诗集，今仍附之《易》类

---

① 《翁稿》第977~979页。

② 《总目》卷9。

③ 《翁稿》第987页。

焉。"《翁稿》云："毫无当于经义。""则固无一定之见，徒为烦赘而已。"①

（70）《翰苑新书》。《总目》云："其书本为应酬而作，惟取便检用，不免伤于繁复。而于宋代典故事实，最为赅备。披沙拣金，往往见宝。较孔传《续六帖》之类，反为有资考证也。"②《翁稿》云："今观其中所载事迹至孝宗、宁宗之时，所录文字亦皆南宋人为多，盖南宋之末所辑也。此书虽为词章取科而作，然前集职官诸条下于宋时官制特为精核，所引书自《会要》、《分纪》数种外，尚有当时记官制之书，而不尽传者，即其后集以下所载表笺札启，虽题曰簪缨必用，未免俗套，而所引诸作者之文，自一二名家外，亦非尽流传艺苑，似抄存以备稽考。"③

（71）《海叟诗集》。《总目》云："凯以《白燕》诗得名，时称'袁白燕'。李梦阳序则谓《白燕》诗最下最传，其高者顾不传。今检校全集，梦阳之说良是。何景明序谓'明初诗人以凯为冠'，盖凯古体多学《文选》，近体多学杜甫，与景明持论颇符，故有此语，未免无以位置高启诸人，故论者不以为然。然使凯驰骋于高启诸人之间，亦各有短长，互相胜负。居其上则未能，居其下

① 《总目》卷9。

② 《总目》卷135，增材料："今别有刊本，题宋谢枋得撰者，坊贾所赝托也。文烛序称是书旧无传本，慈溪袁炜为大学士时，始从内阁录出。而日久佚其首卷。后得华亭徐阶所录本，乃足成之。其书分前、后、别、续四集，疑未必出一人之手。前集皆为书启之用。自一卷至六十卷皆以职官分目，下至盐官、酒官之类，亦皆备载。六十一卷至七十卷则以家世、阀阅、座主、门生之类分目。每门之中，皆冠以历代事实，次以宋朝事实，次以自叙，次以旁引，次以群书精语，次以前贤诗词，次四六警语。后集止备表笺之用。一卷至十九卷以大典礼分目，而附以谢恩陈乞。二十卷至二十六卷则录宋代表笺之文。后集下一卷至五卷类姓，六卷则惟列发举，词科、入学三目，盖补前集之遗。别集皆录宋人札状致语、朱表、表文、青词、疏语、册文、祝文、祭文之属。其札子以五提头、七提头、九提头分目，盖当时之式。其朱表则青词类也。续集录宋人书启。一卷至二十三卷以官分目，二十四卷至四十二卷以事分目。又以广别集未备之体耳。"删材料："总一百五十六卷，后集、续集、别集皆有目，而前集无目。"

③ 《翁稿》第1033页。

似亦未甘也。陆深《金台纪闻》载启赠凯诗曰：‘清新还似我，雄健不如他。’其语殊不似启，殆都穆等依托为之。然深以两言为实录，则颇不谬云。”①《翁稿》云：“考元明诗派源流，至正之末，遗音靡靡，杨维桢收元代之终，而高启开明代之始，此其大较也。若夫以杜为归，则自宋陈师道、陈与义。而后专师杜者渺不概见，有元一代，惟傅与砺稍染指杜法，而弱不克振。元末明初能存督意者，惟赖凯诗耳。逮乎李、何之徒，不特推波助澜，而且循声肖貌，宜其力推凯诗为先路之道也。然李、何之于杜，剽拟太甚，而凯则习染未深。李、何之于杜，风骨可追，而凯则魄力未壮。以此视彼，固于杜之堂奥均所未历，而取径问津大致不远。以冠明代之诗则不足，以引明人谈杜之绪，则有余也。”②

《明史》卷二百八十五有袁凯传：“凯工诗，有盛名，性诙谐，自号海叟。背戴乌巾，倒骑黑牛，游行九峰间，好事者至绘为图。初在杨维桢座，客出所赋《白燕》诗，凯微笑，别作一篇以献，维桢大惊赏，遍示座客人，遂呼袁白燕云。”其《白燕》诗云：“故国飘零事已非，旧时王谢见应稀。月明汉水初无影，雪满梁园尚未归。柳絮池塘香入梦，梨花庭院冷侵衣。赵家姊妹多相妬，莫向昭阳殿里飞。”姚之骃《元明事类钞》卷二十二引明杨仪《骊珠随录》：“时大本赋《白燕》诗，呈铁崖，极称其‘珠帘玉剪’之句。袁景文在座，以为未尽体物之妙。归作诗，翌日呈之，铁崖叹赏，书数纸散座客，一时呼为‘袁白燕’。李献吉集：‘海叟师法子美，集中《白燕》诗最下最传。’”按：杨维桢字廉夫，自号

---

① 《总目》卷169，且增材料：“多以己意更窜，如‘烟树微茫独倚栏’改为‘烟树微茫梦里山’，盖以诗用删、山韵，而‘栏’字在寒、桓韵，不知《洪武正韵》已合二部为一。凯用官韵，非奸韵也。‘故国飘零事已非’改为‘老去悲秋不自知’，盖以凯已仕明，欲讳其前朝之感，不知据陶宗仪《辍耕录》，是诗作于至正末，乃用金陵‘王谢燕’事，下句自明，非为元亡作也。至‘雨声终日过间门’改为‘雨声随处有间门’，更不知其点窜之意何居矣。弘治间，陆深得旧刻不全本，与何景明、李梦阳更相删定，即所刊是也。隆庆时何元之得祥泽旧刻，以活字校印百部传之。”

② 《翁稿》第1075页。

铁崖。

李梦阳《海叟集序》云：

《海叟集》，云间袁凯氏所著。海叟其自号也。会稽杨廉夫尝作《白燕》诗，及览叟作，惊叹以为不及。叟诗法子美，虽时有出入，而气格韵致，不在杨下。其耿耿于叟者，要非一日矣。按集中《白燕》诗，最下最传，诸高者顾不传。云间故吴地，叟亦不与四杰列，皆不可晓者。夫毁誉可尽信哉？洪武间，叟为御史，上将戮一人，太子固谏而止，上以问叟，对曰："陛下创业之义，东朝守成之仁。"上意遂解。未几，以病免，归。翰林陆吉士子渊，叟同郡人，间道前事，令人侃侃生气。夫斯亦足以传矣，而况于诗乎？叟名行既晦，集亦罕存，子渊购得刻本于京师士人家，楮墨焦烂蠹涅者殆半，乃删定为今集，仍旧名者，著叟志也。夫韩退之，唐之闻人也，其文至宋欧阳公始暴于世，然则如叟者尚奚尤哉？仲默谓国初诗人，叟为冠，故子渊表扬甚力，君子以为知言。

何景明序云：

盖诗虽盛称于唐，其好古者陈子昂后，莫若李、杜二家，歌行、近体，诚有可法，而古作尚有离去者，犹未尽可法之也。故景明学歌行、近体有取于二家，旁及唐初、盛唐诸人，而古作必从汉魏求之。虽迄今未有一得，而执以自信，弗敢有夺。今年罢官归，自以有余力，得肆观古人之言，又取我朝诸名家集欲读之，然弗多得。其得而读之者，又皆不称鄙意。独海叟诗为长。叟歌行、近体法杜甫，古作不尽是，要其取法亦必自汉魏以来者，其所造就盖具体而未大耳。噫！其所识亦希矣。吾郡守孙公懋仁笃于好古，其子继芳者，从予论学，大有向往，尝索古书无刻本者以传。予谓古书自六经下，先秦两汉之文，其刻而传者，亦足读之矣。海叟为国初诗人之冠，人悉无有知之，可见好古者之难，而不可以弗传也。乃以授之，而并系以鄙言，观者亦将以是求叟之意矣。叟姓袁氏，名凯，其集陆吉士深所编定者，李户部梦阳有序。其履历可考而知也，兹不复述。

《总目》参考李、何二氏之序，并有所辩难。

(72)《陆子学谱》。《翁稿》认为："其为九渊发挥端委，可谓有功矣。"① 而《总目》认为："考陆氏学派之端委，盖莫备于是书。惟其必欲牵朱入陆，以就其《晚年全论》之说。所列弟子如吕祖俭之类，则可以不必耳（引者按：末句浙本作"亦不免有所假借，是则终为乡曲之私耳"）。"② 朝军按：显而易见，二者褒贬不同。

(73)《春秋左传典汇》。《翁稿》认为："朱彝尊称许廷，枕藉《汉书》，熟精《文选》，而其实许廷读《汉书》之方，乃在上通《左氏》，此书其职志矣。每一公之传，摘若干条，殚思抽秘，间或旁证他书，盖奄有三礼之博奥、荀杨之诡异，顾起元之《说略》、杨慎之《丹铅》，未之能或先也。"③ 而《总目》则持相反看法："皆摘取《左氏》中单文只字可资考核者，证以他书。繁称博引，以诡丽为宗，不专主于疏通经义。然就其所论，亦往往失之穿凿。如'卫懿公好鹤'，则取浮邱公之言，'秦人归帑'，则指为汉兴之谶，多未免于芜杂也。"④ 前者褒而后者贬。二者评价不同。

(74)《修辞指南》。《总目》认为："辗转稗贩，殊无可观。"《翁稿》云："惟《尔雅》备录原文，其三者则皆重为次第，或芟或补，以类相从，书刻于嘉靖三十六年。《尔雅》虽属小学，然既列于经，不应与后代丛类诸编同辑。且是书以《修辞指南》为名，则第当如王应麟之《辞学指南》，以后代文章流别之体为主，而数典称先以昭源委则可耳。今此四种并引，既不能该备后代文章词致

① 《翁稿》第1143页。
② 《总目》卷98。
③ 《翁稿》第1150页。
④ 《总目》卷30，《春秋左传典略》提要。

之用，而俨然仿班固叙传具述于末，似以撰著自居，则是明人之陋也。《明史·艺文志》卷数亦同。"①

《书叙指南》提要云："明浦南金尝取是书与《尔雅》、《左腴》、《汉隽》合为一编，改题曰《修辞指南》，瞀乱糅杂，殊不足取。"②《考古辞宗》提要云："是书以浦南金所编《修辞指南》为蓝本，而增抄《文选双字类要》，于各类之下一切分目体式及每类之前半，皆仍浦氏之旧，因人成事，不足尚也。"③《广修辞指南》提要云："是书分二十部，每部或分子目，或不分子目，各列浦南金《修辞指南》原文于前，而增续于后，每类所补不过十数条又不多著出典，殊无可取。"④ 朝军按：一蟹不如一蟹，故《四库全书》仅收录《书叙指南》一种，而不取辗转稗贩之作。可见，四库馆臣还是比较注重著作的原创性。"因人成事，不足尚也。"旨哉斯言！

(75)《考古辞宗》。《总目》增材料："字吉甫……嘉靖庚戌进士。"《翁稿》云："在《修辞指南》一书，固非尽该博，然尚有裒辑之勤，自应存目以备类书一种。今此书袭其大半，而略增一种，即欲自为一书。且《文选双字类要》亦已存目，则此毋庸更存目矣。"⑤

(76)《太史华句》。《总目》云："司马迁史家巨擘，其文岂可以句摘？句又岂可以华目？盖王、李割剥秦、汉之风，至明季而未殄，故书肆尚镌此等书，以投时好耳。"⑥《翁稿》云："《史记》虽属正史，然太史公迁之文雄轶千古，原可以文咀之，顾其文往往意在此而语在彼，其英华故在无字句处，今第摘字句以为华藻，抑末矣。或第存其目，以备小类书一种。"⑦ 朝军按：二者行文不同，

---

① 《总目》卷137。《翁稿》第1192页。

② 《总目》卷135。

③ 《总目》卷137。

④ 《总目》卷138。

⑤ 《总目》卷137。《翁稿》第1193页。

⑥ 《总目》卷65。

⑦ 《翁稿》第1195页。

但观点大致相同。

(77)《王遵岩集》。《翁稿》云："慎中文与唐顺之齐名，尝曰荆川得吾绪余，盖其自负如此。今观其文，诚如评家所谓演迤详赡者。"而《总目》扩充为："正、嘉之际，北地、信阳声华籍甚，教天下无读唐以后书。然七子之学得于诗者较深，得于文者颇浅，故其诗能自成家，而古文则钩章棘句，剽袭秦汉之面貌，遂成伪体。史称慎中为文，初亦高谈秦汉，谓东京以下无可取。已而悟欧、曾作文之法，乃尽焚旧作，一意师仿，尤得力于曾巩。唐顺之初不服其说，久乃变而从之。壮年废弃，益肆力于文，演迤详赡，卓然成家，与顺之齐名，天下称之曰'王唐'。李攀龙、王世贞力排之，卒不能掩也。"《总目》又云："朱彝尊《明诗综》乃谓其五言文理精密，嗣响颜、谢，而论者辄言文胜于诗，未为知音。今考集中五言如《游西山普光寺》、《睡起登金山》、《游大明湖》诸篇，固皆邃穆简远。七言如'每夜猿声如舍里，四时山色在城中'，'万井遥分初日下，群山微见远烟中'，'琴声初歇月挂树，莲唱微闻风满川'，亦颇有风调……彝尊之论，不揣本而齐其末矣。"① 翁氏认为应抄录，此书确已抄入《四库全书》。朝军按：二者要点相同，而行文有详略之别。

明皇甫汸代郡守刘公溱作《遵岩先生文集后序》云：

> 夫其为文也，长于持论，而不尚雕绘，原本六经，采摭七略，综括九流，至下笔特创新意，罕袭陈言，追议古昔，较若目前，逆策来兹，信如左券，事有明征，语无牵合，非博极能然哉？云蒸霞郁，变幻百端，河决川流，一泻千里，循其言可以入道，行其说足以成务，人皆称今之曾氏也。观所撰《南丰文粹序》，则其所取法，而自期负者，端在子固矣。其言曰："极盛之世，学术明，风俗同，道德一，而文行于其间。三代而降，士之能文者，徒取之于外，以悦世之耳目，有能道其中之所欲言，而不免于蔽。……至宋南丰曾氏，杰然自名其

① 《翁稿》第1261页。《总目》卷172，《遵岩集》提要。

家，庶几有本于中，而非掠取于外，将折衷诸子之同异，会通于圣人之旨，而思出于道德……”此非其自况也耶？至其为诗，亦必缘情止义，由汉魏六朝以迄三唐，靡不融贯，亦以自名其家者，惟求合乎丽则，不诡于风人，而非在一字之巧，一句之工也。虽退处岩穴，而言多华郁畅朗，不为穷愁怨诽之态，所养盖深远矣。①

(78)《南岳唱酬集》。《总目》云：“不知何以参错不合。又卷中联句，往往失去姓氏标题。其他诗亦多依朱子集中之题，至有题作次敬夫韵，而其诗实为栻作者。盖传写者讹误脱佚，非当日原本矣。后有朱子与林用中书三十二篇，用中遗事十条及朱子所作字序二首，皆非此集所应有，或林氏后人所附益欤？然以南岳标题，而泛及别地之尺牍，以倡酬为名，而滥载平居之讲论；以三人合集，而独载用中一人之言行，皆非体例。姑以原本所有存之云耳。”②《翁稿》云：“且编集各有体，既以倡酬名集，则其题目不应专主一人，其题目者，或以三诗系于一题，其题异者即不妨以一诗系一题。今乃专依朱子集中之题如曰某题次敬夫韵，而其中又有敬夫诗，此类皆似于编集之体不合。既已行世，原不借此以传。惟是林用中为朱子所从游，其追陪酬唱之作，不可令其无传于后……”③

(79)《宋五先生郡邑政绩》。《总目》云：“然皆史传文集所已载，无庸贵之表章也。”《翁稿》云：“有嘉靖乙丑自序，所辑诸条皆立政治民之事。盖为莅郡邑者言之，故于立朝大端皆未之及，五子事迹见于史传及文集诸书者固不止此，然其编辑之意，则以勉

① 皇甫汸：《皇甫司勋集》卷38。按：《总目》定稿时虽然参考了此序。

② 《总目》卷187，《南岳倡酬集》提要。《总目》增材料：“不言其曾官湖南。疑史有脱漏也。其游自甲戌至庚辰凡七日。”删材料：“张栻字敬夫，广汉人，浚之子，谥曰宣。有《南轩集》。……而《宋诗纪事》云林用中偕晦翁走潭州，访守张敬夫，因有南岳之游……《宋史》未及载，即《湖广通志》亦但据史荆湖北路之文而未详及此也。”

③ 《翁稿》第1251～1252页。

人立诚为主，于筮仕者不为补。”①

(80)《唐三体诗》。《翁稿》认为：“此二选本皆于唐诗之旨无当。”② 对其价值全盘否定，而《总目》对此并未全部否定：“宋末风气日薄，诗家多不工古体，故赵师秀《众妙集》、方回《瀛奎律髓》所录者，无非近体。弼此书亦复相同。所列诸格，尤不足尽诗之变。而其时诗家授受，有此规程，存之亦足备一说。考范晞文《对床夜语》曰：‘周伯弼选唐人家法，以四实为第一格，四虚次之，虚实相半又次之。其说四实，谓中四句皆景物而实也。于华丽典重之中，有雍容宽厚之态，此其妙也。昧者为之，则堆积窒塞而寡于意味矣。是编一出，不为无补后学。有识高见卓不为时习熏染者，往往于此解悟。间有过于实而句未飞健者，得以起或者窒塞之讥。然刻鹄不成尚类鹜，岂不胜于空疏轻薄之为？使稍加探讨，何患古人之不我同也。’云云。又申明其四虚之说及前实后虚、前虚后实之说，颇为明白。乃知弼撰是书，盖以救江湖末派油腔滑调之弊，与《沧浪诗话》各明一义，均所谓有为言之者也。旧有元释圆至注，疏陋殊甚，已别存其目。此本为高士奇所补正，虽未能本本元元，尽得出典，而文从字顺，视旧注差清整矣。”③ 朝军按：二者评论不同。

(81)《学史》。《翁稿》云：“此在其门人笺述之词则可，但其卷前自记谓四三年所得千余章，又损益之而成书，则是并非一年内按月大小而并闰附卷者。盖自拟于天行历算以为卷数章数，与其说籍贯之拟孔子之意正相等。此书是二泉提学江西时所作，其教人以致知力行为本，此书所载即所谓致知力行之实也，未尝不可以资史学，但其排卷数章数，其陋耳。”④《总目》云：“书中取自周迄元史事，分条论列，词简意赅，笔力颇遒健……然宝平生湛深经

① 《总目》卷61。《翁稿》第1332页。翁氏认为或刻抄之。《总目》入存目，且增材料：“嘉靖癸丑进士，改庶吉士。”

② 《翁稿》第1370页。

③ 《总目》卷187。《总目》总集类著录书名为《三体唐诗》。

④ 《翁稿》第1374页。

术，持论平正，究非胡寅辈之刻深、尹起莘辈之肤浅所可拟也。"①《总目》改贬为褒，且将此书抄入《四库全书》史评类。

(82)《教养全书》。《总目》云："节引史文，而取前人评论各参其下，体例略仿《文献通考》。于明代事实，所载尤详。扮谦间附断语，议论亦多醇正。然以视马端临之精博，则犹未能遽相方驾矣。其中不载律算者，以徐光启已有成书；不载舆地者，以顾炎武、顾祖禹二人方事纂辑故也。"《翁稿》云："自古迄于明末之事，间引宋马端临、明邱浚、王圻诸人之议论，而于明事尤详。其不及礼、乐、律、历诸类，与其或分或合之义，于扮谦自序见之，而序字句多阙焉。《浙江通志》称扮谦学以实践为主，其以教养名书，盖颇留心致用者。"②

(83)《西湖游览志》。《总目》云："湖山特其中之一目，例不当详。吴自牧作《梦粱录》，周密作《武林旧事》，于岁时、风俗特详，而山川、古迹又在所略。惟汝成此书，因名胜而附以事迹，鸿纤巨细，一一兼该。非惟可广见闻，并可以考文献。其体在地志、杂史之间，与明人游记徒以觞咏登临流连光景者不侔。其《志余》二十六卷，则摭拾南宋轶闻，分门胪载。大都杭州之事居多，不尽有关于西湖。故别为一编，例同附录。盖有此余文，以消纳其冗碎，而后本书不病于芜杂，此其义例之善也。惟所征故实，悉不列其书名，遂使出典无征，莫能考证其真伪。是则明人之通弊，汝成亦未能免俗者矣。"《翁稿》云："而后之作者，自湖□市肆以及艮岳之记，潮候之图，无不踵而详记。至于征文考献，可备故实，若曰志者，斯已勤矣。虽所采书目未见表著，间有引事，或阙或讹，而其大体则犹存史意，续修《西湖志》者犹得资而择焉。"③

(84)《奉使滇南集》。《总目》云："多述山川名胜。"《翁稿》

① 《总目》卷88。

② 《总目》卷139。《翁稿》第1441页。

③ 《总目》卷70。《翁稿》第1453页。

云："诗亦无足采者。"①

(85)《革除遗事》。《总目》云："盖于虚传妄语，犹未能尽加芟削云。"②《翁稿》云："今《明史》经我圣人颁定，厘然征信，则诸书虽可互证，要皆在存目之列矣。"③

(86)《鸣盛集》。《总目》认为："论诗惟主唐音，所作以格调胜，是为晋安诗派之祖。李东阳《怀麓堂诗话》曰：'林子羽《鸣盛集》专学唐，袁凯《在野集》专学杜，盖能极力摹拟，不但字面句法，并其题目亦效之。开卷骤视，宛若旧本。然细味之，求其流出肺腑、卓尔自立者，指不能一再屈也。'是在弘、正之间，已有异议。故论者谓闽中才隽辈出，彬彬风雅亦云盛矣。第晋安一派，流传未已，守林仪部、高典籍之论，若金科玉条，凛不敢犯，动为七律，如出一手云云，是其末流且驯至为世口实，然鸿倡始之时，固未尝不舂容谐雅，自协正声，未可以作法于凉，遽相诋斥。况高棅尚不免庸音，鸿则时饶清韵，尤未可不分甲乙，一例摈排矣。此本为成化初鸿郡人温州知府邵铜所编。末有铜跋，称览其旧稿，慨然兴思，因详加校勘，补其阙略。然如张红桥唱和诗词事之有无不可知，即才人放佚，容或有之，决无存诸本集之理。此必铜摭小说妄增之。《梦游仙记》一首，疑亦寓言红桥之事，观其名目乃袭元稹《梦游春》诗，可以意会，铜亦附之简末，殊为无识。叶盛《水东日记》载铜天顺中为御史，以言事忤权奸，左迁知县。则其人亦铮铮者，或平生以气节自励，文章体例非所素娴欤！"

① 《总目》卷183。《翁稿》第1494页。

② 《总目》卷53，增材料："验字大充，号松岩……嘉靖戊戌进士，官至广西按察司佥事。……泰泉者，黄佐之别号。盖验此书，实因嘉兴郁衮旧本而修缉之，肇其议者则黄佐也。又有一序，旧本题为郁衮作。……盖传写者误题衮名。衮书有传无纪。此书则列传十卷、外传一卷，冠以本纪五卷。截然两书，不容移甲为乙。别本或兼题佐名。"删材料："此序在嘉靖癸卯，然又有檇李郁衮序，在正德庚辰。……则其书为郁衮之原本，黄佐之订本，而符验又重为核校……嘉靖癸卯在正德庚辰之后二十四年，则黄序之与符序又非一时所成也。郁衮尝撰《革朝遗忠录》，不著年月，其正德庚辰一序则出于黄佐无疑……"

③ 《翁稿》第1505页。

《翁稿》云："凡闽人之言诗者皆本于鸿，庐陵刘崧叙其集以为窥陈拾遗之奥，而骎骎乎开元之风意，盖以宋元以降皆不逮唐音，故题鸿集曰'鸣盛'，以见明初诗人复唐作者之风气。然当其时高棅门人林志为棅作墓志，而论及鸿诗，其言曰：诗至唐而极盛，宋失之理趣，元滞于学识，三山林膳部独倡鸣唐音，其徒黄元、周元继之，闽中诗人残膏剩馥，沾溉者多矣。盖鸿之于唐人摹其色象，仿其音节，而究不免失之形似。流及弘治以降，优孟盛唐，厥弊滋亟，而当时闽人之论如此，此则林鸿之诗集，其功其过，皆不能掩者也，尔时吴有高启等四子，粤有孙蕡等五子，虽所造不同，得失或殊，要其开启风气，则一也。自应抄录，以见闽诗入明源流所自。"①

邵铜《鸣盛集后序》云：

> 膳部员外郎子羽林先生，吾闽善赋者之巨擘也。国朝诗派，起于先生。当时若郑孟宣、黄玄之、周又玄、高廷礼、林伯璟、汉孟辈，号称十才子，皆出于其门，嗣是流于王皆山及中美孟扬、陈仲完、郑公启、张友谦、赵景哲诸公，绳绳继继，尤不乏人。是皆先生残膏剩馥，沾溉后来者益多矣。惜乎其诗集所存者，遗编断简，字多鲁鱼，亥豕之失，为可恨耳。余自出守东瓯，每于听政之暇，览其旧稿，慨然兴思，因详加校勘，补其阙略，缮写成编，乃捐己俸，召工锓梓以传。嗟夫！诗岂易言哉！五常之精，万象之灵，不能自形于言，必委精萃灵于英伟奇杰之士，以焕发焉。删定而下，楚人之骚，汉晋之选，唐之李、杜、韦、柳，宋之欧、梅、苏、黄，元之范、杨、虞、揭，真万世之衡轴也。迨至于今，作者愈盛，观先生之诗，知先生之所蓄富矣。其吐辞流丽，春日煦而百卉斗妍也。造语清奇，秋雨霁而群峰壁立也。气焰铺张，武库宏开而剑戟光芒也。句法豪荡，洪涛汹涌而鱼龙出没也。融情于景物之中，托思于风云之表，寓意命辞，兼得其妙，读之使人感

① 《总目》卷169。《翁稿》第1532页。

发而兴起，非伟杰之士，其能致然与？予同郡人也，藐焉晚出，不及见先生之仪容而亲炙之，独赖斯集之存，讽咏抚摩，庶几可以私淑，而仿佛其一二也。谨述先生诗学，相传之懿，僭书于末简云。时成化三年丁亥五月，蒲节赐进士出身中宪大夫浙江温州府知府邵铜序。

朝军按：此序亦为《总目》所采择，且有所辨证。

(87)《十岳山人诗集》。《总目》认为："其诗音节宏亮，皆步趋北地之派，而铸语未坚，时多累句。"《翁稿》认为："晚年辑其乡人之诗曰《新都秀运集》，朱彝尊《静志居诗话》谓其持论颇偏。"①

朱彝尊《静志居诗话》云："仲房少走大梁，问诗于献吉，不遇，遂从少林僧习兵杖，海上用兵，依胡尚书督府，尚书不能用，竟以败。晚缉乡人之诗曰《新都秀运集》，其持论颇偏，与岳东伯《今雨瑶华》相类。"翁氏采用此说，而《总目》删去。《江南通志》卷一百六十八云："岳岱，字东伯，长洲人，辟草堂于阳山白龙坞，花木翳然，修竹万竿，自称秦余山人。性狷介，不妄与人交。能诗，善画。尝辑其一时友朋之诗，仿《箧中》、《中州集》之例，序而传之，曰《今雨瑶华》。"

(88)《蟫史集》。《翁稿》云："自《周官》、《尔雅》以下旁引类说诸书，粗具事实，未搜华藻。"《总目》云："然蟫乃蠹鱼之别目，非虫之总名。制名殊谬，征引亦多未赅。又中间所称《蟫史》曰者，即其本书。乃杂厕古书之间，反若引用者然，于体例亦乖也。"② 朝军按：前者有褒无贬，后者贬之。二者评论不同。

(89)《云谷卧余》。《翁稿》认为："其考据史事，自有足资论辨者，较之空为说部者相什伯矣。"③ 而《总目》持相反看法："其书喜议论，而不甚考证，多以私臆断古人。又果于自信。如杜

① 《总目》卷177。《翁稿》第1546页。

② 《总目》卷138。《翁稿》第1594页。

③ 《翁稿》第1602页。

甫之诗皆为改定，左丘明之《传》亦为删削。此自有诗文以来无人敢为之事也。"① 二者褒贬不同。前者褒之，后者贬之。因为宋学重议论，汉学重考证。

(90)《古论元箸》。《翁稿》云："可谓不知六体者矣。"②《总目》改为："其乖谬率皆类此，则其书可不必问矣。"③

(91)《北河纪》。《翁稿》云："言河工者所必资也。"④《总目》改为："搜采颇备，条画亦颇详明。……盖河道之书，以河为主，与州郡舆图体例各不侔也。国朝顺治中，管河主事阎廷谟益以新制，作《北河续纪》四卷。虽形势变迁，小有同异。要其大致，仍皆以是书为蓝本。盖其发凡起例，具有条理，故续修者莫能易焉。肇浙著作甚伙，而《明史》于《文苑传》中独载此书，称其具载河流原委及历代治河利病，其必有以取之矣。"⑤

此类凡 91 条，约占 7.91%。

(四) 未撰提要类

本类摘《翁稿》仅撮序目等资料，但没有撰写提要稿。

(1)《蕉窗九录》

(2)《仲氏易》⑥

(3)《推易始末》⑦

(4)《河图洛书原舛篇》⑧

(5)《太极图说遗议》⑨

---

① 《总目》卷 129。

② 《翁稿》第 187 页。

③ 《总目》卷 193。

④ 《翁稿》第 928 页。

⑤ 《总目》卷 69。

⑥ 《翁稿》："抄录。" 此种已抄入《四库全书》易类。《毛西河合集》，《翁稿》分别为经部四十七种、杂部七种、文集一种，凡五十五种。

⑦ 《总目》卷 6。《翁稿》："抄录。" 此种已抄入《四库全书》易类。

⑧ 《总目》卷 9。《翁稿》："存目。" 此种入易类存目。

⑨ 《总目》卷 97。《翁稿》："存目。" 此种入儒家类存目。

(6)《易小帖》①

(7)《易韵》②

(8)《古文尚书冤词》③

(9)《尚书广听录》④

(10)《舜典补亡》⑤

(11)《国风省篇》⑥

(12)《毛诗写官记》⑦

(13)《诗札》⑧

(14)《诗传诗说驳议》⑨

(15)《白鹭洲主客说诗》⑩

(16)《续诗传鸟名》⑪

---

① 《总目》卷6。《翁稿》:“抄录。”此种已抄入《四库全书》易类。“儒者尊奉一先生,每一字一句奉为蓍蔡,多以未定之说编入语录,故《二程遗书》朱子有疑,《朱子语类》又每与《四书章句集注》、《或问》相左,皆失于简汰之故。若盛唐者,可谓能爱其师矣。”

② 《总目》卷42。《翁稿》:“存目。”此种已抄入《四库全书》小学类。“奇龄此书,与顾炎武《易本音》,皆置其无韵之文,而论其有韵之文,故所言皆有条理。两家所撰韵书,互有出入,故其论《易》韵,亦时有异同。大抵引证之博,辨析之详,则奇龄过于炎武;至于通其可通,而阙其所不可通,则奇龄之书又不及炎武之详慎。如《乾卦》上九用九为一节,本奇龄臆说,而此并牵古韵以实之,则尤为穿凿。且所谓两界、两合蓦韵者,其中皆自申其古今通韵之例,亦不及炎武偶杂方言之说为通达而无弊。然炎武书太简略,而奇龄则征引赅洽,亦颇足互证。以韵读《易》者,以炎武书为主,而参之是书,以通其变,略短取长,未始不可相辅而行也。”

③ 《翁稿》:“存目。”按:此种抄入《四库全书》书类。

④ 《翁稿》:“存目。”按:此种抄入《四库全书》书类。

⑤ 《翁稿》:“不存目。”按:此种入书类存目。

⑥ 《翁稿》:“存目。”按:此种入诗类存目。

⑦ 《翁稿》:“存目。”按:此种抄入《四库全书》诗类。

⑧ 《翁稿》:“存目。”按:此种抄入《四库全书》诗类。

⑨ 《翁稿》:“抄录。”按:此种抄入《四库全书》诗类。

⑩ 《翁稿》:“抄录。”按:此种入诗类存目。

⑪ 《翁稿》:“抄录。”按:此种抄入《四库全书》诗类。

(17)《昏礼辨正》①

(18)《庙制折衷》②

(19)《大小宗通绎》③

(20)《北郊配位尊西向议》④

(21)《辨定嘉靖大礼议》⑤

(22)《辨定祭礼通俗谱》⑥

(23)《丧礼吾说篇》⑦

(24)《曾子问讲录》⑧

(25)《春秋毛氏传》⑨

(26)《春秋属辞比事记》⑩

(27)《春秋条贯篇》⑪

(28)《春秋占筮书》⑫

(29)《春秋简书刊误》⑬

(30)《四书案解》⑭

(31)《论语稽求篇》⑮

(32)《大学证文篇》⑯

---

① 《翁稿》："抄录。"按：此种入礼类存目。
② 《翁稿》："抄录。"按：此种入礼类存目。
③ 《翁稿》："抄录。"按：此种入礼类存目。
④ 《翁稿》："不存目。"按：此种抄入《四库全书》政书类。
⑤ 《翁稿》："抄录。"按：此种入政书类存目。
⑥ 《翁稿》："存目。"按：此种抄入《四库全书》礼类。
⑦ 《翁稿》："存目。"按：此种入礼类存目。
⑧ 《翁稿》："抄录。"按：此种入礼类存目。
⑨ 《翁稿》："存目。"按：此种抄入《四库全书》春秋类。
⑩ 《翁稿》："存目。"按：此种抄入《四库全书》春秋类。
⑪ 《翁稿》："抄录。"按：此种入春秋类存目。
⑫ 《翁稿》："抄录。"按：此种抄入《四库全书》易类。
⑬ 《翁稿》："抄录。"按：此种已抄入《四库全书》春秋类。
⑭ 《翁稿》："存目。"按：此种入四书类存目。
⑮ 《翁稿》："存目。"按：此种已抄入《四库全书》四书类。
⑯ 《翁稿》："存目。"按：此种已抄入《四库全书》四书类。

(33)《大学知本图说》①

(34)《中庸说》②

(35)《四书剩言》③

(36)《圣门释非录》④

(37)《逸讲笺》⑤

(38)《圣谕乐本解说》⑥

(39)《竟山乐录》⑦

(40)《皇言定声录》⑧

(41)《李氏学乐录》⑨

(42)《孝经问》⑩

(43)《周礼问》⑪

(44)《大学问》⑫

(45)《明堂问》⑬

(46)《学校问》⑭

(47)《郊社禘祫问》⑮

(48)《经问》《经问补》⑯

---

① 《翁稿》:"存目。"按:此种入四书类存目。

② 《翁稿》:"存目。"按:此种入四书类存目。

③ 《翁稿》:"存目。"按:此种已抄入《四库全书》四书类。

④ 《翁稿》:"存目。"按:此种入四书类存目。

⑤ 《翁稿》:"存目。"按:此种入四书类存目。

⑥ 《翁稿》:"存目。"按:此种已抄入《四库全书》乐类。

⑦ 《翁稿》:"存目。"按:此种已抄入《四库全书》乐类。

⑧ 《翁稿》:"存目。"按:此种已抄入《四库全书》乐类。

⑨ 《翁稿》:"存目。"按:此种已抄入《四库全书》乐类。

⑩ 《翁稿》:"存目。"按:此种已抄入《四库全书》孝经类。

⑪ 《翁稿》:"存目。"按:此种入礼类存目。

⑫ 《翁稿》:"存目。"按:此种入四书类存目。

⑬ 《翁稿》:"存目。"按:此种入礼类存目。

⑭ 《翁稿》:"存目。"按:此种入礼类存目。

⑮ 《翁稿》:"存目。"按:此种抄入《四库全书》礼类。

⑯ 《翁稿》:"存目。"按:此种已抄入《四库全书》五经总义类。

(49)《胜朝彤史拾遗记》[①]

(50)《武宗外纪》[②]

(51)《后鉴录》[③]

(52)《蛮司合志》[④]

(53)《韵学要指》[⑤]

(54)《诗话·词话》[⑥]

(55)《文集》[⑦]

(56)《周官禄田考》

(57)《米评阁帖》

(58)《文道十书》

(59)《唐堂集》

(60)《西昊里语》

(61)《弇州四部稿》

(62)《类篇》[⑧]

(63)《千虑策》

(64)《杨尔逢石经考》

(65《诗经朱翼［传］》

(66)《四明文献集》

(67)《郁氏书画题跋记》

(68)《毛稚黄十四种书》

---

① 《总目》卷63，传记类存目。

② 《总目》卷54，杂史类存目。

③ 《总目》卷54，杂史类存目。

④ 《总目》卷75，地理类存目。

⑤ 《总目》卷44，小学类存目。

⑥ 《总目》卷197、卷199。《诗话》入诗文评类存目，《词话》为《四库全书》著录。

⑦ 《总目》卷173。国朝毛奇龄撰。《翁稿》无提要。按：此种已抄入《四库全书》。

⑧ 《翁稿》第88页云："以下尚少一页，此印本所缺，再博求人家藏本足之，此是曹氏所刻字书五种之一，汪彦孙处有之，应从其借抄。"

(69)《怀星堂全集》
(70)《南涧集》
(71)《唐六典》
(72)《皇宋事实类苑》
(73)《赤城集》
(74)《至正直记》
(75)《李靖南唐书》
(76)《野谷诗稿》
(77)《唐诗纪事》
(78)《何氏语林》
(79)《金正叔集》
(80)《在园杂志》
(81)《雪楼集》
(82)《雪坡集》
(83)《春秋集传微旨》
(84)《历代地理指掌图》
(85)《建康集》
(86)《窦子纪闻类编》
(87)《滹南先生文集》
(88)《元朝典故编年考》
(89)《春秋五礼例宗》
(90)《鸡肋编》
(91)《诚斋集》
(92)《史令要》
(93)《滏水集》
(94)《罗文隶集》
(95)《黄淳父先生全集》
(96)《袁胥台集》
(97)《花草粹编》
(98)《先圣大训》
(99)《徐霞客游记》

(100)《省斋文集》
(101)《中弇山人遗稿》
(102)《朱太复集》
(103)《月屋漫稿》①
(104)《青溪遗稿》
(105)《程仲权集》
(106)《高新郑十二种》
(107)《郭子章集》②
(108)《洪范正论》
(109)《山居杂志》
(110)《谷响集》
(111)《乐轩集》
(112)《李草阁集》
(113)《刘彦昺诗集》
(114)《渼陂集》
(115)《寒村集》
(116)《北郭集》
(117)《河汾诸老诗集》
(118)《洹词》
(119)《续夷坚志》
(120)《孟子年谱》
(121)《五代会要》
(122)《卫氏礼记集说》
(123)《政和五礼新仪》

此类凡123条，约占10.70%。

---

① 翁氏仅撮资料。《总目》卷166提要据此写成。

② 翁云："总签一，内签无。此集三种皆万历二十六年以前之作，是以毋庸记签。"

（五）重拟类

（1）《杨太史家藏集》①

（2）《赵明诚金石录》②

（3）《武林旧事》③

（4）《筠轩清閟录》

朝军按：二者行文方式不同。《翁稿》以董其昌生平辨伪，其昌生于嘉靖三十四年乙卯，即1555年，卒于崇祯十年丁丑，即1637年，万历丙申年为1596年，其时其昌方四十二岁，其子不得称为“先公”。《总目》接受了原来的考证结论，但简化了考证过程，加重了辨伪原因的探讨——“从前抄本流传不甚显者，书贾以其冒名重，故伪造继儒之序以炫俗射利耳。”较原稿更进一层。④

（5）《恬志堂诗话》⑤

（6）《诗说》

（7）《东坡文谈录》⑥

（8）《灌畦暇语》

《翁稿》认为唐人之作不可信：“传闻宜其不能征信也，或抄备唐人说部一种。”而《总目》认为：“核其词旨，确为唐人著述。”且增考证：“又引韩愈诗二章，云‘后来岂复有如斯人’，则

---

① 《总目》以《杨文懿集》入别集类存目，二者行文不同。

② 《翁稿》：“此抄本内讹字甚多。此书应刻，须以卢刊本校刻。”此提要后又有改定本。七月二日翁方纲又以黄登贤家所进国初阳邱谢氏刻本相校一遍，其刻本不及外间所刻本。

③ 《翁稿》详撮纲目序跋，又云：“《武林旧事》已改应抄。”

④ 《总目》卷130。

⑤ 《总目》卷197，诗文评类存目。《翁稿》认为系李日华著（第30页），而《总目》以为“不通书贾所摘”，即今所谓版本作伪。

⑥ 二者行文不同，但观点相近。《总目》删材料：“其去苏轼几三百年矣，中间如南宋时已有苏文生熟之喻，见于陆游《老学庵笔记》。至有元承金源之后，而金时苏学极盛，即以金人元好问《东坡诗雅》之书在元时定，遂湮没无传，而蔡松年、施宜生之属论说题跋尚不可更仆数。轼之文章在北宋已后家弦户诵，谈者非一人一家而已。自应博采旁搜方可以录名之。”（《翁稿》第32页）

中唐以后人也。前有自序，称‘早年血气未定，铺方纸，运寸管，亟起以干一旦之名，力尽志殚，仅能如愿’。又称‘急意勇退，脱谢缨弁’。则亦尝登第从仕矣。其书凡三十二条。观其‘答黄仲秉’一条，宗旨盖出于黄老，而大抵持论笃实，亦不悖于圣贤。所载魏繁钦《生茨诗》一篇，冯氏《诗纪》未载，盖未见其书。《唐志》、《宋志》皆不著录，惟陈振孙《书录解题》始著其名……此本为陆氏奇晋斋所刊。末有李东阳跋云：‘余顷僦京城之西，有卖杂物者过门，见其筐有故书数种，大抵首尾不全。《灌畦暇语》一编，尤为断烂。余以数十钱购得之，因料理其可读者，才得三十余条’云云。则此书乃东阳所理之残本。今‘彭宠奴’一条佚其后半，‘韩愈诗’一条佚其前半，凡阙二十八行有奇，又非东阳所理之旧矣。”①

《灌畦暇语自序》云：

> 《灌畦暇语》者何？老圃腾颊之云也。尝忆早年血气未定，铺方纸，运寸管，自许不落人后，亟起以干一旦之名，良甚苦辛，力尽志殚，仅能如愿，终以枯肠不贮机阱，不能随世低昂。中年以来，渐识悔吝，顾胸中有所谓刮磨者，蟠不吐则更自惩，艾伏不敢发，乃知昔者所谓辛苦以求者大可怪笑，非但无益，抑为有妨。呜呼！大丈夫亦安往而失其贫贱者哉！于是决意勇退，脱谢缨弁，故丘之旁有地，弥跚蛇行，趋隰土气，沃衍甘井在前，不病于汲除，治以莳蔬，咸曰宜哉。夫藉暄于春阳，射利者不争。资润于泉脉，干没者不忌。而又继日以从事，其为力可以不匮。卒岁而计入，其为收亦足糊口。每风日好时，皋壤悦畅，负杖曳屦，暂出郊堑，比邻之人，偶相与立，曹相与谈。忽觉吻颐咄咤，故态横发，或童颠之叟，或粗有知识之少年，时时相顾捧腹一笑，意虽不伦，弃亦可惜，因取而疏之，以其缘隙日，乃有得也，故以暇语题辞。

① 《总目》卷120。

李东阳跋云：

> 右《灌畦暇语》，非完书也。余顷僦居京城之西，一日，有卖杂物者过门，见其筐有故书数种，大抵首尾不全，《灌畦暇语》一编，尤为断烂。余以数十钱购得之，爱其出言皆有微意，可为破颜，因料理其可读者，才得三十许条，余不可删取者尚三分之一，甚可惜也。他日好事君子如有善本，幸为我足之。天顺八年十月，茶陵李东阳识。

《总目》于此序此跋亦见采择。《灌畦暇语》作者早年干时，中年急流勇退。既不争名于朝，亦不争利于市。归去来兮，仿佛渊明而有田园之乐。

(9)《汉唐通鉴品藻》①

(10)《北墅绪言》②

(11)《胡子知言》③

(12)《策府群玉》④

(13)《世玉集选》

---

① 《总目》卷90。《翁稿》第34页。二者行文不同。《总目》增评论："与《通鉴》首尾相应，而以汉唐名书，璟未必谬陋至此，其出庸妄书贾明矣。"

② 《总目》卷182。二者行文不同。《总目》增评论："是集皆所作杂文，而俳谐游戏之篇居其大半。盖尤侗《西堂杂俎》之流，世俗所谓才子之文也。"删考证："前有徐乾学、王士祯诸人序，中杂圈评。或存其目。"（《翁稿》第38页）

③ 《总目》卷92。《总目》著录为《知言》。《翁稿》引《书录解题》云："《朱子语录》论湖湘学者崇高《胡子知言》之语，盖朱子颇有意未尽惬者，至其好处则朱子固已言之矣。"（第47页）《总目》云："朱子力诋其非，至作《知言疑义》，与异情指名其体曰性，指名其用曰心；性不能不动，吕祖谦及宏门人张栻互相论辨，即栻亦不敢尽以其师说为然。其论治道，以井田、封建为必不可废，亦泥古而流于迂谬。然其他实多明白正大，足以阐正学而辟异端。朱子亦尝称其思索精到处殊不可及，固未以一二瑕疵尽废其书也。"

④ 《总目》卷37，《翁稿》第72页。二者行文不同，但观点相近，均认为"其实非著述之文，乃应科目之策料也"。

(14)《怀麓堂全集》

朝军按：二者行文不同，但观点相近。《翁稿》认为："以诗文论之，则明之中叶成化、弘治间，正当李梦阳、何景明将出而谈复古之时，东阳天资颖异，自有力追正始之功，有何、李诸人之长而无何李诸人之弊，不可谓非关于有明文章气运之盛衰矣。"①《总目》认为："东阳依阿刘瑾，人品、事业均无足深论。其文章则究为明代一大宗。自李梦阳、何景明崛起弘、正之间倡复古学，于是文必秦汉，诗必盛唐，其才学足以笼罩一世，天下亦响然从之，茶陵之光焰几烬。逮北地、信阳之派转相摹拟，流弊渐深，论者乃稍稍复理东阳之传，以相撑拄。盖明洪、永以后，文以平正典雅为宗，其究渐流于庸肤。庸肤之极，不得不变而求新。正、嘉以后，文以沈博伟丽为宗，其究渐流于虚㤭。虚㤭之极，不得不返而务实。二百余年，两派互相胜负，盖皆理势之必然。平心而论，何、李如齐桓、晋文，功烈震天下，而霸气终存。东阳如衰周弱鲁，力不足御强横，而典章文物尚有先王之遗风。殚后来雄伟奇杰之才，终不能挤而废之，亦有由矣。"②

前有正德丙子杨一清序及东阳自序。然自序为拟古乐府作，不为全集作，后人移弁全集。《四库全书》删去自序，但保留了杨一清序。

杨一清《怀麓堂集序》云：

> 古之人所以名世而不朽者有三，立德、立功、立言是已。今天下政化出于一，六经、四书之旨，如日丽天，固无俟于所谓立言者。其见于著作，若纪述铺叙之为文，咏歌吟讽之为诗，可以考见得失，垂世鉴戒，而兴起其善端，大则用之朝廷，施诸天下，以鸣一代之盛，谓非古者立言之遗意哉！今少师致仕西涯李先生，以扶舆间气，挺生于重熙累洽之朝，弱冠入翰林，已负文学重名。金梓所刻，卷帙所录，几遍海内。大

① 《翁稿》第76页。

② 《总目》卷170。

夫士得其片言，以为至宝。后进之士，凡及门经指授，辄有时名。中年益深造远诣，比掌帝制，登政府，则又衍而为经纶黼黻之文。稽古代言，以定国是，变士习，裨政益化，有非文章家之可名言者矣。且文至今日而盛，而弊亦随之，故联篇累帙，盈天壤间皆是物也。其能追古名家，超然自立于世者，盖亦不数数见已。自余作者，各挟所长，非无足取，汇而阅之，乐恣肆者失之驳而不醇，好摹拟者伤于局而不畅，近或习为瘦辞硬语，使人不复可句，以是为古，所谓以艰深文浅近者，文之弊一至是，可慨也！先生高才绝识，独步一世，而充之以问学，故其诗文深厚浑雄，不为倔奇可骇之辞，而法度森严，思味隽永，尽脱凡近，而古意独存。每吮毫伸纸，天趣溢发，操纵开合，随意所如，而不逾典则。彼旬锻月炼，以求工者，力追之而不可及也。譬之大人君子，冠冕佩玉，雍容委蛇于庙堂之上，指麾百执事，各任其职，未尝有叱咤怒骂之威，而望之者起敬，即之者倾心，至其众体具备，无所不宜，探之而益深，索之而益远，则如大河之源出于昆仑，至于积石，又至于龙门底柱，既乃吞纳百川，以达于海，涵浴日月，顷刻万变，而不知其所穷。呜呼至矣！孔子曰："有德者必有言。"先生孝友天至，其素行，金完玉粹，名满天下，而自视欿然。位极人臣，而乐善如不及。履常应变，恒介介，不易守。盖其文章与功业并懋，断有以立于世者，而谓其不本之德，不可也。先生尝自辑其诗文，凡九十卷，总名之曰《怀麓堂稿》。诗稿二十卷，文稿三十卷，在翰林时作诗后稿十卷，文后稿三十卷，在内阁时作。外有《南行稿》、《北上录》以及《经筵讲读》、《东祀集句》、《哭子》、《求退》诸录，则附于全稿之末，以皆杂记，故不入卷中。徽州守熊君桂先生，礼闱所取士，间从所知得副本，乃谋诸同知王君仲仁辈，刻之郡斋，走书京师，索余序。予辱先生知，与四十年，多所规益。每有撰述，辄为指摘疵垢，不少隐。顾庸惰不立，少而学焉，老而未能测其溪径，况望窥其室堂哉？然平生企向之怀，得托姓名于不朽以为幸。而熊君汲汲公善之心，亦不可以不白，故僭为之言。先生所著，别有《燕对录》，藏于家，及密勿章疏文字甚多，人不及见。予承乏内阁，始得窥见之。若致仕以后，诗文则别为续稿，他日当自有传之者。正德丙子秋七月朔，光禄大夫柱国少傅兼太子太傅吏部尚书武英殿大学士知制诰兼经筵官石淙杨一清撰。

毋庸讳言，《总目》所拟提要，多有所本，特别是采择原序原跋为多。但四库提要与原序原跋实可并行不悖。原序原跋，或出自作者之手，或为同时人之笔。溢美者有之，溢恶者亦有之，是是非非，尚待论定。《总目》所拟提要，统一标准，以孔孟之道衡量群言，披沙拣金，推求公论，使百代作者、万家学人各就各位。他们撰写提要，并不像今人写读后感、随想录之类，稍有感想，便信马由缰，天马行空。同时，我们不得不承认，撰写提要也不可能做到完全客观，因为谁都不可能跳出他所处的时代。我们要理解《总目》，就必须回到乾隆末年那个具体的历史语境。再说，几百位馆臣，来自五湖四海，各自的学养不同，观点各异，这也为总纂官统稿造成了极大的困难。《总目》最终能够大体自圆其说，比起《续修四库全书总目》那种一盘散沙状的东西，真有霄壤之别。另外，我们附带讨论一个问题——《四库全书》是否保留原序原跋？在2004年2月6日首都师范大学举办的一次四库学研究座谈会上，国家图书馆古籍部研究员李致忠语惊四座："四库馆臣对书籍的删改，情形各有不同，不能一概而论。以原书序跋为例，四库本一般不收。"① 笔者以"原序"、"原跋"为关键词，对电子本《四库全书》进行检索，发现收录原序在1300条以上，原跋15条。原跋收录较少，但原序的收录在《四库全书》总量的三分之一以上，这一数字恐怕远远超出一般学者的想象。《四库全书》确实删掉了大量的原序，同时也保留了相当数量的原序。笔者拟将这部分序跋编辑成册——《四库序跋》，再扩大范围，将馆臣所删者增补进来，

① 扬帆：《推进四库学研究的新举措》，《炎黄文化研究》第一辑，郑州：大象出版社，2004年，第285页。

那将是一部皇皇巨制。对于这些材料，笔者拟在《四库全书总目汇考》一书中节取其精华。

(15)《巾石遗编》

(16)《金石文》

(17)《冰川诗式》

(18)《宋徽宗宫词》①

(19)《黄钟通韵》②

(20)《学统》

朝军按：二者评价、行文均不同。《翁稿》认为："杂与异乌可以'统'目之，此书可以不抄，或酌存其目。"《总目》入传记类存目。《总目》认为："夫尚论古人，辨其行事之醇疵，立言之得失，俾后人知所法戒足矣，必锱锱铢铢，较其品第而甲乙之，未免与班固《古今人表》同一悠谬。况薛瑄、胡居仁、罗钦顺俱尊之称字称先生，而伯牛、子路诸贤乃皆卑之而书名，轩轾之间，不知何所确据。又荀况、扬雄、王通、苏轼均以杂统而称子，陆九渊、陈献章、王守仁又以杂统而书字，褒贬之间，亦自乱其例也。"③

(21)《经义斋集》

《翁稿》认为"虽其中有论及学问者，然在近人著述中尚非卓然成家之集，似尚未可抄"。《总目》入别集类存目，因其"经义斋"之名乃清圣祖所赐御题，故未加臧否。④

(22)《闲道录》

《翁稿》认为："谈理学之说部，逐条讲论，亦若语录之体，在近人著述中有此，似未能超出前儒，恐未能抄。"《总目》认为："是书

① 《总目》卷189。《翁稿》认为此种不应入校阅单内，毋庸记戳；但未被采纳，已抄入《四库全书》总集类。

② 《总目》卷39。《翁稿》认为"或酌存其目。时人之作，未究古韵，可以无抄"（第84页）；《总目》列入乐类存目，认为"至其以五章字头统诗韵三十部，虽亦近似，然限以前所拈之数字，亦不足以尽清文之蕴。惟所论清字切音之法，皆中窾要，为有益于学者耳"。

③ 《总目》卷63。

④ 《总目》卷182。按：入存目即是贬多褒少，可谓"此时无声胜有声"。

大旨以明善为宗以主敬为要。力辟王守仁良知之学，以申朱子之说，故名曰‘闲道’，盖以杨、墨比守仁也。其间辨驳儒、禅之同异，颇为精核。惟词气之间，抑扬太过。以朱子为兼孔子、颜子、曾子、孟子之长，而动詈象山、姚江为异类，殊少和平之意，则犹东林之余习也。”①

（23）《说文长笺》

（24）《篇韵贯珠集》

（25）《职官分纪》

（26）《篆字汇》

（27）《宋宰辅编年录》

（28）《郭本太白集》②

（29）《说文篆韵谱》

《翁稿》云：“此系问题特发下之本，未便迳撰提要。今仍须另撰提要与否之处，俟酌定。”另撰提要究出自谁手，存疑以待考。

（30）《周礼订义》③

（31）《砚谱四种》

《总目》卷115谱录类将此析为三条，一为《歙州砚谱》，一为《歙砚说·辨歙石说》，一为《端溪砚谱》，行文与翁氏完全不同。

（32）《燕几图》④

（33）《五代春秋》⑤

---

① 《总目》卷97。

② 《翁稿》：“白集为诗集之冠冕，自应汇校诸本，采其尤善者刊为定本，此刻姑存其目。”（第135页）

③ 《总目》卷19。《翁稿》认为此书宜归于《通志堂经解》中校办之，毋庸另为专校（第142页），但其意见未被采纳，此书已抄入《四库全书》。

④ 《总目》卷116谱录类存目。《翁稿》：“《燕几图》一册，即从《说郛》内抄出者。毋庸另为专校。”（第145页）《翁稿》意见被采纳。《总目》：“陶宗仪已收之《说郛》中，此后人录出别行之本也。”

⑤ 《翁稿》：“《五代春秋》已入《尹河南集》，毋庸另为校办。”按：此条被红笔删去。《总目》卷48入编年类存目。

(34)《伪齐录》(《伪豫传》)①

(35)《南烬纪闻录》②

(36)《画竹谱》③

(37)《北苑别录》④

(38)《翰林志》⑤

(39)《游城南记》⑥

(40)《图画见闻志》⑦

(41)《申鉴》⑧

(42)《锦带书》⑨

---

① 《总目》卷198。《翁稿》:"《伪齐录》一册,即纂修莫前单内所校办之杨尧衍《伪豫传》。毋庸另为校办。"(第145页)《伪豫传》入传记类存目。

② 《总目》卷198。《翁稿》:"《南烬纪闻录》一册已入《学海类编》内,此毋庸另校办。"(第145页)此抄本作辛弃疾撰。《稼轩词》提要云:"弃疾有《南烬纪闻》,已著录。"按:遍检《总目》,未见著录《南烬纪闻》。

③ 《总目》卷112。《翁稿》:"《画竹谱》一册即从《说郛》内抄出者,毋庸另为校办。"(第145页)《竹谱》提要云:"其书世罕传本。浙江鲍氏所传抄者,仅有一卷,疏略殊甚,惟《永乐大典》载其完书……其书广引繁征,颇称淹雅,录而存之,非惟游艺之一端,抑亦博物之一助矣。中有说而无图者,自序谓与常竹同者,则不复图,非阙佚也。"

④ 《总目》卷115。《翁稿》:"《北苑别录》一册即从《说郛》内抄出者,毋庸另为校办。此抄本作宋赵汝砺撰。"(第145页)《宣和北苑贡茶录》附《北苑别录》系永乐大典本。

⑤ 《总目》卷79。《翁稿》:"《翰林志》一册即从《说郛》内抄出者,毋庸另为校办。"(第145页)《总目》著录系两江总督采进本。

⑥ 《总目》卷71。《翁稿》:"《游城南记》一册即从《说郛》内抄出者,毋庸另为校办。"(第145页)《总目》著录系编修汪如藻家藏本。

⑦ 《总目》卷112。《翁稿》:"《图画见闻志》一册即《津逮秘书》中之一册,毋庸另办。"(第145页)《总目》著录系内府藏本。

⑧ 《总目》卷91。《翁稿》:"《申鉴》一册已入《汉魏丛书》,毋庸另为校出。"(第145页)《总目》著录系两江总督采进本。

⑨ 《总目》卷137。《翁稿》:"《锦带书》一册已入《津逮秘书》,毋庸另办。"(第145页)《总目》著录系两江总督采进本,入类书类存目。

（43）《正易心法》①

（44）《述异记》②

（45）《录异记》③

（46）《杂谱》

《翁稿》云："《杂谱》一册，内《荔支谱》、《橘录》、《竹谱》、《菊谱》等五种皆系《百川学海》内者，毋庸另办。"《荔支通谱》、《橘录》、《竹谱》均见于《总目》。

（47）《滇载记》

《翁稿》云："《滇载记》一册，已归纂修任前单内办过，毋庸另办。"按：此条被红笔删去。但《滇载记》一卷著录于《总目》卷66。

（48）《罗湖野录》

《翁稿》云："第一行题曰宝颜订正，而其下一行校正姓氏控去盖欲冒为专刻之本耳，其实即眉公《续秘籍》中一种也。毋庸另为校办。"《罗湖野录》著录于《总目》卷145释家类，且被抄入《四库全书》。

（49）《丸经》④

（50）《金匮玉函经》

《翁稿》云："《金匮玉函经》一种应归医书内另办。"

朝军按：从《五代春秋》至《金匮玉函经》，"此每种另为一纸。"七字用红字书写，审为纪昀手笔。

---

① 《总目》卷110。《翁稿》："《正易心法》一册已入《津逮秘书》，毋庸另办。"（第145页）《总目》著录系两淮盐政采进本。"观此二则，则是书之伪妄审矣。"

② 《总目》卷144。《翁稿》："《述异记》一册已入《收魏丛书》，毋庸另办。"（第145页）《总目》著录系大学士英廉购进本。

③ 《总目》卷144。《翁稿》："《录异记》一册已入《津逮秘书》，毋庸另办。"（第145页）《总目》著录系两江总督采进本。

④ 《翁稿》："《丸经》一册，已入《津逮秘书》，毋庸另为校办。"（第145页）按：此条被红笔删去。但《丸经》列入《总目》卷114艺术类存目。

(51)《黄氏日抄纪要》十九卷 ①

(52)《识遗》②

(53)《玉川子诗集》

(54)《苏米谈史广》

(55)《联句诗纪》③

(56)《往哲录》

《翁稿》认为"虽不尽有关史事，亦可为吴郡志乘之资"。《总目》卷61传记类存目有《吴中往哲记》，但认为"盖未免乡曲之私"，"尤显然讹谬，则亦不足征信矣"。④

(57)《听雨纪谈》

《总目》入杂家类存目。语义大致相同，但行文不同。

(58)《西征记》

《翁稿》认为"其文笔颇涉庸俗，且所谈皆泛泛无关考据，直传奇小说之流耳，宋人不应如此。恐是赝作，毋庸存目"。《总目》卷64入传记类存目，认为确出宋卢襄之手。

(59)《琅琊漫抄》

(60)《高氏三宴诗》

(61)《四焉斋文集》⑤

(62)《楼居杂著》

朝军按：不同之处有三：第一，书名著录不同。第二，分类不

---

① 《总目》用《黄氏日抄》九十五卷本。

② 《总目》卷1180《翁稿》第162～171页。《翁稿》撰两篇提要，均与《总目》异趣。

③ 《翁稿》认为"此特一人一时之事，毋庸存目"。《总目》卷64传记类存目有《七人联句诗纪》，评价不高："盖偶然寄兴作也。所载胜事，以六官一隐者为大奇，亦未能免俗矣。"

④ 《总目》卷61。《翁稿》第183～184页。

⑤ 《总目》卷185。《总目》："其论文之旨，谓古文之所以称古者，乃意义之古，非词句之古。有明潜溪、遵岩、荆川、震川，其文词之近时者甚多，不以此损其古意。于麟、元美，字句之古，几于无一不肖，而终与古远。观其持论，可以见其宗旨矣。"

同，《翁稿》认为应存其目，而《总目》别集类著录。第三，解题不同。《翁稿》简略，而《总目》旁征博引，解题质量大大提高。①

(63)《离骚经中正》

《翁稿》云："极尊朱子《集注》，而未免过泥，致蹈庸腐，非所以言骚矣。"《总目》改为："自叙学问本领，陈述帝王心法，与四子书相表里，其说甚迂。故所释类多穿凿，如释名余曰正则字余曰灵均，谓屈子窃取子思之道，所言正则、灵均，与《中庸》天命之性、率性之道相合，是果骚人之本意乎！"② 行文稍异，但语义相同。

(64)《事物纪原》

(65)《来知德易经集注》

(66)《陆象山年谱》③

(67)《李延平先生集》

《总目》著录为《延平文集》、《延平答问》二种。《翁稿》上签："须查卷数"，"序太少"，"不能全具事迹者照此编年谱甚便。"

> 《翁稿》：谨按《李延平先生集》五卷，宋李侗著。侗为朱子之师，世称延平先生，其爵里出处具于朱子所为行状中。此宋赵师夏校本，而明邑林润芝重编刻者也。前三卷是文集，后二卷乃附录耳。应校刊之。④
>
> **《延平文集》**三卷附录二卷　编修汪如藻家藏本
>
> 宋李侗撰。侗有朱子所辑《延平问答》，已著录。此本乃侗裔孙葆初更汇诗文一卷，附缀于后，改题此名，故《宋志》不载。前三卷均标曰"朱熹编"，其实朱子惟编《问答》，未

---

① 《总目》卷170。《翁稿》第204页。

② 《总目》卷148。《翁稿》第208页。

③ 《翁稿》第222页。《翁稿》："是后半本，失其前半者，而原签原册皆止□一本，是不全之书，毋庸校办。"

④ 《翁稿》第223~224页。

编诗文，特借以为重耳。后二卷为附录，则朱子所为《行状》之类也。①

《延平答问》 一卷附录一卷 浙闽总督采进本

宋朱子撰。程子之学一传为杨时，再传为罗从彦，又再传为李侗。侗字愿中，延平其所居也。侗于朱子为父执。绍兴二十三年，朱子二十四岁，将赴同安主簿任，往见侗于延平，始从受学。绍兴三十年冬，同安任满，再见侗，仅留月余。又阅四载而侗没。计前后相从，不过数月，故书札往来问答为多。后朱子辑而录之，又载其与刘平甫二条，以成是书。朱子门人又取朱子平昔论延平语及祭文、行状，别为一卷，题曰《附录》，明非朱子原本所有也。后侗裔孙葆初别掇拾侗之诸文，增入一卷，改题曰《延平文集》，且总题曰朱子所编，殊失其旧。今仍录原本，而葆初窜乱之本，别存目于集部焉。②

(68)《郭氏传家易说》

翁撰提要时间为乾隆三十九年十一月朔日。但此篇提要稿原出姚鼐之手。《翁稿》云："《郭雍传家易说》十一卷，凡八册，除逐字逐句应改者皆已改正，不另粘签外，其关于写式，必须声说者谨粘签三十一条，十月二十二日分出校办，至十一月初二日办讫交馆。"③

(69)《周易录疑》

朝军按：《翁稿》有二篇提要。

(70)《本草经疏》

《翁稿》认为"此书应归医书门内办理，是以无庸另拟提要"，《总目》以《神农本草经疏》著录，且抄入《四库全书》医家类。④

---

① 《总目》卷174。

② 《总目》卷92。此为《四库全书》儒家类著录。参见姚鼐部分。

③ 《翁稿》第238页。

④ 《总目》卷104。

(71)《竹溪续集》

《总目》改题《鬳斋续集》，有同有异。《翁稿》云："宋之南渡，理学多在闽中，而莆田大盛，逢林光朝与朱子同时讲学，有重名，其学一传为林亦之，再传为陈藻，三传至希逸，盖皆以道学相授，非仅以词章著也。"①《总目》："今观其集，多应酬颂美之作，且以道学名一世，而上贾似道启，乃极口称誉，至以赵普、文彦博比之，殆与杨时之从蔡京，同一白璧之瑕。"②《总目》意存贬斥，而《翁稿》旨在褒扬。

(72)《方韶卿集》

《翁稿》认为："此一册之为方凤者，特偶抄其数篇，而未可以专集目之矣。《宋史·艺文志》既不载其集之卷数，而所谓存雅堂之全本又无考证。仅此一册，似难遽存其目。"③ 但《总目》将此种列入别集类存目，其提要云：

> 《方韶卿集》一卷，旧本题宋方凤撰。凤有全集，已著录。此集前有曹溶图记，盖其家藏抄本。然前半卷全采《宋遗民录》，后半卷钱塘诗以下则皆汪元量作。盖书贾伪抄以射利，溶不辨而收之也。

《总目》辨明真伪，考证比原稿精确。

(73)《乐庵语录》

朝军按：二者不同有三：第一，书名不同，旧曰"乐庵语录"，更曰"乐庵遗书"。第二，分类不同，此种未入儒家存目，而是抄入《四库全书》杂家类。第三，解题不同，其核心问题是观点不同，《翁稿》原在表彰李衡其人其学："《宋史》有传。虽不载入道学、儒林二传中，而其学本之程氏，得之《论语》，此卷本所载南京诸人题跋，所以推其造诣者甚至。应存其目，入之儒

① 《翁稿》第266页。

② 《总目》卷164。

③ 《翁稿》第267页。

家。”而《总目》极力贬斥之，将此书打入疑伪之作：“旧本题宋李衡撰，其门人龚昱编。……据隆庆元年沈珠序，称旧本五卷，今定为四卷，旧曰‘语录’，今更曰‘遗书’。然珠但称初得语录一册，不言其所自来，又言随失去，复得郡守曹紫峰抄本，所谓初得一本，当即指天顺癸未成廷珪所刻者。而卷末天顺己卯郑文康跋在刻前四年，亦称仅得抄本，是终莫详此书授受之的也。考书中所言，大抵与隆、万间心学相合。卷首吴仁杰序，与所作《两汉刊误》、《离骚草木疏》、《古周易》诸序，截然如出二手。其大旨以悟为宗，又述周必大书曰：‘乐庵临行一著，实是难得。禅和子亦服他，盖寻常说时甚易，腊月三十日直是不能瞒人。此老平生跌宕，到此乃得力，可敬可羡！’亦殊不似必大之语。考《宋史》衡本传，有临没沐浴冠巾，翛然而逝。周必大闻之曰：‘世谓潜心释氏，乃能达生死。衡非逃儒入墨者，而临终超然如此，殆几孔门所谓闻道者欤？’云云。无乃姚江末流，借此语以影撰此书之序，借以助心学之澜？并所谓天顺刻本之序跋，亦出影撰欤？不然，昱此编出于淳熙中，正与朱子同时，何以朱子于张九成、陆九渊，辨析不遗余力，而此书混儒、墨而一之，至轮对上殿，敢谓周公亦坐禅，而朱子寂无一语也？”①

文渊阁本卷首提要云：

> 臣等谨案：《乐庵语录》五卷，宋龚昱撰，昱字立道，昆山人。从学于李衡，录衡平日讲学之语为此书。乐庵者，衡所居也。衡为学以《论语》为本，尝有得于洛人赵孝孙之说。孝孙之父受业伊川，故衡亦渊源程氏，所著《周易义海撮要》，已别著录。是编阐明理学，间论诗文，亦有涉及二氏者，如因缘、地狱诸说，未能粹然无疵，而超悟处自非浅人所及。卷末载衡本传及遗事数则，又有吴仁杰后序，王蔺、孙侨、游泽、周必大、范成大、王遂、刘炜诸人跋语甚详，观其

① 《总目》卷117。《钦定续文献通考》卷176亦云：“是书所言，大抵与隆万间心学相合，当是姚江末流伪托之作。”

抗章论事，不避权贵，临殁从容，笃于任恤，真能脱然于富贵生死之际，以之印证所言，庶几躬行实践，非空谈性命者可比。仁杰后序云："吾友龚君立道，笃意于学，从先生游者六年，闻微言要指，必书于策，亦可谓不忘其师者矣。明方鹏《昆山人物志》称，昱蔚有文学，安贫乐道，乡人谓之龚山长，所居曰栖闲堂，陆游、刘过皆为赋诗云。乾隆四十七年二月恭校上。

此与《总目》中文字如出二手，与翁方纲观点反而相近。

《总目》认为：第一，《乐庵遗书》授受渊源不详；第二，书中所言大抵与明代隆庆、万历年间心学相合；第三，所谓天顺刻本序跋亦出影撰。下面我们初步探讨一下此书的真伪问题。

首先，我们考察其授受渊源。

明郑文康《书李乐庵语录后》云：

《乐庵先生语录》五卷，门人龚昱立道集其师李衡彦平之言也。昱，殿中侍御史识之曾孙，安贫乐道，乡人称为龚山长云。愚按：《昆山旧志》载，衡所著有《易说》、《论语说》、《易义海撮要》、《乐庵文集》、《和寒山拾得诗》，总若干卷，行于世。噫！未三百年，今皆不可见矣。独幸此书抄本尚存，使吾昆后生小子，略可考见先生之正学直道，非俗儒备臣比也。先生，江都人，初布衣，流落吾昆，王葆彦光见而异焉，以女弟归之。后致仕，舍江都而就昆山，岂以妇家之故欤？今县之通阛桥东有尼僧庵，云是前元邵万户舍宅为庵，平正修广，右有小巷，深不百步，题曰李侍御巷，又岂万户宅，先即先生所居欤？又按，至正廿三年知昆山州事高昌偰侯偰斯，因州人袁华、殷奎言先生与王御史葆、刘龙洲过，皆宋豪杰士，皆有言行，其墓近皆废坏，宜用修复。侯乃一一追访旧迹而封表之。当时若会稽杨维祯诸公，皆有诗文以纪盛事。……三公墓之所在，见于殷奎所撰《墓田记》甚详。记曰："……李先生，字彦平，号乐庵，墓在州治南六里圆明村。刘先生，字改

之，墓在马鞍山东斋。”……今先生之墓，漫不可寻矣。……余得此书于钝庵，买纸亲手录之……①

《李氏家乘记》亦云：

昆山辛居陋家多旧书，近得其宋人旧抄一集，惜乎首尾脱散颇多，中间又被毁裂去者三之一，其幸存而未亡者计纸三十有九翻，所抄多宋侍御史乐庵李衡彦平祖孙三世祭文、挽章。予乃以类相从，誊录一册，分为六卷，题曰《李氏家乘》，附装《语录》之后……②

郑文康是最早见到《乐庵先生语录》抄本的人。隆庆元年沈珠③序不见于四库本，无法详考，暂时存而不论。三百年间若存若亡，此书来源难免令人生疑。

其次，我们讨论书中所言是否与隆、万心学相合。《乐庵语录》云：

学者当以心明经，不当以经明经。（卷一）

曰心，曰性，曰天，曰命，此四物难为分别，挥而散之，一者为四；敛而归之，四者为一。（卷一）

昔有学无心者，前辈谓之曰将学无心，即有心矣。求之六经，曰存心也，养心也，治心也，正心也，知此然后可以无心。

圣人著书立言，皆所以开导后学，但一堕言诠，未免一偏之蔽，要当言语断绝处，默识而意会。

欲知天心，但看人心。（卷二）

---

① 《平桥稿》卷17。

② 《平桥稿》卷7。

③ 沈珠字汝渊，江都人，中正德丙子乡试，从祭酒湛若水游，授永新知县，升南国子监丞，若水徒满四方，珠为都讲。见《江南通志》卷163。

或问："如何斯可以安心？"曰："乐则安，若早夜戚戚然，以得失荣辱为虑，虽一日亦不能安矣。古人穷亦乐，通亦乐，未有其心不乐，而能安之者也？"（卷二）

禅者论一百二十种心，人只有一心。自其能宰制万物，则谓之心君；能经纬万方，则谓之心神。其本则一而已。《易》曰："一致而百虑。"所谓一致者，心之常；而百虑者，皆其变也。（卷二）

一日召对选得德，奏事毕，上因与论禅。乃奏云："所谓禅之说，儒家亦有之。但今人只于释氏留意，殊可怪。昔周公亦坐禅，惟孟子能知之。"上愕然。又徐奏曰："周公思兼三王，以施四事，其有不合者，仰而思之，夜以继日，幸而得之，坐以待旦，岂非坐禅乎？天下只有一理，周公平日坐而思之者，无非爱人利物之事，只此便是佛心，何须更问禅？"上颔之。（卷三）

先生曰：向守婺，女有学者贽文求见，因问诗活法，遂赠之诗曰："学诗如参禅，初不在言句。伛偻巧承蜩，梓庆工削镰。借问孰师承，妙处应自悟。向来大江西，洪徐暨韩吕。山谷擅其宗，诸子为之辅。短句与长篇，一一皆奇语。卓尔自名家，无愧城南杜。君诗亦可人，羞作女工蠹。正临百尺竿，到此方进步。我性文字空，志在学农圃。老矣甘摧颓，肯复事雕组。少读三百篇，每自叹无补。一念绝邪思，得处忘我所。学诗如参禅，无舍亦无取。立雪谩齐要，断臂徒自苦。君欲问活法，活法无觅处。"（卷三）

言"心"言"禅"之处确实不少，但其时代特征不明。是否就一定是明代之心学呢？恐怕还难以遽断。

另外，值得注意的是，其卷一所论"读书须识字"说被后人反复征引，其词曰：

人读书须是识字，固有读书而不识字者，如汉之孔光、张禹，唐之许敬宗、柳宗元，非不读书，但不识字，或问其说。

先生曰："孔光不识进退字，张禹不识刚正字，许敬宗不识忠孝字，柳宗元不识节义字。"

宋王应麟《困学纪闻》卷八云：

韩文公曰："凡为文辞，宜略识字。"杜子美曰："读书难字过字，岂易识哉？"李衡《识字说》曰："读书须是识字，固有读书而不识字者，如孔光、张禹、许敬宗、柳宗元，非不读书，但不识字。孔光不识进退字，张禹不识刚正字，许敬宗不识忠孝字，柳宗元不识节义字。"此可为学者之戒。

明胡炌《拾遗录》、清朱彝尊《曝书亭集》卷三十四均引及此条，只是文字有详略之分。可见，其文自宋、明、清均见征引，足证此书至少一部分为真。

最后，我们讨论《四库全书》本所载序跋的真伪问题。

吴仁杰《乐庵先生语录后序》云：

乐庵先生，享年七十有九，阅天下之义理居多。自其中年，清修寡欲，不啻如道人衲子，静极而通，故凡吾儒与佛、老二氏所谈性命之奥，心融神会，超然独得，推其余波，沾丐学者，每语辄更仆不少倦，盖以是为燕居之乐。吾友龚君立道，笃意于学，从先生游者六年，闻微言要指必书于策，积之为五卷，以示余。余闻古人学道，要必有所悟入。颜子由"克己复礼"悟，曾子由"一以贯之"悟，近世如徐节孝由"莫安排"而悟，元城先生由"不妄语"而悟。然知道易，蹈道难，此四君子见于履践者，皆可考也。余观先生始见赵公而悟，于"学而时习之"之一言，此其入道之门户。至于履践之实，又无愧于四君子者。

然则先生之学，所谓非苟知之，亦允蹈之者，与其没也，今翰林周公子充诒书所亲曰："乐庵临行一著，实是难学，禅和子亦须服他。盖寻常说时甚易，腊月三十日，直是不能谩人。此老平生跌荡到此，乃得力，可敬可羡！”翰林直道正学，其言不妄，故具著之学者，欲知先生讲学之妙，是书固不可无。欲知学力至到之地，则观诸翰林之言，思过半矣。淳熙五年八月二日，河南吴仁杰谨序。

《总目》云：“卷首吴仁杰序，与所作《两汉刊误》、《离骚草木疏》、《古周易》诸序，截然如出二手。”宋吴仁杰，字斗南，一字南英，别号蠹隐居士，昆山人。其称河南者，举郡望也。淳熙中登进士，官国子学录。《易图说》提要云：“《宋史·艺文志》：仁杰有《古周易》十二卷，《易图说》三卷，《集古易》一卷，今《古周易》世罕传本，仅《永乐大典》尚有全文，此书其图说也。”明言《永乐大典》尚有全文，却未见辑本，真乃奇事也！《两汉刊误补遗》与《古周易》序均未载，仅见《离骚草木疏后序》：

仁杰少喜读《离骚文》，今老矣，犹时时手之，不但览其昌辞，正以其竭忠尽节，凛然有国士之风。每正冠敛衽，如见其人，凡芳草嘉木，一经品题者，谓皆可敬也。因按《尔雅》、神农书所载根茎花叶之相乱，名实之异同，悉本本元元，分别部居，次之于槧，荟萃成书，区以别矣。夫榝似椒，萧艾似蘼，与夫紫菊之似兰，及巳之似杜蘅，犹夫大佞之于忠，乡愿之于德也。得是书，形见色屈，或庶几焉举无以乱其真。昔刘杳为《草木疏》二卷，见于本传，其书今亡矣。杳疏凡王逸所集者皆在焉，而仁杰独取诸二十篇之文，故命曰《离骚草木疏》。夫子不云乎：“《诗》可以兴，可以观，可以群，可以怨，迩之事父，远之事君，多识于鸟兽草木之名。”班固讥三闾怨恨怀王，是未知《离骚》之近于《诗》，而《诗》之可以怨也。刘勰亦讥三闾鸩鸟媒娀女为迂怪诡异之说①。又王逸注：“鸩媒谓鸩，食虵，羽有毒，可以杀人者。”

① 《文心雕龙·辩骚第五》：“至于托云龙，说迂怪，丰隆求宓妃，鸩鸟媒娀女，诡异之辞也。”

按：鸩有二焉，瑶碧之山，有鸟如雉，其名曰鸩。郭璞谓此。更一种非食蛇者也。《离骚》之文，多怪怪奇奇，亦非凿空置辞，实本之山经，其言鹥鸾皇鸩鸟，与《诗》麟驺凤凰何异？勰又何足以知之离骚？以芗草为忠正，莸草为小人。荪芙蓉以下凡四十有四种，犹青史忠义独行之有全传也。薋菉葹之类十一种，傅著卷末，犹佞幸奸臣传也，彼既不能流芳后世，姑使之遗臭万载云。岁在庆元丁巳四月三日，通直郎行国子录河南吴仁杰书。

《乐庵先生语录后序》与《离骚草木疏后序》确实风格不类，《总目》的判断大致不错。但仅据风格辨伪，难以定案。因为同一人风格前后有变化，《乐庵先生语录后序》时间在前，与《离骚草木疏后序》的写作时间相差二十年以上，风格难保不发生变化。况且，写不同文体的文章，也会有不同的风格。

《宋史》卷三百九十《列传》第一百四十九有李衡传：

李衡，字彦平，江都人，高祖昭素仕至侍御史。衡幼善博诵，为文操笔立就，登进士第，授吴江主簿。有部使者怙势作威，侵刻下民，衡不忍以敲朴迎合，投劾于府，拂衣而归。后知溧阳县，专以诚意化民，民莫不敬。夏秋二税，以期日榜县门，乡无吏迹，而输送先他邑办。因任历四年，狱户未尝系一重囚。

隆兴二年，金犯淮堧，人相惊曰："寇深矣！"官沿江者多送其孥，衡独自浙右移家入县，民心大安。盗猬起旁境，而溧阳靖晏自如。帅汪澈、转运使韩元吉等列上治状，诏进一秩，寻召入为监察御史，历司封郎中、枢密院检详，出知温、婺、台三州，惟婺尝莅其治。加直秘阁，而衡引年乞身，恳恳不休，上累却其奏，除秘阁修撰致仕。上思其朴忠，旋召落致仕，除侍御史，以老固辞，不获命。差同知贡举。会外戚张说以节度使掌兵柄，衡力疏其事，谓"不当以母后肺腑为人择官"，廷争移时。改除起居郎，衡曰："与其进而负于君，孰若退而合于道。”章五上，请老愈力，上知不可夺，仍以秘撰致仕。时给事中莫济不书敕，翰林周必大不草制，右正言王希吕亦与衡相继论奏，同时去国，士为《四贤诗》以纪之。衡后定居昆山，结茅别墅，杖屦徜徉，左右惟二苍头，聚书逾万卷，号曰乐庵，卒年七十九。衡自宣和间入辟雍，同舍有赵孝孙者，洛人也。其父实师程颐，家学有源，劝衡读《论语》，曰：“学非记诵词章之谓，所以学圣贤也。不可有丝毫伪，实处方可以言学。”衡心佩其训，虽博通群书，而以《论语》为根本。临没，沐浴，冠栉，翛然而逝。周必大闻之，曰：“世谓潜心释氏，乃能达死生，衡非逃儒入释者，而临终超然如此，殆几孔门所谓闻道者欤?”

吴仁杰《乐庵先生语录后序》前半段大旨以悟为宗，后半段与史也不完全吻合。但是将其定为影撰尚嫌证据不足。《总目》既疑此序出自影撰，因此也怀疑以下各篇跋语的真实性。《乐庵语录》后跋共有七则:

跋一曰:

太平全盛时，三光五岳之气，未（阙）……厚与今不同，况贤于人者哉！余自幼侍先尹相山及诸叔父行，见其年余七十，率皆强健，不甚服温补药，余兄弟尝自斟酌，气血已为弗类。今见子侄辈，才二三十岁，往往饵雄附如常膳，又远不逮吾曹矣。以此较彼，无怪乎人物之卑弱也。相山年七十有七，前知死期，当盛暑中，了无疾苦，挥扇坐逝。是其平生为人，清明刚正之所发见，非强勉积习而然。今观乐庵李公遗墨，而稽其行事，盖吾相山一等人，皆生于太平，而经历兵火忧患，仕路龃龉，摧挫抑厌，有人所不能堪，而气至死不屈，可以见其中之所存。夜旦去来，自应不乱，亦何待学佛而后有所得哉！公位不满德，四子皆从官，而两子以才学自致，所谓不在其身，而在其子孙者。甥陈振，少孤，养于公家，亦登科第，今为余婿云。绍熙辛亥九月辛酉，无为王蔺书。

按：王蔺，字谦仲，庐江人，乾道五年（1169）擢进士第，以敢言称，《宋史》有传。

跋二曰：

世俗以了悟生死为禅僧衲子一希世异事，殊不知，吾夫子负手曳杖之歌曾子易箦反席之际，盖吾儒之所优为者，侍御先生，理学之妙，见于践履，及处死生之变，若将归焉。其超然冥悟，殆禅衲之所不如，非学力所至，独可强哉？观其治命，以供佛斋僧为戒，则先生所得，盖在此而不在彼明矣。侨于先生为门下士，得邑，兹来虽不及侍杖履，而犹得诵遗书。于阙里之藏，再拜三复，辄疏于后，庶几发扬先生诚明之学，始终践履之实，如此吾党观之，可以默喻云。绍兴辛亥仲春中瀚，吴兴孙侨谨书。

跋三曰：

侍御先生李公，年逾七袠，孝宗皇帝起公于家，擢首风宪。一旦节度使张说本兵柄，抗章五上，与天子意不合，翩然而去。当血气既衰之年，略无一毫利禄之念。暨将逝之日，遗命以戒子孙，泚笔以别新故，雍容暇裕，初无异于平时，又何其了达如是耶？嗟夫！人之所以通乎死生之间者，惟一心尔。喜与悲，一物也；觉与梦，一致也。此心动摇于利害得丧之场，则必眩惑颠冥于变故之际。果能以浮云视富贵，则自能以昼夜视存亡，曳杖而歌，易箦而逝，兹岂一时勉强所能至？孔门义命之学，处死则为重，视死则为轻久矣。今公优游以观化，整暇以归全，后日之心，即前日勇于去国之心也，是乌可以二观之哉！泽居僻而生晚，虽不及侍杖席聆謦欬，而公之孙湑出示公之圹志遗墨石刻，反复壮诵，既以见公始终之大略，而且以知人心之果不可以无定守也。嘉定甲申季秋上瀚，建安后学游泽谨书。

跋四曰：

> 孔子曰："朝闻道，夕死可矣。"是理也，载于《易·系辞》，杂出于礼经。三代时，佛教未入中国，儒者于启手足之际，往往不乱，此理素明也。及汉晋之后，释教始行，乃谓欲达生死之理，非潜心释氏不可，故好之者心溺，攻之者辞费，盍亦反求其本而已。予与乐庵李彦平，既亲且旧，知其非逃儒而入释者，临终超然，自在如此，殆闻道乎？其子嗣宗等屡求一言，发明遗训，敬题其后。平园周必大题。

今检四库本《文忠集》卷四十九，周必大确实撰有《题李彦平遗书后》一文，且与此文一字不差！白纸黑字，可以一一覆按！《总目》于此集提要有云："必大字子充，庐陵人，绍兴二十一年进士，复中宏词科，官至右丞相，封益国公，致仕赠太师，谥文忠，事迹具《宋史》本传。必大以文章受知孝宗，其制命温雅，文体昌博，为南渡后台阁之冠。考据亦极精审，岿然负一代重名。著作之富，自杨万里、陆游以外，未有能及之者。是集即史所称《平园集》者是也，开禧中其子纶所手订。"可见，《文忠集》出自其子手订，集中所收文字之真实性应该不容置疑。奇怪的是《总目》疑及此跋，顾此失彼，殃及池鱼，未免过犹不及。

跋五曰：

> 乐庵先生，少年豪放任侠，抵掌功名之场，及其独抱圣经，坐进此道，遂知死生之说，于去来起灭之际，逍遥如此，盖所谓未有天地自古固存者。先生既自得之，彼去来生灭，特旁观所见云尔。何足以窥先生之具况、谆谆遗令之细耶？石湖范成大书。

按：范成大字致能，号石湖居士，吴郡（今江苏省苏州市）人。绍兴二十四年进士，官至参知政事，事迹具《宋史》本传。此跋未载其集中。

跋六曰：

孔子曰："朝闻道，夕死可矣。"盖道者，日用常行之理，苟闻之，则虽死无憾。又曰："未知生，焉知死。"盖生之道，有所未知，则何暇于死？二者皆尽其所当闻，所当知而死，非其所计也。昔者先大父好学，闻善如恐不及。宰长洲时，公为他邑簿，闻其学而学焉，公闻道于程门之学者，惠爱著于再领中山之日，直节见于立朝去国之时，而于死生之际，了达如此，亦可谓卓然不惑者矣。自程氏没，而诸弟子得其传者，类有见于死生之大节，而不能无坐忘立脱之偏。至文公兴于闽南，轩作于湘，而后孔孟之论始定，然而学者能如渡江诸贤所见者鲜矣，可不惧乎？可不惧乎？嘉熙丁酉孟秋仲澣后学王遂。

跋七曰：

炜韦布时从乐庵游，最蒙奖知。乐庵没于淳熙之戊戌，闻其属纩之前，贻书亲朋，治命子孙，留意周急，了如平时。后十有四年，始获观遗墨于无为之漕舍。乌乎！钟鸣漏尽之际，士大夫闻道之浅深见矣。至于逆知其期，湛然不昧，如乐庵者，自邵康节之后，一人而已。拊卷三叹，于是乎书。绍熙辛亥夏至，秣陵刘炜。

综上所述，《总目》的猜测缺少证据，拔茅连茹，连类而及，此种辨伪方法，不足为凭。特别困难的有两点：其一，无法证伪周必大之跋。既然我们已经证明了周必大之跋是真的，其他六篇也有可能是真的。其二，集中卷一所论"读书须识字"说被后人反复征引。《困学纪闻》、《曝书亭集》均为常见名著，《总目》也多有征引，不知馆臣何以失之眉睫之前！因此，《乐庵语录》是伪书还是真书，一时还难以下结论。根据"疑罪从无"的原则，我们不妨将其视为真书。

(74)《存悔斋诗》①

(75)《元音遗响》②

(76)《尊拙堂文集》③

(77)《邹子存真集》

《翁稿》认为应存其目，但又签“酌”字。按：《总目》以《愿学集》著录，《翁稿》未作评论，《总目》增评论：“元标有《祭诸儒文》，自称甲戌闻道。盖是时年方弱冠，即从泰和胡直游也。其学亦阳明支派，而规矩准绳持之甚严，不堕二王流弊。”④

《总目》又云：“其乡人龙遇奇巡视淮盐时为之镌板，序者无虑十数人，杂题万历、丁未、庚戌、甲寅、己未等年，其文皆不足录。”《总目》删去不少原序原跋，尤其对明代文集之序跋特别严格，其文不足录者皆从删。我们也不得不承认，《总目》毕竟也保留了大量高质量的序跋，更为难能可贵的是，有的序跋原本缺佚，馆臣又从他处移植补录。显然，《总目》还是有其判断标准的——足录则录，不足录则删。我们不能指望馆臣按照现在的标准，尽可能保留原本的本来面貌，不做任何删改。其实，馆臣是“皇家院士”，又奉旨行事，对于不合他们口味的东西改窜删并。馆臣中相当一部分也是一流学者，甚至是超一流的大师。在大兴文字狱之时，他们实际上也是受害者。他们又何尝不知道历史文献不能随意删改？在暴君的屠刀之下，他们也屈从了魔鬼，出卖了灵魂，成为可耻的帮凶。

(78)《汉旧仪》

(79)《夏东岩诗集》

《总目》改题《东岩集》，且已抄入《四库全书》。《总目》认为：“正嘉之际，学问渐歧，而尚朴独恪守先儒，不为高论，可谓

---

① 《总目》改题：《存悔斋稿》一卷《补遗》一卷。

② 此种已抄入《四库全书》总集类。

③ 《总目》卷179，增评论：“元荐受业顾宪成，入东林党籍，当时以节行称。而文章质率，不出讲学家窠臼。”

④ 《总目》卷172。

笃实之士矣。"①

(80)《舌华录》

(81)《梦粱录》

《翁稿》认为应抄存，又签："六月十二日总裁李于此序删去数句，改云应存其目。"按：此种已抄入《四库全书》地理类。副总裁李友棠当时也是事必躬亲，亲自修改提要稿。

(82)《甬上耆旧诗》

《翁稿》认为应存目，此种已抄入《四库全书》总集类。《总目》增评论："每卷之首，俱有小序，略依其才品名位高下为次，使各以类从，而不尽以时代为断，于支派极为详晰。中如宋袁燮之《絜斋集》、袁甫之《蒙斋集》，亡佚已久，今始得于《永乐大典》中裒集成编。文学等固宜目所未睹。至楼钥《攻媿全集》尚有遗本流传，而仅据其选集抄存，亦为搜罗未至。然其体例精审，于部居州次之中寓论世知人之义，征文考献，条理秩然，固非钓名悦俗、瓦砾杂陈者所得而相比矣。"②

(83)《姚江逸诗》

(84)《续姚江逸诗》

(85)《寒山丰干拾得诗》

《翁稿》认为："三僧之诗皆见《全唐诗》。兹虽专刻，毋庸另存目。"《总目》未采纳翁氏意见，卷149著录三僧之诗，且抄入《四库全书》中。

(86)《江月松风集》

《翁稿》为提要残稿，《总目》未采用此稿。

(87)《善乐堂音韵清浊鉴》

《翁稿》认为不应存目，但《总目》入存目。

(88)《转注古音略》

(89)《高注周礼》

(90)《雪矶丛稿》

① 《总目》卷172。

② 《总目》卷190。

《翁稿》认为其诗“在宋末诗人中自为一体，应抄存之”，确实已抄入《四库全书》之中。《总目》云：“雷发人品颇高，而集中有《谒易袚山斋诗》，乃结契于苏师旦之党，殊不可解。然考袚与师旦率连同败，在韩侂胄败之前，而诗称‘淳熙人物到嘉熙，见说山斋亦白髭’，则在袚窜谪之后二十余年，非有势焰之可附，殆以袚究心经学，且前辈旧人，故略其瑕垢而交之，固不足以累雷发也。其诗旧列《江湖集》中，而风骨颇遒，调亦浏亮，实无猥杂粗俚之弊，视江湖一派迥殊。如《寄姚雪篷》、《寄臣许介之》、《送丁少卿》、《读系年录》诸篇，尚有杜牧、许浑遗意，即《秋日村落》绝句‘一路稻花谁是主，红蜻蜓伴绿螳螂’之类，虽涉纤仄，亦无俗韵也。”①

《谒山斋先生易尚书》诗云：“淳熙人物到嘉熙，听说山斋亦白髭。文字尽传融水后，精神如战辟雝时。灵椿终不乎朝菌，蓍草难堪养寿龟。细捻梅花看《总义》，只应姬老是相知。”②

按：易袚（山斋）于《周易》、《周礼》皆有《总义》之作。

(91)《周易爻变义蕴》

《总目》云：“其书大旨谓义理玄妙之谈，堕于老、庄，先天诸图杂以《参同契》炉火之说，皆非《易》之本旨。故其论八卦惟据《说卦传》‘帝出乎震’一节，为八卦之正位，而以‘天地定位’一节邵氏指为‘先天方位’者，定为八卦相错之用。谓文王演《易》，必不颠倒伏羲之文，致相矛盾。其论太极、两仪、四象，以天地为两仪，以四方为四象；谓未分八卦，不应先有揲蓍之法，分阴、阳、太、少；周子无极、太极、二气、五行之说，自是一家议论，不可释《易》。盖自宋以后，毅然破陈抟之学者，自应润始。所注用王弼本，惟有上、下经六十四卦。据《春秋传》某卦之某卦例，如《乾》之《姤》曰‘潜龙勿用’，《乾》之《坤》曰‘见群龙无首吉’之类，故名曰‘爻变’。其称一卦可变六十四卦，六爻可变三百八十四爻，即汉焦赣《易林》之例。盖亦因古

① 《总目》卷164。

② 《雪矶丛稿》卷2。

占法而推原其变通之意，非臆说也。每爻多证以史事，虽不必其尽合，而因卦象以示吉凶，以决进退，于圣人作《易》垂训之旨实有合焉。在宋、元人《易》解之中，亦翘然独秀者矣。"①

朝军按：《四库全书》与文渊阁本卷首提要书名均作《周易爻变易缊》。

(92)《中州集》

(93)《文章正宗》

《翁稿》认为此书"信经训之菑畬"②，极为肯定；而《总目》认为："四五百年以来，自讲学家以外，未有尊而用之者，岂非不近人情之事，终不能强行于天下欤？然专执其法以论文，固矫枉过直；兼存其理以救浮华冶荡之弊，则亦未尝无裨。"批评其"不近人情"，"以理为宗，不得诗人之趣"。③ 按：此书抄入《四库全书》总集类。

真德秀《文章正宗纲目》云：

> "正宗"云者，以后世文辞之多变，欲学者识其源流之正也。自昔集录文章者众矣，若杜预、挚虞诸家，往往堙没弗传。今行于世者，惟梁《昭明文选》、姚铉《文粹》而已。繇今视之，二书所录，果皆得源流之正乎？夫士之于学，所以穷理而致用也。文虽学之一事，要亦不外乎此。故今所辑，以明义理切世用为主。其体本乎古，其指近乎经者，然后取焉。否则，辞虽工亦不录。其目凡四，曰辞命，曰议论，曰叙事，曰诗赋。今凡二十余卷云。绍定执除之岁正月甲申，学易斋书。

朝军按：真德秀以理为宗，虽得源流之正，却不得诗人之趣。诗有别裁，非关书也，亦非关理也。义理、考据、辞章，三者各有其道，并非互相排斥。宋人重义理，而欲抹杀考据、辞章；桐城派

① 《总目》卷4。

② 《翁稿》第388页。

③ 《总目》卷187。

重辞章，以宋儒理学为义理之正，而欲否定考据。

(94)《续文章正宗》

《翁稿》认为此“为正学之资”①。《总目》未加评论。按：此书抄入《四库全书》总集类，附录于《文章正宗》之后。②

(95)《元文类》

《总目》认为：“是编去取精严，具有体要。自元兴以逮中叶，英华采撷，略备于斯。论者谓与姚铉《唐文粹》、吕祖谦《宋文鉴》鼎立而三。然铉选唐文因宋白《文苑英华》，祖谦选北宋文因江钿《文海》，稍稍以诸集附益之耳。天爵是编无所凭借，而蔚然媲美，其用力可云勤挚。”③

(96)《本韵一得》

《翁稿》认为“其书体或未为古雅，不应存目”，但《总目》入小学类存目，且增评论：“骤而观之，以乐律定声音，以声音定部分，端绪井然，言之成理，似乎得声气之自然。其附会不能遽见，亦不能遽攻。然探其本而论之，律之作也，应阴阳之气，而写之以音，此出乎天者也。至于文字之作，其始用以记载，别而为形，因而宣诸语言，别而为声，其声由点画而起，不由律吕而起，此定于人者也。故古人律吕之妙，穷析毫芒，而音则并无平仄，此韵不与律俱生之明证矣。颜之推《家训·音辞》篇曰：‘郑玄注六经，高诱解《吕览》、《淮南》，许慎造《说文》，刘熙制《释名》，始有譬况、假借以证音字。而古语与今殊别，其间轻重清浊犹未可晓。孙叔然创《尔雅音义》，是汉末独知反语。此韵之始萌，不言配律也。’封演《闻见记》曰：‘魏时有李登者，撰《声类》十卷，凡一万一千五百二十字，以五声命字。’此乃渐配五声。然每声之中，尚未析平仄也。《南齐书·陆厥传》曰：‘沈约等，文皆用宫商，以平、上、去、入为四声，以此制韵。’《梁书·沈约传》曰：‘撰四声谱，自谓入神之作。’此今韵平仄之始，亦不言叶乐也。

---

① 《翁稿》第390页。

② 《总目》卷187。

③ 《总目》卷188。

自释神珙始作等韵，其图今载宋本《玉篇》之末。相传为北魏人，而其自序中乃称：‘昔梁沈约创纽字之图，又有南阳释处忠撰《元和韵谱》。’元和为唐宪宗年号，则当为晚唐时人。故唐一代诗人，未言字母。至宋，而其说乃大行，以韵配律，渐起于是矣。然沈括《梦溪笔谈》曰：‘乐家所用，随律命之，本无定音。常以浊者为宫，稍清为商，最清为角，清浊不常为徵、羽。切韵家则定唇、齿、牙、舌、喉为宫、商、角、徵、羽。其间又有半徵、半商者，如来、日二字是也。’是盛谈等韵之时，尚以韵与乐律截然分为两事。今为霖乃因字母有七音之例，遂更广其例，以十二为断，举隋陆法言以来上下平声五十七部并为十二部。夫乐之有十二律，不犹天之有十二宫乎？古圣人画地分州，建侯树国，各因其山川之势，初不取象于天。迨其后测验之术兴，乃以列宿分野，隶十二宫之次。声韵之始，随呼吸取读，亦犹分州建国也；及其配以音律，亦犹列宿分野也。其理不必不相通，而其势不能以彼改此。今以韵通于律，遂并为一十二部以应律，亦将以地理通于星野，而合并天下之千百郡县，割裂天下之疆界，合为十二州，以应天乎？况自汉以来，有韵之书不一，有韵之文亦不一，一旦尽举而废之，独标一为霖之书为千古韵学之圣。即其说果通，亦断断难行于天下，况倒置本末，并其理亦牵合乎？至于入声并十二为七，尤为乖理。声生于口，一呼皆备四声；字生于六书，非有所取义，则无其字。故二百六部之中，无入声者二十七。此二十七部，无平上二声者又四。非无其声，无其字也。为霖必一一配合，使无入者皆有入，亦误以字生于声，而不知声生于字，复倒置其本末也。今撮其大概，略为驳正如右，庶讲韵学者不至以新说改古法焉。”①

(97)《宋文归》

《总目》认为：“宋文多朴实，而惺以纤巧之法选之，以佻薄之语评之。是为南辕而北辙，其去取之得失可以不必问矣。”《翁稿》认为：“所撰古今诗皆名曰《诗归》，故其选文亦以《文归》

---

① 《总目》卷44。按：反切之起源，是学界一大公案，请详见拙著《黄侃年谱》有关部分。

名之。每篇加以评点，前列所选诸人氏籍，高宗列于北宋诸臣之后，盖不知著录之体耳。其选之当否与体式之合否，又无每论矣。”①

(98)《问水集》②

(99)《东坡诗话录》

(100)《木天禁语》

(101)《艺圃撷余》

《翁稿》认为：“明诗本有古谚一派，自王、李专言格调，清音中绝。同时王小美作《艺圃撷余》，有数条与其兄及济南异者，如云：‘更千百年，李何尚有废兴，徐高必无绝响。’此真高识迥论，令于麟、大美早闻此语，当不开后人抨弹矣。济南者谓李攀龙也。当嘉靖七子称诗，其剽拟视李何尤甚。世懋独不堕其障，是难能也。世懋诗才本不及其兄，只以此书一出，遂使谭艺家执以挟王代言诗之弊，于诗教不为无补。”③《总目》云：“是编杂论诗格，大旨宗其兄世贞之说，而成书在《艺苑卮言》之后，已稍觉摹古之流弊，故虽盛推何、李。而一则曰：‘我朝越宋继唐，正以豪杰数辈得使事三昧。第恐数十年后，必有厌而扫除者，则其滥觞末弩为之也。’一则曰：‘李于麟七律，俊杰响亮，余兄推毂之。海内为诗者，争事剽窃，纷纷刻鹫，至使人厌。’一则曰：‘尝谓作诗，初命一题，神情不属，便有一种供给应付之语。畏难怯思，即以充数。能破此一关，沉思忽至，种种真相见矣。’一则曰：‘徐昌穀、高子业皆巧于用短。徐能以高韵胜，高能以深情胜。更千百年，李、何尚有兴废，二君必无绝响。’皆能不为党同伐异之言。”④行文不同，但观点相近。

(102)《谈艺录》

---

①《总目》卷193。

②《总目》卷75。《总目》著录为“明刘天和撰”。《总目》著录作三卷，似误，文中又云“后四卷则皆进其前后奏议之文也”。

③《翁稿》第428页。

④《总目》卷196。

（103）《九经辨字渎蒙》

（104）《岺泉手学》

《总目》认为："是书取丰坊所作《子贡诗传》、《申培诗说》二书合为一编，以篆文与释文皆出手抄，故谓之'手学'。案：古文自许慎所存二百余字外，钟鼎款识，随人音释，已均在疑似之间。况此二书，又出丰坊妄造，性道乃珍重钩摹之，亦好古而不知考古者欤？"①

《钦定续文献通考》卷一百四十九《经籍考》亦云："闻性道《岺泉手学》二卷。臣等谨案：是书取丰坊所作《子贡诗传》、《申培诗说》二书合为一编，以篆文与释文皆出手抄，故谓之'古学'。"此与《总目》如出一辙。朝军按："清三通"多以《总目》为据，足证其权威性自问世之前起即已生效。

《钦定续通志》卷一百五十六《艺文略》："郑《志》《艺文略》有十二类，类各分门，门各标目，自叙以为经籍之散亡，由于编次之无纪。……今辑自宋迄明之艺文，谨遵《钦定四库全书》例，以著录存目分编，凡宋代诸书已登郑志者不复载入，所标总类，仍依郑《志》为十二，每门细目，则以《四库全书》为准云。"但在著录《岺泉手学》时却说："不著撰人名氏。"显然失考。

（105）《杨子折衷》

《翁稿》无观点，《总目》认为："宋儒之学，至陆九渊始以超悟为宗。诸弟子中最号得传者，莫如杨简。然推衍九渊之说，变本加厉，遂至全入于禅。所著《慈湖遗书》，以'心之精神是谓圣'一语，为道之主宰。而以'不起一意使此心虚明洞照'，为学之功夫。其极至于斥《大学》非圣言，而谓子思、孟子同一病源，开后来心学之宗。至于窅冥恍惚，以为独得真传，其弊实成于简。"②

明崔铣《杨子折衷序》云：

---

① 《总目》卷18。

② 《总目》卷96，儒家类存目。

铣尝观杨氏之书，其旨二：曰“心即道”，曰“灭意”。其援儒一曰“心之精神是谓圣”。抉三者之非，而其书不足辩也。惟天为虚，有形皆实，虚之所包，无尽形之，所纳有限，是故圜中窍外，其方盈寸，心之舍也，神明居之。圆彻灵觉，斯之谓心，以涵一理，而应万事，此无形理，亦无形上，与太虚其窍，流通而无间，浑为一体，理即性也。喜怒哀乐，其实也。仁义，其德也。性发为道，民共由之，谓心即道，可乎？人之闲居不善，心之染也；见君子而著其善，性不泯也。珠溷污浊，其光自耀。夫心之注拟曰志，其营谋曰意志，直而意岐，皆心也，无志曷立？无意曷为？志以道宁，意以道正，心而无意，其将为槁木乎？孟子曰：“心之官则思。”此天之与我者也。子思问于孔子曰：“物有形类，事有真伪，审之奚由？”子曰：“由乎心。”心之精神是谓圣。推数究理，不以物疑。盖言心之妙用，无不通也。故无不推也，能通者神，所通者理，岂如杨氏之言哉！①

(106)《三子定论》

《翁稿》表彰其“意固勤矣”，而《总目》认为：“王守仁作《朱子晚年定论》，颠倒年月，以就己说，久为诸儒所驳。复礼欲申陆、王而又揣公论既明，断断不能攻朱子。故嘘守仁已烬之焰，仍为调停之说……困绌之余，仍巧为翻案之计，盖所谓不胜不止者也。”② 贬斥之意显而易见。

(107)《警时新录》

《翁稿》认为“或存其目，附之小说家可耳。浙省书目入儒家，非也”。《总目》认为“皆警戒下愚之语，故其词不文，各证以见闻实事，亦多芜杂”。③

---

① 《洹词》卷12。按：崔序批驳杨氏三条基本观点，《总目》批评的重点放在第三条（即“心之精神是谓圣”）上，直捣心学之理论基点。

② 《总目》卷97。

③ 《总目》卷124，杂家类存目。

《钦定续文献通考》卷一百七十六《经籍考》亦云："胡澄《警时新录》一卷。澄字景高，临川人。臣等谨案：是书凡五十篇，篇有标题，皆警戒下愚之语。"按：此断语实袭自《总目》。

(108)《白沙集》

《总目》增材料："何熊祥重刊之。凡文四卷，诗五卷，行状、志、表附于后。"又增评论："史称献章之学，以静为主，其教学者，但令端坐澄心，于静中养出端倪，颇近于禅，至今毁誉参半。其诗文偶然有合，或高妙不可思议；偶然率意，或粗野不可向迩，至今毁誉亦参半。王世贞集中有《书白沙集后》曰：'公甫诗不入法，文不入体，又皆不入题，而其妙处有超出法与体与题之外者。'可谓兼尽其短长。盖以高明绝异之姿，而又加以静悟之力，如宗门老衲，空诸障翳，心境虚明，随处圆通，辩才无碍。有时俚词鄙语，冲口而谈，有时妙义微言，应机而发。其见于文章者，亦仍如其学问而已。虽未可谓之正宗，要未可谓非豪杰之士也。"① 复删材料："从崇仁吴与弼讲学。……至国朝长洲顾嗣协为新会令，又重刻之为六卷，与此刻字句间有小异，又增入从祀议、应召录，颇为详整，而今板已□。近人又辑《白沙语录》一书，实则即从此集中摘其论说，目为语录也。"且删评论："献章当日虽以讲学著名，然其学全在主静，不专以语言文字为工，殊不必以讲学为者定当有语录行世，如后来所谓湘宗、广宗，启渊源门户之渐，期为讲学之流弊，不可不防者也。近又有专刻其诗为湛若水注释者，亦自为一书，顾献章之诗，直写性情，不烦注释，亦毋庸行其诗矣。至其集则在别儒中为醇正者，应重校刊之。"②

王世贞《书陈白沙集后》云：

> 陈公甫先生，诗不入法，文不入体，又皆不入题，而其妙处有超乎法与体与题之外者。予少年学为古文辞，殊不能相契，晚节始自会心。偶然读之，或倦，而跃然以醒，不饮而陶

---

① 《总目》卷170。

② 《翁稿》第447页。

然以甘，不自知其所以然也。若邵尧夫非不有会心处，而沓拖跶跋，种种可厌，譬之剥荔枝，荐江瑶以佐蒲萄之酒，而馁鱼败肉，枭羹蛙炙，杂然而前进，将掩鼻抉喉，呕哕之不暇，而暇辨其味乎？然公甫乃极推重庄孔旸，又尧夫下也，而公甫亦自沾沾，则不能尽出，无意以此小让陶先生。

陈白沙其人其文，毁誉参半，而《总目》终以王氏此跋为水臬。

(109)《曲谱》①

(110)《日知录》②

(111)《周礼传》③

(112)《仪礼旁通图》④

(113)《理学宗传》

《总目》以《理学传心纂要》八卷本著录，《翁稿》无观点，而《总目》认为："奇逢行谊，不愧古人。其讲学参酌朱、陆之间，有体有用，亦有异于迂儒。故汤斌慕其为人，至解官以从之游。然道统所归，谈何容易！奇逢以顾宪成当古今第十一人。士昌又以奇逢当古今第十二人。醇儒若董仲舒等犹不得肩随于后，其犹东林标榜之余风乎！"⑤

孙奇逢自述曰："门宗分裂，使人知反，而求之事物之际，晦翁之功也。然晦翁殁，而天下之实病不可不泄。词章繁兴，使人知反，而求之心性之中，阳明之功也。然阳明殁，而天下之虚病不可不补。"朝军按：此说甚有见地。

《皇朝文献通考》卷二百二十五《经籍考》亦云："奇逢渊源于姚江，故推崇甚至。然其讲学能参酌朱、陆之间，而持以笃实和

① 《总目》改题《钦定曲谱》。

② 《翁稿》漫漶不清，为一残稿。

③ 《总目》卷19著录，且已抄入《四库全书》。

④ 《翁稿》认为应合前书校刊之。此种已抄入《四库全书》。《总目》卷20附《仪礼图》之后。

⑤ 《总目》卷97。

平，主于明体达用。《纂要》原书凡七卷，门人漆士昌复删削其语录搀入之，共为八卷。《答问》二卷，则与友人赠答之词。奇逢以顾宪成当古今第十一人，士昌又以奇逢当古今第十二人，殆犹不免东林标榜之习。”其《凡例》云：“自《钦定四库全书》裒集宇内典籍，定为著录、存目两类，兼命排入聚珍，刊播遐迩，洵册府之巨观，艺林之盛事，兹纂谨遵四库成规，分为经、史、子、集四门。”可见，《皇朝文献通考》也是以《总目》为准，且大量因袭其文。

(114)《钱录》

《翁稿》倾向于褒：“《顾烜》、《封演》诸谱，久佚不存。今存者惟宋洪遵《泉志》，引据诸书最为详赡，端木是书亦颇因之，而所引述有出《洪志》之外者。方今圣天子制度考文，《钱录》一编辑附《西清古鉴》卷后，允足折衷百代食货作径，诚非文士操觚，止就一人所闻见者之所能该备，然是书附《洪志》之后，则足以广考核之资。”而《总目》倾向于贬：“伏考《御定西清古鉴》中《钱录》一篇，图绘精妙，考据典核，足折衷百代，无以复加。端木盖未及见官书，故摭拾残剩，有此编录耳。”①

《钦定钱录》提要亦云：“十六卷，乾隆十五年奉敕撰。卷一至卷十三详列历代之泉布，自伏羲氏迄明崇祯，以编年为次第。十四卷列外域诸品，第十五、十六卷以吉语异钱厌胜诸品殿焉。考《钱谱》始见于《隋志》，不云谁作。其书今不传，唐封演以下诸家所录，今亦不传。其传者以宋洪遵《泉志》为最古，毛氏汲古阁所刊是也。然所分正品、伪品、不知年代品、奇品、神品诸目，既病淆杂，又大抵未睹其物，多据诸书所载想象图之，如聂崇义之图《三礼》，或诸书但有其名，而不言其形模文字者，则概作外圆内方之轮郭，是又何贵于图耶？至所笺释，率多臆测，尤不足据为定论。是编所录，皆以内府贮藏得于目睹者为据，故不特字迹、花纹一一酷肖，即围径之分寸毫厘，色泽之丹黄青绿，亦穷形尽相，摹绘逼真，而考证异同，辨订真伪，又皆根据典籍，无一语凿空。

① 《总目》卷84。《翁稿》认为或备抄录。《总目》入政书类存目。

盖一物之微，亦见责实之道与稽古之义焉。至于观其轻重厚薄，而究其法之行不行；观其良窳精粗，而知其政之举不举。千古钱币之利弊，一览具睹，又不徒为博物之资矣。"①

(115)《杨升庵集》

(116)《空同集》

(117)《大复集》

朝军按：二者评论不同。《翁稿》云："与李梦阳俱倡为复古之学，其诗较梦阳稍俊利，而亦不免模拟之迹，然于明诗家数颇为近正。"《总目》云："正、嘉之间，景明与李梦阳俱倡为复古之学，天下翕然从之，文体一变。然二人天分各殊，取径稍异，故集中与梦阳论诗诸书，反复诘难，断断然两不相下。平心而论，摹拟蹊径，二人之所短略同。至梦阳雄迈之气，与景明谐雅之音，亦各有所长。正不妨离之双美，不必更分左右袒也。景明于七言古体深崇四杰转韵之格，见所作《明月篇序》中。王士祯《论诗绝句》有曰：'接迹风人《明月篇》，何郎妙悟本从天。王杨卢骆当时体，莫逐刀圭误后贤。'乃颇不以景明为然。其实七言肇自汉氏，率乏长篇。魏文帝《燕歌行》以后始自为音节，鲍照《行路难》始别成变调，继而作者实不多逢。至永明以还，蝉联换韵，宛转抑扬，规模始就。故初唐以至长庆，多从其格。即杜甫诸歌行，鱼龙百变，不可端倪，而《洗兵马》、《高都护》、《骢马行》等篇，亦不废此一体。士祯所论，以防浮艳涂饰之弊则可；必以景明之论足误后人，则不免于惩羹而吹齑矣。"②

(118)《庄渠遗书》

《翁稿》认为："校之学以体仁为主，集中多味道之言。附以视学公移，亦有资学者观省。"而《总目》认为："（魏）校欲行《周礼》于后世，其说颇为迂阔。所著《六书精蕴》，欲以古篆改小篆，而所列古篆，又多杜撰，尤为纰缪。然校见闻较博，学术亦

---

①《总目》卷115。按：李裕民认为此书所录古印，摹写失真，考释多误。

②《总目》卷171。

醇，故是集文律谨严，不失雅正。考据亦具有根柢，无忝于儒者之言。"① 前者有褒无贬，后者有褒有贬。

(119)《石墨镌华》

《总目》认为："其曰《石墨镌华》者，取刘勰《文心雕龙·诔碑》篇句，以所收有石无金故也。每碑目录之下，仿陈思《宝刻丛编》之例，各注其地。金、元国书，世不多见。亦仿《集古录》摹载钟鼎之例，钩勒其文，体例颇为详备。惟所跋详于笔法，而略于考证，故岣嵝、比干墓铭之类，皆持两端。而所论笔法，于柳公权、梦英、苏轼、黄庭坚皆有不满，亦僻于一家之言。然一时题识，语有出入，自《集古录》以下皆所不免，不能独为崡咎也。至所载古碑，颇多未备，则由崡本贫士，其力止于如斯。观附录二卷，所载三记及诗，其求索之劳亦云备至，不必以挂漏为讥矣。"② 赵崡《石墨镌华自序》云：

> 余不敏，八岁时从先大夫在重庆，郡守朱秉器先生，博学好古，手虞伯施书授余，使余临摹。余时儿嬉不能有得也。既归为诸生，困于制科文，不暇旁及，然私心窃向慕古人。每获一名碑，必摩弄累日，不忍释去。余居近周秦汉唐故都，诸名书多在焉。西安頖宫，碑林为最。余每至其下，必坐卧观之，至于忘返。芒跻所及，片石只字，必且驻观，其佳者辄疏记之。以后好事，贵人怂恿摹拓，从乞副本，并请之友人之宦游四方者，于今三十余年矣。忆宋欧阳公、赵明诚、洪丞相、明都玄敬、杨用修，皆能博收古碑，注释评证，传之将来。今洪丞相《隶释》刻本最少，欧之《集古录》、赵之《金石录》、都之《金薤琳琅》、杨之《金石古文》，则人所共睹记也。考其收录，欧仅四百余，赵至二千，都、杨二公数不及欧。以余三十年所收，虽过都、杨，而视欧才三之一，视赵不能十之一。自宋、元以上，往往有二公所不及收者，即诸公书亦自有

---

① 《总目》卷171。

② 《总目》卷86。

无互异，岂不以搜访之难哉！且诸公版本具在，而求其石迹，亡者已过半矣。余死之日，余所收录，亦与浮烟飘霭俱尽，良足悲也。暇日命装池成帙，置一长几，高斋永昼，或追寻往哲，或模仿名书，披赏之余，妄加管见，书于各卷之尾。又恐他日将与此卷同为乌有而已。因总录其语，付诸枣梨。余目不能识书，乃敢谬议古人，何足存者？但因余言，而使后之好古者，如余之取征诸公，未必非斯文之一助也。且余于诸公书，最爱都、杨二公。全文抄刻，即石迹已亡，取征犹备，而负庐所入，不足以既匠氏，故用欧、赵二公例，独刻跋语。刻成，窃取刘勰氏之言，以名其书，曰《石墨镌华》，示诸同好，无不称善者。……

(120)《郡斋读书志》

《总目》云："马端临作《经籍考》，全以是书及陈氏《书录解题》为据。然以此本与《经籍考》互校，往往乖迕不合，如京房《易传》，此本仅注三十余字，而马氏所引，其文多至十倍。又如宋《太祖实录》、《太宗实录》、《建康实录》、《汲冢周书》之类，此志本仅述其撰人时代及卷数而止，而马氏所引，尚有考据议论，凡数十言。其余文之多寡，词之增损互异者，不可胜数。又希弁《考异》称：袁本《毗陵易传》，衢本作《东坡易传》；袁本《芸阁先生易解》，衢本作《吕氏章句》。今《经籍考》所题，并同衢本，似马端临原据衢本采掇。然如《晋公谈录》、《六祖坛经》之类，希弁《考异》称袁本所载而衢本所遗者，今《经籍考》实并引晁氏之说，则当时亦兼用袁本，疑此书已经后人删削，不特衢本不可复见，即袁本亦非尽旧文，故与马氏所引，不能一一符合欤？又前志子部序录，称九曰小说类，十曰天文历算类，十一曰兵家类，十二曰刑家类，十三曰杂艺类，十四曰医家类，十五曰神仙类，十六曰释家类。而志中所列小说类，《鸡跖集》后即为《群仙会真记》、王氏《神仙传》、葛洪《神仙传》三种。是天文历算等五类全佚，而神仙类亦脱其标目，则其他类之残阙，盖可例推矣。

然书虽非旧，而梗概仍存，终为考证者所取资也。"①

晁公武《郡斋读书志序》云：

> 杜邺从张京兆之子学问，王粲为蔡中郎所奇，皆尽得其家书，故邺以多闻称，而粲以博物显。下逮国朝宋宣献公，亦得毕文简、杨文庄家书，故所藏之富与秘阁等。而常山公以赡博闻于时。夫世之书多矣，顾非一人之力所能聚，设令笃好而能聚之，亦老将至，而耄且及，岂暇读哉？然则二三子所以能博闻者，盖自少时已得先达所藏故也。公武家自文元公来，以翰墨为业者七世，故家多书，至于是正之功，世无与让焉。然自中原无事时，已有火厄，及兵戈之后，尺素不存也。公武仕宦连蹇，久益穷空。虽心志未衰，而无书可读，每恨之。南阳公天资好书，自知兴元府，至领四川转运使，常以俸之半传录。时巴蜀独不被兵，人间多有异本，闻之，未尝不力求，必得而后已，历二十余年，所有甚富。既罢，载以舟，即庐山之下居焉。宿与公武厚，一日贻书曰："某老且死，有平生所藏书甚秘，惜之。顾子孙稚弱，不自树立，若其心爱名，则为贵者所夺，若其心好利，则为富者所售，恐不能保也。今举以付子，他日其间有好学者，而后归焉。不然，则子自取之。"公武惕然从其命。书凡五十箧，合吾家旧藏，除其复重，得二万四千五百卷有奇。今三荣僻左少事，日夕躬以朱黄雠校舛误，每终篇，辄撮其大指论之，岂敢效二三子之博闻所期者，不坠家声而已。书则固自若也。傥遇其子孙之贤者，当如约。绍兴二十一年元日昭德晁公武序。

中国古代的大目录学家，往往是当时最博学之人，刘向、刘歆、晁公武均为显例。读书，读书，遍读当代藏书，始可与言目录之学！

(121)《须溪评》

---

① 《总目》卷85。《翁稿》认为应校刊之。

《翁稿》云："谨按：元刘辰翁评九种凡十四册，辰翁字会孟，庐陵人，别号须溪。平生所为诗文甚多，于古书亦多所评骘，然未见有确然定正之处。或存其末《记抄》八卷可也。"《总目》未著录《须溪评》，而是将各种如《班马异同》、《世说》、《王右丞诗》、《杜诗》、《须溪记抄》等分别著录。《总目》认为："辰翁论诗评文，往往意取尖新，太伤佻巧，其所批点如杜甫集、《世说新语》及《班马异同》诸书，今尚有传本，大率破碎纤仄，无裨来学。即其所作诗文，亦专以奇怪磊落为宗，务在艰涩其词，甚或至于不可句读，尤不免轶于绳墨之外。"①

(122)《分类诚斋文脍后集》

(123)《古隽》

(124)《牧津》

《翁稿》云："采集古今牧民善政，自经济以迄儒治，分门纪述，采之史传，附以论说，所载事起汉讫明。其名《牧津》者，盖以为牧民者之津梁也。"《总目》云："万历甲辰进士，官至江西布政司参政。其书采辑历代循吏事实，分类编次。首列缉概一卷，分为五目：一考名、二稽制、三述意、四论世、五辨类。以下凡四十四卷，分经济、消弭、匡定、节义、当机、惠爱、化导、勤节、集事、政才、政术、真诚、清德、砥躬、风力、守正、严肃、敦厚、忠信、明决、得情、察奸、矜慎、平恕、执持、识见、崇体、任人、治赋、救荒、诘盗、儒治三十二类。每类前各有小序。……征采既广，不无烦碎丛杂之病。"② 几乎是重拟提要稿。

(125)《古夫于亭杂录》

《总目》云："其中如据《西京杂记》钩弋夫人事以驳正史，则误采伪书。据《贵耳集》以王安石为秦王廷美后身，则轻信小说。据《诗》元龟象齿之文，谓韩非希见生象之语不足为信。据《易》匪其彭之文，谓《论语》窃比老彭，彭当音旁，训为侧。据《子华子》证《诗》有美一人，据《示儿编》解《诗》黾勉从事，

---

① 《翁稿》第529页。《总目》卷165，《须溪集》提要。

② 《翁稿》第534页。《总目》卷80。

则附会经义。以张为为南唐人，以俞文豹为元人，亦失于考核。然如谓岳珂《程史》之名出于李德裕，辨《刘表碑》非蔡邕作，辨帖黄今古不同，辨《剧谈录》元稹见李贺之妄，辨《丹铅录》载苏轼词之谬，辨洪迈《万首绝句》，辨《西溪丛语》误引田子春，辨《才调集》误题王之涣，辨唐彦谦误咏齐文惠太子宫人，皆引据精核。品题诸诗，亦皆惬当。而记董文骥拟李白、孟浩然诗，记汪琬论新异字句，不讳所短，若预知其诗派流弊而防之者。可谓至公之论，异乎沾沾自护者矣。"《翁稿》云："士祯居鱼子山在康熙四十五年丙戌，罢官居里时，其诗亦名《古夫于亭稿》。士祯所著说部，今新城人所称三十六种者，独无是书。是书有二刻本，其一本前有海盐俞兆晟序者系五卷，与此本大同小异，而无士祯自序，载《蚕尾续文》中，原作六卷，当以此本为正。应抄录之。"①

(126)《感述录》

《翁稿》云："应存目入儒家。"《总目》入杂家类，且增材料："官长山县教谕。《明史·儒林传》附载《尤时熙传》末，以维新师张后觉，源出时熙故也。""前录皆记后觉讲授四书之义。"复增评论："《续录》前二卷皆自述讲学之旨，第三卷为诗文，第四卷则附录维新行略及张元忭、孙矿诸人评语也。师弟所述，无非禅机，而转相神圣，以为不传之秘。盖姚江立说之初，亦不料其末流至此矣。"《翁稿》云："前录六卷皆述其师张后觉解四子书之语，后觉字宏山，在平人，以字闻，一时学人多师宗之。……《续录》四卷则皆维新自撰诸条，间亦述其师语，并附以维新杂著之文，万历四十四年东昌知府长水岳和声为之编辑，应存目以入儒家。"②

(127)《明仁孝皇后内训》③

(128)《李赘》

朝军按：二者行文不同。《总目》认为："纵言不尽诬，亦颇

---

① 《总目》卷122。《翁稿》第535页。

② 《总目》卷125。《翁稿》第536页。

③ 《翁稿》认为应存目，此种已抄入《四库全书》。

嫌于自誉也。”①

(129)《经史绪言》

《总目》认为：“大抵执古义以绳今，与所作《读礼记略》相出入。如居丧不当称制之类，一字之争，动辄累牍，多非大义所关也。”②

(130)《苏长公外纪》③

(131)《弇州笔记》④

(132)《节孝先生语》

朝军按：《翁稿》主要节取《宋史·卓行传》，《总目》则仅以一语括之。《翁稿》对其书评论甚略，《总目》改题《节孝语录》，详论其得失——是书为其门人江端礼所录，《文献通考》载一卷，与今本合。其中说经之条，如释“唐棣之华，偏其反而”，谓“偏”当音“遍”，言开遍而复合。今考《礼》“二名不偏讳”注，偏读为遍，则遍、偏二字原相通。然以释“偏其反而”，则曲说矣。其释《春秋》：“壬申，御廪灾，乙亥，尝。”谓：“说者皆言：先言御廪灾，是火灾之余而尝，志不敬。其实《曾子问》言天子、诸侯之祀，遇日食、火灾、丧服，则皆废祀。今御廪灾，则尝可废而不废，是为不敬。何必谓火灾之余而尝？”今考《曾子问》曰：当祭而日食，太庙火，乃废祭，他火灾不废也。积概言火灾则废，反斥公、穀二《传》，亦殊失经意也。若以《论语》三嗅为三叹，谓《春秋》“西狩获麟”，重书僭狩非礼，不重书获麟，亦皆穿凿。至于商论古人，推扬雄而讥贾谊，至以陈平为秦汉以来第一人，殊乖平允。而误解《礼记》“葬欲速朽”，以近世用厚棺为非，尤为纰缪。然积笃于躬行，粹于儒术，所言皆中正和平，无宋代刻覈古人之习。大致皆论事、论人，无空谈性命之说，盖犹近于古之儒家焉。⑤

---

① 《总目》卷64。

② 《总目》卷183，别集类存目。《翁稿》认为应存其目。

③ 《总目》以《宋四家外纪》之名著录。

④ 《总目》以《凤洲笔记》为题入别集类存目。

⑤ 《总目》卷92，《节孝语录》提要。

(133)《古诗类苑》

《翁稿》云:“以类分编,末附古谚逸诗,类目之前先列作者姓氏,类目之下又分小门,盖为摛藻者便于检查,若夫诵诗之旨,沿波讨源者,固不可同语矣。”《总目》增材料二则,一为黄体仁序:“是编前有黄体仁序,称之象此书与《唐诗类苑》均家贫不能刊,以授其同里俞显卿,显卿亦未刊而卒。万历庚子,吴门曹氏始为刊其《唐诗》。至壬寅,显卿之弟显谟乃与之象壻王炯、陈甲校刊之。是其刻在《唐诗》后。”一为凡例:“其凡例有云:是编首自上古,下迄陈、隋,一枝片玉,搜括无遗。有唐一代之作,别有《类苑》,兹不重录。是其编纂亦在《唐诗》后也。”又增评论:“其书以冯惟讷《诗纪》为稿本,较《唐诗》易于为力。汉以后箴铭颂赞,冯本不录,之象增之。然文章各有体裁,著述各有断限,冯本所收封禅文之类,冯舒作《诗纪匡谬》已深驳之,正宜尽从刊削,而复捃摭续貂,殊不免伤于嗜博。又割裂分隶,门目冗琐。如全书既以古诗为名,而第七十七卷人部又立古诗一门,是何体例乎?其凡例至称道家歌诗出《列仙传》、《真诰》等书云云。《真诰》歌诗诚不一而足,《列仙传》七十二人未有一人载诗也。足见其随意剽掇,不尽考古书矣。”①

《钦定续文献通考》卷一百九十七《经籍考》云:“《唐诗类苑》因宋赵孟坚《分类唐诗》,阙佚不完,复为辑录《古诗类苑》,以冯惟讷《诗纪》为稿本,凡汉以后箴颂赞采录增入。”与《总目》《古诗类苑》提要亦如出一辙。

(134)《辽史拾遗》

《翁稿》云:“有改有附,统以‘拾遗’名之。……若原文不载,专用注语成帙,而又名以‘拾遗’,似乎史外可以单行者,则须自有卷数,乃为成书也。今姑以四册著录。”②《总目》云:“均摘录旧文为纲,而参考他书条列于下。凡有异同,悉分析考证,缀以按语。《国语解》先后次第与目录有不合者,亦悉为厘正,又补

① 《翁稿》第563~564页。《总目》卷192。

② 《翁稿》第577页。

辑辽境四至，及俗物产诸条于后。其中如刘守光自为节度使，《唐书》及《五代史》列传载之最详，乃独取《资治通鉴》一条。李嗣源之救幽州，不引《契丹国志》，亦仅引《通鉴》。王都破唐兵，《五代史》与诸书互有同异，而不加考辨，金克中京，《大金国志》叙次最悉，乃独取《松漠纪闻》数言。保大以后，辽事载于《宋史》纪传者最多，皆略而不取。似此之类，皆颇有所遗。又兰亭石刻之类，蔓延铺叙，与史事毫无所关，亦未免嗜博爱奇，伤于泛滥。然元修三史，莫繁冗于宋，莫疏略于辽。又辽时书禁最严，不得传布于境外，故一朝图籍，澌灭无征。鹗采摭群书，至三百余种，均以旁见侧出之文，参考而求其端绪，年月事迹，一一钩稽。其补唐中和诸人之传，及《礼志》之补幡胜，《乐志》之补聒帐，《舆服志》之补金冠窄袍，《食货志》之补赋税名目，皆采辑散佚，足备考证。……亦不诬也。至于卷末《国语解》，对音舛误，名义多乖，由作史者昧于翻译，故因仍故牍，致失其真。鹗虽厘正其次第，而索伦旧语，既非所知，故旧史驳文，未能考定。今三史国语悉蒙钦定，一洗前代之讹，足以昭示万古，鄂所附赘，存而不论可矣。"①

（135）《刘念台奏疏》

《翁稿》云："《明史》刘宗周传已载其各疏大略，而此书全载之其中，编次年月官阶，与史所载相同。宗周危言谠论，深中时弊，自应抄录，与本传相互发明焉，至其序末系年以崇祯，则殊为悖谬，此序应删。"《翁稿》又签"毁"字。②

（136）《周易注并略例》

《翁稿》无观点，《总目》认为："平心而论，阐明义理，使《易》不杂于术数者，弼、与康伯深为有功；祖尚虚无，使《易》竟入于老、庄者，弼、康伯亦不能无过。瑕瑜不掩，是其定评。诸

---

① 《总目》卷46。

② 《翁稿》第619～620页。《总目》卷172，《刘蕺山集》提要。按：《刘念台奏疏》并未禁毁，而是收入了《刘蕺山集》，"惟以奏疏以下十七卷勒为一编，而他书则仍别著录焉"。《四库全书》本《刘蕺山集》前五卷皆为奏疏。

儒偏好偏恶，皆门户之见，不足据也。"① 按：此说较为持平。

(137)《顾选元诗集》

《顾选元诗集》指顾嗣立所编之《元诗选》。《翁稿》认为"此是初刻时最先印之本。是以所编诸稿尚有缺而未全者。其目与诗多不相符，而集中诗篇亦有阙处，应合三集同校定而存之，兹毋庸另存目"②。此系残本，《总目》以全本著录，且增评论："虽去取不必尽当，而网罗浩博，一一采自本书，具见崖略。非他家选本饾饤缀合者可比。有元一代之诗，要以此本为巨观矣。嗣立称所见元人之集约四百余家。方今诏采遗书，海内秘藏，大都辐辏，中间如嗣立所未见者，固指不胜屈。而嗣立所见，今不著录者，亦往往而有。盖相距五十六年，隐者或显，而存者亦或偶佚。残膏剩馥，转赖是集以传，正未可以不备为嫌也。"③

(138)《江南野史》

(139)《明文在》

《翁稿》认为"虽明人学问本不担斤两，然此选亦太草"。《总目》认为"然数多则简择难精，世近则是非未定。榛楛未翦，则亦势使之然耳"。④

(140)《论语笔解》

(141)《中兴御侮录》

《翁稿》认为"应校正抄录，以资考史"，倾向于肯定；《总目》列入杂史类存目，认为"邻国传闻，不尽实录"⑤，多所批评。

(142)《王文成全书》

《翁稿》云："前恭校第四单内《阳明文集》十六卷，谨拟博

---

① 《总目》卷1。

② 《翁稿》第625页。

③ 《总目》卷190，《元诗选》提要。

④ 《总目》卷194。

⑤ 《总目》卷52，杂史类存目。《总目》将《中兴御侮录》改为《御侮录》，将"中兴"二字挖掉。原稿内有"盖作者之意，以中兴望其君，故以御侮名其录也"一句亦被删除。清高宗对此有专门批示，详见后面有关部分。

访善本校刊。今此本所搜已极详备，自应刊传，而后人再有选本，则存目可耳。”按：此书确已抄入《四库全书》。《总目》增材料：“守仁有《阳明乡约法》，已著录……为《传习录》，附以《朱子晚年定论》，乃守仁在时其门人徐爱所辑，而钱德洪删订之者……皆杂文……为奏疏、公移之类……为诗及杂文……则文录所遗、搜辑续刊者，皆守仁殁后，德洪所编次……亦德洪与王畿等所纂集也”又增评论：“其初本各自为书，隆庆壬申御史新建谢廷杰巡按浙江，始合梓以传，仿《朱子全书》之例以名之。盖当时以学术宗守仁，故其推尊之如此。守仁勋业气节，卓然见诸施行，而为文博大昌达，诗亦秀逸有致，不独事功可称，其文章自足传世也。此书明末版佚，多于选辑别本以行者。然皆阙略，不及是编之详备焉。”复删材料：“皆守仁卒后其门弟子所辑也。……前恭校第四单内《阳明文集》十六卷，谨拟博访善本校刊。今此本所搜已极详备，自应刊传。而后人再有选本，则存目可耳。”又删评论：“守仁之学，世或有议之者，顾其处武宗之世，危疑日积，而神州湛然，卒能乱靖邦，实见施行学人之能事，如是足矣。而编是集者，仍以《朱子全书》之例类之，冠以《传习录》，附以《朱子晚年定论》，则以全书皆为讲学之书矣。然学问事功，皆有不可没其实者。”①

（143）《蔡虚斋集》

《翁稿》无观点，《总目》增评论：“（蔡）清学以穷理为主，笃守朱子之说，其《读蜀阜存稿私记》中谓‘朱、陆俱祖孔、孟，而门户不同，然陆学未尽符于大中至正之矩，不免为偏安之业’，其宗旨所在可以概见。然其《易经蒙引》于朱子之解，意有未安者，亦多所驳正，不为苟合。是其识解通达，与诸儒之党同伐异者有殊。故其文章亦淳厚朴直，言皆有物。虽不以藻采见长，而布帛菽粟之言，殊非雕文刻镂者所可几也。”②

（144）《蒉川集》

---

① 《总目》卷171。《翁稿》第1466页。

② 《总目》卷171。《翁稿》认为应抄录之，此书确已抄入《四库全书》。

《翁稿》签“毁”字，但《总目》入存目，且增评论：“其文摹仿汉、魏，似古色斑驳，而不出《弇州四部》之门径。又以其子皋坐盐徒事，陷冤狱，上书武安王及县城隍神，亦载集中。虽秦诅楚文古有其事，编入文集，颇觉不伦。《蒇川集》皆其里居之时与人尺牍，益为小品矣。”又增材料：“与郊集总名《奉常佚稿》，凡分四种。首为《隅园集》，次为《黄门集》，次为《蒇川集》，次为《诊痴符》。‘诊痴符’者，语出《颜氏家训》，谓可笑之诗赋也。今《黄门集》别入奏议，《诊痴符》又有录无书，故惟以此二编著录集部焉。”①

(145)《许黄门集》

该书作者许相卿，字台仲，《翁稿》作“伯台”②。《总目》增评论：“是集为相卿所自定，简择颇精。自序谓弃其脱遗不可读者，存其余可读者，其自题绝句有曰：‘云村病老语多哤，造次诗成绝宋腔。还溯开元论风格，拾遗坛上树旌幢。’盖自以所学为未足，欲进而求之唐人也。今观其诗，大抵近体居多，五言有大历之调，七言出入于陈师道、陈与义间，可谓自知之审矣。章疏切实，杂文体裁雅洁，亦多有道之言，无明季士大夫求名若渴之习，殆笃实君子欤？其归田后，《与王子扬书》称时虑更切，不敢以归为幸。乃今传闻日骇，事势日危，旦夕念北，如昔之思南。其惓惓君国之意，视所谓‘去国一身轻似叶，高名千古重于山’者，相去盖不啻倍蓰也。”③

(146)《律古曲韵》④

(147)《等切元声》

(148)《春秋长历集证》⑤

---

① 《总目》卷179。

② 《翁稿》第697页。《总目》卷46《史汉方驾》提要：“相卿字台仲。”

③ 《总目》卷172，《云村文集》提要。

④ 《总目》改题为《律古词曲赋叶韵》。

⑤ 《翁稿》认为应刊刻以裨经学，此书已抄入《四库全书》。《总目》卷29改题《春秋长历》。

(149)《十三经字辨》①

(150)《周易象训》

(151)《了斋易说》

《总目》以《了翁易说》为题重拟提要，且增评论："邵伯温《闻见录》称，瓘说得康节之学。沈作喆《寓简》则曰，陈莹中尝以邵康节说《易》，讲解象数，一切屏绝，质之刘器之，器之曰：《易》固经世之用，若讲解象数，一切屏绝，则圣人设卦立爻，复将何用？惟知其在象数者皆寓也，然后可以论《易》，故曰：'得意忘象，得象忘言。'方其未得之际而遽绝之，则'吉凶与民同患'之理，将何以兆？恐非筌蹄之意云云。然则瓘之《易》学又尝质之刘安世，不全出邵子矣。其造语颇诘屈，故陈振孙《书录解题》病其辞旨深晦，然晁公武《读书志》谓其以《易》数言天下治忽多验，则瓘于《易》实有所得，非徒以艰深文浅易者，正未可以难读废矣。"②

(152)《易象钩解》

《翁稿》云："引物旁通，故名'钩解'。其书止上下经，但有卦爻词，而无《彖》、《象》、《文言》，盖据十二篇之《古易》，而但解其上下经二篇也，亦兼用互体及五行、纳甲、飞伏之类，盖本李鼎祚《集解》，而去其过于牵强者，然亦间有附会处。"③《总目》增评论："是编专阐经文取象之义。前有士元自序，称朱晦庵、张南轩善谈《易》者，皆谓互体、五行、纳甲、飞伏之类俱不可废。盖文、周象爻，虽非后世纬数琐碎，而道则无不冒焉。传注者惟以虚玄之旨例之，有遗论矣。其《履卦》注又曰：'京房之学，授受有自，今之学士大夫摈斥不取。使圣人不因卜筮而作《易》，惟欲立言垂训，则画卦揲蓍何为哉？'朱子曰：'《易》之取象固必有所自来，而其为说必已具于太卜之官，今不可复考，亦

---

① 《总目》卷34。二者行文不同。《总目》增评论："前为校画，后为校音，皆多舛漏。"

② 《总目》卷2，《了翁易说》提要。

③ 《翁稿》第942页。

不可谓象为假设。然则京氏之学，安知非太卜所藏者耶?'云云。案：太卜之法，虽不可考，然《左传》所载变爻、互体诸占，犹可以见其崖略。汉《易》自田何以下无异说。孟喜六日七分之学云出田王孙，而田王孙之徒以为非。焦赣直日用事之例，云出孟喜，而孟喜之徒，又以为非。刘向校书亦云惟京氏为异党。《汉书·儒林传》源委秩然，可以覆案。京氏书虽多散佚，而《易传》三卷犹存，其占法亦大概可考，与《左传》所载迥殊。士元以京氏《易》当太卜所藏，殊为无据。且京氏之法，绝不主象，引以为明象之证，亦失其真。然其谓《易》以卜筮为用，卜筮以象为宗，则深有合于作《易》之本旨。故其论虽或穿凿，而犁然有当者为多，要胜于虚谈名理、荒蔑古义者矣。"① 翁方纲对汉《易》不够重视，既讥其"牵强"，复嘲其"附会"，评价如此之低，与《总目》弘扬汉学之主旨大相径庭。《总目》认为"其谓《易》以卜筮为用，卜筮以象为宗，则深有合于作《易》之本旨"，这与《总目》重视汉《易》研究的主线一脉相承，诚如《易类序》所云："圣人觉世牖民，大抵因事以寓教：《诗》寓于风谣，《礼》寓于节文，《尚书》、《春秋》寓于史，而《易》则寓于卜筮。故《易》之为书，推天道以明人事者也。《左传》所记诸占，盖犹太卜之遗法。汉儒言象数，去古未远也。一变而为京、焦，入于禨祥。再变而为陈、邵，务穷造化，《易》遂不切于民用。王弼尽黜象数，说以老、庄。一变而胡瑗、程子，始阐明儒理。再变而李光、杨万里，又参证史事，《易》遂日启其论端。此两派六宗，已互相攻驳。又《易》道广大，无所不包，旁及天文、地理、乐律、兵法、韵学、算术，以逮方外之炉火，皆可援《易》以为说，而好异者又援以入《易》，故《易》说愈繁。夫六十四卦《大象》皆有'君子以'字，其爻象则多戒占者，圣人之情见乎词矣。其余皆《易》之一端，非其本也。今参校诸家，以因象立教者为宗，而其他易外别传者，亦兼收以尽其变。"

(153)《周易象通》

---

① 《总目》卷5。

《翁稿》云："皆顺本文之义而为说，虽名曰象通，而其实非有所阐发也。其于每爻下列变爻之象，颇为眉目井然，而变爻为□，非古也。至于每卦下注出乾下乾上，则自下而上之义，今皆先上而后下，则画卦之次紊矣。姑存其目。"①《总目》增评论："大旨欲稍还古义，而转生臆说，如不用陈抟《先天图》，亦不用周子《太极图》是矣。而别造《河图》四，谓三代以来世藏秘府以为宝，学者莫得而窥，迨宋徽宗考古搜奇，始出示于外，是出何典记乎？邵、陈以前无论矣，耿南仲、张根诸家皆徽宗时人，王湜以下诸家皆徽宗后人，何不一见也？其说《易》以象，象取于互体、变体是矣。然如谓《乾》居西北，当奎娄、白虎之尾，故曰履虎尾，已穿凿附会。至于解《既济》云：'涉者，多系匏以防危。《离》为大腹匏瓜之象，则涉者也。《坎》为川渎，则津济也。'因外卦为《离》而生大腹，因大腹而生匏瓜，因匏瓜而牵合于系匏、涉水，以迁就《既济》之象。《易》果若是之迂曲乎！又解《困卦》初爻、二爻云：'《坎》为丛棘，初其株也。六三居泉谷之间，故为石梁。株木、石梁皆因未涸而为桥梁，是急于济渡而遭困也。'因《坎》生丛棘，因在初爻而变文曰株木，因六三在《兑》、《坎》之间生泉谷，因泉谷而生石梁，而省文曰石。《易》果若是之晦涩乎！上经始《乾》、《坤》，而终《坎》、《离》，下经始《咸》、《恒》，而终《既济》、《未济》，确有义理。《序卦》即不出孔子，亦必汉以前经师所传。谋玮乃合上、下经而一之。《易》未经秦火，讹脱甚少，而谋玮或随意改字，或动称错简、衍文，甚至《渐卦·上九》并经文改为'鸿渐于逵'，并不言旧作'鸿渐于陆'，其武断尤甚。谋玮以博洽名，此书尤为曹学佺所推许，然其实多出臆见，不为定论。学佺序诠释《易》中诸字，如王安石《字说》，亦可笑也。"②

（154）《诗家鼎脔》

《总目》重拟提要，评曰："其间家数太杂，时代亦多颠例，

---

① 《翁稿》第743页。

② 《总目》卷9。按：《周易象通》，明朱谋玮撰。

编次颇为无绪。然宋末佚篇赖此以存者颇多，亦未可以书肆刊本忽之矣。”①

(155)《寒松阁集》

朝军按：二者行文详略不同。《总目》从著录源流、内容等方面增材料：“《宋史·艺文志》不载，诸家书目亦不著录。据其子阳跋，称旧有二十一卷，后毁于火，阳于族人处乞得残本，归而藏之。又有其十六世孙景凤、十七世孙璧二跋，称嘉靖戊午景凤等始锓于木。……分为三卷：首卷《翼学》十篇，述学问大旨，又《序经》二篇，序《论语》上下篇义，如《易序卦》之例。次卷为目录五十五条，分上下二篇。三卷为古今体诗四十九首，又附以往来书简。末有宋饶鲁、李士英及明嘉靖间田怡等跋。据璧跋，是集之刻，共四十一版。此本版数相符，盖从刻本影抄也。……厉鹗《宋诗纪事》所录初诗即据此本，盖亦未敢确指其赝。惟其字曰以元，鹗书乃作子元，与原跋不合。名字世系，其子孙所述未必误。鹗书盖传刻之讹也。”原稿无观点，而《总目》认为：“核其立言大旨，如与詹体仁论道，体仁摘其《咏水诗》‘野人见清不见水，却道无水亦无清’之句，深以为疑，盖不免稍涉于禅。至《翼学·大道章》所言器理有无之旨，目录第一条所言知止、运用二段工夫之说，则又皆力辟释、老。观其目录载：或问尊德性，道问学，朱子本来自全，陆子前面只尊德性一边，因朱子方走道问学，曰：此非学者所可轻议。则所学实介于朱、陆之间，似明代调停之说。其书晚出，真伪盖不可知。当景凤作《詹氏小辨》，其言驳杂恣肆，殊无忌惮。而此集议论颇醇谨，殊不类景凤所为。疑以传疑，姑以其言有可取而录之。其所自来，存而不论可矣。”总之，经过修改后，内容大为充实。②

(156)《竹溪文集》二十四卷又《乐府》一卷

《翁稿》云：“谨按：《竹溪文集》二十四卷，又《乐府》一卷，宋李弥逊著。弥逊字似之，连江人，居吴县，大观三年进士，

---

① 《总目》卷187。《翁稿》残阙，中间一些地方已漫漶不清。

② 《总目》卷163。

高宗时试中书舍人，再试户部侍郎，以争和议忤秦桧，乞归隐居连江西山，种竹其间，自号筠溪，故其集名筠溪，亦曰竹溪也。后附家传一篇，所叙遗稿之目与卷内相合，《宋艺文志》亦同。应抄存之。"①

按：此条《总目》分为两条，分别以《筠溪集》、《筠溪乐府》著录：

《筠溪集》二十四卷　编修汪如藻家藏本

宋李弥逊撰。弥逊字似之，连江人，居于吴县。大观三年上舍第一，高宗朝试中书舍人，再任户部侍郎，以争和议忤秦桧，乞归，事迹具《宋史》本传。是集首有楼钥序，称其归隐西山十六，年不复有仕宦意，咏诗自娱，笔力愈伟。《朱子语录》称："李弥逊亦一好前辈。"又尝跋其《宿观妙堂诗》后，亦倾倒甚至，盖其人其文俱卓然足以自立者也。旧本原题《筠溪集》，筠溪者，其归连江时所居之地，弥逊以自号，因以名集。集中有《筠溪图跋》，叙其始末甚明。《宋史·艺文志》载弥逊集二十四卷，亦名曰《筠溪》，可以互证。此本题曰《竹溪集》，考诸家著录皆无此名，知为传写之误。今仍改题曰《筠溪集》，似复其旧焉。②

《筠溪乐府》一卷　两淮盐政采进本

宋李弥逊撰。弥逊有《筠溪集》，已著录。此编旧本附缀《筠溪集》末。考弥逊家传称："所撰奏议三卷，外制二卷，诗十卷，杂文六卷。"与今本《筠溪集》合。而不及乐府，则此集本别行也。凡长短调八十一首。其长调多学苏轼，与柳、周纤秾别为一派，而力稍不足以举之，不及轼之操纵自如。短调则不乏秀韵矣，中多与李纲、富知柔、叶梦得、张元干唱和之作，又有鹏举座上歌姬唱《夏云峰》一首，考岳飞与汤邦彦皆字鹏举，皆弥逊同时，然飞于南渡初，倥偬戈马，不应有

---

① 《翁稿》第751~752页。

② 《总目》卷156。

声伎之事，或当为汤邦彦作欤？开卷寄张仲宗《沁园春》一首，注“《芦川集》误刊”字，然《蝶恋花》第五首今亦见《芦川集》中，又不知谁误刊也。自《虞美人》以下十二首，皆祝寿之词，颟顸通用，一无可取。宋人词集，往往不加刊削，未喻其故。今亦姑仍原本，以存其旧焉。①

《总目》增评论：“是集首有楼钥序，称其归隐西山十六，年不复有仕宦意，咏诗自娱，笔力愈伟。《朱子语录》称：‘李弥逊亦一好前辈。’又尝跋其《宿观妙堂诗》后，亦倾倒甚至，盖其人其文俱卓然足以自立者也。”“其长调多学苏轼，与柳、周纤秾别为一派，而力稍不足以举之，不及轼之操纵自如。短调则不乏秀韵矣，中多与李纲、富知柔、叶梦得、张元干唱和之作，又有鹏举座上歌姬唱《夏云峰》一首，考岳飞与汤邦彦皆字鹏举，皆弥逊同时，然飞于南渡初，倥偬戈马，不应有声伎之事，或当为汤邦彦作欤？开卷寄张仲宗《沁园春》一首，注《芦川集》误刊字，然《蝶恋花》第五首今亦见《芦川集》中，又不知谁误刊也。自《虞美人》以下十二首，皆祝寿之词，颟顸通用，一无可取。宋人词集，往往不加刊削，未喻其故。今亦姑仍原本，以存其旧焉。”又增考证：“此本题曰《竹溪集》，考诸家著录皆无此名，知为传写之误。今仍改题曰《筠溪集》，似复其旧焉。”

(157)《周易系辞精义》

《总目》认为“去取未为精审”，且疑为伪托。②《翁稿》据《宋史·艺文志》载吕祖谦《周易系辞》二卷，断定“是书为祖谦所辑无疑”。③

(158)《朱子语类》

(159)《李忠定公奏议》

《翁稿》云：“三书皆纲所自述，于靖康、建炎时事足资考核，

① 《总目》卷198。

② 《总目》卷7。

③ 《翁稿》第760页。

《宋史》因而采之。据《宋史》，纲所著尚有《靖康奉迎录》、《宣抚荆广记》、《制置江右录》。此三书亦宜附录于此，与其奏札相为表里，而编辑者未之及，宜博访收入。又目录内于卷之末有附记祭田记一篇，而检书亦无之，则刊刻亦当有遗阙，应校正刊刻以裨史学。”《总目》仅存其目。《总目》增材料：“纲有《建炎时政记》，已著录。案陈俊卿作《纲梁溪集序》，称其子秀之编其表章奏札为八十卷。此本仅六十九卷，已非秀之之旧。”复删评论：“纲于北宋之末南宋之初，惓惓于君国，惟以边防战守为急，以分别君子、小人为先，谟讲经画，具见之奏议中。”①

(160)《读易韵考》

《翁稿》云：“《易》为占筮而作，至卦爻彖象，已开声韵之元，焦、杨而后，或踵焉。此在观玩之辞随举见端，自无不可。献翼是书则谓一部《易》皆有韵，处处引他书以实之，凿矣。”② 而《总目》认为：“《易·象传》实有韵，至于彖词、系词之类，则无常格，亦如《淮南子》诸书，偶然叶读耳。献翼一举而韵之，非惟汉魏以下之音杂然并陈，甚至释氏之偈言，道家之章咒，亦泛引以证圣经，殊伤芜杂。即如爻词潜龙龙字，忽以为勿用之用，音庸是从本音也，《文言传》则谓：龙当音性，与遁世无闷叶。又曰：龙当音庞，与不成乎名叶。颠倒瞀乱，岂复有体例乎？此真不知而作也。”③

(161)《周易阐理》

《翁稿》云：“用《注疏》本，所释粗浅无足观。其卷前《授易源流》一篇，以为五行卜筮制于文王，又谓康节机巧，横渠粗疏，晦庵支离，则轻议儒先，几于诬妄矣。”而《总目》认为：“是编原稿凡三四百纸，虞皋自以为太繁，删存十之一二。其子孙贻又以为太简，复采原稿补其遗阙，即此本也。书成于康熙壬午，

① 《总目》卷56。《翁稿》第773～781页。

② 《翁稿》第787页。

③ 《总目》卷44。按：《易》皆有韵，但须剔除占辞，详见拙撰《易经表解》。

前有孙贻序，后有虞皋从子鉴跋，大旨黜象数而明义理，故名曰《阐理》。首冠《授易源流》一篇，分言数、言理二宗，于汉以来诸儒之学皆有所排击，惟推尊郝敬之书，持论颇偏。其述数学，以为老子传鬼谷子，后焦延寿得之以传京房，陈抟得之以授穆修、李之才以及邵子。按：老子与孔子同时，鬼谷子与苏秦同时，相距百有余年，邈乎无涉，不知老子之《易》何以得传鬼谷子？又《汉书》载，焦赣之学，莫知所出，自称出于孟喜，而喜弟子施仇等力攻其非，无所谓得之鬼谷子者。至焦、京乃占候之术，而陈抟所传先天诸图，则以道家炉火之说推衍阴阳奇偶，其法截然不同，亦无所谓得之焦京者。虞皋所云，均不知其何本。其述理学，以为孔子授商瞿，后分田何、费直二家，田何学传晁说之、吕祖谦，费直学传郑玄，玄传王弼，至宋而为周、程、朱三家之学，至明而为胡广之《大全》，蔡清之《蒙引》，林希元之《存疑》，陈深之《通典》，而郝敬之书，独能脱尽陈腐。案：郑玄、王弼截然两派，一汉一魏，时代又殊，无玄传于弼之事，所考尤疏矣。”①

(162)《天台集》②

(163)《竹斋集》

《翁稿》云：“通《春秋》，尝一试进士举，不第……应抄录之。”《总目》增材料：“《续高士传》作字符肃，本农家子，家贫，依沙门以居，夜潜坐佛膝上，映火读书。”又增评论：“然行多诡激，颇近于狂。著作郎李孝光、秘书卿泰哈布哈（原作泰不华，今改正），皆尝荐于朝。知元室将乱，辞不就。明太祖下婺州，闻其名，物色得之，授咨议参军。未几，卒。宋濂为作传，载《潜溪集》中，叙其始末甚备。《明史·文苑传》亦同。《续高士传》以为太祖欲授以参军，一夕卒。《浙江通志》据以列入《隐逸传》。旧本亦题为元人，非其实矣。诗集三卷，其子周所辑，刘基序之。续集诗及杂文一卷，又附录吕升所为《王周行状》，则冕女孙之子骆居敬所辑。冕天才纵逸，其诗多排奡遒劲之气，不可拘以

---

① 《翁稿》第791页。《总目》卷9。

② 《翁稿》认为应存其目，此书已抄入《四库全书》。

常格。然高视阔步，落落独行，无杨维桢等诡俊纤仄之习。在元明之间，要为作者。集中无绝句，惟画梅乃以绝句题之。续集所收，皆自题画梅诗。史称其隐居九里山时，种梅千株，自号梅花屋主。尤善画梅，求者踵至，以幅长短为得米之差云。"①

(164)《欧阳圭斋文集》②

(165)《仇山村诗》

《翁稿》认为"此抄本盖是后人景慕其名，而采拾成之，中间有就所书墨迹将题跋一并抄入者，非远之全集也，应抄存之"。③《总目》未见《仇山村诗》，著录其《金渊集》、《山村遗集》，二种提要均与此不同。

(166)《竹素山房诗集》

《翁稿》云："衎，字子行，钱塘人。常自比于郭忠恕，工隶书，精小篆，兼通声音律吕之学。其著述有《尚书要略》、《晋文春秋》、《楚史梼杌》、《说文续解》、《周秦刻石释音》、《学古编》等书，或称吾衎，又或称丘衎。其号或曰竹素，又或曰竹房，或曰贞白。……盖皆后人所采辑也。应抄存之。"只有材料，没有评论。《总目》增评论："其诗颇效李贺体，不能尽脱元人窠臼。然胸次既高，神韵自别，往往于町畦之外逸致横生，所谓王谢家子弟虽不复端正者，亦奕奕有一种风气也。考衎于至大三年为人所累，被摄得释，不胜其恚，自投西湖死，留一诗，别其友仇远云：'刘伶一锸事徒然，蝴蝶飞来别有天。欲语太元何处问？西冷西畔断桥边。'别见于《释宗泐集》，而此三卷中无之。意者原稿为衎所自编，故未经载入欤？朱存理《楼居杂著》有《书吾氏类集》一篇，称《虞山杂抄》内有《竹房集》三卷，予家有子招雨师文等篇遗迹一册，录附集后。其卷帙与此本合，则此犹旧帙云。"④

---

① 《翁稿》第 806 ~ 808 页。《总目》卷 169。

② 《总目》著录版本"江西巡抚采进本。"凡十五卷附录一卷，卷数亦不同。

③ 《翁稿》第 819 页。

④ 《翁稿》第 820 页。《总目》卷 166。

(167)《清源文献》①

(168)《炎徼纪闻》

(169)《北山小集》

《翁稿》云:“其文在北宋之末、南宋之初最为有名。石林叶少蕴称其有左丘明、班孟坚之用意。而是集传本颇少,应刊刻之。”②《总目》增材料:“俱有《麟台故事》,已著录。是集凡诗十一卷,赋及杂文二十九卷。俱天性伉直,其在掖垣,多所纠正。如《高宗幸秀州赐对札子》极言尝罚施置之当合人心,《论武功大夫苏易转横行札子》极言朝廷之当爱重官职,又徐俯与中人倡和,骤转谏议大夫,俱亦缴还录黄,颇著气节。今诸札俱在集中,其抗论不阿之状,读之犹可以想见。”又增评论:“至制诰诸作,尤所擅场。史称其典雅闳奥,殆无愧色。诗则取径韦、柳,以上窥陶、谢,萧散古澹,亦颇有自得之趣。其《九日》一首,毛奇龄选唐人七律,至误以为高适之作,足知其音情之近古矣。其集传世颇稀,此本乃石门吴之振得于泰兴季振宜家,盖犹从宋椠抄存,故鲜所阙佚。近时厉鹗作《宋诗纪事》,载俱古诗二首、律诗二首、联句一首,皆称采自《北山集》,而其中《南园》一首,检集本实作《章仆射山林》,与鹗所引已不相合。又《游大涤》一首采自《洞霄诗集》,而集本第三卷内有《同余杭尉江仲嘉褒道人陈祖德良孙游洞霄宫》一首,检勘即鹗所引,而篇幅较长,几过其半,鹗亦不及详检,反欲以补是集之遗,殊为疏舛。殆鹗据他书转引,未见此本欤?”复删材料:“俱字致道,衢之开化人。以外祖邓润甫荫入仕,宣和二年赐上舍出身,高宗时擢中书舍人,兼侍讲,罢提举,江州太平观,除徽猷阁待制,卒。所著诗文集外,有《麟台故事》五卷……”③

(170)《储光羲诗集》

(171)《四礼辑宜》

---

① 《总目》删“炯字思默,号怍庵,嘉靖二十三年贡士”,不妥。

② 《翁稿》第848页。

③ 《总目》卷156,《北山集》提要。《翁稿》第848页。

《翁稿》云："此书无序文及撰辑年月，分冠、婚、丧、祭四者之礼，多述《文公家礼》意，在酌其随可行者，盖《家礼》之略节耳。但存其目可也。"《总目》增材料："灵寿人。万历己丑进士，官至右佥都御史巡抚延绥。崇祯十一年，灵寿城破，与三子同殉节。乾隆乙未赐谥忠节。"又增评论："是书亦多以意为之……如此之类，皆于古义未协，未可据为确论也。"①

(172)《圣学宗传》

《翁稿》认为"以其所述既系圣贤儒者之言，似应抄存"，倾向于肯定；《总目》引《明史·儒林传》曰："王守仁传王艮，艮传徐樾，樾传颜钧，钧传罗汝芳，汝芳传杨起元及汝登。起元清修姱节，然其学不讳禅。汝登更欲合儒释而会通之，辑《圣学宗传》，尽采先儒语类禅者以入。盖万历以后，士大夫讲学者多类此。"② 朝军按：《总目》谨守儒墨之防，对于一切杂学尤其是禅学主张严厉打击，因而对《圣学宗传》倾向于否定。

(173)《帝鉴图说》

《翁稿》云："一图一说相间，似记内府有其书，似可毋庸抄。"③《总目》将其列入史评类存目，接受了翁氏的意见。④

(174)《骈雅》

(175)《古易考原》

(176)《读史漫录》

《翁稿》云："盖读史之说部也。但其论多是人所常谈，非关于考据精要之大者，似毋庸抄录，或仅存其目可矣。"⑤《总目》增材料："慎行字可远，更字无垢，隆庆戊辰进士，官至礼部尚书。事迹具《明史》本传。"又增评论："所论无甚乖舛，亦无所阐发。目录后有门人郭应宠题识，称是书先梓于闽，未经雠校，后

---

① 《总目》卷25。《翁稿》第876页。

② 《总目》卷62。《翁稿》第880页。

③ 《翁稿》第881页。

④ 《总目》卷90。

⑤ 《翁稿》第901页。

其子君图与《笔麈》同锓以行，应宠又于慎行遗稿中，搜得读史五十通补入云。”①

(177)《文康集》

《翁稿》认为“内惟疏草略见时事，其余皆无甚关于稽考者”②。《总目》别集类存目著录为二十二卷本《未斋集》，又增材料：“今所存者凡二本，一为其孙晋璠等辑，凡文稿六卷，诗六卷，又续稿六卷，其题曰《顾文康集》，较史少六卷。此本多三集四卷，亦止二十二卷，不足二十四卷之数。”③

(178)《方麓集》

《总目》增评论：“《江南通志》称其性素简默，至谈经则娓娓不倦，故文章具有根柢。又《通志》述樵之言曰：‘士大夫以留心案牍为俗吏，文墨诗酒为风雅。夫饱食官禄，受成吏胥，谓之风雅可乎！’故其文章颇切实际，非模山范水、嘲风弄月之词。其诗虽不能自辟门径，而冲和恬澹，要亦不失雅音。盖当七子争驰之日，尤能守成、弘先正之典型焉。”④

(179)《汇雅》

《翁稿》云：“此书世间久无传本，今此本丹黄处尚有吴郡赵宧光手迹，宧光亦究心六书之学者，洵为校阅之善本矣。应刊刻以裨小学。”⑤《总目》增材料：“然如《释诂》：肃、延、诱、荐、餤、晋、寅、荩，进也。郭注：寅未详。萱于他注义未详者，无所证据，而晋之为进、人皆解者，乃反详之，殊失体要。又若《释诂》：祪，祖也。萱释之曰：祪，远祖也。亲在高曾之上，危矣。此义尤为未安。盖明人不尚确据，而好作新论，其流弊往往如此也。《续编》二十八卷，则皆割裂陆佃《埤雅》，罗愿《尔雅翼》合为一集，每条以佃、愿之名别之。惟第一卷说风一门，有一条题‘张萱

---

① 《总目》卷50。
② 《翁稿》第905页。
③ 《总目》卷176。
④ 《总目》卷172。
⑤ 《翁稿》第909页。

曰'，为所自释耳。”又增评论：“盖未成之本，后人不察而误刊之。陆氏、罗氏原书具在，亦安用此抄胥为哉？是尤画蛇之足矣。”①

(180)《吴中水利全书》

《翁稿》云：“其自序云蔡懋德上言水利，深切究心，实与国维共诠次此书。”②《总目》增材料：“国维字九一，号玉笥，东阳人。天启壬戌进士，福王时官至吏部尚书。南京破后，从鲁王于绍兴。事败，投水死。事迹具《明史》本传。”又增评论：“凡例谓崇明、靖江二邑，浮江海之中，地脉不相联贯，自昔不混东南水不政之内。今案二邑形势，所说不诬，足以见其明确。《明史》本传称国维为江南巡抚时，建苏州九里石塘及平望内外塘、长洲至和等塘，修松江捍海堤，浚镇江及江阴漕渠，并有成绩。迁工部右侍郎，兼右佥都御史，总督河道。时值岁旱，漕流涸，浚诸水以通漕。又称崇祯十六年，八总兵师溃，国维时为兵部尚书，坐解职下狱。帝念其治河功，得释。则国维之于水利，实能有所擘画。是书所记，皆其阅历之言，与儒者纸上空谈固迥不侔矣。”③

(181)《吟窗杂录》

《翁稿》云：“其所载《魏文帝诗格》等凡二十六种，皆前人说诗之书，自第十九卷《历代竹谱》以下则编书者所自为也。大致如《诗人玉屑》之类，而条件颇多琐陋，如论诗病云……其尤谬者又列蜂腰鹤膝等八病于《魏文帝诗格》中，而且文帝著书以长卿与孟德作对，此皆无稽之说。大抵多属后人凑集而成。其所谓状元陈应行者，南宋状元内无陈应行其人，盖是宋末坊贾所为耳。”《总目》进而认为：“盖伪书也。前列诸家诗话，惟钟嵘《诗品》为有据，而删削失真。其余如李峤、王昌龄、皎然、贾岛、齐己、白居易、李商隐诸家之书，率出依托，鄙倍如出一手。而开卷《魏文帝诗格》一卷，乃盛论律诗，所引皆六朝以后之句，尤

① 《总目》卷43，小学类存目。

② 《翁稿》第910页。

③ 《总目》卷69。

不足排斥，可谓心劳日拙者矣。”①

(182)《蜀碧》

《总目》增材料：“乾隆丁巳进士，官翰林院编修。……始末及一时死节士女。其曰‘蜀碧’者，取‘苌宏之血三年化碧’意也。……及杨展、刘道贞、铁脚板、余飞等传。”又增评论：“其书大旨以沅云祚称‘献逆残蜀，由风俗之恶’，故为此书，备书死难者姓名，以雪斯耻。而体例冗杂，如载桐城二老事，与蜀中无关。又如贼梦梓潼神以宗弟红柬来谒诸事，亦太涉神怪也。”②

(183)《温公年谱》

《总目》云：“夏县人。与司马光为同里，以光旧无年谱，因撰此编以补史传所不及。其大指以光行状为主，参以史传及《名臣言行录》，证以光所著《传家集》。其余诗话小说皆详为考订，分年编载，其不可专属一年者，则总为附录于末焉。”《翁稿》云：“宋司马光之行事而作也。所采书自宋史而下凡四十七种，先述其大概于前，而后以年次之，其编次之善有二端：一则每段注出所引书名，一则事之未能专属某年者加圈别识，另为一条，则无牵合附会之弊，可为编年谱者之法也。其散见于诸书论议不能编入谱者另为附录一卷于后，书成于嘉靖十一年，在修祠勒碑之后，而光之十八世孙霞为校梓之。……光之乡人，自号希迂生，有所著《希迂子》一编，盖夙服膺光之遗书者也。”③

(184)《河套志》

《翁稿》云：“以宁夏东四十里模城之东即河套境，因考核山川形势及历代建置沿革兴废得失之故，编次成书，终以艺文。前有自序，并宜兴储大文一序，亦极详实，足资考核。”④《总目》云：

---

① 《翁稿》第918页。《总目》卷197。《吟窗杂录》，旧题状元陈应行编。

② 《总目》卷63。《翁稿》认为应抄录之，但《总目》未予采纳，列入存目。

③ 《翁稿》第933页。《翁稿》认为应抄录之，《总目》卷60未予采纳，列入存目。

④ 《翁稿》第935页。按：此书入地理类存目。储大文序载于氏著《存研楼文集》卷11。

“履中字执夫……是志成于乾隆壬戌。凡河套之建置、沿革、山川、城堡、关塞、古迹、物产，悉分门汇载。末附以艺文二卷。如引《魏书》以证涿祁山之为榆林府地，引《册府元龟》药彦稠为邠州节度使，补五代沿革之阙，又证后魏代郡之即汉朔方郡，据《通鉴》注大城之属朔方，以证《汉书》列传之大城塞，征引颇为繁富。”①

（185）《象数钩深图》

《翁稿》云：“自昔图《易》者不一家，是书则于卦义爻位无不各为之图，以及《太玄》、《潜虚》、《皇极》之数，皆附图于后。其大意以明来知德之说为宗。”②《总目》增材料：“文炳字明德，绛州人。康熙中以实录馆供事议叙，授高唐州州判，终于泗州知州。近世胥吏之能著书者，文炳及泰安聂钦而已。”又增评论：“是编称本之成氏《五经讲义》而不著其名，考通志堂所刻经解，皆冠以纳兰成德之序。其中如刘牧《易数钩隐图》，张理《易象图说》，雷思齐《易图通变》，皆发明数学，文炳盖会萃诸书以成一编。以其不明纂述体例，故误以宋元经解统名曰《五经讲义》，又不著成氏之名，不知满洲氏族源流，故误以纳兰为其自号，与德为其姓名，而称为‘成氏’也。其书由割裂而成，颇为庞杂，间有文炳所附论，亦皆捃拾之学。”③

（186）《洪武圣政纪》

《总目》认为此书不伪：“勘验文义，实非赝托。或纯偶未见，遽以为佚欤?”④ 而《翁稿》从多方面力证其伪：“此必假托是书者，抄撮明《洪武实录》，以濂序冠于前，而改其卷数耳。”⑤

（187）《性图》

《翁稿》云：“是书绘性为图，其目凡六。每一图后引先儒之

① 《总目》卷74。《翁稿》认为应抄录，但《总目》未予采纳，列入存目。

② 《翁稿》第938页。

③ 《总目》卷9。

④ 《总目》卷52，杂史类存目。

⑤ 《翁稿》第955页。

言，而附以己说。”①《总目》认为：“是书立为六图，以发明心性之旨。一曰性图，二曰心图，三曰情质图，四曰气质图，五曰心性情气质总图，六曰中和图。附以《辛未会语》及《再复陶企夫书》，皆辨论六图之义。其大旨以孟子四端为说，力矫静观未发之失，论颇笃实。惟以心与性分为二物，则究未为协也。”②

(188)《稽礼辨论》

(189)《圣门礼乐统》

《总目》增评论：“其裒辑极繁，而证引诸书，仍不出寻常习见。”③

(190)《天然穷源字韵》

《翁稿》认为不应存目，但《总目》列入小学类存目，但对其评价极低：“自明以来，字画莫陋于《字汇》、《正字通》，而日章遵以讲字画；韵书莫乖于《洪武正韵》，而日章执以分韵等；收字之妄滥无稽，莫甚于《篇海》，而日章据以谈奇字。其余偶有援引，不过从此四书采出而已，宜其不合于古也。”④

(191)《周易惜阴录》

朝军按：二者提要行文不同，但观点大致相同。

(192)《周易存义录》

朝军按：二者提要行文不同，但观点大致相同。

(193)《尚书惜阴录》

(194)《春秋惜阴录》

(195)《周礼惜阴录》

(196)《仪礼惜阴录》

(197)《礼记惜阴录》

(198)《律吕分解发明》四卷⑤

---

① 《翁稿》第967页。

② 《总目》卷97。

③ 《总目》卷83。

④ 《总目》卷43。

⑤ 《总目》著录为：《律吕分解》二卷、《律吕发明》二卷。

(199)《琴旨》

(200)《读四书丛说》

(201)《鳌峰讲义》

(202)《锦绣万花谷》

《翁稿》认为此系“不全之书，无庸校办”，《总目》以“前集四十卷后集四十卷续集四十卷”本著录。①

(203)《文编》

(204)《武编》

(205)《性理群书句解》②

(206)《左逸·短长》

《翁稿》云：“《左逸》、《短长》合刻一册，伪撰《左传》逸文三则，《战国策》逸文三则。前题云延陵蒋瑾手次、子世枋重订。前有世枋序，题云壬申己月叔方子题，其文则一手所伪造者，无足深论。”③《翁稿》认为不应存其目，但《总目》卷五十二入杂史类存目，且增考证：“二书各有小引。前称峄阳樵者获石箧，得竹简漆书古文《左传》。读之中有小牴牾三，余得而录之，或谓秦、汉人所传而托也，余不能辨。后称耕于齐野者地坟，得大篆竹策一袠，曰《短长》。刘向叙《战国策》，一名《短长》。所谓《短长》者，岂战国逸策欤？然多载秦及汉初事，意文、景之世，好奇之士伪托以撰。……称二帙为其先人手录，贮箧中者四十年，未详作者谁氏，并所序峄阳、齐野二说，亦不知何人。惟是纪事用意，笔法遒古，非秦、汉以下所能道只字云云。漆书竹简，岂能阅二千年而不毁，其伪殊不足辨也。”

明王世贞《弇州四部稿》卷一百四十一《说部》有《左逸》三十条，卷前小引云：

峄阳之梧爨樵者，穷其根，获石箧焉，以为伏藏物也，出

① 《总目》卷135。

② 翁自云：“此条采用杨士奇《性理群书补注序》。”

③ 《翁稿》第1048页。

> 之，有竹简漆书古文，即《左氏传》。读之，中有小牴牾者凡三十五则，余得而录之，或曰其指正，正非左氏指也。或曰秦汉人所传而托也。余不能辨，聊以辞而已。

《弇州四部稿》卷一百四十二、一百四十三《说部》有《短长》四十条，卷前小引云：

> 耕于齐之野者，地坟，得大篆竹册一袠，曰《短长》。其文无足取，其事则时时与史牴牾云。按：刘向叙《战国策》，一名《国事》，一名《短长》，一名《长书》，一名《修书》。所谓“短长”者，岂战国逸策欤？然多载秦及汉初事，意亦文景之世好奇之士假托以撰者。余怪其往往称嬴项，薄炎德，诞而不理，至谓四皓为建成侯伪饰，淮阴侯毋反状，乃庶几矣。因录之以佐稗官一种。凡四十则。

朝军按：此二书是秦汉人所传，还是王世贞所伪托，尚待深究。不过，漆书竹简确能阅二千年而不毁。可惜馆臣不明此理。

(207)《谭用之集》

《翁稿》认为应抄存之。但《总目》列入存目，且增考证：“其履贯时代不见于史……而《宋史·文苑传》又云：‘开宝初，有颖赞、刘从义善为文章，张翼、谭用之善为诗，张之翰善笺启。’则又当为宋初人。厉鹗《宋诗纪事》遂系之于宋。众说纷纷，莫能考定。……是其书当出于明之中叶，而《全唐诗》所载之七律四十首，则别为集外诗附之于后，盖亦其子孙所题，以别于本集者。然自宋以来，阅数百年，收藏者从未著录，而忽得于吴岫家。又集外诸诗皆本于《唐诗鼓吹》，当时郝天挺所选录已不为少，乃无一篇出于本集，其故颇不可解。且反复检勘，颇多疑窦，如‘经历’官名，不特《唐·百官志》所无，即宋代亦未曾置，至元时始有此职，而集中《梦祝直》诗乃有‘忽梦浔州祝经历’句。其可疑者一也。又《吴真人奉旨求贤》诗不似唐人语，考元时有道士吴全节，被遇成宗、仁宗、英宗，封崇文弘道真人，见于

《元史》。而延祐中尝命真人王寿衍求访道行之士，与此所云'奉旨求贤'者情事相近，似当为吴全节作。其可疑者二也。又集中《赠胡守》诗铺叙时事极详，其大略云：'因思闽广间，壤地有深阻。凶豪据深洞，老幼负戈弩。幸逢天子圣，元帅复神武。诏书一日下，海内尽歌舞。横算罢舟车，求贤复科举。'而《金盘山》诗又有'贞元'纪年。案：贞元为德宗年号，距唐末百余岁，时代大不相及。而证诸《唐书》，亦无闽广作乱之事。惟《元史》载成宗元贞元年，昭、贺、滕、邕、澧、全、衡、柳、吉、赣、南安等处，蛮寇窃发，二年，上思州叛贼黄胜许攻剽水西思光寨，其后屡见于本纪，似与闽广凶豪之语相合，而仁宗皇庆二年始行科举，与'求贤复科举'语亦相近。盖元代未尝有此制，仁宗始法古举行，故谓之'复'，若唐则科举一代不绝，不可谓之'复'矣。贞元年号恐当是'元贞'之讹，特元贞尽二年，而此作七年，为不相符耳。其可疑者三也。又《送赵容》诗云：'武林杨柳旧依依，甲第楼台有是非。莫道天涯龙已化，但看云际鹤还飞。'其意似指南宋之亡。若唐末五代时，则钱氏据有临安，势方全盛，安得有此语！其可疑者四也。岂用之遗集散佚残阙，其子孙剽他人所作，搀杂其间以足卷帙，故牴牾如是欤？"①

(208)《睫巢集》

《翁稿》云："锴书法遒逸，诗亦如之，不肯作晚唐以后语，后附陈景元诗稿一卷，景元号在间，亦汉军人，工八分，其诗亦锴之类。此一卷即景元手书入之梓者。二人皆布衣，同时友善。其诗皆能洗去浮词。"②《总目》评之曰："优游泉石以终。故其诗意思萧散，挺然拔俗，大都有古松奇石之态。而刻意求高，务思摆脱，亦往往有劖削骨立，斧凿留痕。较王世贞所谓高叔嗣诗如空山鼓琴，沉思忽往，木叶尽脱，石气自青者，则犹有一间之未达。盖可以著力之处，精思者得之；不容著力之处，精思者反失之也。第一卷皆拟古乐府，古人音节既不可得，乃诘屈其词，以意为之。题下

① 《总目》卷174。

② 《翁稿》第1061页。

所注如‘朱礴’下注曰：‘建鼓殷所作，栖翔鹭于上，或曰鹭鼓精。’此吴竞《解题》本说也。‘临高台’下注曰：‘趋帝乡而会瑶台也。’借寓游仙，已非原解。‘雉子斑’下注曰：‘《关雎》之类。’则纯非古题之意，又不知其寓意所在。卷中大抵类此，殊不可解也。”①

(209)《东里别集》

《翁稿》认为应抄录之，此书确已抄入《四库全书》。《总目》重拟提要，附于《东里全集》之后。《三朝圣谕录》、《奏对录》、《代言录》亦分别著录，提要与此亦迥异。

(210)《古论大观》

《总目》重拟提要：“前有自序，称往者坊刻《论脍》，皆门生辈裒集成之。就中某一论为士大夫訾议，余不知也。兹《古论》多至四十余卷，纯驳错出，安知无此类杂于其间云云。继儒之意，盖自知去取未精，故先作斯言，以预杜攻诘之口。今观是书，不但漫无持择，亦且体例庞杂，罅漏百出。虽以古论为名，而实多非论体，往往杂掇诸书，妄更名目。如《史记》、《汉书》诸传之序，以及《史通》、《文心雕龙》、《新论》、《亢仓子》，其篇题本无论名，乃悉强增一论字，已自无稽。杜佑《通典》、郑樵《通志》、马端临《文献通考》，不过于征引典故之后，附以案语；荀悦、袁宏前、后《汉纪》、司马光《资治通鉴》，不过于纪载事实之下，附以评断，亦加以论名，并各为造作题目，尤为杜撰。甚至魏文帝《典论论文》，增一字曰《典论论文论》。冯衍《自叙》，改其名曰《自论》。索靖《草书势》，改其名曰《草书论》。韩愈《送高闲上人序》，亦改其名曰《草书论》。任情点窜，不可究诘。循其例而推之，将古今之书，无不可改题为论。万卷可得，何止四十卷乎?”②

(211)《真意堂文稿》

《翁稿》云：“盖其一时所自编录，非宸英全集也。宸英以古

---

① 《总目》卷185。《翁稿》认为应抄录之，但《总目》入存目。

② 《总目》卷193。

文名于时，其《湛园未定稿》六卷，亦出手定本，得是编以合之，庶可见其文之概矣。前单内已恭校《湛园稿》，是编宜汇并于后。”《翁稿》建议抄录之，但《总目》未予采纳，列入存目。《总目》增材料：“盖其中年所作，初出问世之本也。”①

(212)《凫藻集》

《翁稿》云：“国朝桐乡金檀重辑刻本也。檀有注高启诗集，前有凡例云，《凫藻集》五卷，购得周文襄公旧刻原本，校正授梓，即此本也。原与青邱诗集注本合为一书。又取是集中洪武乙卯陇西李志光所为高启本传一篇……似不必另存目。”② 认为似不必另存目，《总目》未予采纳，将此种抄入《四库全书》，且增评论：“唐时为古文者，主于矫俗体，故成家者蔚为巨制，不成家者，则流于僻涩。宋时为古文者，主于宗先正，故欧、苏、王、曾而后，沿及于元，成家者不能尽辟门户，不成家者，亦具有典型。启诗才富健，工于摹古，为一代巨擘，而古文则不甚著名。然生于元末，距宋未远，犹有前辈轨度，非洪、宣以后渐流为肤廓冗沓、号台阁体者所及。是集不知谁所编，以其诗集例之，殆亦启自定。末有《魏夫人宋氏墓志铭》。魏夫人者，苏州知府魏观母也。按《明史》本传，启坐为观作《上梁文》见法，则为其末年之作。盖平生古文尽于此集矣。”③

(213)《朱少师奏疏》

二者著录版本不同，《翁稿》著录为《朱少师奏疏》八卷本，前五卷蜀事，后三卷黔事；而《总目》著录为《督蜀疏草》十二卷本。二者提要亦不同。《总目》删评论：“此其督抚二省时诸奏草也。前五卷蜀事，后三卷黔事，皆可与史传地志相证。”④ 复增材料：“燮元久膺阃寄，历树边功，威望著于西南。史称其治事明果，军书络绎，不假手幕佐。此编乃其总督四川时经理苗疆事宜及

① 《总目》卷184。

② 《翁稿》第1095页。

③ 《总目》卷169。

④ 《翁稿》第1099页。

举劾僚属诸疏，其曾孙人龙校刻者也。”①

(214)《忠献韩魏王别录》

二者提要行文不同，但观点接近。《翁稿》认为应抄存之，但《总目》列入存目。②

(215)《高子遗书》

一是版本不同，《翁稿》为未刊稿八卷本，此本实不见于《总目》，而《总目》著录者为十二卷本。二是解题不同，《总目》既论其人曰：“攀龙出赵南星之门，渊源有自。其学以格物为先，兼取朱、陆两家之长，操履笃实，粹然一出于正。”复评其文曰：“其讲学之语，类多切近笃实，阐发周密。诗意冲澹，文格清遒，亦均无明末纤诡之习。盖攀龙虽亦聚徒讲学，不免渐染于风尚，然严气正性，卓然自立，实非标榜门户之流。故立朝大节，不愧古人，发为文章，亦不事词藻，而品格自高，此真之所以异与伪欤?”③

(216)《龙洲集》

《翁稿》认为：“如过之诗，尚有北宋时苏黄诸人壮浪之概，未可尽非也。”④《总目》卷162重拟提要：“其诗文亦多粗豪抗厉，不甚协于雅言，特以跌宕纵横，才气坌溢，要非龌龊者所及，故今犹传焉。”

(217)《考定竹书》

《翁稿》云：“《竹书纪年》今行世之本上下二卷，梁沈约注，起黄帝元年讫今王二十年。所谓今王者，《晋书·束皙传》以为魏安厘王，荀勖、和峤以为魏襄王，《隋书·经籍志》以为魏哀王。是书从荀勖、和峤之说……此等处有关于竹书之源流同异者，果能厘核折衷，方可谓之考定。今之豫是编不过杂取古今诸书所载事语之可附注者辑于条下，非有所考据是正也。……则名为考定，而实

① 《总目》卷56。

② 《总目》卷59。

③ 《总目》卷172。

④ 《翁稿》第1144页。

则所少者考定耳。”①《总目》认为：“是编以沈约所注《竹书纪年》未为详备，因采摭诸书别为之注。然之騄爱博嗜奇，多所征引，而不能考正真伪。如帝癸十年地震，引华严合论大地有六种震动，所谓遍动、遍起、遍涌、遍震、遍吼、遍击者为说，殊为芜杂。又刘知几《史通·疑古篇》中，排诋舜、禹，以末世莽、操心事推测圣人，至为乖谬。而一概引用，漫无辨正。沈约注出依托，尚能知伊尹自立之诬，太甲杀伊尹之妄。之騄乃旁取异说，以荧耳目，云能补正沈注，未见其然。惟《拾遗》记商均暴天下之类，辨别诬妄。《路史》帝杼迁老王之类，考订讹谬，间有数处可取耳……则亦不可尽据也。”②

(218)《六书统》

《总目》增材料：“号辛泉，兖州人。中统四年以郡诸生补济州教授，累官太史院校书，监察御史……事迹具《元史》本传。……至大丙申，其子守义进于朝，诏下江浙镂版。前有翰林直学士倪坚序，又有国子博士刘泰后序，而桓自序为尤详。”又增评论：“然桓之纰缪，亦即在于是。故其说至于不可通，则变一例；所变之例复不通，则不得不又变一例；数变之后，纷如乱丝。于是，一指事也，有直指其事，有以形指形，有以意指意。有以形指意，有以意指形，有以注指形，有以注指意，有以声指形，有以声指意。一假借也，有声义兼借，有借声不借意，有借意不借声，有借谐声兼义，有借谐声，有借近声兼义，有借近声，有借谐近声，有因借而借，有因省而借，有借同形，有借同体，有非借而借。辗转迷瞀，几于不可究诘。盖许慎《说文》为六书之祖，如作分隶行草，必以篆法绳之，则字各有体，势必格阂而难行。如作篆书，则九千字者为高曾之矩矱矣。桓必欲偭而改错，其支离破碎，不足怪也。以六书论之，其书本不足取。惟是变乱古文始于戴侗，而成于桓。侗则小有出入，桓乃至于横决而不顾。后来魏校诸人，随心造字，其弊实滥觞于此。置之不录，则桓穿凿之失不彰。故于所著

① 《翁稿》第1152页。

② 《总目》卷48。

三书之中，录此一编，以著变法所自始。朱子所谓存之正以废之者，兹其义矣。"①

(219)《六书统溯原》

《翁稿》认为："是书与《六书统》相为表里，而传本甚少，应刊刻之。"② 而《总目》对此书批评极为严厉："盖字学至元明诸人，多改汉以来所传篆书，使就己见，几于人人可以造字。戴侗导其流，周伯琦扬其波，犹间有可采，未为太甚。至桓与魏校，而横溢旁决，矫诬尤甚。是固宜宣诸戒律，以杜变乱之源者矣。"③ 因而打入存目之列。

(220)《蜀汉本末》

《总目》增评论："是书宗《资治通鉴纲目》之说，以蜀为正统。起桓帝延熹四年昭烈之生，终晋泰始七年后主之亡。末有《总论》一篇，称至元九年戊子所作。其成书则至元十二年辛卯也。前序一篇，不知谁作。称朱子出而笔削《纲目》，有以合乎天道，而当乎人心。信都赵氏复因之，广其未备之文，参其至当之论。然是书所取议论，不出胡寅、尹起莘诸人之内。所取事迹则载于《三国志》者尚十不及五。特于《资治通鉴纲目》中断取数卷，略为点窜字句耳。不足当著书之目也。"又增材料："至治中官至翰林学士承旨。"④ 复删评论："秀水朱彝尊书其后云：'明乎陈寿不忘蜀汉之本心，而后可更作蜀汉之史。是书持论谓寿进曹魏于正统，抑昭烈为僭国，视之与孙权同科，是于《三国志》未尝絜其长短，测其用意之深，徒因《纲目》书法而作者也。'其论可谓当允矣。"⑤

朱彝尊《书元赵居信蜀汉本末后》云：

---

① 《总目》卷41。

② 《翁稿》第211页。

③ 《总目》卷43。按：《六书统溯原》，元杨桓撰。

④ 《总目》卷50。

⑤ 《翁稿》第1173页。按：《纲目》指朱子所撰《通鉴纲目》。《总目》之所以删此评论，是因为排斥朱子之学。

> 明乎陈寿不忘蜀汉之本心，而后可更作蜀汉之史。若信都赵氏《蜀汉本末》一书，其持论谓寿进曹魏于正统，抑昭烈为僭国，视之与孙权同科，是于《三国志》未尝絜其长短，测其用意之深，徒因《纲目》书法而作者也。试取寿之书法一一表出之，则不予魏以正统，昭烈非僭国，蜀与孙权殊科，灼然见矣。①

翁方纲引此跋，以为确论；而《总目》删之，以为悖论。

(221)《两汉笔记》

《翁稿》云："此特其论著之一种，亦史断之类，应抄存以资考择。"②《总目》云："其例以两《汉书》旧文为纲，而合附论断于其下。前一、二卷颇染胡寅《读史管见》之习。如萧何收秦图籍，则责其不收六经；又何劝高帝勿攻项羽，归汉中，则责其出于诈术；以曹参、文帝为陷溺于邪说，而归其过于张良；于陆贾《新语》则责其不知仁义。皆故为苛论，以自矜高识。三卷以后，乃渐近情理，持论多得是非之平。其中如于张良谏封六国后，论封建必不可复，郡县不能不置；于董仲舒请限民名田，论井田必不可行；于文帝除肉刑，亦不甚以为过。尤能涤讲学家胸无一物，高谈三代之窠臼。至其论董仲舒对策，以道之大原不在天而在心，则金溪学派之宗旨；论元帝以客礼待呼韩邪，论光武帝闭关谢西域，皆极称其能忍善让，则南渡和议之饰词。所谓有为言之者，置而不论可矣。"③

(222)《文选双字类要》

《总目》认为此系伪作："是编取《文选》中藻丽之语，分类纂辑。其中语出经史偶为汉以来词赋采用者，亦即以采用之篇，注为出典。易简名臣，不应荒陋至此。陆游《老学庵笔记》称宋初崇尚《文选》，草必称王孙，梅必称驿使，月必称望舒，山水必称

① 朱彝尊：《曝书亭集》卷45。

② 《翁稿》第1177页。

③ 《总目》卷88。

清晖，方为合格。疑其时科举之徒辑为此书，托易简之名以行也。”而《翁稿》认为“今姑以其与《文献通考》卷数相符，存其目可矣”,① 但没有对此书真伪作出判断。

宋陆游《老学庵笔记》卷八云：

> 国初尚《文选》，当时文人专意此书，故草必称“王孙”，梅必称“驿使”，月必称“望舒”，山水必称“清晖”。至庆历后，恶其陈腐，诸作者始一洗之。方其盛时，士子至为之语曰：“《文选》烂，秀才半。”建炎以来尚苏氏文章，学者翕然从之，而蜀士尤盛，亦有语曰：“苏文熟，吃羊肉；苏文生，吃菜羹。”

《总目》据此定时代风尚，进而判断此书之真伪。

(223)《学余文集·诗集》

(224)《皇甫司勋集》

《总目》增材料：“晚年手自删削，定为赋一卷，诗三十二卷，杂文二十七卷，冠以《集原》一篇。其诸集之名，仍分注各卷之末。朱彝尊《静志居诗话》称汸集六十卷，即此本也。《集原》自述其诗始为关洛之音，一变为楚音，又一变为江左之音，又一变为燕赵之音，又一变为蜀音，缕举其师友渊源甚详。”又增评论：“今统观所作，古体源出三谢，近体源出中唐，虽乏深湛之思，而雅饬雍容，风标自异，在明中叶不失为第二流人。冯时可《雨航杂录》云：‘皇甫百泉与王弇州名相埒，时人谓百泉如齐、鲁，变可至道，弇州如秦、楚，强遂称王。’王士祯《香祖笔记》以时可所评为确论云。”②

(225)《朱子晚年全论》

《总目》增评论：“朱、陆之徒，自宋代即如水火。厥后各尊

---

① 《总目》卷137。《翁稿》第1191页。《文选双字类要》旧题宋苏易简撰。

② 《总目》卷172。

所闻，转相诟厉。于是执学问之异同，以争门户之胜负。其最著者，王守仁作《朱子晚年定论》，引朱以合陆。至万历中，东莞陈建作《学蔀通辨》，又尊朱以攻陆。程瞳，朱子之乡人也，因作《闲辟录》以申朱子之说。绂，陆氏之乡人也，乃又作此书以尊陆氏之学。大旨谓陈建之书与朱子之论，援据未全。且语录出门人所纪，不足为据。乃取朱子正、续、别三集所载，自五十岁至七十一岁与人答问及讲义、题词之类，排比编次，逐条各附考证论辨于下，以成是书。其说甚辨。案：韩愈《送王秀才序》，称孔子之道大而能博，学焉而各得其性之所近，故子贡之敏悟，曾子之笃实，皆得闻一贯之旨，而当时未尝相非。后之儒者，各明一义，理亦如斯，惟其私见不除，人人欲希孔庭之俎豆，于是始于争名，终于分党，遂寻仇报复而不已。实非圣贤立教之本旨。即以近代而论，陆陇其力尊程、朱之学，汤斌远绍陆、王之绪，而盖棺论定，均号名臣。盖各有所得，即各足自立。亦何必强而同之，使之各失故步乎？绂此书皆以朱子悔悟为言，又举凡朱子所称切实近理用功者，一概归之心学。夫回也屡空，焦竑以心无挂碍、空诸所有解之矣，颜子其果受之乎？仍各尊所闻而已矣。”复删评论：“朱子之书自经书章句、集注、集传外，为文集，为语类，有自著之文，有门人所记之文，原未尝以年早晚为区别。自明王守仁始辑有《朱子晚年定论》之书，其谓晚年定论者，则以早年之论尚为未定云尔，推其所以辑此书之故，则意在通朱陆二家之邮，盖谓初虽各不相协，而晚年卒归于同云尔。厥后东莞陈建作《学蔀通辨》，北平孙承泽作《考定朱子晚年定论》，皆尊朱而攻陆，绂是书则又讥陈、孙二家之书于朱子之论援据未全，爰断自朱子五十一岁至七十一岁，此二十年中与门人答问及讲义题词等，凡经朱子亲手所著者逐条备列，而附考证论议于下，故以晚年全论名之。然其大意则以朱子晚年实用陆子之说，此则其书之所以为也。在朱子当日与陆子讲学问难，理皆求己，事本大公，初无彼我之私，何有异同之见。凡后人纷纷聚讼，阳朱阴陆，与调停攻击者，厥弊维均，不特使学者惑于町畦，抑且使后儒滋其门户，如绂此书，其用意固已勤矣，然揆之朱子之意，究未敢必其有合与否。”①

(226)《青阳集》

《总目》增评论：“（余）阙以文学致身，于《五经》皆有传注，篆隶亦精致可传，而力障东南，与许远、张巡先后争烈，故集中所著皆有关当世安危。其《上贺丞相》四书，言蕲黄御寇之策，尤为深切。……然则文章虽阙之余事，而心声所发，识度自殊，亦有足觇其生平者矣。”② 复删评论：“（余）阙留意经术，为文有气骨，诗体擅江左……阙以经术文章而兼死节，宜刊刻传之。”③

(227)《退谷文集》

《翁稿》：谨按《退谷文集》十五卷《诗集》七卷，越字际飞，号退思，晚号退谷，上元人。康熙己丑进士，官翰林院检讨。所著有《大全合订》诸书，盖以时艺操选见称者。此其所著诗古文。其《尚书古今文辨》惟知有蔡传，其《三传得失辨》惟知有胡传，宜其论诗谓诗之有古诗，虽非律而不得谓之诗也。或仅存目。④

《总目》行文与翁氏不同：

《退谷文集》十五卷《诗集》七卷 两江总督采进本

国朝黄越撰。越字际飞，上元人。康熙己丑进士，改庶吉士。所著《四书大全合订》及选刻制义如《明文商》、《今文商》、《墨卷商》、《考卷商》之类，皆盛行一时。盖平生精力注于讲章时文，此集所著诗古文，乃以余暇兼治者。其《尚书古今文辨》，惟以蔡传折服诸家；《三传得失辨》，惟以胡传

① 《总目》卷98。《翁稿》第1225页。

② 《总目》卷167。

③ 《翁稿》第1128～1129页。

④ 《翁稿》第1231页。

断制众论，亦仍举业绳尺也。①

从上可知，《翁稿》与《总目》观点相近。

（228）《重订马氏等音》

《翁稿》认为或竟不必存目，或存目而著其妄。《总目》认为："观其谓《礼部韵》为沈约作，其陋可想。检所引证，不过据《洪武正韵》及《字汇》韵法横直二图，私心揣测，以成是编。其中惟平分阴阳稍合古法。米芾《画史》尝明此义，而晋李登《声类》以宫、商、角、徵、羽各为一篇，当即其源。然以全声列入声后，如通、桶、痛、突同滩、坦、炭、忒、坛，则究非先发后敛之序。总之，一知半解，自生妄见而已矣。"②

（229）《管子注》

（230）《蓼村集》

（231）《吕次儒集》

《翁稿》："今抄本既录此序于前，而所载诗文寥寥，诗仅二十余首，《福山》诗一首，文仅二首，似未可遽以集名，如访得全书有卷数可叙次者，则此数篇即无庸校办矣。若果其全书不可得，则其人著述实亦有传于时，不可尽泯，即姑就此所有者抄存可耳。"③而《灌园集》已于《永乐大典》中裒辑成编，因此该残本被馆臣视为"废稿"。④

符行中《灌园集序》云："先生姓吕氏，讳南公，字次儒。其子郁亦有学问，能世其家，收拾先生遗稿，编成三十卷。"永乐大典本《灌园集》为二十卷。

（232）《邱文庄集》

《总目》未见著录《邱文庄集》，但有《重编琼台会稿》。二者提要不同。

---

① 《总目》卷184。

② 《翁稿》第1236页。《总目》卷44，存目。

③ 《翁稿》第1249页。

④ 《总目》卷174。

(233)《雪窗文集》

《翁稿》认为“是书抄本既不多得，而其文又实有补于史学，应刊传之”①，此书确已抄入《四库全书》别集类。《总目》增材料：“号雪窗……吏部侍郎，后求外补……知建宁府。事迹具《宋史》本传。是编乃明嘉靖间其裔孙应奎所校刊，有刘教后序云：‘集凡二卷，曰奏议，曰故事。其志、赞、诔文为附录一卷。故事者，征引古书于前，而附列议论于后，更番进御，因事纳规。’同时李曾伯集亦尝载之，盖当时体制如是也。”又增评论：“其奏议自嘉熙庚子以迄宝祐丙辰，正宋政极坏之时。所言皆切直激昂，洞达时务，如谓理宗能容直言而不能用，又谓士大夫有宽厚之虚名，非国之福，尤切中宋末之弊。视当时迂腐儒生高谈三代衣冠而拯焚溺者，固不可同日而语矣。”②

《吉安府志》载：“刘教，字道夫，庐陵人。嘉靖乙酉举人，历官梧州知府。”朝军按：刘教后序不载于《四库全书》。

(234)《水云村泯稿》

(235)《先拨志始》

(236)《南迁录》

(237)《广博物志》

《总目》增材料：“《博物志》世所传本，真伪相淆，简略亦甚。南宋李石尝续其书，虽旁摭新文，尚因仍旧目。斯张从而广之，遂全改华之体例，变为分门隶事之书。凡分大目二十有二，子目一百六十有七。所载始于《三坟》，迄于隋代，详略互见，未能首尾赅贯。其征引诸书，皆标列原名，缀于每条之末，体例较善。而中间亦有舛驳者，如《太平御览》、《太平广记》皆采摭古书原名具在，乃斯张所引，凡出自二书者，往往但题《御览》、《广记》之名，而没所由来，殊为不明根据。又图经不言某州，地志不言某代，随意剽掇，亦颇近于稗贩。《三坟》为毛渐讹撰，《汉杂事秘辛》为杨慎赝作，世所共知。乃好异喜新，杂然并载，更不免疏

① 《翁稿》第1274页。

② 《总目》卷163。

于持择。至若孔疏、郑笺，牵连满幅；道经、释典，采录盈篇。爱博贪多，尤伤枝蔓。然其搜罗既富，唐以前遗文坠简裒聚良多，在明代诸类书中，固犹为近古矣。”①

(238)《刘氏类山》

二者行文不同，但观点相同——“其实非甚该博也”，“大抵转相稗贩，未见赅洽”。《总目》增材料：“万历中官至兴化府知府。是书为目七十。所载之事，自唐而止。较明代类书泛载近事者差为近古。”②

(239)《寰宇通衢》

(240)《双溪杂记》

《总目》考作者：“不著撰人名氏。案焦竑《经籍志》载：《双溪杂记》二卷，王琼撰。《续说郛》所载，亦题曰王琼。检卷中所述，并自署其名曰琼，与二书所载合。盖即琼书矣。”又增评论：“是篇其杂记见闻之作也。所载朝廷故事，于弘治以前，颇有稽核，足与正史相参，即是非取予，亦不甚刺谬。至正、嘉之间，则自任其私，多所污蔑，不可尽据为实录。考《明史》本传，琼督边之功，及荐王守仁以平宸濠，其功固不可没，然平日与江彬、钱宁等相比，而与杨廷和、彭泽等不协，故《记》中于廷和与泽，诋诬尤甚。至于大礼一事，曲徇世宗之意，悉归其过于廷和，尤非定论矣。”③

(241)《说文表》④

(242)《子母原》⑤

(243)《洪武正韵》

(244)《简端录》

《翁稿》云：“其中或敷衍经旨，或推论经义，亦皆无戾于圣

---

① 《总目》卷136。

② 《总目》卷138。

③ 《总目》卷143。

④ 《总目》未列专条，著录于《说文长笺》提要内。《总目》卷43重拟提要。

⑤ 《总目》未列专条，著录于《说文长笺》提要内。

人。第其卷首直标曰《孔子说经例》，则是自拟于圣人之说经，且目之曰例，亦觉牵强，例后自书越三年戊寅……然则此段当附《孔子说经例》八字，则近于诬矣。”① 倾向于否定。而《总目》则倾向于肯定：“盖时方趋向良知，以为圣人秘钥，儒者日就玄虚，宝所学独笃实不支，故其言如此。全书大旨不外于斯，虽步步趋趋，尚未为沉酣经窟。然马、郑、孔、贾之学，至明殆绝，研思古义者，二百七十年内，稀若晨星。迨其中叶，狂禅澜倒，异说飙腾，乃并宋儒义理之学亦失其本旨。宝所札记，虽皆寥寥数言，而大旨要归于醇正，亟录存之，亦不得已而思其次也。”②

邵宝《简端录序》云：

> 宝病余闲居，无以自适，时取旧所读书披而诵之。吾母太淑人每以过劳为戒，故不敢强力求解。当意所会，辄书于简之端。简之端先是屡书矣，今或存之，或去之，或损益之，新故胥错，盖有不可胜书者，则录诸别简。日寻月绎，皆于是乎继。宝夙有志于学，虽艾矣，尚欲就正有道焉。执是以往，将不可乎？顾疏浅自愧，不敢别立名义，乃惟曰《简端录》云。

朝军按：此种批书头的传统方法，看似简单，却非常有实效。每有会意，辄书诸简端。日积月累，勒为成书。清代朴学大师著述多用此法。时贤偷懒，一般缺少十年以上札记之功，大搞“短平快”缺少必要的学术积累，更谈不上厚积薄发，故鲜有大成功者。

(245)《左觿》

《翁稿》认为“实不关要义”。③《总目》云：“然寥寥无多，盖随意标识于传文之上，亦其《简端录》之类也。其中精确者数条，顾炎武《左传补注》已采之，所遗者其糟粕矣。”④

---

① 《翁稿》第1376页。

② 《总目》卷33。

③ 《翁稿》第1376~1377页。

④ 《总目》卷30。吴金华先生认为《总目》此条“弃粗取精，目光如炬”。

(246)《龙飞录》①

(247)《思陵录》

《翁稿》云:"《思陵录》上下二卷,宋周必大著。已在必大全集中,毋庸另为拟提要。"② 按:《总目》卷159《文忠集》二百卷,包括《龙飞集》一卷,《思陵集》一卷。

(248)《花王阁剩稿》

《总目》增评论:"其诗大致学苏轼,而戛戛自造,不循蹊径。惟遭逢乱世,坎壈以终,多感时伤事之言,故刻露之语为多,含蓄之致较少焉。"又增材料:"字厚斋……崇祯中诸生。是集后有其孙容舒跋,称坤少有经世志,久而不遇,乃息意逃禅。晚牓所居曰花王阁,盖自伤文章无用,如牡丹之华而不实也。……此本为其子钰所重编,盖于败簏中得藉物残纸,录其可辨识者,仅得一百余首,非原帙矣。"《翁稿》云:"此卷凡一百二十八首,皆其家所仅存者,故以剩稿名卷尾。有其曾孙容舒跋,但以检稿所得之先后为序,而原稿年月皆失考矣。"③

(249)《峨眉山志》

朝军按:二者提要不同,作者著录也不同,《翁稿》著录于重辑者曹熙衡名下,而《总目》将著作权判归原作者蒋超。④

(250)《峨眉志略》

朝军按:二者观点相同,但行文不同。

(251)《艮斋诗集》

《翁稿》认为"是元人而姓名不可考"⑤。《总目》考证作者为元侯克中。⑥

(252)《客亭类稿》

《翁稿》云:"在近今说部中尚为著称,或可抄入说部。"但

① 《总目》卷159,著录入《文忠集》内,重拟提要。

② 《翁稿》第1379页。

③ 《总目》卷180。《翁稿》第1384页。

④ 《总目》卷76。

⑤ 《翁稿》第1409页。

⑥ 《总目》卷167。

《总目》未予采纳，列入小说家类存目。①

《翁稿》云："小版甚好。""当是宋册。"② 按：此两点意见已被《总目》吸收："其集世颇罕传，惟浙江采进书中有旧刊《客亭类稿》，为巾箱小字本，检勘尚系原刻。"③

(253)《名山诸胜一览记》

朝军按：二者观点相同，行文不同。

(254)《元次山文集》

《翁稿》云："拟博取善本校刊之。"《总目》著录之《次山集》为内府藏本，应是善本。《翁稿》认为"结之文主于讽喻而文句之间偶出崛奇"，"所作文少质多"。《总目》认为其"文章戛戛自异，变排偶绮靡之习。杜甫尝和其《舂陵行》，称其可为天地万物吐气。晁公武谓其文如古钟磬，不谐俗耳。高似孙谓其文章奇古，不蹈袭。盖唐文在韩愈以前，毅然自为者，自结始，亦可谓耿介拔俗之姿矣"。④

(255)《王阳明集》

《翁稿》云："守仁之书，初不旁假于赞明矣。此本所载序与旁批亦尚有应芟者，守仁事著于明代，其集中《南赣》、《思田》诸卷，实已见之施行，非空谈理学者比。此等文集，不当以陆王讲学之说别置一词，自应分其彪炳天壤，以为实学实行之证。"而《总目》认为："其目分《论学书》、《南赣书》、《平濠书》、《思田书》、《杂著书》，亦颇琐屑。"⑤

(256)《方壶存稿》

(257)《陆象山集》

《翁稿》云："九渊之学，固自有发明独至之处，非后人门户歧出之见所得参也。"⑥《总目》著录为《象山集》，但未作评论。

---

① 《总目》卷143。

② 《翁稿》第1410页。

③ 《总目》卷160。

④ 《总目》卷149。《翁稿》第1464页。

⑤ 《总目》卷176。

⑥ 《翁稿》第1486页。

(258)《潜学稿》

(259)《罗念庵集》①

(260)《革除逸史》

《翁稿》认为“史官有记载之嫌，草野多传疑之嫌”，存目可也。② 此书已抄入《四库全书》。

(261)《革除遗事》

(262)《狎鸥子摘稿》

《总目》增材料：“前有《狎鸥亭赋》及霞塘八景绝句，后则杂文，寥寥仅十数篇。皆词意浅薄。中有《悟蘧生传》，详其词意，乃崇节自谓。而其《狎鸥亭赋》又自称豫石子，随地易号，殆仿元结之例欤?”《翁稿》云：“自号豫石子，又号狎鸥子，故以名其文，而此摘稿者后人为之选刻，非其全矣。前有自序。”《翁稿》又云：“此人生于嘉靖二十二年，其文皆万历二十几年以前之作，毋庸记签。”③

(263)《谷城山馆诗集》

《总目》认为：“然其诗典雅和平，自饶清韵，又不似竟陵、公安之学，务反前规，横开旁径，逞聪明而偭古法，其矫枉而不过直，抑尤难也。”④ 二者提要行文不同，但观点相近。

(264)《玉茗堂全集》

《翁稿》认为酌抄之，但《总目》未予采纳，存目著录，提要亦与《翁稿》完全不同。

(265)《沈石田集》⑤

(266)《江皋吟》

《翁稿》对此书未作评论。《总目》增评论：“诗多浅语，原序亦称其由衮州间曹改庐江剧任，有顾盼自喜之意云。”又增考

---

① 《总目》卷 172，卷 177。此书二十二卷本已抄入《四库全书》别集类，另有十三卷别本入存目。二者提要与《翁稿》均不同。

② 《翁稿》第 1497～1498 页。

③ 《总目》卷 178。《翁稿》第 1508 页。

④ 《总目》卷 172。

⑤ 此书以《石田诗抄》为题抄入《四库全书》。

证:“是集原序称作于庐州,故名曰《江皋吟》。然集中有都门所作,有出塞所作,有超然台所作,则亦不尽庐州诗,特刻于庐州耳。”①

(267)《汪禹乂诗集》

《翁稿》从书名切入,《总目》则重在说明其诗之渊源关系。

(268)《皇太后回銮事实》

《翁稿》甚详,但无观点,《总目》重拟提要,且增评论:“盖贡谀之词,非其事实也。”②

(269)《金国文具录》③

(270)《华泉诗集》

《翁稿》云:“贡诗集在一时颇著称,自应抄存。而此本则不可尽据。如馆中续收得他省所进有此集者,固可精校抄之。否则,即取王士正选本核定而归于一是可也。”④《总目》著录为14卷本,且增评论:“鲁中立《海岳灵秀集》曰:‘华泉之作,虽不逮何、李,然平淡和粹。孝庙以前,海岱之才无其伦比。’胡应麟《诗薮》曰:‘世人独推李何为当代第一。余以为空同关中人,气稍过劲,未免失之怒张。大复之亮节俊语,出于天性,亦自难到,但工于文句,而乏意外之趣。独边华泉兴象飘逸,而语尤清圆,故当共推此人。’陈子龙《明诗选》则曰:‘尚书才情甚富,能于沉稳处见其流丽,声价在昌谷之下,君采之上。’今考其诗,才力雄健不及李梦阳、何景明,善于用长。意境清远不及徐祯卿、薛蕙,善于用短。而夷犹于诸人之间,以不战为胜,无凭陵一世之名,而时过事移,日久论定,亦不甚受后人之排击。三人所论,当以子龙为持平矣。”⑤

(271)《海隅集》

---

① 《总目》卷180。

② 《总目》卷52。

③ 《翁稿》:“应抄存之。”《碧溪丛书》中收有此种。《总目》入杂史类存目。

④ 《翁稿》第1540页。

⑤ 《总目》卷171。

(272)《恕谷后集》

(273)《楚骚绮语》①

(274)《五代史补》

(275)《阙史》

(276)《钱塘遗事》

(277)《词苑丛谈》

(278)《爨下语》

朝军按：二者行文不同。《总目》考证作者为明张复，且增材料："其书黄虞稷《千顷堂书目》作四卷。此本止分上、下二卷。"②

(279)《香雪林集》

(280)《游宦余谈》

(281)《枝语》

《翁稿》未被采用，《总目》认为："是书取花木蔬果之类，各为诠释。略于形色性味，而详于名义，或穿凿其偏旁，或附会其音声。偏旁、音声皆不可通，则宛转假借，牵合故实，以寓议论。大抵以陆佃《埤雅》为鼻祖。然《埤雅》之失在于好引《字说》，而所长在于考据经典。之騄不效其考据，而效其《字说》，亦可谓不善学矣。古来著录之例，草木种植当附农家，名物训诂当附小学。是书皆近之，而皆不类，姑附之于杂家焉。"③

(282)《文奇豹斑》

《翁稿》认为："末卷于字学亦有裨益。"而《总目》看法恰好相反："末一卷分韵编古字，尤多舛谬。"④

(283)《弘艺录》

《翁稿》云："四世孙远平刻其遗集，其曰《弘艺录》者，以配其论道曰《弘道录》、记史曰《弘简录》也。所上疏皆载于卷

---

① 《总目》卷138。按：二者语义同，行文异。

② 《总目》卷125。

③ 《总目》卷129。

④ 《翁稿》第1596页。《总目》卷138。

中，盖不仅以诗文见者。《明史·艺文志》卷数亦同。应存其目。”《总目》增材料：“事迹具《明史》本传。经邦以讲学自任，尝采古今论学语，发明其旨，为《弘道录》，又删掇诸史为《弘简录》。所著诗文则别为此录。经邦自作志铭所云‘三弘集成，瞽开聋鸣’者是也。考其自作小传，称榷税荆州时裒所著为《弘艺录》，故卷首自序题嘉靖四年乙酉，而集中所载并及于暮年绝笔，则又后人续编，非其手定之本矣。”又增评论：“经邦上武宗疏及中兴、保治、日食建言诸疏，皆慷慨激烈，足以见其志节。其他诗文则类皆抒写胸臆，不屑屑以研炼为工。卷首《艺苑玄机》七十三条，专明作诗之法，以严羽‘诗有别才非关学’之说为不然。且谓《清庙》缉熙莫非至理所寓，未可不谓之诗，人惟狃于习俗，谓与经生不同，故往往黏皮带骨。观其持论，其宗旨概可知也。”①

(284)《墨澜亭集》

(285)《新编排韵增广事类氏族大全》

《总目》云：“大抵在撷取新颖，以供缀文之用。姓末多别附女德婚姻一门，历叙古来淑媛及两姓结婚故事。盖宋元之间，婚礼必有四六书启，故载之独详，亦以便于剽掇也。叶盛《水东日记》曰：近代杂书著述，据多不精。如《翰墨全书》，以彭思永为明道母舅。所谓《氏族大全》者尤甚。如以赵明诚为赵抃之子，广州十贤有李朝隐，一作李尚隐，因而讹为李商隐。今考中间所列朝代先后，多颠倒失次。如王导妾雷氏干预政事，陈之张贵妃、龚孔二嫔怙宠亡国，而并入之女德，深为不伦。又如韦思廉、刘奉林诸人，既别立仙之一目，而张果、姜识诸人，亦以仙术显名，乃仍混入人物之中，无所区别，体例亦殊疏舛。至每姓之末，间附韵藻数语，如洪韵庞洪、涵洪，翁韵仙翁、塞翁之类，既与氏族不相关涉，且挂漏无取，徒滋蛇足。特捃摭尚为广博，有其人为史传志乘所不详，而独见于此者，颇足以资旁证。至于王氏有临沂、太原二派，句氏避宋高宗讳分作数姓，兰亭会诗名氏，诸本之不同，亦间

① 《翁稿》第1645页。《总目》卷176。

附考订。寸有所长，固未尝无裨于艺苑也。”①

《翁稿》认为或存其目，但此书已抄入《四库全书》。

（286）《观老庄影响论》②

（287）《范文忠初集》

《翁稿》认为“已见纂修程单内，是抄本十二卷，为其子君颖所辑者，此刻本即据抄本刻之，无庸另办，当与抄本相校也”。③《总目》著录直隶总督采进本，且抄入《四库全书》。

（288）《诗本义》④

（289）《性学吟》

《翁稿》认为“以说理为诗，本所不必，而名目纷如，又似未成书者。如存目，则止可附之儒家语录，断不可以诗言也”。⑤《总目》入别集类存目，未采用翁氏意见。

（290）《古今历代十八史略》

《总目》详考作者生平，又增评论：“其书抄节史文，简略殊甚。卷前冠以歌括，尤为弇陋。盖乡塾课蒙之本，视同时胡一桂《古今通略》逊之远矣。”⑥

（291）《大衍索隐》

《翁稿》认为“此抄本但有上中二卷，而阙其下卷……应仍以三卷存目，而著其阙”。⑦ 朝军按：此种已抄入《四库全书》。《总目》著录为三卷本“永乐大典本”。

（292）《朱子文集》

《翁稿》认为应与《语类》诸书并加重刊，《总目》以《御纂

① 《总目》卷136，《排韵增广事类氏族大全》提要。

② 《总目》卷147。《翁稿》认为“释氏之书，不应存目”，《总目》入道家类存目。

③ 《翁稿》第351页。

④ 《翁稿》认为《通志堂经解》所已刻者，毋庸另为校办，但此建议未被采纳，《总目》卷15著录，且重拟提要。

⑤ 《翁稿》第552页。

⑥ 《总目》卷50。

⑦ 《翁稿》第676页。

朱子全书》抄入《四库全书》，朱玉编《朱子文集大全类编》入存目，二则提要均与此不同。翁方纲认为：“兹集乃载道之文，非他家文集可比，应与《语类》诸书并加重刊，以崇正学。”此种观点比较守旧，与《总目》不合，但与康熙帝《御制朱子全书序》相合。

康熙帝《御制朱子全书序》云：

> 唐、虞、夏、商、周，圣贤迭作，未尝不以文字为重。文字之重，莫过五经四书。每览古今，凡传于世者，代不乏人。秦汉以下，文章议论，无非因时制宜，讽谏陈事，绳愆纠谬，绝长补短之计耳。若观文辞之雄，摛藻之丽，古人已有定论，予何敢言？但不偏于刑名，则偏于好尚；不偏于杨墨，则偏于释道；不偏于词章，则偏于怪诞，皆不近乎王道之纯。予少时颇好读书，只以广博华丽为事，刚勇武备为用。自康熙三十五年，天山告警，朕亲擐甲胄，统数万子弟，深入不毛，沙碛乏水，瀚海指挥如意，破敌无存，未十旬而凯旋，可谓胜矣。后有所悟，而自问兵可穷乎？武可黩乎？秦皇汉武，英君也，因必欲胜而无令闻，或至不保者，岂非好大喜功，与乱同道之故耶？所以宵旰孜孜思远者，岂不柔？近者岂不怀？非先王之法不可用，非先王之道不可为，反之身心，求之经史，手不释卷，数十年来，方得宋儒之实据。虽汉之董子、唐之韩子，亦得天人之理，未及孔孟之渊源，至邵子而玩弄河洛之理、性命之微，衍先天后天之数，定先甲后甲之考，虽书不尽传，理亦显然矣。周子开无极而太极，《通书》之类，其所授受有自来矣。如星辰系乎天，而各有其位，不能沦也，光风霁月之量，又不知其何似。二程之充养有道，经天纬地之德，聚百顺以事君亲，前儒已诵之矣。至于朱夫子集大成，而绪千百年绝传之学，开愚蒙而立亿万世一定之规，穷理以致其知，反躬以践其实。释大学则有次第，由致知而平天下，自明德而止于至善，无不开发后人而教来者也。五章补之，于断简残篇之中，而一旦豁然贯通之为止，虽圣人复起，必不能逾此。问《中庸》

名篇之义，则不偏不倚，无过不及之名，未发已发之中，本之于时中之中，皆先贤所不能及也。论《语》、《孟》则逐篇讨论，皆内圣外王之心，传于此道，人心之所关，匪细以五经，则因经取义理正言，顺和平宽弘，非后世借此而轻议者同日而语也。至于忠君、爱国之诚，动静语默之敬，文章言谈之中，全是天地之正气，宇宙之大道。朕读其书，察其理，非此不能知天人相与之奥，非此不能治万邦于衽席，非此不能仁心仁政施于天下，非此不能外内为一家。读书五十载，只认得朱子一生所作何事，故不揣粗鄙无文，而集各书中凡关朱子之一句一字，命大学士熊赐履、李光地，素日留心于理学者，汇而成书，名之《朱子全书》，以备乙夜勤学，庶几寡过，虽未能，亦自勉君亲之责者。朕又所思者，朱子之道，五百年未有辩论是非，凡有血气，莫不遵崇。朕一生所学者，为治天下，非书生坐观立论之易。今集朱子之书，恐后世以借朱子之书自为名者，所以朕敬述而不作，未敢自有议论，往往见元明至于我朝注作讲解，总不出朱子，而各出已见，每有驳杂，反为有玷宋儒之本意。况天下至大，兆民至众，舆图甚远；开地太广，诸国外蕃，风俗不同，好尚各异，防此失彼之患，不可不思，若以智谋而得人心，如挟泰山而超北海也，以中正仁义，老成宽信，似乎近之。凡读是书者，谅吾志不在虚词，而在至理；不在责人，而在责已；求之天道而尽人事，存吾之顺末吾之宁，未知何如也。康熙五十二年岁在癸巳夏六月敬书。

清圣祖欲借朱子之名以统一人心，妄图将政统、道统合二为一，故表彰朱子之学，不遗余力。所谓“读书五十载，只认得朱子一生所作何事”，本是自欺欺人之谈。而清高宗少慕朱子之名，晚则自讼不已。清高宗《御制读朱子全书》云：

少时慕才华，研精味辞藻。
微言探月窟，逸兴横云表。
措思每废餐，兀兀忘昏晓。

虽云俗虑无，却被诗魔扰。
至理在目前，弃而求深窈。
旷荡无所归，怅怅盈怀抱。
近读文公书，习气从兹扫。
因知九仞山，一篑功不少。
作此聊自讼，讵足云见道。

四库馆臣原按："右谨依《御制诗初集》恭录。"朝军按：此诗真实地记录了清高宗由推崇朱子到贬斥朱子的思想历程。少年与晚年，思想截然相反。此为中国近世思想史上的一大关节，故特为拈出。学人只知康熙推崇朱子之学，将其定为官方哲学，殊不知乾隆不同于康熙，乾隆中年以后，因从理学名臣们身上看到了理学极为虚伪的一面——满口仁义道德，实际上争权夺利，互相倾轧——转而憎恶理学。这就是为什么《总目》敢于将朱子作为攻击之总目标的原因所在。风气之变，系乎一人之爱憎。纪昀辈善于察言观色，自然不会不心领神会。另外，理学经过三百年的"述朱期"，陈陈相因，了无新意。民间学派也早已开始酝酿转移学术风气，理学已开始向朴学转变。在此关键时刻，清高宗公开反朱的立场，无疑大大促进了学术的转型。

翁方纲嗅觉迟钝，还在重弹"崇正学"之老调，未免不识时务。当时姚鼐为什么执意提前退场？真的是抱病而归？此病乃心病。他极有可能感觉到了当时风气丕变之征兆。大势所趋，无力回天。我们现在设身处地为姚鼐想一想，他好不容易挤进四库馆，加入一流学者方阵，但他万万没有料到，《总目》将取消他的不和谐之音。因此，他不得不告长假。不远而复，他肯定有一肚子的牢骚，只好将提要稿保留下来，作为一家之言，留供后人作研究之用。

(293)《周易古占法》

(294)《群书纂数》

《翁稿》云："先正临江张美和先生，尝作《群书备数》，以嘉惠来学，自经史子籍，百家众技，与夫天文地理，野史外传，事事物物，但有数可举后者，俱收并蓄，而备录之。予以其次序不论，辄用管见，即其门类，资次纂而集之。自一以至十，自十以至百。"①

(295)《灵星小舞谱》②

(296)《玉溪师传录》

《翁稿》认为"应抄录入儒家，附于《朱子语录》之次"，但《总目》仅列入儒家类存目，并增材料："本名《晦庵语录》，明成化中……后附墓表、行实，载朱子诗二首及《敬义堂铭》……莫详所自……又前有邱浚序，其文不类。复有龚道后序，作于万历甲午，而称皇宋淳熙，跳行出格，尤为舛迕。疑即训捃拾《语类》附益之，非必果出伯羽也。"③ 复删材料："朱子尝造访之。其居在西瓯玉溪之南，朱子名其堂曰敬义，时人称为敬义先生。"④

(297)《嵩山集》⑤

(298)《迂录迂仪迂亿》⑥

(299)《含素子麈谭》

《总目》认为："其说有颇切事理者。然大旨出于黄老。艾南英序取其辟佛。然清仁为道士，自争释老之胜负，非儒者之辟佛。其地形一篇，杂采《山海经》、《神异经》及道家附会之说，绘为地图，尤为谬诞。"⑦

(300)《鹿洲初集》⑧

---

① 《翁稿》第861页。

② 《总目》卷38。《翁稿》认为应存其目，"此种已另归。"按：此种已抄入《四库全书》乐类，在《乐律全书》中。

③ 《总目》卷95。

④ 《翁稿》第962～963页。

⑤ 《总目》卷154。此即《景迂生集》之别本。《总目》附著于《景迂生集》条提要之后，未列专条。

⑥ 《总目》卷125分别著录，《迂录》改题为《传家迂录》，各条均重拟提要。

⑦ 《总目》卷147。《翁稿》认为"多释道荒幻语，毋庸存目"，但《总目》入存目。

⑧ 《翁稿》认为应存目。此书已抄入《四库全书》，《总目》卷173重拟提要。

(301)《紫阳真人悟真篇注疏》①

(302)《中兴两朝编年纲目》

《翁稿》认为“此四卷起建炎元年五月，止绍兴三十二年十二月，而无孝宗之事，则与两朝之名不符，未审即陈均之书否矣。或尚有卷帙而大典未辑入耳。应存其目”。②

《总目》以《宋九朝编年备要》之名著录，且被抄入《四库全书》，其提要云：

> 宋陈均撰。均字平甫，号云岩，莆田人。端平初有言是书于朝者，敕下福州宣取，赐均官迪功郎。马端临《文献通考》载均《编年举要》三十卷、《备要》三十卷，又有《中兴举要》十四卷、《备要》十四卷。今《中兴举要》、《备要》皆佚。此书前有绍定二年真德秀序，称《皇朝编年举要》与《备要》合若干卷，则当时本共为一书。今其《举要》亦佚，存者惟此编耳。其书取日历、实录及李焘《续通鉴长编》，删繁撮要，勒成一帙，兼采司马光、徐度、赵汝愚等十数家之书，博考互订。始太祖至钦宗，凡九朝事迹，欲其篇帙省约，便于寻阅，故苟非大事，则略而不书。林岊序谓“取司马氏之纲，而时有修饰。取李氏之目，而颇加节文”，足以括其体例。然实以《通鉴纲目》为式，特据事直书，不加褒贬耳。观均自序，其宗旨可见也。③

真德秀《九朝编年备要序》云：

> 莆田陈君均，以其所辑《皇朝编年举要》与《备要》之书，合若干卷，踵门而告曰：“均之幼也，侍从祖丞相正献

① 《翁稿》:“道家之书，不应存目。”(第1329页）按:《总目》卷146已著录。

② 《翁稿》第1383页。

③ 《总目》卷47。

公，获观国朝史录诸书及眉山李氏《续通鉴长编》，意酷嗜之，独患篇帙之繁，未易识其本末，则欲删繁撮要，为一书以便省阅。时方从事举子业，未之能也，晚滞场屋，决意复藏林壑间。又以出入当世名流之门，得尽见先儒所纂次，若司马文正公之《稽古录》、侍郎徐分度之《国纪》以及《九朝通略》等书，亡虑十数家，博考而互订之，于是辑成此编。而纲本李氏，而其异同详略之际，则或参以他书。昔尝读朱文公《通鉴纲目》，叹其义例之精密。盖所谓纲者，《春秋》书事之法也。而所谓目者，左氏备言之体也。自司马公《目录》、《举要》之作，至是始集大成。观者亡复遗憾，均窃不自揆，辄放而依之。然文公所述前代之史，故其书法，或寓褒贬于其间。均今所书，则惟据事实录而已，不敢尽同文公之法也。愿一言以述之，何如？”……

陈均自序云：

皇朝国史诸书，勒琬琰，扬日月，固将与五三载籍相为无穷。均衡茅下士，盖尝拜手稽首，敛衽肃容，窃观皇纲帝范巨丽之万一，邈若层霄，茫乎涨海，有非蠡管所能窥测，况以均之资禀鲁钝，不能强识，辑成此书，深以诠次失伦，而有所乖剌是惧，私质诸朋友。或有诮均者曰：“子志良苦，力良劳，其如犯三不韪，何以私家而裒国史，以偏见而折衷诸书则僭；册书重大，未易编摩，而以数十万言该之则疏；诸书杂出，宁免牴牾，去取之间，一或失当则舛。”均敬应之曰：“国朝信史，与夫名公巨儒所纂诸书并行于世，家传人诵。今所辑者，特欲便翻绎，备遗忘，固非敢求与之并行而偕传也，奚其僭？掎摭所及，博参诸书，文虽少损于旧，事则不增于前。诸书固自若也。虽无此书，谁无此书，奚其疏？若夫舛，诚有之，无所逃罪。抑今所记，或原其始，或要其终，或以附见，或以类从，举弘撮要，主于事实，而不敢必以日月为断，亦信其可信，阙其可疑云尔。如欲质其疑，求其详，则有太史氏及诸书在。

(303)《岳阳纪胜汇编》

二者行文有所不同。《翁稿》对作者持存疑态度，而《总目》定为梅淳。①

(304)《行边纪闻》

《翁稿》云："《行边纪闻》一册，即前七单内校过田汝成《炎徼纪闻》四卷，此合并其卷数，又失其后论数条，毋庸另为校办。"《总目》入杂史类存目，同名提要云："前有嘉靖丁巳顾名儒序，以书中所载考之，即汝成《炎徼纪闻》也。但阙后论数条，又彼分四卷，此为一卷耳。名儒序称，私宝前帙十载，乃出而梓之，盖所得乃其初稿。后汝成编次成帙，改易书名。名儒未及见之，故与《炎徼纪闻》至今两行于世也。"②

朝军按：《炎徼纪闻》已抄入《四库全书》纪事本末类。

(305)《天台续集》

《翁稿》云："《天台续集》三卷，又拾遗一小卷，即前第七单内校过林表民所编四集之亨集也。此去其亨集之目，末又残缺，毋庸另为校办。"朝军按：《天台续集》已抄入《四库全书》。《天台集》提要稿亦出翁氏，详见前面有关条目。

(306)《辨隐录》

《翁稿》云："其分目之当否姑毋论，即以其末卷'仕隐'一门以五代冯道终之，冯道历仕数朝，欧阳修《五代史传论》以为可谓无廉耻者矣。而此人独取冯道以入仕隐，且其序曰：上自有莘，讫于冯道。竟俨然以伊尹始，以冯道终，则是有害于人心义理者，不应存目。"《总目》未予采纳，存目著录。③ 二者观点相近，但行文不尽相同。

(307)《类雅》

---

① 《总目》卷192。

② 《翁稿》第1407页。《总目》卷53。

③ 《翁稿》第1447页。《总目》卷62。

《翁稿》认为“或酌抄以备小类书一种”①，但《总目》入类书类存目。

(308)《贞元子诗草》

《翁稿》云：“‘元’字避庙讳改写。”②“元”当是“玄”之讳字，避康熙讳。《总目》行文与此不同，但观点相近，均认为其诗偶然寄意，不及其书法成就大。

(309)《圃史》

《翁稿》云：“明吴郡周文华补次《周氏花史》旧本而作也。所谓允斋者不著其名，以其为周氏之书，而汝南者周氏之郡望，采周子曾汝南伯，又有《爱莲》一说遂以《汝南圃史》名其书，而卷端又标《致富全书》之目，抑陋矣。应以周文华《圃史》十二卷存其目，附之农家。”③《总目》未采用其意见，而是以《汝南圃史》列入谱录类存目。④

(310)《壮游编》

《翁稿》认为“赝本无疑，毋庸存目”。又云：“丙申七月，又据吏持来，云要重校，因书其前云：此书方纲前拟提要时即不敢信为原本，恐是后人妄选，不敢入之著录，以失古人之真。今覆按良然，故仍前不敢存目之说。丙申七月十九日再阅加签。”但《总目》信为真本，认为“此集即其初入都时作也”。⑤

《钦定续通志》卷一百六十二《艺文略》、《钦定续文献通考》卷一百九十六《经籍考》著录与《总目》相同。

(311)《说略》⑥

此类凡311条，约占27.04%。

① 《翁稿》第1449页。

② 《翁稿》第1547页。

③ 《翁稿》第1610页。

④ 《总目》卷116。

⑤ 《总目》卷178。

⑥ 《翁稿》第1608~1609页，《总目》卷136。

（六）《总目》未见著录类

（1）《贞石堂文集》

《翁稿》有批识："此书内共记签四处。"语涉违碍，因而被禁毁。但集末所附其母陆孺人家训以《温氏母训》为题抄入《四库全书》儒家类，《总目》亦将上述有关温璜的介绍文字吸收到该篇提要中。①

（2）《说剑斋稿》

（3）《古今治统》

（4）《明事三述》

《翁稿》认为此书"可备有明一代掌故，亦可见世贞留心当代之务，不徒卮言之类而已，应抄录之"。

（5）《漉篱集》

《翁稿》云："其诗与文皆以才自豪，时出入内典，未为雅言，第存其目可矣。"又签"毁"字。

（6）《冯注李义山集》

> 《翁稿》：谨按《玉溪生诗笺注》三卷、《樊南文集笺注》八卷，乾隆癸未桐乡冯浩著，其人见存，其书引证颇博，但既作笺语，自不能无出入得失，然以近日所引义山诗注本如姚培廉笺本之类，则此校胜，此应通酌其例，如近人义山诗注概不抄录，则此不应抄矣。再见有之人其书送馆者应通办画一，故此书毋庸戳记。②

（7）《陕西名胜志》

《翁稿》云："此特其中之一□耳，应归《名胜志》全部，毋为专为校办。"③

---

① 《翁稿》第7页。《总目》卷93。

② 《翁稿》第89页。按：《四库全书》一般不著录生者著述。

③ 《翁稿》第145页。

(8)《古四韵等子韵》

《翁稿》云:"《古四韵等子韵》一册,已归纂修任前单内办过,毋庸别办。"① 按:此条被红笔删去。

(9)《玉蘂辨证》

《翁稿》云:"《玉蘂辨证》一册,已入《津逮秘书》,毋庸另为校办。"② 按:此条被红笔删去。

(10)《灵星小舞谱》

《翁稿》云:"《灵星小舞谱》明朱载堉著,即《乐律全书》之一种,毋庸另办。"③

(11)《易疑》

《翁稿》认为:"其说多与朱子不合,即傅山所谓其序甚辨者也。"并建议存目。④《翁稿》意见未被采纳。

(12)《璅探》

> 《翁稿》:谨案《璅探》二册,明淮南李蘅所辑宋、元、明说部,凡十种,其序作于崇祯三年,盖就一时所见者辑之。今应存其总部之目,而中间诸书,谨为按语十条于后,纂修官编修翁方纲恭校。⑤

有红字按语:"此在前为一字,以下逐条各为一纸。"⑥ 审为纪昀手笔。

(13)《毛先舒石鼓诗辨》

《翁稿》云:"石鼓古遗宝也,诸说又何纷纷欤?"⑦ 朝军按:此似为杂抄,非提要也。

---

① 《翁稿》第 146 页。
② 《翁稿》第 146 页。
③ 《翁稿》第 146 页。
④ 《翁稿》第 147 页。
⑤ 《翁稿》第 182 ~ 187 页。
⑥ 《翁稿》第 182 页。
⑦ 《翁稿》第 190 页。

(14)《具茨集》

(15)《莆阳全书》

> 《翁稿》：谨按《莆阳全书》十四册，其分卷编辑之得失不必论，即以其卷前所载诸序文于纪年月处皆将某年字样挖去，而其下干支却是乙酉。此书不应入于校阅之单内，不特不应抄而已，并毋庸印戳记。如照此序定下，止写纂修官某人，不写恭校，此序且缓交，至各序俱完时交之。①

(16)《选诗》三册无卷数附《选诗续编》四卷

《翁稿》认为"其诗已见《文选》，又见各集，似毋庸抄录，或酌存其目"。《选诗》，《总目》未见著录，但《选诗续编》见于《风雅翼》条提要。②

(17)《说文解字韵谱》

《翁稿》认为此书"不按古韵，而止依《洪武正韵》，未为古雅。或酌抄以备编韵一种"。③

(18)《自广斋集》

《翁稿》认为此书"多记同时诸人之事，而于周顺昌事尤详；亦多可与史证者，应存其目"，但分纂官意见未被采纳，因有"毁"、"即办"等字样。④

(19)《宝日堂初集》

《翁稿》认为此集"以今馆臣恭办全书之体论之，自是不应存目"。另签"毁"，因为"卷二诸疏内有不可存之语"。⑤

(20)《周来玉奏议》

《翁稿》建议存目，但另签"毁"字。⑥

---

① 《翁稿》第412页。

② 《总目》卷188。

③ 《翁稿》第223页。

④ 《翁稿》第227~228页。

⑤ 《翁稿》第230页。

⑥ 《翁稿》第231页。

（21）《落落斋遗集》

《翁稿》建议存目，但另签“毁”字。①

（22）《可经堂集》

《翁稿》认为未全之本，不能遽存其目。签“毁”字。②

（23）《北海集》

《翁稿》认为应存目，但又云：“内违碍者粘记二十七签，但此人卒于万历三十一年，则其中所指或未□足悖触，或抽记另办。”③

（24）《石间山房集》

《翁稿》认为应存目，但此书内记出六签。

（25）《两行斋初集》

《翁稿》认为应存目，但内记签十二处。

（26）《赵忠毅集》

《翁稿》认为应存其目。《学庸正说》提要云：“盖南星为一代名臣，端方劲直，其立朝不以人情恩怨为趋避，故其说经亦不以流俗好尚为是非。虽平生不以讲学名，而所见笃实过于讲学者多矣，未可以其平近而忽之也。”④

（27）《逦庵全集》⑤

（28）《梅会诗选》

（29）《邹忠介奏稿》

（30）《明大训记》

（31）《沈懋孝文集》

（32）《居业次编》

（33）《春煦轩集》

（34）《字触》

---

① 《翁稿》第232页。

② 《翁稿》第236页。

③ 《翁稿》第241页。

④ 《总目》卷36。

⑤ 《翁稿》共记涉触违碍五十签。

(35)《读画录》

(36)《澄水帛》

(37)《六月谭》

(38)《江陵百咏诗》

(39)《闲博录》

(40)《太和正音谱》

(41)《素问抄补正》①

(42)《憨山绪言》②

(43)《采菽堂古诗选》

(44)《直说通略》

(45)《清隽集》

《翁稿》认为应抄录之,《心史》提要亦云:"思肖有《题画诗》、《锦钱集》及所著杂文,并附载其父震《菊山清隽集》后,已著于录。"但《总目》未见著录。《翁稿》后有批语:"《清隽集》粗疏,亦难以诗言,要之此等人不必尽以诗绳之可矣。盖举必影抄入宋人家数中,可谓强作解事。"③

(46)《明文案》

> 《翁稿》:谨案:《明文案》二百卷,国朝余姚黄宗羲撰。卷前有宗羲自序二篇……至于选明一代之文,必将知人论世,斟酌于质文损益之间。有明经术文学皆不及唐、宋固已,亦当就中择其言近雅者,而何以传奇之文、小说之文、游戏狎荡之文,若屠隆、李贽诸作,亦一概选入,将使后学何所适从?甚至沈士柱遥祭阮大铖文,为大铖辨冤者,如此等文□入选,不知宗羲最负文名,于时何以漫无别裁至此?或仅存其目,已为幸矣。内所收录钱谦益文应削去。

---

① 《翁稿》:"一函二本,系医书,应另归纂修专门校办。"

② 《翁稿》:"明沙门德清述禅家语录也,不应存目。"

③ 《总目》卷174。《翁稿》第481~482页。

《翁稿》另签："内违碍廿五签。"检《总目》未见著录。《总目·明文海》云："宗羲于康熙己卯以前，尝选《明文案》二百卷，既复得昆山徐氏所藏明人文集，因更辑成是编。"《翁稿》又云："乾隆四十年三月奉皇上问先圣生日，馆中诸臣博考群书，惟黄宗羲集中有辨，并载八字（庚戌乙酉庚子甲申），大抵主八月二十六日之说。时孔编修广森致书张编修焘，力辨之。谨记于此，以俟他日恭考焉。三月二十九日方纲敬识。"①

(47)《内景黄庭经合注》

(48)《游唤》

(49)《邹荻翁集》

(50)《埜阳草堂文集·诗集·说书》

《翁稿》签："毁。"《埜阳草堂文集》、《诗集》未见著录，但《埜阳草堂说书》被《总目》收入五经总义类存目，且增材料："是编首为《中庸说》一卷，次《大学意》一卷，以《中庸》冠《大学》前者，其说谓《中庸》以'明德'终，《大学》以'明德'始，《大学》实继《中庸》而作也。《论语咏》一仿宋张九成之例，以绝句代笺疏。次《孟子略述》，随意标举而说之，故曰略焉。四书皆崇祯十二年诏狱中作以授其子珏者。次《诗书论世》三卷，则杂论《诗》、《书》二经。"增评论："大抵皆明末狂禅，提唱心学，无当于圣贤之本旨。"复删材料："崇祯八年为温体仁劾郧假乩仙判词逼父杖母，崇祯十二年磔于市。《明史·温体仁传》载其事，谓体仁以臧文震孟劾之也。同时黄道周作墓志、黄宗羲作墓表，皆极辨之。此集有韩菼、陈轼、黄永诸人序，又皆辨之。此又在数十年后，而皆为刻辨，益公论矣。"②

(51)《确庵文稿》③

(52)《玉山草堂雅集》

① 《翁稿》第505～506页。

② 《总目》卷34。《翁稿》第621～622页。

③ 《翁稿》第647页："是编辑未成之书，难以存目。书内有应签出诸条，今俱签记于书内。此书内粘记十四签。"

冒襄编《同人集》"盖仿顾阿瑛《玉山草堂雅集》而作。然阿瑛但文酒之欢，此并其寿序之类亦皆载入。故繁富胜之，而精美则不及焉。"① "考《玉山草堂雅集》，传本甚多，不应云竟不复觏。"②

(53)《存笥稿》

(54)《问易补》

(55)《马文庄公集选》

(56)《范玺卿集》③

(57)《孙宇台集》

(58)《艾陵文抄》④

(59)《丰草庵集》⑤

(60)《莲须阁集》⑥

(61)《喜闻集》

《翁稿》认为"除粘签外，或酌存目"⑦，但《总目》未见著录。"田汝耔、都俞、李登、汤显祖、赵铭、章黼、杨时乔、刘孔当、赵宧光，皆明正德至万历时人。"⑧ 此期著作是重点审查对象，此种因违碍而被禁。

(62)《正气堂集》

(63)《读史纲》

(64)《孔子家语广辑》

---

① 《总目》卷 194。

② 《总目》卷 191，《赠言小集》提要。

③ 《翁稿》第 920 页："皆应销毁，毋庸存目。"另有批语："内签出十三处，应毁。"

④ 《翁稿》第 927 页，认为应存其目，诗纪一签应销毁。

⑤ 《翁稿》第 948 页，认为此书"实在拉杂未成体制。其以《诗》三百篇与《周礼》三百六十官，或系以某律某度，或系以某卦某爻，言易卦既驳京房，论六爻复讥许慎。至于掇拾禅门公案偈子以诂经书，则畔道之尤者也"。

⑥ 《翁稿》第 960 页，认为应以二十六卷存其目，又云："此内抵触违碍处谨记二十八签。"

⑦ 《翁稿》第 981 页。

⑧ 《总目》卷 43，《篇海类编》提要。

（65）《容城三贤集》①

（66）《黄文宪公集》

（67）《后鉴录》

（68）《逊国臣传》②

（69）《左氏始末》③

（70）《北学编》

（71）《始青阁稿》

《翁稿》认为"《石语斋集》则皆万历四十三年乙卯以前之作，而此集则又在其后。自序在天启元年矣。其中签记者签出四处，余存目"，但"其中签记者签出四处"。④

（72）《峄桐集》⑤

（73）《夕阳寮存稿续集》⑥

（74）《清流摘镜》

《翁稿》云："大意皆为东林党事而作，故以清流名其书。明末诸案载在正史，忠诸钦定大义炳然矣。……或酌存其目，附诸史门之末。""内触犯违碍之处谨记出十四签。"⑦ 因此被禁毁。

（75）《东垣集》⑧

（76）《丽奇轩诗草》⑨

---

① 合刻元刘因、明杨继盛、国朝孙奇逢集。《翁稿》认为"虽有专集，固不妨并存其目"，但《容城三贤集》未见著录。奇逢《岁寒集》未见著录。"此书内惟孙奇逢集中记出二签。"

② 《翁稿》第 1044 页，认为"亦足与革除诸史相参考，应存其目"。

③ 《翁稿》认为"此所编《左氏始末》亦见融会古事……足为读左者贯穿之一助耳，应存其目"。

④ 《翁稿》第 1101 页。

⑤ 《翁稿》："且多违碍，应签记处除已逐处加签外，可毋庸存目。"（第 1103 页）此书内记出二十七签，因此被禁毁。

⑥ 《翁稿》第 1110 页："律诗颇有不论三五者，此岂可哉？"

⑦ 《翁稿》第 1121～1124 页。

⑧ 《翁稿》第 1147 页："除应记粘签数处外，或酌存其目。"

⑨ 《翁稿》："内记签二处，余或酌存目。"

(77)《丽奇轩文集》①

(78)《明传信录》②

(79)《回銮录总》

(80)《读书笔记》

(81)《健余诗草》

(82)《吕语集解》

(83)《尹母年谱》

(84)《四本堂座右铭》

(85)《艺林伐山》

(86)《杭言在昔录》

(87)《桑蚕成法》③

(88)《五芝楼诗集》

(89)《宝树轩诗集》

(90)《式纶堂诗集》

(91)《茧瓮集》

(92)《赐余堂赋》

(93)《俭星堂诗》

(94)《桂山堂诗》④

(95)《遂初亭诗》

(96)《椭堂山居集》

(97)《可斋杂稿》⑤

---

① 《翁稿》第1148页："内记签三处，余或酌存目。"

② 《翁稿》第1168页。

③ 《翁稿》第1245页，认为"应抄录之，以著圣朝德化，衣被边民，以乐利广远矣"。

④ 《总目》卷194。《四家诗抄》提要云："四家者，清苑郭菜、巨鹿杨思圣、任邱庞垲、文安纪炅也。所录菜《学源堂集》凡六卷，思圣《且亭集》凡八卷，垲《丛碧山房集》凡六卷，炅《桂山堂集》凡八卷。每集各为之序。菜及垲、炅皆有集，已著于录，惟思圣集今未见，独见于此编耳。"既云"已著于录"，又无迹可求，不知《总目》何以出现如此纰漏？

⑤ 《翁稿》："黄□□已办，不另提要。"

(98)《遣愁集》

(99)《昭明文选袖珍本》

(100)《西厢记》

(101)《经书言学指要》

(102)《敦煌新录》

(103)《黄氏书奕》①

(104)《金璧故事》

(105)《刍询录存征》

(106)《古今行筹》②

(107)《赖古堂诗集》③

(108)《经史全书五种》。《翁稿》云："……宝之学以洛、闽为宗，其教人以致知力行为本，尝取程子'日格一物'之义，名其书曰'日格子'，即此编所载《学史》是也。《学史》、《简端录》二书巡抚吴廷举曾上于朝，其《定性书说》、《漕政举要》亦皆著名于时。……今曹荃所编止此数种，应各存其目可矣。"④《总目》未见著录，而是将《学史》、《简端录》、《定性书说》、《漕政举要》各种分别著录，仅《漕政举要》一条不见于《翁稿》。

(109)《定性书说》⑤

(110)《容春堂杂抄》⑥

---

① 《翁稿》第1311页。《翁稿》提要稿后另有识语："再恭查此书，第一本内夹有片纸，上有朱笔三十三字，今仍在原书夹处，不敢擅动，请各位总裁大人裁酌。方纲谨识。"（识语两写，前草后工。）

② 《翁稿》："悖触。"

③ 《翁稿》建议存目，但周亮工的书四库馆中全被禁毁。

④ 《翁稿》第1376页。

⑤ 《翁稿》第1377页："《定性书说》一卷，宋明道程子答横渠张子而作《定性书》，朱子尝载诸《近思录》，此则邵宝取朱子所论析者参以黄榦诸家为之注说，足与先儒之言相发。"

⑥ 《翁稿》第1377页："此皆应归入宝所著《容春堂全集》内总存其目。然杂抄之名既见于此编，亦或可与前数种分存其目，以备邵氏之书。"按：《总目》著录《容春堂前集二十卷后集十四卷续集十八卷别集九卷》，但未见《容春堂杂抄》。

(111)《中兴日录》①

(112)《查浦诗抄》②

(113)《曹溪通志》

(114)《艮斋倦稿》

(115)《冰署笔谈》③

(116)《白房集》

(117)《天佣子集》

《翁稿》云："其论文大都排诋王、李之徒，虽多论时艺，然亦可以观一时文体正变得失之故。至其编次评语内多述吕留良、钱谦益之处，则宜痛加削去者也，应存目而核正之。""此书内记出廿七签。"《四库全书总目·集部总叙》云："大抵门户构争之见，莫甚于讲学，而论文次之。讲学者聚党分朋，往往祸延宗社；操觚之士，笔舌相攻，则未有乱及国事者。盖讲学者必辨是非，辨是非必及时政，其事与权势相连，故其患大。文人词翰所争者，名誉而已，与朝廷无预，故其患小也。然如艾南英以排斥王李之故，至以严嵩为察相，而以杀杨继盛为稍过当，岂其扪心清夜，果自谓然。亦朋党既分，势不两立，故决裂名教而不辞耳。至钱谦益《列朝诗集》，更颠倒贤奸，彝良泯绝，其贻害人心风俗者，又岂鲜哉。今扫除畛域，一准至公，明以来诸派之中，各取其所长，而不回护其所短，盖有世道之防焉，不仅为文体计也。"④

---

① 《翁稿》："宋高宗南渡时诸人纪事之书……汪伯彦著……或非全书也，应存其目。"（第1382页）

② 《翁稿》："其诗尖辟，而无收裹，气不完，神不属，谓之未成章可也。"（第1385页）

③《翁稿》："既无总目，而每卷又阙其卷数，无以核其全否，似不能遽存其目。"《翁稿》注毁字。（第1417页）

④ 《翁稿》第1472页。《总目》卷148。吴金华先生加注："此为毁书禁书之旨，类似的例子值得发掘，以见封建专制者用心之苦。《四库全书》之编纂，其用心之一，即借以普查众书，凡清廷以为有碍者，或毁之，或禁之，或改之，为'文化革命'之滥觞。亦可谓千古同轨，不让秦政矣。"

(118)《思勉斋集》①

(119)《姑山遗集》②

(120)《靳史》③

(121)《兰江集》④

(122)《翠筠亭集》⑤

(123)《清音阁集》

(124)《心逸道人吟稿》

(125)《萤芝集》又附《谈禅》⑥

(126)《火传集》⑦

(127)《程穆倩集》

(128)《镜山庵集》

《翁稿》:《镜山庵集》二十五卷,明高出著。……彝尊称其为诗不袭历下,然其中拟古乐府之类亦全袭面目,陈陈相因而已。

以上只就集论集,若办其书,则方纲另有粘签,请总裁定,并请定一画一之例,以馆中之书恐不止此一种也。此种集以今馆臣等恭办全书之体似不应存目,且不应校办,然明人万历年间以后之集恐不止此,应否商定画一。

其集之是非勿论已,即以今馆臣恭办全书之体,此等不但

---

① 《翁稿》第1429页:“前后有钱谦益文二篇。”又云:“此书内记出二签。”

② 此书内记出二十签。《翁稿》第1431页。

③ 《翁稿》:“皆取历代之事近于谐谑者,即其卷前伪撰朱彝尊序一篇,可以知其书矣。不应存目。”(第1442页)

④ 《翁稿》:“此内粘签七处。”(第1491页)

⑤ 《翁稿》认为应存目,但《总目》未见著录,因“内记出四签”。(第1507页)

⑥ 《翁稿》第1518页:“不应存目。”“毁。”

⑦ 《翁稿》第1525页:“其以‘火传’名者,盖取庄子《养生主》之指,而至以寿序刻入诗集,陋矣。或仅存目。”

不应存目，而且不应校办；不但不应校办，而且应发还原进之人。从前于茅元仪所著书卷前亦粘签，候总裁大人酌定。明人万历以后之书恐不止此，应如何商定画一，请酌定，俾各纂修一体照办。方纲谨笺。①

(129)《自娱集》②
(130)《淇园集》
(131)《霏云居续集》
(132)《黄叶庵诗集》
(133)《喙鸣诗集》
(134)《丽崎轩诗》
(135)《蘧庐稿》
(136)《疾慧编》③
(137)《吾美楼集》④
(138)《艺林考证称号篇》
(139)《新安二布衣诗》⑤
(140)《白石樵真稿》⑥
(141)《来恩堂草》
(142)《古今类雅》
(143)《学诗录要》
(144)《学礼录要》
(145)《仪礼经传合解》

---

① 《翁稿》第1542页。

② 《翁稿》第1543页："诗文皆无足取，或姑存其目。"

③ 《翁稿》："总签一，内签无。此书皆泛论之语，毋庸记签。"（第1566页）

④ 《翁稿》："此内有记签悖谬之处至十余处之多，其书应毁，毋庸校办。"（第1568页）

⑤ 《翁稿》："风雅之道，非关名位。"（第1637页）

⑥ 《翁稿》认为"此集未全，不必专存目也"。又云："此内抵触违碍共记廿一签。"（第1639～1640页）

(146)《崇祀录》

(147)《孔易》

(148)《梧轩约言》

此类凡 148 条，约占 12.87%。

以上六大类总计 1150 条。前三类所占比例为 49.39%，后三类为 50.61%。换言之，一半以上为完全不同的，接近一半的提要稿经过不同程度的修改润色，其增删之迹还能比较出来。总之，从分纂官提要稿到《总目》定稿还有一个相当长的过程。

*　　　*　　　*　　　*　　　*

复旦大学藏两种嘉业堂抄本有而影印本无者共计 32 条，大致可以分为八类：

1. 大致相同类

(1)《易学说海》

(2)《曹江孝女庙志》

(3)《历代守令传》

(4)《润州先贤录》

(5)《昆山人物志》

(6)《龙唐山志》

(7)《说类》

2. 增材料类

(1)《恒岳志》。《总目》增材料："曲阳飞石之伪，亦辨之甚悉。"①

(2)《雁山志》。《总目》增材料："奇秀甲于浙东。明初僧永升者。始辑为《雁山集》一卷，编次无法。嘉靖己亥。谏因旧本搜讨，增为四卷，列三十二门。乐清知县徽州潘潢序之。万历辛巳，知州南昌胡汝宁复为翻雕，而以续得诗文冠于卷前，殊为猥杂。"②

(3)《鸡足山志》。《总目》增材料："相传为迦叶尊者入定

① 《总目》卷 76。

② 《总目》卷 76。

处。……是编乃康熙三十一年承勋因旧本增修。分图纪、考证、星野、形势、山水、寺院、人物、灵迹、物产、艺文，凡十门。而以迦叶像赞冠于卷端焉。"①

(4)《备忘集》。《总目》增材料："乃康熙中瑞六代孙廷芳重编。原跋云共一十二卷，分为十册。今考此本册数与跋相合，然每册止一卷，实止十卷，较原跋尚阙二卷，未喻其故也。"《总目》又增评论："其入都会试时，即上平黎疏。为户部主事时，上治安疏，戆直无隐，触世宗怒，下诏狱。然世宗覆阅其疏，亦感动太息，至拟之于比干。后巡抚应天，锐意兴革，裁抑豪强，惟以利民除害为事，而矫枉过直，或不免一偏。如集中《毕战问井地论》，力以井田为可行，谓天下治安必由于此。盖但睹明代隐匿兼并之弊，激为此说，而不自知其不可通。然其孤忠介节，实人所难能，故平日虽不以文名，而所作劲气直达，侃侃而谈，有凛然不可犯之概。当嘉、隆间士风颓苶之际，切墨引绳，振顽醒聩，亦救时之药石，涤秽解结，非大黄、芒硝不能取效，未可以其峻利疑也。"②

3. 增评论类

(1)《天目山志》。《总目》增评论："然此书所纪多属西天目事，统称《天目山志》，非也。"③

(2)《枫山集》。《总目》增评论："考元夕张灯，未为失德，词臣赓韵，亦有前规，而反复力争，近乎伊川之谏折柳，未免矫激太过。然其意要不失于持正，故君子犹有取焉。至其平生清节矫矫过人，可谓耿介拔俗之操。其讲学恪守前贤，弗踰尺寸，不屑为浮夸表暴之谈，在明代诸儒尤为淳实。《明史》本传称，或讽之为文章，则对曰：'此小技耳，予弗暇。'……盖其旨惟在身体力行，而于语言文字之间，非所留意，故生平所作，止于如此。然所存皆辞意醇正，有和平温厚之风。盖道德之腴，发为词章，固非蜡貌梔言者

① 《总目》卷76。

② 《总目》卷172。按：《备忘集》，明海瑞撰。

③ 《总目》卷76。

所可比尔。”①

4. 增材料与评论类

(1)《雅乐发微》。《总目》考作者:“明有两张敔,其一字伯起,合肥人。永乐中贡入太学,除广东道监察御史,官至陕西按察使佥事,所著有《京氏易考》,见朱彝尊《经义考》。此张敔,饶州人。朱载堉《律吕精义》第五卷中载有其名。又《明史·陆粲传》载粲劾张璁、桂萼疏,有礼部员外郎张敔假律历而结知之语,与此书亦相合,盖即其人也。”又增评论:“敔论乐大旨,以人声最低者命为黄钟,其最高者为应钟之变宫。……然如论蕤宾生大吕,主《吕觉》、《淮南子》上生之说,不知律吕相生定法,上生与下生相间,故左旋与右旋相乘。今应钟既上生蕤宾,而蕤宾又上生大吕,与上下相生之序极为错迕,乃先儒已废之论,殊不足据也。”②

(2)《吴中往哲先贤记》。《总目》增材料:“记明初苏州府人物,自勋德至冠衲,分七目,凡四十一人。《续记》自忠节至散逸分十七目,凡四十人。《补遗》自审进至释行分十九目,凡三十一人。”又增评论:“书中所列小传,皆寥寥数言,未见端末。又如徐有贞以险忮败,而循吉称为四海物望,盖未免乡曲之私。吴宽位终礼部尚书,而鲁曾乃题作东阁大学士,尤显然讹谬,则亦不足征信矣。”③

5. 改评论类

《乐经元义》。《翁稿》认为:“或但存其目已为幸矣。”《总目》增评论:“前有嘉靖二十九年自序,称上下数千年,阅历圣哲不知凡几,皆见不及此,亦傎之甚矣。”④

---

① 《总目》卷171。按:栀,染黄。引申指涂饰。柳宗元《鞭贾》:“栀其貌,蜡其言,以求贾技于朝。”

② 《总目》卷39。

③ 《总目》卷61。

④ 《总目》卷39。按:傎,颠倒,错乱。《穀梁传·僖公二十八年》:“以为晋文公之行事,为已傎矣!”

6. 重拟类

(1)《逸民史》

(2)《姑苏名贤小记》。《总目》认为:“是书大意,以当世目吴人为轻柔浮靡,而不知清修苦节之士可为矜式者不少,故择长洲、吴县人物卓绝者,各为之传,而系以赞。首高启,终王敬臣,凡五十人。盖既以表前贤,又以励后进也。震孟以天启二年及第,而是书成于万历甲寅,盖其未遇时命意已如此,其立朝清介,有自来矣。”①

(3)《普陀山志》。《总目》认为:“是志所述,本末颇具,而叙事冗沓无法。”②

(4)《文肃集》

(5)《篁墩集》。《翁稿》认为:“敏政考证古今,精详博洽,所著《明文衡》、《新安文献志》、《宋纪受终考》、《宋遗民录》,皆有功于史籍。此集兼载诗文,亦皆著称当时之作。”有褒无贬。《总目》认为:“敏政学问淹通,著作具有根柢,非游谈无根者比。特以生于朱子之乡,又自称为程子之裔,故于汉儒、宋儒判如冰炭,于蜀党、洛党亦争若寇仇。门户之见既深,徇其私心,遂往往伤于偏驳。如《奏考正祀典》,欲黜郑康成祀于其乡,作《苏氏梼杌》,以锻炼苏轼,复伊川九世之仇,至今为通人所诟厉。其文格亦颇颓唐,不出当时风气。诗歌多至数千篇,尤多率易,求其警策者殊稀。然明之中叶,士大夫侈谈性命,其病日流于空疏,敏政独以雄才博学挺出一时,集中征引故实,恃其淹博,不加详检,舛误者固多。其考证精当者,亦时有可取,要为一时之硕学,未可尽以芜杂废也。”③《总目》借题发挥,将矛头转向朱子,未免褒贬任情。

(6)《对山集》

(7)《左传杜解补正》

---

① 《总目》卷62。
② 《总目》卷76。
③ 《总目》卷171。

(8)《谲觚十事》

7. 未见著录类

(1)《文简集》。《翁稿》认为:"文笔亦不甚雅驯,虽其人以气节文学著称,然当世所著书尚有可存者,不专系乎此集也。存其目可矣。"

(2)《亭林诗集》。《翁稿》云:"《亭林诗集》五卷,凡史四百余首。"

(3)《亭林文集》。《翁稿》云:"《革除辨》(建文四年五月己巳以后称洪武三十五年,己巳以前仍为建文四年,此说颇通于惠帝、成祖两边圆融,但成祖之意是如此否?再酌详之)。《郡县论》(凡九篇,甚透辟而不可行)。《钱粮论》(上、下二篇,上篇言弊在用银,下篇言弊在火耗,此皆通人之论而可行者,然相沿既久,似亦难一朝猝革也)。《生员论》(上、中、下三篇,亦皆有激之言,未遽可行)。记与书事等文皆不可尽存(余略)。"

8. 无提要类

(1)《九经误字》

(2)《石经考》

(3)《吴才老韵补正》

(4)《昌平山水记》

(5)《顾氏谱系考》

以上我们一共考察了1182条提要稿与《总目》的异同情况。另外,台湾"中央图书馆"藏翁方纲手稿本《复初斋文稿》① 中有翁氏所撰提要稿30余种,如《广韵》、《孟子音义》、《六书统》、《复古编》等三十余条,沈津取与通行本《总目》相核,其结论为:"亦皆一致。"②

---

① 翁方纲:《复初斋文稿》,台北:文海出版社影印本,第32册,第2284~2297页。

② 《中国图书文史论集》,北京:现代出版社,1992年,第161页。

三、《翁方纲纂四库提要稿》的价值

《翁方纲纂四库提要稿》保存了大量的原始资料，是了解《总目》纂修过程的第一手资料，对于了解清代的政治、思想、文化、学术等方面具有极高的研究价值。囿于篇幅，本节主要谈谈其文献学价值，稍略兼及毁书问题。

（一）目录学价值

翁方纲首先将不少书籍的序跋、目录过录下来，少则二三纸，多则十余纸，这部分内容在全书中占相当大的比重。其中也有不少书仅撮序目，未见提要稿。一部书的序跋与目录对起草该书提要至关紧要。翁氏花了大量的精力来从事这种原始资料的整理，这对我们了解《总目》的纂修过程大有裨益。翁方纲提供的这部分原始资料，为后来的修改定稿提供了依据，不少提要在反复磨勘时，正是凭借这些资料进行修改补充。

《提要稿》绝大多数书都起草了提要，有的书甚至有两种提要。总体来讲，《翁方纲纂四库提要稿》的质量不及《总目》。因为它是一种一种撰写而成的，给人“只见树木，不见森林”的感觉，在评价图书得失方面缺少通盘考虑，缺少《总目》那种画龙点睛的神来之笔。

值得注意的是，翁氏在提要稿中注明了应刊、应抄、应存或毋庸存目，并说明理由。其中四库存目之有无标准是近年来聚讼不已的学术公案，从《翁稿》所保存的原始材料来看，显然当时是有标准的。通览全稿，翁氏所持标准为：

1. 不全之书，毋庸存目

> 不完之书，毋庸存目。①

---

① 《翁稿》第138页，《韵学渊海》条。

不全之书，毋庸校办。①

未全之本，不能遽存其目。②

不全之书，无庸校办。③

未完之书，毋庸存目。④

2. 别行之本，毋庸存目

此书宜归于《通志堂经解》中校办之，毋庸另为专校。⑤

《燕几图》一册，即从《说郛》内抄出者。毋庸另为专校。⑥

《五代春秋》已入《尹河南集》，毋庸另为校办。

《南烬纪闻录》一册已入《学海类编》内，此毋庸另校办。

《画竹谱》一册即从《说郛》内抄出者，毋庸另为校办。

《北苑别录》一册即从《说郛》内抄出者，毋庸另为校办。

《翰林志》一册即从《说郛》内抄出者，毋庸另为校办。

《游城南记》一册即从《说郛》内抄出者，毋庸另为校办。

《图画见闻志》一册即《津逮秘书》中之一册，毋庸另办。

《申鉴》一册已入《汉魏丛书》，毋庸另为校出。

《锦带书》一册已入《津逮秘书》，毋庸另办。

《正易心法》一册已入《津逮秘书》，毋庸另办。

《述异记》一册已入《收魏丛书》，毋庸另办。

---

① 《翁稿》第222页，《陆象山年谱》条。

② 《翁稿》第236页，《可经堂集》条。

③ 《翁稿》第1034页，《锦绣万花谷》条。

④ 《翁稿》第1262页，《昭明文选袖珍本》条。

⑤ 《翁稿》第146页，《周礼订义》条。

⑥ 《翁稿》第145页，《燕几图》条。

《录异记》一册已入《津逮秘书》，毋庸另办。

《罗湖野录》四卷，宋僧晓莹著，第一行题曰宝颜订正，而其下一行校正姓氏控去盖欲冒为专刻之本耳，其实即眉公《续秘籍》中一种也。毋庸另为校办。

《丸经》一册，已入《津逮秘书》，毋庸另为校办。

《灵星小舞谱》明朱载堉著，即《乐律全书》之一种，毋庸另办。

三僧之诗皆见《全唐诗》，兹虽专刻，毋庸另存目。①

《诚斋诗抄》二册，即吴孟举《宋诗抄》内之二册，此应发回原进书之人。此系吴孟举《宋诗抄》内之一种，不应入进书单内，毋庸另存其目，亦毋庸印戳记。

《三国纪年》即《龙川全集》中之一卷，毋庸另为校办。②

其诗已见《文选》，又见各集，似毋庸抄录，或酌存其目。③

3. 庸俗之书，毋庸存目

解人颐之类，毋庸存目。④

训蒙之坊本，无足采取，不应存目。⑤

此特一人一时之事，毋庸存目。⑥

---

① 《翁稿》第352页，《寒山丰干拾得诗》条。《总目》未采纳翁氏意见，卷149著录。

② 《翁稿》，《三国纪年》条。《总目》列入史评类存目，亦云："已载亮所著《龙川集》中，此其别行之本也。"（《总目》卷89）

③ 《翁稿》第215页。《选诗》三册无卷数附《选诗续编》四卷。《选诗》，《总目》未见著录。《选诗续编》则见于《风雅翼》条提要。（《总目》卷188）

④ 《翁稿》第1261页，《遣愁集》条。

⑤ 《翁稿》第1313页，《金璧故事》条。

⑥ 《翁稿》第182页，《联句诗纪》条。《总目》卷64传记类存目有《七人联句诗纪》，但评价不高——"盖偶然寄兴作也。所载胜事，以六官一隐者为大奇，亦未能免俗矣。"

4. 劣本之书，存目可耳

应博访善本校定焉。①

拟博取善本校刊之。②

前恭校第四单内《阳明文集》十六卷，谨拟博访善本校刊。今此本所搜已极详备，自应刊传，而后人再有选本，则存目可耳。③

5. 既系伪作，毋庸存目

既系伪作，毋庸存目。④

总之，以上五条存目标准，足以说明《四库全书》的纂修是有其选择标准的，也从一个侧面证明，所谓"《四库全书》与存目书之间没有标准"之说纯属臆断。

（二）版本学价值

《翁稿》是提要稿的初稿，它记载了大量四库底本方面的原始信息，下面仅举数例：

1.《金石录》。《翁稿》云："此抄本内讹字甚多。此书应刻，须以卢刊本校刻。世无刻本已久，归有光、朱彝尊所见皆是抄本，又或疑为未完之书。盖当时原非卷卷有跋也。凡为目十卷，跋二十卷，必存原目旧式，然后可以因目考跋。今此抄本已非旧式，而外间虽有刻本，又觉板式差小，应取对刻本，依其原目次第年月刊之，而校本附注之字亦不妨并刊，以资考核。七月二日又以黄登贤

① 《翁稿》第1459～1462页，《樊川文集》条。

② 《翁稿》第1463～1464页，《元次山文集》条。

③ 《翁稿》第686页，《王文成全书》条。

④ 《翁稿》第1293页，《敦煌新录》条。

家所进国初阳邱谢氏刻本相校一遍，其刻本不及今外间所刻本。”①

2.《武林旧事》。《总目》著录为内府藏本，《翁稿》云：“考他本有作六卷者，此抄本十卷皆具，惟第六卷末自跋云四水潜夫辑，第十卷之后又一卷亦有标识，且有录补之语，盖此本乃后人缀辑而成者，非原书之旧也。四水，他本或误作泗水。今据卷尾跋语，即周密所撰无疑。元周密，字公谨，号草窗，四水潜夫，其别号也。抄本脱误甚多，应订定抄存之。”②

3.《闲居丛稿》。《总目》著录为江苏巡抚采进本，《翁稿》云：“抄本，有红笔改正。”“抄者传者颇少，应抄录之。”③ 既注明了版本类型，又简要说明了流传状况。

4.《郭氏传家易说》。《总目》著录为浙江郑大节家藏本，《翁稿》云：“山阴祁氏澹生堂藏抄本。”④

5.《梦粱录》。《总目》仅著录为两江总督采进本，《翁稿》云：“卷末有‘正德甲戌天月安愚柳会抄毕’十二字，则此书无刻本久矣。新城王士正云：《梦粱录》二十卷，不著名氏，是宋亡后追记临安旧时风物，自郊高宫殿下至白工杂戏之流皆具，似《东京梦华录》，而文不雅驯。盖此书但取纪实，不免杂以方言俚语，少文笔耳，但以为不著名氏，想亦别一抄本。又并其前序先言者，盖抄本亦不多见也。前题云甲戌岁中秋日，当是宋度宗咸淳十年，子并及位之岁耳。今应抄存。”⑤

6.《高注周礼》。《总目》仅著录为两江总督采进本，《翁稿》云：“此书抄本旁有红笔涂窜者，颇有所见，而不著评者姓名，其于《考工》二卷亦加涂削。”⑥

7.《江南野史》。《总目》仅著录为江苏巡抚采进本，《翁稿》云：“今世所传不全，盖已久无刻本，而此抄本十卷……均资考

① 《翁稿》第12～13页。
② 《翁稿》第18页。
③ 《翁稿》第219页。
④ 《翁稿》第238页。
⑤ 《翁稿》第319页。
⑥ 《翁稿》第372页。

镜，是宜刊刻以裨史学……有红笔增改处，今校其是者从之，疑者两存之。"①

总之，《总目》一般只著录版本来源，而对版本类型、版刻特征、流传源流等具体内容则较少留意，而《翁稿》中就保存了大量信息，如关于抄本的就有一百余条，还摹写了大量的藏书印，可以推测版本流传情况。这些材料只有极少部分被《总目》吸收，而大部分被删掉了，为进一步追踪《四库全书》的版本来源提供了有利线索。

（三）辨伪学价值

《总目》在辨伪学史上是一座高峰②，《翁稿》在辨伪方面也极有价值，取得了较大的成就，下面择举20条例证。

1. 《灌畦暇语》。《翁稿》认为唐人之作不可信："传闻宜其不能征信也，或抄备唐人说部一种。"而《总目》认为："核其词旨，确为唐人著述。"③

2. 《引年录》。《翁稿》作者著录为"靖江朱应鼎撰"，据书中引李时珍《本草纲目》，断定作者为万历以后人；而《总目》作"旧本题靖江朱应鼎撰"，将其打入疑伪之列。④

3. 《西征记》。宋卢襄著。《翁稿》认为"其文笔颇涉庸俗，且所谈皆泛泛无关考据，直传奇小说之流耳，宋人不应如此。恐是赝作，毋庸存目"⑤。《总目》卷六十四入传记类存目，认为确出宋卢襄之手。

4. 《木天禁语》。旧题清江元范梈著。《翁稿》认为"或以其旧人所辑，抄而存之"，但《总目》未采纳翁氏意见，列入存目，且视为伪书——是编开卷标"内篇"二字，然别无外篇，不知何

---

① 《翁稿》第649页。

② 详见拙著《辨伪学论稿》。

③ 《总目》卷120。

④ 《总目》卷147。

⑤ 《翁稿》第186页。

故独名为内。其体例丛脞冗杂，殆难枚举。其大纲，以篇法、句法、字法、气象、家数、音节，谓之六关；每关又系子目，各引唐人一诗以实之。其七言律诗一条称："唐人李淑有《诗苑》一书，今世罕传。所述篇法止有六格，今广为十三格。"考晁公武《读书志》，《诗苑类格》三卷，李淑撰。宝元三年豫王出阁，淑为皇子傅，因纂成此书之上。然则淑为宋仁宗时人，安得称唐？明华阳王宣墡作《诗心珠会》，全引此条，亦作唐字。知原本实误以为唐人，非刊本有误。其荒陋已可想见。又云："十三格犹六十四卦之动，不出八卦，八卦之生不离奇偶，可谓神矣。目曰屠龙绝艺，此法一泄，大道显然"云云。殆类道经授法之语。盖与杨载《诗法家数》出一手伪撰。考二书所论，多见赵㧑谦《学范》中，知庸妄书贾，剽取《学范》为之耳。①

5.《周易系辞精义》。《总目》卷七入存目，认为"去取未为精审"，且疑为伪托——"陈振孙《书录解题》引《馆阁书目》，以是书为托祖谦之名，殆必有据也。"《翁稿》据《宋史·艺文志》载吕祖谦《周易系辞》二卷，断定"是书为祖谦所辑无疑"。《翁稿》云："陈振孙《书录解题》曰：吕祖谦伯恭集程氏诸家之说，以程传不及《系辞》故也。《馆阁书目》以为托伯恭之名，其说皆载于《文献通考》。然《宋史·艺文志》载吕祖谦《周易系辞》二卷，则是书为祖谦所辑无疑。此抄本卷前吴城识语既以董真卿之言为足信，又据《馆阁书目》托名一语为断，过矣。且谓祖谦古易自序诋王氏即所以讥伊川，其说尤为害理。祖谦之学宗法濂洛，《古易》自序专议郑王变古之非，岂有讥及程子之意，且祖谦于《程传》曾取尹氏本及朱子本参定其同异，又从小学家是正文字，见于祖谦跋语。其用力于《程传》至矣。今乃谓其降心相从，尽弃所学而学焉，是诬古人也。吴城识语本不足论，然讥程子之说不可不辨也。是书既为补《程传》而作，后来刻《程传》者或因而并入此书，称为后传，实则《程传》于《系辞》内有及卦爻者，既已采入传中而为之说，又仿李氏集解分置序卦于各卦之首，故

① 《总目》卷197。

《系辞》以下不更为传，本非有阙也。但此书所辑，皆诸儒精语，自应刊刻与《程传》并行耳。"①

6.《续古今考》。题曰元金元好问遗山著。《翁稿》云："虞毛氏以《遗山集》刻入元十家，长洲顾氏以《遗山集》抄入元百家，学者习焉不察，几以好问为元代之人，而王应麟、马端临皆宋人，殊不知王应麟、马端临实皆入元，而元好问当至元灭宋时殁已久矣。此失考之故也。独是撰是书者于经史极有辨证，而独昧于此，是为异耳。若以其伪撰，则毋庸存目；若以其书各条尚有资于援据，或即以无名氏续古今考九卷存目亦可。"② 朝军按：《总目》卷 126 从著录源流、风格、史实等方面辨伪较原稿质量大为提高。经查证，金元好问生于 1190 年，卒于 1257 年，王应麟生于 1223 年，卒于 1296 年，马端临生于约 1254 年，卒于约 1323 年。翁方纲编有《元遗山先生年谱》，因而能从时代先后方面判断真伪。《总目》将如此坚实的材料删除，无疑减轻了说服力。

7.《宋史全文续资治通鉴长编》。《翁稿》云："此非李焘之书也。商丘宋荦跋曰：'宋李焘有《通鉴长编》百六十八卷，《续长编集要》六十八卷，《续宋编年》十八卷，今世藏书家往往求之甚渴。"此三十六卷是元人所刊，卷首割去著书人姓名，卷末割去大元字，其为元胡宏《续通鉴长编》无疑。'其前有李焘《进长编表》，或当日与焘本并刻，今所存者止此耳。焘之进表在宋孝宗乾道四年，而编中乃并光宗以后至宋末事全载入之，是与前表已不合，若果是元胡宏之书，自应并存，以附焘书之后，然又不著宏名及宏之纂辑原委，则仍未为完书。应姑存其目以俟博访。"③《总目》对此则提要作了较大幅度的修改：第一，增考证："不著撰人名氏，原本题曰《续通鉴长编》，而以李焘《进长编表》冠之于前，是直以为焘之《长编》矣。案焘成书在孝宗时，所录止及北宋。此本实载南宋一代之事，其非出焘手明甚。检勘此书，卷卷标

① 《翁稿》第 760 页。

② 《翁稿》第 835 页。

③ 《翁稿》第 858 页。

题皆有‘宋史全文’四字，而《永乐大典》宋字韵内亦多载《宋史全文》，与《长编》截然二书。又此本目录前有坊间原题，称‘本堂得宋鉴善本，乃名公所编，前宋已盛行，再付诸梓’云云，盖本元人所编，而坊贾假托焘名，诡称前宋盛行耳。惟《永乐大典》所收之书，皆载入《文渊阁书目》，乃宋鉴多至六部，独不见《宋史全文》之名，或亦杨士奇等编辑时因标题而致误欤?”第二，对宋荦跋提出批评:“则又臆断之语，未见其有确证也。其书自建隆以迄咸淳，用编年之体，以次排纂。其靖康以前亦本于焘之《长编》，而颇加删节。高、孝二代则取诸留正之《中兴圣政草》。今以《永乐大典》所载《圣政草》相与参校，其文大同小异。留正等所附案语，亦援引甚多。至光、宁以后，则别无蓝本可据，为编书者所自缀辑。故《永乐大典》于光、宁二宗下亦全收此书之文，勘对并合。其于诸家议论，采录尤富。如吕中《讲义》、何俌《龟鉴》、李沆《太祖实录论》、《足国论》、富弼等《释》、吕源等《增释》、陈瓘《论大事记》诸书，虽其立说不尽精醇，而原书世多失传，亦足以资参考也。惟原本第三十六卷内度宗、少帝及益王、广王事迹有录无书，《永乐大典》亦未采，今姑仍其阙焉。”第三，删材料:“或当日与焘本并刻，今所存者止此耳。焘之进表在宋孝宗乾道四年，而编中乃并光宗以后至宋末事全载入之，是与前表已不合，若果是元胡宏之书，自应并存，以附焘书之后，然又不著宏名及宏之纂辑原委，则仍未为完书。应姑存其目以俟博访。”

8.《世说新语补》。《翁稿》有二篇提要，均认为“其书于何良俊之上加门人二字，殊为可疑”①。《总目》认为：“良俊《语林》三十卷，于汉、晋之事，全采《世说新语》，而摭他书以附益之。本非补《世说新语》，亦无《世说补》之名。凌濛初刊刘义庆书，始取《语林》所载，削去与义庆书重见者，别立此名，托之世贞。盖明世作伪之习。绂从而信之，殊为不考。然绂序字句鄙俚，词意不相贯属，疑亦出书贾依托。观其所刊目录，列补编于

---

① 《翁稿》第860页。

前，列原书于后，而三十六门之名，一页中重见叠出，不差一字，岂识黑白者所为哉?"①

9.《吟窗杂录》。《翁稿》云："谨按《吟窗杂录》五十卷，题曰状元陈应行编，又题曰《陈学士吟窗杂录》。前有序称浩然子，在绍熙五年下又刻云'嘉靖戊申崇文书堂家藏宋本重刊'。其所载《魏文帝诗格》等凡二十六种，皆前人说诗之书，自第十九卷《历代竹谱》以下则编书者所自为也。大致如《诗人玉屑》之类，而条件颇多琐陋，如论诗病云……其尤谬者，又列蜂腰鹤膝等八病于《魏文帝诗格》中，而且文帝著书以长卿与孟德作对，此皆无稽之说。大抵多属后人凑集而成。其所谓状元陈应行者，南宋状元内无陈应行其人，盖是宋末坊贾所为耳。"②《总目》增考证："盖伪书也。前列诸家诗话，惟钟嵘《诗品》为有据，而删削失真。其余如李峤、王昌龄、皎然、贾岛、齐己、白居易、李商隐诸家之书，率出依托，鄙倍如出一手。而开卷《魏文帝诗格》一卷，乃盛论律诗，所引皆六朝以后之句，尤不足排斥，可谓心劳日拙者矣。"复删考证："其所载《魏文帝诗格》等凡二十六种，皆前人说诗之书，自第十九卷《历代竹谱》以下则编书者所自为也。大致如《诗人玉屑》之类，而条件颇多琐陋，如论诗病云……其尤谬者又列蜂腰鹤膝等八病于《魏文帝诗格》中，而且文帝著书以长卿与孟德作对，此皆无稽之说。大抵多属后人凑集而成。其所谓状元陈应行者，南宋状元内无陈应行其人，盖是宋末坊贾所为耳。"

10.《春秋道统》。旧题宋刘绚质夫著。《翁稿》云："考绚之书，《文献通考》作十二卷，《玉海》作五卷，陈振孙《书录解题》止作刘绚《春秋传》，无道统二字之名。陈振孙称其解明正简切者也，乃此抄本则并无解经之语，止抄撮《左氏传》，间及《公》、《穀》、《国语》，及略采诸家一二条而已。且不特《左氏传》文有删节，即经之正文亦止节载其一二字，如近来坊本标题之式，此岂

① 《总目》卷143。

② 《翁稿》第918页。

后成宋人之经说哉？中又以‘何休学’连为人名，不知学字乃笺传之书名也。举后儒之有功于《春秋》者以杜预、林尧叟并称。林尧叟是南宋末人，且前傅伯成此序在南宋初年尚未见其书，何由称之？而且杜林合注是明末坊间所合刻，傅伯成又何由而以杜、林并称乎？傅伯成，泉州人，庆元初为太府丞，宝庆初加龙图阁学士，此序既曰乾道八年壬辰，则是时伯成方举进士，何得有此官职？此本讹谬种种，非仅卷数不合而已。”①

11.《左逸·短长》。《翁稿》云：“《左逸》、《短长》合刻一册，伪撰《左传》逸文三则，《战国策》逸文三则。前云延陵蒋谨手次，子世枋重订。前有世枋序，题云‘壬申已月叔方子题’，其文则一手所伪造者，无足深论，不存其目可耳。”②

12.《谭用之集》。《翁稿》云：“《谭藏用诗集》一卷《集外诗》一卷，唐谭用之著。前有题云：‘姑苏吴岫家藏本，悉依宋抄。’朝军按：用之字藏用，《全唐诗》止载诗一卷，云五代末人。善为诗，而官不达。其诗一卷，皆七律，即从此抄之，后卷从《乐府诗选》、《唐诗鼓吹》抄出者也。《文献通考》、《旧唐书·经籍志》皆不载是书名，王士祯《五代诗话》亦无其人，惟《新唐书·艺文志》载《谭藏用诗》一卷，在刘言史、黄滔之前，则应是晚唐人，而集中《登金盘山》诗序云贞元七年五月二日，贞元是德宗年号，距唐末已百余年，相隔太远，当有讹误。此后则惟五代之际梁有贞明、南唐有升元，贞明无其年，而升元虽有七年，而升元七年三月即已改元保大，则五月不应仍称升元矣。且梁之贞明当淮南称吴之时，唐之升元当晋称天福之日，是皆疆域区分，而此集之游梁、别洛、韦曲湘江以及下第南还、开元、咸阳，皆与后梁、南唐神气不合。后有其族裔一跋，亦无明氏，云是元人抄宋版本，罕行于世。史云弱冠时曾刻用之。律诗一集则似《全唐诗》所收七律一卷，与此相符。然味此跋语，意是明末人，而《新唐书》已载一卷之目，则所谓一卷者又不从此人所刻七律昉矣。前

① 《翁稿》第1046页。

② 《翁稿》第1048页。

后诗笔则是晚唐人一律之作，但不能克定时代，今仍以《谭用之集》著录，可矣。”①《翁稿》认为应抄存之，但《总目》列入存目，且增考证：“其履贯时代不见于史。……而《宋史·文苑传》又云：‘开宝初，有颖贽、刘从义善为文章，张翼、谭用之善为诗，张之翰善笺启。’则又当为宋初人。厉鹗《宋诗纪事》遂系之于宋。众说纷纷，莫能考定。……是其书当出于明之中叶，而《全唐诗》所载之七律四十首，则别为集外诗附之于后，盖亦其子孙所题，以别于本集者。然自宋以来，阅数百年，收藏者从未著录，而忽得于吴岫家。又集外诸诗皆本于《唐诗鼓吹》，当时郝天挺所选录已不为少，乃无一篇出于本集，其故颇不可解。且反复检勘，颇多疑窦，如‘经历’官名，不特《唐·百官志》所无，即宋代亦未曾置，至元时始有此职，而集中《梦祝直》诗乃有‘忽梦浔州祝经历’句，其可疑者一也。又《吴真人奉旨求贤》诗不似唐人语。考元时有道士吴全节，被遇成宗、仁宗、英宗，封崇、文宏道真人，见于《元史》，而延祐中尝命真人王寿衍求访道行之士，与此所云‘奉旨求贤’者情事相近，似当为吴全节作，其可疑者二也。又集中《赠胡守》诗铺叙时事极详，其大略云：‘因思闽广间，壤地有深阻。凶豪据深洞，老幼负戈弩。幸逢天子圣，元帅复神武。诏书一日下，海内尽歌舞。横算罢舟车，求贤复科举。’而《金盘山》诗又有贞元纪年。案：贞元为德宗年号，距唐末百余岁，时代大不相及。而证诸《唐书》，亦无闽广作乱之事。惟《元史》载成宗元贞元年，昭、贺、藤、邕、沣、全、衡、柳、吉、赣、南安等处蛮寇窃发，二年，上思州叛贼黄胜许攻剽水口思光寨，其后屡见于本纪，似与闽广凶豪之语相合，而仁宗皇庆二年，始行科举，与‘求贤复科举’语亦相近。盖元代未尝有此制，仁宗始法古举行，故谓之‘复’，若唐则科举一代不绝，不可谓之‘复’矣。贞元年号恐当是‘元贞’之讹，特元贞尽二年，而此作七年，为不相符耳。其可疑者三也。又《送赵容》诗云：‘武林杨柳旧依依，甲第楼台有是非。莫道天涯龙已化，但看云际鹤还

① 《翁稿》第1057～1058页。

飞。’其意似指南宋之亡，若唐末五代时，则钱氏据有临安，势方全盛，安得有此语！其可疑者四也。岂用之遗集散佚残阙，其子孙剽他人所作，搀杂其间以足卷帙，故牴牾如是欤？”①

13.《国初礼贤录》。二者行文详略不同，但观点相同，均认为此书是伪作。《翁稿》云：“《国初礼贤录》一卷，不著撰人名氏，专记明太祖任用刘基、叶琛、章溢、宋濂四人之事。盖四人在明初所征诸贤中尤为杰出，故《明史》同立列传。其致君劾策皆载于史矣。《明史·艺文志》有刘基《礼贤录》一卷，而此录中多载基事，其书必非基作，盖别是一书也。至其卷前标题称《国初礼贤录上》，则似有下卷者，而末又云《礼贤录》终，则卷前一行当有误，中间抄字讹误极多。姑存其目可耳。”②《总目》增材料：“《千顷堂书目》皆作基撰。然《录》中所载，即，且有‘基驰驿归里，居家一月而薨’之文，则非基所作审矣。其中纪述，多与史传相合，无他异同。又基，溢皆载其卒时，事而宋濂得罪徙蜀事则无之。叶琛事迹亦甚寥寥，盖后人杂采成书，故详略不同如此也。”③

14.《斜川集》。《翁稿》云：“此抄本四册题曰《斜川集》，宋苏过叔党著。苏过，轼之季子，字叔党，斜川其自号也。其集《文献通考》作十卷，而世无传本久矣。考晁说之所作苏过墓志，过卒于宣和五年，则此集中所称嘉泰、开禧诸年号，以及姜尧章诸人，苏过何从见之？其而中所指时事，亦皆南渡以后之事。核诸刘过《龙洲集》，其诗尽同，乃知抄书者因同名误耳。”④ 朝军按：此则提要稿被《总目》吸收，《总目》仅增王士祯《香祖笔记》材料一则，并从版本之纸、印等方面辨伪。⑤

15.《六经奥论》。《翁稿》云：“前题曰郑樵渔仲著。昔秀水

---

① 《总目》卷174。

② 《翁稿》第1113页。

③ 《总目》卷52。

④ 《翁稿》第1144页。

⑤ 《总目》卷174。

朱彝尊跋是书云：'世传《六经奥论》六卷，成化中，盱江危邦辅藏本，黎温序而行之，云是郑渔仲所著。荆川唐氏辑《稗编》从之。今观其书，议论与《通志略》不合。渔仲尝上书曰：十年为经旨之学，以其所得者作《书考》，作《书辨讹》，作《诗传》，作《诗辨妄》，作《春秋考》，作《诸经序》，作《刊谬正俗跋》；五六年为天文地理虫鱼草木之学，以得者作《春秋列国图》，作《尔雅注》，作《诗名物志》，而《奥论》曾未之及，则非渔仲所著审矣。' 彝尊之跋，第据其所上书无此书名，断为非樵作，此犹不足以定之。今观论《诗》卷内引晦庵说《诗》一条，考樵本传，卒于高宗幸建安之岁，又有请修金正隆官制并料金人必自败之语，高宗幸建康在绍兴三十二年，采石之战正在三十一年，则樵之卒在二十二年壬午，年五十九，则樵之生在崇宁三年甲申，其时朱子已三十三岁矣。然朱子《诗传》之成，在淳熙四年；而晦庵之号则始于淳熙二年，樵不得预称之。至于论《书》卷内有《朱文公语录》云云，竟称朱子之谥，则其为后人赝作无疑。嘉兴曹氏辑《学海类编》，曾摘此内论礼一卷目曰《礼经奥旨》，应归并入此六卷内，以《六经奥论》不知作者，存其目可耳。"①《总目》增材料："自述其著作，胪列名目甚悉，而是书……后昆山徐氏刻《九经解》仍题樵名，今检书中《论》诗皆主毛、郑，已与所著《诗辨妄》相反。又'天文辨'一条，引及樵说，称夹漈先生，足证不出樵手……具有明验。不知顾湄校《九经解》时何未一检也。第相传既久，所论亦颇有可采，故仍录存之，缀诸宋人之末，而樵之名则从删焉。"

16.《裁纂类函》。《翁稿》云："《裁纂类函》一百六十卷，即直抄《册府元龟》之原文，而删易其篇目，以眩惑人者。其前又伪撰虞集一序，内称相台庐陵周宏道先生所著。盖宋周必大《平园集》外，尚有著述八十余种，不概传于世。而造伪者遂因此得间托为虞集之言，又讹必大之字洪道为宏道，又以必大先世郑州人而加相台二字于庐陵之上。其序文词意之俚俗，更不待言。其中

① 《翁稿》第1149页。

各门或从一卷之首抄起，或从中间抄起，任意挦撦，贻误书林，不应存目。”《总目》辨之曰：“《裁纂类函》一百六十卷，浙江注启淑家藏本，不著撰人名氏。其书杂录《册府元龟》之文，而删易其篇目。前人虞集序，称相台庐陵周宏道先生所著。考《道园学古录》不载此文。所谓宏道先生，亦无所考。据其文意推之，盖周必大《平同集》外，尚有著述八十余种不传，奸黠书贾因伪造此书，以依托求售。既讹必大之字洪道为宏道，又以必大先世郑州人，而加相台二字于庐陵之。上观其序词旨鄙俚，可资笑噱，正不足与辨真赝也。”①

17.《南迁录》。《翁稿》云：“谨按：《南迁录》一卷，金秘书省著作郎张师颜记金人迁汴之事。前有师颜自序，称天定甲戌十二月所作，又云六飞南迈，宅新大都。握笔东观，驰驱清跸，粗知记注颠末云云，则是以秘书之职从行至汴者，其所记不应有误。卷内自知大名府余崇义乞迁都以至群臣集议、驾发入汴等事，皆与《大金国志》相同。但此事在金宣宗贞祐二年甲戌，而此书以为天定甲戌。卷内所记事则自天统四年叙起，中又有大兴、兴庆年号，此诸年号《金史》中并无之。卷后有元浦元玠跋，云《金国志》与此书事语同而年号异，未知孰是。当时张秘书亲随乘舆，晨夕执笔，与《金志》出宋人手者不同云云。但金诸帝世次年纪，自世宗大定以后即章宗之明昌，章宗泰和以后即卫绍王之大安，不特正史厘然分明，即考之诸书，亦无不合，乃此书于章宗之后、卫绍王之前又多出一昭宗，其下所称潍王允文者似即是卫绍王，所称淄王允德似即是宣宗，而名号事迹又皆不同。新城王士正尝著《金人南还录辨》，摘其中所记世宗之子显宗之后诸事皆诞谩不根，且彦宗时韩侂胄启边衅，南北连兵，吴曦因以蜀叛，寻即议和罢兵，至卫绍王初元始来伐，此录言爱王请兵北围，皆架空构造，半属子虚亡是。应存目而著其伪。”②《总目》行文与此不同，但也是根据世次等方面辨伪，认为此书是伪作。

18.《古今类雅》。《翁稿》云：“谨案：《古今类雅》伪书也。

① 《总目》卷137。

② 《翁稿》第1295页。

细核之，是左圭所辑《百川学海》之板，原是百种，故以百川为名，今止有六十二种，而改其次弟，假刻序目于前，且其序既称谢枋得，即又称元祐，其为纰缪，不得深辨。”又注明“伪”、“另办”、“此序目皆伪”等字样。①

19.《宗玄文集》。《翁稿》云：“谨按：《宗玄集》上中下三卷，唐吴筠著。筠字贞节，华阴人，隐于南阳。天宝中，召至京师，请为道士，居嵩山，复求还茅山，东游会稽，往来天台、剡中，与李白、孔巢父酬唱。大历中卒，弟子私谥曰宗元先生。新、旧《唐书》皆载《隐逸传》。此本末有跋云收入《道藏》中，世无别本。然《文献通考》云，吴筠《宗玄先生集》十卷，前有权德舆序，列于别集诸人之次，未尝专以道流目之。此抄本前既载权德舆序，后又有《吴尊师传》，亦权德舆撰，乃言文集二十卷，与《文献通考》十卷不相合。且《旧书》筠本传云鲁中儒士也，《新书》本传云华州华阴人，今同一权德舆所撰之文，而前序云华阴人，复于《传》云鲁儒士，不应一人所谓而有互异之词也。筠之卒在大历十三年，权德舆序与新书本传合，德舆序云先生化去二十五岁为贞元十九年。考德舆于贞元十七年知礼部贡举，明年真拜侍郎，故是年作序，系衔云礼部侍郎也。后所制作传则结衔云礼部尚书，德舆之拜礼部尚书乃在元和五年冬矣。此距其作序时又已七年之后，而传后忽又载吴筠自序一篇，为元和戊戌年作。戊戌是元和十三年，距所谓先生化去之年，又隔四十年后。此何说也？且其自序云元和中游淮西，遇王师讨蔡贼吴元济，避乱东岳，遇李谪仙，授以《内丹九章经》，殊似呓语矣。据新、旧《书》皆有《元纲》三篇语，则此后一卷之《元纲论》三篇，自属筠作。至所谓《内丹九章经》者，即以二氏之说恩不应编入著录之目，况其序明系伪作，则此集自《元纲论》以下皆毋庸存著者也。今第以前三卷赋论诗诸篇存其三卷之目可耳。”《总目》增材料：“为浙江鲍氏知不足斋所抄……则当时非无传本。此跋题戊申岁，不著年号，疑作于《通考》前也。……考德舆序称四百五十篇，而此本合诗、赋、论仅一百十九篇，则非完书矣。……序称受正一法于冯尊师，上

① 《翁稿》第1307页。

距陶弘景五传。《传》又云受正一法于潘体元，乃冯之师，亦相乖剌。考《旧书·李白传》称天宝初客游会稽，与道士吴筠隐于剡中。而《传》乃言禄山将乱，求还茅山。既而中原大乱，江淮多盗，乃东游会稽，与诗人李白、孔巢父诗篇酬和。不知天宝乱后，白已因永王璘事流夜郎矣，安能与筠同隐？此传殆出于依托。……核之以序，伪妄显然。以流传已久，姑并录之，而辨其牴牾如右。"①

20.《壮游编》。《翁稿》云："谨按《壮游编》上中下三卷，明王叔承著。叔承之诗于吴越则有《前后吴越游》，于闽有《荔子编》，于楚有《楚游编》，于塞上有《岳游编》，独不闻有壮游之名。朱彝尊《静志居诗话》云：'叔承才情奔逸，下笔不能自休，其卷帙繁富，不减弇州诗部。今历年未久，全集流传日寡，后世谁相知为重刊其诗者。'彝尊此言，不过极言叔承诗之太多，非真望于后人之选订也。此本既以壮游名，则似总辑诸游稿矣。而所载诗寥寥无多，且并非纪游之作。至宫词百首，虽非合作，而在当日最为有名，此本亦复不收，不知何人所编订。而其卷前标曰王子幻叔承父，子幻乃其字，即一名字而颠倒若是，当是近人见彝尊诗语而妄选此本，冒为旧刻者，即以陈继儒之序称与叔承交，继儒生嘉靖末年，而叔承称诗在嘉隆之间，继儒焉得与之交乎？继儒集中亦无此文，赝本无疑，毋庸存目。"又云："丙申七月，又据吏持来，云要重校，因书其前云：此书方纲前拟提要时即不敢信为原本，恐是后人妄选，不敢入之著录，以失古人之真。今覆按良然，故仍前不敢存目之说。丙申七月十九日再阅加签。"《总目》信为真本，提要亦与此完全不同。②

以上所述与《总目》有异有同，见仁见智，为深化辨伪学研究提供了丰富资源。

（四）禁毁实录

正如章培恒、安平秋等先生所指出的："通过历史上的种种禁

① 《翁稿》第1474页。《总目》卷149。

② 《翁稿》第1616页。《总目》卷178。

书事件以及有关的规定，我们就有可能增进对我国古代社会及文化的认识。"①《四库全书》的纂修与禁毁图书交织在一起。业师吴金华先生也指出："《钦定四库全书》有一个不可告人的编纂动机（至少是'动机之一'），即借以彻底消灭乾隆心目中的'禁书'，篡改一些书籍中所谓违禁的字样。"② 清高宗在《四库全书》与《总目》的编纂过程中，自始至终起着主导作用。在"稽古右文"的幌子下，他利用编纂《四库全书》的良机，将其心目中的禁书不动声色地"格式化"。既轻而易举地完成了文化专制与思想统制之大局，又博"右文"之美名③。当时天禄琳琅所藏之宋刻元版，密不示人，仅供乙夜御览。动用举国之力，从民间搜集遗书，重新

① 章培恒、安平秋：《中国禁书大观·前言》，上海：上海文化出版社，1990年。

② 吴金华先生在审读本书初稿后指出："如有可能，我很希望对'禁毁'书部分的内容能给一点篇幅。……我想，四库学进入了二十一世纪，有关'禁毁书'资料的发掘与研究不仅是文献学的课题，也是政治史、思想史、文化史的课题。《报告》的初稿中已经有了这方面的若干材料，不难看出，乾隆在《四库全书》的编纂过程中，自始至终起主导作用，这种'导向'，使抑宋尊汉成了学术的主流，这完全出于当时的政治需要。……现在从客观事实上谈这个问题已不存在着清代学者所怀的顾虑。《钦定四库全书》有一个不可告人的编纂动机（至少是'动机之一'），即借以彻底消灭乾隆心目中的'禁书'，篡改一些书籍中所谓违禁的字样。乾隆究竟销毁了多少书？现存的古籍中有多少种受到多大程度的篡改？在今天的古籍整理研究、古文献研究工作中，《四库全书》在'文本'问题上有哪些问题值得注意？这一直是我念念不忘的问题。我对《后汉书》、《三国志》等几部书的四库本做了一点调查，发现四库本有一些显性的优点，但同时又有许多隐性的缺陷——往往不如宋、元、明旧本。"谨按：用宋、元、明旧本补正四库本，这是一个尚未完成的大工程。关于《四库全书》的文本问题，我们确实应该组织力量，进行系统、深入的研究。

③ 乾隆三十七年正月初四日奉上谕："朕稽古右文，聿资治理，几余典学，日有孜孜，因思策府缥缃，载籍极博，其巨者羽翼经训，垂范方来，固足称千秋法鉴，即在识小之徒，专门撰述，细及名物象数，兼综条贯，各自成家，亦莫不有所发明，可为游艺养心之一助。是以御极之初，即诏中外搜访遗书，并令儒臣校勘《十三经》、《二十一史》，遍布黉宫，嘉惠后学……今内府藏书，插架不为不富，然古今来著作之手，无虑数千百家，或逸在名山，未登柱史，正宜及时采集，汇送京师，以彰千古同文之盛。"

加以编辑，此举本身就是一个路人皆知的“阳谋”①。

清高宗将征集来的图书交四库全书处检查。分纂官的一个重要职责就是审查图书中是否有语涉违碍之处。《翁方纲纂四库提要稿》中注明应禁毁或抽毁的地方甚多，如：

1.《宝日堂初集》，明张鼐著。《翁稿》认为此集“以今馆臣恭办全书之体论之，自是不应存目”。② 另签“毁”，因为“卷二诸疏内有不可存之语”。

2.《北海集》，《翁稿》认为应存目，但又云：“内违碍者粘记二十七签，但此人卒于万历三十一年，则其中所指或未□足悖触，或抽记另办。”

3.《石闾山房集》，《翁稿》认为应存目，但此书内记出六签。

4.《两行斋初集》，《翁稿》认为应存目，但内记签十二处。

5.《遯庵全集》，《翁稿》共记涉触违碍五十签。“此书内悖触违碍处粘签至五十处，而又有一本全签出者，恐不可据此存目，则或除应销毁者外另就余卷存目可否？”

6.《邹忠介奏稿》，《翁稿》认为应存其目，但上签“毁”，又有“第三卷《辽饷末议》内△”字样。③

7.《范玺卿集》，明范凤翼著。《翁稿》认为“皆应销毁，毋庸存目”，另有批语：“内签出十三处，应毁。”④

8.《峄桐集》，明刘城著。《翁稿》云：“且多违碍，应签记处除已逐处加签外，可毋庸存目。”此书内记出二十七签，因此被禁毁。

9.《丽奇轩诗草》，明纪克扬著。《翁稿》云：“内记签二处，余或酌存目。”

---

① 清高宗在一道谕诏中说：“各省进到书籍不下万余种，并不见奏及稍有忌讳之书，岂有裒辑如许遗书，竟无一违碍字迹之理？况明季末造，野史甚多，其间毁誉任意，传闻异辞，必有抵触本朝之语。正当及此一番查办，尽行销毁，杜遏邪言，以正人心而厚风俗，断不宜置之不办！”（《高宗实录》卷964）

②《翁稿》第230页。

③《翁稿》第275页。

④《翁稿》第920页。

10.《丽奇轩文集》，明纪克扬著。《翁稿》云："内记签三处，余或酌存目。"

11.《天台续集》，《翁稿》云："《天台续集》三卷，又拾遗一小卷，即前第七单内校过林表民所编四集之亨集也。此去其亨集之目，末又残缺，毋庸另为校办。"

12.《天佣子集》，《翁稿》云："其论文大都排诋王、李之徒，虽多论时艺，然亦可以观一时文体正变得失之故。至其编次评语内多述吕留良、钱谦益之处，则宜痛加削去者也，应存目而核正之。""此书内记出廿七签。"

13.《思勉斋集》，明徐允禄著。《翁稿》云："前后有钱谦益文二篇……此书内记出二签。"①

14.《萤芝集》又附《谈禅》二卷，明张明弼著。《翁稿》云："不应存目。"②

15.《吾美楼集》，明邱士毅著。《翁稿》："此内有记签悖谬之处至十余处之多，其书应毁，毋庸校办。"

值得注意的是，乾隆时期的禁书标准也可从《翁稿》中得到验证，大致可以归纳为以下六条：

1. 因其人而废

钱谦益是被钦定的问题人物，清高宗云："前因汇辑《四库全书》，谕各省督抚遍为采访，嗣据陆续送到各种遗书，令总裁等悉心校勘，分别应刊、应抄及存目三项，以广流传，第其中有明季诸人书集，词意抵触本朝者，自当在销毁之列。节经各督抚呈进，并饬馆臣详细检阅，朕复于进到时亲加披览，觉有不可不为区别甄核者，如钱谦益在明已居大位，又复身事本朝，而金堡、屈大均则又遁迹缁流，均以不能死节，腼颜苟活，乃托名胜国，妄肆狂狺。其人实不足齿，其书岂可复存？自应逐细查明，概行毁弃，以励臣节而正人心。……又若汇选各家诗文内，有钱谦益、屈大均所作，自

---

① 《翁稿》第1429页。

② 《翁稿》第1518页。

当削去其余，原可留存，不必因一二匪人致累及众。"① 不但其书被禁，而且凡属引用过其文或有其序跋的著作也在清洗之列。如《思勉斋集》，"前后有钱谦益文二篇"，此书内记出二签。② 《总目》因此未见著录。又如《天佣子集》，《翁稿》认为："其论文大都排诋王、李之徒，虽多论时艺，然亦可以观一时文体正变得失之故。至其编次评语内多述吕留良、钱谦益之处，则宜痛加削去者也，应存目而核正之。"此书内记出廿七签。《总目》亦未见著录。

2. 因其书而废

周亮工思想观念颇为正统，道学气挺重③，其人虽由明入清，降清后做了多年的官，并无任何反清行为。他的许多著作本已收入《四库全书》。《翁稿》认为应存其目，也就是说，翁方纲最初拟稿时并没有发现问题④，但是后来发现其《读画录》里有一首诗中有"人皆汉魏上，花亦义熙红"两句，"语涉违碍"。由此及彼，其《字触》⑤、《赖古堂诗集》等无一幸免，周亮工的书在四库馆中全被禁毁。

另外一种情况是，书稿质量不够，因而被禁，如明俞琬纶著《自娱集》"诗文皆无足取，或姑存其目"。⑥ 但《总目》未见著录。又如海宁查嗣瑮著《查浦诗抄》，"其诗尖辟，而无收裹，气

---

① 乾隆四十一年十一月十七日奉上谕。

② 《翁稿》第1429页。

③ 《中国禁书大观》，上海：上海文化出版社，1990年，第591页，《书影》条（此条系谈蓓芳教授撰写）。

④ 《翁稿》："谨案：《读画录》四卷，国朝周亮工著。记一时画手略有事实，兼及题韵，而附画人姓氏于后。盖亮工尝作画人传，凡所及见之画家，皆记其梗概也，应存其目。"

⑤ 《翁稿》："谨按《字触》六卷，国朝周亮工著。亮工字符亮，祥符人，官至户部左侍郎，著有《赖古堂集》，此其摭古今说字为一编，字庚部至偕部，触类所记，梦占戏谜皆涉及焉，末卷说部乃归正论，然亦寥寥杂引数则，非实有俾于字学也。至其前六卷，则诚无关义要，大都拆字离合之类，桂阳鹤觜司农牛角，其文不雅，稽古者所诃也，或仅存目。"

⑥ 《翁稿》第1543页。

不完，神不属，谓之未成章可也”，《总目》亦未见著录。

3. 因本朝而废

清高宗曾下令：“明季诸人书集，词意抵触本朝者，自当在销毁之列。”① 如《邹忠介奏稿》，《翁稿》注明“第三卷《辽饷末议》内△”。遍检《总目》，未见著录。晚明至清初的著作大都从严审查，如《喜闻集》，《翁稿》认为“除粘签外，或酌存目”②，但《总目》未见著录。“田汝耔、都俞、李登、汤显祖、赵铭、章黼、杨时乔、刘孔当、赵宧光，皆明正德至万历时人。”③ 此期著作是重点审查对象，只要词意稍有抵触，无不在禁毁之列。

4. 因前朝而废

凡是能引起人们对于明朝好感或怀念的书，都不能保留。④ 如《明事三述》，《翁稿》认为此书“可备有明一代掌故，亦可见世贞留心当代之务，不徒卮言之类而已，应抄录之”，经过翁方纲的初审，甚至认为是一部相当不错的书，根本没有抵触本朝之意，但《总目》未见著录。又如《明大训记》，《翁稿》建议“如存其目，则或即以十六卷存目”，但《总目》未见著录。究其原因，无非是阻止人们怀念前朝，一心一意地效忠本朝。中国历来有“奉正朔”的传统，清朝虽以异族入主中原，但很快被汉化。以往的种种文字禁忌，至此变本加厉。这也禁，那也忌，使得人们无所适从，动辄得咎。

5. 因名教而废

历来的统治者都深知，风雅之道，关乎名教。推尊孔子及其名教，既是清代开国以来的既定方针，也是《总目》一以贯之的思想宗旨。如黄宗羲撰《明文案》，《翁稿》认为：“至于选明一代之文，必将知人论世，斟酌于质文损益之间。有明经术文学皆不及唐、宋固已，亦当就中择其言近雅者，而何以传奇之文、小说之

① 《总目》卷首。

② 《翁稿》第981页。

③ 《总目》卷43，《篇海类编》提要。

④ 《中国禁书大观》，上海：上海文化出版社，1990年，第118页。

文、游戏狎荡之文，若屠隆、李贽诸作，亦一概选入，将使后学何所适从？……不知宗羲最负文名，于时何以漫无别裁至此？”《翁稿》另签：“内违碍廿五签。”检《总目》未见著录。李贽因为“非圣无法”，不以孔子之是非为是非，颠覆孔子之权威，为晚明思想启蒙之健将，也是当时公认的“名教罪人”，其书一一遭到馆臣的歧视与贬斥。至于传奇之文、小说之文、游戏狎荡之文，在翁方纲看来，均属不能登大雅之堂，也不合风雅之道。是不是符合风雅之道，就看它是不是遵守名教，是不是以孔子之是非为是非。《翁稿》认为：“有害于人心义理者，不应存目。”① 又认为“二氏之书，不应存目”。《翁稿》云：

> 述禅家语录，不应存目。②
>
> 述释氏之书，不应存目。③
>
> 以释家语诂圣经，害道之尤者也，不应存目。④
>
> 掇拾禅门公案偈子以诂经书，则畔道之尤者也。⑤
>
> 多释道荒幻语，毋庸存目。⑥ 按：《总目》入存目。《总目》认为：“其说有颇切事理者。然大旨出于黄老。艾南英序取其辟佛。然清仁为道士，自争释老之胜负，非儒者之辟佛。其地形一篇，杂采《山海经》、《神异经》及道家附会之说，绘为地图，尤为谬诞。”⑦

---

① 《翁稿》认为《辨隐录》一书：“其分目之当否姑毋论，即以其末卷‘仕隐’一门以五代冯道终之，冯道历仕数朝，欧阳修《五代史传论》以为可谓无廉耻者矣。而此人独取冯道以入仕隐，且其序曰：上自有莘，讫于冯道。竟俨然以伊尹始，以冯道终，则是有害于人心义理者，不应存目。”

② 《翁稿》第336页，《憨山绪言》条。

③ 《翁稿》第336页，《观老庄影响论》条，但《总目》入道家类存目。

④ 《翁稿》第559页，《梅花草堂笔谈》条。《总目》将其列入杂家类存目，未采纳翁氏意见。

⑤ 《翁稿》第948页，《丰草庵集》条。

⑥ 《翁稿》第1246页，《含素子麈谭》条。

⑦ 《总目》卷147。

此书皆释氏之言，毋庸存目。①

道家之书，不应存目。②

因为二氏之书与名教背道而驰。以孔子之道为正，并以此衡量群言。害道者禁之，判道者毁之。

6. 因"淫秽"而废

《总目·词曲类序》云："词曲二体，在文章技艺之间，厥品颇卑，作者弗贵，特才华之士，以绮语相高耳。然《三百篇》变而古诗，古诗变而近体，近体变而词，词变而曲……王圻《续文献通考》，以《西厢记》、《琵琶记》俱入经籍类中，全失论撰之体裁，不可训也。"③ 如《西厢记》等书，早在乾隆十八年就被禁。清高宗云："似此秽恶之书，非惟无益，而满洲等习俗之偷，皆由于此。如愚民之惑于邪教、亲近匪人者，概由看此恶书所致。"翁方纲在处理《西厢记》一书时亦云："词曲之书，毋庸存目。"④ 显然，翁氏完全是以乾隆之是非好恶为准。历代统治者大都喜欢禁毁"淫秽"之书，而他们自己却又偏偏喜欢"淫秽"之书。只许州官放火，不许百姓点灯。双重标准，自古而然。

总之，以上各条基本上都是政治标准。"其人实不足齿，其书岂可复存？"这不是因人废言又是什么？而清高宗又口口声声标榜不因人废言。出尔反尔，未免自欺欺人。思想统制之严厉，乾隆一朝可谓空前（绝后则不敢当，因为总有后来居上者）。焚书之烈，秦始皇也不过小巫见大巫。笔者以为，此种陋习必须根除。今后，我们应该制定一部《中华民族文献保护法》，对于那些公认的经典

① 《翁稿》第1418页，《觉迷蠡测》条。但《总目》未予采纳，存目著录，且增评论："是编皆阐发佛理。前有自序，称江阳段侯幻然子传来一札，询大觉起迷之生相及老、释差殊之教相，俱是儒书率性修道以上事，不容不答，亦不忍不答。乃草勒数疑，而命之曰《觉迷蠡测》。其剩言一卷，皆阐发此书余义……附录一卷，则与诸人往返论禅书也。"（《总目》卷145）

② 《翁稿》第1329页，《紫阳真人悟真篇注疏》条。

③ 《总目》卷198。

④ 《翁稿》第1263页，《西厢记》条。

文献予以保护。

《翁稿》上所签“毁”字甚多，皆与翁方纲笔迹不类，经笔者反复验证，审为纪昀手笔。综观毁书过程，也是从分纂官到总纂官到总裁官到清高宗，流水作业，层层把关。文网之密，专制之严，可谓登峰造极。《翁稿》关于禁毁内容的真实记载，较之以往所有的禁毁书目都更具体，可以因此顺藤摸瓜，找到当时被禁毁的具体篇目。《翁稿》所保存的毁书实录，为我们研究清代政治史、文化史、思想史提供了鲜活的资料。限于时间、精力，现在无法展开深入细致的研究，以后若有机会再作专题探讨。

第六章

邵晋涵与《四库全书总目》

邵晋涵是“五征君”之一，其《南江书录》是保存下来的四库提要稿。《南江书录》与《总目》之间的异同主要表现在文字方面。邵晋涵对于四库学的贡献主要有二：一是辑佚永乐大典本，二是负责撰写正史类提要稿。邵晋涵在《总目》编纂过程中的作用向来被过分夸大，“史部属之邵晋涵”、“史学诸书多由先生订其略，其提要亦多出先生之手”等说法均缺少事实根据，不足为凭。

一、邵晋涵其人其学

邵晋涵（1743~1796），字与桐（一字二云），号南江，浙江余姚人。乾隆三十六年（1771）进士，乾隆三十九年（1774）任翰林院编修、四库馆纂修官，次年编辑《旧五代史》成，当年因病离开了四库全书馆。后任日讲起居注官，兼文渊阁直阁事，历充咸安官总裁、《万寿盛典》、《八旗通志》、国史馆、三通馆。撰有《尔雅正义》、《南江文抄》等著作。

黄云眉云："二云先生经经纬史，习闻阳明、南雷、蕺山三先生绪论，家藏宋元遗书甚富，数百年浙东文献，萃于一身。""盖浙东儒哲，讲性命者多攻史学……先生自其家传乡习，闻见迥异于人；既入馆，肆窥中秘，遂如海源川汇，不可津涯。"① 邵晋涵尤以史学著称于时，阮元称其"博闻强记，于宋明以来史事最详，学者唯知先生之经，未知先生之史也。于经则覃精训诂，病邢昺《尔雅疏》之陋，为《尔雅正义》二十卷，发明叔然、景纯之义，远胜邢书，可以立于学官。在四库馆与戴东原诸先生编缉载籍，史学诸书多由先生订其略，其提要亦多出先生之手。"② 阮说是否有确凿的证据来源，不得而知。史学诸书提要真的多出先生之手吗？目前也还无法完全证实。

邵晋涵当初以"五征君"之一的身份入馆③，颇为引人注目。《于文襄手札》云："闻邵会元已到，其人博洽，于书局自大有益。""编纂之人最为紧要，非实在好手不能得益。"乾隆四十年(1775)，邵晋涵编校《旧五代史》成。"《旧五代史》进呈后已蒙题诗……进入召见，极奖办书人认真，并询系何人所办，因奏二云采辑之功，并询及邵君原委。"④ 邵氏辑此书时，原注有《大典》卷数及采补书名卷数，俾读者于《薛史》面目仍可据以寻究，而武英殿刊本乃尽删之。彭元瑞《抄本旧五代史》谓："《永乐大典》散篇辑成是书，以此为最。以其注明《大典》卷数及采补书名卷数，具知存阙章句，不没其实也。《四库全书》本如此，后武英殿镌本遂尽删之。曾屡争之总裁，不见听，于是薛氏真面目不可寻

---

① 黄云眉：《邵二云先生年谱》，《史学杂史稿订存》，齐鲁书社，1980年，第3页，第29页。

② 阮元：《南江邵氏遗书序》，《南江札记》，清嘉庆八年（1803）刻本，卷首。

③ 邵晋涵以四库馆总裁刘统勋之荐，充四库全书纂修官，与戴震、周永年、余集、杨昌霖同入馆编校，士林荣之，称"五征君"。除杨昌霖之外，又称"四布衣"。

④ 《于文襄手札》。

究，后人引用，多致误矣。”① 邵晋涵撰《旧五代史考异》，武英殿刊本未全录，四库全书本似全录。马用锡跋云：“盖二云先生在四库馆日辑《薛史》而作。”邵氏又辑《九国志》，《四库全书》未收，《总目》亦未著录，阮元《四库未收书提要》著录。虽卷帙残缺，而所存诸传，俱首尾完善，可补五代正史之遗。邵氏编校《旧五代史》时尝采用之。孔继涵属周梦棠重为编次，得列传一百三十六篇，厘为十二卷。邵晋涵还辑《耻堂存稿》、《百正集》。乾隆四十一年（1776）三月望日，邵晋涵为张廷校撰《姚江诗存序》中有云：

> 余考南宋诗人，若汐社、月泉、吟社，见于人间，仅数篇尔。余从《永乐大典》裒其散见者，而后高耻堂、连百正诸君子方成专集。乃知古人文章，忠孝精神，固有历久不可湮灭者。要由其名氏纪乎记载，而后后之人始知措意而访求其书。非然者，即乡尚且不复晓姓氏，无论著述矣。

《总目·耻堂存稿》亦云：“案本传载，（高）斯得所著有《耻堂文集》，明叶盛《箓竹堂目》亦有《耻堂集》七册，而皆不言卷数。其后遂亡佚不传。厉鹗撰《宋诗记事》，亦无斯得之名。今从《永乐大典》各韵中掇拾排次，厘为文五卷，诗三卷，用存其稿。”②《总目·百正集》云：“《文渊阁书目》载连百正《丙子稿》一部一册，久无传本。《永乐大典》所载，但题曰《连百正集》，当即其本。今裒辑排比，编为三卷。又赋三首，序二首，记二首，说一首，传一首，亦散见《永乐大典》中。”③

大典本《东南纪闻》非邵氏所辑。乾隆五十八年（1793）五月，邵氏校阅旧抄本《东南纪闻》，其跋云：

① 彭元瑞：《知圣道斋读书跋》卷1。按：今此抄本亦下落不明。

② 《总目》卷164。

③ 《总目》卷165。

> 此书从《永乐大典》中录出，不著撰人姓氏，盖宋遗民所纂述也。中间有与《程史》相同者，其为抄撮而成欤？抑各纪所闻欤？其纪史弥远嵩之凶险，有出于诸家纪载之外者，当时东南遗老，痛心于弥远叔侄者深矣。辛丑（乾隆四十六年——引者注）夏，馆吏录副本求售，因留之。癸丑（乾隆五十八年——引者注）五月病初起，校阅一过，讹字不可尽乙，俟求副本正之。①

顾力仁《永乐大典及其辑佚书研究》误读此文，竟将大典本《东南纪闻》误作邵氏所辑。

二、《南江书录》与《四库全书总目》之比较

邵氏以史部为主，特别是以正史为主，二十四史只有《三国志》与《旧五代史》两种提要不见于《南江书录》，前者涉及敏感问题——正统问题，后者可能涉及难言之隐——《旧五代史》原系邵氏从《永乐大典》中辑出，大典本的本来面貌邵晋涵是最清楚的，但是收入《四库全书》的版本已经被严重篡改。

经过仔细对校，邵氏提要稿与《总目》的差别大致有如下三种情况：

（一）不同类

1.《史记》

> 《史记》一百三十卷，汉司马迁撰。迁自序“凡百三十篇，五十二万六千五百字，为《太史公书》”。《汉书·艺文志》作《太史公》百三十篇，附于春秋家。《东平思王传》亦作《太史公书》，自汉以后乃称《史记》焉。迁自言继《春秋》而论次其文，后之学者疑辨相属。以今考之，其叙事多

---

① 黄云眉：《邵二云先生年谱》，《史学杂稿订存》，第98页。

本《左氏春秋》，所谓古文也，秦汉以来故事次第增叙焉；其义则取诸《公羊春秋》，辨文家质家之同异，论定人物多寓文与而实不与之意，皆公羊氏之法也。迁尝问《春秋》于董仲舒，仲舒故善《公羊》之学者，迁能伸明其义例，虽未必尽得圣经之传，要可见汉人经学各有师承矣。其文章体例则参诸《吕氏春秋》，而稍为通变。《吕氏春秋》为十二纪、八览、六论，此书为十二本纪、十表、八书、三十世家、七十列传，篇帙之离合先后不必尽同，要其立纲分目，节次相成，首尾通贯，指归则一而已。世尝讥史迁义法背经训，而称其文章为创古独制，岂得为通论哉？《史记注》传于后者三家：裴骃《集解》、司马贞《索隐》、张守节《正义》，其初各为一书，后人并附分注，以便检览。明监本《史记》亦三家并列也。迁引六经之文，间易以训诂，皆本西汉诸儒之旧说。裴骃引徐广《音义》，多识古文奇字，复取经传训释以为《集解》，扶微学而阐隐义，赖以不坠，是迁能述经典之遗文，而骃能存先儒之轶说，考诸经古义者必归焉，不仅史法为后人所遵守也。贞、守节复推广《集解》所未备，而申以辨论，如谓《夏本纪》失载有穷后羿之事，《卫世家》宜考武公受命之年，陈佗五父一人而分为二，阚止、宰我二事而合为一，互引众说，以折衷其是非，视颜师古之注《汉书》专宗班氏者为一变焉。三家注间有脱落，明震泽王氏刻本较为完善，监本取以校定字句，并存三家之注。惟《索隐》有单行本云。(《南江书录》)

《史记》一百三十卷　内府刊本

汉司马迁撰，褚少孙补。迁事迹具《汉书》本传。少孙，据张守节《正义》引张晏之说，以为颖川人，元成间博士。又引褚颐家传以为梁相褚大弟之孙，宣帝时为博士，寓居沛，事大儒王式，故号先生。二说不同。然宣帝末距成帝初不过十七八年，其相去亦未远也。案：迁自序凡十二本纪、十表、八书、三十世家、七十二传，共为百三十篇。《汉书》本传称其十篇缺，有录无书。张晏注以为迁殁之后，亡《景帝纪》、《武帝纪》、《礼书》、《乐书》、《兵书》、《汉兴以来将相年表》、

《日者列传》、《三王世家》、《龟策列传》、《傅靳列传》。刘知几《史通》则以为十篇未成，有录而已，驳张晏之说为非。今考《日者》、《龟策》二传，并有“太史公曰”，又有“褚先生曰”，是为补缀残稿之明证，当以知几为是也。然《汉志》春秋家载《史记》百三十篇，不云有缺，盖是时官本已以少孙所续，合为一编，观其《日者》、《龟策》二传，并有臣为郎时云云，是必常经奏进，故有是称。其“褚先生曰”字，殆后人追题，以为别识欤？周密《齐东野语》摘《司马相如传赞》中有“扬雄以为靡丽之赋，劝百而讽”一语，又摘《公孙弘传》中有“平帝元始中诏赐弘子孙爵”语，焦竑《笔乘》摘《贾谊传》中有“贾嘉最好学，至孝昭时列为九卿”语，皆非迁所及见。王懋竑《白田杂著》亦谓《史记》止纪年而无岁名，今《十二诸侯年表》上列一行载庚申、甲子等字，乃后人所增，则非惟有所散佚，且兼有所改易。年祀绵邈，今亦不得而考矣。然字句窜乱或不能无，至其全书则仍迁原本。焦竑《笔乘》据《张汤传赞》如淳注，以为续之者有冯商、孟柳，又据《后汉书·杨经传》以为尝删迁尽为十余万言，指今《史记》非本书，则非其实也。其书自晋、唐以来，传本无大同异，惟唐开元二十三年敕升《史记》《老子列传》于《伯夷列传》上。钱曾《读书敏求记》云：尚有宋刻，今未之见。南宋广汉张材又尝刊去褚少孙所续，赵山甫复病其不全，取少孙书别刊附入，今亦均未见其本。世所通行，惟此本耳。至伪孙奭《孟子疏》所引《史记》西子金钱事，今本无之，盖宋人诈托古书，非今本之脱漏。又《学海类编》中载伪洪遵《史记真本凡例》一卷，于原书臆为刊削，称即迁藏在名山之旧稿，其事与梁鄱阳王《汉书》真本相类，益荒诞不足为据矣。注其书者，今惟裴骃、司马贞、张守节三家尚存。其初各为部帙，北宋始合为一编。明代国子监刊板颇有所刊除点窜。南监本至以司马贞所补《三皇本纪》冠《五帝本纪》之上，殊失旧观。然汇合群说，检寻较易，故今录合并之本，以便观览，仍别录三家之书，以存其完本焉。①

邵稿与《总目》所载绝不相同，邵氏重在叙明《史记》义例及其史注源流，而《总目》则以辨明版本存佚及其真伪为重点。

2.《后汉书》

《后汉书》一百二十卷，宋范蔚宗撰，唐章怀太子贤注。其志三十卷，则取诸司马彪《续汉书》，而梁刘昭为之注者也。郦道元《水经注》尝引司马彪《州郡志》，疑彪之诸志在六朝已有单行之本，故昭独为之注。杜佑《通典》述科举之制，以《后汉书》、《续汉志》连类而举，则知以司马志附见范书实始于唐人。陈振孙《书录解题》谓，宋乾兴初判国子监孙奭始建议校勘合为一书者，考之不审也。东汉尚气节，此书创为《独行》、《党锢》、《逸民》三传，表彰幽隐，搜罗殆尽。然史家多分门类，实滥觞于此。夫史以纪实，综其人之颠末，是非得失，灼然自见，多立名目奚为乎？名目既分，则士有经纬万端不名一节者，断难以二字之品题举其全体，而其人之有隐慝与丛恶者，二字之贬转不足以蔽其辜。宋人论史者不量其事之虚实，而轻言褒贬，又不顾其传文之美刺，而争此一二字之名目为升降，辗转相遁，出入无凭，执简互争，腐毫莫断，胥范氏阶之厉也。然范氏所增《文苑》、《列女》诸传，诸史相沿，莫能刊削，盖时风众势日趋于文，而闺门为风教所系，当备书于简策，故有创而不废也。《儒林》考传经源流，能补前书所未备，范氏承其祖宁之绪论，深有慨于汉学之兴衰关于教化，推言终始，三致意焉，岂独贾逵、郑康成诸传为能阐其微意哉？李贤注参用裴骃、裴松之之体，于音义则省其异同，于事实则去其骈拇，征引之广博，训释之简当，为史注之善者。刘攽《刊误》讥其末数卷援引多误，当以分曹授简各有疏密，又急于成书，无暇复检耳。范书为纪十、列传八十，

① 《总目》卷45。

共九十卷，《旧唐书·经籍志》作一百卷，以贤注分卷上下而言也。《旧唐书·经籍志》又有范氏《后汉书论赞》五卷，殆以范氏文体高于六朝诸人，而爱其文辞者，遂摘取其论赞，别为一书欤？司马彪志详述制度，较史汉诸志为稍变其体，后来晋隋诸志实仿其例。刘昭注尤谙悉于累朝掌故，荟萃群说，为之折衷，盖能承六朝诸儒群经义疏之学而通之于史，以求其实用，亦可见其学之条贯矣。(《南江书录》)

邵晋涵分析范氏所增《独行》、《党锢》、《逸民》、《文苑》、《列女》、《儒林》诸传之得失，深明史法、史例，见解独到。而《总目》同名提要以考证历代著录情况为主：

《后汉书》一百二十卷 内府刊本

《后汉书》本纪十卷、列传八十卷，宋范蔚宗撰，唐章怀太子贤注。蔚宗事迹具《宋书》本传，贤事迹具《唐书》本传。考《隋志》载范书九十七卷，新、旧《唐书》则作九十二卷，互有不同。惟《宋志》作九十卷，与今本合。然此书历代相传，无所亡佚。考《旧唐志》又载章怀太子注《后汉书》一百卷。今本九十卷，中分子卷者凡十，是章怀作注之时，始并为九十卷，以就成数。《唐志》析其子卷数之，故云一百。《宋志》合其子卷数之，故仍九十，其实一也。又隋、唐《志》均别有蔚宗《后汉书论赞》五卷，《宋志》始不著录。疑唐以前论赞与本书别行，亦宋人散入书内。然《史通·论赞篇》曰："马迁自序传后历写诸篇，各叙其意。既而班固变为诗体，号之曰述。蔚宗改彼述名，呼之以赞。固之总述合在一篇，使其条贯有序。蔚宗后书，乃各附本事，书于卷末，篇目相离，断绝失序。夫每卷立论，其烦已多，而嗣论以赞，为黩弥甚，亦犹文士制碑序，终而续以铭曰，释氏演法义尽，而宣以偈言。"云云，则唐代范书论赞已缀卷末矣。史志别出一目，所未详也。范撰是书，以志属谢瞻。蔚宗败后，瞻悉蜡以覆车，遂无传本。今本八志，凡三十卷，别题梁剡令刘昭注。据陈振孙《书录解题》，乃宋乾兴初判国子监孙奭建议校勘，以昭所注司马彪《续汉书志》与范书合为一编。按：《隋志》载司马彪《续汉书》八十三卷，《唐书》亦同。《宋志》惟载刘昭补注《后汉志》三十卷，而彪书不著录，是至宋仅存其志，故移以补《后汉书》之阙。其不曰《续汉志》而曰《后汉志》，是已并入范书之称矣。或谓郦道元《水经注》尝引司马彪《州郡志》，疑其先已别行。又谓杜佑《通典》述科举之制，以《后汉书》、《续汉志》连类而举。疑唐以前已并八志入范书，似未确也。自八志合并之后，诸书征引，但题《后汉书》某志，儒者或不知为司马彪书，故何焯《义门读书记》曰："八志，司马绍统之作。"（案：绍统，彪之字也。）本汉末诸儒所传，而述于晋初，刘昭注补别有总叙，缘诸本或失载刘叙，故孙北海《藤阴札记》亦误出蔚宗志律历之文云云。考洪迈《容斋随笔》，已误以八志为范书，则其误不自孙承泽始。今于此三十卷并题司马彪名，庶以祛流俗之讹焉。①

相比之下，《总目》反而不及邵氏原稿来得深刻。

3.《新唐书》

《新唐书》二百二十五卷，宋欧阳修、宋祁撰。曾公亮表进其书，谓"其事则增于前，其文则省于旧"，语似夸诩。陈振孙又谓"事增文省，正新书之失"。以今考之，皆不明史法者也。夫后人重修前史，使不省其文，则累幅难尽，使不增其事，又何取乎重修？故事增文省，自班固至李延寿，莫不皆然（班固撰《萧何传》，较《史记》增载劝入汉中事，撰《李广传》，较《史记》增载武帝诏，至其芟损《史记》字句，不可胜举。），不得以此为夸诩，亦不得转以此为诋諆。新书之失，在增所不当增，省所不当省尔。夫《唐大诰》、《唐六典》为

① 《总目》卷45。

一代典章所系，今纪传既尽去制诰之辞，而诸志又不能囊括六典之制度，徒剌取卮言小说以为新奇，于史例奚当乎？芟除字句，或至失其本事（《山堂考索》云：旧史段秀实与大将刘海宾、何明礼、姚令言，叛官岐灵岳，同谋朱泚，新史乃削去'叛官岐灵岳'五字，夫姚令言乃泾原节度使，与朱泚同反，《旧史》乃谓令言之叛官岐灵岳，新史削去五字，误矣。案：新史之误，实不止此。近时《日知录》复举此条，为新书之病，而不知宋人已言之，后人驳正新书，陈陈相因，胥此类也。），不独文义之蹇踬也。然自吴缜为《新书纠缪》，学者师其余论，吹毛索疵，莫不以新书为诟厉，甚至引幽怪之书、无稽之说证新书为失实（如引《夷坚志》诸书，以玄宗为李辅国击首而取其脑、肃宗遇武乙之厄、穆宗有商臣之恶、郭后与闻陈弘志之谋不克令终，皆不经之邪论，而好奇者转以新书不载为失考。），是岂足以服修、祁之心哉？平情论之，新书删定旧史，废传六十一篇，如薛伾、李祐等之事宜附见韦元甫，李若祁等之行事不著，玄奘、神秀之事多属荒渺，此删并之善也。新添传三百一十篇，《后妃传》增载郭贤妃、王贤妃，《创业功臣传》增载史大奈，《韩门弟子》增载皇甫湜、贾岛，《忠义传》增载雷万春、南霁云，《循吏传》增载韦丹、何易于，《儒学传》增载张齐贤、啖助，《文艺传》增载吕向、张旭，《方技传》增载邢和璞、罗思远，《列女传》增载高愍女、杨烈妇，此搜罗遗佚，而有裨于旧史者也。且旧史于咸通以后纪传疏略，新书则于韩偓之纳忠、高仁厚之平贼，与夫雷满、赵匡凝、杨行密、李罕之之僭割，具书于传，一代兴废之迹备焉，岂得谓其无补于旧史欤？即其删存旧史诸传，如姚崇则略载其初见十事，韩愈则补载其出使王庭凑，皆合史裁，非漫然损益也。《宰相世系表》虽多附会华胄，难尽征信，要足备唐人之谱学。《艺文志》略存撰人出处，较旧史《经籍志》为稍优。综其大略，删烦补阙，亦所谓后起者易为功耳。使修、祁修史时，能溯累代史官相传之法，讨论其是非，决择其轻重，载事务实，而不轻褒贬，立言抉质，而不尚挦撦，何至为后世

讥议谓史法之败坏自新书始哉？今新、旧《唐书》并列学官，集长去短，各有取裁，学者亦无庸过分轩轾矣。（《南江书录》）

《总目》卷46同名提要与此完全不同：

《新唐书》二百二十五卷　内府刊本

宋欧阳修、宋祁等奉敕撰。其监修者则曾公亮，故书首进表以公亮为首。陈振孙《书录解题》曰："旧例修书，止署官高一人名衔。欧公曰：'宋公于我为前辈，且于此书用力久，何可没也？'遂于纪传各著之。宋公感其退逊。"故书中列传题祁名，本纪、志、表题修名。然考《隋书》诸志，已有此例，实不始于修与祁。又《宋史·吕夏卿传》称《宰相世系表》，夏卿所撰，而书中亦题修名，则仍以官高者为主，特诸史多用一人，此用二人为异耳。是书本以补正刘昫之舛漏，自称："事增于前，文省于旧。"刘安世《元城语录》则谓事增文省，正新书之失，而未明其所以然。今即其说而推之，史官记录，具载旧书，今必欲广所未备，势必搜及小说，而至于猥杂。唐代词章，体皆详赡，今必欲减其文句，势必变为涩体，而至于诘屈。安世之言，所谓中其病源者也。若夫《史》、《汉》纪传，多载诏令，古文简质，至多不过数行耳。唐代王言，率崇缛丽，骈四俪六，累牍连篇。宋敏求所辑《唐大诏令》，多至一百三十卷。使尽登纪传，天下有是史体乎！祁一例刊除，事非得已，过相訾议，未见其然。至于吕夏卿私撰《兵志》，见晁氏《读书志》。宋祁别撰纪志，见王得臣《麈史》，则同局且私心不满。书甫颁行，吴缜纠谬即踵之而出，其所攻驳，亦未尝不切中其失。然一代史书，网罗浩博，门分类别，端绪纷拏，出一手则精力难周，出众手则体裁互异。爰从"三史"以逮"八书"，牴牾参差，均所不免，不独此书为然。吕宋之书，未知优劣，吴缜所纠，存备考证则可，因是以病新书，则一隅之见矣。

4.《五代史记》

《五代史记》七十五卷，宋欧阳修撰。修以文章名，为此书，自谓得《春秋》遗意。当时推重其书，比诸刘向、班固。然朱子已讥其张居翰为失实，陈师道讥其李思恭思敬为失考，又如王彦章则过事推崇，元行钦乌震则过为诋毁，褒贬之不平，复为李心传诸人所讥议。至年月之参差，纪传之复舛，吴缜《纂误》已详言之矣。以今考之，则前人所摘尚有未尽者。夫史家以网罗放失为事，故曰其轶时时见于他说，又曰整齐旧闻，李延寿《南、北史》于旧史外时有增益，斯其为可贵也。修则不然，取旧史任意芟除，不顾其发言次第，而于旧史之外，所取资者王禹偁之《阙文》、陶岳之《史补》、路振之《九国志》三书而已。所恨于修者，取材之不富也。修与尹洙同学古文，法《春秋》之严谨。洙撰《五代春秋》，虽行文过隘，而大事不遗。修所撰《帝纪》，较《五代春秋》已为详悉矣，然于外蕃之朝贡，必书而于十国之事，俱不书于帝纪，岂十国之或奉朝贡，或通使命者而反不得同域外之观乎？所恨于修者，书法之不审也。法度之损益，累代相承，五代虽干戈相继，而制度典章，上沿唐而下开宋者，要不可没。修极讥五代文章之陋，只述司天、职方二考，而于礼乐、职官、食货之沿革，削而不书，考古者茫然于五代之成迹。即《职方考》于十国之建置，亦多疏漏。所恨于修者，掌故之不备也。旧史但据实录排纂事迹，无波澜意度之可观，而修则笔墨排骋，推论兴亡之迹，故读之感慨有余情，此其所由掩旧史而出其上欤？徐无党注，发明义例，疑亲得于修所口授者，然但有解诂，而不详故实与音义，是亦史注之别体也。（《南江书录》）

《总目》卷46同名提要与此完全不同：

《新五代史记》七十五卷　内府刊本

宋欧阳修撰。本名《新五代史记》，世称《五代史》者，省其文也。唐以后所修诸史，惟是书为私撰，故当时未上于朝。修殁之后，始诏取其书，付国子监开雕，遂至今列为正史。大致褒贬祖《春秋》，故义例谨严；叙述祖《史记》，故文章高简。而事实则不甚经意，诸家攻驳，散见他书者无论，其特勒一编者，如吴缜之《五代史纂误》、杨陆荣之《五代史志疑》，引绳批根，动中要害，虽吹求或过，要不得谓之尽无当也。然则薛史如左氏之纪事，本末赅具，而断制多疏；欧史如公、穀之发例，褒贬分明，而传闻多谬。两家之并立，当如三传之俱存。尊此一书，谓可兼赅五季，是以名之轻重为史之优劣矣。且《周官》太史掌国之六典，汉法亦天下计书先上太史，史之所职，兼司掌故。八书、十志，迁、固相因，作者沿波，递相撰述，使政、刑、礼、乐沿革分明，皆所谓国之大纪也。修作是书，仅司天、职方二考，寥寥数页，余概从删。虽曰世衰祚短，文献无征，然王溥《五代会要》搜辑遗编，尚裒然得三十卷，何以经修编录，乃至全付阙如？此由信《史通》之谬谈（刘知几欲废表志，见《史通》《表历》、《书志》二篇。），成兹偏见。元纂宋、辽、金三史，明纂《元史》，国朝纂《明史》，皆仍用旧规，不从修例，岂非以破坏古法，不可以训乎？此书之失，此为最大，若不考韩通之褒赠（案：宋太祖褒赠韩通敕，今载《宋文鉴》中。），有所讳而不立传者，一节偶误，诸史类然，不足以为修病也。修之文章，冠冕有宋。此书一笔一削，尤具深心，其有裨于风教者甚大。惟其考证之疏，则有或不尽知者，故具论如右，俾来者有所别白。其注为徐无党作，颇为浅陋，相传已久，今仍并录之焉。

5.《明史》

《明史》三百三十二卷，大学士张廷玉等撰。纪二十四卷，志七十五卷，表十三卷，列传二百二十卷。先是，明人撰集故事者，或仅志一朝，或只举一事，闻见未周，事迹未备。郑晓《吾学编》、邓元锡《明书》、薛应旂《宪章录》、何乔远

《名山藏》，始有志于正史，汇累朝之诏诰，与夫名臣言行之见于州郡志乘、诸家文集，萅萃成书。然晓等未尝得见《实录》，凡夫碑铭志状之虚辞、说部流传之讹舛及年月先后爵位迁除之乖互，皆懵然莫辨，毁誉失真，编排无法，识者病之。至王世贞《史料》，始据实录以考正诸家之失，于类记之自相矛盾者、小说之凿空无据者、私家著述之傅会缘饰者，连叙于篇，以资考订，然于众论之参差，莫能折衷。至神宗以后，好事者喜谈掌故，而实无根柢，益多诞而不可信矣。廷玉等据王鸿绪之《史稿》，重事排纂，综核异同，语必征实，平情论事，不参以意见之私。发凡起例，亦能酌前史而得其宜。历、志申明郭守敬之法，而兼及徐光启所修历书。盖光启之书虽未行，而会通中西之历，所以垂法也。《艺文志》只载明人之著作，而不考古书存亡之源委，以明代秘书尽亡，无从取征也。列七卿于表，以明初分政权于六卿，而以都察院稽其实，一代之纲纪系焉，次于《宰辅表》后，重其任也。自永乐始任中官，至正统、成化、正德、天启，而阉宦之祸烈矣。然非群小附之，势尚未炽，正德以后结近侍者实繁有徒。创立《阉党传》，所以穷其丑类也。土司向背靡常，兴师命帅，旋扑旋滋，与明代相终始。创立《土司传》，见绥辑之无远略也。其余承前代之法，而次第纂叙者，皆详赡有法，洵为一代之信史，而非明臣私撰者所能几及也。惟圣朝光宅区夏，加礼前代，存其典章，表彰胜国忠臣，一视同仁，恩施浩荡，为旷古所未有，儒臣得亲承睿谟，勒成信史，昭示方来，岂非幸哉！（《南江书录》）

《总目》卷46同名提要云：

《明史》三百三十六卷 内府刊本

国朝保和殿大学士张廷玉等奉敕撰。乾隆四年七月二十五日书成，表进。凡本纪二十四卷，志七十五卷，表一十三卷，列传二百二十卷，目录四卷。其《进表》有曰："仰惟圣祖仁皇帝搜图书于金石，罗耆俊于山林。创事编摩，宽其岁月。盖康熙十八年始诏修明史，并召试彭孙遹等五十人入馆纂修，以纪载浩繁，异同岐出，递相考证，未遽定也。”又曰：“我世宗宪皇帝重申公慎之旨，载详讨论之功臣。臣等于时奉敕充总裁官，率同纂修诸臣，开馆排辑。十有五年之内，几经同事迁流。三百余卷之书，以次随时告竣。盖雍正二年，诏诸臣续藏其事，至是乃成书也。”又曰：“签帙虽多，牴牾互见。惟旧臣王鸿绪之史稿，经名人三十载之用心，进在彤帏，颁来秘阁，首尾略具，事实颇详。爰即成编，用为初稿。”盖康熙中户部侍郎王鸿绪撰《明史稿》三百十卷，惟帝纪未成，余皆排比粗就，较诸家为详赡，故因其本而增损成帙也。其间诸志，一从旧例，而稍变其例者二：《历志》增以图，以历生于数，数生算，算法之句股面线，今密于古，非图则分刌不明；《艺文志》惟载明人著述，而前史著录者不载，其例始于宋孝王《关中风俗传》，刘知几《史通》又反复申明，于义为允。唐以来弗能用，今用之也。表从旧例者四：曰诸王、曰功臣、曰外戚、曰宰辅；创新例者一：曰七卿。盖明废左右丞相，分其政于六部，而都察院纠核百司，为任亦重，故合而七也。列传从旧例者十三，创新例者三：曰阉党、曰流贼、曰土司。盖貂珰之祸，虽汉唐以下皆有，而士大夫趋势附膻，则惟明人为最夥，其流毒天下亦至酷，别为一传，所以著乱亡之源，不但示斧钺之诛也。闯、献二寇，至于亡明，剿抚之失，足为炯鉴，非他小丑之比，亦非割据群雄之比，故别列之。至于土司，古所谓羁縻州也，不内不外，衅隙易萌，大抵多建置于元，而滋蔓于明。控驭之道，与牧民殊，与御敌国又殊，故自为一类焉。若夫甲申以后，仍续载福王之号。乙酉以后，仍兼载唐王、桂王诸臣。则颁行以后，宣示纶綍，特命改增。圣人大正至公之心，上洞三光，下照万祼，尤自有史籍以来所未尝闻见者矣。

《总目》前半部分摘引《进表》中语，后半部分叙述其编例，与邵氏原稿迥异，似经他人重新撰写。

6.《敷文郑氏书说》

《敷文郑氏书说》，宋郑朴撰。《宋史·艺文志》及焦竑《经籍志》俱作一卷，朱彝尊《经义考》不著于目。盖其书自明初已为难得之本，故久而失传，彝尊实未见也。今《永乐大典》中散见诸韵者尚得二十七条。前有胡岩起序，称其不章解句释，而抽关启钥，能发其精微之蕴。今《永乐大典》所载，每条皆有标题，盖即原书之体例也。朴长于持论，如释"作服汝服"，则发明"服以象德"之义，释"俶扰天纪"，则推言天下人相应之几，《大禹谟》言"谦受益，满招损"，《仲虺之诰》言"好问则裕，自用则小"，皆能反复推详，以自伸其说。至谓伊尹事太甲，必俟冕服奉归而始，释其书弗狎弗顺之惭，《虞书》言"三就三居当以轻重远近为差等"，而极论《孔传》分计道里之非，尤为卓然有见。其论《太誓》十有三年，当从《书序》作十一年，以《洪范》、《史记》为证，又能参稽博考，而得其实也。惟《五子之歌》上推传子传贤之更变，立论未免迂远。其释《周书》者仅得五条，疑《永乐大典》原本或有缺佚，今就其尚存者，依经文前后编次如左。(《南江书录》)

殿本《总目》未见著录，浙本《总目》卷11云：

《郑敷文书说》一卷 两淮马裕家藏本

宋郑伯熊撰。伯熊字景望，永嘉人。绍兴十五年进士，累官吏部侍郎，兼太子侍读，进国子司业，宗正少卿，以直龙图阁，出知宁国府，卒，谥文肃。其诗文有《景望集》，今已不传。此乃所作《尚书》讲义，皆摘其大端而论之，凡二十九条，每条各标题其目。《浙江通志》称伯熊邃于经术。绍兴末，伊洛之学稍息，伯熊复出而振起之。刘埙《隐居通义》亦谓伯熊见明天理，笃信固守，言与行应。盖永嘉之学，自周行已倡于前，伯熊承于后，吕祖谦、陈傅良、叶适等皆奉以为宗。是书虽为科举而作，而尚不汩于俗学。惟误信《书序》，谓真孔子所作。故谓《太甲序》则以为体常尽变，存正明权，得《春秋》之法。于《太誓序》则以为经称十三年者误，当依序作十一年。于《洪范序》则以为所称胜殷杀纣，亦诛独夫之义，皆未免牵合旧文，失于考证。然其大端醇正，如释"作服汝明"，则发明"服以象德"之义，释"俶扰天纪"，则推言天下人相应之机，《大禹谟》言"谦受益，满招损"，《仲虺之诰》言"好问好裕，自用则小"，皆能反复推详，以明其说。于经世立教之义，亦颇多阐发，有足采焉。

两相比较，书名著录不同，版本著录不同，作者著录不同，观点不尽相同，行文亦大异。浙本《总目》已经著录，为什么在殿本《总目》中却无影无踪？邵氏明言辑自《永乐大典》，为什么又被毁弃不用？存疑以俟高明。

清朱鹤龄《尚书埤传》尚征引其说。朱彝尊《经义考》卷八十云：

郑氏伯熊书说一卷，存。

陈亮序曰：余闻诸张横渠曰：《尚书》最难看，难得胸臆如此之大。若只解文义则不难。自孔安国以下，为之解者殆百余家，随文释义，人有取焉。凡帝王之所以纲理世变者，盖未知其何如也？永嘉郑公景望，与其徒读书之余，因为之说，其亦异乎诸儒之说矣！至其胸臆之大，则公之所自知，与明目者之所能知，而余则姑与从事乎科举者，诵之而已。

云谷胡氏序曰：《书》自孔子刊定，所存仅百篇，帝王之轨范悉备，不幸火于秦，传注于汉，而尧舜禹汤文武传授之奥旨，与夫皋益伊傅周召警戒之微机，虽老师宿儒，皓首穷经，枝辞蔓说，汗牛充栋，曾不能髣髴其万一，而世无所考证，至于今千有余岁矣。心本同，然理不终泯，自伊洛诸先生力寻坠绪，远绍正学。而敷文郑公得其传焉，探圣贤之心于千载之上，识孔子之意于百篇之中，虽不章解句释，而抽关启钥，发其精微之蕴，深切极至，要皆诸儒议论之所未及，亦可谓深于《书》者欤？学者于此优游玩味之，则思过半矣。嘉定癸未四月。

《钦定续文献通考》卷一百四十六《经籍考》亦云：

宋郑伯熊《书说》一卷。伯熊字景望，永嘉人，绍兴进士，累官宗正少卿，以直龙图阁知宁国府，卒谥文肃。陈亮序略曰："《尚书》最难读，难得胸臆如此之大。孔安国以下，随文释义，凡帝王之所以纲理世变者，未知也。"

朱彝尊明注："郑氏伯熊书说一卷，存。"而邵晋涵却说："朱彝尊《经义考》不著于目。盖其书自明初已为难得之本，故久而失传，彝尊实未见也。"显然考之未审，失之眉睫之前。馆臣在辑佚之前，如果不详考书目源流，可能导致盲目地"死辑"（即没有经过可行性论证的辑佚，其实该书并没有亡佚，不需要做此种无效劳动）。

7.《性情集》

《性情集》六卷，元周巽撰。巽字巽泉，庐陵人。元末随湖广平章巩卜班征叛猺，以功授永明簿。明初不仕。巽诗词清拔，不沿元人纤靡之习，首列拟古乐府二卷，能陶铸古意，而不袭其辞，颇与刘文成相近。有明一代之诗，好摹拟汉魏，而厌薄两宋，其风气已昉乎此矣。诗中多与苏天爵、虞集诸人互相唱酬，其师友讲贯之功有可考见者。惟前后咏梅诗太多，排比牵合，不免于潦倒粗率之病。要取其精至者而论之，固亦元末之作家也。集久失传，今从《永乐大典》按韵采辑，犹可见其崖略云。（《南江书录》）

《总目》同名提要云：

《性情集》六卷　永乐大典本

元周巽撰。巽事迹不见于他书，其诗集诸家亦未著录。惟《文渊阁书目》载有"周巽泉《性情集》一部一册"，与《永乐大典》标题同。《吉安府志》又载有周巽亨《白鹭洲》、《洗耳亭》二诗，检勘亦与此集相合，而集中《拟古乐府小序》则自题曰"龙唐耄艾周巽"云云。以诸条参互考之，知巽为其名，而巽泉、巽亨乃其号与字也。集中自称尝从征道、贺二县猺寇，以功授永明簿，则在元曾登仕版，而所纪干支有丙辰九月，当为洪武九年，则明初尚存矣。巽诗格不高，颇乏沉郁顿挫之致。然其抒怀写景，亦颇近自然，要自不失雅则。集以"性情"为名，其所尚盖可知也。元末吉州一郡如周霆震、杨允孚、郭钰等，皆有诗集流传，而巽诗独佚，殆亦有幸不幸欤？今据《永乐大典》所载，搜罗编辑，厘为六卷，俾与石初诸集并存于世，亦未尝不分路争驰矣。①

邵氏称周巽开有明一代好摹拟汉魏而厌薄两宋之诗风，褒多于贬；《总目》称"巽诗格不高，颇乏沉郁顿挫之致，然其抒怀写景，亦颇近自然，要自不失雅则。集以'性情'为名，其所尚盖可知也"，贬多于褒。二者褒贬各异，行文亦不同。

8.《勉斋遗集》

《勉斋遗集》三集，明郑满撰。满字守谦，慈溪人，弘治壬子举人，濮州知州。集中有《三官庙记》，谓五官所重在耳官、目官、心官，未闻别有所谓三官也。汉熹平间张鲁造符书于蜀之鹤鸣山，令有疾者自首书氏名及服罪之意，作三通，其一上之天著山，其一薶之地，其一沉之水，三官之名，盖昉于此。因极辨世俗庙祀之非，议论平正切实，颇近儒者之言。然他文未能仿此，多献酬牵率之作。诗语平易，亦非所长。盖由其仍孙梁搜罗于废箧中编次成书，或当日本不以文名，或尚多

① 《总目》卷168。

遗佚，未尽所长也。前有万斯大序，称其为临清学正教士兼文行，历知道州、濮州，以慈惠见称。卷末附录其昆孙溱跋、六世孙启家传、姚镆赠行序、李堂所撰墓志铭。谓满喜谈经济，辟浮屠、老子之说，与孙燧、王守仁同年友善，为政好行其所学……当系淳朴之士，不欲以诗文自表襮者。然弘治以前诗文无赝古之习。是集虽卷帙寥寥，而辞气和平，尚不失先民矩矱焉。(《南江书录》)

《总目》卷176《勉斋遗稿》提要云：

《勉斋遗稿》三卷 浙江巡抚采进本

明郑满撰。满字守谦，慈溪人。弘治壬子举人，官至山东濮州知州。是集为其仍孙梁敬所编，凡文二卷，诗一卷。大旨不诡于正，而颇乏修词之功。

《南江书录》一方面肯定其议论平正切实，颇近儒者之言，另一方面批评其诗文平易，多献酬牵率之作。《总目》隐括邵氏之意，仅以一语括之。馆臣已将《勉斋遗稿》列入存目。

朝军按：以上凡8条，约占22.22%。换言之，有将近四分之一的提要稿与《总目》不同。

(二) 大致相同类

1.《史记集解》(略)

2.《史记正义》。二者差异主要有以下五点：

(1)《书录》云："守节自言涉学三十余年，六籍、九流、地理、苍雅，锐心观采，盖积一生精力为之，故能通裴骃之训辞，析司马贞之同异，题曰《正义》，始欲与《五经正义》并传矣。"《总目》改为："守节始末未详，据此书所题，则其官为诸王侍读率府长史也。是书据《自序》三十卷，晁公武、陈振孙二家所录则作二十卷。盖其标字列注，亦如《索隐》，后人散入注下，已非其旧。"

(2)《书录》云:“夫《正义》所长者地理也,以《括地志》为主,证以诸家舆地之说,以今证古,源委瞭然。”《总目》删为:“如守节所长,在于地理。”

(3)《书录》云:“监本脱‘北’字。此虽残阙在一二字之间,要亦有关考证也。《正义》序曰:‘古典幽微,窃探其美。’是其征明故实,颇为该博,而监本任意去取,不顾文义。”《总目》将“监本脱北字”以下文字删去。

(4)《书录》云:“其余淫辞助语,或损或增,监本初无义例,校以王本异同,不啻数千条,累幅难尽,然即一字之误,亦有可疑误后人者,如《秦本纪》‘西巡狩乐而忘归’句下《正义》引《六国春秋》,而监本作《十六国春秋》,其贻误又岂可胜指哉?今幸王本尚存,得考见其疏舛,虽讹字、衍字王本时亦不免,而求《正义》之全文,不能无取资于是焉。”《总目》改为:“其他一两字之出入,殆千有余条,尤不可毛举。苟非震泽王氏刊本具存,无由知监本之妄删也。”

(5)《总目》于“更多所删节,失其本旨”后删“坊刻本互有增损,辗转舛讹,唯震泽王氏所刻为足本。今取监本与王氏本对勘,则监本之脱误殆不可枚举,撮其大旨,约有三端”。

总之,二者观点大体相同,文字有所删润。

3.《汉书》。二者大体相同,但有一段文字改动较大,《书录》云:“然心劳日拙,千载如见,究不可掩。后人校书者好言宋本,只求纸版之古,不顾文义之安,皆此类也。汉制近古,固此书叙次缜密,故郑康成、干宝引以注经,而经师如服虔、韦昭皆为《汉书注》,盖实有可辅经而行者。审音辨义,代有其人,不意尚有谬托古本欲颠倒其次第者。至庸妄之徒谓班固不能文从字顺,益不足与辨矣。颜师古注,唐人称为班固忠臣。惜其只聚诸家旧注而定其折衷,不能旁征载籍以推广其义,然后人考正《汉书》者,俱不能出颜氏之范围,则谓之忠臣也亦宜。”《总目》修改为:“然一经考证,纰缪显然。颜师古注本冠以指例六条,历述诸家,不及之遴所说,当时已灼知其伪。李延寿不讯端末,遽载于史,亦可云爱奇嗜博,茫无裁断矣。固作是书,有受金之谤,刘知几《史通》尚述之。然《文心雕龙·史传》篇曰：'征贿鬻笔之愆，公理辨之究矣。'是无其事也。又有窃据父书之谤，然韦贤、翟方进、元后三传俱称'司徒掾班彪曰'。颜师古注发例于《韦贤传》曰：'《汉书》诸传，皆固所为，其有叔皮先述者，固亦显以示后人，而或者谓固窃父名，观此可以免矣。'是亦无其事也。师古注条理精密，实为独到，然唐人多不用其说，故《猗觉寮杂记》称，师古注《汉书》，魁梧音悟，票姚皆音去声，杜甫用魁梧、票姚皆作平声。杨巨源诗：'请问汉家谁第一，麒麟阁上识酇侯。'亦不用音赞之说。殆贵远贱近，自古而然欤？要其疏通证明，究不愧班固忠臣之目，固不以一二字出入病其大体矣。"

《书录》认为颜师古注"只聚诸家旧注而定其折衷，不能旁征载籍以推广其义"，非深谙史籍不能为此言。邵氏于史学洵为本色当行，其真知灼见已为杨明照所证实①。《总目》似乎对颜注多有回护之词，未免上当。

总之，二者大体相同，但对于《汉书》颜师古注的评价不同。

4.《晋书》。二者差异主要有以下四点：

(1)《总目》于"自是言晋史者皆弃其旧本，竞从新撰"后删"《隋书经籍志》载当时晋史之完整者，有何法盛书、谢灵运书、臧荣绪书及萧子显《晋史草》，其残阙者为王隐书、虞预书、朱凤书，萧子云书，亡佚者为郑忠书、沈约书、庾铣书也"。

(2)《书录》云："是法盛诸人之书，为学者所诵习，久而不衰，未见其皆弃旧本而从新撰也。至南宋以后，诸家之书尽亡，于是考史者始专以乔等所修《晋史》为正矣。今取诸书所征引者与《晋史》参考，有删除而无舛误，可想见当时载笔之慎，然如《张华传》云华毁征士冯恢，遂为恢弟纨所谮，《冯纨传》云疾张华如雠，讽帝言华不可授以重任，两传俱不载冯张致衅之故，据《御览》引干宝《晋纪》云：处士冯恢为散骑侍郎，张华曰：'臣请观之，若不见臣，上也；见而有傲世之容，次也；敬而为宾主者，固

① 杨明照：《汉书颜注发覆》，《学不已斋杂著》，上海：上海古籍出版社，1985年。

俗士也。华至，恢待之恭，时人少之。'盖纨之怨华实由于此。晋武之任冯纨而疏张华，有关于治乱之原，而传不明言其故，是删节之未当也。"《总目》改为："是旧本实未尝弃，毋乃书成之日即有不惬于众论者乎？考书中惟陆机、王羲之两传，其论皆称'制曰'，盖出于台宗御撰。夫典午一朝政事之得失，人才之良苦，不知凡几，而九重掞藻，宣王言以彰特笔者，仅一工文之士衡，一善书之逸少，则全书宗旨大概可知。其所褒贬，略实行而奖浮华，其所采择，忽正典而取小说，波靡不返，有自来矣。"

(3)《总目》于"亦不附见于周处、孟观等传"后删"岂所以传立功之臣乎"。

(4)《书录》云："又何所以扶植风教乎？修晋书者多浮华之士，好引杂事以资谈柄，而不明于史家义例，岂特嵇康魏臣，不当入《晋史》，韦忠、王育、刘敏元北仕刘赵，不当入《忠义传》，如王应麟所讥而已哉。诸志颇为完备，《天文》详分野之占，《律历》考修历之本，能存一家之学，《礼乐》与《舆服》申明制度，《地理》、《职官》详述沿革，固考据者所资也。"《总目》改为："其所载者，大抵弘奖风流，以资谈柄，取刘义庆《世说新语》与刘孝标所注，一一互勘，几于全部收入，安得目曰史传乎？黄朝英《缃素杂记》诋其引《世说》'和峤峨峨如千丈松，礨砢多节目'，既载入《和峤传》中，又以峤字相同，并载入《温峤传》中，颠倒舛讹竟不及检，犹其枝叶之病，非其根本之病也。正史之中，惟此书及《宋史》后人纷纷改撰，其亦有由矣。特以十八家之书并亡，考晋事者舍此无由，故历代存之不废耳。"

总之，二者观点大体相同，文字有所删润。

5.《宋书》。二者差异主要有以下五点：

(1)《书录》云："岂约拟撰表续上而未及成欤？抑其表早佚、为唐初诸臣所未见、而卷帙出于后人编次、较约自言者不同欤？观约前后叙例，其史体多拟班固，不应舍表不作，其为后来所佚明矣。约自言年二十许，便有撰述之志，又终身于史职，故于累朝掌故周晰条贯，所撰诸志实能裨前史所未备。"《总目》删为："或唐以前其表早佚，今本卷帙出于后人所编次欤？"

(2)《总目》于"《乐志》……以存义训"后删"近而为《晋志》所取资，远而为《通典》所征引，有率尔操觚所能及者。《律历志》则多据何承天旧议，盖承天尝识新莽威斗①，以博古著闻，所撰《元嘉历》为当时所用也。惟《州郡志》只据太康地志暨何承天、徐爰原本，间为折衷其异同，而于侨置创立者，或不书其置立年月，犹未免于疏略焉。"《总目》又另增一段话："如《铎舞曲·圣人制礼乐篇》有声而词不可解者，每一句为一断，以存其节奏，义例尤善。若其追述前代，晁公武《读书志》虽以失于限断为讥，然班固《汉书》增载《地理》，上叙九州岛，创设《五行》，演明《洪范》，推源溯本，事有前规。且魏晋并皆短祚，宋承其后，历时未久，多所因仍。约详其沿革之由，未为大失，亦未可遽用纠弹也。"

(3)《总目》于"是律历未尝分为两目"后删"今总目以志序自为一卷，而细目标题又专似律志之序，按其文义，则律历本同源，当分律历上，律历中，律历下"。

(4)《总目》于"然《南史》有《到彦之传》独设不取"后删"岂补缀者故留此阙以炫人欤"。

(5)《总目》于最后增："盖重刊之时削除偶剩，亦足见明以来之刻本随意改窜，多非古式云。"

总之，二者观点大体相同，文字有所删润。

6.《南齐书》。二者差异主要有以下五点：

(1)《书录》云："今细绎本传，载子显《自序》大略，又《馆阁书目》载子显《表》云：'素不载户口，且天文复秘，故不

---

① 明彭大翼《山堂肆考》卷30"得铜斗"条云："东汉甄邯墓在金陵玄武湖之侧，刘宋张永开湖，遇古冢，得铜斗一，有柄，众皆不识，文帝询之，著作郎何承天曰：'此新莽威斗，三公亡者皆赐之，一在冢外，一在冢内，斗为天之喉舌，故取象焉。三公居江左者惟甄邯，为大司徒，此必是其墓也。'启冢又得一斗，有石铭云：'大司徒甄邯之墓。'按：《纲目》：'新莽天凤三年秋，铸威斗，以石铜为之，若北斗，欲厌胜众兵，司命负之，出则在前，入则在旁。'李奇注：'以五色药石及铜为之，长二尺五寸。'"宋王楙《野客丛书》卷13"新莽威斗"条记载与此相近。

私载。'"《总目》改为:"考《南史》载子显《自序》,似是据其《叙传》之词。又晁公武《读书志》载其《进书表》云:'天文事秘,户口不知,不敢私载。'"

(2)《书录》云:"沈约《宋书》、李延寿《北史》其体例相似。"《总目》改为:"与李延寿《北史》例同。"

(3)《书录》云:"至唐中叶已阙此一卷,而知几、巩未之察也,知几谓范史于《文苑》、《儒林》之流,莫不列序,后代相沿。"《总目》改为:"至唐已佚其《叙传》,而其表至宋犹存。今又并其表佚之,故较本传阙一卷也。又《史通·序例篇》谓'令升先觉,远述丘明','史例中兴,于是为盛。沈宋之志序,萧齐之序录,虽以序为名,其实例也。'"后者更为充实,且注明引文出处,较原稿更为规范。

(4)《书录》云:"而《文学传》独无序,疑为宋以后所阙佚也。"《总目》改为:"而《文学传》独无序,殆亦宋以后所残阙欤?"

(5)《总目》于最后增:"今裒合诸本,参核异同,正其灼然可知者。其或无考,则从阙疑之义焉。"

总之,二者观点大体相同,文字稍有点窜。

7.《梁书》。二者大体相同,其差异主要有以下四点:

(1)《书录》云:"至今无所移易,《旧唐书》误也。"《总目》改为:"《旧唐书》误脱'六'字审矣。"

(2)《书录》云:"论修史者以专门绍述为盛业,思廉传其世学,见闻较近,旁参互核,历久而成书,当时嘉其苦志。"《总目》改为:"思廉承藉家学,既素有渊源,又贞观二年先已编纂,及诏入秘书省论撰之后,又越七年,其用力亦云勤笃。"

(3)《书录》云:"其余事迹之复互者,前后错见,不待旁征《南史》而始知其条理未密也。要其排整故事,叙次明晰,议论亦多平允,分卷次第……"《总目》改为:"赵与时《宾退录》议其于《江革传》中则称何敬容掌选,序用多非其人;于《敬容传》中则称其诠序明审,号为称职,尤是非矛盾。其余事迹之复互者前后错见,证以《南史》,亦往往牴牾,盖著书若是之难也。然持论多平允，排整次第……"

(4)《总目》增"《唐书》思廉本传称"至"不没秉笔之实也"一段。

以上各点《总目》均不改变邵氏原稿的观点，只是作文字修饰、事实增补。

8.《陈书》。二者差异主要在后半部分。《书录》云："岂思廉用其书而讳言所自欤？抑当时荟萃众说，固不止于三家，不能悉溯其由来欤？察传见此书卷二十七，传中称其知撰《梁史》事，又敕成梁、陈二史，殆思廉用以表明其家学，然察以陈亡入隋，为秘书丞、北绛郡开国公，与同时江总、袁宪诸人，并由陈入隋，跻显秩而仍列于《陈书》，揆以史例，未免失于限断矣。此书卷二、卷三篇后题'陈吏部尚书姚察'，它卷俱称'史臣'，与《梁书》之累题姚察者不同，盖察当日专致力于《梁书》，而《陈书》但启其端绪，列传多属思廉撰定。今读其书，首尾完善，叙次如出一手，信思廉之善承家学也。虽其纪传年月间有牴牾，要不得以微疵而掩其全体耳。"《总目》改为："则疑《隋志》舛讹，思廉所记得其真也。察传见二十七卷，载其撰梁、陈二史事甚详。是书为奉诏所修，不同私撰，故不用序传之例，无庸以变古为嫌。惟察陈亡入隋，为秘书丞、北绛郡开国公，与同时江总、袁宪诸人并稽首新朝，历贱华秩，而仍列传于《陈书》。揆以史例，失限断矣。且江总何人？乃取与其父合传，尤属自污。观李商隐赠杜牧诗有'前身应是梁江总'句，乃借以相誉，岂总之为人，唐时尚未有论定耶？书中惟二卷、三卷题'陈吏部尚书姚察'，他卷则俱称'史臣'。盖察先纂《梁书》，此书仅存二卷，出于一手，不似《梁书》之参差，亦以此也。惟其中记传年月间有牴牾，不能不谓之疵累。然诸史皆然，亦不能独责此书矣。"

二者的差别也主要在修辞方面，观点并无改变。

9.《魏书》。二者差异主要有以下八点：

(1)《书录》云："然恕等未尝考定其所补者据何书？"《总目》改为："然其据何书以补缺，则恕等未言。"

(2)《总目》于"收以是书为世所诟厉"句前删"详言征应，

有班固《五行志》遗法，与收书体制固殊焉”。

(3)《总目》于“今以收传考之”句后删“则当时投诉或不尽属公论、千载而下可以情测也”。

(4)《书录》云：“乃转以是为美誉，其亦不达于文义矣。”《总目》改为：“指以虚褒，似未达其文义。”

(5)《书录》云：“如议者之言，将因其子孙之显贵，不为椿、津、允、祐立传而后快于心乎？”《总目》改为：“宁能以门祚方昌，遂引嫌不录？”

(6)《书录》云：“固它事可传者甚夥，不因有子休之而始得传，况崔暹尝荐收修史矣，而收列崔暹于酷吏，其不徇私惠如此，而谓得休之之助，遂曲笔以报德乎？”《总目》改为：“李延寿书作于唐代，岂亦媚阳休之乎？”

(7)《书录》云：“是乌足与之论史法哉？自崔浩以修史被谤，获祸后遂酿为风气，故李庶诉于杨愔，谓魏收合诛，其一时讙讼之状，犹可概见，收之得免，幸也。”《总目》改为：“是亦未足服收也。盖收恃才轻薄，有‘惊蛱蝶’之称，其德望本不足以服众。又魏、齐世近，著名史籍者，并有子孙，孰不欲显荣其祖父？既不能一一如志，遂哗然群起而攻。平心而论，人非南、董，岂信其一字无私？但互考诸书，证其所著，亦未甚远于是非，‘秽史’之说，无乃已甚之词乎？”《总目》替魏收曲为回护，语气远重于原稿。

(8)《书录》云：“亦史家言外之意也，澹等之书俱亡，而收书终列于正史，然则著作之业，固不系乎一时之好恶哉！”《总目》改为：“绝不为掩其所短，则公论也。”

总之，二者的差别主要在修辞方面，观点并无大的改变。

10.《北齐书》。二者差异主要有以下四点：

(1)《书录》云：“自宋人专尚《北史》，而此书诵习者尠。”《总目》改为：“然其书自北宋以后，渐就散佚。”

(2)《书录》云：“非百药原本也。”《总目》改为：“非旧帙矣。”

(3)《总目》于“其倚任为国者亦鲜始终贞亮之士”句后增：

“均无奇功佳节，资史笔之发挥。”

(4)《书录》云：“固知其不足发挥事业矣。然自神武肇基、承光失国兴废之迹具焉。考一代之事，宜有专书，篇帙虽缺，段荣斛、律金诸传，犹可与《北史》相参考云。”《总目》改为：“是其文章萎苶，节目丛脞，固由于史材、史学不及古人。要亦其时为之也。一代兴废，当有专史，典章之沿革，政事之得失，人材之优劣，于是乎有征焉，未始非后来之鉴也。”

以上各点均为修辞不同。

11.《周书》。二者差异主要有以下六点：

(1)《书录》云：“当时称其文体之工，胜于同修诸史，惜其书久而残缺，后人取《北史》以补其阙卷，而又不标明其所补何篇，遂与德棻之书相混。”《总目》改为：“晁公武《读书志》称，宋仁宗时出太清楼本，合史馆、秘阁本，又募天下书，而取夏竦、李巽家本，下馆阁，是正其文字。其后林希、王安国上之。是北宋重校，尚不云有所散佚。今考其书，则残缺殊甚，多取《北史》以补亡，又多有所窜乱，而皆不标其所移掇者何卷，所削改者何篇，遂与德棻原书混淆莫辨。”所改较原稿详细。

(2)《书录》云：“皆《北史》之原文也。”《总目》改为：“尤剽取《北史》之显证矣。”

(3)《书录》云：“是皆不免于疏漏。”《总目》改为：“是皆率意刊削，遂成疏漏。”

(4)《总目》于“又不能悉为补缀”句后增评论：“盖名为德棻之书，实不尽出德棻；且名为移掇李延寿之书，亦不尽出延寿，特大体未改而已。”

(5)《书录》云：“初，刘知几尝讥《周史》枉饰虚辞，都捐实事，晁公武遂谓其务清言而非实录。以今考之，非笃论也。”《总目》改为：“刘知几《史通》曰：‘今俗所行《周史》，是令狐德棻等所撰，其书文而不实，雅而不检，真迹甚寡，客气尤繁。寻宇文开国之初，事由苏绰，军国词令皆准《尚书》。太祖敕，朝廷他文，悉准于此。盖史臣所记，皆禀其规。柳虬之徒，从风而靡。案：绰文虽去彼淫丽，存兹典实，而陷于矫枉过正之失，乖乎适俗随时之义。苟记言若是，则其谬愈多。爰及牛弘，弥尚儒雅，即其旧事，因而勒成。务累清言，罕逢佳句。而令狐不能别求他述，用广异闻，惟凭本书，重加润色，遂使周氏一代之史，多非实录。'又议其以王劭、蔡允恭、萧韶、萧大圜、裴政、杜台卿之书中有俚言，故致遗略，其诋諆德棻甚力。"

朝军按：《总目》详引刘知几《史通》原文，篇末亦云："知几所云，非笃论也。晁公武《读书志》祖述其语，听声之见，尤无取焉。"可见二者观点一致，只是详略有别。

(6)《书录》云："书虽残阙，而义例之善，有非《北史》所能掩者，岂徒取其文体之工哉?"《总目》改为："知几所云，非笃论也。晁公武《读书志》祖述其语，掩为己说，听声之见，尤无取焉。"

总之，二者观点大体相同，文字稍有点窜。

12.《隋书》。二者差异主要有以下十点：

(1)《书录》云："其分题征及无忌者，天圣中校定本也。"《总目》改为："至天圣中重刊，始定以领修者为主，分题征及无忌也。"

(2)《书录》云："夫《晋书》律历、天文之志，与此书同撰自李淳风，岂淳风用以表明其所学，两见于史而不能割爱欤？考诸志引晋史，多据臧荣绪书，而不言新修之史，殆诏修十志时《晋书》尚未告成，而淳风明律历天文之学，自成一书，不限时代，总裁晋、隋二史者，分取互载，而不为删要也。"《总目》删为："且同出李淳风一人之手，亦不应自剿己说，殆以《晋书》不在五史之数，故不相避欤?"

(3)《总目》于"惟《经籍志》编次无阖"句前删"食货、刑法约举终始，尚有与纪传参差者"。

(4)《总目》于"在十志中最下"句后删"盖唐人重词章而轻经术，其端已见于此，固不能绍刘向、班固之绝业耳"。

(5)《总目》于"而弼本传则作吴州"句后删"又卷五十八《李文博传》，首云博陵李文博，先载里居，次叙姓氏，本属附传之体，犹诚节传之称河东陈孝意、京兆张季珣、北海松赟也。而今本与魏澹、许善心等并列专传，殆后来编目之误耶？唐臣纪隋事，见闻亲切，故叙次详赡，于越王侗之逊位，尧君素之授命，能以婉辞存直道，尤见秉笔之公，固当称为六代之信史矣”。

(6)《书录》云：“然成非一手，要当分别观之。《礼仪志》、《音乐志》始于齐、梁，以续前志。”《总目》改为：“而或疑其失于断限。考《史通·古今正史》篇称：‘太宗以梁、陈及齐、周、隋氏并未有书，乃命学士分修，仍以秘书监魏征总知其务。始以贞观三年创造，至十八年方就，合为《五代史传》，并目录凡二百五十二卷，书成，下于史阁，惟有十志，断为三十卷。寻拟续奏，未有其文。太宗崩后，刊勒始成，其篇第编入《隋书》，其实别行，俗呼为《五代史志》。’云云，是当时梁、陈、齐、周、隋五代史本连为一书，十志即为五史而作，故亦通括五代。其编入《隋书》，特以隋于五史居末，非专属隋也。后人五史各行，十志遂专称《隋志》，实非其旧，乃议其兼载前代，是全不核始末矣。惟其时《晋书》已成……”

(7)《书录》云：“旧本作褚遂良撰者，不为无据。至以隋炀帝之告诫虞世南为言不从之咎，则深有见于人事合天之义，意存龟鉴，非汉儒妄谈灾异者所及，亦可见纯臣之用心矣。”《总目》删为：“疑宋时旧本，题褚遂良撰者，未必无所受之。”

(8)《总目》于“撰纪、传者为颜师古、孔颖达”后加案语：“案：《集古录》据颖达墓碑，谓碑称与魏郑公同修《隋书》，而传不著，盖但据《旧唐书》言之，未考知几书也。”

(9)《总目》于“其十志最为后人所推”句前增：“盖卷帙浩繁，牴牾在所不免。至顾炎武《日知录》所摘《突厥传》中上言沙钵略可汗击阿波破擒之，下言雍虞闾以隋所赐旗鼓西征阿波，敌人以为隋兵所助，多来降附，遂生擒阿波一条，则疑上文本言击阿波破之，传写误衍一擒字。炎武以为一事重书，似未必然也。”

(10)《总目》于“在十志中为最下”句后增评论：“然后汉以后之艺文，惟藉是以考见源流，辨别真伪，亦不以小疵为病矣。”

总之，二者观点大体相同，文字有所修补润饰。

13.《南史》。二者差异主要有以下九点：

（1）《书录》云："而《文学传》则因《宋史》无文学传，遂始于齐之邱灵鞠，将谓宋无文学乎？抑必仍《宋史》门类之旧而不敢增益乎？"《总目》改为："而《文学》一传，乃因《宋书》不立此目，遂始于齐之邱灵鞠，岂宋无文学乎？"

（2）《总目》于"将谓史不当尚有《列女传》乎"句后删评论："抑因四史无《列女传》而仍其旧乎？且《南史》体制之乖裂，不必绳以迁、固之义法也。即据《北史》以参证，而知其已疏舛矣。"

（3）《书录》云："然则宋之谢灵运、颜延之、何承天、裴松之诸人，何难移《宋史》之篇第，为江左之文章，溯其原始哉？"《总目》改为："则宋之谢灵运、颜延之、何承天、裴松之诸人何难移冠《文苑》之前？"

（4）《书录》云："然则《南史·孝义传》所载宛陵女子等十四人，宁不当别编为《列女传》，又此外宁更无可采补者耶？"《总目》改为："则宛陵女子等十四人，何难取补《列女》之阙？"

（5）《书录》云："《南史》不过因旧史之文，连属排纂，其减字节句多失本意，官爵郡邑转易迷误。"《总目》改为："《南史》不过因其旧文，排纂删润，故其减字节句，每失本意。"

（6）《书录》云："则又不量其事之虚实缘饰成文。"《总目》改为："又缘饰为多。"

（7）《书录》云："其诋毁前朝可谓至矣。"《总目》改为："工于诋毁前朝。"

（8）《书录》云："斯其所不可废也。"《总目》改为："则亦何可竟废也。"

（9）《总目》于"宛陵女子等十四人何难取补《列女》之阙"句后增评论："书成一手，例出两岐，尤以矛陷盾，万万无以自解者矣。"

总之，二者观点大体相同，文字有所修补润饰。

14.《北史》。二者差异主要有以下十点：

（1）《书录》云："又承父志，为《南、北史》，而世居北土。”《总目》删为：“又世居北土。”

(2)《书录》云：“文章有首尾。”《总目》改为：“首尾典赡。”

(3)《书录》云：“皆能禅益正史。”《总目》改为：“皆具见特笔。”

(4)《书录》云：“为不侔矣，然恨尚有遗议者以姓为类，分卷无法。”《总目》改为：“迥如两手，惟其以姓为类，分卷无法。”

(5)《书录》云：“故家子姓牵连得书，其意似仿《史记》之有世家。然史之有世家也，世守封土，事尽一朝，故先后相承，词无枝叶，若六朝大族，兴替随人，而朝市变迁，事非一姓，封爵既异，情事迥殊，不得以《史记》世家为比。”《总目》改为：“故家世族，一例连书。览其姓名，则同为父子；稽其朝代，则各为君臣。参错混淆，殆难辨别。甚至长孙俭附《长孙嵩传》、薛道衡附《薛辨传》，遥遥华胄，下逮云仍，隔越抑又甚矣。”

(6)《书录》云：“岂不以一代之始末，必卷次相接而后可考哉！至故家大族，则自紊其体，义例之不安，较《南史》为尤甚。”《总目》改为：“凡以勒一朝始末，限断分明，乃独于一二高门，自乱其例，深所未安。”

(7)《书录》云：“魏收及魏长贤诸人，本非父子兄弟，出处先后，趋背异向，今以其同为魏姓也而合为一卷，长孙俭附见《长孙嵩传》，薛道衡附见于《薛辨传》，但纪云仍，不顾时代，盖见唐人方重谱学，故溯前沿后，荟萃卷中，取便检阅。”《总目》改为：“又魏收及魏长贤诸人，本非父子兄弟，以其同为魏姓，遂合为一卷，尤为舛迕。”

(8)《书录》云：“又《南、北史》虽分记南北，实为一书。”《总目》改为：“且《南、北史》虽曰二书，实通为一家之著述。”

(9)《书录》云：“以及朱修之、薛安都诸人俱《南、北史》有传。夫史臣记事，于事须互见者，当云详见某传。今两传复出，事迹参差，毁誉任情，知愚顿易，前后语绝不相蒙。”《总目》改为：“朱修之、薛安都诸人，《南史》则取诸《宋书》，《北史》则取诸《魏书》，不为删并。”

(10)《书录》云:"延寿书成时,高宗尝为之序,宋人尤为推重。晁公武谓学者止观此书,沈约、魏收等撰皆不行,亦不负其十六年鸠集之苦心矣。今本间有脱误,如《麦铁杖传》有阙文,《荀济传》脱去数行,则所云及是见执者,语不可晓。然自宋以后,《魏书》、《北齐书》、《周书》俱阙佚不完,而此书独卷帙整齐,征北朝之故实,能不取资于此哉?"《总目》改为:"然自宋以后,《魏书》、《北齐书》、《周书》皆残缺不全,惟此书仅《麦铁杖传》有阙文,《荀济传》脱去数行,其余皆卷帙整齐,始末完具。征北朝之故实者,终以是书为依据。故虽八史具列,而'二史'仍并行焉。"

总之,二者观点大体相同,文字有所修补增润。

15.《旧唐书》。二者差异主要有以下两点:

(1)《书录》云:"自宋嘉祐中修《新唐书》,而《旧唐书》遂为所掩,然司马光修《通鉴》,叙事专以旧书为据。王若虚《唐书辨》复刺取新书字句与旧书对核,以旧书为长。近人《日知录》复推广若虚之辨,历举《新唐书》减字之失当者,推重旧书为实录。然旧书不成于一手,如卷一百三十二既有《杨朝晟传》,卷一百四十四复为立传;萧颖士既附见于卷一百二,复见于卷一百九十《文苑传》;宇文韶《谏猎表》既见于卷六十二,复见于卷六十四;蒋乂《谏张茂宗尚主疏》既见于卷一百六十四,复见于卷一百四十九;《舆服志》则条议多同列传之文,《经籍志》则撰著不及开成以后。舛互阙漏之病,好其书者不能为之讳也。唐人重史事,温大雅、令狐德棻、姚思廉、吴竞、徐坚并善于其职,刘知几复为申明义例,至韦述等排纂成书,当时称其事简记详,为谯周、陈寿之流,其讨论之功固已勤矣。旧书善于相因,唐中叶以前本于旧史者居多。本纪则惟书大事于年月,如《史通》所讥'杂载臣下、并言它事、巨细毕书、洪纤备录'者无有也。《列传》叙次简质,曲尽事势,如《史通》所讥'轻事尘点、曲加粉饰、虚引古事、妄足庸言'者无有也。寻其条例,庶几能承六朝以来之史法,而去其流弊者。诸论亦多仍当日之旧,如《顺宗纪》论题史臣韩愈、《宪宗纪》论题史臣蒋系,其明证也。"《总目》改为:"《五代史记》昫本传不言昫撰此书，史漏略也。自宋嘉祐后，欧阳修、宋祁等重撰新书，此书遂废。然其本传流传不绝，儒者表昫等之长以攻修、祁等之短者亦不绝。今观所述，大抵长庆以前，《本纪》惟书大事，简而有体。《列传》叙述详明，赡而不秽，颇能存班、范之旧法。”

(2)《书录》云：“较韦述等所修旧史截然高下，不可并论矣。然即其繁猥之辞，寻其脉略，犹见当时情势，《通鉴》纪咸通后事，亦专取旧书，岂不以其见闻较近哉？宋人又讥其分卷舛谬，比类失伦，盖当日史官李崧、贾纬等以意编排，诚不能无遗议者，然如颜师古、孔颖达等合为一卷，以著唐初修明经史之功，韩愈传后连及于张籍、孟郊、唐衢、李翱，以著元和古文复兴之盛，其余比次先后，多具深意，要亦未可厚非也。惜其书流传者寡，明嘉靖中余姚闻人诠购得《纪》、《志》于吴中，王氏得《列传》于吴中，张氏始重事开雕。今监本所据即闻人诠本也。诠本多讹字，无别本可校，如《玄宗纪》立老子、庄子、列子、文子为四子学，今讹作文中子，《屈突通传》云有愧相王以高祖位宰相封唐王也，而不知者改为代王。前后脱误，难以枚举，参核考定，尚有待耳。”《总目》改为：“所谓繁略不均者，按《崇文总目》：初，吴竞撰《唐史》，自创业讫于开元，凡一百一十卷，韦述因竞旧本，更加笔削，刊去《酷吏传》，为纪、志、列传一百二十卷。至德、乾元以后，史官于休烈又增《肃宗纪》二卷，而不加卷帙，为《唐书》一百三十卷。是《唐书》旧稿，实出吴竞。虽众手续增，规模未改。昫等用为蓝本，故具有典型。观《顺宗纪》论题史臣韩愈，《宪宗纪》论题史臣蒋系，此因仍前史之明证也。至长庆以后，史失其官，无复善本，昫等自采杂说传记，排纂成之，动乖体例，良有由矣。至于卷一百三十二既有《杨朝晟传》，卷一百四十四复为立传；萧颖士既附见于卷一百二，复见于卷一百九十《文苑传》；宇文韶《谏猎表》既见于卷六十二，复见于卷六十四；蒋乂《谏张茂宗尚主疏》既见于卷一百四十一，复见于卷一百四十九。《舆服志》所载条议，亦多同列传之文。盖李崧、贾纬诸人，各自编排，不相参校。昫掌领修之任，曾未能钩稽本末，使首尾贯通，舛漏之讥，亦无以自解。平心而论，盖暇瑜不掩之作。党新书者必谓事事胜旧书，党旧书者又必谓事事胜新书，皆偏见也。我皇上独秉睿裁，定于正史之中，二书并列，相辅而行，诚千古至公之道，论史诸家可无庸复置一议矣。"

总之，二者观点大体相同，文字有所修饰。

16.《宋史》。二者差异主要有以下八点：

（1）《书录》云："向来论宋史者俱讥其繁芜，而尠所举正。"《总目》改为："其书仅一代之史，而卷帙几盈五百，检校既已难周，又大旨以表章道学为宗，余事皆不甚措意，故舛谬不能殚数。"

（2）《总目》于"而《宋史》误作忠武军"句后删"汴京之破失载王履之奉使节南宋之末"。

（3）《书录》云："是其于忠义之士、立功之臣尚多阙落。"《总目》删为："忠义之士，尚多阙落。"

（4）《书录》云："世泊所匡纠者，皆切中《宋史》之弊。"《总目》改为："其所攻驳，皆一一切中其失。"

（5）《书录》云："不一而足。"《总目》改为："尚不止此。"

（6）《书录》云："当时修《宋史》，大率以宋人所修国史为稿本，匆遽成编，无暇参考。"《总目》删为："盖其书以宋人国史为稿本。"

（7）《书录》云："岂竟无可考哉？抑亦始仍东都书之旧而不为续纂也。"《总目》改为："是其明证。"

（8）《书录》云："后此其于通行学官之书、同修之史，尚不及引证，其参差之迹、阙遗之事，又岂可枚举乎？惟诸论尚无甚偏驳，创立周三臣传，亦可为后来修史之法，姑取以备一代之史而已。"《总目》改为："是于久列学官之书，同在史局之稿，尚不及互相勘证，则其他抑可知矣。自柯维骐以下，屡有改修，然年代绵邈，旧籍散亡，仍以是书为稿本，小小补苴，亦终无以相胜，故考两宋之事，终以原书为据，迄今竟不可废焉。"

总之，二者观点大体相同，文字有所润饰。

17.《辽史》。二者差异主要有以下八点：

（1）《总目》于“《国语解》一卷”后增考证：“考辽制，书禁甚严。凡国人著述，惟听刊行于境内，有传于邻境者，罪至死，见沈括《梦溪笔谈》僧行均《龙龛手镜》条下。盖国之虚实，不以示敌，用意至深，然以此不流播于天下。迨五京兵燹之后，遂至旧章散失，澌灭无遗。”

（2）《书录》云：“而局于三史并行之议，敷衍成文，取盈卷帙，观诸志叙例，惟取其门类相配，而不顾其事迹之有无，其张皇补苴之心，亦良苦矣，今总核其书前后。”《总目》改为：“潦草成编，实多疏略，其间左支右绌，痕迹灼然。”

（3）《书录》云：“特以事迹寥寥，惟恐卷数之隘，难以配宋、金二史，不得已而为此，重见叠出，瓜分缕割也。”《总目》改为：“特以无米之炊，足穷巧妇，故不得已而缕割分隶，以求卷帙之盈，势使之然，不足怪也。”

（4）《书录》云：“然辽之遗事非竟无可考也。”《总目》改为：“然辽典虽不足征，宋籍非无可考。”

（5）《总目》于“是其于改元之典章多舛漏也”句后删“南面官有散官，有宪官，有试秩，有勋，有爵，有赐，有食邑，而《百官志》不载；商税曲务，分设官以莅之，而《食货志》不载；是其于官爵征榷之制有遗阙也。韩德让之专政，刘四端之乐队，纪传俱不详其文，是其于政务所淹没也。使当日能博采遗闻，则朝章国故必有可补实录所未备者，何至重复琐碎以取卷帙哉？观王郁、赵延寿、萧翰诸传，于事见《通鉴》及叶隆礼《契丹国志》者，尚不暇取证，匆遽成书，固难责其博采旧闻矣”。《总目》增加一段：“《潜研堂金石文跋尾》又称据太子诞圣邑碑诸人结衔，知辽制有知军州事、通判军州事、知县事之名，而《百官志》亦不载，是其于制度有遗阙也。至厉鹗《辽史拾遗》所摭，更不可以仆数。此则考证未详，不得委之文献无征矣。”此处参考了钱大昕的研究成果。

（6）《总目》于“道宗咸雍二年复改国号大辽”句后增考证：“考重熙十六年《释迦佛舍利铁塔记》，石刻今尚在古尔板苏巴尔汉，其文称‘维大契丹国兴中府，重熙十五年丙戌岁十一月丁丑朔’云云。与王偁所记合。”

(7)《总目》于“道宗为圣宗之孙何至纪元而犯祖讳”句后增考证：“考今兴中故城，即古尔板苏巴尔汉，译言三塔也，故土人亦称三座塔云。东南七十里柏山，有《安德州灵岩寺碑》，称寿昌初元岁次乙亥。又有《玉石观音像倡和诗碑》，称寿昌五年九月。又易州有兴国寺太子诞圣邑碑，称寿昌四年七月，均与洪遵所引合。”

(8)《总目》于“圣宗改号重熙，后避天祚嫌名，追称重熙曰重和”句后增考证：“考《兴中故城铁塔旁记》，有天庆二年释迦定光二佛舍利塔记，称“重和十五年铸铁塔”，与陆游所记亦合。”

总之，此条提要所增部分较多，均为考据性文字，引证材料远比原稿充实、丰富。

18.《金史》。二者差异主要有以下八点：

(1)《书录》云：“金人重典章，修法制，实录以时纂辑，中原文学彬彬称盛，撰著之书多有裨于史事（托克托等进书表云：‘张柔归金史于其前，王鹗辑金事于其后，是以纂修之命见诸敷遗之谋，延祐中举而未遑，天历推行而弗竟。’)，则元人之修此书施功已久矣。”《总目》改为：“金人肇基东海，奄有中原，制度典章，彬彬为盛。征文考献，具有所资。即如大金吊伐一录，自天辅七年交割燕云，及天会三年再举伐宋，五年废宋立楚，至康王南渡，所有国书、誓诰、册表、文状、指挥牒檄，以载于故府案牍者，具有年月，得以编次成书，是自开国之初即已遗闻不坠。《文艺传》称元好问晚年以著作自任，以金源氏有天下，典章法制，几及汉唐，国亡史作，己所当任。时《金国实录》在顺天张万户家，乃言于张，愿为撰述。既因有阻而止，乃构野史亭，著述其上。凡金源君臣遗言往行，采摭所闻，有所得，辄以片纸细字为记，录至百余万言。纂修《金史》。多本其所著。又称刘祁撰《归潜志》，于金末之事，多有足征，是相承纂述，复不乏人。且考托克托等进书表，称张柔归《金史》于其前，王鹗辑金事于其后。是以纂修之命，见诸敷遗之谋，延祐申举而未遑，天历推行而弗竟。是元人之于此书，经营已久，与宋、辽二史取办仓卒者不同。”

(2)《总目》于“纂修《金史》多本其所著”后删：“是此书本于好问之《壬辰杂编》，参以刘祁《归潜志》，其所据之书较完备矣。”

(3)《书录》云：“征文考献，于是乎在。”《总目》改为：“咸本本元元，具有条理。”

(4)《书录》云：“非苟为立论者，前后书法亦无偏护曲党，承麟受命于仓猝，而犹称其末帝，皆宋、辽二史所未逮也。”《总目》改为：“卓然有良史之风。”

(5)《书录》云：“而不书于传。”《总目》改为：“而本传不书。”

(6)《总目》于“至昌本之南走，施宜生之泄谋，宇文虚中之谤讪，传闻异辞，皆未能核定”句后删“盖其时南北隔绝，史臣各纪所闻，难于画一，此书载创业之绩”字样。

(7)《书录》云：“上下离心，以小舟试江而败，遇变还师，不系乎江上之督战也。而宋人张大其辞，遂以为社稷安危视此一举，宁足信哉？此书于泰和以后诸臣传，尤能悉其情事，此为好问等得诸亲见者也。传赞亦平允，张中孚之事仇、崔立元之反复，明著其辞为炯戒，岂非明向背之义、识兴废之原者欤？”《总目》改为：“离心自溃，虞允文攘以为功，殊非事实。此书所载，独得其真。泰和以后诸臣传，尤能悉其情事。盖好问等得诸目睹，与传闻异词者殊也。”

(8)《总目》于“盖明代监板之脱误”句后增“今以府所藏元板校补，仍为完帙”字样。

总之，二者观点大体相同，文字有所增润。

19.《元史》。二者差异主要有以下六点：

(1)《书录》云：“列传九十七卷，明人多不满其书，解缙作《正误》，许浩作《弼违》，皆有所抉摘。”《总目》改为：“列传一百十四卷，书始颁行，纷纷然已多窃议。迨后来递相考证，纰谬弥彰。”

(2)《书录》云：“然《元史》之失，不仅在急于成书也。”《总目》改为：“然《元史》之舛驳，不在于蒇事之速，而在于始事之骤。”又增一小节：“以后世论之，元人载籍之存者，说部文集尚不下一二百种，以订史传，时见牴牾，不能不咎考订之未密。其在当日，则重开史局，距元亡二三年耳。后世所谓古书，皆当日时人之书也。其时有未著者，有著而未成者，有成而未出者，势不能裒合众说，参定异同。”

(3)《书录》原为“当时重开史局，徐一夔与王祎书云”，《总目》改为“考徐一夔《始丰稿》有重开史局时与王祎书云”。

(4)《书录》云：“据此，则修《元史》者，取材之书已极其疏略，而又迫于时日，苟且塞责，其文章之丛脞、事迹之抉裂，又奚足怪乎？且唐宋官修之史，必先定其体例，而后分曹授简，荟萃成书。观于《元史》，则似随辑随编，曾无定例，如三公宰相分为两表，礼、乐合为一志，又分祭祀、舆服为两志，列传则先及释老，次以方技，皆不合前史之体。帝纪则定宗以后、宪宗以前阙载者三年，泰定、天历之间多徇曲笔，《宗室诸王表》子姓脱落，又于蒙古七十二族、色目三十一种未能考其源流。”《总目》改为：“则是书之疏漏，未经属草以前，一夔已预知之，非尽濂等之过矣。惟是事迹虽难以遽详，其体例则不难自定，其讹脱则不难自校也。今观是书，三公宰相分为两表，礼乐合为一志，又分祭祀、舆服为两志，列传则先及释老，次以方技，皆不合前史遗规。而删除艺文一志，收入列传之中，遂使无传之人，所著皆不可考，尤为乖迕。又帝纪则定宗以后，宪宗以前，阙载者三年，未必实录之中竟无一事，其为漏落显然。”

(5)《书录》云：“夫条例之不明，褒贬之不实，与夫引用原文，失其义指，当日修史诸臣亦难辞其咎矣，就其书而节取之。”《总目》改为：“殊为颠倒，此不得委诸无书可检矣。是则濂等之过，无以解于后人之议者耳。《解缙集》有《与吏部侍郎董伦书》称《元史》舛误，承命改修云云，其事在太祖末年，岂非太祖亦觉其未善，故有是命欤？”

(6)《总目》于结句增：“读者参以诸书，而节取其长可也。”总之，二者观点大体相同，文字有所修补。

20.《洪范口义》。二者差异主要有以下三点：

(1)《书录》云:“今按其书先后贯澈,条理整齐,当为瑗自撰之书。《宋史》称瑗善于训迪,设经义、治事二斋,分授弟子,此书盖经义斋讲习所传也。自唐及宋初,皆墨守注疏,人无异词。洎刘敞、欧阳修诸儒经说,始各标己见,不受前人之范围。瑗于诸儒中最为醇谨,然如释天锡《洪范》为锡自帝尧。”《总目》改为:“盖二书同名‘口义’,故以例推,其为瑗所自著与否,固无显证。至其说之存于经文各句下者,皆先后贯彻,条理整齐,非杂记语录之比,与公武所说不符,岂原书本无次第,修《永乐大典》者为散附经文之下,转排比顺序欤?抑或公武所见又别一本也?《洪范》以五事配庶征,本经文所有,伏生《大传》以下,逮京房、刘向诸人,遽以阴阳灾异附合其文,刘知几排之详矣。宋儒又流为象数之学,惟图书同异之是辩,经义愈不能明。瑗生于北宋盛时,学问最为笃实,故其说惟发明天人合一之旨,不务新奇,如谓天锡《洪范》为锡自帝尧。”

(2)《书录》云:“推演八政,以经语,更精确,要其大旨,归于建中出治,定皇极为九畴之本,不欲以阴阳灾异诸说流为機祥,南宋诸儒之学实道源于此。然瑗本以躬行为人师,持论偶有异同,皆从容审定,无后来翻新立异之弊。瑗之德行可传,其书益可宝贵。”《总目》改为:“推演八政,以经注经,特为精确。要其皆归于建中出治,定皇极为九畴之本。辞虽平近,而深得圣人立训之要,非谶纬术数者流所可同日语也。”

(3)《总目》增材料:“瑗有《周易口义》,已著录。”“《周易口义》出倪天隐之手,旧有明文。”

总之,二者观点大致相同,文字稍有出入。另外,《洪范口义》为“永乐大典本”,亦似出邵氏编辑。

21.《洪范统一》。二者差异主要有以下五点:

(1)《书录》云:“《经义考》列未见一门,今从《永乐大典》中按经文前后编次如左。”《总目》改为:“故朱彝尊《经义考》注曰未见,今从《永乐大典》缮录,复为完编。”

(2)《书录》云:“今按善湘自序,定为《统一》,善湘谓汉儒鸿范五行。”《总目》改为:“今据善湘谓汉儒解传。”

(3)《总目》于“赠少师”后增材料：“事迹具《宋史》本传。据其子汝梅《周易辑闻序》，善湘于《易》学用力至深，而所著书五种皆不传。此书藏弆之家亦罕著录。”

(4)《总目》于“得其统而九畴可一以贯之矣”后增材料：“则《永乐大典》题曰‘洪范统一’为名实相应矣。”

(5)《总目》于结句增评论：“生当分朋讲学之时，而超然不预于门户，是难能也。”

总之，二者观点大体相同，文字有所修补增饰。

22.《两朝纲目备要》。二者差异主要有以下五点：

(1)《书录》云：“王圻《续文献通考》、焦竑《经籍志》俱不著于录。”《总目》改为：“诸家书目皆不著录。”

(2)《书录》云：“参以李心传议论，其谙习掌故者当有所授受，第体例亦不尽符。”《总目》改为“参以李心传所论”。

(3)《总目》于“非增续旧史之体”就后删：“至元人得国缘始，多得自敌国传闻，固不免有失其实者。嘉定十四年六月乙亥大书云，与莒补秉义郎。其目云即理宗皇帝，又载朱子赠官，兼及宝庆三年、绍定三年、淳祐元年追封诸典。是此书作于理宗以后，当是咸淳间人所撰。其时国势阽危，典籍散佚，遂致作者姓名失传，而其书犹得传于后，亦云幸矣。《宋史》词支蔓而事疏漏，于南渡以后尤甚。”

(4)《书录》云：“疑为当日史官拘于忌讳，此书仍其旧文，未及详核。”《总目》改为：“或时代尚近，众说不同，其事未经论定，故阙所疑欤?”

(5)《书录》云：“所载失原书卷次。”《总目》改为：“原书卷目已不可考。”于此句前增：“知非曲笔隐讳也。其书世罕传本，惟见于《永乐大典》者尚首尾完具，谨校正缮录，以备参稽。”又于此句后增：“其中间有序述失次，端委相淆者，睿鉴指示，旷若发蒙，谨仰遵圣训详为核正，各加案语以明之，俾首尾秩然。不惟久湮陈笈得以表章，且数百年未补罅漏，一经御览，义例益明，尤为是书之幸矣。”

总之，虽有增删，但二者观点大致保持不变。另外，此种

"永乐大典本"似出邵晋涵之手。

23.《通鉴前编》。二者差异主要有以下五点：

(1)《书录》云："去取有未尽当者，至系年表事之时有牴牾，更无论矣。"《总目》改为："去取失当，亦未必遽在恕书上也。"

(2)《书录》云："然此书援据既博，论古亦有特识，如解《国语》'十五王而文始平之'，谓自公刘数至文王，以《世本》为据，而辨《史记·周本纪》称后稷子为不窋、曾孙为公刘者殊误。"《总目》改为："然援据颇博。"

(3)《书录》云："《春秋》书尹氏卒，即与隐公归于鲁之郑大夫尹氏，而不主公、榖之说。"《总目》改为："以《春秋》书尹代卒，为即与隐公同归于鲁之郑大夫尹氏，尤为附会。"邵氏认为"论古亦有特识"，与《总目》看法正相反。

(4)《书录》云："多与经训相发明，其用意之深，固非漫为排比也。"《总目》改为："亦多与经训相发明。"

(5)《书录》云："非复本书之旧矣，或称此书为《通鉴纲目前编》，则因南轩之书而加之于履祥耳。"《总目》改为："已非其旧，又《通鉴纲目》刊本，或以此书为冠，题曰《通鉴纲目前编》，亦后来所改名。"朝军按：邵氏说是，而《总目》妄改，"改名之说"不能成立。《通鉴前编》作者为宋代金履祥，而《通鉴纲目前编》作者为明代南轩，且入编年类存目，可详参《总目》卷48《通鉴纲目前编》条。《总目》此处未免张冠李戴。

总之，二者观点大体相同，文字稍有修补润色。

24.《通鉴纲目前编》。二者差异主要有以下五点：

(1)《书录》云："为得其实，然《陕志》亦有舛误。"《总目》删为："当得其实。"

(2)《书录》云："又当以《题名碑》为实据矣。"《总目》改为："则《通志》又传写之误矣。"

(3)《书录》云："盖明人专用心于八股，目未曾经全经，杂采类书，以讹传讹，而不考《尔雅》、《左传》之本无其文。"《总目》改为："《尔雅》、《左传》皆无其文。盖有明一代，八比盛而古学荒。诸经注疏皆以不切于时文，庋置高阁，故杂采类书，以讹传讹，至于如此。”

(4)《书录》云：“此书既尽变履祥之例，原书之面目，任意增减。”《总目》改为：“此书既尽变履祥之例。”

(5)《书录》云：“是皆不谙文义者所为，其谬舛不可胜指也。”《总目》改为：“是更不去葛、龚同一例矣。”

总之，二者观点大体相同，文字有所润饰。

25.《盘洲集》。二者差异主要有以下十点：

(1)《书录》云：“则八十卷当属定本。”《总目》云：“与行状互异。”

(2)《书录》云：“然流传者尠。”《总目》云：“其书流传颇鲜。”

(3)《书录》云：“此本为汲古阁毛氏影抄宋本。”《总目》云：“此本为毛氏汲古阁所藏，犹从宋刻影写。”

(4)《书录》云：“洵希觏之书也。”《总目》云：“亦古本之仅存者矣。”

(5)《书录》云：“见者称之，是其组织之丽出于天然，故掌内外制，每长于润色。”《总目》改为：“为作者所称，其内外诸制，亦皆长于润色。”

(6)《书录》云：“《容斋画笔》所举者不足以尽之也。”《总目》改为：“不但如迈之所举也。”

(7)《书录》云：“记序志传之文，亦能健举，无南宋冗蔓习气。”《总目》改为：“至于记序志传之文，亦尚有元祐之法度，尤南宋铮铮者矣。”

(8)《书录》云：“如《跋唐瑾传》云，据碑，瑾字子玉，而《北史》本传作附璘。《新唐书·世系表》又作子瑗，碑云瑾祖名文轮，而《北史》作伦，《新唐书》作青州太守。碑云赐姓宇文，于瑾南伐以为行军长史瑾多其才，求与通籍，然后更万纽于之姓。而《北史》云赐宇文及万纽，于姓连属并举。碑云谥献，而《北史》作方，《新唐书》又作文献，皆当以碑为正。其《跋丹州刺史碑》云，《唐史》裴寂传后附张平高传，据碑则张崇字平高，史缺其名，又不云以字行，殊为疏略。其《跋皇甫诞碑》云，诞以志节捐躯，《北史》列传不能发其英烈，所叙官秩又多阙略，碑云字元宪，而传作元虑，皆失考也。适搜求金石，参稽经史，既详著其说于《隶释》，而于六朝唐初之碑亦考核不遗余力，其用意之精，视欧阳修、赵明诚有过之矣。集中载自撰小传及其父皓行述亦可与正史互证。”《总目》改为：“如《跋唐瑾传》、《跋丹州刺史碑》、《跋皇甫诞碑》诸篇，皆能援据旧刻，订《北史》、《唐书》之谬。盖金石之学最所留意，即隋唐碑志亦多能辨证异闻。”

(9)《书录》云：“《宋史》因周必大神道碑而增损其辞，遂失其事实耳。”《总目》改为：“足订《宋史》之误。”

(10)《总目》删邵氏末句：“集后拾遗三篇，末篇字多磨损，今仍其旧云。”

总之，二者观点大体相同，文字有所润饰。

26. 《临安集》。二者差异主要有以下三点：

(1)《书录》云：“元进士，明初征修礼乐书，授国子教授，乞归，复召以较书，翰林加博士，致仕。《明史》有传。”《总目》：“元至正中中甲科，亲老不赴公车，教授于乡。明初，征修礼、乐书，寻以病去。洪武六年授国子助教，以赋《早朝》诗忤旨，遣归。二十七年又召修《书传会选》。书成，优赉，加博士，致仕。事迹附见《明史·赵俶传》。考集中《金陵形胜论》末署洪武二十七年六月国子博士致仕钱宰进。是致仕即在奉召之年，盖留京师者不及一岁也。”

(2)《书录》云：“韩宜可、唐之淳皆其弟子，入明以经术见重于太祖，尝命撰帝王庙乐章，又定正蔡氏《尚书传》，沈潜经训，同时宋濂诸人并心折焉，诗文其余技也……”《总目》改为：“韩宜可、唐之淳皆其弟子。”

(3)《书录》云：“与杨维桢同郡，而不效其奇崛之体，黄佐称为刻意古调，心追汉魏。朱彝尊《明诗综》亦许其波澜老成，诸体悉合，固明初一作手矣。古文词亦与诗相称，操纵有法度，不蹈元末冗长之习，可谓卓然能树立者，惜遗集久失传。”《总目》改为：“刻意古调，不屑为艳仄之体。徐泰《诗谈》譬以霜晓鲸音，自然洪亮。古文虽非所擅长，而谨守法度，亦无卑冗之习。其集，《明史·艺文志》、焦竑《国史经籍志》俱未著录，则在明代行世已稀。”

总之，二者观点大体相同，文字稍有点窜。

27.《易说存悔》。二者差别不大，矛头均指向宋儒，不过《总目》进一步缩小包围圈，直接集矢于朱子。

朝军按：以上凡27条，占75%。换言之，有四分之三的提要稿虽经过修改润色，但是内容大致相同。

（三）《总目》未见著录类

朝军按：此类仅《赵端肃奏议》一条。

总之，《史记集解》、《史记正义》、《汉书》、《后汉书》、《晋书》、《宋书》、《南齐书》、《梁书》、《陈书》、《魏书》、《北齐书》、《周书》、《隋书》、《南史》、《北史》、《旧唐书》、《新唐书》、《五代史记》、《宋史》、《辽史》、《金史》、《元史》、《明史》、《两朝纲目备要》、《通鉴前编》、《通鉴纲目前编》等提要，与《总目》所载，字句大同小异；若《史记提要》、《后汉书提要》、《新唐书提要》，则面目迥殊。大抵文抄所载多议论语，而《总目》则多辨证语。《五代史提要》一篇，亦小同大异。

第七章

姚鼐与《四库全书总目》

姚鼐《惜抱轩书录》，即为其在四库馆中所纂提要稿，其中未被采用的提要有不少，如《易通》、《中庸辑略》、《孝经刊误》、《周易参同契考异》、《嘉祐新集》、《陈无己文集》等，主要原因是与《总目》反宋学的主旋律不合拍。桐城一派，虽也不废考据，但其考据功力不够深厚。姚鼐主张读常见书，不像其他乾嘉考据大师们那样博览群书。其提要稿不仅在思想方面与《总目》不合拍，在考据方面也相形见绌，甚至被诋为“削趾适履”。但其《惜抱轩书录》也并非毫无价值，也有若干方面可以补正《总目》。

一、姚鼐其人其学

姚鼐（1731～1815），字姬传，一字梦谷，学者称惜抱先生，安徽桐城人。乾隆二十八年（1763）进士，官刑部郎中，记名御史，有《惜抱轩全集》、《五七言今体诗抄》等著作。姚氏是最早进入四库馆的分纂官之一。当时汉学之风正炽，于是姚氏起而宗宋儒，独排众议，自守孤芳。姚鼐弟子毛岳生说：

当乾隆间，考证之学尤盛，凡自天文、舆地、书数、训诂之学皆备。先生邃识综贯，诸儒多服，而终不与附和驳难，惟从容以道自守而已。时纪文达为四库全书馆总纂官，先生与分纂。文达天资高，记诵博，尤不喜宋儒。始，大兴朱学士筠以翰林贮有《永乐大典》，内多古书，皆世阙佚，表请官校理，且言所以搜辑者。及是遗书毕出，纂修者益事繁杂，诋讪宋、元来诸儒讲述极庳隘谬盭，可尽废。先生颇与辨白，世虽异同，亦终无以屈先生。①

姚鼐于乾隆三十九年（1774）即乞养南归。朋友中翁方纲、程晋芳等均以诗文为之送行。姚鼐离开四库馆，在当时为一大公案。姚鼐后来对纪昀极尽诋毁之能事，胡思敬云：

乾隆四库馆纂修之役，纪文达实总其成，排斥宋儒，以伸一己之见，同流辈多不然其言，姚姬传诋之尤力。李梅庵藏有惜抱手札数通。其一札与胡雒君云："昨始得《四库全书目录》，阅之，议论大不公平。曩在京师，尚不见纪晓岚猖狂如此之甚。观此直无忌禅矣！"②

姚鼐早年欲拜戴震为师，遭其婉拒。后来他在《再复简斋书》中，对戴震大肆攻击谩骂，说"其人生平不能为程朱之行，而其意乃欲与程朱争名，安得不为天下所恶"，所以"率身灭嗣绝"。姚鼐对纪昀、戴震之攻击，实与其学宗程朱密不可分。

姚鼐本义理、考据、词章不可一阙之旨，提倡义理、考据、词章合一论。姚鼐认为："若夫文章派别，为世所或轩轾者，抑皆其末也。"善哉斯言！姚鼐虽被尊为桐城派之集大成者，但他本人对于文章派别之争却大不以为然。

---

① 《惜抱轩书录》卷首。

② 胡思敬：《退庐文集·跋翁苏斋手纂四库全书提要稿本》。

二、《惜抱轩书录》与《四库全书总目》之比较

《惜抱轩书录》与《总目》的异同具体如下：

（一）大致相同类

1. 《周易旁注前图》。《总目》将此残缺之本打入存目，认为其“敷衍陈抟之学”，一无可取。《总目》对原稿有所删润。①

2. 《周易全书》。《总目》对杨时乔窜改经文的做法极为不满，对其门户之见亦痛下针砭：“至《传易考》二卷，分宗传、衍传、正传、辅传、异传、别传等名，亦类门户之见。王守仁、湛若水两家弟子各述师承，竞分途辙。此书正以辟其非，而转区分名目，是以斗解斗矣。”② 而原稿仅以谓之“好奇自信之过”，语调远不及《总目》激烈。

3. 《杂学辨》③

4. 《西山群仙会真记》。《总目》仅将“好道家言，其诗有云：‘若数西山得道者，连余便是十三人。’后道士附会之谓肩吾为清虚洞天华阳真人”改为“好事者以为仙去”，将“养生之士宜有取焉”改为“犹道书之不甚荒唐者”。④

此类凡 4 条，约占 4.55%。

（二）增材料类

1. 《中庸辑略》。《总目》将作者爵里由提要末移至开头，且增材料：“《中庸》为《礼记》第三十一篇，孔颖达《疏》引郑玄《目录》云：‘此于别录属通论。’《汉书·艺文志》有《中庸传》二篇，颜师古注曰：‘今《礼记》中有《中庸》一篇，亦非本礼

---

① 《总目》卷 7。《惜抱轩书录》卷 1。

② 《总目》卷 7，《周易古今文全书》提要。《惜抱轩书录》卷 1。

③ 《总目》卷 92。《惜抱轩书录》卷 3。

④ 《总目》卷 147。

经，盖子思之作。’是书本以阐天人之奥，汉儒以无所附丽，编之《礼记》，实于五礼无所属，故刘向谓之‘通论’，师古以为‘非本礼经’也。梁武帝尝作《义疏》，见于《隋志》，然其书不传。迨有宋诸儒研求性道，始定为心传之要，而论说亦遂日详。故𪫺辑是编，断自周子、二程子、张子，而益以吕大临、谢良佐、游酢、杨时、侯仲良、尹焞之说。……观朱子《中庸章句·自序》，称既定著《章句》一篇，以俟后之君子，而一二同志复取石氏书删其繁乱，名以《辑略》，且别为《或问》以附其后云云。据此，则是编及《或问》皆当与《中庸章句》合为一书。其后《章句》孤行，而是编渐晦。明嘉靖中，御史新昌吕信卿始从唐顺之得宋椠旧本，刻之毗陵，凡先儒论说见于《或问》所驳者，多所芟节。如第九章游氏以舜为绝学无为之说、杨氏有能斯有为之说，第十一章游氏离人立于独未发有念之说，多竟从删薙，不复存其说于此书。至如第一章内所引程子答苏季明之次章，《或问》中亦力斥其记录失真，而原文乃仍载书中。或为失于刊削，或为别有取义，则其故不可得详矣。”①

2.《四书集义精要》。《总目》增材料：“张萱《内阁书目》作三十五卷，《一斋书目》则作三十卷。考苏天爵作因墓志，亦称是书三十卷，则萱所记误矣。……已非完帙。然朱彝尊《经义考》注云未见，则流传颇罕，亦元人遗笈之仅存者，不以残缺病也。”复增评论：“其书芟削浮词，标举要领，使朱子之说不惑于多岐。苏天爵以简严粹精称之，良非虚美。盖因潜心义理，所得颇深，故去取分明，如别白黑。较徒博尊朱之名，不问已定未定之说，片言只字无不奉若球图者，固不同矣。”②

3.《元经》。二者结论大致相同，均认为此系伪书。《总目》在原稿的基础上增材料三条，一引陈师道诸人之说以证伪：“陈师道《后山谈丛》、何薳《春渚纪闻》、邵博《闻见后录》并称逸作是书，尝以稿本示苏洵。薳与博语未可知，师道则笃行君子，断无

① 《总目》卷35。《惜抱轩书录》卷1。

② 《总目》卷36。《惜抱轩书录》卷1。

妄语，所记谅不诬矣。”二引王巩之说以证伪：“王巩《甲申杂记》又载其所作诗，有‘易立太山石，难芳上林柳’句，为怨家所告，流窜以终。生平喜作伪书，此特其一耳。”三引邓伯羔之说以证伪：“至明邓伯羔《艺彀》，称是书为关朗作。朗，北魏孝文帝时人，何由书开皇九年之事？或因宋人记关朗《易传》与此书同出阮逸，偶然误记耶？其书本无可取，以自宋以来，流传已久，姑录存之，而参考诸说，附纠其依托如右。”① 朝军按：关于此书的真伪，无论姚鼐，还是《总目》，均论证不够周密，以至妄下断语，详见王素等人发表在《文史》上的辨伪文章。

4.《延平答问》。《总目》增材料：“明非朱子原本所有也。后侗裔孙葆初别掇拾侗之诸文，增入一卷，改题曰《延平文集》，且总题曰朱子所编，殊失其旧。今仍录原本，而葆初窜乱之本，别存目于‘集部’焉。”②

5.《岁华纪丽》。王士祯以为即胡震亨伪造：

> 王士祯《居易录》曰：“万历间，学士多撰伪书以欺世，如《天禄阁外史》之类，人多知之。今类书中所刻唐韩鄂《岁华纪丽》，乃海盐胡震亨孝辕所造。《於陵子》，其友姚士粦叔祥作也。”③

元陶宗仪《说郛》卷六十九下全录《岁华纪丽》四卷之文。姚鼐据钱曾《读书敏求记》认为不伪，《总目》认为钱曾之说未可据为定论，且增考证：“然《书录解题》称其采经史子传岁时事类聚，而俪句间之。此本乃全作俪句，已不相合。又俪句拙陋殊甚，所引书不过数十种，而割裂饾饤，往往不成文句。且《杜阳杂编》，苏鹗所作。鹗，僖宗光启中进士，已届唐末。《摭言》，王定保所作。定保，昭宗光化年进士，已入五代。鄂安得引二人之书？

① 《总目》卷47。
② 《总目》卷92。
③ 《总目》卷124，《於陵子》提要。

至中引《四时纂要》一条，考之《唐志》，是书即鄂所作，鄂又何至自引己作？况鄂既唐人，不应唐元及唐时，均属疑窦。"① 可见二者在结论上完全不同。但是姚鼐原稿有一点比《总目》高明，此书作者，本名"韩锷"，而《总目》改为"韩鄂"，以不误为误，遭到余嘉锡的批评。余氏似乎没有见到《惜抱轩书录》，而是从其他方面考察的。这倒从另一个侧面证明了《惜抱轩书录》一书的存在价值。

朝军按：此类凡5条，约占5.68%。

（三）增评论类

1.《宋季三朝政要》。《总目》增评论："所纪非实也……而忽推演命数，兼陈因果，转置人事为固然，殊乖劝戒之旨。殆欲附徐铉作《李煜墓志》之义而失之者欤?"②

2.《皇元圣武亲征录》。《总目》增评论："非尽宋濂、王祎之挂漏矣。"③

3.《续志》。姚鼐原稿作《新定续志》，《总目》不究底细，指责"标题惟曰《新定续志》，不著地名"，不知"新定"即"严州"之旧郡名，将书名妄改为《景定严州续志》，留下笑柄，遭到余嘉锡的严厉驳斥。但余氏也没有使用姚鼐的原始材料，不免失之眉睫之前。《总目》增评论："体裁视他志稍殊。惟物产之外，别增瑞产一门，但纪景定麦秀四歧一条，乡饮之外，别增乡会一门，但纪杨王主会一条，则皆乖义例耳。然叙述简洁，犹舆记中之有古法者。"④

4.《上蔡语录》。《惜抱轩书录》卷3云：

程子门人谢良佐字显佐，上蔡人也，故学者以地称之。胡

① 《总目》卷137。

② 《总目》卷47。

③ 《总目》卷52。

④ 《总目》卷68。

安国不及程子之门，而以父执事良佐，故纪其说为《上蔡语录》二篇。朱子于绍兴间尝谓是二篇最善，而疑世所传《上蔡语录》胡氏所不载者若非其真，乃削存之，别为一卷。其后审知向所疑者果出于江民表《辨道录》，故乾道中再删定为今本云。江民表者，徽宗时左司员外郎，为蔡京谪之安南江公望者也。其学颇宗佛氏。上蔡之于程门，未必无过高之病，然不违乎儒者也．若公望，则益远矣。

姚鼐上述初稿基本上已被吸收到《总目》之中，但二者详略不同。《总目》增评论："观《语录》称：'某二十年前得《上蔡语录》观之，初用朱笔画出合处。及再观则不同，乃用粉笔。三观则又用墨笔。数过之后，全与原看时不同。'则精思熟读，研究至深，非漫然而定也。良佐之学，以切问近思为要。其言论闳肆，足以启发后进。惟才高意广，不无过中之弊。故《语录》云：'看道理不可不仔细。程门高弟如谢上蔡、游定夫、杨龟山，下梢皆入禅学去。'又云：'上蔡《观复斋记》中说道理皆是禅底意思。"又云："程子诸门人上蔡有上蔡之病，龟山有龟山之病，和靖有和靖之病，也是合下见得不周遍，差了。'其论皆颇以良佐近禅为讥。然为良佐作《祠记》，则又云：'以生意论仁，以实理论诚，以常惺惺论敬，以求是论穷理，其命意皆精当，而直指穷理、居敬为入德之门，尤得明道教人之纲领。'乃深相推重。盖良佐之学，醇疵相半。朱子于《语录》举其疵，于《祠记》举其醇，似矛盾而非矛盾也。合而观之，良佐之短长可见矣。"① 借朱子之口，既批评"良佐近禅"，又表扬其"得明道教人之纲领"，对于良佐之优劣短长作了比较全面的评价。

5.《后画录》。《总目》增评论："然末一人为广陵郡仓曹参军李凑。考张彦远《名画记》，李凑，林甫之侄也，初为广陵仓曹，天宝中贬明州象山尉，尤工绮罗人物，为时憬绝，则凑为明皇时人。彦悰远在太宗之世，何以能预录之乎？张彦远《历代名画记》

---

① 《总目》卷92。

曰：‘僧悰之评，最为谬误，传写又复脱错，殊不足看也。’是真本尚不足重，无论伪本矣。”①

6.《方秋崖集》。《总目》增评论：“要其名言隽句，络绎奔赴，以骈体为尤工，可与刘克庄相为伯仲。”②

7.《舒頔文集》。《总目》增评论：“其文章颇有法律，诗则纵横排宕，不尚纤巧织组之习，七言古体尤为擅场。……盖元纲失驭，海水群飞，有德者兴，人归天与，原无所容其怨尤，特遗老孤臣，义存故主，自抱其区区之志耳。頔不忘旧国之恩，为出处之正；不掩新朝之美，亦是非之公，固未可与《剧秦美新》一例而论也。”③

8.《皇明百家诗》。《总目》增评论：“是编所录诸集，每人各冠以小序，略如殷璠《河岳英灵集》例。然其学沿七子之余波，未免好收摹仿古调、填缀肤词之作。”④

朝军按：此类凡 8 条，约占 9.09%。

（四）删改材料类

1.《鸿庆集》。《总目》增材料：“岳珂《桯史》亦曰：‘孙仲益《鸿庆集》大半志铭，盖谀墓之常，不足诧。独《武功大夫李公碑》乃俨然一珰耳。亟称其高风绝识，自以不获见之为大恨，言必称公，殊不为怍。’赵与时《宾退录》复摘其作莫开墓志，极论屈体求金之是、倡言复仇之非，又摘其作韩忠武墓志，极诋岳飞、作万俟卨墓志极表其杀飞一事为颠倒悖缪，则觌之怙恶之不悛，当时已人人鄙之矣。”又增评论：“必大为作集序，称其名章隽句晚而愈精，亦所谓孔雀虽有毒，不能掩文章也。流传艺苑已数百年，今亦姑录存之，而具列其秽迹于右。一以节取其词华，一以见立身一败，诟辱千秋，清词丽句转有求其磨灭而不得者，亦足为

---

① 《总目》卷 114。
② 《总目》卷 164。
③ 《总目》卷 168，《贞素斋集》提要。
④ 《总目》卷 192，《盛明百家诗》提要。

文士之炯戒焉。"① 复删材料："集凡七十卷，明嘉靖时其乡人将刻之，徐问持之曰：'觌得罪名教，安得以文集流传？'遂止。觌所草钦宗上金表，集中无之。惟《靖康系年要录》载其辞云：'三里之城，已失藩篱之守，七世之庙，几为煨烬之余，久烦汗马之劳，用效牵羊之请。'然亦失其全文。盖其辞甚丑，宋人羞书之矣。"

2.《西巡类稿》。《总目》删材料："廷举后复起，嘉靖中右都御史，巡抚畿勒，致仕，死隆庆中。"

朝军按：此类凡 2 条，约占 2.27%。

（五）删评论类

1.《增修书说》。《总目》删去朱子对此书的评价，因为"不废吕、唐之学"出于清高宗谕旨，若以朱子之说为定论，则显有抗旨之嫌。②

同时，《总目》增加了两点：一是考证时澜仕履，二是引朱彝尊《经义考》补充版本著录情况。

2.《君臣相遇录》

> 《君臣相遇录》十卷，《别录》三卷，《遗事》一卷，共十四卷，皆载宋守司徒检校太师兼侍中魏国公韩琦事迹。马氏《通考》传记类有《韩魏公语录》一卷、《魏公别录》四卷。陈氏云："二书小异而实同。"又《辨欺录》一卷，陈氏云："韩忠彦记其父嘉祐末命事也。"而不载有《君臣相遇录》。今考此书前十卷盖南宋时其家子孙所为，合《辨欺录》所载《别录》采之为书，末载曾孙名十二人，而无侂胄，盖以侂胄被诛辱祖，故去之尔。《别录》当自为一书。首有王岩叟序，云熙宁中在魏公幕府，悉所闻见叙而次之。其谓之别录者，言国史之别录耳。今刻本或题云《君臣相遇别录》，则非是。若

① 《总目》卷 157。

② 《总目》卷 11。朱子云："伯恭说《书》甚善。但书有解说必不可通者，止须阙疑。伯恭必强说，失于过巧。"

岩叟果已见此录，岂有所载半与前录重复之理？《遗事》一卷，未知谁记。马氏本云《别录》四卷，而今只三卷，或当合入此卷也。琦为赵宋贤相，大人重德嘉言懿行史所不具者此录详之，固为可尚，然其间或亦有门人子弟过言失实者。《宋史·张升传》言与韩琦同决策立英宗，而此录乃云升闻立嗣惊而厉声曰："官家莫错。"当时立英宗人心所同愿，升亦忠清之臣也，何至若是？又言光献皇后还政英宗，手书出，富公愕然，因此不悦。夫韩范论事，利害各持所见，无害也。若太后还政，而弼不同心，何以为富弼哉？以琦之忠，岂欲专定策以为功者？其子孙寡识，欲夸其美，乃过抑扬之辞，是近诬也。①

《君臣相遇录》十卷 浙江汪启淑家藏本

不著撰人名氏。载宋韩琦事迹。考晁、陈二家书目，自今所传《韩魏公家传》、《韩魏公别录》、《韩忠献遗事》外，尚有《韩魏公语录》一卷，又韩忠彦所撰《辨欺录》一卷。《语录》即《别录》之文，而颠倒其先后，惟卷末多一条。《辨欺录》为忠彦记其父嘉祐末命事，与文、富诸人辨。今虽未见其本，而书中大旨皆可考。惟此书晁、陈皆不著录，不知何人所作。盖南宋时其家子孙所为，合《辨欺录》、《别录》所载裒为一书。观书末载曾孙名十二人，而无侂胄，盖讳而削之，知其成于开禧后矣。②

《韩魏公别录》三卷 浙江范懋柱家天一阁藏本

宋王岩叟撰，岩叟字彦霖，清平人。乡举、省试廷对皆第一，调栾城簿，历枢密直学士，签书院事。事迹具《宋史》本传。岩叟尝在韩琦幕府，每与琦语，辄退而书之。琦殁后，乃次为《别录》三篇。上篇皆琦奏对之语，中篇乃琦平日绪言，下篇则杂记其所闻见也。《读书志》称以国史考之，岁月往往牴牾，盖失之诬。其书《读书志》作四卷，《书录解题》

① 《惜抱轩书录》卷2。
② 《总目》卷59。

载有《语录》一卷，亦称与《别录》小异而实同，《别录》分四卷，此总为一篇，皆与此本三卷不合。其为何时所并，不可考矣。①

《韩忠献遗事》一卷 内府藏本

宋强至撰。至字几圣，钱塘人。诸书不详其始末，此书结衔称群牧判官，尚书职方员外郎。以其祠部集中诗文考之，则登第之后谒选得泗州掾，以荐历浦江、东阳、元城三县令，终于三司户部判官，尚书祠部郎中，其《上河北都运元给事书》所谓四历州县，三任部属者，虽不尽可考，参以此书所题，尚可见其大略也。至尝佐韩琦幕府，故此编叙琦遗事颇详。世所传琦《重阳》诗"不嫌老圃秋容淡，且看黄花晚节香"句，诸家诗话递相援引，其始表章者，实见至此编焉。②

《总目》卷59将此条一分为三，两相比较，其异有三：第一，《君臣相遇录》条姚鼐稿基本上被《总目》采用，但删评论："琦为赵宋贤相，大人重德嘉言懿行史所不具者此录详之，固为可尚，然其间或亦有门人子弟过言失实者。《宋史·张升传》言与韩琦同决策立英宗，而此录乃云升闻立嗣惊而厉声曰：'官家莫错。'当时立英宗人心所同愿，升亦忠清之臣也，何至若是？又言光献皇后还政英宗，手书出，富公愕然，因此不悦。夫韩范论事，利害各持所见无害也。若太后还政，而弼不同心，何以为富弼哉？以琦之忠，岂欲专定策以为功者？其子孙寡识，欲夸其美，乃过抑扬之辞，是近诬也。"第二，《韩魏公别录》未被采用，而是使用了翁方纲稿，详见前面有关部分。第三，《韩忠献遗事》也没有采用姚鼐原稿。

3.《扬雄太玄目录序》。《总目》删评论："昔侯芭、张衡之伦，推《太玄》比于圣经，然世或谓其非圣而作经，如吴、楚之僭王。宋苏轼尤诋之，至谓以艰深文其浅陋。窃以为是二者皆过

① 《总目》卷59。
② 《总目》卷59。

也。盖谓圣人之道，原本盛大，以仁义中正顺播于万事，惟变所适，而物得其理，于是作《易》以教世，错综万端，经纬人事，虽庸愚不肖，苟筮之而见所以处事应物者，皆合乎圣人之道也。故曰吉凶者言乎其失得也，得义为吉，失义为凶，故《易》者，导民于义者也。自孔子之时，老聃之说兴，其道以观乎阴阳运行屈伸循环，制为用舍进退之度，因时而为业，若有同于《易》者，然而古之圣人，当隆盛治平之世，居位则裁成辅相乎天地，而维天下万世之安，非第不居盛满，功成身退而已。《易》曰'勿忧，宜日中'是也。当否、遯之日，有济天下之心，有进德修业及时之志，又不幸所遭祸乱，必不可避，则致命遂志，非第全身远害之为善也。故有'休否干蛊'者，又有'过涉灭顶凶无咎'者，以老子之懦弱谦下，而终不涉乎世患，视世之骛于功利名誉之徒，其贤则多矣。及以圣人之道揆之，然后知老氏之为陋也。孔子没，七十子之徒传诵六艺，转相为说，或得或否，眢乱本真，其时杂家并兴，仁义蒙塞，而汉世尤重黄老之书，盖至元成之间，蜀严君平以老子为教，扬雄少而学焉，故雄尝美君平之湛冥。及自著书，覃思竭精，贯律历之数，究万物之情，而旨不出乎老氏而已，盖彼不备知圣人之道，而以所窥于老氏者为同乎《易》，于是作《太玄》以拟《易》，而无惭也。其晦家上九赞辞曰：晦冥冥，利于不明之贞。测曰：晦冥之利，不得独明也。此特老氏之'和光同尘'，于《易》'箕子之贞明不可息'之训不亦远乎？其他盖多类是。夫孔子之道，及雄之世几乎熄矣。求于道熄之后，得其仿佛，而不尽通其旨，夫亦时使之然也。当时著书，与雄先后者，莫如刘向。向之为书，其精深或不逮雄，而平生忠直之节则逾雄矣。夫雄非特始学不当于圣人，亦以其行不能自副其言，是以君子轻之也。然而雄为是书，亦可谓好学深思言之近道者矣。孔子讥臧文仲不仁不知，而文仲卒以立言不朽。夫雄盖亦其伦与？"复增材料："其本传则称太玄、三方、九州岛、二十七部、八十一家、二百四十三表、七百二十九赞，分为三卷，曰一、二、三，与《太初历》相应。又称有首、冲、错、测、摊、莹、数、文、挩、图、告十一篇，皆以解剥玄体，离散其文，章句尚不存焉。与《艺文志》十九篇之说，已相违异。桓谭《新论》则称《太玄经》三篇，《传》十二篇，合之乃十五篇，较本传又多一篇。案：阮孝绪称《太玄经》九卷，雄自作章句。《隋志》亦载雄《太玄经章句》九卷。疑《汉志》所云十九篇，乃合其章句言之。今章句已佚，故篇数有异。至桓谭《新论》则世无传本，惟诸书递相援引，或讹十一为十二耳。以今本校之，其篇名、篇数一一与本传皆合，固未尝有脱佚也。……考郑樵《通志》，《太玄经释文》一卷，亦林瑀撰，疑实刊是书时，并以涯之《说》、瑀之《释文》冠于编首也。"①

朝军按：此类凡3条，约占3.41%。

(六) 改评论类

1. 《郭氏传家易说》。姚鼐认为郭雍"无愧立言"，对其"阐程子之绪余"、"补《程传》之阙"予以肯定，而《总目》借冯椅《厚斋易说》之说深斥其非，褒贬不同。原稿详于学术源流，而《总目》备述其著录源流。②

2. 《郑东谷易翼传》。姚鼐原稿旨在表彰郑汝谐"能推明程子之说，似亦有识者"，而《总目》突然调转方向，矛头直指程、朱："朱子解经，于程子亦多所改定。盖圣贤精义，愈阐愈深，沉潜先儒之说，其有合者疏通之，其未合于心者，别抒所见以发明之，于先儒乃为有功。是固不必守一先生之言，徒为门户之见也。"③ 可谓别有用心。

3. 《中庸指归》《中庸分章》《大学发微》《大学本旨》。《总目》增材料："立武官抚州时校文，举吴澄充贡士，故澄志其墓，自称曰门人。又称立武官秘省时，阅官书，爱二郭氏《中庸》。郭游程门，新喻谢尚书仕夷陵，常传其学，将由谢溯程以嗣其传。故言《大学》、《中庸》等书间与世所崇尚者异义。盖《中庸》之学传自程子，后诸弟子各述师说，门径遂岐。""至其《中庸》分章

① 《惜抱轩书录》卷3。《总目》卷108。
② 《总目》卷3。《惜抱轩书录》卷1。
③ 《总目》卷3。《惜抱轩书录》卷1。

则以‘天命之谓性’以下为一章，‘仲尼曰’以下为二章，‘君子之道费而隐’以下为三章，‘道不远人’以下为四章，‘君子素其位而行’以下为五章，‘君子之道辟如行远’以下为六章，‘鬼神之为德’以下为七章，‘哀公问政’以下为八章，‘诚者天之道也’以下为九章，‘惟天下至诚’以下为十章，‘诚者自成’以下为十一章，‘大哉圣人之道’以下为十二章，‘仲尼祖述尧舜’以下为十三章，‘惟天下至圣’以下为十四章，‘诗曰衣锦尚絅’以下为十五章，皆发明郭氏之旨，所言亦具有条理。其《大学》则《发微》一卷谓曾子传道在一贯，悟道在忠恕，造道在《易》之《艮》。大旨以‘止至善’为归，而以诚意为要。”① 第二，《总目》增评论：“惟其谓《中庸》、《大学》皆通于《易》，列图立说，丝连绳贯而排之，则未免务为高论耳。”第三，《总目》删评论：“《大学》之书，自汉相传以来，二程子各有更定，而朱子又别定其前后，为之章句。虽学者亦未敢决以为尽合曾子之旧，而纤毫无失，第自得程朱所解，学者依以为成已之序。义理当而道术明，垂世立教，百世以俟圣人，而不惑斯亦足矣，其得失非以区区章句间也。”②姚鼐将程朱之道推之太高，而《总目》反其道而行之，否定了理学的“话语霸权”，尤其是将朱子之学抑制至极低点，因此将这段议论砍掉。

朝军按：从上述评论的增删，不难看出二者之间存在观点上的严重分歧。姚鼐尊程朱而斥陆王，认为“阳明之徒名为尊古而实欲行其私说”。《总目》既斥程朱，又斥陆王，独尊孔孟，专以孔孟之道衡量群言。《四库全书》从某种意义上来说，就是一部“儒藏”。

4.《南轩孟子说》。《总目》将书名《南轩孟子说》改为《癸巳孟子说》，不同之处有三：第一，《总目》删评论：“王应麟尝论朱子诗传至秦风诸章，辞气愤发，有异常体。若栻之心盖亦犹之朱子之志而已。”第二，《总目》增评论：“于王霸之辨、义利之分，

① 《总目》卷35。

② 《惜抱轩书录》卷1。

言之最明。……然皆推阐经义之所有，与胡安国《春秋传》务于借事抒议而多失笔削之旨者，固有殊焉。”第三，《总目》增材料：“自序称岁在戊子，缀所见为《孟子说》。明年冬，会有严陵之命，未及终篇。辛卯岁，自都司罢归，秋冬行大江中，读旧说，多不满意，从而删正之。还抵故庐，又二载始克缮写。”① 总之，对于原稿中涉及朱子之语概行删去，又将此书与胡安国《春秋传》加以比较，褒张而贬胡。

5.《孝经刊误》。姚鼐认为：“盖《孝经》所为至德要道，儒者守身事亲之大者。如朱子平生乃所谓尊其所闻则高明者也。至于七十子之徒，虽亦有得于师传，而不必尽为善言德行，故所杂取前人之说，文义离合，或不免于附会，而儒者反悉以为孔子之语固然。此朱子所不得不论者，其笃信之心与明辨之识不相妨也。”②对于朱子具同情之了解。而《总目》借题发挥，对朱子猛烈开火：“今以《朱子语录》考之，黄罃记云，《孝经》除了后人所添前面‘子曰’，及后面引《诗》，便有首尾，又云‘以顺则逆，民无则焉’，是季文子之词，言‘斯可道，行斯可乐’一段，是北宫文子论令尹之威仪，在《左传》中自有首尾，载入《孝经》都不接续，全无意思；又叶贺孙记云，古文《孝经》有不似今文顺者，如‘父母生之，续莫大焉’，又著一个‘子曰’字，方说‘不爱其亲而爱他人者，谓之悖德’，此本是一段，以‘子曰’分为二，恐不是；又辅广记云，‘孝莫大于严父，严父莫大于配天’，岂不害理！如此则须是如武王、周公方能尽孝道，寻常人都无分，岂不启人僭乱之心？是朱子诋毁此书，已非一日，特不欲自居于改经，故托之胡宏、汪应辰耳。欧阳修《诗本义》曰：删《诗》云者，非止全篇删去也，或篇删其章，或章删其句，或句删其字，引《唐棣》、《君子偕老》、《节南山》三诗为证。朱子盖阴用是例也。陈振孙《书录解题》载此书，注其下曰：‘抱遗经于千载之后，而能卓然悟疑辨惑，非豪杰特起独立之士，何以及此！此后学所不敢仿效，

① 《总目》卷35。

② 《惜抱轩书录》卷1。

而亦不敢拟议也。’斯言允矣。南宋以后，作注者多用此本，故今特著于录，见诸儒渊源之所自，与门户之所以分焉。”① 朝军按：《总目》考镜源流之目的，正在铲除朱学之门户。

6.《古史》。姚鼐认为：“秦火之后，经籍散亡，司马迁网罗放失，以不世出之才，创千古之业，其功伟矣，而议论以屡辩而易明，考证至后世而益密。辙因前人之文修饰之，固不可与初创者比。然迁多爱新好奇之过，辙依儒者之义，纠正其失而补救之，亦可谓司马氏千载之益友矣。”②《总目》认为：“以今考之，如于《三皇纪》增入道家者流，谓黄帝以无为为宗，其书与老子相出入。于《老子传》附以佛家之说，谓释氏视老子体道愈远，而立于世之表。于《孟子传》谓孟子学于子思，得其说而渐失之，反称誉田骈、慎到之徒。又谓其为佛家所谓钝根声闻者。班固论迁之说，首在先黄老而后六经。辙所更定，乌在其能正迁耶？……盖与吕祖谦议论相激，故平日作《杂学辨》以攻辙，此时反为之左袒。然其混合儒、墨之失，亦终不能为之掩也。平心而论，史至于司马迁，犹诗至于李、杜，书至于钟、王，画至于顾、陆，非可以一支一节比拟其长短者也。辙乃欲点定其书，殆不免于轻妄。”③ 姚鼐以朱子之是非为是非，而《总目》也不放过借题发挥的机会，对朱子之说加以辨证。另外，《总目》对于该书的学术价值也作了部分肯定：“至其纠正补缀，如《史记》载尧［典］妻舜之后，瞽瞍尚欲杀舜，辙则本《尚书》谓妻舜在瞽瞍允若之后。《史记》载伊尹以负鼎说汤，造父御周穆王见西王母事，辙则删之。《史记》不载祷雨桑林事，辙则增之。宋世家，《史记》赞宋襄公泓之战为礼让，辙则贬之。辨《管子》之书为战国诸子所附益；于《晏子传》增入晏子处崔杼之变，知陈氏之篡与讽谏数事；于宰我则辨其无从叛之事；于子贡则辨其无乱齐之事。又据《左氏传》为柳下惠、曹子臧、吴季札、范文子、叔向、子产等传，以补《史记》所未

---

① 《总目》卷32。

② 《惜抱轩书录》卷2。

③ 《总目》卷50。

及。《鲁连传》附以虞卿，《刺客传》不载曹沫，其去取之间，亦颇为不苟，存与迁书相参考，固亦无不可矣。”

7.《通鉴问疑》。姚鼐认为：“恕所著书，今传《通鉴外记》多采上古久远难信之事，恕之学诚博矣，若其识要非光伦也。”①《总目》将此句删去，且增评论：“据书末称‘方今《春秋》尚废，况此书乎’云云，盖成于熙宁以后。邵伯温《闻见录》称：《通鉴》以《史记》、前后汉属刘攽，以唐逮五代属范祖禹，以三国历九朝至隋属恕。故此书所论，皆三国至南北朝事也。凡所辨论，皆极精核。史所称‘笃好史学，自太史公所记，下至周显德末，私记杂说，无所不览，上下数千载间，巨细之事，如指诸掌’者，殆非虚语。《通鉴》帝魏，朱子修《纲目》改帝蜀，讲学家以为申明大义，上继《春秋》。今观是书，则恕尝以蜀比东晋，拟绍正统，与光力争而不从。是不但习凿齿、刘知几先有此说，即修《通鉴》时亦未尝无人议及矣。……而羲仲不及见君实，不备知凡例中是非予夺所以然之故。范淳父亦尝预修《通鉴》，乃书所疑问焉，所举凡八事。复载得祖禹答书，具为剖析，乃深悔其诘难之误。且自言：‘恐复有小言破言，小道害道，如己之所云者，故载之使后世有考焉。’其能显先人之善而又不自讳其所失，尤足见涑水之徒，犹有先儒质直之遗也。”《总目》增材料：“羲仲，筠州人，秘书丞恕之长子，《宋史》附见恕传末，但称恕死后七年，《通鉴》成，追录其劳，官其子羲仲（案：《宋史》原本作义仲，《癸辛杂识》亦作义仲。均传写之误，今改正。）为郊社斋郎，其始末则未详也。……恕于魏、晋以后事，考证差谬，最为精详。”②

8.《宋中兴通鉴》。《总目》改为《续宋编年资治通鉴》，且增评论：“其中纪载，惟以简约为主，或首尾未具，于事迹间有脱遗。然如论张浚不附和议，而不讳其党汪、黄，攻李纲引秦桧之罪，辨李纲之被谤远谪，而不讳其庇翁彦国陷宋齐愈之失，褒贬颇协至公，无讲学家门户之见。卷端有朱彝尊题词，称其过于王宗

① 《惜抱轩书录》卷2。

② 《总目》卷88。

沐、薛应旂所撰，殆不诬云。”比原稿所评“其叙述颇有体例，议论亦平允”要充实具体。《总目》又增材料：“案：旧本目录后有书坊题识一则，称是编系年有考据，载事有本末，增入诸儒集议，三复校正，一新刊行云云，则书中所附议论，又元时刊书者所增入，非其旧矣。”① 姚鼐云：“以《续资治通鉴》标题，称宋官，而中书元太祖为成吉思皇帝，是时举已入元后所成。”② 《总目》将此删去，称“书末附论一条，称理宗撑柱五十年而后亡，不可谓非幸云云，其言乃出于宋亡以后，似非时举原文”，此语反而不及原稿明确。

9.《通鉴地理通释》。《总目》增评论：“是书以《通鉴》所载地名，异同沿革，最为纠纷，而险要阨塞所在，其措置得失，亦足为有国者成败之鉴，因各为条例，厘订成编。首历代州域，次历代都邑，次十道山川，次历代形势，而终以唐河湟十一州、石晋十六州、燕云十六州。书本十四卷，《宋史》本传作十六卷，疑传刻之讹也。其中征引浩博，考核明确，而叙列朝分据战攻，尤一一得其要领，于史学最为有功。”③《书录》原评：“地理之学，经古今建置沿革更移淆乱，应麟所考证最为明确，所论列朝分据、往来山川形势，皆得其要领。是书之于《通鉴》，与胡三省注并为功甚巨。……至于周形势末篇所论之语意，皆自寓旧臣故国之思，是可尚也。”④ “旧臣故国之思”云云，正是犯忌之语，理应删去。其他评论只是行文不同而已。

10.《伊雒渊源录》

> 朱子纪周子以下及程子门人为《伊雒渊源录》，其中道德言论之美，固皆具矣，若吕希哲之流，晚而向佛，反疑程子，所见太近，及当时行能无可纪，甚若邢恕之背负其师，亦皆载

---

① 《总目》卷47。
② 《惜抱轩书录》卷2。
③ 《总目》卷47。
④ 《惜抱轩书录》卷2。

其实，列其名氏。世尝谓《宋史》作《道学传》，进退殊不能当，若仿《史记》为《程朱弟子列传》，不亦善乎？然则是编可以为实录矣。①

《伊雒渊源录》十四卷 副都御史黄登贤家藏本

宋朱子撰。书成于乾道癸巳，记周子以下及程子交游门弟子言行。其身列程门而言行无所表见，甚若邢恕之反相挤害者，亦具录其名氏以备考。其后《宋史》道学、儒林诸传多据此为之。盖宋人谈道学宗派，自此书始；而宋人分道学门户，亦自此书始。厥后声气攀援，转相依附。其君子各执意见，或酿为水火之争，其小人假借因缘，或无所不至。叶绍翁《四朝闻见录》曰："程源为伊川嫡孙，无聊殊甚，尝鬻米于临安新门之草桥。后有教之以干当路者，著为《道学正统图》。自考亭以下，剿入当事姓名，遂特授初品，因除二令。又以轮对改合入官，迁寺监丞，是直以伊雒为市矣。"周密《齐东野语》、《癸辛杂识》所记末派诸人之变幻，又何足怪乎？然朱子著书之意，则固以前言往行矜式后人，未尝逆料及是。儒以《诗》、《礼》发冢，非《诗》、《礼》之罪也。或因是并议此书，是又以噎而废食矣。②

可见，二者观点相左。姚鼐推尊朱学，认为"世尝谓《宋史》作《道学传》，进退殊不能当，若仿《史记》为《程朱弟子列传》，不亦善乎？然则是编可以为实录矣。"而《总目》反唇相讥："其后《宋史》道学、儒林诸传多据此为之。盖宋人谈道学宗派，自此书始；而宋人分道学门户，亦自此书始。厥后声气攀援，转相依附。其君子各执意见，或酿为水火之争，其小人假借因缘，或无所不至。……然朱子著书之意，则固以前言往行矜式后人，未尝逆料及是。儒以《诗》、《礼》发冢，非《诗》、《礼》之罪也。或因是并议此书，是又以噎而废食矣。"并引叶绍翁《四朝闻见录》、周

① 《惜抱轩书录》卷3。

② 《总目》卷57。

密《齐东野语》、《癸辛杂识》等书对于道学末派进行了极为辛辣的嘲讽。姚鼐后来读到《总目》，咒骂纪昀猖狂，非无因也。

11.《周易参同契考异》

后汉魏伯阳作《参同契》三篇，朱子以传者少善本，故考定是正之。《年谱》载，庆元三年，蔡元定将编管道州，朱子与会宿寒泉精舍，夜论《参同契》。盖君子修德而养寿，故不溺志于神仙服食导引之说，而亦不废养生之节。朱子作《楚辞辨正》，于《远游篇》颇论及道家之义，故于此书亦究心焉。然寒泉夜论之事，亦偶然耳。而黄端节记是书后，乃谓其师弟子有脱屣世外之意，则过论也已。①

《周易参同契考异》一卷 江西巡抚采进本

宋朱子撰。考陈振孙《书录解题》称："朱子以《参同契》词韵皆古，奥雅难通，读者浅闻，妄辄更改，比他书尤多舛误。因合诸本，更相雠正。"朱子自跋亦称："凡诸同异，悉存之以备考证，故以考异为名。"今案书中注明同异者，惟"天下然后治"之"治"字，云"或作理"；"威光鼎乃熺"之"熺"字，云"本作喜，一作熺"。参证他本者，不过二处。又如修字疑作循，六五疑作廿六，铅字疑作饴，与字疑作为之类，朱子所自校者亦只六、七处。其余每节之下，随文诠释，实皆笺注之体，不尽订正文字。乃以考异为名，未喻其旨。跋末自署"空同道士邹䜣"。盖以邹本邾国，其后去邑而为朱，故以寓姓。《礼记》郑氏注谓："䜣，当作熹，"又《集韵》："熹，虚其切，"䜣亦虚其切，故以寓名。殆以究心丹诀，非儒者之本务，故托诸廋辞欤？考朱子《语录》论《参同契》诸条，颇为详尽。《年谱》亦载有庆元三年蔡元定将编管道州，与朱子会宿寒泉精舍，夜论《参同契》事。《文集》又有《蔡季通书》，曰："《参同契》更无缝隙，亦无心思量。但望他日为刘安之鸡犬耳。"云云。盖遭逢世难，不得已而托

① 《惜抱轩书录》卷3。

诸神仙，殆与韩愈谪潮州时邀大颠同游之意相类。故黄端节附录谓其师弟子有脱屣世外之意，深得其情。黄震《日抄》乃曰“《参同契》者，上虞人魏伯阳作，其说出神仙，不足凭。近世蔡季通学博而不免于杂，尝留意此书。而晦庵与之游，因为校正。其书颇行于世。而求其义，则绝无之”云云。其持论固正，然未喻有托而逃之意也。①

二者观点相反。《总目》一嘲朱子不能考异：“朱子所自校者亦只六、七处。其余每节之下，随文诠释，实皆笺注之体，不尽订正文字。乃以考异为名，未喻其旨。”二嘲朱子流入异端：“跋末自署‘空同道士邹䜣’，盖以邹本邾国，其后去邑而为朱，故以寓姓。《礼记》郑氏注谓：‘欣，当作熹。’又《集韵》：‘熹，虚其切。’欣亦虚其切，故以寓名。殆以究心丹诀，非儒者之本务，故托诸瘦辞欤?”姚鼐以寒泉夜论之事为偶然事件，以黄端节所谓“其师弟子有脱屣世外之意”为过论，极力为朱子回护。而《总目》抓住不放，认为黄端节之说深得其情，并将朱子与韩愈并论：“盖遭逢世难，不得已而托诸神仙，殆与韩愈谪潮州时邀大颠同游之意相类。”② 究心丹诀也好，托诸神仙也好，均非醇儒之本务。可见，《总目》攻击朱子，绝非遮遮掩掩，而是明目张胆，置之死地而后快。

12.《终南山祖庭仙真传》。二者大致相同，评论行文稍有不同。姚鼐认为：“至所传之或诞或信，盖儒者所不必论也。”而《总目》认为：“所言多涉神怪。异学之徒，自尊其教，不足与辨真伪也。”③

13.《皇明两朝疏抄》

《总目》将“然其间犹有忠义出于至诚，慷慨议论，蹈祸患而不恤者，名相继于史册，则以宪、孝之泽存，而正人君子之所以自

① 《总目》卷146。

② 《总目》卷146。

③ 《惜抱轩书录》卷3。《总目》卷147。

立之道，累世相传而未尽坠也”改为“其间忠义激发，非为名计者，亦参杂其中，然混淆而不能别矣，是则世运为之也”①，由褒扬改为贬斥。

朝军按：此类凡13条，约占14.77%。

（七）重拟类

1.《易通》

《易通》六卷，宋赵以夫著。宋太宗弟魏王廷美生郧国公德钧，德钧之下七世至以夫。以夫字用父，居于长乐。嘉定中，仕至同知枢密院事。淳祐初，解枢密。是书首题大中大夫试礼部尚书兼修玉牒官兼侍读官臣以夫进，盖解枢密后所居职。其自序云“成于丙午之夏”，则淳祐六年也。宋宗室著《易》者，赵善誉《易说》，及以夫是书最著称。《易说》今亡，独以夫书存。其所解止于《未济》，不及《系辞传》以下，与程子《易传》同。然以夫好言卦象、卦气、互体、纳甲诸事，与宋儒之言《易》殊不类。其中亦无一字及程、朱诸贤。昔汉魏言《易》者至为烦碎，王弼扫除廓清，惟陈名理，后世贵之，而孙盛顾讥其于六爻变化、群象所效、日时岁月、五气相推皆摈落，多所不关，以为泥夫大道。人之议论不同如此。以夫之意，殆与盛略同。盖《易》之道广矣，无所不具。程朱之学，通天人之本原，发前圣之蕴奥，举可措诸事业，如以夫之流著书，各以所见为量，就所寻研，非无义意，所谓识其小者，取备一说焉可也。②

《易通》六卷 江苏巡抚采进本

宋赵以夫撰。以夫字用父，宗室子，居于长乐。嘉定十年进士，历官资政殿学士。是书前有以夫《自序》，皆自称“臣”，末有“不敢自秘，将以进于上，庶几仰裨圣学缉熙之

---

①《惜抱轩书录》卷2。《总目》卷56，《两朝疏抄》提要。

②《惜抱轩书录》卷1。

万一"①，则经进之本也。考赵汝腾《庸斋集》有《缴赵以夫不当为史馆修撰奏札》曰："郑清以进史属之以夫，四海传笑，谓其进《易》尚且代笔，而可进史乎！其后闻为史馆长，人又笑曰，是昔代笔进《易》之以夫也。"又何乔远《闽书》曰："以夫作《易通》，莆田黄绩相与上下其论。"据其所说，则是书实出黄绩参定，汝腾所论，不尽无因。殆以以夫不协众论，故哗然以为绩代笔与？胡一桂云："《易通》六卷，《或问类例图象》四卷。"朱彝尊《经义考》曰：《宋志》，十卷，又注曰《聚乐堂书目》作六卷，盖《宋志》连《或问类例图象》言之，聚乐堂本则惟有《易通》。此本亦止六卷，而无《或问类例图象》，其自聚乐堂本传写与？其书大旨在以不易、变易二义明人事动静之准，故其说曰：奇偶，七八也；交重，九六也。卦画七八，不易也；爻画九六，变易也。卦虽不易，而中有变易，是谓之亨；爻虽变易，而中有不易，是谓之贞。《洪范》占用二：贞、悔，贞即静也，悔即动也。故静吉动凶，则勿用；动吉静凶，则不处；动静皆吉，则随遇而皆可；动静皆凶，则无所逃于天地之间。于圣人作《易》之旨，可谓深切著明，至其真出于谁手，则传疑可矣。②

可见，二者完全不同。姚鼐认为"程朱之学，通天人之本原，发前圣之蕴奥"，这种论调不合《总目》口味。另外，"汉魏言《易》者至为烦碎"的说法，亦与总纂官纪昀善言汉《易》的路数大相径庭，因此，此稿为其所摈，自是情理中事。

2.《论语或问》《孟子或问》

《论语或问》二十卷《孟子或问》十四卷。朱子于淳熙四年成《论语孟子集注》，又疏其去取先儒旧说之意为《或问》。

① 赵以夫《自序》末云："此臣所以自信其愚也。丙午之夏，书成名之曰《易通》，不敢自秘，将以进于上，庶几仰裨圣学缉熙之万一云。臣以夫谨序。"

② 《总目》卷3。

是时朱子四十八岁，家居，主管武夷观时也。其后，《集注》屡加改定，至老未已，而《或问》则一成不复更易，故《集注》、《或问》间有不合一者，若解“因不失其亲”及“冉子退朝”章，其解皆与《集注》异是也。①

《四书或问》三十九卷 江苏巡抚采进本

宋朱子撰。朱子既作《四书章句集注》，复以诸家之说纷错不一，因设为问答，明所以去取之意，以成此书。凡《大学》二卷、《中庸》三卷、《论语》二十卷、《孟子》十四卷。其书非一时所著。《中庸或问》原与《辑略》俱附《章句》之末，《论语》、《孟子》则各自为书。其合为一帙，盖后来坊贾所并也。中间《大学或问》用力最久。故朱子答潘恭叔问，尝自称“诸书修得一过，《大学》所改尤多，比旧已极详密”。《中庸或问》则朱子平日颇不自惬，《语类》载游某问《中庸》编集如何，曰“缘前辈诸公说得多了，其间尽有差舛处，又不欲尽驳难他底，所以难下手。不比《大学》都未曾有人说。”又载朱子以《中庸或问》授黄畬云，“亦未有满意处，如评论程子，诸子说处尚多粗”云云。是其意犹以为未尽安也。至《论孟或问》则与《集注》及《语类》之说往往多所牴牾，后人或遂执《或问》以疑《集注》。不知《集注》屡经修改，至老未已，而《或问》则无暇重编。故《年谱》称：“《或问》之书未尝出以示人。书肆有窃刊行者，亟请于县官，追索其板。”又《晦庵集》中有与潘端叔书，曰：“《论语或问》此书久无工夫修得，只《集注》屡更不定，却与《或问》前后不相应”云云。可见异同之迹，即朱子亦不讳言，并录存之。其与《集注》合者，可晓然于折衷众说之由；其与《集注》不合者，亦可知朱子当日原多未定之论。未可于语录、文集偶摘数语，即据为不刊之典矣。②

---

① 《惜抱轩书录》卷1。

② 《总目》卷35。

不难看出，无论是版本选择、版本著录，还是行文方式、评价标准，二者之间均有不同，前者简略，后者详细；前者点到为止，后者穷追猛打，抓住朱子的辫子不放，以子之矛攻子之盾，从而达到贬低宋学的目的。

3.《剧谈录》

> 《剧谈录》，康骈所撰。骈字驾言，唐乾符中登进士第。录中皆记唐时故事，于文宗以后世事尤多。《新唐书》颇采其语。《通考》载是书三卷，今本只载二卷。刻本篇首书骈为宋人者误也。其中有云："今则睹淳耀之烈，启中兴之期，亿兆人心，复归於唐德。"是书之成，其在中和元年复京师以后、昭宗迁洛之前乎？"淳耀之烈"，语本《国语》及干宝《晋纪总论》。刻本讹为"淳辉之列"，亦非也。①
>
> **《剧谈录》二卷** 浙江巡抚采进本
>
> 唐康骈撰。王定保《摭言》作唐骈，盖传写之讹。《唐书·艺文志》作康軿，以其字驾言证之，二字义皆相合，未详孰是。然诸书引之皆作骈，疑亦《唐志》误也。骈，池阳人，乾符四年登进士第，官至崇文馆校书郎。是书成于乾宁二年，皆记天宝以来琐事，亦间以议论附之，凡四十条。今以《太平广记》勘之，一一相合，非当时全部收入，即后人从《广记》抄合也。此本末有"临安府陈道人书籍铺刊行"字，盖犹影抄宋本。如潘将军一条注中，疑为潘鹘硉字，今本《剑侠传》从《广记》剽掇此条，讹为潘鹤碎，遂不可解，知此本为善矣。其中载元微之年老擢第，执贽谒李贺一条，《古夫于亭杂录》辨之曰："案：元擢第既非迟暮，于贺亦称前辈，讵容执贽造门，反遭轻薄？小说之不根如此！"其论最当。然稗官所述，半出传闻，真伪互陈，其风自古，未可全以为据，亦未可全以为诬，在读者考证其得失耳，不以是废此一家也。②

---

① 《惜抱轩书录》卷2。

② 《总目》卷142。

姚鼐把重点放在辨作者时代与成书时代上。而《总目》首考作者名字，次考版本源流，末论其史料价值。

4.《平猺记》

二者侧重点不同，姚鼐引《元顺帝纪》过繁，《总目》仅以一语括之，此其一也；《总目》增案语："案：巴颜原本作伯颜，今改正。"而姚稿正作"伯颜"，未及改正，此其二也；褒贬不同，姚鼐云："集《道园学古录》中已载此文。若所云世祖时遂其生养之道，察其气习之偏，使不得妄作，此前至元之所以治。若欺其远弱而无告，掊克残忍之不厌，此后之所以乱。是言深得夷情，可为驭猺之龟鉴矣。"而《总目》评价甚低："而同事出师之人，不记其姓名，及上功于朝之诸臣名以某某概之，失史家法矣。今核其文体，乃勒石纪功之作，非勒为一书上之于史馆者。故所存之稿皆阙其名姓以待填。犹之唐、宋文集，书首称年月日某再拜，墓志之末称某年月日葬公于某原例耳。遽以有乖史法诋之，非也。"① 斥其有乖史法。此其三也。

5.《墨子》

《墨子》七十一篇，缺二十篇，存五十一篇。《庄子》云："苦获、已齿、邓陵子之属，俱诵《墨经》，而倍谲不同。"今七十一篇内有《经》二篇，《经说》二篇，疑其为墨翟自为者，其余篇或述及安康王，有关内侯公乘五大夫秦爵之名，称禽滑厘为子禽子，然则必滑厘以后其徒所为也。《墨经》二篇简略，义不甚明。其徒所述墨之道乃可具见，然其人亦不善著书，非如老、庄、孙、韩之辞足以发其义。《韩非子》载田鸠语楚王："墨子恐人怀其文，忘其质，故不为文之美也。"是不然。文不足则道不明，故曰："言之无文，行而不远。"徒为文无质，诚不可，然岂以文为患哉？圣人之道，必近于人情，故嗜欲节之而不禁，而墨子使人必出于俭薄危苦，是故非乐、薄葬，而著书无文，何其情之好与人异与？《明鬼篇》尤

① 《惜抱轩书录》卷2。《总目》卷52。

怪……然则其谬诞不足辨也。①

《墨子》十五卷 两江总督采进本

旧本题宋墨翟撰。考《汉书·艺文志》，《墨子》七十一篇，注曰："名翟，宋大夫。"《隋书·经籍志》亦曰："宋大夫墨翟撰。"然其书中多称"子墨子"，则门人之言，非所自著。又诸书多称墨子名翟，周亮工《书影》则曰："墨子姓翟，母梦乌而生，因名之曰乌，以墨为道。今以姓为名，以墨为姓，是老子当姓老耶？"其说不著所出，未足为据也。宋《馆阁书目》称《墨子》十五卷六十一篇，此本篇数与《汉志》合，卷数与《馆阁书目》合。惟七十一篇之中，仅佚《节用下》第二十二、《节葬上》第二十三、《节葬中》第二十四、《明鬼上》第二十九、《明鬼下》第三十、《非乐中》第三十三、《非乐下》第三十四、《非儒上》第三十八，凡八篇，尚存六十三篇，与《馆阁书目》不合。陈振孙《书录解题》又称有一本，止存十三篇者，今不可见，或后人以两本相校，互有存亡，增入二篇欤？抑传写者讹以六十三为六十一也？墨家者流，史罕著录，盖以孟子所辟，无人肯居其名。然佛氏之教，其清净取诸老，其慈悲则取诸墨。韩愈《送浮屠文畅序》称"儒名墨行，墨名儒行，以佛为墨，盖得其真"②，而《读墨子》一篇乃称"墨必用孔，孔必用墨"③，开后人三教归一之说，未为笃论。特在彼法之中，能自啬其身，而时时利济于

① 《惜抱轩书录》卷3。

② 韩愈《送浮屠文畅序》："人固有儒名而墨行者，问其名则是，校其行则非，可以与之游乎？如有墨名而儒行者，问其名则非，校其行则是，可以与之游乎？杨子云称，在门墙则挥之，在夷狄则进之，吾取以为法焉。"

③ 韩愈《读墨子》："儒讥墨以上同、兼爱、上贤、明鬼，而孔子畏大人，居是邦，不非其大夫，《春秋》讥专臣，不上同哉？孔子泛爱亲仁，以博施济众为圣，不兼爱哉？孔子贤贤，以四科进褒弟子，疾没世而名不称，不上贤哉？孔子祭如在，讥祭如不祭者曰：'我祭则受福。'不明鬼哉？儒、墨同是尧舜，同非桀纣，同修身正心以治天下国家，奚不相悦如是哉？余以为辩生于末学，各务售其师之说非二师之道本然也孔子必用墨子墨子必用孔子不相用不足为孔墨。"

物，亦有足以自立者，故其教得列于九流，而其书亦至今不泯耳。第五十二篇以下皆兵家言，其文古奥，或不可句读，与全书为不类，疑因五十一篇言公输般九攻、墨子九拒之事，其徒因采摭其术，附记于末。观其称“弟子禽滑厘等三百人，已持守固之器在宋城上”，是能传其术之证矣。①

可见，二者行文迥异，但有一点相同，即都站在儒家的立场上批评墨家学说。姚鼐重在驳墨家之文质论——轻文重质，并批评墨家好与人异。《总目》由批评韩愈“孔墨并用论”、“佛墨同构论”，进而批评“三教归一论”。可见，姚鼐站在桐城派的角度提出一己之见，而《总目》代表官方发表对异端思想资源之一的墨家的权威意见。

6. 《张说之集》

《总目》卷149改题为《张燕公集》，但二者提要不同。姚鼐贬之曰：“说之为武懿宗上功状，佞谀已甚。及玄宗时，志高力士父母之墓，称之不容口，而铭上官昭容曰：‘如彼九日，羿焉暴之。’说乃以睿宗诛婉儿为非邪？辞之无体亦甚矣。”② 而《总目》则褒扬“其文章典丽宏赡，当时与苏颋并称，朝廷大述作多出其手，号曰燕许”。

7. 《嘉祐新集》

《总目·凡例》云：“至于马、班之史，李、杜之诗，韩、柳、欧、苏之文章，濂、洛、关、闽之道学，定论久乎，无庸更赘一语者，但论其刊刻传写之异同，编次增删之始末，著是书之善否而已。”苏洵为唐宋八大家之一，其书家弦户诵，其文早有定评。《总目》已将其列入“无庸更赘一语者”，因此未采用姚鼐初稿。姚鼐认为：“洵立论偏驳，儒者皆不取其学问。所及采览书籍亦非广博，独文章雄健闳伟，后之文士莫不推服为不可及。”③ 将苏氏

① 《总目》卷117。
② 《惜抱轩书录》卷4。
③ 《惜抱轩书录》卷4。

学问、文章一分为二，这种评论应该说还是颇有价值的，不能因为未被《总目》采用就轻视之。另外，《总目》在充分吸收分纂官提要稿的基础上，也进行了相当幅度的“宏观调控”，此即一例。

8.《陈无己文集》

《总目》卷154《后山集》提要与纪昀《后山集抄序》如出一辙，详见本书第二章第一节有关部分。

9. 任渊注《陈无己诗》

姚鼐云：“师道人品既高洁，其诗亦深厚沈淡，不以声色为工，是以朱子最喜之，谓其有胜黄庭坚处。”① 以朱子之论为准，故不为《总目》所许可。另外，此篇提要武英殿版本署名刘权之，初稿出于刘氏之手，亦未可知。一篇提要经多人分头起草的现象是存在的，我们在《翁方纲纂四库提要稿》中已见到这种情况。

10.《鄮峰漫录》

《鄮峰漫录》，宋丞相史浩集也。浩字直翁，鄞县人。绍兴中进士，孝宗在王府，浩为教授，孝宗即位，进至左仆射，为王十朋劾，罢奉祠。淳熙中再入为右丞相，寻又去，为保宁军节度使，既而致仕，封魏国公，卒谥文定。浩之归也，自号鄮峰真隐，故编其集为《鄮峰真隐漫录》。内诗五卷，文三十九卷，词曲四卷，《童丱须知》二卷，共五十卷。当高宗内禅，南渡士大夫忠愤之气，久郁于和议，而欲一伸于孝宗之初，是故以张浚之屡败丧师，经理失策，犹为忠义之士所许，以浩独与异议，迟顾虑患，虽所言后亦颇验，而世犹以其沮北伐之为懦也。其后张浚既没，浩跋杨廷秀张魏公配享议后，不以为天下之公议。第称杨感张吹嘘奖进之恩，能以国士报之，盖浩于浚犹有余忿存焉。朱子谓浩喜荐人才，极不易得。今观集内若荐石敦、薛叔似等札子，盖诚能荐贤者。浩又有《回奏御制厚道辨》及《策士圣训》，皆载孝宗诏论于前，而缀己所论于后。夫浩谓恐其君过语传于天下，是以致辨欲掩其失。

① 《惜抱轩书录》卷4。

今反载之已集以传，是扬君过，而己为名也。况孝宗以所云“国朝以来过于忠厚”，此于事颇得实，未为失。浩之斤斤致辨，徒为将相误国失事者地尔（此处疑有误字，但原文如此——引者注），是其谬于理而强于辞，亦甚已。浩操行非纯，集内持论，得失相杂，取其于史事多有所关，足备考证。至文字工拙，盖亦不足论云。①

宋孝宗《御制策士圣训》云：“夫用人之弊，人君患在乏知人之哲，寡于学而昧于道，况又择相不审，至于怀奸私，坏纪纲，乱法度，及败而逐之，不治之事已不可胜言矣。宰相不能择人，每差一官，则曰此人中高第，真好士人也，终不考其才行何如。孔圣之门，犹分四科，人才兼全者，自古为难。今则不然，以高科虚名之士谓处之无不宜者，何尝问才之长短乎？夫监司、郡守，系民之休戚，今以资格付之宰相，虽择其一二，又未皆得其人，及至陛对，既无过人之善，粗无凡猥之容，则又未能极精其选。国朝以来过于忠厚，宰相而误国者，大将而败军师者，皆未尝诛戮之。虽三代得天下以仁，而启誓六卿曰：‘不用命，戮于社。’羲和废职，犹且征之曰：‘以干先王之诛。’况掌邦邑军师之大事乎？要在人君必审择相，必为官择人，不失其所长，懋赏立乎前，严诛设乎后，人才不出，吾不信也。今朕延登二三柄臣，皆精白一心，尽忠无隐，宜免乎此，更勤夙夜，益凝庶绩，岂不休哉？”史浩回奏曰：“臣观圣训谓将相有不称职者，欲诛戮之。臣愚无知，敢献所疑。……盖诛戮大臣者，秦汉法也。……我太祖皇帝深以行一不义，杀一不辜为戒，而得天下，制治以仁，待臣下以礼，列圣传心，至仁宗而德化隆洽，朝廷之上，至于耻言人过，故本朝之治独与三代同风，此则祖宗之家法也。而圣训则曰国朝以来过于忠厚，夫忠厚岂有过乎？周家自后稷、公刘、太王、王季积德累仁，至于文、武、成、康之盛，而忠厚之风始达于天下，故《行苇》之诗歌之。夫为国而底于忠厚，岂易得哉？而岂有过者哉？陛下此言垂之后世，臣恐

① 《惜抱轩书录》卷4。

议者以陛下自欲行刻薄之政，而归过祖宗，此不可不审思也。”姚鼐原稿重在论史浩之操行，《总目》未予采纳，重拟提要为：

《鄮峰真隐漫录》五十卷 浙江范懋柱家天一阁藏本

宋史浩撰。浩有《尚书讲义》，已著录。其集见于陈振孙《书录解题》、《宋史·艺文志》者皆五十卷，此本卷数并合，而目录别为三卷。首题门人周铸编，则犹宋时刊行旧式也。浩事孝宗于潜邸，隆兴、淳熙中两为宰揆，没后至配享庙庭。其推毂善类，宽厚不争，亦颇为世所称许。当孝宗任张浚，锐意用兵，浩独以为不然，遂以论劾罢去。元代史臣作浩传赞，亦颇诋其不能赞襄恢复之谋。今考集中，如论山东未可用兵、论归正人、论未可北伐、回奏条具弊事诸札子，皆极言李显忠、邵宏渊之轻脱寡谋，不宜轻举，而欲练士卒，积资粮，以蓄力于十年之后。既而淮西奔溃，其言竟验，不可为非老成谋国之见。虽阙后再秉国政，亦未能收富强之效，以自践其言，而量力知难，其初说固有未可深议者。至本传称浩因专对，请于普安、恩平二王内择立一人为皇子，高宗亟称为有用之才，而集中《论对有司不能推广恩意札子》下注云：“见知高宗，只因此札。”事当在请定继嗣之先，而本传顾未之及。集为门弟子编排，所言当必有据，是亦足与史相参考也。集凡诗五卷，杂文三十九卷，词曲四卷。末二卷为《童丱须知》，分三十章，所言皆治家修身之道，而谐以韵语，乃录之家塾以训子孙者。自署辛丑，为淳熙八年，盖其罢官以少傅侍经筵时所著云。①

11.《北溪集》

姚鼐认为“淳能谨守朱子遗训，其文笃实，有得之言也”，虽批评“其规模则已隘”但是还是以肯定为主；而《总目》认为陈淳“可谓坚守师传，不失尺寸者矣”②，倾向于否定。

---

① 《总目》卷159。

② 《总目》卷161。《惜抱轩书录》卷4。

12.《金王若虚文集》

《总目》对于王若虚评价极高："《史记辨惑》、《诸史辨惑》、《新唐书辨》，皆考证史文，掊击司马迁、宋祁，似未免过甚，或乃毛举故细，亦失之烦琐。然所摘迁之自相牴牾，与祁之过于雕斲，中其病者亦十之七八。《杂辨》、《君事实辨》、《臣事实辨》皆所作史评，《议论辨惑》、《著述辨惑》皆品题先儒之是非，其间多持平之论，颇足破宋人之拘挛；《杂辨》二卷，于训诂亦多订正。《文辨》宗苏轼，而于韩愈间有指摘。《诗话》尊杜甫，而于黄庭坚多所訾议。盖若虚诗文不尚劖削锻炼之格，故其论如是也。统观全集，偏驳之处诚有，然金、元之间学有根柢者，实无人出若虚右。吴澄称其博学卓识，见之所到，不苟同于众，亦可谓不虚美矣。"① 而姚鼐对其诗文全盘否定："诗文皆平。其论文，诋《史记》、欧阳公古文语句古拙，若虚以其区区之见，乃欲强而从己，甚觉可笑；其于诗，指摘山谷不遗余力，而甚推白乐天，不谓之蚍蜉撼大树，不可得也；经说则好与朱子异。凡所言者多矣，岂无一言之善，而不胜其迂谬猥陋者之多也。"② 见仁见智，不妨并存。平心而论，姚论过于苛刻，《总目》较为平允。

13.《解学士集》

姚鼐云："民间俚辞小说率附于解学士，流传诗文亦多伪作。"又辨《太平十策》之伪："文集又载上《太平十策》一篇。今观其文，既与太庙封事全不类，而如所云天下官路皆分五级，筑墙为隔之类，为策尤迂谬可笑。窃疑为庸俗学究所为，托于缙者，非真缙所上也。杨士奇铭缙墓，不言所上策。其后周广作墓表，始言之。盖在天顺黄谏编集其文之后，广误信载之耳。罗洪先序集云稍剔其伪，盖洪先固知其多伪作矣。此十策者，所剔之未尽者也。"③ 以上似可补《总目》"李东阳《怀麓堂诗话》谓其诗无全稿，真伪相

① 《总目》卷166。

② 《惜抱轩书录》卷4。

③ 《惜抱轩书录》卷4。

半，盖出于后人窜乱者为多"① 之阙。

《太平十策》的真伪问题既然被姚鼐提出来了，二百年间未见嗣响。今不惮烦琐，试穷究此书之真伪。

首先，解缙所献《太平十策》确实载于史册。《明史·解缙传》云：

缙幼颖敏，洪武二十一年进士，授中书庶吉士，甚见爱重。缙常侍帝前，一日，帝在大庖西室，谕缙："朕与尔义则君臣，恩犹父子，当知无不言。"缙即日上封事万言，略曰："……"书奏，帝称其才。已复献《太平十策》，文多不录。②

为了讨论的方便，特将《太平十策》全文抄录如下：

臣闻有尧舜三代之君，而法尧舜三代之治，则超越唐宋，而太平千万世者，理道之必然也。钦惟皇帝陛下，德侔天地，诚尧舜三代之君，而今之治尚未及唐宋，此臣所以日夜有望于陛下也。况臣蒙陛下之恩，至重至厚，刻骨铭心，思所补报，是以思当今之急务，王政之大端，不过十事而已。一曰参井田、均田之法，二曰兼封建、郡县之制，三曰正官名，四曰兴礼乐，五曰审辅导之官，六曰新学校之政，七曰省繁冗，八曰薄税敛，九曰务农，十曰讲武。谨条陈以献，名曰《太平十策》，惟陛下悯其愚忠，少加采览焉。

一曰参井田、均田之法。本无难事，但以为江南地狭田少，不可井治沟洫，劳民而不易成，且一时动摇，令民失业。故历代纷纭，莫知适从。唐太宗固有意矣，而无其臣。周世宗亦有志矣，而无其时。则太平万世之法，固有待于今日也。为今之计，参井田、均田之法而行之，不必拘拘于方里而井，劳民动众，设沟治涂，而事事合古也。宜令户部会天下丁口若干

① 《总目》卷170。

② 《明史》卷147。

田亩，若干令民，二百丁为一里，里同巷，过失相规，出入相友，守望相助，疾病相扶持。中为堂，右为塾，左为庠。推其父老年高德厚一人处于中堂，朝夕告谒而取正焉。择其文行一人，居于右塾，民年八岁者入焉，教以洒扫、应对、礼、乐、射、御、书、数之文。一人居于左庠，民年十五者入焉，教以诗、书、礼、乐、修己、治人之方，毋敢纵逸。每丁受田若干亩，庐舍邑居池井畜牧山林蔬菓之地若干亩，树艺各随其土之所宜。一里之人各治其私田若干亩，而共耕公田若干亩，山林畜牧之地亦如之。民年二十受田，老免，及身后还田，卖买田地则有重刑。朝而毕出，各事其事，暮而毕入，习学左庠。后为中堂，妇人相聚以治女工，有地狭人稠土地硗瘠之乡，有司资以舟车，给其衣食，徙之江淮之间，闲旷之地，孰不欢然以相从哉？如此，贫富何患其不均？词讼何患其不息？天下何患不治？太平万世，理有必然也。一、先将古人井田、均田、小宗之法及小学、《朱子家礼》、《颜氏家训》、《吕氏乡约》、《女教》及今义门《郑氏家范》等书，类聚考订，刊行天下，长幼习读，有亲族异产者，务要实时，同居共爨，如有不遵，迁于化外。

二曰兼封建、郡县之制。夫众建诸侯而少其力，此万世不易之论。周家以是长久，天下之所共知也。世儒议论纷纭，不足稽考。为今之计，异姓不可封也。惟诸王所封之地，宜以一县，令主治之。一、循古者诸侯之制，择贤以辅，惟世子袭爵。其庶子十岁以上者，宜于水陆都会山川要害之处，别封以一县，择贤能之人辅之。如此，则岁有封建，不过五六年之间，州县将尽为侯国，而天下诸侯皆陛下子孙矣。岂不万年盘石之固哉！一、惟帝子封王，王之嫡子，袭封王爵，庶子定封侯。九年考其贤者封王，次贤者封公，其有过降为伯、子、男。封地广狭并同，有无子者他国庶子继立，务要亲疏昭穆得其至当。一、先将古者侯国制度考定成书，刊行天下，通知先给，一本诸王。一、古人削地之法，不可行。盖削地益地，后致强弱不同。

三曰正官名。今之六部，即古之六官，而尚书之官本汉朝内臣，如尚衣、尚宝之类，而以为六卿，名实不相符矣。侍郎之名，亦自不通，宜改从古。

四曰兴礼乐。一、今天下祭祀无乐，宜详定颁行天下。一、古者庶人皆通音乐，今天下和平，宜令百姓并习音乐。一、宜令天下访求精晓音律、通究礼典者，条陈画图以进。一、天下生员，每间日习礼乐，如出榜画图，晓示之。后无能通晓者，或选乐生往教，或令自求师，如是数年之后，今太常乐舞生及教坊司皆可罢斥矣。一、禁天下胡琴、羌笛。一、应俗乐，禁庶人，不可作圜社。一、京城及天下官路，宜分为五级，广若干步，中为御道，高于地若干丈。其左，官员儒士路一，农商行路一；其右，工人行路一，妇人行路一，使四民不收之人无自出焉。古人男妇异路，亦此意也。并以栏墙隔之墙，高及肩，于上印刻"禁戒"，不许参越，其士农工商之人，异其衣冠，使四民不收之人无容其身。士缁布冠，乌纱，深衣，漆为之骨簪，履袜以白皮，布任用黑质，白缘，其常服许戴今之头巾，及明帽圆领衫丝绦皂靴等，生员并同。农工商贾，不许农台笠，棕草任用，上衣稍长，下及于膝，布裳履袜以布，布草任，用色以皂。工帽以皂皮为之，布褶，履袜以布，布草任用，色以皂。商台笠以竹，直领衫，履袜白布，布草任用，色以白。

五曰审辅导之官。夫辅导诸王，宜择方正之士以佐王，王必敬而礼之，朝夕谘访，今后凡王府官宜审试之。一、教世子之法，及左右前后之官，今皆未备，宜先令搜求古法及贾生之策而行之。

六曰新学校之政。一、每县学生员三十人，府学百人。每岁春秋二季，县之儒士试于学，试中曰俊士，始入县学，县设公宴，迎榜至其家，县官亲送；二年，各县之生员试于府，以八月试，中曰选士，始入府学，宴迎之，礼亦如之；三年乡试、会试、殿试如今制，始曰进士，每岁府学贡十人于国学曰贡士，试中县官，传榜名至其家。府县滥取，并有重罚。一、开科取士，不用大臣保举，余从宋制，宜少取数名，并赐进士及第、前进士及三甲者许应。一、宜令天下投进诗书著述，官为刊行，令福建及各处书坊，今国学见在书板，文渊阁见在书籍，参考有无，尽行刊完。于京城及大胜港等处，官开书局，就于局前立碑刻详书目，及纸墨二本，令民买贩关津免税每水陆通会州县立书坊一所，制度如前。一、法帖本亦宜求善本，类聚刻石一本。

七曰省繁冗。一、州县地方，民户大小不均，宜均平之。官员繁冗，不足为治州县，繁要去处，止用正官一员，首领官一员，僻远去处，止用一员。若所用得人，一人为之有余矣。一、各处卷宗，长幅大卷，常有遗失，今后每年一县将簿十二本，赴京用结勘合，回县书写案卷，其各衙门行移状词等项删去繁文，上用小纸勘合一张，广狭随文多少，务要与簿相等，立卷随即粘上，于簿岁终六本解赴京，六本收本处。一、后堂设案六只，橱六个，吏当官前写办文书，一置一柜，于公厅专收文簿，朝则官启之，暮则官封之。一、如事多未一年而卷满者，许奏添一，以里长代吏胥禁子一年而一更，此亦绝奸吏之良法也。一、各宜立铸钞库。一、伪造钞者滋多，刑之不绝，宜于钞上置半印勘合流派字号，盖一贯一号，两贯同号，真伪可辨矣。

八曰薄税敛。一、宜令天下钱钞，金银谷帛，金银使用。一、商贾之利有盈亏，都会之地有兴废。今税有定额，民必受害，宜令各处税课，随时多少，从实征收，或令百姓各人户上先行补纳官收税钱，至冬均给还之，则众轻易举，官民俱利，百姓无巡拦之困矣。

九曰务农。农者天下之本，而食者民之天，故蓄积多而备，先具兵荒水旱，诚不足忧也。及今天下丰岁，正宜于天下要害之处，每岁积粮若干，民乐近输，而国受长久之利，计之善者也。一、每一里，设田畯一人，以今之耆宿为之，专一巡察，以警勤惰，以《农桑集要》等书教之，一、先将《农桑集要》、《齐民要术》及树艺、水利等书类聚考订，颁行天下，令各家通晓。一、义仓之法，宜悉讲求，即令天下民自建立，则虽有水旱，不足忧矣。

十曰讲武。一、宜依唐宋旧制，开武科。盖郭子仪之徒亦出于是也。一、古今通患，郡县无城，器械不完，刍粮不给，妖贼长驱，所在风靡。今太平之世，正宜于各处州县皆立城池，令民冬月修筑，就各处立武学。一、各处夜则击柝守城，各处生员尤当讲兵书，习武事，文武并用，长久之术也。一、军器、木石、草谷，宜于武学之后，各置仓库。每岁成造，时时检阅，务要坚良。一、武举准科举之制。一、国学宜高大其制，环之以水。春秋教以礼乐，冬夏教以诗书。早则升堂。一、揖退而会食，各处其所，听其自相讲贯，学门之内，听其自然，止禁其戏言戏动，无故而出，学四时之季。一、试有不善，责令改之。一不改，降之下等；再不改，免冠责之；三不改，加刑焉；四不改，屏之远方；三年而不悔，投之四裔，终身不齿。一、将武经之属考校，而使之习武举定式，宜参唐宋制。一、大将凯旋，宴于学官，凡武举之子，皆令入学，可用则授之以职，其不才则罢黜之。

右十策，谨如前，万一可采，伏望内降手敕，付大臣施行。臣复窃念前者妄论边谋，干渎圣听，战兢累日，以待斧钺之诛，蒙陛下垂怜，赦其罪戾，臣愈感恩，浸入心骨，陛下既以臣为亲臣矣，臣固不敢自同于众人也，若此陈献，非云报国，以见臣一介愚蒙拳拳之忠耳。至于臣之许国，天长地久，皆建功立效之时，惟陛下幸垂怜之。①

其次，姚鼐辨伪方法存在误区。姚鼐云："今观其文，既与太庙封事全不类，而如所云天下官路皆分五级，筑墙为隔之类，为策尤迂谬可笑。窃疑为庸俗学究所为，托于缙者，非真缙所上也。杨士奇铭缙墓，不言所上策。其后周广作墓表，始言之。盖在天顺黄谏编集其文之后，广误信载之耳。罗洪先序集云稍剔其伪，盖洪先

① 解缙:《文毅集》卷1。

固知其多伪作矣。此十策者，所剔之未尽者也。”今按：姚鼐此言差矣！文章风格不足以辨伪，为策迂谬可笑亦不足以断真伪。杨士奇铭为被告解缙撰写墓文，也完全有可能出现遗漏，不言所上策，也并不稀奇。周广作墓表中已言之，何以就见疑？怎样就随便敢断言是误信误载？若如此断案，定有无边屈死鬼！不过，解缙当时确实享有大名，作伪者喜欢借用其名，也是情理中事。历史上还有谁献过《太平十策》吗？会不会是他们干的好事？经普查文献，发现明代有一位叫郑纪的人也曾献过《太平十策》。据《司徒郑廷纲先生纪》记载：

> 郑纪字廷纲，仙游人，南湖淑之后，举天顺庚辰进士，为翰林庶吉士，授检讨。与谢一夔、刘健、周经、张元祯诸公，讲性理之学，以经济相许。其为文章披奇剔怪，澜立星回，深博蕴藉，益探以有宪宗登极，上《太平十策》。……有《奏议》四卷、《圣功图》十卷、《归田录》八卷、文集前、后、续、别五十卷。①

再查明郑纪《东园文集》② 卷二奏议内确有《太平十策》，但有目无文。原注云：“天顺八年正月上，时宪宗皇帝登极，优旨采纳，今无存稿，俟求补入。”所上十策，不知具体内容，难以断给此公据明危素《太平十策序》说：

> 《太平十策》者，临川艾君本固之所著也。其纲曰：“开经筵以广圣学，谨储蓄以备水旱，行铜钱以助钞法，严考绩以择守令，崇节俭以厚风俗，汰冗员以厚正官，奖廉让以化官

① 李清馥：《闽中理学渊源考》卷55。

② 《东园文集》提要云：“明郑纪撰。纪字廷纲，别号东园，仙游人，天顺庚辰进士，官至南京户部尚书。……纪入翰林后，归卧屏山，读书二十余年。生平为文，无构思，无易稿，为人假去，亦不复问。门人吴俨称其文甚类老泉，其气昌，其思深，其辞正而不阿，其辨博而不杂。今观集内所载诸奏疏，皆剀挚详明，切中时政。”

> 吏，举孝弟以正民彝，通资格以任贤才，修武备以振国威。”艾君上书时，今太师忠王方入相，得君书，大喜，中书参议何庭兰世称能吏，亦曰君言可用，下之部，而吏议沮之，不报。余尝论之，四民之中，惟士有天地民物之责，虽穷居草茅，其虑必周于天下后世，此昔之君子先天下之忧而忧也。君处田里之间，民生之休戚，见之详矣，国政之得失，思之熟矣，而又能穷经考史，以损益古今之宜，此十策者，盖其灿然可举而行者。为国而不先乎此，则以为治者皆自诡而已顾，岂可以老生常谈视之哉！今夫居高位食重禄者，非无其人，而乃使布衣之士，焦心劳思，徒步五千里，奋然言事言之，而又困于吏议，吾不知其何说也！因阅其草稿，书以归之。①

艾氏纲目所列也是十条：“开经筵以广圣学，谨储蓄以备水旱，行铜钱以助钞法，严考绩以择守令，崇节俭以厚风俗，汰冗员以厚正官，奖廉让以化官吏，举孝弟以正民彝，通资格以任贤才，修武备以振国威。”但与被告解缙所谓“一曰参井田均田之法，二曰兼封建郡县之制，三曰正官名，四曰兴礼乐，五曰审辅导之官，六曰新学校之政，七曰省繁冗，八曰薄税敛，九曰务农，十曰讲武”相比较之后，笔者认为，二者套路不合，相差太大，显然不是一人所为。因此，我们基本上可以排除艾本固有作案的可能。

最后，我们发现解缙的《太平十策》曾被顾炎武引用。顾炎武在写《日知录》时，为了考察“以钱为赋”的现象，曾经援引过解缙的《太平十策》。其文曰：

> 解缙《太平十策》言：“及今丰岁，宜于天下要害之处，每岁积粮若干，民乐近输，而国受长久之利，计之善者也！”愚以为，天下税粮，当一切尽征本色，除漕运京仓之外，其余则储之于通都大邑，而使司计之臣，略仿刘晏之遗意，量其岁之丰凶，积其价之高下，粜银解京，以资国用。一年计之不

---

① 危素:《说学斋稿》卷2。

足，十年计之有余。小民免称贷之苦，官府省敲朴之烦，郡国有凶荒之备，一举而三善随之矣。①

将《日知录》所引之文与《太平十策》一一对勘，笔者发现顾炎武所引正是十策之“九曰务农”中语！顾炎武考据精博，实事求是，不作无根之谈，他作为证人应该是最有资格的，他所提供的证据应该可以采信。《太平十策》既载于解缙的墓表，又见于官方正史，且有考据学的不祧之祖引证，凭此三条，又根据“疑罪从无”、“无罪推定”等基本法则，笔者还是将此《太平十策》的著作权归于解缙名下。姚鼐所谓“疑为庸俗学究所为”之说，没有提供足够证据，恐难以成立。

朝军按：此类凡13条，约占14.77%。

（八）未见著录类

1.《金莲正宗仙源像传》

2.《纶扉奏草》②

朝军按：此类凡2条，约占2.27%。

（九）综合类

1.《元典章》

二者不同之处有三：第一，卷数不同。姚鼐云：“新集未分

① 顾炎武：《日知录》卷11。

② 叶向高字进卿，福清人，明神宗时为相八年，告归。熹宗时再起，又相四年。所为《纶扉奏草》三十卷，神宗时所为疏揭也。《续稿》十四卷，熹宗时所为，合四十四卷。皆有向高自序。向高所事皆暗主，其言虽正，疏揭虽多，然伪神宗、熹宗所寓目者殆无几见，而允行者尤少。世又言杨涟劾魏忠贤，向高颇不然之，因其门生缪昌期谏正乃具揭，请帝允忠贤辞去。及为忠贤所愠，则又归过于昌期以自解，是以其疏揭之辞，大抵出于牵畏公议爱护名声者为多，较之忠直出于至性者诚有间矣。方退归之日，遽取平生奏议序而刻行之，何其急欲自明也。然当时国事犹赖其少有维持，天下正人终以为倚赖，而群小遂亦目为党魁，其后向高去而清流之祸愈亟，是可悲也。向高又有《纶扉尺牍》十卷，其有关当日时事者，已于奏议见之，故不复录云。

卷，今酌分为十二卷。”所分卷数未被采纳，《总目》仍以无卷数著录，未审何故。第二，对于《大元圣政典章》与《大元通制》的关系问题认识不同。姚鼐推测此书“出于胥史所初辑，而《通制》稍加删定”，而《总目》认为二者“各为一编”。第三，评论不同。姚鼐认为：“此书载案牍之文，未免细碎猥杂。又元时陈奏诏令，直用当时俗语，转经抄写，或有舛误，至今多有不可通晓者矣。然一朝制度之详，史所不书者，此略备之。又其书尤详于刑律，世谓元时用法颇慈仁者，于此尤可见也。”虽承认“多有不可通晓者”，但对其史料价值颇为肯定。而《总目》认为：“考《元史》以八月成书，诸志皆潦草殊甚，不足征一代之法制。而《元经世大典》又久已散佚，其散见《永乐大典》者，颠倒割裂，不可重编，遂使百年掌故，无成书之可考。此书于当年法令，分门胪载，采掇颇详，固宜存备一朝之故事。然所载皆案牍之文，兼杂方言俗语，浮词妨要者十之七八，又体例瞀乱，漫无端绪。观省札中有‘置簿编写’之语，知此乃吏胥钞记之条格，不足以资考证，故初拟缮录，而终存其目焉。”① 连其史料价值也予以否认。吏胥钞记之条格何以不足以资考证？《总目》的这种偏见，确实有点莫名其妙。

2. 《西使记》

二者不同之处有四：第一，姚鼐以刘郁为“浑源州人”，不误，而《总目》改为“真定人”，未加考证，反而改错。第二，《总目》增材料二则，一述大旨与版本：“是书记常德西使皇弟锡里库军中，往返道途之所见。王恽尝载入《玉堂杂记》中，此盖别行之本也。”二论译音之误：“因《元史》为明代所修，故译音讹舛，一以为锡喇，一以为锡里库，误分二人。”第三，《总目》将“中如木乃兮作木乃奚之类，皆译文偶殊。惟侃传言乞石迷部忽里算滩降，又言合里法算滩降，算滩夷言王也，若其国有两王，此记言有佛国名乞石迷，又言取报达国，其王合法里，又若乞石迷国有两名，盖乞石迷者国名也。忽里或其城地之名，忽里算滩当即

① 《总目》卷83。

合里法，《宪宗纪》谓之哈里发，记又倒为合法里，要皆一人也。记云报达为诸胡之祖，岂报达乃合里法之先世与？异域邈远，语经转译，往往若斯不可定也”删为“惟译语时有讹异耳”。第四，《总目》增评论：“我皇上神武奋扬，戡定西域，昆仑月窟，尽入版图。计常德所经，今皆在屯田列障之内。业已《钦定西域图志》，昭示亿龄。郁所纪录，本不足道，然据其所述，亦足参稽道里，考证古今之异同，故仍录而存之焉”。① 此类时论，大有媚上之嫌，殊不足道。

3.《秘史》

二者行文体例不同。《总目》将作者爵里移至开头部分，并补充“官至尚宝司少卿”。评论亦不同。姚鼐认为：“是言当最得实。《明史稿》良传乃用前说，岂未见是书邪？”姚氏重家谱而轻国史，对《明史》有所质疑。而《总目》认为：“革除之际，诛锄异己，凡效忠于建文者，皆祸及子孙。安知王氏家谱非为宗族之计，讳其死难以自全？未必遽为定论。《明史》良传仍用前说，盖必有所考也。”②《总目》为《明史》辩护，轻家乘而重正史。

4.《靖难记》

二者大致相同。不同之处有三小点：第一，《总目》统一体例，将版本、卷数等内容补充完全。第二，《总目》增评论：“极其丑诋……则其文饰概可见矣。”第三，《总目》修饰文词，将“颠倒黑白，惟意所及，而不知天下后世之不可欺也”改为“故黄虞稷《千顷堂书目》称其语多诬伪，殊不可信”③。《总目》将姚鼐的“己见”转换为前人的“成见”，以示客观。

5.《穆天子传》

《总目》殿本与浙本在此篇提要上有很大的不同，殿本较繁，在姚鼐原稿上进行增改，而浙本较简。下面我们将殿本与姚稿的不同之处揭示如下：第一，《总目》统一体例，将版本、卷数等内容

① 《总目》卷58。《惜抱轩书录》卷2。

② 《总目》卷53，《姜氏秘史》提要。《惜抱轩书录》卷2。

③ 《总目》卷52。

补充完全；第二，《总目》增材料："十四年夏，王畋于军邱，五月作范宫、作虎牢，事在传之第五卷。"第三，对今本《竹书纪年》的看法不同，姚鼐认为："以《纪年》之序论之，当移五卷、六卷于二卷之前。盖竹书零散，编者宜不能得其次也。"而《总目》认为："两书同时并出，荀勖等互校其文，不应牴牾如此。盖今本《竹书纪年》，乃明人摭诸书以为之，非汲冢之旧简，并郭璞注中所引《纪年》之文，尚掇拾未尽，况暇考其次第乎？是亦今本《纪年》出于依托之一证。或乃谓当移五卷、六卷于二卷之前，以符《竹书》之次第，则削趾适履矣。"姚鼐以今本《竹书纪年》为真，而《总目》以为伪，不点名地痛斥姚鼐为"削趾适履"，可谓针锋相对。第四，对《列子》与《穆天子传》的关系认识不同。姚鼐认为："《列子·周穆王篇》所载与此传相出入，未知《列子》与此传孰前孰后。要其文辞之古，必出周人，非后世所能伪也。"从引文与文词的角度进行辨伪。而《总目》认为"《列子·周穆王篇》所载与此《传》相出入。盖当时流俗有此记载，如后世小说野乘之类，故列御寇得捃采其闻耳"。第五，《总目》增评论："《道藏目录》载入洞玄部记传类恭字号……固考古者所宜宝重也。"第六，《总目》增案语："案：《穆天子传》旧皆入起居注类。徒以编年纪月，叙述西游之事，体近乎起居注耳。实则恍惚无征，又非《逸周书》之比。以为古书而存之可也，以为信史而录之，则史体杂、史例破矣。今退置于小说家，义求其当，无庸以变古为嫌也。"① 此种案语因为隐藏于正文之中，常为学者所忽视。但它们在《总目》中起很大的作用，是对全书大例的有效补充。

6. 《山海经》

二者之间增删之迹还比较明显。《总目》删材料："夫异物类种，容有古今同形书事相证者，如序所云贰负之臣梏桎，唐虞直至汉世，为死为生，都无是理。盖《山海经》本记图画，故云梏其右足、反缚两手者，图如是耳，岂谓终古常然哉？其事惟《论衡》亦及之。又序所云两面之容长臂之衣事，乃出《三国志·东沃沮

① 《总目》卷142。

传》中。惟东方朔知异鸟事，别无所征，盖亦流俗妄说耳。然则《山海经》固诞妄之书，而此奏又魏晋后人伪作之，杂取流俗妄说以实是书之所纪。……今有图者盖明人所作，又郭璞注内有杂入'璨曰'者，不知为谁，其语甚陋。《尔雅》云藿山韭，灿乃云《尔雅》谓藿山多韭，其可笑如此。今举图与灿说悉删去之。"①增评论："究其本旨，实非黄、老之言。然道里山川，率难考据，按以耳目所及，百不一真。诸家并以为地理书之冠，亦为未允。核实定名，实则小说之最古者尔。"② 姚鼐云："朱子谓是书出于《楚辞》之后，所记乃附会《楚辞》，非《楚辞》用《山海经》也。又谓此经盖本有图，而记其图之所载，故所记异物有云东向东首者，以图故也，是皆得其情矣。"③ 以为朱子得其情实，全部加以肯定。而《总目》则一分为二，认为《楚词·天问》多与《山海经》相符，使古无是言，屈原何由杜撰？对朱子《山海经》因《天问》而作之说大不以为然。但认为朱子所谓"《山海经》记诸异物、飞走之类，多云东向，或曰东首，疑本因图画而作述之。古有此学，如《九歌》、《天问》，皆其类"之说得其实。

7. 《汉制考》

姚鼐初稿基本上被吸收到《总目》之中。《总目》增评论："要其大致精核，具有依据。较南宋末年诸人，侈空谈而鲜实征者，其分量相去远矣。"又增材料："应麟有《周易郑康成注》，已著录。……道、导字，古通用也。"④ 其他文字略有删润，但无关宏旨。

8. 《甘水仙源录》

《总目》删材料："帝王往往命召崇礼其徒，其徒乃始益为祷祀之说，设普天大醮度道士盛宫观。金、元间文士遂多为作文字以侈其事。盖其流益炫曜，而去其初立教之意益衰。佛老养生符箓之

① 《惜抱轩书录》卷2。

② 《总目》卷52。

③ 《惜抱轩书录》卷2。

④ 《惜抱轩书录》卷3。《总目》卷81。

学遂淆乱而不可分。重阳子之后有李道谦者，元世祖至元中尝掌其教于陕西。”又增评论：“《都邛三余赘笔》曰，今之道家，有南、北二宗。其南宗者，谓自东华少阳君，得老聃之道，以授汉钟离权，权授唐进士吕岩、辽进士刘操，操授宋张伯端，伯端授石泰，泰授薛道光，道光授白玉蟾，玉蟾授彭佀，其北宗者，谓吕岩授金王嚞，嚞授七弟子：其一邱处机，次谭处端，次刘处元，次王处一，次郝大通，次马珏及珏之妻孙不二。此外，又有所谓全真者，其名始嚞。盖嚞大定中抵宁海州，马珏夫妇筑庵事之，题曰全真。由是四方之人，凡宗其道者，皆号全真道士云云，其说甚详。然孰见其授受乎？厥后三教归一之说浸淫而及于儒者，明代讲学之家，矜为秘密，实则嚞之绪余耳。”① 最后将批评的矛头由重阳子转向明代讲学家。反对三教归一，旨在独尊儒家。

9.《冷斋夜话》

《总目》删材料：“俗姓彭……大观中，入京乞得祠部牒为僧。时有郭天信晓方术，尝识徽宗潜邸，及即位，遂获宠幸，商英颇与交结，而洪往来于其间。”又增材料：“又每篇皆有标题，而标题或冗沓过甚，或拙鄙不文，皆与本书不类。其最剌谬者，如‘洪驹父诗话’一条，乃引洪驹父之言以正俗刻之误，非攻洪驹父之误也，其标题乃云《洪驹父评诗之误》，显相背触。又‘邦亭湖庙’一条，捧牲请福者乃安世高之舟人，故神云舟有沙门，乃不俱来耶？非世高自请福也。又追叙汉时建寺乃为秦观作《维摩赞》缘起，非记世高事也，其标题乃云《安世高请福邦亭庙，秦少游宿此梦天女求赞》。既乖本事，且不成文。又‘苏轼寄邓道士诗’一条，用韦应物寄全椒山中道士诗韵，乃记苏诗，非记韦诗也，而其标题乃云《韦苏州寄全椒道人诗》，更全然不解文义。又惠洪本彭氏子，于彭渊材为叔侄，故书中但称渊材，不系以姓，而其标题乃皆改为刘渊材，尤为不考。此类不可殚数，亦皆后人所妄加，非所本有也。是书杂记见闻，而论诗者居十之八。论诗之中，称引元祐诸人者又十之八，而黄庭坚语尤多，盖惠洪犹及识庭坚，故引以

① 《惜抱轩书录》卷3。《总目》卷147。

为重。其‘庭坚梦游蓬莱’一条，《山谷集》题曰《记梦》。《洪驹父诗话》曰，‘余尝问山谷，云此记一段事也。尝从一贵宗室携妓游僧寺。酒阑，诸妓皆散入僧房中，主人不怪也。’故有‘晓然梦之非纷纭’句。惠洪乃称‘庭坚曾与共宿湘江舟中亲话，有梦与道士游蓬莱事’。且云‘今《山谷集》语不同，盖后更易之’。是殆窜乱其说，使故与本集不合，以自明其暱于庭坚，独知其详耳。”复增评论：“然惠洪本工诗，其诗论实多中理解。所言可取则取之，其托于闻之某某，置而不论可矣。”①

10.《芥隐笔记》

《总目》增考证：“考韩元吉《南涧甲乙稿》中有《题芥隐》一诗，为颐正而作，盖其书室之名，因以名其所著也。颐正考证博洽，具有根柢，而舛谬处亦时有之。如韩愈‘马上谁家白面郎’诗误以为杜甫，《公羊传》‘孔父义形于色’误以为《左传》孔子语，王昌龄‘梦中唤作梨花雪’诗误以为王建。信乎考证之难！……每条下多有注语，其中‘班固宾戏’一条与正文不相应；‘王安石草堂怀古’一条，明注异同；其‘王建’一条，注乃明驳之，似非颐正所自注。然出自谁手，则不可考矣。”又增评论：“然统合全编，则精核者居多，要不在沈括《笔谈》、洪迈《随笔》之下，未可以卷帙多少为甲乙也。”②《总目》对此书的评价不可谓不高，但是姚鼐引当时之人称曰：“音训之精，莫如芥隐。”认为“盖小学之流也”。小学之流识其小，显然阴寓贬斥之意。可见二者褒贬不同。

11.《难经本义》

《总目》增材料：“朱右《撄宁生传》曰：‘世为许州襄城大家，元初，祖父官江南，自许徙仪真，而寿生焉。’又曰：‘在淮南曰滑寿，在吴曰伯仁氏，在鄞越曰撄宁生。’然则许乃祖贯，鄞乃寄居，实则仪真人也。寿卒于明洪武中，故《明史》列之《方技传》。然戴良《九灵山房集》有怀滑撄宁诗曰：‘海日苍凉两鬓

① 《惜抱轩书录》卷3。《总目》卷120。

② 《总目》卷118。

丝，异乡飘泊已多时。欲为散木留官道，故托长桑说上池。蜀客著书人岂识，韩公卖药世偏知。道涂同是伤心者，只合相从赋黍离。'则寿亦抱节之遗老，托于医以自逃耳。是书首有张翥序，称'寿家去东垣近，早传李杲之学'。《撄宁生传》则称：'学医于京口王居中，学针法于东平高洞阳。'考李杲足迹未至江南，与寿时代亦不相及。翥所云云，殆因许近东明。附会其说欤?"又增评论："吴太医令吕广尝注之，则其文当出三国前。广书今不传，未审即此本否?然唐张守节注《史记·扁鹊列传》所引《难经》悉与今合，则今书犹古本矣。其曰《难经》者，谓经文有疑，各设问难以明之。其中有此称经云，而《素问》、《灵枢》无之者，则今本《内经》传写脱简也。其文辨析精微，词致简远，读者不能遽晓。故历代医家多有注释。寿所采摭凡十一家，今惟寿书传于世。其书首列《汇考》一篇，论书之名义源流。次列《阙误总类》一篇，记脱文误字。又次《图说》一篇，皆不入卷数。其注则融会诸家之说，而以己意折衷之。辨论精核，考证亦极详审。……寿本儒者，能通解古书文义，故其所注，视他家所得为多云。"①

12.《类证普济本事方》

《总目》增材料考证其爵里："或曰毗陵人。惟曾敏行《独醒杂志》作真州人，二人同时，当不误也。""医家谓之许学士。宋代词臣率以学士为通称，不知所历何官也。"又增材料考证其流传："其书属词简雅，不谐于俗，故明以来不甚传布。此本从宋椠钞出，其中凡丸字皆作圆，犹是汉张机《伤寒论》、《金匮要略》旧例也。国桢又记叔微所著尚有《拟伤寒歌》三卷，凡百篇，又有《治法》八十一篇及《仲景脉法》三十六图、《翼伤寒论》二卷、《辨类》五卷，今皆未见传本，疑其散佚矣。"《总目》将原评"所论病证、医理，颇多精语，非常医所能也"删去，引朱国桢《涌幢小品》、《独醒杂志》、姚宽《西溪丛语》等以评论其医术②。

---

① 《总目》卷103。

② 《总目》卷103。

13. 《泉志》

《总目》增材料："遵有《翰苑群书》，已著录。"又将"遵所目验语可依信之泉形杂于是中，今亦无由别之矣，可谓不善著书者也"改为"是又务求详博之过也"。①

14. 《古画品录》

《总目》增材料："赫不知何许人。姚最《续画品录》称其'写貌人物，不须对看，所须一览，便归操笔，点刷精研，意存形似，目想毫发，皆无遗失，丽服靓妆，随时变改，直眉曲鬓，与世竞新。别体细微，多自赫始。委巷逐末，皆类效颦，至于气韵精灵，未穷生动之致，笔路纤弱，不副雅壮之怀。然中兴以来，象人为最'。据其所说，殆后来院画之发源。张彦远《名画记》又称其有《安期先生图》传于代，要亦六朝佳手也。"又增评论："李嗣真亦讥其黜卫进曹，有涉贵耳之论。然张彦远称谢赫评画，最为允惬。姚李品藻，有所未安，则固以是书为定论，所言六法，画家宗之，亦至今千载不易也。"复删评论："然最又称赫写貌人物，中兴以来众人莫及。赫盖专精于写真者也。"②

15. 《续画品》

姚鼐原稿已被吸收进《总目》，且增材料："盖梁人而入陈者。犹《玉台新咏》作于梁简文在东宫时，而今本皆题陈徐陵耳。"又增评论："中梲宝钧、聂松合一论，释僧珍、僧觉合一论，释迦佛陀吉底、俱摩罗菩提合一论，凡为论十六则，名下间有附注，如湘东殿下条注曰：'梁元帝初封湘东王，尝画芙蓉图、醮鼎图。'毛棱条下注曰惠秀侄尚，似是最之本文。至张僧繇条下注曰五代梁时吴兴人，则决不出最手，盖皆后人所益也。凡所论断，多不过五六行，少或止于三四句，而出以俪词，气体雅俊，确为唐以前语，非后人所能依托也。"③

16. 《续画品录》

《总目》增材料考证作者其人："案《旧唐书》，李嗣真，滑州

① 《总目》卷116。《惜抱轩书录》卷3。

② 《总目》卷112。《惜抱轩书录》卷3。

③ 《总目》卷112。

匡城人，永昌中……为来俊臣所陷，配流岭南，万岁通天中征还，行至桂阳卒。此本前题结衔为御史大夫，而张彦远《历代名画记》亦称为李大夫，与《旧唐书》合。彦远又称嗣真为尹琳弟子，善画佛道鬼神。琳，高宗时人，时代亦符，当即其人也。”又增评论：“朱景元《唐朝名画录》序称嗣真空录人名，而不记其善恶，无品格高下，与此本体例合。然《名画记》引李嗣真云，曹不兴以一蝇辄擅重价，列于上品，恐为未当。况拂蝇之事，一说是杨修，谢赫黜卫进曹，是涉贵耳之论云云，凡数条。又李绰《尚书故实》亦引嗣真云：‘顾画屈居第一，然虎头又伏卫协画《北风图》。’是嗣真之书又本有论断，同出唐人，而所言互异。晁公武《郡斋读书志》载嗣真《名画记》一卷，又《画人名》一卷。岂彦远所引为《名画记》之文，而此为《画人名》耶？”又增考证以辨伪：“《法书要录》载嗣真《书品后》一卷，所载八十一人，分为十等，各有叙录，又有评有赞，条理秩然。计其《画品》体例亦必一律，不应草草如此，是尤作伪之明证矣。”① 朝军按：二者结论虽然相近，但原稿过于简略，经修改后质量大为提高。

17.《画史》

《总目》增材料：“芾字符章，史浩《两抄摘腴》曰：芾自号鹿门居士。黄溍笔记曰：元章自署姓名，米或为芈，芾或为黻，又称海岳外史，又称襄阳漫士。周必大《平园集》有章友直画虫跋，曰后题无碍居士即米元章。盖芾性好奇，故屡变其称如是。……都穆《寓意编》曰：‘米氏父子本襄阳人，而寓居京口，尝观海岳翁表吴郡朱乐圃先生墓曰：余昔居郡，与先生游。则海岳又尝寓苏。修《宋史》者直云吴人，而后之论撰者遂以为吴县人，失之远矣！’据其所考，则史称吴人，误也。芾初以其母侍宣仁后藩邸旧恩，补浛阳尉，官至礼部员外郎，知淮南军。”②《总目》增补作者生平事迹，远比原稿丰富。《总目》又增评论：“历代赏鉴之家，奉为圭臬。中亦有未见其画而载者，如王球所藏两汉至隋帝王像，

① 《总目》卷114。

② 《总目》卷112，《书史》提要。

及李公麟所说王献之画之类。盖芾作《书史》，皆所亲见。作《宝草待访录》，别以‘目睹’、‘的闻’分类编次，此则‘已见’、‘未见’相杂而书，其体例各异也。他如浑天图及五声六律十二宫旋相为君图，自为图谱之学，不在丹青之列，芾亦附载，殆张彦远《历代名画记》兼收日月交会九道诸图之例欤？芾不以天文名，而其论天，以古今百家星历尽为妄说，欲以所作昼夜六十图上之御府，藏之名山，已为夸诞。又不以韵学名，而其论韵，谓沈约只知四声，求其宫声而不得，乃分平声为上下，以欺后世。考约集载《答陆厥书》，虽称宫、商之音有五，而《梁书》约本传及《南史》厥本传并云四声，《隋志》亦作沈约《四声》一卷。芾所谓求其宫声不得者，不知何据？殆误记唐徐景安《乐书》以上、下平分宫、商欤？卷首题词，谓唐代五王之功业，不如薛稷之二鹤，尤为诞肆。是亦以颠得名之一端，存而不论可矣。”① 姚鼐桐城一派，虽也不废考据，但其考据功力不够深厚。姚鼐虽倡义理考据辞章合一论，但主张只读常见书，不像乾嘉考据大师们那样博览群书。总之，其提要稿不仅在思想方面与《总目》不合拍，在考据方面也相形见绌，甚至被《总目》诋为“削趾适履”。

18.《画继》

《总目》增材料：“一卷至五卷以人分：曰圣艺，曰侯王贵戚，曰轩冕材贤，曰缙绅韦布，曰道人衲子，曰世胄妇女及宦者，各为区分类别，以总括一代之技能。六卷、七卷以画分：曰仙佛鬼神，曰人物传写，曰山水林石，曰花竹翎毛，曰鸟兽虫鱼，曰屋木舟车，曰蔬果药草，曰小景杂画。各为标举短长，以分阐诸家之工巧，盖互相经纬，欲俾一善不遗。”又增评论：“九卷、十卷皆曰《杂说》，分论远、论近二子目，则书中之总断也。论远多品画之词，论近则多说杂事。论远之末，附缀杂事一条，或传写失次欤？椿以当代之人，记当代之艺，又颇议郭若虚之遗漏，故所收未免稍宽，然网罗赅备，俾后来得以考核。其持论以高雅为宗，不满徽宗之尚法度，亦不满石恪等之放佚，颇为平允，固赏鉴之家所据为左

① 《总目》卷112。

验者矣。"①

19.《图绘宝鉴》

《总目》增材料："文彦字士良，其先吴兴人，居于松江。陶宗仪《辍耕录》曰，友人吴兴夏文彦，号兰渚生……然核其书中如文彭、陆治、钱谷等以下，皆嘉靖时人。殆后来有所增补，非昂之旧欤?"又增评论："其考核诚至，其用心良勤，其论画之三品，盖扩前人所未发云云。即指此书也。中间如封膜之类，尚沿旧讹，未能纠正。又每代所列，不以先后为次，往往倒置，体例亦未为善。然搜罗广博，在画史之中，最为详赡。郎瑛《七修类稿》尝谓《图绘宝鉴》但纪历代善画人名，及所师某人而已，当添言所以，方尽其意。如董源则曰'山是麻皮皴'之类，马远则曰'山是大斧劈，兼丁头鼠尾'之类，如是则二人之规矩已寓目前，而后之观其画者亦易云云。然文彦所记，主于征考家数源流，中间传其名者多，见其迹者少，安能一一举其形似！瑛所云云，盖未知著书之难，不足据也。"②

20.《楚辞协韵》

《总目》增材料："古无韵书，各以方音取读。方音南北互殊，不免大同而小异。如《离骚》'朕皇考曰伯庸，维庚寅吾以降'，'降'读户工切，又'重之以修能，纫秋兰以为佩'，'能'读奴来切，皆古音也。"③ 复删材料："南人读名如民，至今犹然……《渔父篇》'举世皆浊我独清，众人皆醉我独醒'，二句为韵，'是以见放'，无韵，古人文字不拘往往若此。畯必读清为千羊反，读放平声以协之。然则篇末'遂去不复与言'当何韵乎?"又删评论："昔汉时隶书俗体纷乱，蔡邕写石经正之，然邕书石经，若五经文字所传不大异于今隶体也。其后六朝及唐书家俗体益盛，颜元孙作《干禄字书》正之，传其从子真卿。元孙之言曰：'字书源流，起于上古，自改篆行隶，渐失本真，若总据《说文》，便下笔

① 《总目》卷112。

② 《总目》卷112。

③ 《总目》卷148，《楚骚协韵》提要。

多碍，当去泰去甚，使轻重合宜。'其论若是，若蔡邕与元孙者所谓通人也。作书者但取法蔡、颜，上不背于古，下不骇于今，是亦足矣。"①

21.《陈子昂文集》

《总目》增材料："子昂事迹具《唐书》本传及卢藏用所为《别传》。唐初文章，不脱陈、隋旧习。子昂始奋发自为，追古作者。……王士祯《香祖笔记》又举其《大周受命颂》四章、《进表》一篇、《请追上太原王帝号表》一篇，以为视《剧秦美新》殆又过之，其下笔时不复知世有节义廉耻事，今亦载集中。然则是集之传，特以词采见珍。譬诸荡姬佚女，以色艺冠一世，而不可以礼法绳之者也。此本传写多讹脱，第七卷阙两叶，据目录寻之，《祃牙文》、《禜海文》在《文苑英华》九百九十五卷，《吊塞上翁文》在九百九十九卷，《祭孙府君文》在九百七十九卷。又送崔融等序之后，据目录尚有《饯陈少府序》一篇，此本亦佚，《英华》七百十九卷有此文，今并葺补，俾成完本。"姚鼐认为："当时文士之谄于武氏而不之耻者，风俗使然，盖无足怪也。"②《总目》改为："俾操觚挥翰之士，知立身一败，遗诟万年，有求其不传而不能者焉。"③

22.《颜鲁公集》

《总目》增材料："今考其遗文之见于石刻者，往往为元刚所未收，谨详加搜辑，得《殷府君夫人颜氏碑铭》一首，《尉迟回庙碑铭》一首，《太尉宋文贞公神道碑侧记》一首，《赠秘书少监颜君庙碑》、《碑侧记》、《碑额阴记》各一首，《竹山连句诗》一首，《奉使蔡州诗》一首，皆有碑帖现存。又《政和公主碑》残文、《颜元孙墓志》残文二篇，见《江氏笔录》，《陶公栗里诗》见《困学纪闻》，今俱采出，增入《补遗》卷内。……旧亦题元刚作，

① 《惜抱轩书录》卷4。

② 《惜抱轩书录》卷4。

③ 《总目》卷149，《陈拾遗集》提要。

而谱中所列诗文诸目，多集中所无，疑亦元刚因旧本增辑也。”①姚鼐云：“按真卿忠义气节，唐一代伟人，其文字固可宝贵。史称真卿博学工辞章。”《总目》改为：“真卿大节炳著史册，而文章典博庄重，亦称其为人。”姚鼐云：“今观其遗文，虽散佚仅存，史言犹信。又按唐高祖之辅佐周，始封于唐，追尊为太祖景皇帝，其上懿祖，又其上献祖，唐自德宗以前议太祖祫禘之位久不定，建中二年，真卿为礼仪使，上庙享议曰，太祖景皇帝，居百代不迁之尊，而祫禘之时暂居昭穆，居已以奉祖宗可也。当时用其言，祫禘时以献祖居东向，而懿祖太祖为昭穆矣。及贞元时，议者乃谓非是，下群臣议，改太祖为东向，而献懿别祀焉。其时韩愈为四门博士，上议云祫禘之时献祖居东向，景皇帝宜从昭穆之列，祖以孙尊，孙以祖屈，求之神道，岂远人情？后朱子推愈此议礼学精深，得孝子慈孙报本反始不忘所自生之本意。按愈之说与真卿正同，是则真卿非仅忠议大节见于一时者之可尊，而其为文亦非第博学工于辞说者之为贵。盖议礼精审，上当先王之心，而下足为后世大儒之所敬叹则又如此，然愈之议竟不见用于贞元之末，而真卿之说乃得行于建中之初。盖真卿是时名称位望，为朝廷所信，固重于愈之在贞元间。及乎真卿去国，而当世遂不肯终守其说，移易是非，迄于终唐之世，可惜也。”②《总目》改为“集中《庙享议》等篇，说礼尤为精审”。

23. 独孤及《毘陵集》

《总目》增评论：“权德舆作及谥议，称其立言遣词，有古风格。浚波澜而去流宕，得菁华而无枝叶。皇甫湜《论业》亦称及文如危峰绝壁，穿倚霄汉，长松怪石，颠倒岩壑。王士祯《香祖笔记》则谓其序记尚沿唐习，碑版叙事，稍见情实，《仙掌》、《函谷》二铭，《琅邪溪述》、《马退山茅亭记》、《风后八阵图记》是其杰作，《文粹》略已载之，颇不以湜言为然。……《唐实录》称韩愈学独孤及之文，当必有据，特风气初开，明而未融耳。士祯于

① 《总目》卷149。

② 《惜抱轩书录》卷4。

筚路蓝缕之初，责以制礼作乐之事，是未尚论其世也。”又增材料：“卒谥曰宪，事迹具《唐书》本传。……集为其门人安定梁肃所编，李舟为之序，凡诗三卷，文十七卷。旧本久湮，明吴宽自内阁抄出，始传于世。……《招北客文》，《文苑英华》又以为岑参之作，彼此错互，疑莫能详，今姑依旧本阙载焉。”①

24.《追昔游集》

《总目》增材料：“亳州人。元和元年进士……事迹具《唐书》本传。……晁公武《读书志》载前有开成戊午八月绅自序，此本无之。诗凡一百一首。”又增评论：“后儒以名之轻重为文之是非，必谓《新书》胜《旧书》，似非笃论也。绅与李德裕、元稹号三俊，白居易亦有‘笑劝迂辛酒，闲吟短李诗’句。今观此集，音节啴缓，似不能与同时诸人角争强弱。然春容恬雅，无雕琢细碎之习，其格究在晚唐诸人刻画纤巧之上也。”姚鼐云：“史传事须实录，而以所自言者为据，此盖宋祁之陋。”《总目》改为：“史传事须实录，而宋祁以所自言者为据，殊难征信。”② 文字稍异，而精神不变。姚鼐虽不以考据名家，但他也对乾嘉考据学的建设贡献过自己的智慧。

25.《司空表圣集》

《总目》增评论：“其文尚有唐代旧格，无五季猥杂之习。”又增材料：“图，河内人。……是编前后八卷，皆题为杂著，五卷、六卷独题曰碑，实则他卷亦有碑文，例殊丛脞。旧本如是，今姑仍之焉。”③

26.《李盱江集》

《总目》增材料：“皇祐初以荐授太学助教，终海门主簿、太学说书，事迹具《宋史·儒林传》。考觏年谱称，庆历三年癸未，集《退居类稿》十二卷，又皇祐四年庚辰，集《皇祐续稿》八卷。此集为明南城左赞所编，凡诗文、杂著三十七卷。前列《年谱》

① 《总目》卷150。

② 《总目》卷150。《惜抱轩书录》卷4。

③ 《总目》卷151，《司空表圣文集》提要。

一卷，后以制诰、荐章之类为《外集》三卷，盖非当日之旧。……此本不载，则或久佚不传，未必赞所刊除也。”又增评论：“（不喜《孟子》）特偶然偏见，与欧阳修不喜《系辞》同，可以置而不论。赞必欲委曲弥缝，务灭其迹，所见陋矣。……觏在宋不以诗名，然王士祯《居易录》尝称其《王方平》、《璧月》、《梁元帝》、《送僧还庐山》、《忆钱塘江》五绝句，以为风致似义山。今觏诸诗，惟《梁元帝》一首不免伧父面目，余皆不愧所称，亦可谓渊明之赋闲情矣。《湘山野录》载觏《望海亭席上作》一首，集中不载。考是时蔡襄守福唐，于此亭邀觏与陈烈饮，烈闻官妓唱歌，才一发声，即越墙攀树遁去，讲学家以为美谈，觏所谓‘山鸟不知红粉乐，一声拍板便惊飞’者，正以嘲烈。殆亦左赞病其轻薄，讳而删之欤？”①

27.《廖高峰集》

《总目》增材料：“事迹具《宋史》本传。”又增评论：“《宋史》以刚为杨时弟子，道学一脉，爱屋及乌……然视怙过不悛者则有间矣……本传乃独采之，去取未免失伦，亦足证《宋史》之疏谬，其是非不尽可据矣。”又将“《宋史》独载其乞设亲军劄子及止高宗节序遥拜钦宗之事。夫天子抚绥亿兆，驾驭英杰，顾区区以募军自将为计乎”改为“至其《乞设亲军札子》，舍大虑小，所见殊陋”。②

28.《吕东莱先生集》

《总目》增材料：“本中有《春秋集解》，已著录。……列陈师道以下二十五人，而以己殿其末。其《紫微诗话》及《童蒙训》论诗语皆具有精诣（案：今本《童蒙训》不载论诗诸条，其文散见各书中，说见本条之下。）。……尚为世所传诵，其他文则泯没久矣。”又增评论：“敖陶孙《诗评》称其诗如散圣安禅，自能奇逸，颇为近似。苕溪胡仔《渔隐丛话》称其‘树移午影重帘静，门闭春风十日闲’，‘往事高低半枕梦，故人南北数行书’，‘残雨

① 《总目》卷153。

② 《总目》卷159，《高峰文集》提要。《惜抱轩书录》卷4。

入帘收薄暑，破窗留月镂微明’诸句，殊不尽其所长。……然朱子以诗为余事，而本中以诗为专门，吟咏一道，所造自有浅深，未必遂为定论也。”① 复删评论：“然尊江西派者，终推吕东莱为帜。”

29.《义丰集》

《总目》增材料：“盖传录者以全集之序弁诗之首也。……珂又记阮所作诗号《义丰集》，刻于江泮，校官冯椅为之序，是阮诗本有单行之本，不知何以佚去椅序，易以愈序也。”又增评论：“刘克庄尝跋其诗，谓高处逼陵阳、茶山。陵阳者韩驹，茶山者曾几也。……曾诗祖述黄庭坚，张诗则摹拟苏轼，韩诗则出入于苏、黄。今观阮诗，于两派之间各得一体。克庄及珂所述，固皆为近实矣。”②

30.《陵阳集》

《总目》增材料：“巘亦登进士第……以韩驹诗先有是名，故此集冠以牟氏，用相别焉。”又增评论：“是集凡诗六卷，杂文十八卷。前有至顺二年程端学序。王士祯《居易录》称其诗有坡、谷门风，杂文皆典实详雅。今观所作，知士祯之论不诬。”③ 复删材料：“子才本蜀之井研人，后以蜀乱不能归。……故巘从为湖州人，因多与赵孟頫、钱选、周密唱和。……井研、仁寿二县间有隆山，隋以此置隆州，唐避讳改陵州，山亦名陵山，陵阳之名盖取诸此。巘别著《六经音考》，元时最有名，今不传。巘子应龙，《元史》亦有传，盖以文学世其家者。”

31. 王恽《秋涧集》

《总目》增材料：“恽有《玉堂嘉话》，已著录。……载中统元年九月，在燕京随中书省官赴开平会议，至明年九月，复回燕京之事，于时政缀录极详，可补史阙。……乃为监察御史时所辑御史台故事。……则至元戊子所作，乃追记在翰林日所闻见者。……与

① 《总目》卷158，《东莱诗集》提要。

② 《总目》卷159。

③ 《总目》卷165。

《承华事略》均有别本单行。以旧本编入集中，今仍并存焉。”又增评论：“故其波澜意度，皆不失前人矩镬。诗篇笔力坚浑，亦能嗣响其师。谕事诸作有关时政者，尤为疏畅详明，瞭如指掌。……殆非虚语，不止词藻之工也。……凡文章得失，典制沿革，皆汇而录之，颇为精核。”①

32.《剡源集》

姚鼐云：“《元史》本传称其文清深雅洁，至元、大德间，东南文章大家惟表元一人。盖宋末诗文体益陋，表元尚能以雅正自持，其后宋濂尤爱之，故作史时推崇如此，然亦过矣。”而《总目》引顾嗣立《元诗选》小传曰：“宋季文章气萎苶而词骫骳。帅初慨然以振起斯文为己任。其学博而肆，其文清深雅洁，化朽腐为神奇，间事摹画而隅角不露。尤自秘重，不妄许与。至元、大德间，东南之士以文章大家名重一时，帅初一人而已”。又引宋濂之言曰：“濂尝学文于黄文献公，公于宋季词章之士乐道之而不已者，惟剡源戴先生为然。”姚鼐以“清深雅洁”之评为过论，而《总目》认为“今观其诗文，信嗣立所论不诬也”。二者判断刚好相左。《总目》删材料：“今《剡源集》三十二卷，内文二十二卷，诗十卷，后附《拙逸稿》一卷。按表元《小方门戴氏居葬记》云，表元之祖讳汝明，生五子，长讳渫，自号拙逸居士，表元由居士第三子为仲文后，然则此卷皆渫诗也；又一卷自阿东墓砖铭以下至考试对策，则皆表元之文未入集者；又一卷题曰杂抄，盖表元偶所笔记者；末一卷则袁桷为表元墓志及凡为作哀辞传序者皆在焉。是为集外四卷，合前集为三十六卷。”复增材料：“事迹具《元史·儒学传》。表元所著《剡源集》，明初上于史馆，宋濂曾序而刻之，凡二十八卷，其板久佚。此本乃嘉靖间四明周仪得其旧目，广为搜辑，厘为三十卷。表元后裔洵复梓行之。王士祯《居易录》称海宁刻《剡源集》四卷，乃黄宗羲所选录，非完书也。表元少从王应麟、舒岳祥游，学问渊源具有授受。”②

① 《总目》卷166。

② 《总目》卷166。《惜抱轩书录》卷4。

33. 《王礼文集》

《总目》增材料："《江西通志》载吉安人物有王子让，而无王礼，盖误以子让为名也。礼工于文章，著述甚富，尝选辑同时人诗为《天地间集》（案：谢翱尝录宋遗民诗为《天地间集》，此袭其名，盖阴以自寓。），其名见于郭钰《静思集》中，今已久佚，惟是编尚存。"又增评论："祁序称其霭然仁义之词，凛然忠愤之气，深切恳至，无不可人意者，斯得之矣。"①

34. 《商文毅公疏稿略》

《总目》增材料："此本为天一阁所抄，则刊版又佚矣。其偶传者幸也。所载奏疏凡三十三篇。《明史》所载景泰时请清理塞上军田，招辑开封、凤阳诸处流民。成化时首陈八事，及辨林诚之诬，请皇太子视纪妃疾弭灾八事，劾西厂太监汪直诸疏，今皆在集中。惟劾汪直一疏，史载列直十一罪，而不言其目。此集所载乃止十条，或为传写佚脱一条，抑或史文误衍一字欤？"又增评论："又边务一疏，凡言二事。其一论养军莫善于屯田，若不屯田，虽倾府库之财，竭军民之力，不能使边城充实。宜禁势豪侵占，令边军分二班耕种。非专言清理官田。史但称核还之军，未尽其实。其一论守边为上，守关次之，若徒守京城，最为下策。不宜全调保定等处精锐官军备御京城，而以紫荆、倒马诸要隘委之轮拨京兵，致望风先溃。其言尤深中明代之弊，史削而不载，亦删除过当。是集所载，乃其全文，尤足以补史阙也。"复删评论："此疏稿多关政事得失，辞意切直，此宪、孝间所以为明之盛时也。……然则辂之忠言谠论或不止此，而今所逸而仅存者为尤可重也。"②

35. 《江湖集》

《总目》删去各家书名，不免苟简，且删评论："宋自光、宁以后，士风衰陋，江湖游士每以诗干谒贵人，以求赠遗，什伯为群……其中诗优者亦不过数家，而劣者至不免俚俗。盖所谓江湖干谒之士，大抵其习陋而才亦薄矣。又按戴表元《题孙过庭书谱后》

① 《总目》卷168，《麟原文集》提要。

② 《总目》卷55。《惜抱轩书录》卷4。

云，往时杭州陈道人家印书之疑处，率以己意改，令谐顺，殆是书之一厄。然则起亦寻常书贾，少知文艺耳。世或过推之，亦非也。"又增材料："旧本题宋陈起编。起字宗之，钱塘人。开书肆于睦亲坊，亦号陈道人。今所传宋本诸书称临安陈道人家开雕者，皆所刻也。"复增评论："宋末诗格卑靡，所录不必尽工。然南渡后诗家姓氏，不显者多赖是书以传，其摭拾之功亦不可没也。"①

姚鼐云："又如洪迈，孝宗时人，而吴渊、乐雷发等贵人，宜与江湖诸士不相类，疑此等或出于后人增益，非起《江湖集》所本有也。"《总目》亦云："且洪迈、姜夔皆孝宗时人，而迈及吴渊位皆通显，尤不应列之江湖。疑原本残阙，后人掇拾补缀，已非陈起之旧矣。"均已开始怀疑洪迈《野处类稿》的真实性。令人迷惑不解的是，馆臣既将其抄入四库本《江湖小集》，又令其别行②，二本完全一致，致使一伪本在《四库全书》中同时出现两次，可谓错上加错。③

值得注意的是，宋陈思编、元陈世隆补《两宋名贤小集》卷一百五十六除收《野处类稿》全文外，还附集外诗《寄题分绣阁》、《送制置使王刚中帅蜀》、《车驾幸玉津园晚归进诗》、《王龟龄王嘉叟木蕴之同过小园用郡圃植花韵》、《送杨简迁国子博士》、《朝天菊》、《与叶晦叔同考校诸生锁宿贡院作》④、《上清宫》、《和朱子渊石柏诗》、《宣琐》等诗，未注明出处，真伪亦待考证。

清初厉鹗《宋诗纪事》⑤卷四十五"洪迈"条云：

> 迈字景卢，鄱阳人，皓季子，绍兴乙丑中博学宏词科，孝宗朝累迁中书舍人，兼侍读直学士院，拜翰林学士，进焕章阁

---

① 《总目》卷187。《惜抱轩书录》卷4。

② 《四库全书》第1158册。

③ 司马朝军：《野处类稿真伪考》，《辨伪学论稿》（即出）。

④ 四库本《宋诗纪事》亦载此诗。

⑤ 《宋诗纪事》提要云："今江南、浙江所采遗书中，经其签题自某处钞至某处，以及经其点勘题识者往往而是，则其用力亦云勤矣。考有宋一代之诗话者，终以是书为渊海，非胡仔诸家所能比较短长也。"

学士，知绍兴府，以端明殿学士致仕，卒赠光禄大夫，谥文敏，有《野处类稿》、《容斋五笔》、《夷坚志》、《万首唐人绝句》行于世。（《四朝闻见录》：洪迈归鄱阳，与兄丞相适酬唱，觞于林壑甚适，偶得史氏璚花种之，别墅名曰璚野楼，曰璚楼圃，曰璚圃。）

秋日漫兴二首

江湖久客日思家，坐觉微霜上鬓华。节序又催秋后雁，风光争发雨前花。倦游已梦庄生蝶，不饮何忧广客蛇。怪底朝来衣袖薄，一川白露下蒹葭。

一夕西风木叶飞，画梁落月淡余辉。银灯夜照还家梦，金剪亲裁寄远衣。霜信早随新雁至，素书深讶故人稀。无因为谢东曹掾，鲈熟莼香莫便归。

笔者在《〈四库全书总目〉研究》中已经证明了旧题洪迈《野处类稿》实际上是一个典型的版本作伪，即除了开头的《秋日漫兴二首》外，全部是抄自宋代朱松的《韦斋集》。《秋日漫兴二首》见于《宋诗纪事》，很有可能是洪迈真作。如果这一推测不错的话，那么，就极有可能是元代陈世隆补《两宋名贤小集》时将此二首真诗冠于伪《野处类稿》之前。因为此诗首句即有“江湖”二字，冠于《江湖小集》之前，开门见山，也具有一定的欺骗性。当然，也不能排除《秋日漫兴二首》与《两宋名贤小集》卷一百五十六所附集外诗全部是伪作。

36.《十先生奥论》

《总目》增材料：“不著编辑者名氏。亦无刊书年月。验其版式，乃南宋建阳麻沙坊本也。”姚鼐云：“方恬，字符养，一字仲退，歙人，试礼部第一，以周必大等荐授太平州教官，除太学博士，著《正论》十篇，见《徽州府志》。”而《总目》说“史传俱无可考见”，显然不及原稿。姚鼐认为陈武无考，《总目》云：“陈武有《江东地利论》，见《永乐大典》。”较原稿为优。《总目》又将“宋之巨儒伟人文集流布者固无论，若其名漏于史氏，文章湮灭，独为此集所载，若方恬等，议论颇卓然可贵，即论不必当，而文势纵横，得苏氏之遗，亦可喜也”改为“方恬、刘穆元二人则史传俱无可考见矣。宋人文集名著史册者，今已十佚其八九，至于名姓无闻，篇章湮灭，如方恬诸人者，更指不胜屈。此书虽不出科举之学，而残编断简，得存于遗轶之余。议论往往可观，词采亦一一足取，固网罗放失者所不废也”。① 二者行文不同，但语义相近。

文渊阁库书卷首提要云：“方恬、刘穆元、陈武三人，则史传俱无可考见矣。”《钦定续文献通考》卷一百九十七《经籍考》亦云：

> 《十先生奥论》十卷，不著编辑者名氏。臣等谨案：是书集程子、张耒、杨时、朱子、张栻、吕祖谦、杨万里、胡寅、方恬、陈傅良、叶适、穆元、戴溪、张震、陈武、郑湜凡十六人之论，分类编之，题曰十先生，所未详也。且据其原目，凡前、后、续集各十五卷，此本止四十卷，佚去尚多，其作者不知凡几，谨识俟考。

朝军按：方恬为乾道五年会元。《新安志》卷八乾道五年（1169年）郑侨榜有：“方恬，歙，省元。”《江南通志》卷一百二十《选举志》载宋乾道进士：“方恬，婺源人。”《江西通志》卷十八：“信丰县儒学，学在县治东，南宋景德中县令方恬始建。”《文献通考》卷三十二《选举考》五载：“乾道二年，进士四百九十二人，省元何澹，状元萧国梁。五年，进士五百九十二人，省元方恬，状元郑侨。”宋周必大《文忠集》卷三十《枢密使赠金紫光禄大夫汪公澈神道碑》（绍兴二年十一月）云：“公讳澈，字明远，姓汪氏，系出新安，南唐保泰中徙饶州浮梁县。……女三人，适李师心、王源、方恬。”方恬似即其人。方恬文章，除《十先生奥论注前集》卷四载《杂论》三篇，即《秦》、《机论》、《广度》，卷十五有《秦汉论》之外，明程敏政《新安文献志》卷二十八亦有《秦论》一篇、《西汉论》三篇。又见于《古文集成》，《古文集

---

① 《总目》卷187。《惜抱轩书录》卷4。

成》提要云："所录自春秋以逮南宋，计文五百二十二首，而宋文居十之八，虽多习见之作，而当日名流，其集不传于今者如马存、曾丰、程大昌、陈谦、方恬、郑景望诸人亦颇赖以存。"

刘穆元其人不可详考，其《易统论》见《十先生奥论注前集》卷九，宋章如愚编《群书考索续集》卷五十四《君道门》亦存数段文字。

今检《庆元党禁》，有云："陈武，国子正，温州。"又云："至是，伯寿首草诏以诋善类。六月十七日，德秀又劾国子博士孙元卿、太学博士袁燮、国子正陈武，皆罢去。司业汪逵入札子辨之，德秀以为言，逵亦罢。侂胄本武人，志在招权纳贿，除不附己，而已不能巧为说以网善类也。"陈武是否其人，尚俟博考。

37.《群公四六续集》

《总目》删评论："宋人此等四六皆效法欧、苏，然其工者不过三数人，余皆平浅。又其间人品素能自立者，如王十朋之类，虽称誉人，尚措辞斟酌有体，其人品猥下者，往往不择所与，极口赞扬，阅之使人憎恶。……选此者不甚有识。"复删材料："又南宋初年如汪藻等四六最有名者皆不在，想已入正集耳。"又增评论："所录无非应酬泛语，无足采录。如方云翼、葛谦白等《贺秦太师》诸启，尤秽简牍也。"①

朝军按：此类凡37条，约占42.05%。

由上可见，完全不同于未见著录的条目仅有15条。未被采用的主要原因是与《总目》反宋学的主旋律不合拍，如姚氏认为"程朱之学通天人之本原，发前圣之蕴奥"②。但这部分所占比例较小，而大多数的篇目都只是进行了修改，修改的重点在评论方面。毛岳生认为："文达特损益其所上序论，另与他篇体例类焉。"③ 李兆洛则认为："盖进呈乙览时总裁官稍润色之，令与他篇体裁画一

① 《总目》卷191。《惜抱轩书录》卷4。

② 《惜抱轩书录》卷1。

③ 《惜抱轩书录》卷首。第6页。

焉。"① 因其主张与《总目》显然不合，其提要稿也往往被改得面目全非。

另外，杜泽逊从上海图书馆藏明万历刻《经籍异同》一书发现卷端有姚鼐所撰提要稿一篇：

> 经籍异同·引经释。谨按：明陈禹谟字锡元著。《经籍异同》三卷，载群经所引异文。《引经释》五卷，载诸家之异解。所引之书甚狭。既非博洽，又载及《石经大学》，此丰坊伪撰之书，乃据以说经，未足云有识矣。其书应不必抄。纂修姚鼐。

《总目》增材料："常熟人，万历中由举人官至四川按察司佥事。"又增评论："其书杂引五经之文，证四书所引之异同，并波及他书语意相近、字句略同者，颇为庞杂。如李尤《盘铭》，与经一字无涉，而引以证汤之《盘铭》。又如班昭《东征赋》中'由力行而近仁'句，乃运用《中庸》之语，而引以为'力行近乎仁'句之异同，殊为舛误。"②

杜氏的结论为：

> 从这篇被废弃的提要稿可以了解到：提要行文格式尚未如后来定稿那样成熟；提要稿要在末尾标识出是抄录（著录）还是不抄录（存目）；撰稿者各署姓名；钤"存目"或著录木记；尚未注明进呈者；提要稿经其他馆臣一再校阅，批示意见；提要有废弃重写者等等。同时还可以看出，姚鼐所撰提要稿并非都像《惜抱轩书录》所收那样详赡，亦有粗疏简陋者，《书录》系选择精要者编辑而成，是姚鼐所撰提要的精华。③

---

① 《惜抱轩书录》卷首，第6页。

② 《总目》卷37。

③ 杜泽逊：《读新见姚鼐一篇四库提要拟稿》，《中国典籍与文化》，1999年，第3期。

以上结论有对有误，“提要行文格式尚未如后来定稿那样成熟；提要稿要在末尾标识出是抄录（著录）还是不抄录（存目）”，“提要有废弃重写者”，这些看法已经得到验证，可以成立。“撰稿者各署姓名；钤存目或著录木记；尚未注明进呈者；提要稿经其他馆臣一再校阅，批示意见”，可能只是偶一为之。至于“姚鼐所撰提要稿并非都像《惜抱轩书录》所收那样详赡，亦有粗疏简陋者，《书录》系选择精要者编辑而成，是姚鼐所撰提要的精华”则只是一种大胆的假设而已。笔者认为，《惜抱轩书录》的特点不是什么“详赡”，而恰恰是简略。这与桐城派主张雅洁的观点相一致。

第八章

沈叔埏与《四库全书总目》

沈叔埏在《四库全书》与《总目》的纂修过程中发挥过重要作用，特别是为《四库全书总目》的纂修作出了积极的贡献。通过阅读他的诗文集，笔者首次发现了这一史实。对于治四库学来说，这也许是一个意外的惊喜。

沈叔埏（1736～1803），字埴为，号剑舟，浙江秀水人。乾隆四十三年（1778）冬，应教习试，翌年赐举人，授内阁中书，充方略馆、《一统志》、《通鉴辑览》分校及《历代职官表》协修官，乾隆五十二年（1787）始成进士，授吏部主事。归筑锦带、宝带两湖之间，学者称双湖先生。

沈叔埏《颐彩堂文集自序》云："余年十五，好为古文辞……三十后卖文鬻笔以为生。"① 又云："余趋走禁掖，充各馆校修，入有书，出无车，清俸无多，仍借买文餬频。"② 他在得知朋友任大椿入选四库馆后，写信表示祝贺："两月前阅邸抄，知兄荐预四库

① 《颐彩堂文集》卷首。

② 《颐彩堂文集》卷15，第26页。

编摩之役，甚善甚善！此席由词馆得之，乃其常职，兄以仪曹得之，则不可谓不见知于当途者矣。古之好学者，至游书肆（王充）、求为集贤写书吏（阳城）以成其学。夫此馆之开，远轶唐之集贤院，岂不足以当宇内大书肆耶？此则弟之所心喜且慕者也。”沈叔埏出身贫寒，好学不倦，对宇内大书肆之四库馆极为向往。后来他充任《四库全书》武英殿分校官长达八年之久，如鱼得水，广综博览，学有所成。撰有《颐彩堂文集》16卷、《颐彩堂诗集》10卷。阮元称其“笃情孝养，乐志林泉，读书万卷，著书千篇，生平精力，尽于书焉”。钱仪吉《颐彩堂诗抄序》亦云：“检讨尝自言所得，亦曰予中年好抄书，通籍以后，集史馆所储、京师学士大夫所藏弆，必借录之。”四库馆可谓老少咸集，群贤毕至。沈叔埏在馆中属于晚辈后进，又很早就归隐林下，人们似乎很快就将他给遗忘了。

下面，我们就沈叔埏所撰提要稿与《四库全书总目》逐一进行比较。

（一）大致相同类

1.《书郧溪集后》

宋安陆郑獬《郧溪集》五十卷，见史志及晁氏、焦氏《志》中。獬字毅夫，皇祐五十年进士第一，通判陈州，入直集贤院，知制诰。英宗即位，数上疏言新政，出知荆南，还判三班院。神宗初，召拜翰林学士，权知开封府。按问不肯用新法，为王安石所恶，出知杭州，徙青州，甚言青苗之害，引疾提举鸿庆宫，卒。史称其文章豪伟峭整，议论剀切，精练民事。始獬以进士较试于廷，舍人刘原父得獬卷，欲冠多士，考官或难之，原父争之曰：“此文似皇甫湜，朝廷用文取士，得一湜岂不善也？”獬尝与原父书，亦言：“韩退之时用文章雄立一世者，独李翱、皇甫湜、张籍耳。然翱之文尚质而少工，湜之文务实而不肆，张籍歌行乃胜于诗，至于它文不少见，计亦在歌诗下，使之质而工，奇而肆，则退之作也。”獬既以原父为知己，故其诗文趋向不越此数语。其集曾一刊于淳熙十三年，郡守秦焴为之序。今《大典》内抄辑各体，汇为三十卷。虽不必如湜之一字三缣，过自矜负，要亦熙宁间一文雄也。又案：序称于论绥州见其计深虑远，于论毁誉见其居宠思危，辨杨绘、救祖无择，则特立不诡随。今其文不尽传。（《颐彩堂文集》）

《郧溪集》三十卷 永乐大典本

宋郑獬撰。獬字毅夫，安陆人。皇祐五十年进士第一，通判陈州，入直集贤院，知制诰。英宗即位，数上疏论事，出知荆南，还判三班院。神宗初，召拜翰林学士，权知开封府。以不肯行新法忤王安石，出知杭州，徙青州，又力言青苗之害，引疾提举鸿庆宫，卒，事迹具《宋史》本传。初，獬以进士较试于廷，舍人刘敞得獬卷，曰："此文似皇甫湜。"獬尝与原父书，亦言："韩退之时用文章雄立一世者，独李翱、皇甫湜、张籍耳。然翱之文尚质而少工，湜之文务实而不肆，张籍歌行乃胜于诗，至于他文不少见，计亦在歌诗下。使之质而工，奇而肆，则退之作也"云云。观其所言，知文章宗旨实源出韩门矣。《宋志》载《郧溪集》五十卷，淳熙十三年秦焴尝序而刻之，今已久佚。惟从《永乐大典》内裒辑编次，又以《宋文鉴》、《两宋名贤小集》诸书所载分类补入，勒为三十卷。王得臣《麈史》称："郑内翰久游场屋，词藻振时。唱名之日，同时进士皆欢曰'好状元'，仁宗为之慰悦。"本传亦称其文章豪伟峭整，议论剀切，精练民事。今以诸作核之，殆非虚美。秦焴序称："于论绥州见其计深虑远，于论毁誉见其居宠思危，辨杨绘、救祖无择，则特立不诡随。"今其文虽不尽传，然大概亦可想见矣。①

朝军按：二者大致相同，差别甚微。

① 《总目》卷153。按：《四库全书》本《郧溪集》仅28卷，且库本提要与此稍异。

2.《书鸿庆集后》①

朝军按:《总目》卷157与此大同小异，此处暂略而不论。

3.《书北湖集后》

宋兴国北湖居士吴则礼，字子副，父中复，以孙梦得荐为御史，不求识面台官者也。中复弟几复、嗣复及子侄立礼、审礼，皆登第，有名誉。惟子副以父泽入仕，官至秘阁，知虢州，晚居豫章。考史志：集十卷，陈氏、焦氏并同，焦《志》又有长短句一卷，其一云三十卷者衍文也。《东莱文鉴》及《诚斋诗话》并采其诗。当元丰、元祐间，子副与唐子西（庚）、韩子苍（驹）、曾公卷（纡）、陈后山（师道）诸人还往酬赠。诗特清雄峭拔，欲以少许胜人，而全集为其子垌所辑，绝少流传，盖佚已久矣。今《大典》内搜辑零篇散什，得诗三百余首，诗余二十余首，并其杂文厘为五卷。余读之，诗多晚年颓放之作，正如毫颖写残，亦不复不烦绳削，往往杂以禅悟，逸趣清言，愈臻道上。近体好为生拗，风格最高。文则载有《欧阳永叔集跋》、《曾子固大般若经抄序书后》，盖北宋诸老，子副犹及载笔以从者也。②

《北湖集》五卷　　永乐大典本

宋吴则礼撰。则礼字子副，富川人，以父御史中复荫入仕，官至直秘阁，知虢州。晚居豫章，自号北湖居士，其事迹略见陈振孙《书录解题》，而不甚详备。今考集中所与唱和者，若唐庚、韩驹、曾纡、陈师道诸人，皆一时名士。其《李长者像序》署衔则尝为军器监主簿，又《续百忧集行》有“畴昔替罪投荆州”之句，盖中间曾以事贬谪也。又《永乐大典》载有韩驹《北湖集序》，题宣和壬寅，而中称则礼卒于虢州之后一年，其子垌缀辑诗文云云，则当终于宣和辛丑。杨万里《诚斋诗话》乃称尤袤赏二绝句，其一有“华馆相望总使

---

①《颐彩堂文集》卷9，第21~23页。

②《颐彩堂文集》卷10，第1页。

星，长淮南北已休兵”句，乃似高宗时语，岂万里偶传讹乎？驹序称垌所编集为三十卷，《书录解题》则作《北湖集》十卷、长短句一卷。世久无传，未详孰是。今从《永乐大典》各韵中裒辑编缀，尚得诗三百余首，长短句二十余首，杂文三十余首，谨校正讹舛，厘为五卷。则礼诗格峭拔，力求推陈出新，虽间涉于颓唐，而逸趣环生，正复不烦绳削。近体好为生拗，笔力纵横，愈臻道上。杂文虽寥寥数首，而法律严密，具有典型。观所作《欧阳永叔集跋》、《曾子固大般若经抄序》，知其于古文一脉具有渊源，宜其折矩周规，动符轨度，固非渡江以后讲学家支离冗漫之体所得而比并矣。①

可见，《总目》稍有增删，与原稿大同小异。

朝军按：此类凡 3 条，约占 10.71%。

（二）增材料类

《书青山集后》

元赵仪可《青山集》，仪可名文，庐陵人，初冒宋姓，景定五年（甲子）以宋永名举于乡，咸淳三年（丁卯）更名宋吉，六年（庚午）更名宋万年，三举皆不第，后复赵姓，名文。文弟宗疆，字亦周，弱冠登咸淳十年（甲戌）进士，文于是年偕至京，补太学生。越二年，与宗疆入闽，依文信国，行至延平，宗疆道死，文与信国同至汀。景炎元年，元师破汀，遂与信国相失。入元，为东湖书院山长、南雄教授。程文宪志其墓，载其后二十年往寻宗疆之骴，归葬母易氏之墓田，事甚悉。诗文自出杼机，直抒胸臆，往往即小见大，目击道存。其自言有曰：“凡人之行事，使人皆可知，皆可见，入而对家人妇子，出而对乡里朋友，无诡迹，无腼容，此君子之行也。以至一话一言引笔为文，亦必光明易直，使人读之而可

① 《总目》卷 155。

晓，考之而有证者，此君子之言也。”至身经陵谷，语涉牢愁，劳者能歌，骚人善怨，餐西山之薇蕨，感故宫之黍禾，则又与《吾汶稿》、《晞发编》同其心迹。集少流传，仅见王氏《续通考》，《焦志》作三十一卷。今从《大典》内抄撮诗文，厘为八卷。又案：《志》作赵文，而集中署名或作仪，或作𢒉，盖文以宋末遗民肥遁自晦，故无定名云。①

《青山集》八卷 永乐大典本

元赵文撰。文字仪可，一字惟恭，号青山，庐陵人。宋景定、咸淳间冒宋姓，三贡于乡，后始复本姓，入学为上舍。宋亡，入闽，依文天祥。元兵破汀州，与文天祥相失，遁归故里，后为东湖书院山长，选授南雄文学。其卒也，程巨夫为作志铭，见于《雪楼集》，刘将孙作墓表，亦见于《养吾集》，载其行履颇详。近时顾嗣立《元诗选》小传称其入元授清江教授，而程志实作南雄。巨夫与文交契甚厚，不容有误，疑嗣立所记乃偶然失考。又《永乐大典》书其名多作“𢒉”字。案：《集韵》“𢒉”与“文”音义本通，亦非别有两名也。文与谢翱、王炎午同入文天祥幕府。沧桑以后，独不深自晦匿，以迟暮余年重餐元禄，出处之际实不能无愧于诸人。然其文章则时有《哀江南赋》之余音。拟以古人，其庾信之流亚乎？文尝自言“行事，使人皆可知可见者，为君子之行；为文，使人读之可晓、考之有证者，为君子之言”。今观其诗文，皆自抒胸臆，绝无粉饰，亦可谓能践其言矣。焦竑《国史经籍志》载《青山稿》三十一卷，世鲜流传。今从《永乐大典》中裒辑编订，勒为八卷。②

《总目》加强了对作者生平事迹的考证，而对其变更姓名及仕进之事仅作简单交代，较原稿洗练。

朝军按：此类仅1条，约占3.57%。

① 《颐彩堂文集》卷10，第10～11页。

② 《总目》卷166。

（三）增评论类

1.《书蒙隐集后》

宋青田陈棣字鄂父，浙东抚使汝锡字师予子。汝锡以诗句见赏于山谷，即所传“闲愁莫浪遣，留为痛饮资”是也。绍圣四年进士，邑之登第自汝锡始。崇宁间提举福建学事，有《鹤溪集》十二集刊行。棣以父任终通判潭州所，撰《蒙隐集》，曾刊于宜春，流传绝少。今《大典》内抄出古今体诗各一卷。宋自熙宁后，括人如叶涛、鲍慎由辈皆知从半山、东坡学为文章，而括之诗派亦骎骎遒上，各自成家。要得苏、黄门径，棣起家任。子作掾胶西，诗亦绰有父风，琅琅可诵，采括之秀正，如申椒菌桂，在所不遗也。①

《蒙隐集》二卷 永乐大典本

宋陈棣撰。棣始末诸书不载，惟凌迪知《万姓统谱》载：“陈汝锡，字师予，绍圣四年进士，官至浙东安抚使，子棣，字鄂父，以父任官至通判潭州。”今考集中《知军刘公挽词》第三首自注，称“绍兴初，先子帅越”，与汝锡时代、官阶皆符，当即其人。惟谱称通判潭州，而集中《食枸杞菊》诗自序称“仆官桐川”，又有“我今作掾尝苦饥”句，稍为不合，或初仕为桐川掾，后终潭州欤？集中有《甲子除夕诗》，甲子为绍兴十四年，则犹高宗时人也。《括苍汇纪》载汝锡尝有“闲愁莫浪遣，留为痛饮资”句，为黄庭坚所赏，则其家学渊源，亦从元祐而来。棣诗乃于南渡之初，已先导宋季江湖之派。盖其足迹游历不过数郡，无名山大川以豁荡心胸，所与唱和者，不过同官丞簿数人，相与怨老嗟卑，又鲜耆宿硕儒以开拓学识。其诗边幅稍狭，比兴稍浅，固势使之然。然统各体而观之，虽乏鸿篇，实殊伪体，大都平易近情，不失风旨，较以生硬晦涩为奇伟，以鄙俚芜杂为真切者，其品固有间矣。宋代

① 《颐彩堂文集》卷9，第18~19页。

遗篇日传日少，录而存之，俾谈艺家见所未见，亦稽古者所不废也。自明以来选宋诗者皆未及，厉鹗作《宋诗纪事》亦不载其姓名，则原集之佚已久，其卷帙多少不可复考。诗惟一篇题甲子，其年月亦不可知。谨从《永乐大典》所载，按体区分，厘为上下二卷，以略存梗概焉。①

《总目》将其家学渊源、文学品格及其影响作了准确定位，质量远在原稿之上。

2.《书灵岩集后》

宋金华唐士耻，字爵无考。所可知者，集中有《府判何公行状》一首，府判名松，字伯固，即何文定（基）之大父。士耻曾大父与松父同娶于吴母，则松之女弟，而士耻又为其婿，故知士耻为金华人。《金华志》有灵岩山，灵岩寺为梁刘孝标故宅。集中又有《两溪诗》，即瀫溪也。考婺郡诸唐，自尧封首登绍兴二年进士，累官龙图阁朝散大夫，子饶州教授仲温、乐平主簿仲义及知台州仲友，并一时名进士。仲友复中词科，著述尤富。仲友三子，长士俊，次士特、士济，亦与何为姻娅，见朱子按仲友状。集中《通吉守史弥忠启》云："大父朝迹之累年，尝在王国履簪之列；先世符麾之昔日，又联金昆听鞫之游。"上联似指尧封为朝散时言，下联似指仲友知台州时言。拟其辈行，殆尧封之诸孙、仲友之犹子，然未知其为仲温、仲义之子，盖不可得而详矣。至其出身官阶，集中《谢许寺丞荐举启》云："仅以门调玷于士流。"又云："曩缘芘荫，常领簿书。"《通罗守启》云："牵丝邑属，谳狱掾曹。"《通临江军王守启》云："侥逾世禄，名遂玷于天官；漫浪邑僚，职有惭于民贩。"又有交代张司理一启，其他简尺，率云"冒绾理曹，典司五厅"，则士耻以荫绪入仕，荐充改秩，尝任丞倅问刑之官。而游宦所至，曰吉州、曰临江、曰建昌、曰

① 《总目》卷159。

万安，不越豫章诸郡。文字纪年，上至嘉定，下至淳祐，则士耻实为宁、理两朝人。制、诰等作绝无除授姓名，即表、檄、箴、铭、赞、颂诸篇，亦已拟撰成帙。题自羲、轩以至汉、唐，间取北宋八朝与南渡初年时事，似专为应词科试而设。考高宗绍兴三年七月己未复立词科，凡十二题：制、诏、诰、表、露布、檄、箴、铭、记、赞、颂、序，内杂出六题，分为三场，每场体制一古一今。士耻所拟如唐张鷟《龙筋凤髓》，为待选预备之具。且仲友曾著《词科杂录》，家学濡染，殚见洽闻，大册高文，与题相称，其来有自。又如姑溪宋惠直从九江王守习词科，日与出题，不复责以吏事。吴兴刘度尝应大科，集所业为进卷，有传言鉴古诸目。上虞李庄简光子孟传字文授，有《宏辞类稿》十卷。山阴俞兼善（亨宗）有《宏辞习业》五卷，平阳周锡畴元龟有《词科类稿》，而周益公集有《词科旧稿》，内宏词所业十二首，是集殆近之矣。①

《灵岩集》十卷 永乐大典本

宋唐士耻撰。士耻爵里始末，诸书不载。案：《金华志》有灵岩山，灵岩寺，为梁刘孝标故宅。其集以“灵岩”为名，与山相合。集中有《两溪诗》，据《志》即金华之瀫溪也，则士耻当为金华人。集中又有《府判何公行状》一首，府判名松，字伯固，即金华何基之大父。士耻之母为松女弟，士耻又为松婿，亦世籍金华之征矣。考金华诸唐，自尧封首登绍兴二年进士，累官龙图阁朝散大夫。子饶州教授仲温、乐平主簿仲义及知台州仲友，并绍兴中进士。仲友复中宏词科。仲友三子名士俊、士特、士济，亦与何为姻娅，见朱子《按仲友第三状》。集中《通吉守史弥忠启》云：“大父朝迹之累年，尝在王国履簪之列；先世符麾之昔日，又联金昆听鞫之游。”上联似指尧封为朝散时言，下联似指仲友知台州时言。核其世系，殆尧封之诸孙、仲友之犹子，特其或为仲温之子、或为仲义之子，则不可得而详耳。其官阶可考者，集中有《谢许南丞荐

① 《颐彩堂文集》卷10，第5~7页。

举启》云："仅以门调玷于士流。"又启云："曩缘芘荫，常领簿书。"《通罗守启》云："牵丝邑属，谳狱掾曹。"又有交代张司理一启、其他简牍率云"冒绾理曹，典司五听"，知士耻以门叙入仕，荐充改秩，尝任丞倅问刑之官。其宦迹可考者，曰吉州、曰临江、曰建昌、曰万安，知历官皆在江右诸郡。其文字纪年可考者，上至嘉定，下至淳祐，知为宁宗、理宗时人。其他则集无明文，莫得而稽矣。集中制诰等作，绝无除授姓名，即表檄箴铭赞颂诸篇，亦皆拟作。其题自羲、轩以至汉、唐，间取北宋八朝与南渡初年时事。考高宗立词科凡十二题：制、诏、诰、表、露布、檄、箴、铭、记、赞、颂、序，内杂出六题，分为三场，每场体制一古一今。士耻所作，盖即备词科之用也。仲友曾著《词科杂录》，其亦家学濡染，世擅其长欤？集久失传，非惟史不著录，即志乘亦不登其姓名，故谈艺诸家率不之及。今从《永乐大典》内采辑，次为十卷，并其代人之作，以类附焉。循诵其文，洽闻殚见，古泽斑然，非南宋末流操臆见、骋空谈者所能望其涯涘，未可以其名不著而忽之也。①

《总目》稍加删润，末三句为增加部分，结句对该集给予相当之肯定。

朝军按：此类凡2条，约占7.14%。

（四）删材料类

1.《书灌园集后》

宋南城吕南公次儒，史称其于书无所不读，于文不肯缀缉陈言。熙宁初，以新经取士，士方崇尚马融、王肃、许慎之业，剽掠临摹，南公度不能逐时好，一试礼闱不偶，退筑室灌园，不复以进取为意。元丰中，陈和叔绎以翰林学士出知建昌军，宾礼南公，为诸儒倡，每谓人曰："吾不以左官为不可

① 《总目》卷164。

意，而荣于获灌园先生。”其为名流倾倒若此。元祐初，立十科荐士，中书舍人曾子开荐其“读书为文，不事俗学，安贫守道，志希古人，堪充师表”。科议欲命以官，未及而卒。子郁编遗集三十卷，绍兴中建昌守宜兴蒋某始锓板以传，符行中序以为“精深浩渺，自成一家”。又曰：“南城豪杰之士，如李觏、王无咎及南公，其才皆有大过人者，集中如《补韩退之传》，盛见赏于曾子固，谓吾乡姑山之秀，世不乏人。”《通考》引陈氏《解题》曰：“南公欲修《三国志》，名其斋曰衮斧，其书未成。”史志是集焦氏《志》卷帙与《解题》同。今《大典》内抄出诗六卷，文十四卷。南公《与汪秘校论文书》自言：“于列、庄、六经、百家、十八代史，因文见道，沉酣而演绎之。私心自许，谓文学之事，虽使圣人复生，不得废吾所是。惟当勒成一家，俟之百世”。又曰：“若扬、马以前，与夫韩、柳之作，此某所谓文者。若乃场屋诡伪、劫剽穿凿、猥冗之文，则某之所耻者。几若黄河、泰山，峻厚高简，浑灏奔注，与天地齐同而日月不能老之者，此某之所以经心。”《容斋五笔》载南公文云：“士必不得已于言，则文不可以不工，盖意有余而文不足，则如吃人之辩讼，心未始不虚，理未始不直，然而或屈者，无助于辞而已矣。观书契以来，特立之士未有不善于文者。士无志于立言则已，必有志焉，则文何可以卑浅而为之。”余读其集，要为毅然尽心思与古人并，而不碍其言之涉于夸也。考麻姑山有十贤堂，南宋以祀郡人，陈彭年、李觏、曾巩、曾布、曾肇、王无咎、邓润甫、朱京、朱彦、志公与焉，余谓陈永年，曾子宣、邓温伯并小人之尤者，不如黜去，称七贤可也。①

《灌园集》二十卷 永乐大典本

宋吕南公撰。南公字次儒，南城人。《宋史·文苑传》称其于书无所不读，于文不肯缀辑陈言。熙宁中，士方推崇马融、王肃、许慎之业（案：熙宁中科举所用乃王安石《三经

① 《颐彩堂文集》卷9。

新义》及《字说》，非马融、王肃、许慎之学，此语殊为乖妄。《宋史》荒陋，此亦一端，谨附纠其谬于此。），剽掠临摹，南公度不能逐时好，一试礼闱不偶，退筑室灌园，不复以进取为意。元祐初，立十科荐士，中书舍人曾肇上疏荐其"不事俗学，安贫守道，堪充师表"。廷议欲命以官，未及而卒。陈振孙《书录解题》称南公欲修《三国志》，名其斋曰衮斧，将成而南公卒，书亦不传。惟其子郁编次遗文为三十卷。然刊板久佚，流传遂绝。仅存抄本《吕次儒集》一卷，惟录《麻姑仙》诗二十四首、《福山》诗一首及《钱邓州不烧纸镪颂》、《义鹰志》、《龙母墓》三篇，盖后人从《宋文鉴》及《麻姑山志》抄撮而成，十不及一。今据《永乐大典》所载，裒辑荟萃，篇帙尚伙。谨依类排次，厘为二十卷。虽不必尽符原数，视世所传本，则赅备多矣。

南公《与汪秘校论文书》自言："于庄、列、六经、百家、十八代史，因文见道，沈酣而演绎之。私心自许，谓文学之事，虽使圣人复生，不得废吾所是。惟当勒成一家，俟之百世"。又曰："尧、舜以来，扬、马以前，与夫韩、柳之作，此某所谓文者。若乃场屋诡伪、劫剽、穿凿、猥冗之文，则某之所耻者。几若黄河、泰山，峻厚高简，浑灏奔注，与天地齐同而日月不能老之者，此某之所耻者。必若黄河、泰山，峻厚高简，浑灏奔注，与天地齐同，而日月不能老之者，此某之所以究心。"今读其集，虽所言不无过夸，然其覃精殆思，以力追秦汉，要亦毅然不惑于俗学者也。①

《总目》虽然删去原稿近四百字，但精神不变，显得更精练，洵为斲轮老手。

2.《书洪龟父集后》

宋南昌洪朋《清非集》，陈氏《解题》作"清虚"。朋乃

① 《总目》卷155。

石州司法参军师民子，母为山谷女弟，与弟刍驹父、炎玉父、羽鸿父俱有才名，号“四洪”。《豫章续志》称其早失怙恃，受业祖母文城君李氏，天资嗜学，尤长于诗。舅氏山谷尝曰：“龟父笔力扛鼎，他日不患无文章垂世。须要尽心于克己，不见人物臧否，全用其辉光，以照本心，力学以暇，更精读千卷书，乃能毕兹事。”盖所以期待之者如此。两贡礼部不第，年仅三十八。同郡黄君著裒其诗百篇，山谷在宜州以书来吊，且曰：“黄君所编，篇篇可传也。”吕本中作《江西诗社派图》，以朋居陈师道、潘大临、谢逸之次。《紫微诗话》盛推其《写韵轩诗》。其集久无刊本，马氏《考》、焦氏《志》仅载其名。今《大典》内抄出，析为二卷，并取《江湖集》及《宋诗纪事》诸本补阙订讹，稍还其旧。尝考《王直方诗话》：“龟父诗云：‘琅玕严佛界。’山谷改云‘琅珰鸣佛屋。’又有‘一朝厌蜗角，万里骑鹏背’一联，最为妙绝，山谷亦尝叹赏。”《刘后村诗话》：“龟父警句往往前人所未道，其《与驹父游梅仙观》诗云：‘愿为龙鳞婴，勿学蝉骨蜕。’是以直节期乃弟矣。”今惟琅珰句见《宋文鉴》。①

《洪龟父集》二卷 永乐大典本

宋洪朋撰。龟父，朋字也。南昌人。黄庭坚之甥。两举进士不第，年仅三十八而卒，故事迹不传。然其诗则最为当代所推重。《豫章续志》载黄庭坚之言曰：“龟父笔力扛鼎，他日不患无文章垂世。”及其没也，同郡黄君著裒其诗百篇为集，山谷在宜州见其本，又称为篇篇可传。吕本中作《江西宗派图》，所列凡二十五人，首陈师道，次潘大临，次谢逸，次即及朋。《紫微诗话》又盛推其《写韵轩诗》。《王直方诗话》亦称其“一朝厌蜗角，万里骑鹏背”句。刘克庄《后村诗话》复称其《游梅仙观》诗能以直节期乃弟，且称“龟父警句往往前人所未道，惜不多见”云云，则朋虽终于布衣，其名在宋代且居三洪上矣。陈振孙《书录解题》载有朋集一卷，久

---

① 《颐彩堂文集》卷9，第18页。

无传本，故厉鹗作《宋诗纪事》，仅从《宋文鉴》、《声画集》诸书摭得遗诗数篇，即《江湖小集》所载，亦未为完备。今采掇《永乐大典》，分体排比，厘为上下二卷。虽王直方、刘克庄所称诸名句，今悉不见全篇，未免尚有佚脱，然核黄氏所编仅一百首，今乃得一百七八十首。陈氏所载仅一卷，今乃溢为二卷。疑《永乐大典》所据之本，别经后人缀缉，续有所增。约略大凡，其所阙谅亦无几矣。①

《总目》删繁就简，确有高招。个中三昧，耐人寻味。刘克庄《后村诗话》"三洪"条云：

三洪与徐师川皆豫章之甥，龟父警句往往前人所未道，然早卒，惜不多见。驹父诗尤工，初与龟父游梅山，龟父有诗，卒章云："愿为龙鳞婴，勿学蝉胥蜕。"是以直节期乃弟矣。驹父后居上坡，晚节不终，不特有愧于舅氏，亦有愧于长君也。玉父南渡后为少蓬，闻师川召，有《怀驹父诗》云："欣逢白鹤归华表，更想黄熊出羽渊。"然师川卒不能返驹父于鲸波之外。玉父爱兄之道至矣，余读而悲之。

3.《书九华集后》

宋著作郎兼国史院编修、实录院检讨、蜀仁寿员兴宗，字显道。未第时，著书九华山，自号九华子。晚始策名，荐除教授，召试入三馆，预修四朝正史。孝宗乾道间，抗疏论劾言利之臣，中谗，奉祠去，侨居润州以卒。宝庆三年，孙荣祖出其全集，弟梦协有跋，井研李微之（心传）序云："公在馆学时，国有大议，凡台官谏垣所不敢言者，公独言之，归附既留而垂遣，暬御因逐而旋召，均输久废而骤复，此三者，皆上意所深向，朝廷所必行，而公上不负明主，下不负所好，矢笔尽

① 《总目》卷155。

言，囊封亟上。虽斥逐，致死而不悔也。”又云：“员公之文，高古简严，惟陈言之务去，极其所就，必欲至杜韩而后止。”而赵忠定（汝遇）祭文亦云：“念正论之特起，自欧阳吕而下无斯人。叹先见之甚高，恨苏明允之死不复作。”其为名流称许如此。集五十卷，见焦氏《志》。今《大典》内抄出诗文二十五卷，附录一卷，并所著《论语·老子解略》、《西陲笔略》、《绍兴采石战胜录》各一卷。兴宗为朱、陆同时人，集中有答陆梭山、张南轩书。集外所行《辨言》一卷，断《诗序》为非古，与考亭合。又洪文惠撰《隶释》时咨以汉碑数事，集载答书，具征博雅。其《论语解》如‘从心’作‘纵心’，攻乎异端，主辟而辟之，可参《注疏》。其《老子解》自谓“游神孔老之门、含英漱神二十余年所得也”。笔记二种，一记金人犯边诸事，一记虞雍公（允文）督诸将见文海陵于采石战攻始末。雍公乃其乡达，简尺常通。诗有《悲两淮》一篇，合之此记，均有足补史家之漏略者。又案：员为半千后，其先出彭城刘氏，唐末员虔嵩刺简州殉国，子孙自旁郡移家陵州，入宋任城令名延者严事，陈希夷受其方书。兴宗曾祖行名安舆、字文饶者与苏老泉张少愚（俞）为友，文湖州称之曰：“文饶乐府，苗裔骚人，抗衡张籍，称文质先生。”①

《九华集》二十五卷附录一卷 永乐大典本

宋员兴宗撰。兴宗有《采石战胜录》，已著录。其集见于焦竑《国史经籍志》者本五十卷，乃宝庆三年其孙荣祖所编，兴宗弟梦协、井研李心传俱为之序。明以来久佚不存。今检勘《永乐大典》所录，摭拾诠次，厘为诗六卷、杂文十五卷，又《论语解》、《老子解略》、《西陲笔略》并《绍兴采石大战始末》各一卷。而原集所载同时祭文可以互证兴宗始末者，则别为一卷附之于后。集中多与张轼、陆九渊往复书简，盖亦讲学之家。然所上奏议，大抵毅然抗论，指陈时弊，多引绳批根

① 《颐彩堂文集》卷9，第24~25页。

之言。李心传序谓归附既留而垂遣，噜御因逐而旋召，均输久废而骤复，此三事皆朝廷所必行，而兴宗矢笔尽言，斥逐不悔，则其经济气节均有实事，非徒侈空谈者矣。又洪适撰《隶释》时，尝咨以汉碑数字，兴宗为之考核源委，具见精博。今答书一通，具在集中。学问淹雅，亦未易及。虽其文力追韩、柳，不无锤炼过甚之弊，然骨力峭劲，要无南渡以后冗长芜蔓之习，亦一作者也。①

《总目》删去大量引文，使提要不枝不蔓，主干分明。此则提要经陆锡熊删订，详见本书第二章第二节。今检《四库全书》，诗四卷、杂文十七卷，其他相同。梦协、心传之序均载于该书卷首。师兄王承略、杨锦先所纂《李焘学行诗文辑考》用力甚勤，考索甚丰，但于心传此序未及留意。

4.《书赵文节集后》

宋玉山赵文节蕃诗集三种，共三十卷。蕃字昌甫，其先自杭徙汴，为郑州管城人。建炎初，曾祖旸字乂若（见《宋诗拾遗》），以少蓬出提点坑冶，寓信州，家焉。蕃以旸致仕恩得官。宝庆初以太社令召，三辞不起，止于直秘阁致仕。史称其始受学刘静春（清之），刘守衡州，乃求监安仁酒库，因以卒业，至衡而刘罢，蕃即丐祠从归，其笃于师友若此。年五十，问学于紫阳。既耄，命所居曰难斋。考朱子文集尺牍中凡六见，至《答徐斯远书》云："昌甫志操文词皆非流辈所及，且欲其刊落枝叶，就日用间深察义理之本然，庶几有所据依，以造实地，不但为骚人墨客而已。"所以期勖之者甚挚。而蕃诗与晦翁还往及见于他作者前后二十余首，如平生知己。晦翁老岁晚，方怀见晚羞，至形诸梦寐，可谓诚于求道者矣。集久佚，散见《诗家鼎脔》诸书，寥寥数章。今《大典》内纂出《乾道稿》二卷、《淳熙稿》二十卷、《章泉稿》五卷，而以蕃

① 《总目》卷160。

所作二记及本传及刘漫塘（宰）所作墓表缀于后。蕃少喜作诗，答书或以诗代，援笔立成，不经意而平淡有趣。初，蕃为太和簿，受知杨文节（万里），赠诗有云："西昌主簿如禅僧，日餐秋菊嚼春冰。"又云："劝渠未要思旧隐，且与西昌作好春。"又赞云："貌恭气和，无月下推敲之势；神清骨耸，非山头瘦苦之容。一笑诗成，万象春风。"其居信上，一时名胜纳交，户外屦满。放翁、石屏皆有诗。放翁云："蜗庐溽暑不可过，把卷一读赵子诗。如游麻源第三谷，忽见梅花开一枝。寄书问信不可得，握臂晤语应无期。惟当饮水绝火食，海水忽有相逢时。"石屏云："君为山中人，世事安得闻。入山恐未深，更入几重云。"而刘后村跋亦云："近岁诗人惟章泉，五言有陶、阮意。"《诗人玉屑》载蕃论诗一则："以陈后山《寄外舅诗》为全篇之似杜者，后戴式之《思家》用陈韵，又全篇之似陈者。"《麓堂诗话》谓其选唐人绝句虽少而精。又案：蕃家居积祠庭三十余考，世号章泉先生，与韩涧泉（淲）有"二泉"之称。终于绍定，年八十七。而诗以乾道、淳熙分年存稿，盖作于孝宗时者独多，故焦氏《志》只载《淳熙稿》四十卷。

又张端义《贵耳集》称："蕃与周益公（必大）同里，益公当轴，所任但一酒官，十五年不调，寿九十余，公朝尊老，以秘阁正郎聘之，不至。"则其恬淡自守，人品本高。

又陈克斋（文蔚）祭文有云："少日之诗，工于模写。晚年天成，斧凿不假。造其境者既希，故识其真者亦寡。"诔云："不知章泉者，知擅一世之诗豪；心知章泉者，叹风节之孤高。"①

《乾道稿》一卷《淳熙稿》二十卷《章泉稿》五卷 永乐大典本

宋赵蕃撰。蕃字昌父，号章泉。先世郑州人，建炎初，其曾祖旸官于信州，因家焉。蕃以旸致仕恩补官，后终于直秘

---

① 《颐彩堂文集》卷10，第3～5页。

阁。始受学刘清之。年五十，乃问学于朱子。朱子文集与蕃尺牍凡六首，蕃与朱子往还诗及他作之称述朱子者二十余首。朱子《答徐斯远书》云："昌父志操文词，皆非流辈所及，且欲其刊落枝叶，就日用间深察义理之本然，庶几有所据依，以造实地，不但为骚人墨客而已。"所以援引之者甚力。然蕃本词人，晚乃讲学，其究也仍以诗传，与涧泉韩淲有"二泉先生"之称。淲集久佚，今从《永乐大典》裒辑，已别著录。蕃集世亦无传，而《永乐大典》所收颇富，并为采掇编次，依旧本标题，厘为《乾道稿》一卷、《淳熙稿》二十卷、《章泉稿》五卷，共二十六卷。而以蕃本传及刘宰所作墓表附录于后。初，蕃为太和簿时，受知于杨万里。万里赠诗有云："西昌主簿如禅僧，日餐秋菊嚼春冰。"又云："劝渠未要思旧隐，且与西昌作好春。"又赞其写真云："貌恭气和，无月下推敲之势；神清骨耸，非山头瘦苦之容。一笑诗成，万象春风。"刘克庄跋亦云："近岁诗人，惟章泉五言有陶、阮意。"《诗人玉屑》载蕃论诗一则："以陈后山《寄外舅诗》为全篇之似杜者，后戴式之《思家》用陈韵，又全篇之似陈者。"观其持论，其诗学渊源亦可概见矣。又张端义《贵耳集》称蕃与周必大同里，必大当轴，所任但一酒官，五十年不调（案："五十年"疑当为"十五年"之讹），寿九十余，公朝尊老，以秘阁正郎聘之，不至。则蕃之恬淡自守，人品本高，宜其诗之无俗韵也。①

《总目》删去《麓堂诗话》、陈克斋（文蔚）祭文两小节，又将一些芜词涂去。但修改后出现了两点小错误：一是原稿《乾道稿》卷数为二卷，《文渊阁四库全书》亦作上下二卷，《文溯阁四库提要》亦同，而《总目》改为一卷，反而改错了。二是原稿本作"十五年不调"，而《总目》改为"五十年不调"，还加上案语："五十年疑当为十五年之讹。"

---

① 《总目》卷160。

由此可以推测，《总目》的成书，经过了相当复杂的程序，你改过来，我改过去，肯定经过很多人的手。因此，在修改过程中难免出现一些不该出现的小错误。这些本无关宏旨，我们今天完全可以做到同情之了解。过去，某些学者抓住这些小小的错误，订补正讹，并且将它们全部记在纪昀一人的头上。现在看来，这种研究方法存在相当大的问题。到底是在哪个环节出现的错误？现在仍然无法解释清楚。

朝军按：此类凡4条，约占14.29%。

（五）改评论类

《书鹅湖集后》

明铅山龚斅《鹅湖集》，斅，史附安然宋讷传中。洪武三年，以明经分教广信学，有《六经图》，兵燹后阙《诗经》，斅辑朱子说补之。十三年，以尚书范敏、御史叶孟芳荐其学行，与莆田吴源性传同以本郡教授被召入京。时初罢中书省，置四辅官，各兼太子宾客班尚书，上每刑官议狱，送四辅及台谏官复核，有疑谳，许封驳，斅与王本（本以儒士行谊著闻召，坐事诛，不详里籍）、杜佑（安邑人）为春辅官，杜斅（壶关人）、赵民望（藁城人）、吴源（兴化儒学教授）为夏辅官，并令兼摄秋、冬。寻与源同以老疾乞归。明年夏，又同召入国子学。十五年五月十七日，太祖幸学，斅以博士执经（见宋讷太学碑），吾乡王原礼嘉会以检讨升右司业，时斅为左司业，常熟宋讷为祭酒，三人者年俱高，岩立楷范，诸生肃然，多所造就（见《两浙名贤录》）。洎迁祭酒，坐放诸生假，不奏闻，免。斅著有《经野类抄》二十八卷及此集，见《明史·艺文志》、焦氏《经籍志》并六卷。今《大典》内采出诗三卷、文二卷。王元美云：明兴，立赤帜，青邱、青田二家而已。当是时孟载景文子高实为之羽翼，而谈者尚以元习短之。斅诗风调谐美，文亦老成，惜其集罕行于世，故自来荟萃前明作者无能举其氏名，然使弇州诸人得而品第之，要是先正典刑，具有开国气象者也。邑乘载其论经野，分宿于省，分府于府，分数于县，大率两浙、江南属女宿，故其下应以桑麻、蚕绩；江西、湖广属牛宿，故民勤耕艺地，饶五谷。语多凑合。夫分野之说，贾疏谓古受封之日岁星所在之辰。其说甚善，足补郑注所不及。王子足曰："十二野，所以分天之纲者也，其要在乎躔度而已。"山阴姜武孙（承烈）有《分野辨》，其言以为辨之而终不辨，莫若以不辨辨之，榖岂未之前闻，乃欲以锲舟胶柱之见求之耶？①

《鹅湖集》六卷　永乐大典本

明龚斅撰。斅，铅山人，《明史》无传。惟《太祖本纪》载："洪武十三年八月丙午，置四辅官，以儒士王本、杜佑、龚斅、赵民望、吴源为春、夏官。"又《宋讷传》称讷为祭酒，与讷定学规者，司业王嘉会、龚斅，三人年俱高，须发皓白，终日危坐，堂上肃然。而亦不详其始末。考《铅山县志》："斅先以明经分教广信学，辑朱子之说，补《六经图》。御史叶孟芳荐其学行，征入为四辅官，以老乞归。又召为国子祭酒，卒于官。著有《经野类抄》二十八卷。"盖亦穷经笃学之士也。其集见于焦竑《国史经籍志》者六卷，流传甚鲜。程敏政《明文衡》、黄宗羲《明文海》搜采极博，而均不及其名姓，则亡佚久矣。今惟《永乐大典》尚颇载其诗文。诗虽多沿元季余波，而清婉谐畅，亦自琅琅可诵。文则原本经术，结构谨严，实能不愧于作者。其《送周倬张溥使高丽序》称洪武十八年，命倬等往封国王，而《明史·高丽传》失载其事。又《赠刘叔勉使西洋回序》称，洪武二年春，诏叔勉往使，三年夏，才至西洋。而《明史·浡泥传》乃称三年八月，命史刘敬之往使，阅半年抵其国。年月参错不合，自当以斅所记为得其实。是亦足以资考证也。谨掇拾荟萃，仍依原目，定

① 《颐彩堂文集》卷10，第15页。

为六卷，著于录。①

《总目》删去原稿对分野之说的批评，加强了对其诗文价值的评估。“今《大典》内采出诗三卷、文二卷。”今检《四库全书》，此书六卷，诗、文各分三卷，文按文体分记、序、说各一卷。

朝军按：此类凡1条，约占3.57%。

（六）重拟类

1.《书都官集后》

……集三十卷，居士婿周开祖所辑，曾孙杞曾刊于四明，久佚不传。乾隆辛丑冬，余从《大典》抄得仅十四卷，因取一时赠答、哀挽诸篇并后世怀古之作悉附焉……②

朝军按：《都官集》为大典本③。《总目》卷153《都官集》条与此异。乾隆辛丑为1781年。此条可备四库掌故。

2.《书东堂集后》

滂为人无足取。东坡尝与书云：“今时为文者至多，可喜者亦众，然未如足下闲暇自得清美，可口者实少也。”及在岭南，又与尺牍云：“得书累幅，又获新诗一篇，居夷久矣，不意复闻韶濩之余音。”又云：“秋兴之作，追配骚人矣。不肖何足以窥其粗，遇不遇自有定数，然非厄穷无聊何以发此奇思，以自表于世耶？”其推服如此。所云秋兴之作，殆即集中拟赋一篇也。高邮陈造题其集云：“韵语精深婉雅，视秦、黄、晁、张盖不多媿。”又云板藏嘉禾郡库，盖佚已久矣。余既抄自《大典》，为补《乡应山祷雨》五古一首，附以坡诗

① 《总目》卷169。

② 《颐彩堂文集》卷9，第11~13页。

③ 《四库全书》第1096册，第405页。

《铜山寺》七绝一首，并附后人诗记以资参考。又补入《蓦山溪词序》一篇、《月波楼记》、《寒穴铭》各一首，并毛刊《六十家词》而别为附录一卷，共十三卷，仍符陈氏《解题》之数云。①

今检《四库全书》本《东堂集》，所补"《乡应山祷雨》五古一首，附以坡诗《铜山寺》七绝一首，并附后人诗记以资参考。又补入《蓦山溪词序》一篇、《月波楼记》、《寒穴铭》各一首"均不见，未审其故。

3.《书斜川集后》②

4.《书宗忠简公集后》③

5.《书安阳集及遗事别录家传后》④

6.《书南湖集后》

宋张约斋镃，字功甫，循王俊诸孙，本巩之成纪人（今秦州），流寓行都，官奉议郎直秘阁。淳熙丁未秋，自临安通守，以疾丐祠舍故宅为兰若，卜筑白洋湖，名所居曰"桂隐"。南湖经其前，东寺北园，鱼乡鸥渚，穷奥旷之趣，适啸歌之情，一切堂宇桥舟标识眉目，多至八十余题，别有燕游志载其详。性喜乐天诗，榜书轩曰"景白"，悬像其中，炉香严事，比于俞清老之"景陶"、蒋宣卿之"景坡"，有同嗜焉。其《题轩》有云："自顾人才虽太远，仰希闲乐或相同。墅丘寺观游须遍，台榭舟桥乐未穷。酩酊酒判犹欠量，平夷诗效竟无功。子迟发白如先约，官达名高定不逢。"杨诚斋《赞功父

① 《颐彩堂文集》卷9，第14～15页。《东堂集》为大典本（载《四库全书》第1123册），《总目》卷155提要与此异。

② 《颐彩堂文集》卷9，第15～16页。《总目》卷174与此异。翁方纲纂此则提要稿与《总目》相近。

③ 《颐彩堂文集》卷9，第19～21页。《总目》卷156与此异。此种提要受清高宗影响，详见前面有关部分。

④ 《颐彩堂文集》卷9，第24页。《总目》卷152与此异。

像》云："门有朱履，坐有桃李，一何佳公子也。冰茹雪食，琱碎月魄，又何穷诗客也。"又《谢送诗集》云："两夜连繙约斋集，双眸再见帝城春。"读之可以得其生平模轨矣。顾其诗，五七古戛戛独造，排奡清雄；近体伫兴即成，流易有余，微乏矜炼。杨秘监尝称为"诗中老贼"。次其流派，在放翁、石湖间可置一座，接迹诚斋，无惨沮矣。诗余有《玉照堂词》一卷。今《大典》内抄出，都为十卷。

案：《浩然斋雅谈》：放翁在朝日，尝与馆阁诸人会饮于南湖园，酒酣，主人出小姬新桃者歌自制曲侑尊，以手中团扇求诗。翁书一绝云："寒食清明数日中，西园春事又匆匆。梅花自避新桃李，不为高楼一笛风。"童蒙训、王简卿尝赴其牡丹会，众宾既集，寂无所有，俄卷帘则异香自内出，郁然满座，群妓酒肴，丝竹次第而至，凡首衣领皆牡丹，衣与花凡十易，烛花香雾，歌吹杂作，客皆恍然如仙游。山家清供，功甫喜延山林湖海之士。一日午酌数杯，后命左右作银丝供具，戒之曰："调和教好，又要有真味。"众客谓必鲙也。良久，出琴一张，请琴师弹《离骚》一曲，众便知银丝乃琴弦也。"又要有真味"，盖取渊明"琴中有真味"之意也。又案：国朝王毓贤《绘事备考》，功父既雄于赀，而复好事，后房数百人，咸极一时之选。风亭月榭，甲于京师。尝作驾霄亭，在高松之上，延宾客避暑其中，登者如游云表。精书法，兼善画，传世者《石壁松杉图》一、《苍崖古木图》二、《石笋修篁图》一、《枯槎折竹图》二、《秋山落木图》二、《墨竹图》十三。①

前半部分抄史浩《题南湖集十二卷后》中语。《总目》卷160《南湖集》提要与此完全不同。杨万里有《约斋南湖集序》，而四库本《南湖集》失载，提要亦未言及，今补录如下：

初，予因里中居德璘谈循王之曾孙约斋子有能诗声，余固

① 《颐彩堂文集》卷10，第1~3页。

心慕之，然犹以为贵公子，未敢即也。既而访陆务观于西湖之上，适约斋子在焉，则深目犨蹙，寒眉臞膝，坐于一草堂之下，而其意若在岩壑云月之外者，盖非贵公子也，始恨识之之晚。既而又从尤延之、京仲远过其所居曰桂隐者，于是尽出其平生之诗，盖诗癯又甚于其貌之癯也。大抵祖黄、陈，自徐、苏而下不论也。延之、仲远退而深嘉之，余笑而不言。二君曰："子奚笑约斋子?"余曰："彼其先王，翼真主以再造王家，大忠高勋，塞两仪而贯三光，为之子若孙者，谓宜掉马棰鸣孤剑，略中原以还于天子。若夫面有敲推之容，而吻秋虫之声，与阴何郊岛先登优入于饥冻穷愁之域，此我辈寒士事也，顾汲汲于此，而于彼乎悠悠尔，此余之所以笑约斋子也。"二君曰："子之笑约斋子，只所以嘉约斋子欤?"余出守高安，约斋子寄其诗千余篇曰《南湖集》，且谂予序之，乃书其说于篇首云。约斋子张氏，名镃，字功父。淳熙己酉四月庚辰，诚斋野客庐陵杨万里序。①

7.《书鹤林集后》

宋潼川吴泳《鹤林集》四十卷。泳字叔永，嘉定元年进士，理宗朝仕至起居舍人，兼直学士院，权刑部尚书，终宝章阁学士知泉州。泳少与弟昌裔字季永（后谥忠肃）克自植立，不逐时好，南来得濂洛关闽之书，研绎不倦。昌裔故尝师事胡五峰（宏）、黄勉斋（榦），泳又遍求文公之书，获交其徒叶知道（贺孙）、张元德（洽）、钱子山（木之）、陈器之（埴），皆与往来质问。集中有辨论心性、推阐《易》、《书》数篇，非沉潜理窟而窥其堂奥者未易到也。盖当真魏两贤继用，党禁大开，正学复明于世，故其所诣如此。惟是仕丁穆陵，国势日蹙之时，三京未复，北骑分侵，边围靡宁，武功不竞，一切疆场阨塞，泳兄弟筹画瞭如，且以御史王处一（万

① 《诚斋集》卷81。

浦阳人），精于边防，资其条具，慷慨敷陈，悉中窾綮，又值乡郡残破，亲属流亡，其于蜀道得失，言之尤为痛心。今次其可考者，用补史文之阙，如绍定二年上西陲八议，四年乞遣葵范救蜀，五年疏四失三忧及保蜀三策，六年论武仙窥安康乞严作堤备。端平二年言元兵先通川路，后会江南，不可不固上流，又言西边连年调度，财殚力薄，乞速赐科降，早趣援兵。三年夏四月，下诏罪己，诏辞即泳所草。是年乞预储蜀帅，又以赵彦呐老疾，言李埴、杨恢并蜀人可代。又论壤蜀四证及救蜀五策，自谓无一岁不言蜀事，无一日不忧蜀亡，惜其言不尽用，文亦不尽传，昌裔亦有苦言，十篇虑蜀甚悉，均不得与冉琎建徙城固蜀之策炳于一时。然岂途安礼蜀砭三十篇所可同其切时之论哉？其他章疏制诰表奏，往往如陆敬舆明辨骏发，周益公所谓"健论滔滔，悬河东注，绪言缅缅，聚茧缫丝"者足以当之。泳诗词并工。辑自《大典》仅四卷，不具论，论其大者。

案：泳与别之杰同举戊辰进士，为嘉定元年，传并作二年，非。又案：史于泳传作潼川人，于昌裔传作中江人，若不知其为同怀者。然考宣城吴许公（潜）履斋遗集与泳兄弟赠送甚多，其送叔永《水调歌头》上阕云："才惜季方去，又更别元方。惊心天上双凤，接翅下高冈。万里瞿唐，烟浪一片，昭亭云月，渺渺正相望。夜雨连风壑，此意独凄凉。"又寿叔永文昌季永侍郎《八声甘州》上阕云："记高冈，两凤揽朝晖，翩翻万里，来向槐厅深处，松厅紧裹，却立徘徊，一舸风帆，烟浪拟坚锦江桅，聊为元晖老共拂尘埃。"又集中《端平改元阳月，同弟昌裔自南山过龙井山僧话辩才近事，且以某兄弟为坡颍，因赋诗》云："一百年前老辩才，复褰绦带下山来。松杉溜雨惊龙起，篁竹生风唤鹤回。戒行净通林水观，语言香落宝花台。更看坡颍留诗处，月堕山空眼豁开。"余爱其集，以配元祐苏氏，不难辉映后先也。

又案：《宋史》于兄弟具合传，此例不下数十人，独吴渊、吴潜、李性传、道传、心传与泳、昌裔则否，而贯之、微之同列儒林，又各分卷，尤不可解。①

《鹤林集》四十卷 永乐大典本

宋吴泳撰。泳字叔永，潼川人。嘉定二年进士，理宗朝历官起居舍人兼直学士院，权刑部尚书，终宝章阁学士、知泉州。事迹具《宋史》本传。史称所著有《鹤林集》，而不详卷数，《艺文志》亦不著录。惟《永乐大典》各韵中颇散见其诗文。谨裒辑编次，厘为四十卷。放佚之余，篇什尚伙，亦可见其著作之富矣。泳当南宋末造，正权奸在位、国势日蹙之时，独能正色昌言，力折史弥远之锋，无所回屈，可谓古之遗直。至当时边防废弛，泳于山川阨塞，筹画瞭如，慷慨敷陈，悉中其要。本传所载诸疏，简略未详。今以本集考之，如绍定二年上西陲八议，五年疏四失、三忧及保蜀三策，端平二年言元兵先通川路，后会江南，不可不固上流，三年乞预储蜀帅，又陈坏蜀四证及救蜀五策，大抵于西川形势，言之最晰，良由南宋以蜀为后户，于形势最为冲要，泳又蜀人，深知地利，故所言切中窾会，非揣摩臆断者比，实可以补史所未备。其他章疏表奏，明辨骏发，亦颇有眉山苏氏之风。在西蜀文士中，继魏了翁《鹤山集》后，固无多让也。②

《总目》这次做了一个大手术，从原稿中仅节取了几句话，将大部分删去。略品其人而详品其文，反而重点突出。

明曹学佺《蜀中广记》卷九十九载：

《鹤林集》，潼川吴泳叔永著。嘉定二年进士，历著作郎。读书于州鹤林寺，故以名集。杜甫所谓“牛头望鹤林”也。

朝军按：此条材料解释书名，以地名集，可补《总目》之阙。

---

① 《颐彩堂文集》卷10，第7~9页。

② 《总目》卷162。

8.《书畏斋、积斋二集后》

元鄞人程端礼敬叔《畏斋集》十卷，见黄文献所作墓志及《焦氏经籍志》。庆元自杨、袁、舒、沈四大弟子尊尚金溪之学，而朱子之学不行。敬叔独从史果斋游，以传考亭明体达用之指，一时生徒甚众。所著进学规程即今《读书分年日程》，国子监以颁示郡邑校官为学者式。历建平建德教谕及稼轩、江东两书院山主，有集庆路江东书院讲义一卷，集外单行。又为铅山州台州教授，所至以扶植名教、兴起人材为己任。尝与诸生曰："学问之道，具在圣经贤传，吾尝述之矣。真知实践，则存乎其人。"疾革，目已瞑而头微偏，门人乐良进曰："先生头容稍偏矣。"复张目端坐而终，可谓得正而毙者矣。晋卿墓铭有曰："真儒有作，乃发其蔀。先生之传，遂有端绪。"又愈："志局于位，厥施未丰。惟其教思，垂于无穷。"皆实录也。所为文明清纯粹，多载道之语，俨有德之言。诗亦温厚和平，雅而不腐，得朱子家数。余从《大典》内抄出，仅六卷。果斋名蒙卿，咸淳进士，以江阴教授改平江，国亡不仕，自号静清处士。早受业巴川阳恪暨大阳先生存斋（枋）、小杨先生字溪（岊）、阳氏师涪陵暖亚夫（渊），亚夫师朱子，盖渊源有自云。①

《畏斋集》六卷 永乐大典本

元程端礼撰。端礼有《读书分年日程》，已著录。其诗文名《畏斋集》，见于黄溍所作墓志，而不言卷数。诸家书目亦多不载，故世久无传，惟散见《永乐大典》中者，尚得诗文百余篇。谨依类编次，厘为六卷。其学以朱子为宗，故作《孙叔会诗集序》云："诗至七言而衰，律而坏，词而绝。自朱子出，而古诗意复见。盖朱子之学不在乎诗，故其作有自然之妙，讽咏劝惩之实。"又《送牟景阳序》云："蜀文再变于魏了翁，了翁学程、朱学，故未尝有意为文人之文，而文特

① 《颐彩堂文集》卷10，第12～13页。

妙。”其全集宗旨不出于是。夫朱子为讲学之宗，诚无异议。至于文章一道，则源流正变，其说甚长，必以晦庵一集律天下万世，而诗如李、杜，文如韩、欧，均斥之以衰且坏，此一家之私言，非千古之通论也。然端礼所作尚明白淳实，不觖于正，而其持论，亦足以矫淫哇艳冶之弊，于文章尚不为无功。故纠其胶固之失，而仍裒缉其佚篇，备一格焉。①

朝军按：《总目》与原稿观点相反，原稿对朱子之学相当尊重，《总目》正好借题发挥，集中火力，对朱子进行猛烈攻击——“夫朱子为讲学之宗，诚无异议。至于文章一道，则源流正变，其说甚长，必以晦庵一集律天下万世，而诗如李、杜，文如韩、欧，均斥之以衰且坏，此一家之私言，非千古之通论也。”

元程端礼《孙先生诗集序》云：

后世之诗，辞非不正也，旨非不深也，趣非不远也，率不过剽窃陈言，缀缉绮语，以夸一时而觊后誉。甚至拥被而卧，三年而得一联者，穷毕世之力，而遂为无用之物。言愈多而眩目，事愈繁而惑心。邵子所谓删后无诗者，信哉！愚尝究其末流之弊，以为《诗》一变而为《骚》，再变而为五言，五言变七言，其后又变而为律，琢而为词，故诗至七言而衰，律而坏，词而绝矣。②

其论诗持“一代不如一代”之论。值得注意的是，所谓“余从《大典》内抄出，仅六卷”，表明该种永乐大典本确出沈氏之手。

端礼弟端学，字时叔，并列《元史》儒学，其《积斋集》亦从《大典》抄得五卷。时叔至治辛酉进士，授仙居县丞，寻改国子监助教，动有师法，学者以其刚严方正比诸小程夫

① 《总目》卷166。

② 《畏斋集》卷3。

子，以别于敬叔焉。考满升国史院编修，每论撰为学士虞伯生所推服，迁太常博士，命未下而卒，以子仲能（徐）贵，赠尚书。时叔长于《春秋》，在国学时，慨《春秋》在六籍中未有一定之论，乃取前代百三十家，折衷异同，著《春秋本义》、《三传辨疑》、《春秋或问》。经筵官请板行其书，以授来学。今惟《本义》三十卷、《或问》十卷存《通志堂经解》中。诗文特其绪余，顾亦蕴蓄宏深，自在流露，都非苟作，绰有家风，颉颃喆鬃，奚惭竞爽。考伯生于文宗泰定，初官司业时，叔以助教扈跸开平，与之共事，上都胄监，而集中绝少倡酬，殆不以是事许之耶？①

朝军按：《总目》卷167《积斋集》提要与此完全不同，对其《春秋》之学评价极低："端礼之说《春秋》，勇于信心而轻于疑古，破不免偏执胶固之弊。"

9.《书瓢泉吟稿后》

元长兴朱晞颜，字景渊，少隐廛市，有诗名，寻以习国字被选仕为浙东长林丞，司煮盐赋，即稿中所称"平阳州蒙古掾"是也。平阳乃永嘉属县，元升为州。后历江西瑞州郡盐税。其宦迹可知者止此。所至眺览山水，诗格益遒，而仍不废曹务。牟献之巘序其少作，已云"老苍隽健，非近学所能窥、俗情所能汩"。又云"拟古则不失作者之意，咏史则能得当时之情"。郑宗鲁僖称其诗"蹇腾迅迈，连轩清警，人所彳亍，我独纡余。文规绳古制，不事浮靡。曲生、菊隐二传，尤奇赡幽蔚"。其他唱酬赠答，如鲜于伯、揭曼硕诸人，并卓然名隽。惜其集不甚流传，惟昆山叶氏《目》载稿四册，秣陵焦氏《志》载集四卷。今《大典》内抄出，析为五卷。其拟古十九首及曲生二传犹存。晞颜父名文进，字野夫。吴草庐表其墓，称晞颜能诗能文，有猷有守，勉为良吏闻人，则其人其言

① 《颐彩堂文集》卷10，第13页。

曾为有道所许矣。①

《瓢泉吟稿》五卷　永乐大典本

元朱晞颜撰。考元代有两朱晞颜，其一为作《鲸背吟》者，其一为长兴人，字景渊，即著此稿者也。晞颜始末不甚可考，惟吴澄集有晞颜父文进墓表，载及晞颜，称其能诗文，而为良吏，亦不详为何官。今以集中诗考之，则初以习国书被选为平阳州蒙古掾，又为长林丞，司煮盐赋，又曾为江西瑞州盐税。盖以郡邑卑吏终其身者。其集，藏书之家罕见著录，惟焦竑《国史经籍志》载有《瓢泉集》四卷，而世无传本。顾嗣立录元诗三百家，亦不及其名。今据《永乐大典》所载，抄撮编次，厘为诗二卷、诗余一卷、文二卷。又牟巘、郑僖原序二首尚存，仍以弁诸卷首。集中所与酬唱者为鲜于枢、揭傒斯、杨载诸人，故耳目熏濡，具有法度。所作虽边幅稍狭，而神理自清。牟巘序所称拟古之作，今具在集中，颇得汉魏遗意，异乎以割剥字句为工。其杂文亦刻意研练，不失绳墨。惟郑僖所赏曲生、菊隐二传，沿毛颖、革华之体，自罗文、叶嘉以来，已为陈因之窠臼，僖顾以奇赡许之，殆所谓"士俗不可医"欤？②

《瓢泉吟稿序》云：

……朱晞颜年甚少，笃志于学，士大夫多从之游……诗辄成轴，纸长三过，读之愈出愈奇，拟古则不失古人作者之意，咏史则能得当时之情，至于他诗，各有思致，大抵老苍隽健，尤非近学所能窥，俗情所能汩。良可喜也。……庚子夏五月十有八日陵阳牟巘序。

……其气益锐，诗益奇，其骞腾迅迈，如大鹏御风之脱氛埃也，其连轩清警，如舞鹤出林之引圆吭也。人所彳亍，我独纡余。由是知坡老所谓昌其诗，不如昌其气者。……以是知君

① 《颐彩堂文集》卷10，第13～14页。

② 《总目》卷167。

之才，周于世用，不独昌于诗而已。至其为文，规绳古制，不事浮靡，曲生、菊隐二传，尤为奇赡，幽蔚又不独昌于诗而已。予尝观吴草庐先生为其先翁墓表，称君能诗能文，有猷有守，可为良吏，为闻人，盖纪实云。郑僖序。

朝军按：前人上述旧序，已为《总目》节取。

10. 《书怀麓堂集后》

余少爱读其诗文、乐府，未尝不慨然惜其为人……①

《怀麓堂集》提要云："东阳依阿刘瑾，人品事业均无足深论。其文章则究为明代一大宗。自李梦阳、何景明崛起弘、正之间倡复古学，于是文必秦汉，诗必盛唐，其才学足以笼罩一世，天下亦响然从之，茶陵之光焰几烬。逮北地、信阳之派转相摹拟，流弊渐深，论者乃稍稍复理东阳之传，以相撑拄。盖明洪、永以后，文以平正典雅为宗，其究渐流于庸肤。庸肤之极，不得不变而求新。正、嘉以后，文以沉博伟丽为宗，其究渐流于虚㤭。虚㤭之极，不得不返而务实。二百余年，两派互相胜负，盖皆理势之必然。平心而论，何、李如齐桓、晋文，功烈震天下，而霸气终存。东阳如衰周弱鲁，力不足御强横，而典章文物尚有先王之遗风。殚后来雄伟奇杰之才，终不能挤而废之，亦有由矣。"②

朝军按：此类凡10条，约占35.71%。

（七）综合类

1. 《书浮沚集后》

宋永嘉周行已恭叔《浮沚集》八卷。行已，元祐六年进

① 《颐彩堂文集》卷10，第18～20页。

② 《总目》卷170。

士，为太学博士，以亲老归教，教授其乡，发明《中庸》之旨，再入为馆职，出宰乐清，永嘉学问所从出也。陈振孙自言祖妣为行己女，故知其本末。所居谢池坊有浮沚书院。集十六卷，后集三卷。张约斋《仕学规范》引据书内有《永嘉文集》，即是书。《两浙名贤录》："祖豫，父泳，皆中第。行己风仪秀整，语音如钟，读书十行俱下，入太学作斋揖文。同舍遵行之，丰司业稷驺从哄敦化堂下，行己移书规切之，稷媿谢。时新学行，独之伊洛，从程伊川，二刘、许、赵皆敬下之。作《颜子不贰过论》，有曰："过不必大，毫末萌于心，而天地为之应。悟不必次，斯须著于心，而天下归其仁。"伊川可之。行己早达京师，贵人争欲妻之。行己曰："吾姨母贫，其女瞽，吾母虽不言，意已有属养志，可也。"辞昏，归娶之。伊川语人曰："某年未三十，亦做不得此事。"宣和初，除秘书省正字，鄂守王靓请为幕宾，及卒，靓以朝命津其丧，归葬安固。有文集三十卷，唐宋文茗绘像祠于学官。《嘉靖浙江通志》："行己与周县蒋元中等八人，皆见道超卓，为四方学者矜式，称元丰太学九先生。其族孙去非为张南轩高弟。"案：史志《周博士文集》十卷，注不知名，又载《周行己集》十九卷，《宋史》复舛往往若此。然云十九卷，则与陈合。焦氏《志》亦同。今《大典》内纂出八卷。集中《上韩守书》云："五十一年，秩未离乎九品；仕二十七载，官仅书乎四考。"《宰相书》云："少慕存心养性之说，于周孔佛老无所不求，而未尝有意于进取。"《祭酒书》云："十五学属文，十七补太学诸生，学科举文，又二年，读书益见古人文章，学为古文，又二年，读书益见道理，于是学古人之修德立行。"惜其论不存，即陈氏所訾林越序亦佚。余读吴叔永《鹤林集》有云："建安朱氏之学接于周公，行己、许公、景衡实本伊川。"而韩仲止《涧泉日记》则云："恭叔文字温淡，但时有庄老，与程氏之说相背，诗亦好。"①

---

① 《颐彩堂文集》卷9，第16～17页。

《浮沚集》八卷　永乐大典本

宋周行己撰。行己字恭叔，永嘉人，元祐六年进士，官至秘书省正字，出知乐清县。陈振孙《书录解题》称其为太学博士，以亲老归，教授其乡，再入为馆职，复出作县。乡人至今称周博士，盖相沿称其初授之官也。振孙载《浮沚先生集》十六卷，后集三卷。《宋史·艺文志》载《周行己集》十九卷，正合前后两集之数，而又别出《周博士集》十卷，已相牴牾。万历《温州府志》又称行己集凡三十卷，更参错不符。考振孙之祖母即行己之第三女，振孙所记当必不误，《宋史》及《温州志》均传讹也。行己早从伊川子游，传其绪论，实开永嘉学派之先。集中有《上宰相书》云："少慕存心养性之说，于周、孔、佛、老无所不求，而未尝有意于进取。"又有《上祭酒书》云："十五学属文，十七补太学诸生，学科举文。又二年，读书益见道理，于是学古人之修德立行"云云。观所自叙，其生平学问梗概可以略见。则发为文章，明白淳实，粹然为儒者之言，固有由也。且行己之学虽出程氏，而与曾巩、黄庭坚、晁说之、秦觏、李之仪、左誉诸人皆相唱和。集中《寄鲁直学士》一诗，称"当今文伯眉阳苏，新词的烁垂明珠"，于苏轼亦极倾倒，绝不立洛蜀门户之见，故耳濡目染，诗文亦皆娴雅有法，尤讲学家所难能矣。集久失传，今从《永乐大典》所载，搜罗排比，共得八卷，较之原编，十几得五，尚足见其大凡也。①

两相比较，《总目》删去了较多关于作者生平方面的资料，增加了对其学术文章评价的成分，观点较原稿更鲜明。

2.《书湖山集后》

宋龙图阁直学士，谥康肃，仙居吴芾《湖山集》。芾字明可，绍兴二年进士，史称芾与秦桧有旧，桧专政，坐不附桧，

① 《总目》卷155。

论罢荐，授御史，力诋和议，累迁刑、吏、礼三部侍郎，前后倅处婺越，及知临安、太平、隆兴，六郡并治，因其俗。尝曰："视官物当如己物，视公事当如私事，与其得罪于百姓，宁得罪于上官。"立朝不偶，晚退闲者十有四年，自号湖山居士。为文豪健俊整，有表奏五卷，诗文三十卷。周益公序称历吏、户、礼、刑少常伯给事中，又尝典治内史，五为帅守，享林下之乐者十有六年。次子洪，守嘉兴，裒公遗文号《湖山集》二十五卷、长短句三卷、别集一卷、奏议八卷，与本传小异。又称乾道庚寅，芾帅豫章，胡忠简铨以泉守，必大以闽宪，俱入奏事，过从燕集，各为二词以送。今其词不尽传。又称绍兴甲子芾以秘书省正字轮对，奏江浙平米价一事，必大得之日历，《敕局编类绍兴宽恤诏令》载之，而不知其出于芾，洵足补本传阙遗之大者。又案赵希弁《读书附志》：《湖山集》四十三卷、《和陶诗》三卷、附录三卷，与史志同。史别有《当涂小集》八卷、《湖山遗老传》一卷。焦氏《志》作《湖山集》四十卷，与序不合。序当得其实。今《大典》内抄出，冠以《和陶诗》二卷，文二首缀于后，共十卷。益公所谓意远而词达，身簪绂而心丘壑者，数语尽之。又案：楼攻媿集载《朝请大夫吴津并姚硕人墓志铭》："津字仲登，曾祖允昭，祖师锡。"考芾居邑之石井，津称兴化使君，有诗文十五卷，则康肃长子也。①

《湖山集》十卷　永乐大典本

宋吴芾撰。芾字明可，自号湖山居士，台州仙居人。绍兴二年进士，官至礼部侍郎，历知数郡，以龙图阁直学士致仕，事迹具《宋史》本传。芾为秘书省正字时，以不附秦桧劾罢。后金师临江，芾建言有进无退，请高宗驻跸建康，以系中原之望。其领郡亦多惠政，盖非徒以文艺擅长者。然其诗才甚富，往往澜翻泉涌，出奇无穷。虽间或失之流易，要异乎粗率颓

---

① 《颐彩堂文集》卷9，第21~22页。按：婺越三郡，加上临安府、太平府和隆兴府，故称六郡。

唐。如《挽元帅宗泽》诸篇，尤排奡纵横，自成一格。据集中自述"芾生甲申"，岁当崇宁三年，建炎初尚未及三十，而笔力已挺健如此，其后退闲者十有余年，年几八十，乃渐趋平淡，和陶诸诗当作于其时，亦殊见闲适清旷之致。集中有《寄朱元晦》一诗曰："夫子于此道，妙处固已臻。尚欲传后学，使闻所不闻。顾我景慕久，愿见亦良勤。"是其末年亦欲附托于讲学。然其诗吐属高雅，究非有韵语录之比也。周必大集有芾《湖山集》序，称集二十五卷、长短句三卷、别集一卷、奏议八卷。而《宋史·艺文志》则称《湖山集》四十三卷，又别集一卷、《和陶诗》三卷、附录三卷、《当涂小集》八卷。本传又称表奏五卷、诗文三十卷，所载卷目殊牴牾不合。原本亡佚，无从核定。今据《永乐大典》散见各韵者采辑编订，厘为十卷，以《和陶诗》并入，而仍取必大原序冠之。史称芾为文豪健俊整，是其杂著亦必可观，惜《永乐大典》中已经阙佚，仅得表一首、序一首，附之末卷，以略存其概云。①

原稿重在生平介绍，征引甚富，但缺少己见；《总目》将重点转移到对其文章的评论上。尤称《哭元帅宗泽》诸篇尤排奡纵横，自成一格，兹附录《哭元帅宗公泽》于次：

鸣呼哀哉元帅公，百世一人不易逢。堂堂天下想风采，心如铁石气如虹。正色立朝不顾死，半生长在谪籍中。真金百炼愈不变，流水万折归必东。落落奇才世莫识，欲知劲草须疾风。维时中原丁祸乱，尘氛涨天天濛濛。众人畏缩公独奋，毅然来建中兴功。雄图一定百废举，复见南阳起卧龙。鸣呼哀哉元帅公，翩然遗世何忽忽。无乃天上亦乏才，故促我公还帝宫。公还帝宫应有用，何忍坐视四海穷。吁哉四海正困穷，兴仆植僵赖有公。公虽居东都，天下日望公登庸。公今既云亡，天下

① 《总目》卷158。

不知何时康？正如济巨川，中流失舟航。当今士夫岂无人，请问谁有公器业？谁如公忠良？公虽不为相，德望震要荒。公虽非世将，威稜詟豺狼。伟哉奇节冠今古，我试一二聊铺张。靖康元年冬，敌人正披猖。庙堂惊失色，愁睹赤白囊。公首慨然乞奉使，欲以口伐定扰攘。朝廷是时未知公，公之蚤志不获偿。忧国耿耿思自效，再乞守土河之旁。命下得磁州，翌日径束装。下车未三日，边骑已及疆。敌人闻之亟退舍，匹马不敢临城隍。顷之得兵数十万，康邸赖公王业昌。及公领留守，北顾宽吾王。恩威两得所，春雨兮秋霜。余刃曾不劳，危弱成安强。奸雄悉胆落，谁敢乱纪纲！呜呼哀哉公死矣，民今有粟安得尝？狙诈乘我虚，近复陷洛阳。洛阳去东都，雉堞遥相望。不闻敢侵犯，岂是军无粮。只畏我公霹雳手，气慑不复思南翔。呜呼哀哉公死矣，秋高马肥谁与防？天子久东狩，去冬幸维扬。都人心恋主，谓言何相忘。朝夕望回辇，断肠还断肠。公独以死请，再请意愈刚。呜呼哀哉公死矣，万乘何当归大梁。咄咄食肉人，尚踵蔡与王。奸谀蔽人主，痛毒流万邦。人怨天且怒，意气犹洋洋。所冀我公当轴日，尽死此曹膏剑铓。呜呼哀哉公死矣，始知国病在膏肓。我公我公经济才，设施曾未竟所长。但留英声与后世，永与日月争辉光。此死于公亦何憾，顾我但为天下伤。我闻天下哭公者，哀痛不翅父母丧。父母生我而已耳，岂能保我身无殃？邦人此时失所依，波迸东下纷苍黄。我公我公不复见，秋风在处生凄凉。百身傥可赎，我愿先以微躯当。灵丹傥可活，我愿万金购其方。彷徨愧无起公计，安得长喙号苍穹。呜呼哀哉元帅公，太平时节君不容。及至艰难君始用，民之无禄天不容。呜呼哀哉元帅公，古来有生皆有终。唯公存亡系休戚，千年万口长怨恫。嗟我草茅一贱士，念此抑郁气拂胸。衔哀挥涕何有极，愿以此诗铭鼎钟。①

《总目》表彰忠义之气，于此可见一斑。

---

① 《湖山集》卷 4。按：《宗忠简集》卷 8 有异文、阙文，不可从。

3.《书香山集后》

宋义乌喻良能，字叔奇，与兄良倚、弟良材、良弼并名于时。元黄文献《先世墓铭后记》“喻葆光娶于黄，子男五人，其四人俱以文章知名”是也。良能与良倚同登绍兴丁丑王十朋榜进士，良材、良弼并国学进士，陈龙川称乌伤四君子，则良能、良弼及何恪茂恭、陈炳德先也。良能由广德尉累迁国子监主簿。进《忠义传》二十卷，起战国王蠋，终五代孙晟，通百九十人，乞颁武学，授之将帅，孝宗嘉其质实平正，御书其名于屏间。丁内艰，服除，以国子博士召，兼工部郎中，除太常丞，兼旧职，请外知处州，奉祠归以朝请大夫，义乌县开国男，食邑三百户。致仕，营家圃曰磬湖，日以觞泳自娱，终焉。乡人慕之，表其地曰郎官里。所著尚有《诸经讲义》五卷、《家帚编》十五卷。良倚字伯寿，著有《唐论》四卷、《策断》二卷、《文选补》一卷及诗文十卷。良弼字季直，有《杉堂集》十卷、《乐府》五卷。龙川尝称：“叔奇为文精深简雅，读之愈久，而意若新；季直文蔚茂驰骋，盖将包罗众体，而一字不苟，读之亹亹无厌也。叔奇尤工于诗，洪景卢、杨诚斋皆与为文字友。”考《金华先民传》及县志，《香山集》三十四卷，焦氏《志》作十七卷。今《大典》内采出赋辞古今体诗，析为十六卷。①

《香山集》十六卷　永乐大典本

宋喻良能撰。良能字叔奇，义乌人。登绍兴二十七年进士，补广德尉，迁国子监主簿。复以国子博士召，兼工部郎中，除太常寺丞，兼旧职，出知处州，寻以朝请大夫致仕。《宋史》不为立传。惟《金华先民传》载其仕履颇详。其兄良倚、弟良弼亦具以古文辞有声于时，集中所称伯寿兄、季直弟是也。良能所著《忠义传》二十卷、《诸经讲义》五卷、《家帚编》十五卷，俱久佚不存。其集《义乌志》作三十四卷，

① 《颐彩堂文集》卷9，第23页。

焦竑《国史经籍志》作十七卷，世亦无传。独《永乐大典》中所录古今体诗尚多。核其格律，大都抒写如志，不屑屑为绨章绘句之词。杨万里《朝天集》有《送喻叔奇知处州》诗云："括苍山水名天下，工部风烟入笔端。"颇相推许。而良能集内亦多与万里酬唱之作，故其诗格约略相近，特不及万里之博大耳。又陈亮《龙川集·题喻季直文编》一篇云："喻叔奇于人煦煦有恩意，能使人别去三日，念之辄不释。其为文精深简雅，读之愈久，而意若新。"是良能之文亦有可自成一家者。惜其诗仅存，而文已湮没不传矣。今从《永乐大典》采掇裒次，而以《南宋名贤小集》所载参校补入，厘为十卷，庶犹得考见其大略。其集称香山者，按集中《次韵李大著春日杂诗》中有"清梦到香山"句，自注曰："余所居山名。"盖以地名其集云。①

《总目》将原稿中大量关于喻良能生世及兄弟的文字删去，把重点放在与杨万里、陈亮的交游上，突出杨、陈二人对他诗文的影响。

4.《书自堂存稿后》

宋陈杰《自堂存稿》。杰字寿夫，分宁人，即今南昌之宁州，宋隶隆兴。淳祐十年进士，制置司属官。杰行事不见他书，就其集考之，盖宋末逋臣遗老，不仕于元者也。宋讫祥兴己卯，距其登第为淳祐庚戌二十九年，集中四言如《春日》、《江永》诸诗，自注端平以来，则犹未第时之作。《戊辰正月重过弋阳》结句云："深谷有人难问信，石桥倚遍晚晴天。"自注为谢叠山，则谢窜兴国已四年，去元兵入临安，谢即家起义，相隔亦止八九年，其《闲舣记》作于延祐二年，则入元又三十七年矣。诗如《读邸报》三首，鼎臣佚覆悚之刑，鲠辅高介石之操，国事日非，有足以与史册相证者，与《奏院

① 《总目》卷159。

郭公应酉倡酬》并载，则岭海厓山心事如睹。至《重过西湖感事》及《咏涂家屏风》、《题宣和御画》诸篇，则黍离麦秀，风景河山，殆有余慨。其闲舣一赋有云："慕贞烈兮凌青云，愿投老兮守丘林。"因自赋于宿沙子江上之丈人之徒，则其生平固可想见矣。其人可入谢皋羽汐社，其诗可补杜伯原《谷音》稿。凡十三卷，见焦氏《志》。今采自《大典》者，析为四卷。①

《自堂存稿》四卷 永乐大典本

宋陈杰撰。厉鹗《宋诗纪事》载："杰字寿夫，分宁人。淳祐十年进士，制置司属官，有《自堂存稿》。"然鹗仅录其《题梅坛毛庆甫云悦楼》诗一首，云出《梅仙事实》，则尚未见其集，故所载爵里，亦不能具其始末。今从《永乐大典》裒辑遗编，尚得四卷。以其诗语考之，四言古诗中，《春日》、《江永》诸诗自注曰"端平以来"，是当理宗之初，已能吟咏，其年当在二十左右，下距帝㬎德祐乙亥，凡四十二年，则宋亡时已近六旬。《闲舣记》之末署延祐二年七月，是岁乙卯，上距宋亡又四十年，则杰年已在百岁外，不应如是之寿考。时代似不相及。又《闲舣记》末称"使其子樵书而刻之"。元鹿皮子陈樵，实婺州东阳人，里籍亦不相符。是记殆陈樵之父所作，《永乐大典》误题杰名欤？然观集中《重过西湖感事》诸篇，则为宋之遗老，入元尚在，固可无疑也。集中有《和大阃芍药宴》诗作于淮南，又有《宣檄随府》诗称"泝楚三千里，离淮第一程"，则先官淮幕，后官楚幕，与厉鹗所载制置司属官语合。又有《与节东归和同幕送行》诗称"宜黜而升愧在中"。又有《请代》诗称"郡小凋残最"。又有《乙丑元旦寿昌拜表》诗，则后亦守郡，非竟终于幕僚。厉鹗所载，尚为未尽矣。其诗虽源出江西，而风姿峭蒨，颇参以石湖、剑南格调，视宋末江湖一派气含蔬笋者戛然有殊。在黄茅白苇之中，不可不谓之翘楚。据其《戊辰重过弋阳石桥》诗注，盖与谢枋得相善。又《读邸报》诸作，排斥奸谀，语皆忠愤。

① 《颐彩堂文集》卷10，第9～10页。

而和郭公应酉诗，自称扶惫效死，客自杭来，谈江上师溃及京师非才误国，极为不平云云。并附录郭诗，而注曰“郭后赴厓山”，其志节亦可想见，则不徒诗之足传也。①

《总目》较原稿有两大改进：一是加大了考证作者生平的力度，据《重过西湖感事》以定作者时代，诗云：

衣如飞鹑马如狗，二尺锦囊香宇宙。车如流水马如龙，濯龙桥边吹断蓬。诸公南渡亦不恶，百年西湖最行乐。师王园地号山庄，戚畹洞天标水乐。铜铺珠箔锦为茵，玉箫金管歌遏云。曲江三月势绝伦，此占四时长作春。岁月无情留不住，园上送官洞更主。当时一聚冶游尘，雨打风飘去安所。三间古屋余老梅，千年放鹤暮归来。

二是对其诗文作了定位，因而大大提高了提要的质量。《读邸报》诗云：

战骨如山血未干，补疮遮眼肉都剜。向来手诏真哀痛，间者人言已治安。夜访宰臣忧卧榻，昼延学士论危竿。祖宗全盛犹如此，半壁江风面面寒。

钻刺逢迎状似奴，是非羞恶一毫无。盖间老犬曾供嗾，鞲上新鹰正待呼。递甐庸回联鼎食，长排耆俊在泥途。一朝政事渠何算，可惜倾人好国都。

排斥群小，语含忠愤。至今读之，犹令人扼腕。

5.《书榘庵集后》

元赠翰林直学士封京兆郡侯、谥文贞奉元同恕《榘庵集》。本传：恕字宽甫，仁宗朝三召不起，陕西行台侍御史，

① 《总目》卷165。

赵世延奏领鲁斋书院教事。延祐六年以左赞善召献书太子，历陈古谊，英宗立以疾归其学，由程朱上溯孔孟，务贯浃事理，以利于行，教人曲为开导，使得趋向之正，与萧贞敏齐名，时称萧同。又案：贾仁《行状》谓恕诗喜陆放翁，文慕周益公。富珠哩翀作恕神道碑云：世祖渊潜鲁斋许文正被教来秦，士风翕然，先生之徒相继而出，形于文，蔼然仁义之言；见于事，卓然仁义之行也。集二十卷，见《宋史》及焦氏《志》。今《大典》内抄出文十三卷，诗五卷。考至元三十一年国史修世祖帝纪，采事四方，陕西行省平章政事咸宁王野仙辟恕为掾，编纂实录，故恕文于比事为长。集中志状诸作，有可与金元正史参互者。诗则流易而不免于腐，特以人传耳。①

《榘庵集》十五卷 永乐大典本

元同恕撰。恕字宽甫，其先太原人，徙于奉元。恕年十三，以《书经》魁乡校，至正间授国子司业，辞不拜。陕西行台侍御史赵世延请置鲁齐书院，以恕领教事。延祐六年，立皇太子，召恕为奉议大夫，左赞善。明年，英宗继统，以疾归。致和元年，拜集贤侍读学士，复辞不就，卒，赠翰林直学士，封京兆侯，谥文贞。事迹具《元史·儒林传》。所著《榘庵集》本三十卷，至正初陕西行台御史观音保、潘惟梓等始刊布于江淮。赵郡苏天爵为之序。《文渊阁书目》亦载有《榘庵文集》一部八册。焦竑《经籍志》乃作二十卷，疑传写误也。自明以来，久佚不传，故叶氏《菉竹堂书目》、晁氏《宝文堂书目》并不载其名。惟《永乐大典》中散见其诗文。谨抄撮编集，分类排比，厘为文十卷，诗五卷，视原本尚得半焉。其生平著作，不事粉饰，而于淳厚敦朴之中，时露峻洁峭厉之气。贾仁《行状》称其于诗喜陆放翁，于文慕周益公。富珠哩翀《神道碑》又称：至元三十一年，国史修《世祖帝纪》，采事四方，陕西行省平章政事咸宁王辟为掾，典司编录，故于元初典故最为详赡。集中志状诸作多有可与金、元正

---

① 《颐彩堂文集》卷10，第11～12页。

史相参订者。惟祈禳青词本非文章正体，恕素以明道兴教自任，更不宜稍涉异端，乃率尔操觚，殊为失检。今以其原集所有，姑附录之，而并纠其失于此焉。①

《总目》与原稿相比，有三点不同：第一，增加了其生平事迹部分，对其“仁宗朝三召不起”作了具体叙述；第二，详细交代其流传情况；第三，又对撰写青词一事作了严厉清算。

6.《书钤山堂集后》

甲辰（乾隆四十九年）二月，余……因取读之，叹曰：“孔雀虽有毒，不能掩文章”，弇州语不诬也……②

《钤山堂集》三十五卷　编修励守谦家藏本

明严嵩撰。嵩字惟中，分宜人。弘治乙丑进士，官至大学士。事迹具《明史·奸臣传》。嵩虽怙宠擅权，其诗在流辈之中乃独为迥出。王世贞《乐府变》云：“孔雀虽有毒，不能掩文章。”亦公论也。然迹其所为，究非他文士有才无行可以节取者比。故吟咏虽工，仅存其目，以明彰瘅之义焉。③

按：弇州即王世贞，其五言长诗《袁江流钤山冈当庐江小妇行》即为讥讽严嵩而作。二者观点相同。《明诗综》卷三十三亦云：

张文邦云：“少师诗中典则，其声郁律而不佻，其出恬澹而有余，足以经纬风雅。”王子衡云：“介溪诗思冲邃闲，远在孟襄阳伯仲之间。”唐虞佐云：“崆峒子评介溪诗曰淡，石潭翁评介溪诗曰达。达者其辞和，淡者其辞平。和平之音，其于古作者庶几矣！”刘介夫云：“《钤山集》诗宣志理，情和声

① 《总目》卷167。
② 《颐彩堂文集》卷11，第4~5页。
③ 《总目》卷176。

昭，则沨沨乎魏晋遗音。”崔子钟云：“惟中诗清婉而绮，不浮其质。孙鹭沙云：钤山格致高古，韵度深远，属辞景中，游情言外，无近时肤脆之习，而气机员转，精采华妙，往往自见于绳法之外。”杨用修云：“介溪春容大篇。寒瘦轻俗，不入其胸次。皇甫子循云：少师诗达而和，澹而平，明润而婉洁。”……陈卧子云：“严相气骨清峭，应制诸篇，颇为雅赡，特束湿寡，自然之致尔。”

《诗话》：“……一似恬澹自持，无意荣利者。迨爰立之后，骄纵贪黩，忿懥慆淫，失其本心，终以致败。暮年自序诗集云：晚登政涂，百责身萃，回忆旧业，如弁髦然。触口纵笔，率尔应酬。不能求工，亦不暇求工也。对应德亦云：少于诗务锻炼组织，求合古调，今则率吾意而为之耳。分宜能知暮年诗格之坏，而不自知立身之败裂，有万倍于诗者。《生日诗》犹云：‘晚节冰霜恒自保。’昧心之言将谁欺乎？而应德翻谓不烦绳削而合。若湛元明一序，读之尤令人张目，不意讲学者贡谀乃若是！王元美《乐府变》云：‘孔雀虽有毒，不能掩文章。’殆平情之论乎？”

《花草蒙拾》：“‘空得郁金裙，酒痕和泪痕。’舒亶语也。钟退谷评间邱晓诗谓：‘具此手段，方能杀王龙标。’此等语乃出渠辈手，岂不可惜？仆每读严分宜《钤山堂集》，至佳处，辄作此叹。”

严嵩文章压群伦，可惜文章与人品脱节。但《总目》不因为其人是奸臣，就全盘否定其文。《总目》孜孜以求的，正是一种“平情之论”、“公论”、“千古之定论”，而不是时下所流行的“酷评”。任意笑骂古今人物，不惜骂倒骂臭，打倒在地，甚至还要踏上一只脚。因人废言，此种恶习早就应该根除啦！“达者其辞和，淡者其辞平。”此种和平之音，既是每一个严肃学者下笔的基调，也是整个学术共同体得以生存和发展的前提。

朝军按：此类凡 6 条，约占 21.43%。

（八）未见著录类

1.《书郑春寰集后》

> 明给谏归安郑明选侯升集，诗十二卷……文十八卷，亦清腴有法度，余尤爱其《秕言》十卷，标古证今，不减升庵丹铅诸录也。……则其人品亦卓绝者，不得以词章概之。①

朝军按：《总目》无此集，但对其《秕言》评价甚低："是编皆考证之文，而弇陋特甚。如辨西王母但引《山海经》，是并《尔雅》及《穆天子传》均未考也。辨《饮马长城窟行》，谓见《蔡邕集》，是并《玉台新咏》未考也。……辨望羊但引《释名》，是并《家语》未考也。辨羽化引柳公权语，是并《晋书》未考也。辨讳丙为景始于六朝，是并《唐书》未考也。其他舛误颠倒者，不可以殚数。劝所征引者，不过《韵会》、《事物纪原》之类。而遽欲攻诘古人，宜其动辄自败矣。"②

郑明选，字侯升，归安人。万历己丑进士，官至南京刑科给事中。明董斯张撰《吴兴备志》卷二十二《经籍征》第十八有"郑明选侯升集四十卷"。《澹生堂目》有"郑侯升集四十卷：诗文三十卷、秕言十卷"。《明诗综》卷六十一郑明选条云："朱平涵云：'先生诗不施铅粉，不事雕镌，一禀于雅，澹然成趣。'《诗话》：'先生五言近体全学高达夫，七言近体全学杜子美，语不求工，而句锤字炼，卓然名家。'"《诗话》指朱彝尊《静志居诗话》。引文详见该书卷16郑明选条，人民文学出版社1998年版，第473页。

朝军按：此类仅1条，约占3.57%。

---

① 《颐彩堂文集》卷10，第20页。

② 《总目》卷126。

结　　论

《四库全书总目》阐明学术，考镜源流。二百年来，沾溉学人，成为读书治学的必备工具书。它不仅是中国古代书目编纂的里程碑，而且是中国18世纪以前最为重要的学术文化史。中国18世纪的学术是以回归“汉学”的形式，对2000多年的传统学术作了全面清理总结，形成了具有近代理性因素的乾嘉考据学。《总目》也是乾嘉考据学的代表性作品，研究传统文化绝对不能离开《总目》。目前国内外对于《总目》编纂的研究非常薄弱，一直是一个悬而未决的难题。《总目》的作者问题不解决，其思想归属问题也无从谈起。在此之前，许多学者从不同的角度进行研究，富有参考价值和启发意义，但是随着研究的深入，其局限性逐渐凸显出来，其中最明显的局限，就是以往的观点无法涵盖所有材料。现在由于大量新的材料的发现，促使我们重新思考这一重要问题。

一、关于《四库全书总目》的编纂过程

分纂草创——→总纂润色——→总裁讨论——→皇上钦定，环环相

扣，任何一个环节都是不可或缺的，强调其中的一个而忽视其他环节的存在都有悖于历史真实。

（一）分纂官在纂写提要过程中，主要做了以下几个方面的工作

1. 抄序目。首先将书籍的序跋、目录过录下来。一部书的序跋与目录对起草该书提要至关紧要。分纂官花了大量的精力来从事这种原始资料的整理。这对我们了解《总目》的纂修过程大有裨益。翁方纲提供的这部分原始资料，为后来的修改定稿提供了依据，不少提要在反复磨勘时，正是凭借这些资料进行修改补充。

2. 签禁毁。《四库全书》的纂修与禁毁图书交织在一起，分纂官的一个重要职责是审查图书中是否有语涉违碍之处。

3. 撮大要。《提要稿》绝大多数书都起草了提要，有的书甚至有两种提要。总体来讲，分纂官提要稿质量不及《总目》。因为它是一种一种撰写而成的，给人“只见树木，不见森林”的感觉，在评价图书得失方面缺少通盘考虑，缺少《总目》那种画龙点睛的神来之笔。

4. 拟等次。在提要稿中注明了应刊、应抄、应存或毋庸存目，并说明理由。

（二）总纂官在《总目》编纂过程中无疑起了很大的作用，具体表现为以下几个方面

1. 主持《总目》分类。
2. 主纂总叙、类序。
3. 主纂案语。
4. 安排排列顺序。
5. 修改提要稿。
6. 主持《总目》校勘工作。

（三）总裁官与《总目》密切相关的一些问题

1. 凡例问题。

2. 褒贬问题。褒贬问题是关系到《总目》编纂的核心问题之一。于敏中提出了一个褒贬原则。

3. 标准问题。在《四库全书》及《总目》编纂时有四项标准，即应刊、应抄、应存和禁毁，于敏中提出了几项标准。

4. 分类问题。于敏中对一些具体分类问题也提出了一些意见。

（四）清高宗之作用大致可归纳为以下三点

1. 定分类，定大例。

2. 定是非，决疑似。

3. 定去取，定存毁。

一言以蔽之，《总目》之大纲出自钦定，绝非他人越俎代庖。清高宗在《四库全书》与《总目》的编纂过程中自始至终发挥着主控作用。正是通过修“四库”这一宏大工程来统治思想、学术与文化。

二、关于《四库全书总目》的作者问题

这是长期聚讼的焦点问题，大约有三种代表性意见：

一曰馆臣集体之意志，主此说者有李慈铭、胡玉缙、来新夏、沈津等人；

二曰纪昀“一人之私见”，主此说者有黄云眉、周积明等人；

三曰清高宗“钦定”，昌彼得、吴哲夫等人皆主此说。

三种说法都有一定道理，也都有其局限。馆臣们固然有草创之功，但据所存部分草稿看来，离《总目》定稿还有很大差距，与《总目》主旋律不和谐者已被删除。《总目》只反映了馆臣共相的一面，而未能反映其殊相。纪昀虽然在《总目》编纂过程中发挥了关键作用，《总目》很多地方也都体现了他的观点，但他毕竟只是清高宗之词臣，是清高宗之代言人，况且在编纂过程中吸收了一代知识精英的意见，因而《总目》决非纪氏“一人之私见”。《总目》固然由乾隆帝钦定，重大原则问题由乾隆帝决定，但具体操作则成于众手。可见以上三种说法都不完备。《总目》作者问题不

能离开《总目》的编纂过程。

综上所述，似可得出如下结论：

第一，《总目》是集体创作而非一人所为。明乎此，对于总结编纂经验，了解《四库全书》及《总目》的学术水平，均具有重要价值。

第二，《总目》是官撰而非私撰。《总目》体现的是官方意志而非个人意志。明乎此，对于了解乾隆王朝的文化政策、统治思想具有重要意义。

三、关于本书创新之处

（一）首次揭示的新材料

1.《海岛算经》提要可以确定为戴震所撰。

2.《夏侯阳算经》提要原稿亦出自戴震之手。

3.《水经注》提要，学术界历来认为是出自戴震手笔，实则馆臣在揣摩清高宗诗文后修改润饰而成。只有四大义例部分出自戴震之手。

4. 首次从《纂修四库全书档案》发现三份档案材料记载了永乐大典本分纂官姓名。

5. 首次从《啖蔗集》中发掘出了《宋朝事实》、《烛湖集》、《庸庵集》三篇提要稿。

6.《翁方纲纂四库提要稿》保存了大量的原始资料，是了解《总目》纂修过程的第一手资料，对于了解清代的政治、思想、文化、学术等方面具有极高的研究价值。翁方纲所撰提要稿总计在1 200条以上，是现存分纂官提要稿保存最多的一家。其手稿本收提要稿1 150条，是当时撰写提要稿的最初文献，复旦大学藏有两个抄本，较手稿本多出32条提要。本书首次进行穷尽性研究，将其逐一与《总目》进行对比，分为六大类，勘其异同，察其有无，并附论其优劣。

7.《翁稿》上所签“毁”字甚多，与翁方纲笔迹不类，经笔者反复验证，审为纪昀手笔。综观毁书过程，也是从分纂官到总纂官到总裁官到清高宗，流水作业，层层把关。《翁稿》关于禁毁内容的真实记载，较之以往所有的禁毁书目都更具体，可以因此顺藤摸瓜，找到当时被禁毁的具体篇目。《翁稿》所保存的毁书实录，为我们研究清代政治史、文化史、思想史提供了鲜活的资料。

8.《南江书录》具有较高的史料价值。邵晋涵认为《汉书》颜师古注"只聚诸家旧注而定其折衷，不能旁征载籍以推广其义"，非深谙史籍不能为此言。邵氏于史学洵为本色当行，其真知灼见已为杨明照所证实。《总目》似乎对颜注多有回护之词，未免上当。

9.《惜抱轩书录》也具有一定的文献价值。姚鼐云："又如洪迈，孝宗时人，而吴渊、乐雷发等贵人，宜与江湖诸士不相类，疑此等或出于后人增益，非起《江湖集》所本有也。"已开始怀疑洪迈《野处类稿》的真实性。令人迷惑不解的是，馆臣既将其抄入《江湖小集》，又令其别行，二本完全一致，致使同一伪本在《四库全书》中出现多次，可谓错上加错。

10. 沈叔埏在《四库全书》与《四库全书总目》的纂修过程中发挥过重要作用，特别是为《四库全书总目》的纂修作出了积极的贡献。笔者通过阅读他的诗文集，首次发现了这一历史公案。

（二）首次提出的新观点

1.《总目》书类提要可能多出自程晋芳之手。程晋芳在学术谱系中属于典型的程朱理学派，其学术观点基本上与《总目》格格不入。其提要稿中的评论部分可能被总纂官删除殆尽。

2. 纪昀、陆锡熊对《总目》编纂贡献最大。陆锡熊"考字画之讹误，卷帙之脱落，与他本之互异，篇第之倒置，蕲其是否不谬于圣人。又博综前代著录诸家议论之不同，以折衷于一是，总撰人之生平，撮全书之大概，凡十年书成，论者谓陆君之功为最多"。长期以来扬纪抑陆，惟王昶独褒美陆氏。纪、陆同时就任总纂官，以后又多次同步提升。《总目》编纂成功之日，陆锡熊尚得见之。无论馆内馆外，当时都一直认为，陆锡熊为《总目》的撰写与定稿作出了巨大贡献。是非予夺之际，绝非一出纪昀，陆锡熊亦有莫大之助焉。后世以纪、陆并称，庶几近之。

3.《总目》经部易类提要经纪昀审定，子部医家类提要经陆锡熊审定，经部三礼类提要多出自任大椿之手。

4.《乐庵语录》并非伪书。

5.《太平十策》并非伪作。

6.《翁方纲纂四库提要稿》在文献学上的价值，具有较高的目录、版本价值以及辨伪价值。翁方纲主张多闻、阙疑、慎言，反对嗜博、嗜琐、嗜异、矜己。值得玩味的是，翁方纲对《总目》划分汉学、宋学的观点颇不满意，认为“学者幸际斯时，其勿区别汉学、宋学而二之矣。然而划汉学、宋学之界者固非也，其必欲通汉学、宋学之邮者亦非也”。对戴震所谓“非典制名物不足以窥圣道”的学术路数大不以为然。翁方纲对考据之利弊洞若观火，谈言微中，殊为有见。但其正统观念也根深蒂固，他将朱子之学奉为正学，“考订之学以衷于义理为主”，衷于程朱之义理，这一点在《翁方纲纂四库提要稿》中有充分的流露。

7. 在《四库全书》及其《总目》的编纂过程中始终坚持四道防线，即刊刻、抄录、存目与禁毁。其中，“著录标准”与“存目标准”、“存目标准”与“禁毁标准”是两组不同性质的概念，过去一直混为一谈。“著录”与“存目”的分野主要是学术标准，而“存目”与“禁毁”的分野主要是政治标准。《翁方纲纂四库提要稿》的六条禁书标准为：因其人而废，因其书而废，因本朝而废，因前朝而废，因名教而废，因“淫秽”而废。

8. 首创乾嘉考据学派新的二分法，即分为民间学派与皇家学派，民间学派主要指四库开馆以前之江南学派，包括过去通常所说之吴、皖等派，皇家学派即“四库馆派”。在清廷的提倡下，朝野汉学合流，汉学如日中天。《总目》申汉黜宋，重汉轻宋。四库馆派形成了一个学术共同体。其纲领性文件即《四库全书总目》。四库馆派不同于以往的民间学派，它代表官方发言，《总目》能够反映出乾隆王朝的学术水准、文化政策等。其治学理念、治学方法均与民间学派存在较大的分歧，主张经世致用，反对烦琐考据。《总目》在破除门户的同时，也人为地设置了新的门户。把乾嘉考据学推向新的阶段之时，也无意之中将其导入狭小天地，考据学者越来越缺少问题意识和方向感，为考据而考据，末流考据往往流入烦琐。

9. 首倡"《四库全书》即儒藏"说。《四库全书》之编纂缘起，远源即为周书昌所倡之编纂"儒藏"说。《四库全书》也好，《总目》也好，始终严守儒墨之防，以孔子之道或儒家之道衡量群言。《四库全书》虽然也收入了少量的异端之作，但不能改变其核心部分的性质。

10. 学分汉宋本乎气质之殊。中国传统学术形态大致可分为汉学型与宋学型。高明者喜谈义理，多为宋学型；沉潜者好治考据，多为汉学型。汉学型与"狐狸型"相似，追求博雅；而宋学型则酷似"刺猬型"，主张臆断。

（三）在前人研究的基础上向前有所推进的新结论

1. 李慈铭认为"经部属之戴东原"，确实纯属虚构。戴震虽享经学之名，当时在四库馆中人微言轻，不可能独立负责最为重要的经部。

2. 钱宝琮认为"天文算法类各篇提要皆出震之手笔"，这种说法缺少实证。四库全书馆设有专门的天文算法纂修官三人：郭长发、陈际新、倪廷梅。协勘《总目》官李潢也深通数理。永乐大典本《数学九章》出自陈际新之手。"篇后题名者胥属纪昀、陆锡熊、戴震三人"之说亦为想当然耳，并无其事。天文算法纂修官才是天文算法类提要的主要起草者。

3. 段玉裁《戴东原先生年谱》与现行《戴震全集》，均将十四篇被收入文澜阁《四库全书》的卷首提要理所当然地视为戴震之作。显然，这种做法是不妥当的。戴震当初可能一一撰有草稿，但收入《总目》与《四库全书》的卷首提要均或多或少经过他人修改。分纂官提要稿可能被采纳，也可能被修改得面目全非，甚至根本就被推倒重来。如果不加区别地将分纂官提要与《四库全书》卷首提要或《总目》内的单篇提要画上等号，那就大错特错了。

如果将这些文澜阁《四库全书》的卷首提要径自视为“研究戴震数学思想的重要材料”，那更是错上加错。

4. 永乐大典本成于众手，过去仅归功于周永年一人的说法影响很大，但不能成立。永乐大典本提要稿也是成于众手，不能归功于周永年一人。

5. 日本学者前野直彬云：“《提要》是各方面的专门学者分别执笔，但经总纂官纪昀大加订正之后才定稿的。虽然小说类这部分的原稿究竟是谁写的，纪昀的改笔占多大分量，都不清楚，但反正这部分的论述无疑是为纪昀所完全同意了的。在这意义上，认为《提要》的小说论即是纪昀本人的主张也无不可。”周积明亦云：“通过纪昀‘一手删定’中潜藏的‘价值认同’和‘价值认异’来确认纪昀对《总目》的著作权。”既然纪昀的改笔占多大分量都不清楚，又怎么能够断言就是纪昀本人的主张？前野直彬意欲不证自明，确实缺少说服力。周积明大胆使用了如下公式：《四库全书总目》的≌纪昀的，也只是一种大胆的假设。将前人所谓“一手删定”、“一手编注”、“一手裁定”、“经公论次”等语全部替换为“一手所成”。显然误解文义，“一手删定”、“一手编注”、“一手裁定”、“经公论次”用语都极有分寸，没有一个词是“一手所成”之义。“删定”、“编注”、“裁定”、“经公论次”皆只是《总目》编纂中的一个重要环节，而非全部过程。

6. 周积明认为：“以上四家（指邵晋涵、姚鼐、翁方纲、余集——引者按）提要稿与《总目》对勘，从评骘意见、篇目内容到风格体例、语言文字无不有不同程度的改易，有的则几乎另起炉灶，全篇改写。”其实，此论只凭印象发言，没有进行细致的对勘工作。“多所删改”、“颇多异同”、“面目迥殊”、“殊异者殊多”等，并无具体的比较分析，不足为据。至于“无有一编无异同者”、“几乎无一相同”，更是与事实不符。

7.《奏进四库全书表文》多系四库馆中令典，一般人未及留意，以为官样文章必多虚美。更有论者以为“极尽歌功颂德之能事”，绝不可信。笔者通过 90 条例证分析，发现《进表》与《总目》及清高宗御制诗文之间的关系大致相合，难道这能说是“对历史的歪曲”吗？纪昀所撰《进表》以当事人述当时事，虽有溢美之嫌，但其可信度非常高，具有较高的史料价值。对《进表》的重新估价，将有助于深化一系列相关问题的认识。

8. 四库存目之有无标准，这是近年来聚讼不已的公案，许多学者认为存目与著录之间不存在鸿沟。从《翁稿》所保存的原始材料来看，显然当时是有标准的。翁方纲所持五条存目标准：不全之书，毋庸存目；别行之本，毋庸存目；庸俗之书，毋庸存目；低劣之书，存目可耳；既系伪作，毋庸存目。“翁五条”显然比《总目》更加严格。《总目》将不全之书、别行之本、庸俗之书、低劣之书以及伪书列入存目，尺度稍有放宽。

9. 邵晋涵对于四库学的贡献主要有二：一是辑佚永乐大典本，二是负责撰写正史类提要稿。邵晋涵在《总目》编纂过程中的作用向来被过分夸大，“史部属之邵晋涵”、“史学诸书多由先生订其略，其提要亦多出先生之手”等说法均缺少事实根据，不足为凭。

10. 余英时把汉宋之争还原为“道问学”与“尊德性”之争，此种说法似难成立。“道问学”与“尊德性”之争，是经宋学内部的派别之争。把汉宋之争看作考证与义理之争，难免陷入汉学即考证、宋学即义理的理论陷阱。汉学固然重考证，但也不是不讲义理；宋学固然重义理，但也并不绝对排斥考证。一旦陷入这种陷阱，往往得出诸如汉学只有考证没有义理、只有学问没有思想的谬论。汉学与宋学、考证与义理、学问与思想是三对不同范畴的概念，简单地将其一一对应，是一种简单化的做法。汉学与宋学之争，不能还原为考证与义理之争，更不能视为学问与思想之争。

（四）通过本研究发现的新课题

1. 加深乾嘉考据学派的研究。“四库馆派”与乾嘉学术，这是一个值得研究的新课题。乾嘉考据学派的形态划分，长期以来未能摆脱章太炎吴皖二分说的影响，虽递经修补，但始终没有拓出新局，主要缺陷就是忽视了“四库馆派”的存在。乾嘉考据学如何从江南一隅到遍及全国？如何从民间学术发展到乾嘉时代的主流性学术？清高宗又如何利用汉学来统治思想与学术？这些问题都有待于进一步研究。

2. 加大《四库全书》文本研究的力度。《四库全书》虽然对于整理传统文献作出过许多贡献，但是，由于人为地删改禁毁，使其文献价值大大降低。其文本的可信度到底有多大？哪些书可以直接利用？哪些书需要换用更为可靠的版本？这些都是悬而未决的历史难题，因此也极大地影响了《四库全书》的开发与利用。

3. 加快制定《中华民族文献保护法》。自秦始皇以来，暴君总是喜欢破坏文献，或焚烧，或禁毁。文献之厄，少半由于天灾，多半由于人祸。如何尽量减少人为的破坏，需要从法制的高度加以根本解决。我国虽有文物保护法，但文物与文献是两个不同的概念，文献也同样需要加以法律保护。泱泱大国，文献亟需立法。堂堂中华，兴邦还在文化。

余论

四库馆派与乾嘉考据学

“四库馆派”与乾嘉学术，这是一个值得探讨的新课题。乾嘉考据学派的形态划分，长期以来未能摆脱章太炎“吴皖二分说”的影响，虽递经修补，但始终没有拓出新局，主要缺陷就是忽视了“四库馆派”的存在。笔者此处仅作初步讨论，待思考成熟，再写出专著。

一、乾嘉考据学派的形态划分

乾嘉考据学的内部形态问题，一直是一个令人困惑的历史难题。有人认为：“清代汉学内部的学派区分，虽经将近两个世纪的争论，更其是周予同、蒙文通等的清理，至今仍然只能说映现概貌。困难在于区分殊相，即清代汉学呈现不同形态的尺度，无论取时间、地域、学风、历史认识、哲学倾向，还是对孔子的态度作衡量标准，都难免引出悖论。例如廖平、皮锡瑞、章炳麟在清末从不同角度论经学形态的见解，都曾被学者分别采用为区别清代汉学殊相的尺度，但同被认作经古文学的吴皖二派的歧异便难以解释，同被认作经今文学的常州派的政论取向变异更无合理说明。近年有好用地域命名学派的风尚，固然有助于发掘乡土文化资源，却无助于尺度困难的解决。"①

长期以来，学术界对于乾嘉考据学派的划分意见分歧较大，或分为两派，或分为三派，或分为四派。

（一）两派说及其局限

两派说实倡自戴震本人。王鸣盛与戴震有过一次极有意义的学术对话：

> 间与东原从容语："子之学与定宇何如？"东原曰："不同。定宇求古，吾求是。"嘻！东原虽自命不同，究之求古，即所以求是，舍古无是者也。②

钱穆对此曾加以引申补充：

> 惠、戴治学，求其归极，均之于六经，要非异趋矣。其异者，则徽学原于述朱而为格物，其精在三礼，所治天文、律算、水地、音韵、名物诸端，其用心常在会诸经而求其通；吴学则希心复古，以辨后起之伪说，其所治如《周易》，如《尚书》，其用心常在溯之古而得其原。故吴学进于专家，而徽学达于征实。王氏所谓惠求其古、戴求其是者，即指是等而言也。③

章太炎亦云："其成学著系统者，自乾隆朝始。以自吴，一自皖南。吴始惠栋，其学为博而尊闻；皖南始江永、戴震，综刑名，

① 朱维铮：《关于清代汉学》，《文化的馈赠·哲学卷》，北京：北京大学出版社，2000年，第115页。

② 钱穆：《中国近三百年学术史》上册，北京：商务印书馆，1997年，第357页。

③ 钱穆：《中国近三百年学术史》上册，北京：商务印书馆，1997年，第357页。

任裁断。此其所异也。"① 梁启超作《清代学术概论》，也完全采纳了章太炎的意见，认为乾嘉汉学"正统派之中坚，在皖与吴，开吴者惠，开皖者戴"。自章、梁之说出至今将近一个世纪，凡治清代学术思想史者，在论及乾嘉考据学的形态时，大都沿袭此说，偶或有所补充与发挥。近年也有几位学者撰文对此提出质疑，其主要论点有：

1. 乾嘉学术是一个历史过程，而吴皖分派的主张则无形中掩盖了其演进的轨迹。

2. 乾嘉考据学是同一个学派，他们的治学宗旨基本上相同，但同一学派中的学者也有差异和各自的风格。不要对他们的相同点视而不见，偏要搞些差异予以划分。即以乾嘉学派称之足矣，再分吴、皖派，乃大可不必。

3. 以吴、皖地域划分两派，以及所谓吴派佞汉嗜古，皖派"实事求是"的概括也不尽符合事实。并具体指出被视为皖派学者中的段玉裁、任大椿、孔广森、王念孙并非皖人。同时被视为吴派的学者并非都佞汉嗜古。②

这些商榷意见值得重视。两派说确实存在简单化的毛病，论断本身也并非十分严密。以地域命名和划分学派虽是传统做法，但也见笑于大方之家。从孟子到钱钟书，都有过批评意见。"求古"与"求是"之分，语义也比较模糊，不便操作。

（二）三派说及其局限

1. 吴、皖、浙三派说

章太炎所提吴、皖两派，加上浙东学派。浙东学派与吴、皖两派不是同一范畴的概念，因为吴、皖两派是考据学派，而浙东学派

① 章太炎：《检论·清儒》。

② 王俊义：《乾嘉汉学论纲》，《清代学术探研录》，北京：中国社会科学出版社，2002年，第202～205页。

不是。

2. 吴、皖、扬三派共时说

张舜徽主此说。其《扬州学记》云：

> 余尝深考清代学术，以为吴学最专，徽学最精，扬州之学最通。无吴、皖之专精，则清学不能盛；无扬州之通学，则清学不能大。然吴学专宗汉师遗说，屏弃其他不足数，其失也固。徽学实事求是，视夫固泥者有间矣，而但致详于名物度数，不及称举大义，其失也褊。扬州诸儒，承二派以起，始由专精汇为通学，中正无弊，最为近之。夫为专精之学易，为通学则难。非特博约异趣，亦以识有深浅弘纤不同故也。……清儒专门治经，自惠、戴开其先，天下景从而响和者无虑皆能尽精微而不克自致于广大。至于乾隆之季，其隘已甚，微扬州诸儒起而恢廓之，则终清之世，士子疲老尽气以从事者，杂猥而已，破碎而已耳。①

张氏力主通学，所以竭力表彰扬州之学。其局限性有三：第一，将其渊源追溯到王懋竑，未能考镜源流。因为王氏毕生精力在研究朱子学，其学术功力虽得到钱大昕与《总目》的表彰，但其研究范围和方法基本上与后起之扬州诸子不搭界（此处借用上海话），不能因为钱大昕将他与阎若璩、胡渭、万斯同、惠栋、江永、戴震诸人相提并论，就宣称"把乾嘉年间扬州朴学的渊源找出来了"。第二，扬州学者与戴震的关系至为密切，不能将皖、扬截然分开。张氏亦承认："像汪中、焦循、阮元都能大胆地对一些问题、特别是对伦理思想的问题，提出自己的看法，继皖学戴震之后，给宋明唯心主义的理学以严厉的批评。这种精神，实渊源于戴氏。一则由于戴氏流寓扬州最久，早已将他的议论主张带到了扬州；二则扬州几位大学者，如王念孙是戴氏弟子，任大椿是戴氏同事；焦循一生最推尊戴学，我们只看到他所写的《申戴篇》，可以知其宗尚。戴氏

① 张舜徽：《清儒学记》，济南：齐鲁书社，1991年，第378～379页。

的哲学思想和治学道路，全为扬州诸儒所继承而发展了。"① 既然如此，又凭什么将扬州之学与皖学区分开来？可见，张氏的三分也难以自圆其说。漆永祥博士认为："师承渊源关系是判别学术派别的重要标志之一，学者对某一大师或亲炙，或私淑，或受其影响而近其学，方可归入一派。皖之与扬州之分，实为同一师承而强分为二。"② 此种批评正中肯綮。第三，专、精、通乃乾嘉考据学之共同特征，所谓"吴学最专，徽学最精，扬州之学最通"只是相对而言，实难析言。诚如漆永祥所言："就惠、戴、钱三人而言，既能博涉又兼专精是共同的特点。但综三派而论，惠派侧重博涉，戴钱二派所治则主精审会通。因为惠派多治目录、版本、校勘、辑佚、辨伪诸学，故需广涉泛览，此正惠派学术特色及其重博之原因。而戴、钱二派所治如小学、天算、律吕诸学，皆务求精审别辨，由博返约、综贯会通。"③ 既然术业各有专攻，不同的学科之间确实不好比较高下异同。

3. 吴、皖、扬三派历时说

黄爱平主此说。从《朴学与清代社会》一书第二章的节目安排上即可看出朴学发展的三阶段论：

惠栋与吴派学者：朴学的确立
戴震与皖派学者：朴学的高峰
阮元与扬州学者：朴学的总结

显然，她已意识到历来的吴、皖、扬三派共时说有其明显的局限，从历时的角度重新加以调整，其要点为：（1）惠栋首倡汉学，致力于汉儒经说的发掘、钩稽和表彰，为一代学术的发皇，起到了

---

① 张舜徽：《清儒学记》，济南：齐鲁书社，1991 年，第 380 页。

② 漆永祥：《论乾嘉考据学派别之划分及相关诸问题》，《国学研究》第五卷，第 305 页。

③ 漆永祥：《乾嘉考据学研究》，北京：中国社会科学出版社，1998 年，第 130 页。

开启风气的作用。其弊端为嗜古、泥古、佞汉。（2）以戴震为首的皖派与以惠栋为首的吴派并非两个对立的学派，而是先后相承，互为师友，体现了汉学发展、演进历史的两支劲旅。吴派有开创之功，皖派多发展之力。（3）继吴、皖派之后，深受皖派学术影响，又继续保持汉学发展态势，并为清代汉学作总结的是以阮元为代表的扬州学派。① 其立论根据仍然是梁启超的那一套，新颖之处则是突出了历时发展的线索。平心而论，此说较以往的吴、皖、扬三派共时说要有更多的合理性。因为吴、皖、扬三派前后相继，并非共时。正如孙钦善先生所指出的："皖派就其代表学者戴震来看，比吴派代表惠栋晚了一个辈分，而与钱大昕同辈。所以就总体而言，皖派比吴派前后有一个时间差，表现出学术的进步。"② 而将吴、皖、扬三足鼎立，乃是忽略了时间因素的臆断之说。孙钦善先生认为，扬州学派的划分在考据学上难以成立③。笔者对此也持相近看法。

4. 惠、戴、钱三派说

此为漆永祥所创。《乾嘉考据学研究》第四章即专门讨论乾嘉考据学的派别问题，他认为："学派划分，最主要的依据不在师承、地域或其他标识，应以学派特色为主要划分标准。"他在认可惠、戴之分的前提下，将扬州派归入戴派，将钱大昕独立，将北方学者归入相近派别，重新对于乾嘉学派作了调整。

以学派特色为主要划分标准，又参考师承、地域等其他因素，应该说有其合理之处，但终究未能开拓新局，仍然只是对旧说的重组与完善。其局限性明显表现在人物归类失当，如将北方学者纪昀、朱筠、周永年等归入惠派，认为"纪昀之学，功在《四库提要》之主纂，其论学虽主调和汉宋，但实际是崇汉贬宋，与惠派

---

① 黄爱平：《朴学与清代社会》，石家庄：河北人民出版社，2003 年，第 50 ~ 88 页。

② 孙钦善：《关于清代考据学》，《炎黄文化研究》第一辑，郑州：大象出版社，2004 年，第 138 页。

③ 孙钦善：《关于清代考据学》，《炎黄文化研究》第一辑，郑州：大象出版社，2004 年，第 145 页。

同。朱筠之学，主张‘文字训诂，象数名物，经传义旨，并主汉人之学。以谓与作聪明，宁为墨守’，更不出惠氏宗旨。”① 纪昀之学与惠栋异趣，《总目》对于惠派人物虽极为肯定，同时也指出其流弊。下面我们还要重点讨论，此不赘述。朱筠之学与惠氏宗旨也不尽合，他曾出任安徽学政，对于皖学之兴起颇有倡导之功。实则纪昀、朱筠、周永年为四库馆中功臣，属于皇家学派之干将，应该独立于南方民间学派之外。他们与惠栋既无师承授受关系，也无交游，强行分入惠派，似有不妥。

（三）四派说及其局限

所谓四派，即吴、皖、扬、浙。此为梁启超所倡，但响应者寥寥无几，故不拟详驳。

二、四库馆派：一个被忽视的视角

以上几种说法的共同特点是对于“四库馆派”的熟视无睹。乾隆三十八年四库开馆，这既是中国文化史上的一件大事，也是乾嘉考据学的一个转折点。此前，乾嘉考据学偏于东南一隅，虽有一些学者从事考据之业，毕竟人数不太多，影响并不太大。此后，清廷宣称稽古右文，大力提倡考据之学，影响遍及全国，一度呈现“家家许郑，人人贾马”的盛况。四库馆是当时最大的图书馆，既有从全国各地征集而来的图书，也有内府藏书，还有从《永乐大典》中辑佚出来的几百种佚书。馆臣们在修书之时能够阅读以前无法寓目的珍贵文献资料，“曾读人间未见书”，因而视野较以往大大扩充，研究方式也由个体向团队转化。集团作战虽有贪大求全之弊，但毕竟能够完成任何个人无法完成之宏伟大业。可以毫不夸张地说，四库馆造就了一批年轻的汉学家，形成了一个声势浩大的皇家学派，即“四库馆派”。

---

① 漆永祥：《乾嘉考据学研究》北京：中国社会科学出版社，1998 年，第 126 ~ 127 页。

因此，笔者试图对乾嘉考据学派提出新的二分，即民间学派与皇家学派。民间学派主要指在四库开馆之前的考据学派，代表人物有惠栋和戴震、钱大昕等人。皇家学派得到清高宗的支持，其代表性人物为纪昀、陆锡熊等人。

乾嘉考据学是清代最具特色的主流性学术。《四库全书》馆为汉学家之大本营，形成了声势浩大的"四库馆派"。有人说："《四库全书》馆就是汉学家的大本营。"此话虽失之笼统，三百六十多位馆臣不尽是汉学家，也有少数宋学家，甚至有庄存与这样一位经今文学派的开山大师混迹其中，但毕竟以汉学家为主体。

四库馆派形成了一个学术共同体。其纲领性文件就是《四库全书总目》。四库馆派不同于以往的民间学派，它有着深厚的皇家气派。它代表官方发言，《总目》能够反映出乾隆王朝的学术水准、文化政策等。其治学理念、治学方法均与民间学派存在较大的分歧。主张经世致用，反对烦琐考据。对于惠栋等人光复汉学之功颇多称赞，"近时惠栋作《九经古义》，余萧客葺《古经解钩沈》，于唐以前诸儒旧说，单辞只义，搜采至详"①，"元和惠栋号为博洽"②，但也多有批评：

> 盖其长在博，其短亦在于嗜博；其长在古，其短亦在于泥古也。③
>
> 近时惠栋作《左传补注》，纠正此书"龙凉"一条，"大司马固"一条，"文马百驷"一条，"使封人虑事"一条，"遇艮之八"一条，"豆区釜钟"一条。然其中"文马"之说，究以炎武为是。栋又摘其引古《春秋左氏说》，但举《汉书·五行志》之名，又摘其"礼为邻国阙"一条，用服虔之说而不著所自。案征引佚书，当以所载之书为据。栋引世本不标《史记注》，引京相璠土地名不标《水经注》，正体例之疏，未

① 《总目》卷1，《周易口诀义》提要。

② 《总目》卷14，《别本尚书大传》提要。

③ 《总目》卷29，《左传补注》提要。

可反讥炎武。至服虔一条，当由偶忘出典。栋注“昭公二十九年，赋晋国一鼓铁”，证以王肃《家语注》，亦明冯时可之说，未标时可之名也，是固不以掠美论矣。①

栋作是书，皆搜采旧文，互相参证，其中爱博嗜奇，不能割爱者，如《易》之《需卦》，据《归藏》作“溽”，于《象传》，“饮食”之义固符，于爻词“需泥”，“需沙”，则义不相协。《书》之“曰若稽古”，用郑康成之义，实则训“古”为“天”，经典更无佐证。《仪礼·士昏礼》之“皇舅某子”，申注疏张子、李子之义，驳顾炎武之说，实则《春秋传》所谓男妇辨姓，乃指婚姻，不指称号。《礼记·檀弓》之“子夏丧明”，汉冀州从事郭君碑作“丧名”，实系假借之字，乃引《尔雅》“目上为名”，谓“名为目珠”，实则目珠不在眉目之间。《公羊·隐十一年传》，蔡邕《石经》以“弑”为“试”，引《白虎通》证之，已属附会，又引《荀子·议兵篇》“威厉而不试，刑措而不用”句为证。实则此“试”字又别一意，蔡邕所书，义不缘此。成二年传，“是土齐也”，自以何休注文为正解，而引《周礼》、《司马法》解土为杜。实则尽东其亩，原非杜塞邻国之交通。《论语》之“咏而归”，据郑康成、王充之说，以“归”为“馈”，实则风雩无馈祭之理。如斯之类，皆不免曲徇古人，失之拘执。又如据《周礼·牛人》谓任器字出于经文，不出子史，驳宋祁笔记之误，则体同说部，与经训无关。引《荀子》、《墨子》证《学记》之撞钟，引《荀子》证秦穆公之能变，引《墨子》证许止不尝药，引杨方《五经钩沈》证《论语》生知，亦皆牵引旁文，无关训诂，未免为例不纯。②

对余萧客的《文选音义》也指出了八大缺失：

---

① 《总目》卷29，《左传杜解补正》提要。

② 《总目》卷33，《九经古义》提要。

一曰引证亡书，不具出典。

一曰本书尚存，转引他籍。

一曰嗜博贪多，不辨真伪。

一曰摭拾旧文，漫无考订。

一曰叠引琐说，繁复矛盾。

一曰见事即引，不究本始。

一曰旁引浮文，苟盈卷帙。

一曰抄撮习见，徒溷简牍。①

这是一篇关于考据学的光辉文献，所列八条，不仅深中吴派代表人物余萧客一人一书之失，而且具有一般方法论意义。

《总目》对于戴震的论点也直言不讳地予以批评。戴震《声韵考》认为唐以前无字母之说，神珙字母乃剽窃成书，而托词出于西域。《总目》经过考证后，认为：

> 盖反切生于双声，双声生于字母。此同出于喉吻之自然，华不异梵，梵不异华者也。中国以双声取反切，西域以字母统双声，此各得于聪明之自悟，华不袭梵，梵不袭华者也。稽其源流，具有端绪。特神珙以前，自行于彼教，神珙以后，始流入中国之韵书，亦如利玛窦后推步测验，参用西法耳。岂可谓欧罗巴书全剽窃洛下鲜于之旧术哉？戴氏不究其体，徒知神珙在唐元和以后，遂据其末而与之争，欲以求胜于彼教。不知声音之学，西域实为专门。儒之胜于释者，别自有在，不必争之于此也。②

《总目》一方面纠正民间学派在治学方法上存在的偏颇，另一方面，又大力破除宋学门户，为汉学的发展壮大开辟道路。《总目》大力攻击以朱子为代表的宋学所造成的门户之见：

---

① 《总目》卷191，《文选音义》提要。

② 《总目》卷41，《重修玉篇》提要。

朱子解经，于程子亦多所改定。盖圣贤精义，愈阐愈深。沉潜先儒之说，其有合者疏通之，其未合于心者，别抒所见以发明之，于先儒乃为有功。是固不必守一先生之言，徒为门户之见也。①

朱子之学，大旨主于格物穷理，由博反约，根株六经，而参观百氏，原未暖暖姝姝守一先生之言，故题词有曰："穷乡晚进有志于学，诚得此而玩心焉，亦足以得其门而入矣。然后求诸四君子之全书，以致其博，而反诸约焉，庶乎其有以尽得之。若惮烦劳，安简便，以为取足于此而止，则非纂集此书之意。"然则四子之言，且不以此十四卷为限，亦岂教人株守是编、而一切圣经贤传束之高阁哉！②

朱子本人"原未暖暖姝姝守一先生之言"，而朱学末流反而亦步亦趋，墨守朱学，不敢越其雷池半步。坚守一先生之言，势必形成门户之见。《总目》在破除门户方面做了大量的工作。

首先，《总目》辨明门户：

大旨坚护陆、王，为门户而著书，非为学问而著书也。③

大抵门户构争之见，莫甚于讲学，而论文次之。讲学者聚党分朋，往往祸延宗社，操觚之士，笔舌相攻，则未有乱及国事者。盖讲学者必辨是非，辨是非必及时政，其事与权势相连，故其患大。文人词翰所争者，名誉而已，与朝廷无预，故其患小也。④

南宋之衰，学派变为门户，诗派变为江湖。⑤

敏政学问淹通，著作具有根柢，非游谈无根者比。特以生

---

① 《总目》卷3，《东谷易翼传》提要。
② 《总目》卷92，《近思录》提要。
③ 《总目》卷98，《虚谷遗书》提要。
④ 《总目》卷148，《集部总叙》。
⑤ 《总目》卷162，《鹤山全集》提要。

于朱子之乡，又自称为程子之裔，故于汉儒、宋儒判如冰炭，于蜀党、洛党亦争若寇仇。门户之见既深，徇其私心，遂往往伤于偏驳。如《奏考正祀典》，欲黜郑康成祀于其乡，作《苏氏梼杌》，以锻炼苏轼，复伊川九世之仇，至今为通人所诟厉。①

清学以穷理为主，笃守朱子之说，其《读蜀阜存稿私记》中谓“朱、陆俱祖孔、孟，而门户不同，然陆学未尽符于大中至正之矩，不免为偏安之业”，其宗旨所在可以概见。然其《易经蒙引》于朱子之解，意有未安者，亦多所驳正，不为苟合。是其识解通达，与诸儒之党同伐异者有殊。②

宋学既争门户，则不得不百计以求胜，亦势之不得不然者欤？③

其次，《总目》消融门户之见：

古之儒者立身行己，诵法先王，务以通经适用而已，无敢自命圣贤者。王通教授河汾，始摹拟尼山，递相标榜，此亦世变之渐矣。迨托克托等修《宋史》，以道学、儒林分为两传，而当时所谓道学者，又自分二派，笔舌交攻。自时厥后，天下惟朱、陆是争，门户别而朋党起，恩仇报复，蔓延者垂数百年。明之末叶，其祸遂及于宗社，惟好名好胜之私心不能自克，故相激而至是也。圣门设教之意，其果若是乎？④

党同伐异之流，斥姚江者无一字不加排诋，攻紫阳者无一语不生讪笑。⑤

“八儒”、“三墨”见于《荀子》，《非十二子》亦见于

① 《总目》卷171，《篁墩集》提要。

② 《总目》卷171，《虚斋集》提要。

③ 《总目》卷183，《孜堂文集》提要。

④ 《总目》卷91，《儒家类序》。

⑤ 《总目》卷94，《榕村语录》提要。

《荀子》，是儒术构争之始矣。至宋而门户大判，仇隙相寻。学者各尊所闻，格斗而不休者，遂越四五百载。中间递兴递灭，不知凡几。其最著者新安、金溪两宗而已。明河东一派沿朱之波，姚江一派嘘陆之焰，其余千变万化，总出入于二者之间。脉络相传，一一可案。故王圻《续文献通考》于儒家诸书各以学派分之，以示区别。然儒者之患莫大于门户。后人论定在协其平，圻仍以门户限之，是率天下而斗也，于学问何有焉！今所存录，但以时代先后为序，不问其源出某某，要求其不失孔孟之旨而已。各尊一继祢之小宗，而置大宗于不问，是恶识学问之本原哉!①

朱、陆之徒，自宋代即如水火。厥后各尊所闻，转相诟厉。于是执学问之异同，以争门户之胜负。其最著者，王守仁作《朱子晚年定论》，引朱以合陆。至万历中，东莞陈建作《学蔀通辨》，又尊朱以攻陆。程曈，朱子之乡人也，因作《闲辟录》以申朱子之说。绂，陆氏之乡人也，乃又作此书以尊陆氏之学。大旨谓陈建之书与朱子之论，援据未全。且语录出门人所纪，不足为据。……后之儒者，各明一义，理亦如斯，惟其私见不除，人人欲希孔庭之俎豆，于是始于争名，终于分党，遂寻仇报复而不已。实非圣贤立教之本旨。②

大旨以朱、陆、罗、王各分党与，酿为门户之争。欲以调停之说解两派之纷，其意本善。然两派判如水火，言人人殊，诟争固为私心，竟合而一之，莫明谁是，后学将何所适从？此所谓子莫执中者也。③

何必坚持门户，尽没前人著作之功乎?④

是是非非，不立门户之见。⑤

---

① 《总目》卷94，《儒家类案》。

② 《总目》卷98，《朱子晚年全论》提要。

③ 《总目》卷125，《圣学大成》提要。

④ 《总目》卷150，《韩集举正·外集举正》提要。

⑤ 《总目》卷152，《古灵集》提要。

过誉过毁，皆讲学家门户之私，不足据也。①

（明汪循）集中有《答程曈书》云："朱子著书立言，皆欲使人明其理，反求于心，未尝教人弄故纸糟粕，以资一己功利。后之习其学者，徒知排比章句，而扩充、变化之无功，辨析词理，而持守、涵养之不力。专训诂者，附会穿凿，叠第架屋，汩心思，乱耳目，工文词者，饰筌蹄，取青紫，龙断罔利，中立为奸。朱子之学果如是乎！"其持论亦颇中流弊。然于曈之嚣争门户，不一纠正，则犹未破症结也。②

盖怙权者务争利，必先合力以攻异党，异党既尽，病利之不独擅，则同类复相攻；讲学者务争名，亦先合力以攻异党，异党既尽，病民之不独擅，则同类复相攻，固势之必然，不足怪也。③

最后，《总目》对门户之见深致不满，再三大加斥责：

门户之见，殊不足据。④

门户之见既深，是不可以口舌争矣。⑤

纷纷门户之爱憎，皆逐其末也。⑥

门户之见，又何其陋欤？⑦

鄙夷之情，溢于言表。与此相反，对于顾炎武《左传杜解补正》一书甚重杜《解》而又能弥缝其阙失表示了极大的尊重，认为"扫除门户，能持是非之平"⑧。《总目》在总结传统文化时已经清

---

① 《总目》卷156，《龟山集》提要。

② 《总目》卷176，《仁峰文集》提要。

③ 《总目》卷141，《闻见后录》提要。

④ 《总目》卷27，《春秋集注》提要。

⑤ 《总目》卷34，《经说》提要。

⑥ 《总目》卷35，《孟子音义》提要。

⑦ 《总目》卷47，《纲目分注补遗》提要。

⑧ 《总目》卷29。

楚地看到：

> 议论异则门户分，门户分则朋党立，朋党立则恩怨结。①
> 以异同为爱憎，以爱憎为是非，不必尽协于公道也。②

“门户——朋党——恩怨”是一个怪圈，“异同——爱憎——是非”同样也是一个怪圈，并且两个怪圈扭结成一个更大的怪圈，如此恶性循环，则永无公理可言。因此，《总目》提出一个良方：“持是非之公心，扫门户之私见。”③ 门户、朋党、恩怨、异同、爱憎，无一不是出于私心，而是非则应出于天下之公心。只有持是非之平，才能打破壁垒，消融门户。④

毋庸讳言，《总目》在破除门户的同时，也人为地设置了新的门户。把乾嘉考据学推向新的阶段之时，也无意之中将其导入狭小的天地。考据学者越来越缺少问题意识和方向感，末流考据学家往往流入烦琐而不能自拔。学派一旦变为门户，必然导致考据学走向衰落。

三、汉宋之争：一个尚未休止的话题

《总目》编纂之日，正是宋学式微之时。陆王一派自清初被认为是亡国之祸根，程朱一派虽经朝廷大力扶持，至乾隆时局面改观。与之形成对照的是，明清之际考据之学日益发展，至乾隆时期已形成极有声望的学派。四库馆更是汉学之大本营。在清廷的提倡下，朝野汉学合流，汉学如日中天。《总目》申汉黜宋，重汉轻宋，乃人心所向，大势所趋。

---

① 《总目》卷45，《史部总叙》。

② 《总目》卷63，《益智录》提要。

③ 《总目》卷21，《礼记述注》提要。

④ 王元化先生指出：“杜亚泉曾谓当时文人‘以好恶为爱憎，以恩怨为喜怒’。余补充曰，今之文人以好恶恩怨定是非。”（《清园近思录》第424页）

《总目》旨在阐明学术，汉学、宋学之辨乃其一大主旨。汉学、宋学是经学史上两种不同的学派，都宣称自己是儒家系统的正统和嫡传，但其学风和治学路径各有不同：汉人解经，注意名物训诂；宋人解经，专讲义理。宋学讥汉学不闻道，汉学讥宋学不稽古。钱钟书认为，诗分唐、宋本乎气质之殊。① 其实，学分汉、宋亦本乎气质之殊。中国传统学术形态大致可分为两种，即汉学型与宋学型。高明者喜谈义理，多为宋学型；沉潜者好治考据，多为汉学型。

有趣的是，英国学者柏林（Isaiah Berlin）将一切思想家与作家分为两大类型：一类是刺猬型，这一类型的人喜欢把所有的东西都贯穿在一个单一的中心见解之内，他们的所知、所思、所感最后全都归结到一个一贯而明确的系统。另外一类是狐狸型，他们从事于多方面的追逐，而不必有一个一贯的中心系统。我们认为，汉学型与狐狸型相似，追求博雅；而宋学型则酷似刺猬型，主张臆断。正如余英时所说：

> 考证必尚博雅与分析，这种工作比较合乎“狐狸”的性情，义理则重一贯与综合，其事为“刺猬”所深好。……但不幸在考证学风鼎盛的乾、嘉时代，义理工作最得不到一般学者的同情。而且当时考证学家之鄙薄义理，并不完全因为义理是宋学而然。他们根本不惯于系统性的抽象思考。所以考证与义理之争基本上是源于两种不同形态的认知活动的对立，所谓汉、宋之争不过是其中一个特殊的环节而已。②

余英时进一步把汉宋之争还原为“道问学”与“尊德性”之争：

> 清初儒学处于从“尊德性”转入“道问学”的过渡阶段，

① 钱钟书：《谈艺录》，北京：中华书局，1984年，第313页。

② 余英时：《论戴震与章学诚》，北京：生活·读书·新知三联书店，2000年，第95页。

所以理学与考证学之间的接榫处，痕迹犹宛然可见；下逮乾嘉之世，此一重大转变已在暗中完成，而思想史上的问题也随之而异，以前程朱与陆王之争至此已失去其中心意义，代之而起的是所谓汉学与宋学之争。但汉宋之争只是表现，实质上则是考证与义理之争；而考证与义理之争仍未能尽其底蕴，岂究极之义则当于儒学内部"道问学"与"尊德性"两个传统的互相争持中求之。①

笔者以为，余英时的此种说法实在难以成立。"道问学"与"尊德性"之争是经宋学内部的派别之争。此种"还原"，可谓弄巧反拙，治丝益棼。把汉宋之争看作考证与义理之争，难免陷入汉学即考证、宋学即义理的理论陷阱。汉学固然重考证，但也不是不讲义理；宋学固然重义理，但也并不绝对排斥考证。一旦陷入这种陷阱，往往得出诸如汉学只有考证没有义理、只有学问没有思想的谬论。汉学与宋学、考证与义理、学问与思想是三对不同范畴的概念，简单地将其一一对应，是一种简单化的做法。往往容易陷入误区而不能自拔。汉学与宋学之争，不能还原为考证与义理之争，更不能视为学问与思想之争。汉学与宋学之争，是经学内部的不同形态之争。《总目》认为一部经学史不过是汉学、宋学互争胜负的历史：

自汉京以来，垂二千年……要其归宿，则不过汉学、宋学两家互为胜负。夫汉学具有根柢，讲学者以浅陋轻之，不足服汉儒也。宋学具有精微，读书者以空疏薄之，亦不足服宋儒也。②

盖考证之学，宋儒不及汉儒；义理之学，汉儒亦不及

① 余英时：《论戴震与章学诚》，北京：生活·读书·新知三联书店，2000年，第150页。

② 《经部总叙》。

宋儒。①

在汉、宋之间，天平似乎摆得很平。然而在具体的评骘上，《总目》明显地将砝码移向汉学一端：

> 《礼经》自经秦火，虽多残缺不完，而汉代诸儒去古未远，其所训释，大抵有所根据，不同于以意揣求。宋儒义理虽精，而博考详稽，终不逮注疏专门之学。②
>
> 汉儒说经以师传，师所不言，则一字不敢更。宋儒说经以理断，理有可据，则《六经》亦可改。然守师传者，其弊不过失之拘；凭理断者，其弊或至于横决而不可制。③
>
> 先有汉儒之训诂，乃能有宋儒之义理，相因而入，故愈密愈深。必欲尽扫经师，独标道学，未免门户之私。④
>
> 自宋史分道学、儒林为二，而言程、朱之学者，但求之身心性命之间，不复以通经学古为事，盖尝窃论之，马、郑、贾、孔之说经，譬则百货之所聚也。程、朱诸先生之说经，譬则操权度以平百货之轻重长短者也。微权度，则货之轻重长短不见。而非百货所聚，则虽有权度，亦无所用之。故欲求程、朱之学者，其必自马、郑诸传、疏始。⑤

可见，《总目》重汉学轻宋学已形成思维定势：宋学空疏，弊端较多，曰“杂”，曰“悍”，曰“党”，曰“肆”；而汉学笃实谨严，征实不诬，其弊端较少，曰“拘”，曰“琐”。相比之下，《总目》认为：宋学不如汉学。《总目》在“阐明学术”时首先划清了汉学、宋学两大阵营。

---

① 《总目》卷35，《四书章句》提要。
② 《总目》卷22，《读礼志疑》提要。
③ 《总目》卷32，《孝经问》提要。
④ 《总目》卷37，《四书参注》提要。
⑤ 《总目》卷92，《近思录集注》提要。

《总目》编纂之日，正是汉学方兴未艾之时。《总目》注意区分今文、古文，重古文甚于今文，对郑玄之经学尤为重视。郑玄是两汉古文献学的集大成者。他综合古文、今文两家学说，打破汉学家法，形成了自具特色的“郑学”。汉宋之辨，其结果只是明确了各自的宗主——汉学以郑玄为宗主，宋学以朱熹为赤帜。宋学纠两汉经学之弊，首开疑经之风，自有其历史的必然性和合理性，但他们极力诋毁汉代经学。但宋学自身有着三个难以克服的内在矛盾：第一，宋儒肆无忌惮地窜改经典，是有所依据，还是主观臆断，随心所欲呢？第二，经新儒家修改过的经典，是否就是原始儒家的本意？“宋学”又何以是圣人嫡传？第三，宋儒明排佛老，又暗引佛老，援佛老入儒学，虽然较原始儒家的思辨能力大大提高，并且促进了宋学的发展，但又使自己陷入两难境地。这些难以克服的内在矛盾，必然导致宋学全面危机。

乾隆初年，惠栋在顾炎武、阎若璩、胡渭等人的基础上，终于打出了汉学的旗帜，为全面光复郑学作了积极的努力。惠栋认为：“汉学之亡久矣。《春秋》为杜氏所乱，《尚书》为伪孔氏所乱，《易经》为王氏所乱。杜氏虽有更定，大较同于贾服。伪孔氏则杂采马王之说，汉学虽亡而未尽亡也。惟王弼以假象说《易》，根本黄老，汉经师之义荡然矣。”① 《总目》在评价《易汉学》时说：“是编乃追考汉儒易学……栋采辑遗闻，钩稽考证，使学者得略见汉儒门径，于《易》不为无功矣。”②

《总目》大力标榜汉学：

> 夫汉学具有根柢，讲学者以浅陋轻之，不足服汉儒也。③
>
> 虽残章断句，尚颇见汉学之崖略，于经籍颇为有功。④
>
> 自郑玄淹贯六艺，参互钩稽，旁及纬书，亦多采摭，言考

① 惠栋：《易汉学·自序》。

② 《总目》卷6，《易汉学》提要。

③ 《经部总叙》。

④ 《总目》卷1，《新本郑氏周易》提要。

证之学者自是始。宋代诸儒，惟朱子穷究典籍，其余研求经义者，大抵断之以理，不甚观书，故其时博学之徒，多从而探索旧文，网罗遗佚，举古义以补其阙。于是汉儒考证之学，遂散见杂家笔记之内，宋洪迈、王应麟诸人，明杨慎、焦竑诸人，国朝顾炎武、阎若璩诸人，其尤著者也。夫穷经之要，在于讲明大义，得立教之精意，原不以搜求奇秘为长。然有时名物训诂之不明，事迹时地之不考，遂有凭臆空谈，乖圣人之本旨者。诸人于汉学放失之余，捃摭而存一线，亦未始非"饩羊"之遗也。①

自王弼《易》行，汉学遂绝，宋、元儒者类以意见揣测，去古浸远。中间言象数者，又岐为图、书之说，其书愈衍愈繁，而未必皆四圣之本旨。故说经之家莫多于《易》与《春秋》，而《易》尤丛杂。栋能一一原本汉儒，推阐考证，虽掇拾散佚，未能备睹专门授受之全，要其引据古义，具有根柢，视空谈说经者则相去远矣。②

盖弼《易》祖尚玄虚以阐发义理，汉学至是而始变。宋儒扫除古法，实从是萌芽。③

王弼辈扫除汉学、流弊无穷之明验矣。别白存之，亦足为崇尚清谈者戒也。④

《总目》大力表彰惠栋等人光复汉学之功，而将王弼、孙复、郑樵等人视为汉学之劲敌，并大加斥责。《总目》以郑学为汉学正宗，认为即使是王肃也"不能夺康成之席"：

言《礼记》者，当以郑《注》为宗，虽朱子掊击汉儒不遗余力，而亦不能不取其《礼》注。盖他经可推求文句，据

① 《总目》卷33,《经稗》提要。
② 《总目》卷6,《周易述》提要。
③ 《总目》卷3,《童溪易传》提要。
④ 《总目》卷3,《周易详解》提要。

> 理而谈，“三礼”则非有授受渊源，不能臆揣也。……大抵郑氏之学，其间附会谶文，以及牵合古义者，诚不能无所出入，而大致则贯穿群籍，所得为多。魏王肃之学百倍敬，竭一生之力与郑氏为难，至于伪造《家语》以助申己说，然日久论定，迄不能夺康成之席也。①

《总目》又巧妙地借助朱子之口，再次肯定了郑学的地位：

> 《郑志》一书……以存郑学之梗概，并以见汉代经师专门授受，师弟子反复研求而后笔之为传注，其既详且慎至于如此。昔朱子与胡 纮争宁宗持禫之礼，反复辨难，终无据以折之。后读《礼记·丧服小记·疏》所引《郑志》一条，方得明白证验。因自书于本议之后，记其始末，有“向使无郑康成，则此事终未有所断决”语，是朱子议礼未尝不折服于玄矣。后之臆断谈经而动辄排斥郑学者，亦多见不知量也。②

既然朱子都折服于郑学，其他讲宋学的人还有什么好说的呢？

朱子为宋学之宗主。“至于朱子之学上接洙泗，诚宋以来儒者之宗。”③《总目》编纂之日，正是朱学由盛转衰之时。欲尊汉学，不得不抑朱子。通过检索《四库全书》全文电子检索版《总目》，我们发现，“朱子”一词在《总目》中出现 1 795 次，“朱熹”一词 11 次，“考亭”30 次，且大都是被贬斥与讥讽的对象。可见，朱子在四库馆中成为千夫所指的公敌（当然也有极少数学者如姚鼐、翁方纲、程晋芳等人宗朱），遭到前所未有的全面攻击。《总目》对朱子之全面攻击，绝非偶然，乃贯串全书之一大主旨。朱子之学自宋理宗之后大行于世，被元、明、清奉为官方哲学，康熙更是大力表彰。但是，至乾隆时风气为之一变。钱穆在谈到朱子学

---

① 《总目》卷 24，《礼记通解》提要。

② 《总目》卷 33，《郑志》提要。

③ 《总目》卷 97，《问学录》提要。

之流衍时说：

清廷于其时乃一意提倡宋学，并特尊朱子。康熙五十一年，升朱子配享孔庙，续修《朱子全书》，又御纂《性理精义》。雍正二年，特以其时专治朱子学者陆陇其稼书从祀两庑。朝廷刻意崇扬于上，而学术界乃肆力反对于下。惠栋定宇专尊汉学，方朱子配享孔庙之年，乃一十六岁青年，专反宋学与朱子之戴震东原，于陆稼书从祀两庑时方两岁，而纪昀晓岚适一岁。逮此诸人年长成学，而一时风气大变，成为清代乾嘉盛世汉儒经学独行之时代。

定宇一家，三世传经，其父士奇天牧，尝手书楹帖云：六经尊服郑，百行法程朱。是尊汉犹不反宋。及定宇则曰：宋儒之祸，甚于秦灰。风气激变，即在惠氏一家父子之间而可知。东原初从学于江永慎修，慎修极尊朱子……东原自述其学本之慎修，然其为《孟子字义疏证》，则谓程朱以意见为理而祸天下。是则风气激变，即在江戴二人师弟子之间而亦可见。①

钱穆晚年心血所萃，即在《朱子新学案》一书，他对于从康熙至乾嘉之间的“风气激变”把握得极为准确。

最近，陈祖武又从经筵讲论探讨朱子学在乾隆时期的变化：

入清之初，朱子学虽得朝廷提倡而高踞庙堂，但却未获实质性发展。随着经史考证之学的兴起，迄于乾隆、嘉庆间，朱子学不惟疏离一时学术主流，而且沦为贬抑对象……此一现象的形成，实为明清更迭之后，百余年间学术演进之内在逻辑，与清廷文化方略调整交互影响的结果。②

---

① 钱穆：《朱子学提纲》，北京：生活·读书·新知三联书店，2002年，第212~213页。

② 陈祖武：《从经筵讲论看乾隆时期的朱子学》，《国学研究》第九卷，北京：北京大学出版社，2002年。

其论与钱穆之说角度不同，但结论则不谋而合。笔者反复细绎《总目》全书，认为钱、陈分别从不同角度得出的结论不但可以成立，而且与《总目》反对朱子学说的思想倾向正相吻合，岂偶然哉？

据陈祖武研究，清高宗在经筵讲论中对朱子学的质疑绝非偶然之举——“在迄于乾隆六十年的三十二次经筵讲学中，明显地向朱子学提出质疑，竟达十七次之多。显然，这就殊非偶然之举了。”清高宗的这些经筵讲论在当时正是“最高指示”。不少馆臣也曾参与经筵讲论。在编纂《总目》时，首要任务是要吃透皇上的讲话精神。清高宗对朱子深表怀疑，以至不满，每每形诸文字，如《御制读朱子全书》云：

少时慕才华，研精味辞藻。
微言探月窟，逸兴横云表。
措思每废餐，兀兀忘昏晓。
虽云俗虑无，却被诗魔扰。
至理在目前，弃而求深窈。
旷荡无所归，怅怅盈怀抱。
近读文公书，习气从兹扫。
因知九仞山，一篑功不少。
作此聊自讼，讵足云见道。

此诗真实地记录了清高宗由推崇朱子到贬斥朱子的思想历程。少年与晚年，思想截然相反。清圣祖康熙帝欲借朱子之名以统一人心，妄图将政统、道统合二而一，故表彰朱子之学，不遗余力。所谓“读书五十载只认得朱子一生所作何事”，本是自欺欺人之谈。而清高宗少慕朱子之名，晚则自讼不已。此为中国近世思想史上的一大关节，特为拈出。学人只知康熙推崇朱子之学，将其定为官方哲学，殊不知乾隆中年以后，因从理学名臣们身上看到了理学极为虚伪的一面——满口仁义道德，实际上争权夺利，互相倾轧——转而憎恶理学。这就是为什么《总目》敢于将朱子作为攻击之总目标的原因所在。风气之变，系乎一人之爱憎。纪昀辈善于察言观色，自然心领神会。另外，理学经过三百年的“述朱期”，陈陈相因，了无新意。民间学派也早已开始酝酿转移学术风气，理学已开始向朴学转变。在此关键时刻，清高宗公开反朱的立场，无疑大大促进了学术的转型。

综观《总目》全书，其意图显然在打破朱学壁垒。例如清朝冉觐祖撰有《书经详说》一书，以《蔡传》为主，旁引《孔传》、《孔疏》以及宋元以下诸家之说，引证颇繁，如“六宗”、“三江”等，皆援据诸说，最后以《蔡传》为主，其有稍异于《传》之处，多削而不录。《总目》对此大加揶揄：“盖笃守宋学，不肯一字异同者也。”①《周易函书约存》提要云：

> 煦研思《易》理，平生精力尽在此书。其持论酌于汉学、宋学之间，与朱子颇有异同。然考《朱子语录》有曰：“某作《易本义》，欲将文王卦辞大概略说，至其所以然之故，于孔《彖辞》中发之，如此乃不失文王大意，但未暇整顿尔”云云，是朱子于《本义》盖欲有所改定而未能，则后人辨订，亦未始非朱子之志也。陆游《渭南集》有《朱氏易传跋》，曰：“《易》道广大，非一人所能尽。坚守一家之说，未为得也。元晦尊程氏至矣，然其为说亦已大异，读者当自知之。”斯可谓天下之通论矣。②

《总目》借陆游之口，批评朱学末流“坚守一家之说”。朱子为孔子之后的集大成者，其学说长期居于垄断地位。朱子去世之后，理学了无进展，其后学陈陈相因，形成了近三百年的“述朱”时期。明中叶以后，朱学虽受到王阳明的有力挑战，但并未退出历史舞台。《总目》对朱子一家之言的打击可谓致命之创，程朱理学至此已偃旗息鼓，渐次由中心退居边缘。

---

① 《总目》卷14，《书经详说》提要。
② 《总目》卷6。

附　录

四库馆臣别集目录

一、已阅部分

于敏中．于文襄手札．国立北平图书馆影印本，1943

于敏中．素余堂集三十四卷．嘉庆九年刻本

王杰．葆淳阁集二十四卷易说二卷．嘉庆二十年刻本

王太岳．青虚山房集十一卷．光绪十九年定兴鹿传霖刻本

王太岳．青虚山房集十卷．稿本（上图）

王太岳．青虚山房文集五卷诗集尺牍不分卷．抄本（上图）

王尔烈．瑶峰集二卷附录一卷．辽海丛书本，1931～1934 年排印本

王念孙．丁亥诗抄一卷．道光十四年刻本

王春煦．延青斋诗抄二卷．1921 年铅印本

王嘉曾．闻音室诗集四卷．乾隆间刻本

方维甸．勤襄公诗稿遗存二卷．道光十三年刻本

平恕．留春书屋诗集十二卷．道光九年刻本

韦谦恒．传经堂诗抄十二卷．乾隆五十五年刻本；《四库未收书辑刊》第十辑第25册

永瑢．九思堂诗抄．乾隆间刻本

永瑆．诒晋斋集八卷．道光二十八年刻本

冯敏昌．小罗浮草堂集诗四十卷文九卷．光绪二十年刻本

冯培．鹤半巢诗存十五卷附词馆剩稿二卷．嘉庆三年家刻本

吉梦熊．研经堂文集三卷诗集十三卷．道光十二年刻本

百龄．守意龛诗集二十八卷．道光二十六年重刻本

朱珪．知足斋诗集二十卷续集四卷文集六卷进呈稿二卷．嘉庆十年刻本

朱筠．笥河诗集二十卷文抄三卷．嘉庆九年刻本

刘汝谟．寄春吟一卷词一卷．光绪三年刘宗海刻本

刘纶．须庵内集十六卷外集八卷．乾隆三十七年用拙堂刻本

刘墉．刘文清公遗集十七卷．道光六年东武味经书屋刻本

刘权之．长沙刘文恪公诗集进呈集二卷剩余诗草二卷续草二卷．光绪五年刻本

纪昀．纪晓岚文集．石家庄：河北教育出版社，1995

纪昀．纪晓岚诗文集．扬州：江苏广陵古籍刻印社，1997

孙永清．宝岩堂诗集四卷．道光间刻本

孙玉庭．延厘堂集．同治十一年刻本

许兆椿．秋水阁诗集八卷．嘉庆二十一年刻本；道光二十五年刻本

任大椿．子田初集四卷．乾隆间刻本

庄承篯．古绠斋试帖二卷律赋二卷．乾隆十年刻本

庄通敏．澹香斋试帖一卷．乾隆十年刻本

李孜．惜分阴斋诗抄十六卷．嘉庆四年刻本

李鼎元．师竹斋集十四卷．嘉庆七年刻本

吴俊．荣性堂文集八卷诗集二十卷．嘉庆二十二年刻本

吴树萱．霁春堂集十四卷．嘉庆六年刻本

吴省兰．听彝堂偶存稿二十一卷附文字辨讹不分卷．乾隆间刻本

吴锡麒．有正味斋诗集十六卷．嘉庆十三年序刻本

吴蔚光．执虚诗抄二卷词抄一卷．光绪二十一年排印本

吴蔚光．素修堂诗集二十四卷后集六卷．嘉庆十八年刻本

吴寿昌．虚白斋存稿十四卷．乾隆五十五年刻本；《四库未收书辑刊》第十辑第25册

余集．忆漫庵剩稿不分卷．清刻本

余集．秋室学古录六卷归棹录一卷忆剩稿一卷．嘉庆间刻本

邵晋涵．南江诗抄四卷文抄十二卷札记四卷．嘉庆八年至道光十二年刻本

邵晋涵．南江书录一卷．聚学轩丛书第五集第八十三册，贵池刘世珩校刊本

运昌．存素堂文集四卷续集一卷．嘉庆十二年刻本

杨揆．桐华吟馆诗抄十二卷．嘉庆十二年刻本

汪昶．柏井集六卷．同治九年刻本

汪如藻．颂圣诗经进诗稿不分卷．清刻本

汪如洋．葆冲书屋集四卷外集二卷诗余一卷．嘉庆刻本

汪学金．静厓诗初稿十二卷续稿六卷后稿十二卷井福堂文稿．乾隆五十四年刻本

沈初．兰韵堂文集五卷御览集十二卷经进文稿二卷．乾隆五十九年刻本；《四库未收书辑刊》第十辑第23册

沈琨．嘉荫堂文集三卷．清抄本

沈琨．嘉荫堂诗存四卷．嘉庆十八年家刻本

沈叔埏．颐彩堂文集十六卷．光绪九年刻本

周煌．海山存稿内集八卷外集十二卷．乾隆五十八年刻本；《四库未收书辑刊》第九辑第29册

周永年．先正读书诀一卷．《四库未收书辑刊》第六辑第12册第279～310页

陈昌图．南屏山房集二十四卷．乾隆五十六年刻本；《四库未收书辑刊》第十辑第24册

陈昌齐．赐书堂全集．清刻本

陆锡熊．宝奎堂文集十二卷篁村诗集十二卷诗余一卷．道光二

十九年刻本

张敦培．蔚秀轩诗存一卷．光绪十四年刻本

张羲年．啖蔗全集．光绪十九年上海著易堂排印本

张埙．竹叶庵文集诗二十四卷词九卷．乾隆五十一年自刻本

张九镡．笙雅堂全集．嘉庆十六年刻本

邹炳泰．午风堂全集．嘉庆四年刻本

邹炳泰．午风堂丛谈．盛宣怀刻本，1911

金士松．乔羽书巢诗内集六卷外集四卷．嘉庆七年刻本

金兆燕．国子先生全集．道光二十六年补刻本

金学诗．播琴堂诗集十二卷．乾隆五十三年刻本

林澍蕃．南陔草六卷附一卷．《四库未收书辑刊》第十辑第26册

英廉．梦堂诗稿十五卷．乾隆四十八年刻本

赵怀玉．亦有生斋诗抄三十二卷．嘉庆二十年刻本

赵怀玉．亦有生斋文集二十卷．嘉庆道光间刻本

赵怀玉．亦有生斋全集六十八卷．嘉庆道光间刻本

饶庆捷．桐阴诗集八卷．1937年铅印本

祝德麟．悦亲楼诗集三十卷．嘉庆二年姑苏张遇青刻本

祖之望．皆山堂诗抄十二卷．嘉庆十七年留香室刻本

姚颐．雨春轩诗草十卷经进诗一卷．乾隆五十二年刻本

姚鼐．惜抱轩书录．清光绪五年（1879）刻本

姚鼐．惜抱轩全集．北京：中国书店，1991

洪梧．群玉堂日抄一卷．稿本（中国科学院图书馆藏）

翁方纲．复初斋诗集七十卷．清抄本（复旦大学图书馆藏）

翁方纲．复初斋集外文四卷．清魏氏续语堂抄本（复旦大学图书馆藏）

翁方纲．苏斋笔记四卷．《四库未收书辑刊》第四辑第9册

翁方纲．翁方纲纂四库提要稿．上海：上海科学技术文献出版社，2000

翁方纲．翁氏家事略记．国家图书馆藏抄本

顾宗泰．月满楼诗集二十七卷．乾隆三十八年刻本

顾宗泰. 月满楼文集六卷诗集十卷词集一卷. 乾隆间刻本

钱棨. 湘舲诗稿四卷. 嘉庆十四年刻本

钱栻. 适意吟一卷有真意斋遗文一卷. 光绪二十二年刻本

秦瀛. 小岘山人诗集二十六卷文集六卷文续集二卷.

曹秀先. 赐书堂全集. 清刻本

曹文埴. 石鼓砚斋诗抄三十二卷试帖二卷文抄二十卷直庐集八卷. 嘉庆五年家刻本

曹锡宝. 古雪斋诗八卷. 乾隆二十一年刻本

曹锡宝. 古雪斋文一卷. 宣统二年铅印本

曾燠. 赏雨茅屋集二十二卷. 嘉庆二十四年刻本

温汝适. 携雪斋诗抄六卷续一卷文抄三卷. 嘉庆刻本

谢登隽. 退滋堂诗抄八卷补遗一卷. 道光十一年滋兰堂刻本

裘曰修. 裘文达公诗集六卷. 嘉庆刻本

裘曰修. 裘文达公文集六卷附补遗一卷. 乾隆间刻本；嘉庆刻本

裘曰修. 裘文达公全集文集六卷诗集八卷奏议一卷. 乾隆间刻本

鲍之钟. 论山诗抄十五卷. 道光咏真堂刻本

窦光鼐. 省吾斋文稿不分卷. 道光二年刻本

窦光鼐. 省吾斋古文集十二卷诗赋集十二卷. 乾隆刻本

裴谦. 竹溪诗草四卷. 嘉庆二十五年澹明堂刻本

蔡新. 缉斋文集八卷首一卷附录二卷. 乾隆五十年刻本；《四库未收书辑刊》第玖辑第29册

蔡廷衡. 梁州剩草一卷. 光绪五年刻本

德保. 乐贤堂诗抄三卷. 乾隆五十三年英和刻本

潘奕隽. 三松堂诗文集三十卷. 嘉庆十六年序刻本

戴震. 戴震文集. 北京：中华书局，1980

戴震. 戴震全集. 北京：清华大学出版社，1991～1997

戴震. 戴震全书. 合肥：黄山书社，1994

二、未见部分

王杰．王伟人集不分卷．清刻本
王中地．六觯轩诗抄八卷
永璇．古训堂诗．清抄本
冯应榴．踵息斋诗文集．出版地、出版时间均不详
冯应榴．学语稿．出版地、出版时间均不详
冯敏昌．冯鱼山先生书札．稿本（国家图书馆藏）
关槐．青城山人集十八卷．清刻本
关槐．惜分阴斋诗文集二十卷．出版地、出版时间均不详
刘跃云．贻拙斋诗文集．出版地、出版时间均不详
刘墉．刘文清公家书．抄本（甘肃省图书馆藏）
孙士毅．百一山房诗集八卷．清刻本
孙士毅．百一山房文集十二卷．清刻本
孙辰东．种纸山房诗稿十二卷．道光间刻本
孙希旦．孙敬轩先生遗稿．道光十年刻本
孙希旦．敬轩遗文．玉海楼抄本（温州图书馆藏）
李尧栋．写十三经堂诗集．清抄本（常熟文管会藏）
李廷敬．平远山房诗抄．清刻本
李汪度．宝幢诗抄不分卷．抄本（南京图书馆藏）
李友棠．侯鲭集．乾隆间刻本
杨世纶．尚志堂诗集一卷．咸丰七年刻本
言朝标．孟晋斋诗集四卷．出版地、出版时间均不详
宋铣．静永堂诗稿四卷．出版地、出版时间均不详
周永年．林汲山房遗文不分卷．清抄本
陆费墀．颐斋文稿不分卷．清抄本（国家图书馆藏）
张志枫．古松斋诗抄二卷．出版地、出版时间均不详
张埙．瘦铜诗觉不分卷．清抄本
谷际岐．采兰堂诗文稿不分卷．稿本（宁波天一阁藏）
谷际岐．龙华山草一卷彩云别墅存稿一卷．嘉庆十二年刻本

谷际岐．西阿诗草三卷．云南丛书本，民国间刻本

和珅．嘉乐堂诗集不分卷．嘉庆十六年刻本

范来宗．洽园诗稿．出版地、出版时间均不详

郑际唐．须庵诗集十一卷．稿本（福建省图书馆藏）

郑际唐．须庵遗集四卷．抄本（福建师范大学图书馆藏）

郑际唐．须庵集不分卷．清抄本（福建省图书馆藏）

郑际唐．云门随想录一卷．稿本（北京大学图书馆藏）

赵秉渊．退密删存稿二卷．乾隆三十八年刻本

钱世锡．百泉诗稿．稿本（北京大学图书馆藏）

钱世锡．麂山老屋诗集十六卷．清刻本

莫瞻菉．砚雨山房诗集四卷．抄本（河南省图书馆藏）

徐步云．爨余诗抄四卷．嘉庆二十二年自刻本

徐步云．小楼诗集八卷．道光元年刻本

徐如澍．宝研山房诗集．稿本（贵州图书馆藏）

盛惇崇．睦园诗集．出版地、出版时间均不详

梁国治．敬思堂集十六卷．嘉庆刻本

梁国治．敬思堂诗集六卷．抄本

龚敬身．桂隐山房遗稿二卷．清刻本

彭元瑞．恩余堂经进初稿十二卷续稿二十二卷三稿十一卷．乾隆年间刻本

程景伊．云塘诗抄十五卷．乾隆间活字本

程景伊．云塘文集二十卷．出版地、出版时间均不详

程景伊．代言存草二卷．出版地、出版时间均不详

程晋芳．勉行堂诗集二十四卷文集六卷．嘉庆二十三至二十五年刻本

程昌期．芦艇诗存一卷．稿本（浙江省图书馆藏）

嵇璜．锡庆堂诗集八卷．咸丰九年刻本

舒赫德．节口诗．乾隆十四年刻本

谢墉．听钟山房集二十卷．稿本（上海图书馆藏）；清抄本（浙江省图书馆藏）

裘行简．静宜室诗集八卷．乾隆间刻本

福庆．兰泉诗稿一卷．稿本（中国科学院图书馆藏）

德保．定圃先生遗稿不分卷．清抄本（国家图书馆藏）

德生．葆光书屋诗集六卷．道光八年刻本

戴联奎．戴紫垣先生尺牍不分卷．稿本（国家图书馆藏）

参考文献

[1] 四库馆臣别集部分详见《附录》，不另列目。

[2] 所有参考引用之书按作者或编者姓名的音序排列，排列方式采用国家统一标准。

[3] 凡参考引用之论文，其作者、篇名、刊名、刊号，皆散见于各章注中，不另列。

A

安平秋、章培恒主编．中国禁书大观．上海：上海文化出版社，1990

C

曹之．中国古籍版本学．武汉：武汉大学出版社，1991

曹之．中国印刷术的起源．武汉：武汉大学出版社，1994

曹之．中国古籍编撰史．武汉：武汉大学出版社，1999

陈来．朱子哲学研究．上海：华东师范大学出版社，2000

陈垣．通鉴胡注表微．沈阳：辽宁教育出版社，1997

陈垣．中国佛教史籍概论．上海：上海书店，1999

陈寅恪．金明馆丛稿二编．上海：上海古籍出版社，1980

陈正宏．明代诗文研究史 1368～1911．上海：上海文化出版社，2000

崔富章．四库提要补正．杭州：杭州大学出版社，1990

D

戴逸．乾隆帝及其时代．北京：中国人民大学出版社，1992

邸永君．清代翰林院制度．北京：社会科学文献出版社，2002

邓小南、刘隐霞编．邓广铭学术文化随笔．北京：中国青年出版社，1998

E

［美］艾尔曼（Benjamin A. Elman）．从理学到朴学．南京：江苏人民出版社，1995

F

傅斯年．史料论略及其他．沈阳：辽宁教育出版社，1997

G

葛荣晋．中国实学思想史．北京：首都师范大学出版社，1994

龚自珍．龚定庵全集类编．北京：中国书店，1991

顾炎武．日知录．长沙：岳麓书社，1994（集释本）

郭伯恭．四库全书纂修考．上海：商务印书馆，1937

郭伯恭．永乐大典考．上海：商务印书馆，1938

郭沫若．十批判书．北京：人民出版社，1954

国史馆．清史列传．北京：中华书局，1982

H

黄爱平．四库全书纂修研究．北京：中国人民大学出版社，1989

黄爱平．朴学与清代社会．石家庄：河北人民出版社，2003

黄云眉．史学杂史稿订存．济南：齐鲁书社，1980

胡守为主编．陈寅恪与二十世纪中国学术．杭州：浙江人民出版社，2000

胡玉缙．四库全书总目提要补正．北京：中华书局，1964

J

纪昀等．名贤遗迹（稿本）．北京图书馆原件书号 14883

［日］筧文生、野村鮎子．四库提要北宋五十家研究．东京：汲古书院，2000

江藩．国朝汉学师承记．北京：中华书局，1983

金毓黻整理．文溯阁四库提要．沈阳：辽沈书社，1935

L

来新夏．古籍整理散论．北京：书目文献出版社，1994

来新夏．古籍整理讲义．厦门：鹭江出版社，2003

黎靖德编．朱子语类．北京：中华书局，1994

李慈铭．越缦堂日记．北京：中华书局，1963

李学勤、吕文郁．四库大辞典．长春：吉林大学出版社，1996

李裕民．四库提要订误．北京：书目文献出版社，1990

李致忠．三目类序释评．北京：北京图书馆出版社，2002

梁启超．中国近三百年学术史．北京：中国书店，1985

廖延唐、曹之．图书馆古籍整理．武汉：《湖北高校图书馆》杂志社，1986

吕思勉．先秦学术概论．上海：东方出版中心，1985

M

马克·布洛赫．历史学家的技艺．上海：上海社会科学出版社，1992

马一浮．马一浮学术文化随笔．北京：中国青年出版社，1999

O

欧阳修．欧阳修全集．北京：中国书店，1986

P

庞天祐．考据学研究．乌鲁木齐：新疆大学出版社，1994

皮锡瑞．经学历史．北京：中华书局，1963

皮锡瑞．经学通论．北京：中华书局，1954

Q

漆永祥．乾嘉考据学研究．北京：中国社会科学出版社，1998

钱宝琮．钱宝琮科学史论文选集．北京：科学出版社，1983

钱大昕．嘉定钱大昕全集．南京：江苏古籍出版社，1997

钱穆．中国近三百年学术史．北京：商务印书馆，1997

钱穆．朱子学提纲．北京：生活·读书·新知三联书店，2002

钱仪吉．碑传集．北京：中华书局，1993

钱钟书．谈艺录．北京：中华书局，1984

清高宗敕撰．钦定四库全书总目（整理本）．北京：中华书局，1997

清高宗．御制文二集．《四库全书》本

清高宗．御制诗集．《四库全书》本

瞿林东．中国史学史纲要．北京：北京出版社，1999

R

任松如．四库全书答问．上海：上海书店，1992

阮元．畴人传．上海：商务印书馆，1935

阮元．四库未收书提要．四库全书总目．北京：中华书局，1965

S

沈津．翁方纲年谱．台北：“中央研究院中国文哲研究所”，2002

司马朝军．《四库全书总目》研究．北京：社会科学文献出版社，2004

司马朝军．四库学论稿（即出）

司马朝军．辨伪学论稿（即出）

司马朝军、王文晖．黄侃年谱．武汉：湖北人民出版社，2005

司马朝军．《经解入门》辨证（即出）

束景南．朱子大传．福州：福建教育出版社，1992

宋濂．诸子辨．古籍考辨丛刊（第一集）．北京：中华书局，1955

孙钦善．中国古文献学史．北京：中华书局，1994

T

谭献．复堂日记．石家庄：河北教育出版社，2000

W

王承略、杨锦先、李焘学行诗文辑考、上海：上海古籍出版社，2004

王俊义．清代学术探研录．北京：中国社会科学出版社，2002

王俊义主编．炎黄文化研究（第一辑）．郑州：大象出版社，2004

王重民．办理四库全书档案．北平：国立北平图书馆，1934

王重民．中国善本书提要．上海：上海古籍出版社，1983

王重民．中国善本书提要补编．北京：书目文献出版社，1991

王昶．春融堂集．珠溪文彬斋刻本，清光绪十八年重修本

王昶．湖海诗传．北京：商务印书馆，1958

王元化．清园夜读．北京：中国社会科学出版社，1997

王元化．清园近思录．北京：中国社会科学出版社，1998

吴怀祺．中国史学思想史．合肥：安徽人民出版社，1996

吴金华．三国志丛考．上海：上海古籍出版社，2000

吴金华．古文献整理与古汉语研究．南京：南京古籍出版社，2001

吴哲夫．四库全书荟要纂修考．台北："国立故宫博物院"，1976

吴哲夫．四库全书编纂之研究．台北："国立故宫博物院"，1990

X

萧箑父．吹沙集．成都：巴蜀书社，1992

Y

阎若璩．尚书古文疏证．上海：上海古籍出版社，1987

阎若璩．潜丘札记．《四库全书》本

杨明照．学不已斋杂著．上海：上海古籍出版社，1985

姚振宗．师石山房丛书．上海：开明书店，1936

姚名达．中国目录学史．上海：商务印书馆，1957

叶德辉．书林清话．北京：中华书局，1957

永瑢等．四库全书总目．北京：中华书局，1965

永瑢等．四库全书简明目录．北京：中华书局，1964，新 1 版

余嘉锡．四库提要辨证．北京：中华书局，1980

余嘉锡．余嘉锡说文献学．上海：上海古籍出版社，2001

余英时．论戴震与章学诚．北京：生活·读书·新知三联书店，2000

余英时．中国思想传统的现代诠释．南京：江苏人民出版社，1995

余英时．钱穆与中国文化．上海：上海远东出版社，1994

袁行云．清人诗集叙录．北京：文化艺术出版社，1994

Z

赵尔巽等．清史稿．北京：中华书局，1977

张舜徽．清儒学记．济南：齐鲁书社，1991

章太炎．国学概论．成都：巴蜀书社，1987

章学诚．文史通义附校雠通义．上海：上海书店，1988

郑良树．续伪书通考．台北：学生书局，1984

郑良树．竹简帛书论文集．北京：中华书局，1982

郑良树．古籍辨伪学．台北：学生书局，1985

郑良树．诸子著作年代考．北京：北京图书馆出版社，2001

郑樵．通志·校雠略．上海：商务印书馆，1935（《万有文库》本）

郑振铎．西谛书跋．北京：文物出版社，1998

郑振铎．西谛书话．北京：生活·读书·新知三联书店，1998

中国第一历史档案馆．纂修四库全书档案．上海：上海古籍出

版社，1997

中国大百科全书总编辑委员会．中国大百科全书·天文卷．北京：中国大百科全书出版社，1980

周积明．纪昀评传．南京：南京大学出版社，1994

周积明．文化视野下的《四库全书总目》．南宁：广西人民出版社，1991

周一良．周一良学术文化随笔．北京：中国青年出版社，1998

周予同．中国经学史讲义．上海：上海文艺出版社，1999

周中孚．郑堂读书记．北京：中华书局，1993

朱东润．中国文学批评史大纲．上海：上海古籍出版社，2001（章培恒先生导读本）

朱熹．四书集注．长沙：岳麓书社，1985

朱一新．无邪堂答问．北京：中华书局，2000

朱彝尊．静志居诗话．北京：人民文学出版社，1998

朱彝尊．曝书亭集．上海：涵芬楼1919年影印清康熙五十三年（1714）刻本

后　记

本书是我在复旦大学中国语言文学博士后流动站从事博士后研究所取得的成果。

感谢复旦大学给予我的这次极为难得的研究机会，使我得以豁荡心胸，开拓学识。

我的联系导师吴金华教授虽以中古语言与文献的研究著称于世，但也深具通识。他在百忙之中认真审读拙稿，提出了很好的修改意见。

复旦大学中文站专家组各位先生在开题报告和中期报告上的大力指点，使我茅塞顿开，得以及时调整好研究思路。谨向章培恒、吴金华、王水照、朱维铮、陈思和、黄霖、朱立元、严修、陈正宏、戴耀晶、吴格等先生致以衷心的感谢！在章培恒、吴金华两位先生的鼎力举荐下，本项报告有幸获得中国博士后科学研究基金的资助，再次向两位老师致谢！

北京大学周文骏先生、孙钦善先生、吴慰慈先生，中国科学院孟广均先生，中国社会科学院王煦华先生、阮芳纪先生，武汉大学曹之先生，浙江大学崔富章先生，南京大学徐有富先生，台湾淡江大学吴哲夫先生，华中师范大学周国林先生以及中国人民大学黄爱平先生等学界前辈与时贤对我的研究工作给予了热情鼓励。

国家图书馆及文津楼分馆、上海图书馆、南京图书馆、中国科学院图书馆、北京大学图书馆、复旦大学图书馆以及复旦大学中国古代文学研究中心资料室为查找资料提供了便利。

从读博士到现在，我把几乎全部的热情都献给了四库学。继博士论文《〈四库全书总目〉研究》之后，我又完成了这份博士后报告。与此同时，我已将博士论文中的辨伪学部分扩充为《辨伪学论稿》。我还发表了四库学方面的系列论文。这些论著相继问世后，在学术界业已引起了相当反响。

今后，我将继续完成《〈四库全书总目〉汇考》、《四库提要与文献整理》、《四库提要与乾嘉学术》、《〈四库全书〉分纂官提要稿校注》等系列课题，为四库学的宏伟大厦添砖加瓦。

探索之路虽然异常艰辛，但苦中有乐，我将埋头苦干，力争走出一条自己的路。

展望未来，我更加充满信心。

2003 年 5 月 19 日初稿于复旦大学

2005 年 4 月 7 日定稿于武汉大学

武汉大学学术丛书 书目

中国当代哲学问题探索
中国辩证法史稿（第一卷）
德国古典哲学逻辑进程（修订版）
毛泽东哲学分支学科研究
哲学研究方法论
改革开放的社会学研究
邓小平哲学研究
社会认识方法论
康德黑格尔哲学研究
人文社会科学哲学
中国共产党解放和发展生产力思想研究
思想政治教育有效性研究
政治文明论
中国现代价值观的初生历程
精神动力论
广义政治论
中西文化分野的历史反思
第二次世界大战与战后欧洲一体化起源研究
哲学与美学问题

国际经济法概论
国际私法
国际组织法
国际条约法
国际强行法与国际公共政策
比较外资法
比较民法学
犯罪通论
刑罚通论
中国刑事政策学
中国冲突法研究
中国与国际私法统一化进程（修订版）
比较宪法学
人民代表大会制度的理论与实践
国际民商新秩序的理论建构
中国涉外经济法律问题新探
良法论
国际私法（冲突法篇）（修订版）
比较刑法原理
担保物权法比较研究
澳门有组织犯罪研究
行政法基本原则研究
国际刑法学

当代西方经济学说（上、下）
唐代人口问题研究
非农化及城镇化理论与实践
马克思经济学手稿研究
西方利润理论研究
西方经济发展思想史
宏观市场营销研究
经济运行机制与宏观调控体系
三峡工程移民与库区发展研究
21世纪长江三峡库区的协调与可持续发展
经济全球化条件下的世界金融危机研究
中国跨世纪的改革与发展
中国特色的社会保障道路探索
发展经济学的新发展
跨国公司海外直接投资研究
利益冲突与制度变迁
市场营销审计研究
以人为本的企业文化
路径依赖、管理哲学与第三种调节方式研究
中国劳动力流动与“三农”问题

武汉大学学术丛书 书目

中日战争史（1931~1945）（修订版）
中苏外交关系研究（1931~1945）
汗简注释
国民军史
中国俸禄制度史
斯坦因所获吐鲁番文书研究
敦煌吐鲁番文书初探（二编）
十五十六世纪东西方历史初学集（续编）
清代军费研究
魏晋南北朝隋唐史三论
湖北考古发现与研究
德国资本主义发展史
法国文明史
李鸿章思想体系研究
唐长孺社会文化史论丛
殷墟文化研究
战时美国大战略与中国抗日战场（1941~1945年）
古代荆楚地理新探·续集
汉水中下游河道变迁与堤防
吐鲁番文书总目（日本收藏卷）
用典研究
《四库全书总目》编纂考

随机分析学基础
流形的拓扑学
环论
近代鞅论
鞅与banach空间几何学
现代偏微分方程引论
算子函数论
随机分形引论
随机过程论
平面弹性复变方法（第二版）
光纤孤子理论基础
Banach空间结构理论
电磁波传播原理
计算固体物理学
电磁理论中的并矢格林函数
穆斯堡尔效应与晶格动力学
植物进化生物学
广义遗传学的探索
水稻雄性不育生物学
植物逆境细胞及生理学
输卵管生殖生理与临床
Agent和多Agent系统的设计与应用
因特网信息资源深层开发与利用研究
并行计算机程序设计导论
并行分布计算中的调度算法理论与设计
水文非线性系统理论与方法
拱坝CADC的理论与实践
河流水沙灾害及其防治
地球重力场逼近理论与中国2000似大地水准面的确定
碾压混凝土材料、结构与性能
喷射技术理论及应用
Dirichlet级数与随机Dirichlet级数的值分布
地下水的体视化研究
病毒分子生态学
解析函数边值问题（第二版）
工业测量
日本血吸虫超微结构
能动构造及其时间标度
基于内容的视频编码与传输控制技术

文言小说高峰的回归
文坛是非辩
评康殷文字学
中国戏曲文化概论（修订版）
法国小说论
宋代女性文学
《古尊宿语要》代词助词研究
社会主义文艺学
文言小学审美发展史
海外汉学研究
《文心雕龙》义疏
选择·接受·转化
中国早期文化意识的嬗变（第一卷）
中国早期文化意识的嬗变（第二卷）
中国文学流派意识的发生和发展
汉语语义结构研究

中国印刷术的起源
现代情报学理论
信息经济学
中国古籍编撰史
大众媒介的政治社会化功能
现代信息管理机制研究
科学信息交流研究